Peter Planyavsky

Katholische Kirchenmusik

Praxis und liturgische Hintergründe

Peter Planyavsky

Katholische Kirchenmusik

Praxis und liturgische Hintergründe

Tyrolia-Verlag · Innsbruck-Wien

Mitglied der Verlagsgruppe „engagement"

Bibliografische Information Der Deutschen Nationalbibliothek
Die Deutsche Nationalbibliothek verzeichnet diese Publikation in der Deutschen
Nationalbibliografie; detaillierte bibliografische Daten sind im Internet über
http://dnb.d-nb.de abrufbar.

2., durchgesehene Auflage 2012
© Verlagsanstalt Tyrolia, Innsbruck
Umschlaggestaltung: stadthaus 38, Innsbruck
Layout und digitale Gestaltung: Studio HM, Hall in Tirol
Druck und Bindung: Finidr (CZ)
ISBN 978-3-7022-3094-4
E-Mail: buchverlag@tyrolia.at
Internet: www.tyrolia-verlag.at

Dieses Buch ist dem Andenken an

Prof. Dr. Ernst Tittel

gewidmet.

Wer über österreichische Kirchenmusik und ihre Geschichte schreibt, wird in seinen Schriften eine zuverlässige und reichhaltige Quelle finden. Wiewohl man nicht alle seine Einschätzungen teilen wird, wird man sie gerne respektieren; es sind farbige Zeugnisse eines eminent gebildeten Mannes, der die Kirche und ihre Musik geliebt hat. Er war ein involvierter Chronist, Beobachter und Mitgestalter der musica sacra des 20. Jahrhunderts. Mehrere Generationen von Kirchen- und Schulmusikern haben ihren Tonsatz bei Tittel gelernt. Seine *Kleine Festmesse* gehörte eine Zeit lang zu den meistverkauften Ordinarien. Im Erscheinungsjahr dieses Buches wäre Ernst Tittel 100 Jahre alt geworden.

Inhaltsverzeichnis

Vorwort

Was ist das für ein Buch? Zunächst muss man erklären, was dieses Buch *nicht* ist:

- Es ist kein Werkbuch für die Lied-, Orgel- und Chorstück-Auswahl. Solche Behelfe gibt es zuhauf – sowohl allgemeine, mit denen man durchs ganze Kirchenjahr kommt, als auch spezielle für Taufe, Erstkommunion, Firmung und so weiter.
- Es ist kein Buch *über* Kirchenmusik und keines *über* Liturgie. Für eine Sammlung schöner Essays ist doch zu viel an hartem Hintergrund, an römischen Vorschriften und musikalischem Detail dabei.
- Es ist natürlich auch kein „Standardwerk" – weder über Kirchenmusik noch über Liturgie – und auch kein Abriss dessen, was man wissen muss. All das kann es schon aus dem Grund nicht sein, weil es starke Österreich-Akzente gibt (das betrifft vor allem den Schwerpunkt Wiener Klassik und den großen Problemkreis „Musik des Hochamts in der neuen Liturgie"). Unnötig zu erwähnen, dass es ganze Bibliotheken zum Fachgebiet Liturgik gibt. Und ein umfangreiches Kompendium der Kirchenmusik ist erst kürzlich erschienen.

Das Buch weist jedoch all diese Komponenten auf. Schnelle Rezepte für die Liturgie übermorgen früh gibt es hier nicht; in diesem Buch wird nicht einfach gesagt, welches Lied man wann nehmen soll und welches Orgelstück oder welches Sopran-Solo wo am besten passt. Aber es wird erklärt, wie man zu einem solchen Lied, zu einem passenden Orgelstück, zu einem bestimmten Sopran-Solo kommt. Wie man solche Musikstücke findet, wird beschrieben (und nebenbei werden natürlich auch konkrete Vorschläge gemacht – aber eben nebenbei). Es geht dabei auch gar nicht einfach um das berühmte „genau passende Stück", sondern man kann hier erfahren, woran man in zweiter Linie denken muss. Auf diese Weise wird man vielleicht etwas finden, was möglicherweise mit der jeweiligen Liturgie und dem betreffenden Schrifttext besser harmoniert als etwas auf den ersten Blick „genau Passendes". Ein Panorama von Zugängen zu einer liturgisch und biblisch vernetzten Kirchenmusik soll hier geboten werden – das ist weniger als ein Werkbuch, geht aber weit darüber hinaus.

Und es fließt auch die Praxis in dieses Buch ein – die oftmals ernüchternde Praxis der Feier. Die Auswahl der treffendsten Lieder ist müßig, wenn es keine Gemeinde gibt, die sie singt. Der schönste Psalm nützt nichts, wenn die Prozession, die er begleiten soll, nur eine halbe Minute dauert. Das vierte lange Choralvorspiel ist bei einer Taufe von sechs Babys verschwendet, wenn bereits drei der kleinen Hauptpersonen seit Minuten schreien. In diesem Buch wird derlei Vordergründiges mit allerlei Hintergründigem konfrontiert, aber auch ausbalanciert – mit dem Ziel einer Kirchenmusik, in der das Feierliche nicht gegen das Rationale ausgespielt wird, sondern in der das Gemachte und das Gespürte einander ergänzen.

Natürlich wird auch *über* Liturgie und *über* Kirchenmusik geschrieben; und vor allem in diesen Abschnitten geht es mitunter sehr subjektiv zu. Wer so lange wie der Autor in der Kirchenmusik tätig war – ausführend, ausbildend, und in den Gremien –, der wird seine persönliche Sicht nicht unterdrücken können; und er *soll* sie auch nicht unterdrücken müssen. Wie sollte man auch über die Großen der klassischen Wiener Kirchenmusik nicht-subjektiv schreiben können? Aber auch über das Kirchenjahr gibt es viel zu sagen, was über die bloße Beschreibung seines Ablaufes hinausgeht. Über Liturgie und Kirchenmusik existieren ohnehin genügend Äußerungen, die sich als objektiv verstehen; das beginnt bei den Konzilsdekreten und den Instruktionen, die aus Rom kommen, und das endet bei den erwähnten Werkbüchern und sonstigen Begleitpublikationen. Es sollte bei einem Thema, das im heiklen Schnittpunkt zwischen kodifiziertem Kultus und künstlerischer Äußerung angesiedelt ist, Raum für Subjektives geben.

All dies führt wahrscheinlich zu einiger Kritik: Wer als interessierter Laie nach dem Buch greift, wird noch immer einige Details unerklärt finden; wer schon viel mit dem Thema befasst war, wird manche Erläuterung als unnötig empfinden. Wer eher ein Nachschlagewerk erwartet, wird zu wenig Lexikalisches vorfinden; wer ein Rezeptbuch wollte, wird feststellen, dass er selber noch einiges tun muss, um am Ende sein persönliches Gestaltungsprogramm zu haben.

Aber umgekehrt wird auch der Insider ein paar neue Einzelheiten finden oder zumindest auf ungewohnte Gedanken stoßen. Der Laie bekommt ja doch einen Überblick und wird erstaunt sein, was es da alles zu wissen gibt. Nachschlagen kann man natürlich allemal etwas in diesem Buch, und wer ein Rezept sucht, kommt vielleicht ein wenig schneller zu einem solchen oder hat am Ende ein interessanteres. Es ist ein *brauch*bares Buch – aber man muss sich auf seinen Gebrauch ein wenig einstellen.

Beim flüchtigen Durchblättern wird so mancher denken: So viel Liturgik!? Aber so, wie in einem Buch über Filmmusik auch ziemlich viel über Kamerafahrt, Zeitlupe und Licht zu lesen ist, so spielt auch die Liturgie nun einmal eine Hauptrolle in einem Kirchenmusikbuch. In einer schon etwas erregten Debatte fuhr mich einmal ein Kollege an (es ging um eine kleine liturgische Ungenauigkeit wegen eines tollen Musikstückes): „Da geht's doch jetzt nicht um die Liturgie!" – Ich antwortete: „Es geht in der Kirchenmusik niemals *gar nicht* um die Liturgie." So ist die Dichte an liturgiknaher Information in diesem Buch zu verstehen.

Das Buch erscheint zufällig genau zum 100-Jahr-Jubiläum der ersten Ausbildungsstätte für akademisch geprüfte Kirchenmusiker in Österreich (vormals die Abteilung für Kirchenmusik an der Staats-, dann Musikakademie, dann Musikhochschule, dann Universität für Musik und darstellende Kunst in Wien; so ändern sich die Zeiten!). Ihr erster Standort war Klosterneuburg. Ausgerechnet!, möchte man ausrufen im Wissen, was alles kurze Zeit später in Klosterneuburg passiert ist. Um nicht zu viel vorwegzunehmen, sei nur gesagt: Einer der Vorposten der liturgischen Erneuerung und eines der Experimentierfelder einer biblisch und gemeindlich ausgerichteten Kirchenmusik ist buchstäblich im Schatten der ersten Kirchenmusik-Ausbildungsstätte entstanden; gegründet war diese aber worden, um der traditionellen Form des Hochamtes Bestand und Kultivierung zu sichern! Eben erst war diese Form durch Pius X. zur Referenzform erklärt worden. Und nun kam eine revolutionäre Bewegung und schrieb andere Postulate auf ihre Fahnen.

Manche meinten, das revolutionäre Klosterneuburg habe letztendlich gesiegt. Denn das II. Vatikanische Konzil hat vieles von dem integriert und verwirklicht, was die Klosterneuburger Pioniere gewollt hatten; das Konzil ist sogar weit darüber hinausgegangen. Der Autor bekennt sich zu einer solchen biblisch orientierten und grundsätzlich immer gemeindebezogenen Liturgie und Kirchenmusik.

Aber das andere Klosterneuburg hat nicht einfach verloren. Die reiche Tradition der Kirchenmusik, wie sie damals als eherner Schatz, als *thesaurus musicae sacrae* undiskutiert und unangefochten bewahrt und weitergegeben wurde, ist nicht grundsätzlich unbrauchbar geworden. Der Autor bekennt sich auch vehement zu diesem *thesaurus*.

Eine museale Kirchenmusik zu machen mit einem Stapel an „schöner Musik" – das ist nicht schwer.

Eine „ganz liturgische" Musik zu machen, in der die Gemeinde alles ist und alles darf und sogar vorgeblich alles kann – auch das ist leicht.

Eine auf die Gemeinde ausgerichtete heutige Liturgie zu machen, in die der *thesaurus,* der reichhaltige Schatz aus den letzten 400 Jahren immer wieder schlüssig und kreativ integriert ist: Das allerdings ist nicht so einfach. Dazu ist ziemlich viel *Hintergrund*wissen und schon eine Menge *Praxis* erforderlich.

Und darum geht es, kurz gesagt: um niveauvolle Musik nicht neben oder trotz, sondern in der Liturgie.

Mit besonderem Dank bin ich Herrn Univ.-Prof. Dr. Rudolf Pacik verbunden, der praktisch das gesamte Manuskript mit dem wachsamen Auge des Ordinarius für

Liturgiewissenschaften gegengelesen hat; das ist umso wichtiger, als Pacik selbst ausübender Kirchenmusiker ist. Ich verdanke ihm eine große Anzahl von Anmerkungen und Adaptionen sowie Hinweise auf Literatur. Ohne seine präzisen und aufwändigen Kommentare hätte so manches nur angerissen und nicht vertieft werden können.

Weitere Anregungen kamen von Otto Biba, Bruno Brandstätter, Hubert Dopf, Karl Dorneger, Hans Haselböck, Erwin Horn, Xaver Kainzbauer, Armin Kircher, Renate Nika, Cornelius Pouderoijen, Walter Sengstschmid und last, not least von Franz Karl Praßl, der vor allem zum Thema gregorianischer Choral wichtige Impulse lieferte. Ihnen allen danke ich herzlich für die bereitwillige und rasche Unterstützung.

Mein Dank gilt auch dem stets dialogbereiten Lektor Dr. Bruno Kern, meinem Schwager Karl-Johannes Vsedni für viele Stunden der akribischen Zuarbeit bei Korrektur und Listenerstellung und schließlich meiner Frau Elisabeth für so manchen wertvollen Einwand gegen die beginnende Betriebsblindheit des Autors.

Wien, 29. Juni 2010   Peter Planyavsky

Zur Auswahl der Musikbeispiele: Sie sind als Anregung zu verstehen – nicht mehr und nicht weniger. Wenn zu einem Thema oder zu einem Fest drei Stücke angeführt sind, sind das weder die einzigen, die es gibt, noch die besten oder leichtesten, auch nicht die Lieblingsstücke des Autors … es sind einfach drei Beispiele.

Abkürzungen / Sigel

A	Alt (Vokalstimme, Chor oder Solo)
AEM	Allgemeine Einführung in das Römische Messbuch, 1970/1975 (*Vorgänger-Dokument von GRM*)
AES	Allgemeine Einführung in das Stundengebet
ad lib	ad libitum, Besetzungsvariante
AÖL	Arbeitsgemeinschaft für ökumenisches Liedgut
AT	Altes Testament
B	Bass (Vokalstimme, Chor oder Solo)
Bar	Bariton (Vokalstimme, Chor oder Solo). *Nicht zu verwechseln mit Baryton, einem seltenen Verwandten des Violoncellos.*
Bc	Basso continuo
Bl	Bläser
Br	Bratsche, Viola
B.M.V	Beatae Mariae Virginis. *Meist als Zusatz zum lateinischen Namen eines Marienfestes, zum Beispiel „Nativitas B.M.V." = Geburt der seligen Jungfrau Maria.*
BWV	Bach-Werke-Verzeichnis
Cemb	Cembalo
CIC	Codex iuris canonici. *Das offizielle Gesetzbuch der katholischen Kirche.*
clar	Klarinette
DTÖ	Denkmäler der Tonkunst in Österreich
EG	Evangelisches Gesangbuch, 1993f. *(Vorgängerbuch = EKG)*
EGB	Einheitsgesangbuch. *Arbeitstitel während der Vorbereitung des* Gotteslob.
EKG	Evangelisches Kirchengesangbuch, 1949
Fag	Fagott
Fl	Flöte
FGM	Die Feier der Gemeindemesse. *Messbuch mit ausführlichen Erklärungen und Weisungen,* 1975f.
GGB	Gebet- und Gesangbuch (Arbeitstitel für das Nachfolgebuch zum GL)
Git	Gitarre
GL	Katholisches Gesangbuch *Gotteslob,* 1974f.
GRM	Grundordnung des Römischen Messbuchs. *Vorabpublikation zum Deutschen Messbuch (3. Auflage),* Bonn ²2002.
HOB	Hoboken-Verzeichnis *für die Werke von Joseph Haydn*
Hr	Horn

Kb	Kontrabass
KGB	Katholisches Gesangbuch *der deutschsprachigen Schweiz*, 1998f.
Ktrio	Kirchentrio. *Orchester-Grundelement in der Sakralmusik der Wiener Klassik (2 Violinen, Kontrabass, Orgel).*
KV	Köchel-Verzeichnis *für die Werke von W. A. Mozart*
MS	*Musicam sacram,* Instruktion über die Kirchenmusik, 1967
NGL	Neues geistliches Lied
NT	Neues Testament
Ob	Oboe
OCM	Ordo Cantus Missae, 1972. *Ein Teil des Missale Romanum, der sich mit der Zuordnung und Ausführung der Gesänge – vor allem der gregorianischen – befasst.*
op.	opus
Orch	Orchester
PELM	Pastorale Einführung in das Messlektionar, 1981
Pfte	Klavier (Pianoforte)
Pk	Pauke
Pos	Posaune
S	Sopran (Vokalstimme, Chor oder Solo)
SATB	übliche Abkürzung für vierstimmigen gemischten Chor
Sax	Saxophon
SC	*Sacrosanctum Concilium.* Konstitution des II. Vatikanischen Konzils über die heilige Liturgie, 1963
Str	Streicher
SWV	Schütz-Werke-Verzeichnis
T	Tenor (Vokalstimme, Chor oder Solo)
Tr, Trp	Trompete
Vc	Violoncello
Viol	Violine

→	verweist auf Glossar
⇨	verweist auf ein Kapitel
𝄞	markiert ein Musikbeispiel

Zur Einführung

Mit Musik geht alles besser

Singen und Spielen im Gottesdienst … eine klare Sache, möchte man meinen, und ein Praxisbuch sollte sich nicht lange mit philosophischen Erörterungen aufhalten.

Aber so einfach ist es nicht – denn an dieser Schnittstelle trifft Musik mit Religion (genauer gesagt: mit Religionsausübung) zusammen.

Und dieses Zusammentreffen – warum ist das so eine komplexe Sache? Wenn jemand aus vollem Hals *Nun danket alle Gott* singt, muss man da herumreden und überlegen, warum er das macht und ob das gerade jetzt in den Gottesdienst passt?[1]

Das Verhältnis von Musik und Religion ist deswegen so kompliziert, weil beides wesentlich zum Menschen gehört. Beides war immer da und brauchte nicht erfunden oder eingeführt werden. Letzten Endes geht es in der musica sacra immer schon um die Beziehung zwischen diesen beiden Ur-Äußerungen des Menschen. Eine Beziehung, die man besser als Beziehungsgeschichte sieht. Denn man findet hier alles, was es auch in einer menschlichen Beziehung gibt: Harmonie, Einverständnis, einander brauchen, einander ergänzen. Und es gibt auch erkaltetes Interesse, Eifersucht, einander nicht verstehen, von einander nichts wissen wollen, einander verleugnen. Und auch Abhängigkeit – in allen Bedeutungen des Wortes.

Im (noch nicht abgeschlossenen, aber bis jetzt) siebenbändigen Werk „Gottesdienst der Kirche" (Literatur: G) findet man einige grundlegende Feststellungen von Philipp Harnoncourt,[2] denen ich hier einige Sätze lang folgen möchte.

Lange bevor ein Mensch imstande ist, sich der Sprache zu bedienen, besitzt er eine angeborene „vitale Vokalkapazität". Der Mensch drückt spontan sein Wohlbefinden oder Unbehagen aus, und diese Laute werden vom Hörer ebenso spon-

---

1 Im März 2010 habe ich auf Einladung der Evangelischen Pauluskirche in Wien-Landstraße (in einem Zyklus „Kunst und Religion") eine Predigt über dieses Thema gehalten. Veröffentlicht: Musik und Religion. Singende Kirche 57/2, 2010, S. 79–80. Ein Großteil der damaligen Überlegungen ist in dieses Kapitel eingeflossen.

2 Alle Zitate von Philipp Harnoncourt in diesem Kapitel entstammen dem Kapitel „Wort und Musik im Gottesdienst" (GdK, [G] Teil 3, S. 41–248), das insgesamt von einem Autorenkollektiv verantwortet wird; den Abschnitt „Singen und Musizieren" hat Philipp Harnoncourt verfasst.

tan erfasst und gedeutet. Laute vermitteln nicht nur Informationen, sondern auch Impulse und lösen lust- oder unlustbetonte Empfindungen aus und provozieren entsprechende Reaktionen. (S. 134)

Hier ist von elementaren Äußerungen des Menschen die Rede. Eine körperliche Arbeit wiederholt sich, ein regelmäßiger Arbeitsrhythmus entsteht, und das Auf und Nieder oder das Hin und Her wird mit ebenso wiederholten Silben unterlegt. Und wenn dann außerdem die ersten Rufe nach dem Nachbarn zu Terzen geworden sind und wenn sich die ersten Anfeuerungsschreie zu punktierten Noten entwickelt haben, dann haben wir Urformen des Singens vor uns.

Aber elementar ist auch das andere. Sobald einmal der erste dagesessen ist und in den Sternenhimmel geschaut hat und sobald sich da irgendetwas in diesem Gehirn bewegt hat, das viele Generationen später zum ersten Mal zu der Frage führt: Wo komme ich her? Wo gehe ich hin? – In diesem Moment haben wir es mit einer Urform der Religion zu tun. Das ist ebenfalls elementar; es ist da und braucht nicht erzeugt werden.

Religionsausübung und Musikausübung gehören zum Menschen. Das heißt allerdings auch, trivial ausgedrückt: Jeder der beiden schielt ein bisschen zum anderen hinüber und denkt: Ich bin schon länger da. Der eine mit seiner „vitalen Vokalkapazität": Ich habe schon rhythmisch Silben ausgestoßen, da konntest du das Wort *Gott* noch gar nicht formen. Der andere, der in den Himmel geschaut hat: Ich habe schon an Gott gedacht, da hat noch niemand eine Quart gesungen.

Es gibt noch andere bemerkenswerte Aspekte, die sowohl für Religion als auch Musik zutreffen, vor allem wenn es dann einmal um Musik im Gottesdienst geht. In seinem Buch *Wie man mit Musik für die Seele sorgt* schreibt der evangelische Pfarrer Michael Heymel: „Singen ist wirklich ein Akt der Intimität; nirgendwo enthüllt sich ein Mensch so sehr wie dann, wenn er singt. Er gibt sein Innerstes, Geheimstes preis, er enthüllt sich als Person."[3]

Philipp Harnoncourt hingegen sagt: „Singen und Musizieren sind primär dem gemeinschaftlich-öffentlichen Bereich zugeordnet." (S. 136) Das scheint zunächst der ersten Feststellung zu widersprechen. Aber es ist eher so, dass beides stimmt: Musikmachen ist etwas ganz und gar Persönliches, *und* es hört meistens jemand zu.

Gar nicht so viel anderes steckt hinter einer Liturgie. Denn da hat auch jeder einzelne sein eigenes Gottesbild, sein eigenes Gebet, seinen eigenen inneren Lobgesang oder sein Klagelied. Nur er hat es und nur er kennt es. Aber wenn er damit nicht mehr allein ist, sondern sich mit 20 oder 200 anderen im Sakralraum einfindet, dann müssen sich diese einzelnen Bilder, Lob- und Klagelieder irgendwie bündeln lassen. Geformte Liturgie bedeutet nun einmal, dass nicht jeder sein persönliches Gebet sprechen kann, wann immer er will, und dass nicht jeder plötzlich

---

3   Heymel, 2006, S. 111

aufsteht und seinen Lieblingsabsatz aus dem Hebräerbrief vorliest. Deshalb gibt es dafür und auch für die Musik im Gottesdienst Regeln.

Harnoncourt stellt aber auch fest: „Sie gehört nicht zu den zweckhaft-nützlichen Beschäftigungen." (S. 136) Das haben schon viele so gesehen; Oscar Wilde hat es noch schärfer formuliert: „Musik ist zu nichts zu gebrauchen. Gerade deshalb ist sie so wichtig." Gemeinschaftlich-öffentlich einer nicht zweckhaft-nützlichen Beschäftigung nachgehen – dieser rundum anerkannten Praxis der Zeitverschwendung verdanken wir alle bisher geschaffene Musik, inklusive h-Moll-Messe und Verdi-Requiem. Aber auch Liturgie hat keinen zweckhaft-nützlichen Grund. Und so ergibt sich als verblüffendes erstes Gesamtergebnis: Wenn Musik im Gottesdienst verwendet wird, dann haben sich zwei elementare, aber vordergründig nutzlose Äußerungen des Homo sapiens zusammengetan; ihrem Wesen nach sind es intime Vorgänge, die öffentlich stattfinden. Dieses doppelte Paradox ist in der Praxis nicht nur erfolgreich, sondern offensichtlich sogar unaufgebbar.

Die nutzlose Liturgie und die zweckfreie Musik sind also nicht notwendig – aber sie gehen über das Notwendige hinaus. Beides übersteigt bei weitem das, was eigentlich wichtig ist. Übersteigen heißt auf lateinisch *transcendere*. Auch deswegen passen Musik und Religion so gut zusammen, weil sie beide etwas mit Transzendenz zu tun haben.

„Wie jede Kunst besitzt auch die Musik die Eigenschaft, auf Transzendenz zu verweisen, und zwar dadurch, dass sie im Musizierenden wie im Hörenden eine Erfahrung auslöst, die die Grenzen der Endlichkeit zu durchbrechen vermag. Ein endliches Kunstwerk lässt Spuren des Unendlichen entdecken." (P. Ebenbauer 1999, S. 196)

Das könnte nun eine nie endende harmonische Partnerschaft werden zwischen den beiden so ähnlichen menschlichen Äußerungen. In ihrer parallelen Zweckfreiheit wären sie ein ideales Paar. Aber die Liturgie schielt – um beim Bild einer Beziehungsgeschichte zu bleiben – doch noch aus einem anderen Grund wachsam auf die Musik hinüber. Denn es ist offensichtlich, dass es auch jede Menge Musik *ohne* Liturgie gibt; im vorhin genannten Corpus an Komponiertem sind ja auch die Unvollendete und die d-Moll-Toccata enthalten. Kunst um der Kunst willen – l'art pour l'art – mit diesem Ausdruck rührt man an den Kern der Scheu, den die Liturgie vor der Musik (und die Theologie vor den Künsten) hat: Vielleicht steckt hinter diesem Adagio doch eher der Komponist und irgendeine Sehnsucht, die er gerade spürt, und vielleicht geht es ihm gar nicht um die Jungfrau Maria dabei! Vielleicht steckt sogar hinter jenem schmissigen Dona nobis von Haydn der Kirtag von neulich oder der kommende, gleich nach dem *Ite, missa est*, und es ist gar nicht die gottgefällige sakrale Freude mit diesem Sechsachteltakt gemeint, sondern schieres weltliches Lärmen und Tanzen. Ja, es stimmt: Die Musik kann in solchen Fällen noch zweckloser sein als die Liturgie.

Aber hat die Musik vielleicht innerhalb dieser problemgeladenen Zweierbeziehung eine bestimmte Bedeutung, hat sie hier einen Binnenzweck, steuert sie etwas bei, das die Liturgie nicht hätte ohne Musik? Diese Grundfrage ist einer der Dauerbrenner im Spannungsfeld von Religion und Kunst. Sie wurde seitens der kirchlichen Gesetzgebung jahrhundertelang immer eindeutig beantwortet: Liturgie ist das Eigentliche, Musik ist Verzierung. Wohlgemerkt: jahrhundertelang, nicht etwa immer. Diese Bezogenheit ist dem Wandel unterworfen, und eine solche grundlegende Änderung hat sich im 20. Jahrhundert ereignet; die Erschütterungen halten an, und die Auswirkungen werden weiterhin diskutiert – unter anderem, und besonders ausführlich, in diesem Buch.

Was kann also nun die Musik für die Liturgie tun? „Allen verschiedenen Arten von kultischem Musizieren ist die Tendenz gemeinsam, die Kultteilnehmer mit Hilfe von Musik in möglichst vollständige emotionale Übereinstimmung zu bringen und ihnen dieselben Impulse zu geben. Das geschieht unabhängig davon, ob alle sich selbst aktiv am Singen und Musizieren beteiligen oder ob sie nur hörend teilnehmen", heißt es weiter bei Harnoncourt, und außerdem: „Einer solchen Wirkung kann sich der Mensch nicht entziehen, weil sie von der willkürlichen Aufmerksamkeit nahezu unabhängig ist und sich rational nicht steuern lässt." (S. 136)

Das haben leider nicht nur Bach, Schumann und Frank Sinatra gewusst, sondern auch viele andere, die ihre Zuhörer nicht nur in Stimmung, sondern in Kampfstimmung bringen wollten. „In emotionelle Übereinstimmung bringen" ist ja nur der Anfang; mit einem geeigneten Rhythmus kann man auch die *Beine* der Zuhörer in Übereinstimmung bringen. Das nennt man dann Marschieren.

Aber normalerweise geht es bei dieser Übereinstimmung um harmlosere Situationen, zum Beispiel um den Anfang eines Gottesdienstes. Wir haben uns das vorhin bereits vorgestellt, wie da diese 20 oder 200 mit ihren verschiedenen Gottesideen kommen und mit ihren unterschiedlichen Erwartungen an den Gottesdienst. Und all das soll jetzt eine doch gleich *gestimmte* Gemeinde werden – und zwar möglichst von Anfang an … Ja, da ist es schon gut, dass man die Musik hat. Zuerst das Orgelspiel (es beruhigt, ganz im prosaischen Dezibel-Sinn!), und dann das erste Lied: Da geht es bergauf, man kann sich äußern, und das Singen baut auch gleich die ersten Fäden einer Gemeinsamkeit auf. Dieses erste Lied ist natürlich nicht irgendein froher Gesang, sondern es ist mit Bedacht ausgewählt, es weist schon ein wenig in eine gewisse Richtung, es enthält vielleicht schon einen Gedanken, der später noch einmal kommt und vielleicht sogar zum Motto dieses Gottesdienstes werden könnte.

Und das soll alles nur mit Musik möglich sein? Der Pfarrer könnte doch einfach freundlich um Ruhe und Einstimmung ersuchen, und dieses Motto – warum kann er es nicht einfach an*sagen*?

Das kann er schon – aber es zu singen, ist einfach mehr. „Wer singt, betet doppelt." So simpel ist es natürlich nicht, aber erinnern wir uns doch an das Wort *elementar*. Musik kommt aus dem unkontrollierbaren Kern heraus, und dort hinein trifft sie auch wieder. Mit Musik kommen Elemente des Emotionellen dazu. Augustinus (unvermeidlich, ihn in solchen Zusammenhängen zu zitieren!) sagte es so:

„… die heiligen Worte, die unsere Geister bewegen, reißen offenbar, wenn sie gesungen werden, zu mehr geistlicher Andacht hin als ungesungen; alle unsere verschiedenen seelischen Gefühle finden in Stimme und Gesang ihren angemessenen Ausdruck und eine geheimnisvolle, anregende Verwandtschaft."[4]

Das bedeutet auch: Es gibt Stücke, da wird dir kalt oder heiß, auch wenn du gar nicht absichtlich zugehört hast. Musik transportiert unter Umständen mehr, als der Textdichter aufgeladen hat – falls da überhaupt ein Text im Spiel ist. Es braucht auch nicht ein ganzes Stück zu sein, das eine Assoziation hervorruft; ein Stück Melodie genügt und schon wird *innerlich* etwas mitgeteilt, ohne dass es *äußerlich* gesagt werden müsste.

Ein katholisches Beispiel: Anton Bruckner, Messe in d-Moll. Bei den Worten *Dona nobis pacem* greift der Komponist auf das musikalische Material von *Et vitam venturi saeculi* aus dem Credo zurück. Erst „drüben", im ewigen Leben, wird uns der Frieden dauerhaft geschenkt – vielleicht ist das die Para-Botschaft, die uns Bruckner hier vermitteln will?

Ein evangelisches Beispiel: Johann Sebastian Bach, Kantate *Nun komm der Heiden Heiland.* Adventstimmung, Adventtexte. Vorletzter Satz: eine Sopran-Arie. Sie schließt mit den Worten *Jesus kömmt und ziehet ein.* Ohne Vorwarnung setzt der Chor ein mit dem Text: *Amen, amen, komm, du schöne Freudenkrone* – das ist der Schluss des Liedes *Wie schön leuchtet der Morgenstern.* Und das ist ein Lied für das Hochfest Epiphanie! Die Gedankenbrücke: Jesus ist nicht einfach ein herziges Baby in der Krippe, sondern wird schon kurze Zeit später von ein paar Prominenten besucht werden. Derlei könnte man natürlich auch in der Predigt zum besten geben. Aber bei Bach geht das viel unmittelbarer: Er verwendet die Melodie als Signal – und mit einem Ruck hat er den Hörer über die ganze Advent- und die Weihnachtszeit mitgenommen bis zum 6. Jänner!

„Text und Singweise können durch ständige Wiederholung so verschmelzen, dass es genügt, einen Teil anklingen zu lassen, um das Ganze ins Bewusstsein zu rufen." (Harnoncourt S. 136). Die Liturgie müsste also nicht eifersüchtig, sondern dankbar sein; hier kann einiges so vermittelt werden, dass es nicht nur ins Ohr, sondern unter die Haut geht. Die „nackte" Musik aber – die nicht mit der Liturgie verbundene – braucht sich nicht mit ihrer Gabe brüsten, denn sie hat umgekehrt an vielen

---

4   Dieses Zitat findet sich neben vielen anderen sehr erhellenden in: Emmanuela Kohlhaas, Musik und Spiritualität. Musik als Raum der Gotteserfahrung? (Kohlhaas 2007b)

Stellen nicht-religiöser Musik Signale des Religiösen verwendet, um zumindest einen Akzent des Numinosen zu setzen, um einen Moment des frommen Schauers, einen flüchtigen Gedanken an die Ewigkeit im Hörer zu evozieren – auch und gerade in nicht-sakralen Werken. Im frühen 19. Jahrhundert ist eine Praxis derartiger Signalgebung entstanden, und sie hat lange angehalten.

Noch einmal zurück zu Augustinus. „Sich hinreißen lassen (!) zu mehr geistlicher Andacht (!)" – damit wäre so mancher kühl kalkulierende Liturgiker nicht einverstanden. Einem gefährlich subjektiven Element redet der Heilige da das Wort. – Aber das kommt doch ohnehin kaum vor, sagt der Liturgiker; hier haben wir den vorgegebenen Text, und da haben wir die Arten, ihn auszuführen: leise, laut, einstimmig gesungen, mehrstimmig gesungen, was heißt da plötzlich „sich hinreißen lassen" … einerlei, der Text muss es sein, sagt der Liturgiker, und diesen Text wollen wir immer noch verstehen können unter all diesem kunstvollen Gesinge, und das Stück darf nicht länger sein als der Ritus, der ihn begleitet … In eigentlich unzulässiger Verdichtung und Verkürzung haben wir hier schon die wesentlichen Konfliktpunkte zwischen Liturgie und Musik benannt. Sie kennzeichnen die Beziehungsgeschichte seit etwa 1000 Jahren; die Schwerpunkte wechseln, aber es bleibt die Wachsamkeit gegenüber dem allzu großen Eigenleben der Gesänge, es bleibt die Scheu vor dem Nicht-Fassbaren, vor dem Emotionellen, vor dem Elementaren. Es bleibt das Zurückweichen vor dem Subjektiven, die Angst vor einem Schauer, der nicht durch das Wort, sondern durch die Vertonung erzeugt wird.

Marius Schwemmer zitiert eine alte Anekdote von der „Nonnentrompete": Wenn die Schwestern in der Messe oder im Stundengebet sangen, waren sie oft selbst ganz und gar gefangen von der Anmut des Vortrages. Eine spirituelle Lehrmeisterin sagte darauf: „Das ist der Moment der größten Gefährdung unserer Seelen. Der Teufel sitzt vor der Tür und wartet nur darauf, dass unsere Herzen so sehr bei unseren Gesängen sind, dass sie die Sehnsucht nach Gott vergessen. Dann kann er uns greifen und wir sind verloren." Daher musste eine Schwester auf einem großen tieftönigen Musikinstrument ab und zu raue Töne spielen, um die Schwestern an ihre eigentliche Aufgabe zu erinnern und den Teufel abzulenken. (Schwemmer 2006, S. 29).

Immer lauert die Gefahr – vor allem vom Liturgiker aus gesehen –, dass man sich in den Vordergrund singt oder spielt.

Aber warum soll man Kirchenmusik nicht „für das Publikum" machen? Für den lieben Gott, gewiss, aber jetzt einmal respektvoll von ihm abgesehen – für wen denn sonst, wenn nicht für das Publikum? All das, wovon schon die Rede war – all diese kaum mehr begründbaren Wirkungen im unterschwelligen emotionellen Bereich, der unmerkliche Transport von Inhalten und das Durch-die-Musik-mitgerissen-Werden, das der heilige Augustinus immerhin einräumt – für wen außer „für das Publikum" soll das alles sein?

Das Wort aus der Schrift oder der Gebetstradition, das dürre, ungefärbte Wort – *mehr* soll es werden, *mehr* soll transportiert werden, als das dürre Wort allein bedeuten kann. Was ankommt beim Hörer, soll *mehr* sein als das, was ursprünglich ohne Notenlinien hingeschrieben war. *Mehr* – das heißt nicht immer nur deutlicher oder lauter. *Mehr* umfasst hier nicht einen quantitativen, sondern einen essenziellen Unterschied.

Da dies letztlich nicht präzise fassbar ist, bleibt die Verlegenheit der Theologie angesichts einer Gänsehaut oder einer Träne, wenn sie hervorgerufen wurden durch eine packende Modulation oder eine durchbohrend unerwartete Harmonie und nicht schon durch eine treffende Metapher oder einen tiefsinnigen Gedanken. Dabei hat ja auch die Theologie ihre Künstler – Texter, unter denen Poeten waren, und Theologen, die selbst Poeten waren. Thomas von Aquins →Sequenz *Lauda Sion Salvatorem* ist gereimte Sakramententheologie und als dichterisches Erzeugnis nach 700 Jahren immer noch präsent. – Diese Grundangst vor der Ausgestaltung führt sich selbst ad absurdum; eine Theologie, die sich in gezirkelter Logik allein ausdrückte, wäre tote Materie, die den Weg in die Liturgie erst gar nicht fände.

Aber: Die Musik ist nicht der Ritus. Auf diesen letztlich unangreifbaren ultimativen Standpunkt zieht man sich gerne zurück, wenn das Pendel wieder einmal zu heftig nach der einen Seite ausgeschwungen hat. Dieses Hin und Her hat es immer wieder gegeben, nämlich das Pendeln zwischen mehr Ausstattung und mehr Essenz, um es einmal bösartig zu formulieren. Ein Gesang wird kunstvoller und reicher, bis er für den Ritus, den er begleiten soll, endgültig zu lang ist. Dann schwingt das Pendel in die andere Richtung – man verlangt, dass nur mehr das angeblich Wesentliche, nur mehr der nackte Text allein gesungen wird. Oder ein zeitlich überhängender Teil bricht ab, oder irgendetwas in der Mitte wird weggelassen. „Das einzig Beständige ist der Wandel", und deshalb wird von ihm in diesem Buch immer wieder die Rede sein. Hinter allem Wandel steckt – jedenfalls fast immer – die im letzten belebende Kraft des Kampfes zwischen Ritus und Gestaltung. Ohne den radikalen theologischen und liturgischen Bruch Luthers hätte es (nach einem Vierteljahrtausend der Entwicklung) keine Bachkantate gegeben. Und ohne die Anordnung des Salzburger Fürsterzbischofs Graf Hieronymus von Colloredo, dass die Hochämter ab sofort deutlich kürzer werden sollten, hätte Mozart nicht den Typ der sehr festlichen *und* sehr kurzen *Missa brevis et solemnis* entwickeln müssen. Der Wandel ist das einzig Beständige.

Für manchen Leser wird die spirituelle Einbettung des Gegenstands auf diesen Seiten eine zu kleine Rolle spielen. Der Autor meint, dass diese Dimension der Kirchenmusik nicht nur a priori gegeben ist und keiner neuerlichen Argumentation bedarf, sondern dass gerade das Spirituelle der Musik – das „eigentlich Theologische" – hochrangige und berühmte Anwälte hat, von einer ganzen Reihe Heiligen

(Augustinus, Gregor, Thomas von Aquin) angefangen bis zu bedeutenden Schrift-
stellern (Goethe, Novalis, Hesse) und Künstlerkollegen – von Theologen und Liturgiewissenschaftern, die diese Aspekte ohnehin nimmermüde herausarbeiten und
propagieren, einmal ganz abgesehen. In unseren Überlegungen spielt die ohnehin
nicht rein materielle Bedingtheit von Liturgie und Musik eine so große Rolle, dass
der große hermeneutische Schwung Berufeneren überlassen bleiben soll.

Dem Autor erscheint es vielmehr (und wenn jemand will: im Gegenteil!) sehr
wichtig, auf die Verankerung unseres Gegenstandes in dieser Welt zu verweisen
und insbesondere herauszuarbeiten, dass jeder noch so inspirierte Text und jede
schon halb kanonisierte Melodie einen Menschen wie dich und mich zum Urheber
hat; dass hinter jedem neuen liturgischen Gesetz eine bestehende Praxis steckt, die
entweder für gültig erklärt wird oder ab jetzt verboten ist; dass hinter solchen Me-
chanismen real existierende Menschen (einzelne oder Parteiungen) stecken und
dass Bräuche und Missbräuche zwar *entstehen*, Gesetze aber *gemacht* werden. Klare Sicht soll es hier geben: Wer akzeptiert, dass Gottesdienst und Musik aus dem
elementaren Kern des Menschen kommen (*thymos* dürfte der am besten passende
Begriff dafür sein) und auch dorthin wieder mit schneidender Präzision hinein-
treffen – wir haben es dargelegt –, für den kann auch nie ein Zweifel bestehen,
dass es um den Menschen geht: Ja, aber mit seiner ganzen Physis, mit seinem kulturellen Rucksack aus dem einen oder dem anderen Jahrhundert, mit der Erinnerung an die Gottesdienste seiner Kindheit, mit seinem Wunsch, alles zu verstehen
und seinem anderen Wunsch, sich verzaubern zu lassen; der Mensch, der heute
Maß nimmt an vielen anderen kulturellen Formen; der in einem anderen Zeitpuls
schwingt als ein Mensch des 18. Jahrhunderts, der aber die Stille genauso nötig hat;
der Mensch von heute, der an dramaturgische Kurven gewöhnt ist und für Wiederholung und Abwechslung sensibler sein dürfte als früher Lebende – dieser Mensch
ist Subjekt und Objekt in diesem Buch.

Eine klare Sicht, in jeder Hin-Sicht, ist das Ziel dieses Kapitels und des ganzen
Buches. Es bleibt, davon ist der so kaltblütig wirkende Autor überzeugt, noch genügend übrig, das uns singen, erschauern oder verstummen lässt.

I. Die Messe

Verändere sie, um sie zu bewahren

In diesem größten Kapitel des Buches kommen viele Grundsatzfragen zur Sprache, die es unmöglich machen, hier einfach mit dem Introitus zu beginnen und mit dem Dankgesang aufzuhören. Ohne ein wenig historischen Hintergrund geht es nicht ab und natürlich auch nicht ohne liturgische Vorschriften. Zudem wird der Autor hier nicht nur referieren und zitieren, sondern zu manchem auch seine persönliche Ansicht mitteilen. Der Leser sei hiermit ermutigt, die Mühe dieser Aneignung auf mehreren Ebenen mitzumachen. Der Gegenstand ist nun einmal sehr umfangreich und könnte vermutlich auch in mehreren getrennten eindimensionalen Scheibchen aufbereitet werden; das Erlebnis des Vieldimensionalen ist dem Thema aber weitaus angemessener.

Die Messe also! Kaum zu glauben: Selbst bei diesem Begriff, der so wichtig und geradezu identitätsstiftend für einen großen Teil der christlichen Weltbevölkerung ist, ist zunächst ein wenig Definitionsmühe notwendig.

Das nackte Vokabel *Messe* kommt von jenem wohlbekannten Zuruf am Ende des Gottesdienstes *Ite, missa est* (Geht, es ist Entlassung [Aussendung]), mit der die Mitfeiernden entlassen werden.

Messe nennt man zunächst einmal jene grundlegende **Gottesdienstform**, die jedenfalls beide elementaren Arten der Begegnung mit Gott einschließt – in Wort und eucharistischer Gestalt im Sinne einer untrennbaren Einheit. Damit sind wir bereits einer der vielen anderen Bezeichnungen für diesen Gottesdienst nahegekommen:

– Eucharistie (auch dieser Ausdruck hat zwei Bedeutungen) und Eucharistiefeier. Unter *Eucharistie* verstand man während der ersten drei Jahrhunderte eben die gesamte Messfeier, und dies wurde im 20. Jahrhundert wieder aufgegriffen. In der langen Zeit dazwischen wurden allein die beiden Gestalten der Kommunion, Brot und Wein, als Eucharistie bezeichnet, und zwar vor allem die Brotgestalt.

– Oft wird auch das Wort *Gottesdienst* einfach als Synonym für die Messe verwendet; da schwingt ein wenig mit, dass die Messe der eigentliche und hauptsächliche Gottesdienst der Katholiken ist (was ja auch stimmt); allerdings geht dabei unter, dass auch eine Vesper oder eine Taufe Gottesdienste sind.

– Der Ausdruck *Messopfer* wird in letzter Zeit etwas seltener verwendet; in diesem Zusammenhang wird noch einiges zu sagen sein.

– Wieder eingebürgert hat sich – man könnte sagen: gegenläufig und folgerichtig – der Ausdruck *Herrenmahl*. Schon der Apostel Paulus hat die Eucharistiefeier so genannt, und auch das Konzilsdokument über die Liturgie spricht vom Herrenmahl. Das kommt dem *Abendmahl* schon etwas nahe; dieser Ausdruck ist allerdings weiterhin vor allem mit dem lutherischen Gottesdienst verbunden.[1]

1. Ordinarium / Proprium

In diesem Buch über Kirchenmusik wird es allerdings öfter um die andere Sache gehen, die ebenfalls mit dem Ausdruck Messe bezeichnet wird: um das (Mess-) **Ordinarium**. Dies ist ein Set von fünf bzw. sechs Teilen, die in jeder Messfeier enthalten sind:

– Kyrie
– Gloria
– Credo
– Sanctus/Benedictus
– Agnus Dei

Da sind einige schnell nachgereichte Erklärungen nötig:

– Es gibt selbstverständlich noch viele andere Einzelelemente, die in jeder Messfeier vorkommen – nicht zuletzt das Hochgebet mit seinem Zentrum, den Einsetzungsworten (der „Wandlung“).

– Nach der jetzt gültigen Ordnung kann das Kyrie sogar entfallen, wenn am Beginn der Messe ein besonderer Ritus stattfindet, etwa die Besprengung der Mitfeiernden mit Weihwasser (→*Asperges*).

– Das Gloria gibt es nur an Sonn- und Festtagen. In der ⇨Fastenzeit und im ⇨Advent entfällt es durchwegs.

---

1   Eine eigene Form ist die *evangelische Missa brevis*; sie umfasst bloß Kyrie und Gloria. Denn infolge der Reform der Messliturgie war das Credo zum Volksgesang geworden; Sanctus/Benedictus und Agnus hatten ihre Funktion verloren.

– Das Credo gibt es nur an Sonn- und Feiertagen und an ganz wenigen Herrenfesten.
– Sanctus/Benedictus sind ursprünglich nicht zwei getrennte Teile.

Eine gewisse Vorsicht in der Formulierung lässt erkennen, dass all das nicht unbedingt gesungen werden muss. Es sind zunächst einmal Texte von verschiedener
Länge und Gestalt, die ein Priester sogar in einer stillen Messe leise vor sich hin
sprechen muss.

Aber wenn es für diese fünf Teile so viel Flexibilität – oder ist es gar Beliebigkeit? – gibt, warum hat dann dieses Set von Ordinariumsgesängen diese herausragende Rolle und geradezu eine Ausstrahlung des Ehrwürdigen? Wie ist es dazu
gekommen, dass diese fünf Texte als Set verstanden werden, viele tausend Mal
vertont worden sind und im Prinzip – bis jetzt! – viele liturgische Reformen überdauert haben?

In erster Linie eben, weil so großer Bedarf an Vertonungen bestanden hat, da
diese Teile des Ordinariums jedes Mal verpflichtend im Gottesdienst zu singen wa-
ren (das Credo allerdings auch früher nicht an Wochentagen). Ein anderer Grund
ist, dass das Ordinarium ein gattungsmäßiges bzw. formales Gegenstück im **Pro-
prium** hat. Darunter versteht man jene Elemente, die in jeder Messfeier je nach
Wochentag, Sonntag, Festtag oder Anlass verschieden sind:
– Introitus
– Graduale
– Allelujavers (*Versus alleluiaticus*), in der Fastenzeit stattdessen: Tractus
– Offertorium
– Communio

Zuallererst sei wieder einmal ein Ausdruck mit zwei Bedeutungen erklärt. Ein **Graduale** ist der zweite im eben erwähnten Set von Propriengesängen. Als Graduale
bezeichnet man aber auch ein Buch, in dem alle diese Proprien – immer alle fünf
Stücke, für jeden Anlass im Jahr – aufgezeichnet sind. Das Graduale Romanum
ist das offizielle Buch dieser Gesänge. Selbstverständlich sind hier nicht 365 x 5
mehrzeilige Melodien abgedruckt; auf viele Melodien, die an mehreren Tagen bzw.
Festen gesungen werden, wird bloß querverwiesen. Heutzutage gibt es zusätzlich
noch das Graduale Triplex (über jeder Melodie sind in roter und schwarzer Farbe die
ursprünglichen Grundschriftzeichen des gregorianischen Chorals, die →Neumen,
eingedruckt) und ein Graduale simplex; letzteres enthält leichte und kurze Melodi-
en für die alten Proprientexte, die größtenteils aus bereits vorhandenen kürzeren
→Antiphonen des ⇨Stundengebetes genommen und adaptiert wurden.

Dass hier die lateinischen Bezeichnungen verwendet werden, entspringt nicht einer nostalgischen Stimmung des Autors, sondern weist auf die liturgische Ord-

nung vor dem II. Vatikanischen Konzil hin. Es sind die Bezeichnungen, die in tausenden alten Büchern über den Gesängen stehen – im Missale, im Graduale und im →Liber usualis. Sie sind viele Jahrhunderte lang verwendet worden, und wer sich mit dem Schatz der Kirchenmusik beschäftigt, wird an ihnen nicht vorbeikommen. Weiters bezeichnen die meisten dieser Begriffe nicht nur die Stelle im Ablauf, an der dieser Gesang gesungen wird, sondern stehen meistens auch für eine bestimmte Form. *Omnes de Saba* von Rheinberger kann nur ein Graduale sein (in der Messe von Epiphanie), *Puer natus* von Michael Haydn kann nur ein Introitus sein (Weihnachten, am Tag). Ein gregorianisches Offertorium ist musikalisch anders angelegt als eine Communio, von der unterschiedlichen Länge ganz abgesehen. Introitus, Graduale und Allelujavers sind – nicht nur in der Gregorianik – mehrteilige Kompositionen, die anderen Gesänge nicht. Anders herum gesagt: Ein Stück Sakralmusik aus dem 18. Jahrhundert in ABA-Form, lateinischer Text, im Mittelteil zwei Psalmverse und ein *Gloria Patri,* die beiden A-Teile identisch, kann man blindlings als Introitus identifizieren.

Wir sprachen bisher wohlgemerkt von der Gestalt des Propriums bis zur Reform der Liturgie nach dem II. Vatikanischen Konzil. Nach der heute gültigen Ordnung sieht die entsprechende Aufzählung nämlich wie folgt aus:
– Gesang zur Eröffnung
– Antwortpsalm
– Halleluja und Vers (in der Fastenzeit: Ruf und Vers)
– ein Gesang zur Gabenbereitung ist nicht festgelegt; an seine Stelle kann Instrumentalmusik oder Stille treten
– Kommuniongesang
– Dankgesang (fakultativ, nicht festgelegt)

Man sieht, dass sich hier mehr geändert hat als die Bezeichnung. Über Details wird noch zu sprechen sein. Von Bedeutung scheint mir zunächst, dass die Verwendung der alten Proprien-Kompositionen möglich und wünschenswert ist. Man sieht das am neuen Graduale Romanum. Hier wurden die unzähligen, durch Jahrhunderte verwendeten gregorianischen Stücke in eine vernünftige Harmonie mit der neuen Ordnung gebracht. Wo möglich, wurden sie an ihren angestammten Tagen belassen; viele wurden neu zugeordnet. Hier wird auch weiterhin für jeden Anlass ein Offertorium angegeben, andernfalls hätte dieser Corpus an Gesängen nur schwer am Leben erhalten werden können.

Seit geraumer Zeit wird in der Fachliteratur die Meinung vertreten, die Einteilung des in der Messe Gesungenen in Ordinarium und Proprium sei nicht zweckdienlich und somit obsolet; zuallererst, heißt es, käme es nämlich auf die Funktion der Gesänge an und nicht darauf, ob sie jeden Tag gleich blieben oder wechselten. Auch in der „Grundordnung" (GRM) werden die Gesänge auf diese Art eingeteilt: „manche, die einen selbstständigen Ritus oder eine abgeschlossene Handlung darstellen … und andere, die einen Ritus begleiten." Eng verbunden mit dieser Kategorisierung ist auch das Kriterium der Rollengerechtigkeit einer Vertonung. Diese Aspekte und ihre Bewertung, mehr noch die daraus folgenden Konsequenzen für die Kirchenmusik sind so wichtig, dass wir dieses Thema etwas ausführlicher erörtern müssen, bevor wir uns den Gesängen im Einzelnen zuwenden.

Exkurs I: Liturgische Rollenträger, Funktionen der Gesänge

Im 20. Jahrhundert konnte die Liturgiewissenschaft nachweisen, dass es liturgische Rollen und Rollenträger durch das ganze erste Jahrtausend hindurch gegeben hat; dies betrifft die Ausführung nicht nur von Gesängen, sondern auch von Riten. Das bedeutet beispielsweise: das Evangelium wird vom →Diakon vorgetragen; der zelebrierende Priester hört zu. Die anderen Lesungen liest ein im Rang niedrigerer Kleriker, ein →Akkolyth oder eben ein Lektor vor; Diakon und Priester hören zu. Die meisten der uns vertrauten Gesänge des Ordinariums und Propriums wurden von einer →Schola bzw. einem Chor gesungen – und alle anwesenden Nicht-Sänger hörten zu. Diese Praxis spiegeln schon die spärlichen Liturgiebücher der ersten Jahrhunderte wider, die eben durchwegs Rollenbücher waren: das Lektionar mit allen Lesungen (das Rollenbuch des Lektors), das Evangeliar (das Rollenbuch des Diakons), das Graduale (das Rollenbuch der Sänger) und das →Sakramentar, das die dem Priester vorbehaltenen Teile der Messe enthielt.[2]

Ein solche Rollenverteilung ist dann sinnvoll, wenn es um Gottesdienste mit entsprechendem liturgisch aktivem Personal geht, und es scheint, als konnte man damals von einer solchen Situation als Regelfall ausgehen. Ab dem 9. Jahrhundert bahnte sich jedoch eine Entwicklung an, in der die sogenannte Privatmesse in den Vordergrund rückte, das heißt die von einem Priester allein zelebrierte Messe, bei der neben einem Altardiener – ohne Beauftragung und ohne eigentliche Funktion – niemand aktiv an der Liturgie mitwirkte; häufig war nun eher der allein

---

2   Diese Darstellung, in der über einen Zeitraum von über tausend Jahren referiert wird, ist klarerweise aufs äußerste gerafft, und sie lässt auch wesentliche Einzelheiten außer Acht. So war etwa die Ausbildung von Lektionaren im 9. Jh. bereits der zweite große Schritt; davor wurde direkt aus Bibelhandschriften vorgelesen (jetzt einmal unbeschadet des Aspekts der Rolle und der liturgischen Funktion des Vorlesenden), bis der Vorsteher der Liturgie den Vortrag abbrach; es gab noch kaum verbindlich festgelegte →Perikopen.

zelebrierende Priester der Normalfall. Aus dieser Zeit stammen auch die frühesten Missalien; und ein Missale ist nun kein Rollenbuch mehr, sondern enthält alles, was innerhalb einer Messe gesagt und gesungen werden soll: alle Lesungen, Evangelien, alle Gebete, alle Gesänge und natürlich die sakramentalen Gebete, die für den Vollzug der Messe konstitutiv sind.

Die Entwicklung führte in weiterer Folge zu einem Auseinanderdriften der verschiedenen Liturgien hinsichtlich ihrer Ausführung. Auf der einen Seite gab es große, zeremoniell reich entfaltete Gottesdienste, vor allem solche des Bischofs, in denen die Rollen weiterhin besetzt waren und in denen rollengemäß agiert wurde. Aber die Privatmesse wurde immer mehr zum Normal- und Regelfall, und in einer solchen trat nun der Priester zum Altar, sprach leise (anstelle der Sänger) den Introitus, das Kyrie und das Gloria, wechselte für das Tagesgebet in die Rolle des Priesters, las statt des Lektors die Lesung, rezitierte das Graduale und den *Versus alleluiaticus* (statt dass beides von der Schola gesungen worden wäre), verwandelte sich für das Evangelium gleichsam in einen Diakon – und so weiter. In letzter Konsequenz führte diese Entwicklung zum Konzil von Trient, das in seinen Durchführungsbestimmungen die Privatmesse als Normfall festschrieb, bei der es für die der Bischofsmesse Abweichungen (!) gab.

Es gibt noch einen anderen Aspekt dieser Entwicklung, und an dem ist die Kirchenmusik sozusagen mitschuldig. Die Ausgestaltung der Gesänge war so kunstvoll geworden, dass ihre Ausführung immer mehr den eigens ausgebildeten Spezialisten vorbehalten bleiben musste – so kunstvoll aber auch, dass der eigentliche Zweck, überhöhende Verkündigung und Verdeutlichung des Textes, in Gefahr kam, in den Hintergrund gedrängt zu werden. Der Kampf um die Liturgiefähigkeit eines Gesanges nahm von hier seinen Ausgang und kam seither immer nur zeitweilig zur Ruhe.[3] Und so ist eine zweite Tendenz des Auseinanderdriftens zu beobachten; liturgiegerechter Textvollzug und musikalische Gestaltung gehen nun oft getrennte Wege. Helmut Hucke, einer der profiliertesten „Liturgie-Musikwissenschafter" des späten 20. Jahrhunderts, setzt den Beginn dieser Entfremdung mit dem Aufkommen der Motette an. Dabei steht diese neue Wachsamkeit, ja Ängstlichkeit, dass eine starke und/oder kunstvolle Vertonung den liturgisch relevanten Kern eines Gesangstextes übertönen oder an den Rand drängen könnte, im Gegensatz zur früheren Unbekümmertheit auf diesem Gebiet. Denn nachdem sich die Orgel im 11./12. Jahrhundert als Kultinstrument in den großen Kirchen verbreitet hatte, bürgerte es sich ein, dass einzelne Teile des Gesanges durch solistisches Orgelspiel ersetzt wurden (man muss sich dafür lange Zeit hindurch einstimmiges Spiel vorstellen) – und das galt als der gesungenen Ausführung gleichwertig.

---

3   Z. B. die Diskussionen während des Cäcilianismus im späten 19./frühen 20. Jahrhundert (S. 309) oder die Debatten über die „Jazzmesse" ca. 1960–1970 (S. 342).

„Die Kirche resignierte", merkt Hucke an, und verfügte mit einer gewissen Folgerichtigkeit, dass alle Texte, die von einer Schola oder einem Chor gesungen wurden, gleichzeitig auch vom zelebrierenden Priester still gesprochen werden mussten. Auch dadurch wurde die Privatmesse – nicht von ungefähr auch „stille Messe" genannt – als Referenzsituation gestärkt. Der historische Befund zeigt: Anfang des 20. Jahrhunderts war diese Privatmesse der Regelfall; aber sie war, formal und kulturell gesehen, eine Art entdramatisierte Kümmerform[4] der feierlichen Bischofsmesse. Nichts zeigt dies deutlicher als der Titel des Gesetzbuches, das bis 1965 noch für die stillste Messe in der leersten Kirche galt: das Ceremoniale Episcoporum aus dem Jahr 1600. „Die Werktagsmesse war praktisch die Privatmesse des Pfarrgeistlichen bei offenen Kirchentüren." (Pesch 2001, S. 111) Bemerkenswert ist allerdings auch, dass umgekehrt die Standards der Privatmesse auf die feierliche Messe mit Assistenz und Chor rückwirkten; denn keineswegs wurden bei einer solchen die Rollen wieder zur Gänze und de facto aktiviert. Was immer nämlich der Chor in (scheinbarer) Ausübung seiner Rolle zum Besten gab – der Zelebrant musste es leise parallel beten, und die Bestimmung, dass er auch die Lesung still für sich lesen musste – parallel zum Vortrag des →Subdiakons! –, wurde erst in den Fünfzigerjahren des 20. Jahrhunderts aufgehoben (1955 für die Karwoche, 1960 für alle gesungenen Messen).

In diesem 20. Jahrhundert wurde das alles erforscht, vor allem aber wurde man sich der weitreichenden Konsequenzen für die real stattfindende Liturgie bewusst. Zunächst floss das in die Aufbrüche und Experimente der verschiedenen liturgischen Bewegungen ein, von denen diejenige von Klosterneuburg die in Österreich bekannteste ist. Diese Bewegungen hatten Vorreiter- und Vorläuferrolle für die Weichenstellungen des II. Vatikanischen Kolzils. Man erkannte, dass die liturgischen Rollen verschüttetes kultisches Erbe waren, deren Belebung Sinnzuwachs und Transparenz für den gottesdienstlichen Vollzug bringen würde. Wirklich revolutionär aber war die Erkenntnis, dass ja auch – und zuallererst! – die Gesamtheit der Anwesenden eine eigene Rolle in der Liturgie hatte. Das war neu und konnte auch gar nicht Gegenstand einer Wiederentdeckung sein, denn eine aktive Beteiligung der Anwesenden über Klerus und Chor hinaus hatte die Liturgie des Mittelalters nicht gekannt. In GRM Nr. 11 wird der Unterschied zur vorher gültigen Liturgie deutlich angesprochen:

> „Im Hinblick auf die damaligen Umstände hielt es das Konzil [von Trient] aber für geboten, (…) erneut die überlieferte Lehre der Kirche einzuschärfen, nach der das eucharistische Opfer in erster Linie ein Tun Christi selbst ist, dessen eigene Wirksamkeit nicht davon abhängig ist, in welcher Weise die Gläubigen daran teilnehmen."

---

4 Damit ist selbstverständlich nichts über die sakramentale Dimension einer solchen Messe ausgesagt; sie ist immer dieselbe, ob die Messe nun mit einem oder zehn liturgisch aktiven (Mit-)Feiernden stattfindet – und unbeschadet der Rollenverteilung und der musikalischen Gestaltung.

Die Hereinholung – noch besser: die Heimholung – der gesamten Feiergemeinde als agierender und konstituierender Rollenträger stellt den großen, den eigentlichen Schritt zur Liturgie des II. Vatikanischen Konzils dar. Und so heißt es nun in AEM 78 in klarem Gegensatz zu den davor wirksamen Paradigmen:

> „Dem zelebrierenden Priester sollten in der Regel ein Lektor, ein Kantor [!] und wenigstens ein Altardiener zur Seite stehen; diese Form wird im folgenden als ‚Grundform' bezeichnet. Der nachstehend beschriebene Verlauf der Messfeier sieht jedoch auch die Möglichkeit einer größeren Anzahl von Mitfeiernden vor."

Zugleich mit der Wiederbelebung des Rollenprinzips rückte auch das Kriterium der Funktion in den Vordergrund; das eine war wohl die Voraussetzung für das andere. Hierbei geht es vor allem darum, ob ein bestimmter Gesang *selbst liturgischer Vollzug ist* oder ob umgekehrt ein liturgischer Vollzug *von ihm begleitet wird*.

Ein Vergleich zwischen zwei äußerlich ähnlichen Situationen, nämlich dem Offertorium bzw. dem Gesang zur Gabenbereitung (Messe) und dem →Magnificat (→Vesper) zeigt, worum es dabei geht. In der feierlichen Messe wird nach der Bereitung der Gaben Weihrauch ins Fässchen eingelegt und zuerst der Altar, dann die Mitwirkenden im →Presbyterium und schließlich die ganze Feiergemeinde beräuchert. Dazu wird gesungen oder es erklingt Instrumentalmusik; das sollte in der Länge an die Dauer des Vorganges angepasst sein. – In der Vesper ist es umgekehrt: das Magnificat – also das Gesungene – ist liturgischer Vollzug, und dazu kommt der Weihrauch. Auch wenn es keinen Weihrauch gibt, wird das Magnificat gesungen, und wenn Singen nicht möglich ist, wird es gesprochen.

Eine Einteilung der Gesangsstücke innerhalb der Messe könnte demzufolge so aussehen:

Der genannte Gesang

ist selbst Vollzug, **er ist ein Aktionsgesang**	*begleitet eine Handlung,* **er ist ein Begleitgesang**
	Eingangslied/Introitus/Instrumentalmusik
Kyrie Gloria Antwortpsalm/Graduale Halleluja bzw. Ruf und Vers Credo	
	Gesang zur Gabenbereitung/Offertorium/ Instrumentalmusik
Sanctus/Benedictus	
	Agnus Dei Gesang zur Kommunion/Communio
Dankgesang	

Hier ergibt sich also eine Anordnung von zusammengehörigen Gesängen, die mit der Einteilung in Ordinarium und Proprium nichts zu tun hat. Im Blick auf das vorher über das Proprium Gesagte möchte ich dennoch zur inzwischen sehr populären Auffassung in Opposition gehen, die meint, dass die alte Einteilung in Ordinariums- und Propriumsgesänge obsolet wäre. Die Wiederentdeckung des Funktionsprinzips (und, damit einhergehend, des Rollenprinzips) in der Liturgie war historisch notwendig und folgerichtig. Der Aspekt der Funktionsgerechtigkeit eines Liturgieelementes kann und soll ja nicht hinwegargumentiert werden, und er wird uns im Weiteren dauernd beschäftigen. Die Funktion eines Gesanges ist jedoch nur *ein* Einteilungskriterium. Ein profanes Beispiel zur Verdeutlichung: Man könnte auf einer Liste von 50 Gerichten die übliche Einteilung in Vor-, Haupt- und Nachspeisen vornehmen – oder in solche, die kalt oder warm serviert werden; schließlich wären noch die Kategorien Fisch, Fleisch und vegetarisch denkbar. Keine der drei Kategorien widerspricht einer der beiden anderen (das haben Kategorien nun einmal an sich).

Auf die Gesänge der Messe angewendet bedeutet das:
- Der *thesaurus musicae sacrae* ist zum überwiegenden Teil in den Kategorien Ordinarium und Proprium geschaffen, geordnet und verwendet worden; ihnen entsprechend ist er auch überliefert.
- Wer für seine Arbeit aus diesem *thesaurus* schöpfen will, wird mit dieser Ordnung zu tun haben und muss mit ihr vertraut sein.
- Die Kriterien der Funktions- und Rollengerechtigkeit waren schlichtweg irrelevant, als diese Stücke komponiert wurden, denn die Vielfalt der Rollen war im Lauf der Entwicklung untergegangen. Die Anzahl der Rollenträger, die kunstvolle Musik in der Liturgie ausführen konnten, war sehr überschaubar, und eine andere Musik gab es nicht, denn Volksgesang innerhalb des feierlichen Gottesdienstes war unbekannt. (⇨Alte Messe / Alte Liturgie, S. 85f.)
- Und schließlich: Liturgie und Musik waren – immer aus der Sicht der Funktions- und Rollenspezifität – auseinandergedriftet und für lange Zeit separiert geblieben.

All dies ist keineswegs als Werturteil über die eine oder die andere Form der Liturgie oder der kirchenmusikalischen Produktion zu verstehen; wer sich jedoch mit alter Musik und neuer Liturgie beschäftigt, wird sich diesen Gedankengängen jedenfalls stellen müssen. All dies enthebt uns andererseits nicht im mindesten der Aufgabe, sehr wohl jedes einzelne Steinchen aus dem Schatz der alten Kirchenmusik im Lichte der Funktions- und Rollengerechtigkeit zu prüfen – in dem Moment, wo es aus der Schatztruhe (und der ehrwürdigen Proprien-Ordnung) heraufgeholt und in die heute lebende Liturgie eingesetzt wird. Und schließlich werden die genannten neu aufgewerteten Prinzipien eine vorrangige Rolle spielen, wenn es um neue liturgische Musik geht; diese sollte klarerweise schon von vornherein mit dem Rollen- und dem Funktionsprinzip im Blick komponiert werden.

Die traditionelle Gliederung Ordinarium/Proprium steht nicht zuletzt auch für die Unverrückbarkeit einer bestimmten liturgischen Ordnung. Wer in diesen Kategorien denkt, hat a priori weniger mit den erwähnten Rollen und Funktionen zu tun. Wo es aber um diese geht, dringen notwendigerweise Flexibilität und Individualität ein – Begriffe, die heute in einem vorher nie gekannten Ausmaß in Zusammenhang mit Liturgie und Kirchenmusik gebracht werden. Die konkrete Liturgie entsteht vor Ort, heißt das Zauberwort; am selben 13. Sonntag im Jahreskreis (Lesejahr A) singt also die Gottesdienstgemeinde von X zu Beginn das Lied *Mir nach, spricht Christus,* und die von Y singt merkwürdigerweise *Christus, der ist mein Leben,* und wo der im Graduale Romanum angegebene Introitus *Omnes gentes plaudite manibus* erklingt, kann man vermutlich an den Fingern einer Hand abzählen. Aber der Pfarrer von X will eben schon mit dem Eingangslied auf das Evangelium hinweisen („Wer nicht sein Kreuz auf sich nimmt und mir nachfolgt, ist meiner nicht würdig"), der Organist von Y stellt hingegen bereits einen Bezug zur zweiten Lesung her („Sind wir nun mit Christus gestorben, so glauben wir, dass wir auch mit ihm leben werden"). Diese Abweichungen von der Vorgabe kann man nicht einfach als Beliebigkeit abstempeln; da haben sich Leute Gedanken gemacht, welche Lieder in Beziehung zu welchen der vorgegebenen Perikopen treten sollen, und die Resultate sind verschieden ausgefallen – verschieden eben auch von der offiziellen Vorgabe.[5] „Die Frage nach dem rechten Einsatz liturgischer Gesänge kann heute nicht mehr mit dem Hinweis auf ein vorhandenes und klar eingrenzbares Repertoire beantwortet werden. Sie ist vielmehr durch den sachgemäßen Umgang mit den Gestaltungserfordernissen und -möglichkeiten je neu zu beantworten." (P. Ebenbauer 1999, S. 144)

Am Ende dieses Abschnitts – in dem wir uns notwendigerweise von der konkreten, klingenden Musik entfernt haben – ist nur noch einmal zu bekräftigen: Nicht im deutlichen Blick oder im verschämten Schielen auf eine konservatorische Kirchenmusik oder gar auf einen liturgischen Rigorismus wird hier weiterhin *auch* von Proprium und Ordinarium gesprochen, sondern einfach deshalb, weil es eine für den *thesaurus*-Gebrauch praktische Einteilung ist. Dennoch werden wir gegen Ende des Kapitels die Frage nach den alten Kriterien noch einmal stellen und neu beantworten. (S. 78)

Im Folgenden werden die einzelnen Gesänge des Ordinariums und des Propriums besprochen. Unbeschadet der Verteidigung dieser alten Einteilung werde ich

---

5 Ähnliche, sehr detaillierte Gedankengänge über ein verantwortetes Abgehen von den Vorgaben: Leenen 1996, bes. S. 58.

ihr hier selbst nicht folgen, sondern dem Ablauf des Gottesdienstes entsprechend vorgehen. Sofern das Thema nicht schon vorher bei den Einzelbesprechungen berührt werden muss, werde ich am Ende des Kapitels auf die Frage eingehen, wie die Vertonungen aus dem *thesaurus* mit der Liturgie nach dem II. Vatikanischen Konzil in Einklang gebracht werden können.

2. Die Gesänge des Eröffnungsteiles

Wenn die Gemeinde versammelt ist, beginnt der Gottesdienst, und zum Einzug des Zelebranten und der anderen Rollenträger wird der **Gesang zur Eröffnung** bzw. der **Introitus** gesungen. Dass es sich hier um einen begleitenden Gesang handelt, ist offensichtlich. Die Liturgie des II. Vatikanischen Konzils ist wirklichkeitsnäher als die vorher gültige; wenn kein Eingangslied gesungen wird, wird der im Messbuch vorgesehene Introitus-Vers vom Zelebranten gesprochen, *nachdem* er die Gläubigen begrüßt hat; er kann dieses kurze Stück Text auch in seine begrüßenden Worte einbauen. Und es kann sogar das Kyrie statt eines Eingangsliedes während des Einzugs gesungen werden; darüber wird noch zu sprechen sein.

Wie schon erwähnt, sind die alten gregorianischen Introitus-Gesänge meist ihren angestammten Tagen zugeordnet; sie unterscheiden sich oft von den Eröffnungsversen im deutschen Missale, die eben Sprechtexte sind für den Fall, dass nicht gesungen wird. Die klassische Form (eigentlicher Introitus – Psalmvers – Wiederholung des Introitus) ist beibehalten worden; das *Gloria Patri* hingegen ist nicht mehr zwingend Bestandteil des Gesanges; zumindest wird in den Dokumenten (AEM 26 und GRM 48) nur „die Antiphon mit dem dazugehörigen Psalm" erwähnt. Das ist gut nachzuvollziehen, da nur nach einem längeren Psalm das *Gloria Patri* sinnvoll ist, nicht aber nach dem Doppelvers, der von dem ursprünglichen Prozessionsgesang übriggeblieben ist. Daraus ist nun allerdings nicht der Schluss zu ziehen, in den Introitus-Vertonungen z. B. der →Wiener Klassik das *Gloria Patri* einfach wegzulassen; dies wäre von der musikalischen Substanz her wohl auch nur in den wenigsten Fällen möglich.

Das Eingangslied hat die Funktion, die Gläubigen innerlich zu sammeln und ihnen einen ersten gemeinsamen Ausdruck der Freude oder jedenfalls des Bereitseins zum Lob Gottes zu ermöglichen. Man könnte sagen: Es ist ein erstes Ventil nach dem Warten auf den Beginn. Was die Ausführung dieses Gesanges betrifft, nennt die Einführung ins Messbuch als Erstes die Gemeinde als Ganzes oder im Wechsel mit einer Schola bzw. einem Chor. Generell wird man an dieser Stelle großzügiger sein können als bei so manchem anderen Gesang, was die Einbindung der Gläubigen betrifft; schließlich ist ja als weitere Alternative „ein anderer geeigneter Gesang" oder sogar Instrumentalmusik vorgeschlagen.

Das Eingangslied hat außerdem auch eine Signations-Funktion und kann einen ersten Hinweis auf Inhalte des Gottesdienstes geben. Das reicht vom unübertrefflich eingeprägten Motto *Requiem aeternam* für einen Totengedenkgottesdienst, oder *Gaudete* für den 3. Adventsonntag, über die gar nicht so stark konnotierten Sonntage der →geprägten Zeiten bis zu den Sonntagen im ⇨Jahreskreis, wo die offiziellen Vorschläge eher wenig Bezug zu den Perikopen erkennen lassen.[6] Für die Wochentage gilt die bemerkenswerte Regelung, dass an ihnen der Introitus des vergangenen Sonntags weiterverwendet wird. Inhaltlich ist also eigentlich Großzügigkeit angesagt; der Text des ersten Gesanges sollte die Feiergemeinde nur eben nicht in eine falsche Richtung führen – was ja für alle Gesänge gilt, für den ersten jedoch verstärkt. (Siehe auch die Überlegungen zu verschiedenen ⇨Marienfesten und -gedenktagen ab S. 241.)

Unbedingt muss bei der Auswahl des Gesanges bzw. der Musik zum Einzug berücksichtigt werden, ob es einen kurzen oder einen langen Einzug gibt und ob Weihrauch verwendet wird. Bei speziellen Anlässen muss eingerechnet werden, wie viele Personen einziehen – und nicht nur das: Es dauert seine Zeit, bis 40 Ministranten (beim Gottesdienst anlässlich ihrer Beauftragung) oder 40 Erstkommunionkinder ihre Plätze eingenommen haben. Da spürt man dann sehr gut, was hinter dem Begriff „Funktion eines Gesanges" steckt, und man nimmt einmal mehr den Ausdruck „oder ein anderer geeigneter Gesang" gerne zur Kenntnis, der an vielen Stellen Möglichkeiten einräumt, von denen man früher nie zu träumen gewagt hatte.

Mit einem „Orgelzwischenspiel" kann man freilich immer die Zeit ausfüllen, wenn ein Eingangslied zu kurz geraten ist. Aber solche Pausenfüller kann man durch sorgfältige Kalkulation des Introitus vermeiden. Wenn schon, dann sollte man lieber ein längeres Orgelvorspiel riskieren und den Gesang später beginnen lassen.

Das **Kyrie** ist, im Vergleich zu den anderen Teilen des Ordinariums, ein mehrdeutiges Stück, das auch in entsprechend vielen Gestalten daherkommt. *Das* Kyrie, wie wir es bis zur Neuordnung der Liturgie aus tausenden Vertonungen kennen, ist ein in sich abgeschlossener Gesang, dessen formale Anlage sich in den meisten Fällen vom Text her geradezu zwingend ergibt. Schon die gregorianischen Vertonungen zeigen die zwei grundlegenden Möglichkeiten, nämlich A-B-A bzw. A-B-A' und A-B-C. Einige der gregorianischen Kyrie bestehen aus dreimal drei Anrufungen; die entspre-

---

6   In der lutherischen Liturgie hält diese Signations-Wirkung des Introitus durch Jahrhunderte bis heute an. Viele Sonntage werden weiterhin nach dem ersten Wort des alten lateinischen Introitus benannt („der Sonntag Cantate") und jeder evangelische Kirchenmusiker weiß sofort, wann dieser Sonntag ist (der 4. nach Ostern). Vgl. auch ⇨Fastenzeit, bes. S. 189.

chenden Formschemata lauten dann AAA-BBB-AAA' (zum Beispiel Kyrie VII, Rex splendor), manchmal sogar ABA-CDC-EFE' (zum Beispiel Kyrie I, Clemens rector).

Die so naheliegende Struktur mit drei Abschnitten erstarrte vor allem im 19. und 20. Jahrhundert zur ehernen Konvention; vor allem in kürzeren Kompositionen war der Christe-Abschnitt sehr oft mit *Più mosso* und der folgende dritte Teil unweigerlich mit *Tempo primo* überschrieben. Ernst Tittel, wiewohl kundiger Wissenschafter und mit großem Überblick ausgestatteter Beobachter, andererseits als Komponist ein Kind des späten 19. Jahrhunderts, empfindet diese Konvention nicht mehr als bloß vorherrschende Variante der formalen Gestaltung, sondern als gleichsam offiziöse Norm und merkt in einer Besprechung der frühen Mozartmessen an: „Im Kyrie [der Waisenhausmesse KV 139] mischt Mozart (wie übrigens häufig, sogar noch im Requiem) die Kyrie- mit den Christe-Anrufungen, wenn auch das Messeschema einen eigenen, in Takt und Erfindung kontrastierenden [!] Christe-Mittelteil erforderte." (Tittel 1961, S. 200)

Die Dreigliedrigkeit hat immer wieder Anlass gegeben, das Kyrie trinitarisch zu deuten, das heißt als Anrufungen der drei göttlichen Personen. Die Zahl von drei Rufen ist aber bloß das, was schon vor Jahrhunderten von einer längeren →Litanei übriggeblieben ist. Ebenso nicht zutreffend ist es, wenn das Kyrie ausschließlich als Ruf um Erbarmen gedeutet wird.[7] Das Wort *eleison* (erbarme dich) scheint dies zwar schlüssig zu untermauern; aber *kyrie eleison* lautete in der Antike der durchaus freudige Zuruf des Volkes an einen Herrscher, wenn er etwa in einer Stadt einzog. Nicht der Charakter der Buße herrscht vor, sondern der der Huldigung. Viele der jubilierenden Vertonungen aus der Wiener Klassik treffen diesen Ton genau. Franz Fleckenstein, langjähriger Domkapellmeister in Würzburg, meinte sogar einmal, Mozart habe „in vielen Messen die Funktion des Kyrie eigentlich besser getroffen als Palestrina."[8]

Mindestens ebenso oft haben sich allerdings viele Komponisten in ihren Kyrie-Vertonungen auf das „Erbarme dich" konzentriert; vor allem im 19. und 20. Jahrhundert ist dieser Satz meist von dunkler Grundfärbung, oft in langsamem Zeitmaß oder zumindest von einer Art Buß-Unruhe erfüllt (⇨Schubert, Messe in Es-Dur). Diese Kyrie sind natürlich nicht „falsch komponiert", sondern die Komponisten haben einmal die eine und einmal die andere Facette dieser kurzen Anrufung in den Vordergrund geholt. Diese Überlegungen sollen jedoch den Musiker und den

---

7   Beides wurde von vielen als einzig gültige Deutung betrachtet. „Durch die Liturgiereform des II. Vatikanischen Konzils wurde die Trinitätssymbolik des *Kyrie* leider zerstört. In seiner jetzigen zweiteiligen Form von Ruf und Antwort lässt es die sinnvolle Bezogenheit der um Hilfe rufenden Menschheit zur allerheiligsten Dreifaltigkeit vollkommen vergessen." Novak 1965, S. 173, Fußnote 4. Abgesehen von allen Überlegungen bezüglich Symbolik können ja drei- bzw. neunteilige Kyrie-Vertonungen weiterhin verwendet werden. Andererseits gibt es viele (alte) gregorianische Kyrie mit sechs Rufen.

8   Streit um die Kirchenmusik. Wo steht die Kirchenmusik 20 Jahre nach der Reform? Ein Gespräch mit Franz Fleckenstein. musica sacra 104. Jg. / Heft 3, Mai/Juni 1984, S.190–196

Zelebranten (!) noch sensibler machen, auf den Charakter der jeweiligen Kyrie-Vertonung hinzuhorchen und die Umgebung dieses Musikstückes entsprechend zu gestalten. Die Bestimmungen über den ganzen Eröffnungskomplex räumen nämlich einige Freiheiten ein, die man nutzen sollte. Das Schuldbekenntnis kann bei festlichen Anlässen entfallen, heißt es hier; ebenso die Vergebungsbitte, wenn das Tagesgebet ein solches Motiv enthält (FGM 22 und 23). Im Fall etwa einer Messe von Anton Bruckner mit ihrem deutlich unterwürfig-flehenden Kyrie wird man auf weitere „dunkle" Elemente verzichten dürfen, denn auch hier ist das Motiv bereits enthalten. Hingegen wird man ein ouvertürenhaftes oder ein besonders brilliantes Kyrie eher mit einem Buß-Element ausbalancieren. – Für die Kirchenmusik gerade in Österreich ist es von großer Bedeutung, dass Kyrie bzw. Kyrielitanei als Eröffnungsgesang dienen können (FGM Nr. 3). Man könnte fast sagen, hier wird dem Kyrie mit über zweihundert Jahren Verspätung offiziell eingeräumt, auch das zu sein, was es in so mancher Haydn- und Mozartmesse ganz offensichtlich ist: Eröffnungsmusik, manchmal mit deutlichen Ouvertüren-Elementen (zum Beispiel W. A. Mozart, Krönungsmesse; J. Haydn, Harmoniemesse; Schubert, Messe B-Dur). Man beachte: Bei Verwendung des Kyrie als Einzugsmusik wird es zu einem begleitenden Gesang, der aber gleichzeitig seinen Vollzugscharakter behält! In diesem Fall ist es Sache des Zelebranten, nach der liturgischen Begrüßung mit einem kurzen Hinweis das bereits erklungene Kyrie als bereits vollzogen bewusst zu machen, und entweder die Vergebungsbitte einzufügen oder gleich zum Gloria hinzuführen.

Anlässlich der Neuordnung der Liturgie hat man die Form der Kyrielitanei wiederentdeckt. Auch diese ist huldigender Zuruf, nicht etwa eine liturgisch veredelte Aufzählung, was alles in der letzten Woche versäumt wurde und der Änderung bedarf, und deshalb „Herr, erbarme dich" (dann wird alles besser!). Aus dem →thesaurus wird man hier nicht schöpfen können, denn es gibt keine Kyrielitaneien aus der Barockzeit und aus der Romantik. Sehr kurze Kyrie-Vertonungen, wie man sie eher im Spätbarock und bei moderneren Komponisten findet, könnten mit etwas Aufwand adaptiert und zur Kyrielitanei erweitert werden. Derlei ist nur denkbar, wenn es sich um drei völlig getrennte und kurze Teile handelt, und für die Anrufungen müsste eine organisch passende Kantillationsformel entwickelt werden. (zum Beispiel William Byrd, Mass for 4 voices oder Palestrina, Missa iste confessor). Vernünftiger ist es allerdings, auf solche Adaptionen zu verzichten; wenn ein komplettes traditionelles Ordinarium gesungen wird, gibt es eben diesmal die Litanei-Form nicht.

Eher abzuraten ist von einer weiteren Spielart der Praxis, die man leider oft im Gemeindegottesdienst mit Kantor und Orgel antrifft: Ein einstimmiges Kyrie wird mit gesprochenen Anrufungen kombiniert. Eine solche Montage lässt außer Acht, dass viele dieser Kyrie-Vertonungen so angelegt sind, dass sich die Melodie über die drei Abschnitte hinweg zu einem Ziel entwickelt bzw. dass jedenfalls ein großer Bogen zu spüren ist; das in Österreich wohl am öftesten gesungene Kyrie von

Vinzenz Goller („Leopold"-Messe) etwa ist so gebaut. Ein solcher Gesamtzusammenhang geht aber verloren, wenn zwischen den Teilen gesprochen wird. Meist ist fehlende Koordination die Ursache für diese unsensible Gestaltung: Der Organist hat das Kyrie auf den Plan gesetzt, der Zelebrant oder ein eifriger Pfarrgemeinderat hat sich Anrufungen für die Kyrielitanei ausgedacht – und nun will man einfach beides realisieren. Für einen solchen Fall empfehle ich, dass die ganze Kyrielitanei gesprochen wird, es sei denn, es ist ein versierter Kantor da, der den vorgeschlagenen Text ad hoc auf eine der gängigen Melodien adaptieren kann.

Es sollte selbstverständlich sein, dass im Fall eines komplett gesungenen Ordinariums keine weiteren kyrie-artigen Elemente unmittelbar vor oder nach dem gesungenen Kyrie Platz haben. Dass ein solcher Hinweis nicht ganz überflüssig ist, wird man sehen, wenn es später ums Agnus Dei geht …

Zu guter Letzt muss man das große Ganze des Eröffnungskomplexes vor sich haben:
– Einzug – mit Einzugslied *oder* Instrumentalmusik *oder* Kyrie bzw. Kyrielitanei
– Gruß („Die Gnade unseres Herrn …", „Der Herr sei mit euch …" u. ä.)
– Bußakt *oder* Kyrie bzw. Kyrielitanei *oder* Schuldbekenntnis
– evtl. Vergebungsbitte
– *wenn noch nicht vollzogen:* Kyrie
– *wenn noch nicht gesprochen:* Vergebungsbitte

Man sieht hier eine reichhaltige Abfolge und eine fast verwirrende Palette an Möglichkeiten. Streng genommen ist das Kyrie der einzige Fixpunkt, und auch der ist innerhalb des Ablaufes nicht unverrückbar. Liturgiker drücken in vielen Beiträgen ihre Bedenken aus, dass sich im Lauf der Zeit zu viele Elemente in diesem Eröffnungskomplex gesammelt haben und eine vernünftige Auswahl eigentlich bei jedem Gottesdienst nötig ist. Insbesondere sollte man mit dem Bußelement eher sparsam umgehen. Es muss keineswegs jeder Gottesdienst mit dieser kurzen „Verdunkelung" beginnen – auch aus einem tieferliegenden Grund: „Zudem ist Umkehr theologisch ja letztlich erst möglich in Reaktion auf die aufgenommene Botschaft vom barmherzigen und rettenden Gott, so dass diese Konstruktion umso fraglicher wird." (Merz 1991, S. 40f.)

Die Kirchenmusik betrifft dies alles eher aus dramaturgischen Gründen – und unmerklich sind wir unterwegs zum nächsten Gesang, dem **Gloria**:
– Es gibt Ordinariums-Vertonungen, bei denen es vernünftig ist, wenn zwischen Kyrie und Gloria noch die Vergebungsbitte gesprochen wird. Das gilt vor allem für den in der Wiener Klassik häufigen Fall, dass der Schluss des einen und der Anfang des anderen Satzes in strahlendem Dur, volles Orchester, Chor im fortissimo, stehen – ein Fall, den es in diesem Stil sonst (Symphonik, Kammermusik,

Klaviermusik) eigentlich nicht gibt, und man tut gut daran, ein solches Zusammentreffen zu entschärfen. (Vgl. auch: ⇨Messen konzertant? S. 100f.)

– Umgekehrt gibt es Messen, die einen Tonart- oder Charakterwechsel vom Kyrie zum Gloria aufweisen; derlei musikalische Feinheiten sind besser wahrzunehmen, wenn zwischen den beiden Sätzen nichts gesprochen wird (J. Haydn, Nelson-Messe; Bruckner, Messe d-Moll).

– Dabei ist allerdings auch zu berücksichtigen, ob die Gloria-Vertonung mit dem Wort Gloria beginnt oder ob die Abfolge ohnehin durch eine einstimmige Intonation unterbrochen werden muss.

– In vielen Fällen ist es aber mehr oder weniger irrelevant, ob direkt angeschlossen wird oder nicht.

Aus meiner Erfahrung in vielen Kirchen – Rundfunk- und TV-Übertragungen eingeschlossen – kann ich nur mit Bedauern registrieren, dass derlei Überlegungen über eine sinnvolle Gestaltung des Eröffnungskomplexes viel zu selten angestellt werden. Inbesondere hört man vor einer Aufführungen eines klassischen Ordinariums bei der Vorbesprechung nicht selten die Formulierung: „Bei uns wird es grundsätzlich so gemacht, dass …" Das schließt oft ein, dass „grundsätzlich" der Zelebrant das Gloria (und übrigens auch das Credo) anstimmt, auch wenn die Vertonung mit dem Wort *Gloria* bzw. *Credo* beginnt. Es greift zu kurz, es als liturgischen Rigorismus zu belächeln, wenn man auf diese Kleinigkeit achtet; im Sinne eines vernünftigen Ineinandergreifens von Liturgie und Kirchenmusik kann es nur *einen* Beginn des Glorias geben. Laut „Ordo cantus missae" (Nr. 3) wird „vom Priester oder, nach Belieben, vom Kantor angestimmt".

Ein kurzer Blick in die Geschichte zeigt allerdings, dass es für das Anstimmen des Glorias durch lange Zeit eigene Regeln gab. Der Gesang ist ab dem 4. Jahrhundert nachweisbar, aber zunächst nur in Bischofsmessen, wo es auch der Bischof anstimmte. Später, als der Gebrauch des Glorias sich ausweitete, durften gewöhnliche Priester es nur am Ostertag und bei ihrer →Primiz anstimmen. Das bedeutet: So ein schlichter erster Satz ist diese wohlbekannte Formel vielleicht gar nicht, sondern sie war lange Zeit ein besonderes Signal, wovon heute nur mehr eine schwache Nachwirkung zu spüren ist. In der Osternacht ist diese Ausstrahlung noch wahrnehmbar.

Für die kühle technische Ebene ein Hinweis: Wenn mit einer der einstimmigen Formeln begonnen wird, sollte diese bereits tonartlich zum Beginn der Vertonung passen – das heißt die Orgelintonation (bzw. eine andere Art der Tonangabe) führt zu dieser einstimmigen Formel, und danach beginnt der Chor ohne weitere Unterbrechung. Das gilt natürlich auch fürs Credo.

Formal gesehen ist das Gloria ein unregelmäßig dreiteiliger Lobpreis mit einem Anteil an Litanei-Elementen.

Ehre sei Gott in der Höhe
und Friede auf Erden den Menschen seiner Gnade.

Wir loben dich,
wir preisen dich, wir beten dich an,
wir rühmen dich und danken dir,
denn groß ist deine Herrlichkeit:
Herr und Gott, König des Himmels,
Gott und Vater, Herrscher über das All.

Herr, eingeborener Sohn, Jesus Christus,
Herr und Gott, Lamm Gottes, Sohn des Vaters,
du nimmst hinweg die Sünde der Welt:
erbarme dich unser;
du nimmst hinweg die Sünde der Welt:
erbarme dich unser;
du nimmst hinweg die Sünde der Welt:
nimm an unser Gebet;
du sitzest zur Rechten des Vaters:
erbarme dich unser.
Denn du allein bist der Heilige,
du allein der Herr,
du allein der Höchste:
Jesus Christus,
mit dem Heiligen Geist,
zur Ehre Gottes des Vaters. Amen.

Seit dem Spätbarock sind die Komponisten immer wieder der vorgegebenen Dreiteilung gefolgt – zumindest in großen Zügen – und haben bei *Qui tollis* und bei *Quoniam* neue Teile beginnen lassen. In längeren Vertonungen dient der Quoniam-Teil oft als musikalische Reprise des Anfangs, was durch Ähnlichkeiten im Textaufbau begünstigt wird (*laudamus te – benedicimus te- glorificamus te / tu solus sanctus – tu solus Dominus – tu solus altissimus*). Eine andere sehr alte Tradition ist es, die abschließende →Doxologie kontrapunktisch, das heißt als →Fuge oder zumindest Fugato zu gestalten; manchmal wird erst das *Amen* in dieser Weise komponiert.

Das Gloria, vor der Liturgiereform Bestandteil jeder Messe (ausgenommen Advent- und Fastenzeit sowie bei Totenmessen), wird an Sonn- und Feiertagen gesungen „sowie bei Feiern von größerer Festlichkeit" (GRM 54). Der häufigste Fall in unseren Breiten, wo diese Bestimmung zum Tragen kommt, ist vermutlich der einer Brautmesse, bei der man ein klassisches Ordinarium haben möchte – jawohl, man darf es zur Gänze singen (eine ähnliche Bestimmung gibt es fürs Credo).

3. Die lesungsbezogenen Gesänge

Während das Gloria ein relativ einfach zu handhabender Messgesang ist – auch was die Einbindung in die jetzt gültige Liturgie betrifft –, sind für die folgenden Teile umfangreiche Überlegungen anzustellen. Warum **Antwortpsalm** und **Hallelujavers** hier „lesungsbezogene" und nicht „Zwischengesänge" genannt werden, wird in Kürze klar werden. Auch in der Diskussion und in der Fachliteratur nehmen sie breiten Raum ein. Vor allem der Antwortpsalm beschäftigt auch noch Jahrzehnte nach seiner Einführung Theoretiker und Praktiker gleich ausgiebig, und zwar aus folgenden Gründen:

1. Mehr als so manches andere wirkt er als neues Element. Die Ähnlichkeit mit dem bisher gewohnten Graduale ist auf den ersten Blick nicht groß.
2. Mit weitaus mehr Nachdruck als bei anderen Gesängen verlangen die liturgischen Regeln, dass der im Lektionar vorgegebene Antwortpsalm nicht – und nicht einmal notfalls – durch andere Gesänge ersetzt wird.
3. Denn wenn der Antwortpsalm nicht gesungen werden kann, soll er gesprochen werden. Es fällt auf, dass in diesem Fall die sonst gängige Formel „oder ein anderer geeigneter Gesang" nicht verwendet wird. (GRN Nr. 61–63, PELM Nr. 19–23)
4. Der Grund dafür ist, dass der Antwortpsalm selbst eine Lesung aus der Heiligen Schrift ist; es kommt bloß nicht so deutlich heraus, weil er möglichst gesungen werden soll.
5. Und deshalb wird er als „wesentliches Element des Wortgottesdienstes" bezeichnet.
6. Mit großem Nachdruck wird für diesen Gesang auch eine spezielle Art der Ausführung verlangt: „Der Psalmist (Kantor) trägt die Verse des Psalms vor, und die ganze Gemeinde antwortet mit dem Kehrvers. Diese Form ist nach Möglichkeit vorzuziehen." (Nämlich der anderen Form, dass der Psalm ohne Unterbrechung und als Ganzes vom Kantor gesungen wird. PELM Nr. 20)
7. Der Antwortpsalm ist der einzige Gesang, der vom Ambo aus vorgetragen werden soll – von jenem Platz, der zuallererst für die Heilige Schrift reserviert ist.

zu 1: Das vertraute gregorianische Graduale ist natürlich sehr wohl ein betagter Vorfahre[9] des Antwortpsalms. Auch sein Text bezog sich auf die übrigen Perikopen der betreffenden Messe, auf den Festgedanken oder zumindest auf die Kirchenjahreszeit. So könnte man umgekehrt auch behaupten, dass der Ant-

---

9 Die ursprüngliche Gestalt des Graduales war just die unseres heutigen Antwortpsalms, nämlich eine ganze Reihe von Psalmversen, eingerahmt von einem einmal wieder*kehr*enden *Vers*. Als letzterer im Lauf der Zeit immer kunstvoller ausgestaltet wurde, verkürzte man allmählich den Psalm auf zwei Verse. In der weiteren Entwicklung ließ man die Wiederholung des Verses weg und schloss sofort das Halleluja bzw. den Tractus an. (Zum Tractus vgl. S. 52 und 191.)

wortpsalm eine Erweiterung des Graduales ist. Die Verwandtschaft ist groß genug, dass der entsprechende gregorianische Gesang aus dem Graduale Romanum (bzw. Graduale simplex) als Antwortpsalm genommen werden kann

zu 2: Das ist die Quelle für zahlreiche Argumente. Soll tatsächlich der vorgegebene Psalm gesungen werden und keine Paraphrase und kein Psalmlied, dann führt dies zunächst einmal zu →Kantillation bzw. Rezitation der Verse, und die Aussichten auf anspruchsvollere musikalische Formen sind nicht ermutigend.

zu 3: Es erstaunt, dass im Fall des Antwortpsalms die gesprochene Realisierung offenbar als das kleinere Übel empfunden wird als der Ersatz durch ein Lied oder sonst ein Musikstück. Das ist aus zwei Gründen bemerkenswert: Durch ein gregorianisches Graduale darf der vorgegebene Text sehr wohl ersetzt werden, obwohl so manches Psalmlied weitaus größere Übereinstimmung mit dem angegebenen Psalm aufwiese; und jeder Psalm ist eo ipso ein Stück Lyrik, das von vornherein für eine gesungene Realisierung gedacht ist. (In früheren Dokumenten[10] für den deutschen Sprachraum war übrigens sehr wohl „ein Psalmlied oder ein anderer geeigneter Gesang" erlaubt.)

zu 4: Eher verständlich wird dies alles wieder, wenn man den Antwortpsalm eben als Lesung aus dem Buch der Psalmen auffasst. Man käme ja auch nie auf die Idee, Lesungen oder Evangelien durch „einen anderen geeigneten Text" oder durch eine Nacherzählung zu ersetzen.

zu 5: Nach all dem Gesagten wird man kaum bezweifeln, dass es sich dabei um ein zentrales Element des Wortgottesdienstes, um eigentlichen liturgischen Vollzug und nicht etwa um einen weiteren Gesang wie zum Beispiel den Introitus handelt.

zu 6: Auch diese Bestimmung deutet zunächst auf eine weitere Verengung der musikalischen Möglichkeiten.

zu 7: Das unterstreicht noch einmal von einer anderen Seite her die Vorzugsstellung dieses Gesangs vor den anderen. Das wertet aber auch den Kantor – er wird „Psalmist" genannt – deutlich auf.

Vermutlich mit Rücksicht auf die realen Verhältnisse ist die folgende Regelung ins Messbuch eingeflossen: „Damit jedoch das Volk leichter einen Kehrvers zum Psalm singen kann, wurden einige Kehrverse und Psalmen für die verschiedenen Zeiten des Jahres und für die unterschiedlichen Gruppen von Heiligen ausgewählt; diese kann man an Stelle des zur Lesung gehörenden Psalms verwenden, wenn man den Psalm singt." (GRM Nr. 61; in Anlehnung an frühere liturgische Termini werden sie Auswahl- oder →Commune-Psalmen genannt.) Mit dieser Regelung wird die zuvor so strikt geforderte Koppelung eines bestimmten Psalms mit einer

---

10 Z. B. in der provisorischen deutschen Übersetzung des neuen Messordo von 1969 (Art. 8).

bestimmten Lesung merklich relativiert. Solche Commune-Psalmen werden im Anhang des Lektionars angegeben, und Vertonungen finden sich zuhauf in den genannten Publikationen.

Exkurs II: Kehrvers und Antwortpsalm – anspruchsloses Mikroelement in simpler Umgebung?

Der Schlüssel dafür, wie sowohl die Treue zum Text als auch die Beteiligung der Gemeinde gesichert werden können, ist tatsächlich der Kehrvers. Er ist für manche eine Art Erkennungszeichen der erneuerten Liturgie geworden – leider auch oft ein Signal für eine Kirchenmusik, bei der es vorgeblich nie um künstlerischen Anspruch, sondern immer nur um liturgische Korrektheit geht – und dabei wieder um Beteiligung der Gottesdienstgemeinde um jeden Preis. Dieser Themenkomplex ist ausgedehnter Erörterung wert, da hier grundsätzliche Aspekte der Post-Vatikanum-II-Liturgie zur Sprache kommen, die für eine in ihr verankerte Kirchenmusik wichtig sind.

Dass der einzelne Kehrvers eine kaum noch reduzierbare musikalische Mindesteinheit ist, wird man nicht bestreiten können. Kleinstgebilde hat es allerdings in der musica sacra immer schon gegeben, ohne dass sie deshalb aufgehört hätte zu existieren. Der Kehrvers schlechthin, *Halleluja*, ist so alt wie das Christentum und seine Musik; er wird seit Jahrhunderten auch in dieser Funktion verwendet. Es gab auch immer schon die Rufe am Schluss der Messe (*Ite, missa est – Deo gratias – Benedicamus Domino* etc.), und es gab die →Versikel in den großen gesungenen →Horen. Im Stundengebet wurde – und wird noch immer – vor und nach jedem Psalm eine Antiphon gesungen, und die kürzesten von ihnen, wiewohl von ehrwürdigem Alter, sehen nicht viel anders aus als unsere deutschen Kehrverse heute. Die schiere Knappheit in der Ausdehnung kann es also nicht sein, die die hochwertige Kirchenmusik als Ganzes in Gefahr bringen könnte.

Wahrscheinlich ist es zunächst einmal der – im „Hochamt" krass zu Tage tretende – Verlust der uralten gregorianischen Gradualien zu Gunsten eines Kehrverses mit rezitiertem Psalm; vor allem aber ist es wohl die nicht unbegründete Befürchtung, dass diese Stelle im Ablauf der Messe für aufwändige Kirchenmusik verloren ist – und das stimmt zunächst einmal. Für die Musik des *thesaurus* ist sie verloren; aber nichts hindert die Komponisten, eine Lawine an hochwertigen neuen Vertonungen des Antwortpsalms hervorzubringen, bei der die künstlerischen

Standards hoch und die Schwierigkeiten für die beteiligte Gemeinde niedrig sind. Es ist ein fundamentaler Irrtum zu meinen, Gemeindebeteiligung resultiere automatisch in Musik minderen Anspruchs, die über die Grundstufen nicht hinausgehen könne und bei der es immer nur einen 4/4-Takt im sakralen Andante geben könne – oder gleich ein seelenloses Rezitieren auf einem Psalmton. Es ist eben eine neue Art des Komponierens nötig, vor allem ein feines Ausbalancieren der praktischen Schwierigkeiten. Gerade Einfaches ist schwer zu komponieren; dass ein Kehrvers kurz ist, bedeutet nicht, dass man ihn schnell hinschreiben kann. Besondere Aufmerksamkeit erfordern die letzten Takte vor dem Wiedereinstieg der Gemeinde mit dem Kehrvers; die Musik muss aufmerksam machen und organisch hinführen, und vor allem muss der Periodenbau genau beachtet werden. Ein großartiges Musikstück zu schreiben, bei dem die Gemeinde unvorbereitet einen womöglich polyrhythmischen →phrygischen Kehrvers einwerfen soll, führt nicht zur hier eingemahnten Neuschöpfung des künstlerisch hochwertigen Antwortpsalms. Leider wird aber oft genau in dieser Weise komponiert, und wenn die Gemeindebeteiligung dann nicht klappt (was man meist nach einem kurzen Blick auf die Partitur prophezeien hätte können), wird immer der Schluss gezogen, dass „das sowieso grundsätzlich nicht funktionieren kann". Auch dass die harmonischen Möglichkeiten a priori beschränkt wären, trifft keineswegs zu. Die Gemeinde kann zum Beispiel, ohne dass sie es recht bemerkt, zu verschiedenen Transpositionen des jeweils nächsten Kehrvers-Einsatzes geführt werden, und allein das ergäbe eine auffällige harmonische Bereicherung des gesamten Antwortpsalms.

Es stimmt, dass die neue Liturgie der musica sacra hier scheinbar etwas weggenommen hat. Gleichzeitig aber öffnet sie ein ungeheures Feld für neue Praktiken und Formen. Die Komponisten haben, im Ganzen gesehen, diese Chancen in den letzten 40 Jahren nur beschränkt wahrgenommen und die zuvor gemachten Überlegungen nur vereinzelt angestellt; sie wurden offensichtlich auch nicht konkret genug dazu angeleitet. Zu sehr war der Blick von Anfang an durch die automatische Gleichsetzung „Antwortpsalm = primitives Psalmodieren" verstellt. Viele komponierten, wenn schon sakral, weiterhin Messen und nahmen nicht wahr – oder wurden nicht ausreichend informiert –, dass es ein neues, sehr umfangreiches Betätigungsfeld gegeben hätte. So mancher Komponistenkollege, den ich diesbezüglich ansprach, reagierte mit dem klassischen Reflex, dass derlei „anspruchsloses Zeug" für ihn keine Herausforderung sei. Dass meine Anfrage genau aus dem Grund geschehen war, um zukünftig ein Stück mehr von der anspruchs*vollen* Sorte zu haben, führte meist zum nächsten Stereotyp: Es sei doch „die Messe" das ureigenste Hauptmedium allen sakralen Komponierens, und damit könne es doch so ein Psalm nicht aufnehmen! – Wie die reiche Bilder- und Ausdruckswelt von 150 Psalmen (und etlichen neu hinzugekommenen Cantica) weniger Herausforderung für einen Komponisten sein könnte als das schon tausende Male vertonte Ordinarium, habe ich in diesen Debatten nie nachvollziehen können. Vor allem aber wird übersehen, dass die Liturgie ja insgesamt biblischer geworden ist. Die neue Leseordnung hat zum ersten Mal für jeden Sonntag (außer in der Osterzeit) eine alttestamentliche Lesung vorgesehen, und der zweite große Schub an Altem Testament sind eben die Psalmen, die zuvor in der Eucharistiefeier nicht besonders präsent waren (wiewohl die alten Proprien viele einzelne Verse enthalten haben). Die Kirchenmusik müsste diese Erweiterung eigentlich begierig aufgegriffen haben!

Provokanter Gedankengang: Schon einmal gab es eine große liturgische Reform des christlichen Gottesdienstes, die dieselben Hauptziele auf ihre Fahnen geheftet hatte: stärkere Ausrichtung auf die Heilige Schrift, Verwendung der Muttersprache, musikalische Beteiligung der Mitfeiernden. Und auch damals ging das in mancher Hinsicht mit einem Herunterschrauben der musikalischen Ansprüche Hand in Hand. Als der lutherische Gottesdienst allmählich seine Ausformung erfuhr, wurde das deutsche Kirchenlied liturgiefähig. Ein solches Lied ist in seinen Gestaltungsmitteln um vieles simpler als etwa ein polyphones Kyrie von Palestrina oder eine achtstimmige Motette von Schein. Der gleichmäßige Strophenbau, die grundsätzlich homophone Anlage und die dadurch überschaubare rhythmische Gestaltung wirken gegenüber der damals gepflegten „hohen" Kirchenmusik als eine Art Dekonstruktion. Man kann sich gut vorstellen, dass Kirchenmusiker vom alten Schlag eingewendet hätten, dass man sich um der Gemeindebeteiligung willen nicht auf solch niedriges musikalisches Niveau begeben sollte. Aber mit dieser Einfachheit war ja nicht der letzte Schritt getan. Das Ende einer langen Entwicklung brachte die Bachkantate, die um das so simple Gebilde aus Strophen eine kunstvolle Hülle bildete! Das Rezept könnte in unserer Zeit erneut angewendet werden: Ein einfaches Element, der Kehrvers, könnte von kunstvoller Musik umgeben werden, und man könnte das eine haben (den liturgisch korrekten Text) und bräuchte das andere, die Mitwirkung der Gemeinde, nicht zu lassen.

Und es gibt ja auch bereits zahlreiche Ergebnisse in Richtung des aufwändigen und doch gemeindefreundlichen Antwortpsalms (das gilt übrigens auch für Hallelujaverse); sie sind meist für ganz konkrete Situationen gemacht, womöglich für bestimmte festliche Anlässe.[11] Oft sind sie für andere Verhältnisse nicht geeignet oder schwer zu adaptieren; deshalb findet man Stücke dieser Art auch kaum in den Verlagskatalogen.

Vertonungen der beschriebenen Art können nicht der Regelfall sein. Ein bestimmter konkreter Antwortpsalm kommt in der Liturgie nicht so oft vor, als dass man hier von einem riesigen Markt sprechen könnte; aber zumindest die gängigsten von ihnen und vor allem die Commune-Psalmen verdienen etwas mehr schöpferische Aufmerksamkeit.

---

11 Vertonungen mit größerem instrumentalen und musikalischen Aufwand liegen u. a. vor von Thomas Dolezal, Johannes Ebenbauer, Kurt Estermann, Peter Planyavsky und Wolfgang Sauseng.

Die am weitesten verbreitete Gestaltungsform (die den Antwortpsalm aber
eben in Misskredit gebracht hat), ist das Rezitieren nach einem einfachen melodischen Modell, vornehmlich nach den neun gregorianischen Psalmtönen bzw.
nach deren Adaptierungen für die deutsche Sprache. Es sollte aber allen Kritikern
bewusst sein, dass diese Art der Rezitation für das Singen in einer Gruppe bzw. in
der Gemeinde gedacht ist (deswegen wird sie als Gemeindepsalmodie bezeichnet!)
und nicht für solistischen Vortrag – wiewohl das technisch natürlich problemlos
möglich ist. Hier steht aber dann ein „Solist" am Pult – und singt einfachste Flos-
keln, die die Erwartung an ein „Solo" nicht erfüllen.

Der erste Schritt zu höherem musikalischen Niveau ist dann getan, wenn der
Psalm nicht nach einem solchen Modell rezitiert wird, sondern wenn er auskomponiert wird, das heißt es werden Melodien geschaffen, die individuell auf den Text
eingehen. Freilich bleibt der Sprachduktus vorherrschend, aber längere Textstücke
werden nicht mehr bloß auf einem Ton rezitiert. Schon ganz früh hat es auskomponierte Antwortpsalmen gegeben. (Gesänge zur Liturgie. →Responsorien (sic!)
zu den Lesungen der Sonn- und Feiertage. Hg. Liturgisch-Musikalisches Seminar
Walberberg, Musikverlag Styria 1969f.) Die nachfolgenden Veränderungen der Leseordnung haben diese Pioniertat leider obsolet gemacht. – Eine Singweise quasi
zwischen Gemeindepsalmodie und vollständigem Auskomponieren sind die Vertonungen aus den diversen Kantorenbüchern (Auswahl):
– [Das] Kantorenbuch zum Gotteslob (die gleichsam als offiziell empfundene Be- 𝄞
  gleitpublikation), Freiburg i. Br. und Graz 1976
– Münchner Kantorale (…) hg. vom Amt für Kirchenmusik im Ordinariat des 𝄞
  Erzbistums München und Freising, 4 Bände, München 1992
– [das österreichische] Kantorale 1 (Linz o. J.) und 2 (Wien 1997) 𝄞

Viele der hier vorliegenden Melodien lassen sich – gerade noch – als komplexe
Modelle darstellen. Die Herausgeber des quasioffiziellen Kantorenbuches zum
Gotteslob von 1976 sind von unrealistischen Erwartungen ausgegangen, wenn es
da im Vorwort etwa heißt: „Kirchenmusiker und Kantoren höheren Ausbildungs-
grades können für sich und die von ihnen betreuten Vorsänger selbst Vertonungen
besorgen [gemeint ist vermutlich: komponieren], die ihren künstlerischen Vorstellungen entsprechen. (…) Die Sorge darum, dass auch in einfacheren Verhältnissen
der Kantorendienst wahrgenommen werden kann, bestimmte die Konzeption der
EGB-Kommission, die diesem Vorsängerbuch zugrunde liegt. (…) Der Antwortpsalm gelingt begleitet ebenso gut wie unbegleitet." Ohne die große Leistung – und
die Vision! –, die hinter diesem Buch steckt, schmälern zu wollen, muss man nach
über 30 Jahren auch nüchtern feststellen, dass vor allem die starke Bevorzugung
der moll-nahen →Kirchentonarten und das Fehlen eines Orgelbegleitbuches die

Akzeptanz des Buches sehr behindert haben – und auch davon wurde das Thema „Antwortpsalm" insgesamt sehr belastet.

♪ Inzwischen sind andere Singweisen erdacht und publiziert worden, etwa das Freiburger Kantorenbuch, hg. vom Amt für Kirchenmusik der Erzdiözese Freiburg, Stuttgart 2006.

Im Vorwort heißt es: „Musikalisch neu ist die Dur-Moll-Tonalität der Antwortpsalmen im Rahmen barocker bis spätromantisch-expressiver Tonsprache. Neu ist zudem der durchwegs, also bei Kehrvers wie Vorsängerversen, ausgeschriebene Orgelpart." Fast noch besser wird woanders erklärt, was das Besondere ist: „Anknüpfend an die englische Tradition, die Psalmen in meist vierteiligen Abschnitten auf ein festes Harmonie- und damit auch Melodieschema mehrstimmig im Stundengebet zu singen, wurde hier der Versuch unternommen, die Modelle ins Deutsche zu übertragen. Der Psalm wird von einer Kantorin oder einer Schola vorgetragen und die urspüngliche chorische Mehrstimmigkeit durch die Orgel ersetzt." (Mailänder 2009, S. 146).

♪ Wieder ein anderer Weg wird beschritten im Grazer Kantorale von Wolfgang Reisinger (hg. Diözesankommission für Liturgie der Diözese Graz 2007).

Diese Vertonungen „im neo-romantischen oder Jazz-Idiom" (Reisinger im Vorwort) sind für Kantor und Begleiter etwas anspruchsvoller; manche der Stücke sind besser auf einem E-Piano zu realisieren. Hier schlägt das Pendel auf die gegenüberliegende Seite aus – vom Modalen und von der Gregorianik-Nähe weg.

Aus der Zeit der frühen Versuche mit deutschen Proprien um 1970 gibt es als Nebenprodukt auch einige Antwortpsalmen, die mit Chor, Kantor, Orgel und Ge-
♪ meinde rechnen (zum Beispiel Hans Haselböck, Psalmenproprium, 1968)[12]. Im
♪ Sinne der Commune-Gesänge hat Ernst Tittel *Deutsche Festkreisproprien* (SATB, Gemeinde, Orgel; ab 1970) vorgelegt. Einfache chorische Vertonungen von Psalm- oder Evangelienversen werden hier mit Strophen bekannter Gemeindelieder umrahmt. – Die vorhin beklagte Absenz der Komponisten bedeutet also nicht, dass gar nichts komponiert worden ist; im Vergleich allerdings mit der Fülle an neuen Texten, die nicht (funktions- und rollengerecht) vertont sind, ist noch immer ein großer Mangel feststellbar.

Schließlich scheint immer mehr in Vergessenheit zu geraten, dass die Vorschriften für die Ausführung an zweiter Stelle den Vortrag des ganzen Psalms ohne Unterbrechung nennen. Zumindest dies wäre ein Betätigungsfeld für jene Komponisten, die den Kontakt mit dem Volk und seinen Kehrversen scheuen!

---

12 Der Zyklus enthält eine Halleluja-Komposition mit zwei Versen; es ist eine Art Mischform aus Halleluja-Psalm und Evangelienvers.

Der Text des Kehrverses greift im Idealfall einen markanten Vers aus dem betreffenden Psalm auf; auch das ist jahrhundertealte Tradition aus dem Stundengebet der Wochentage, wo die Antiphonen in der Regel aus dem jeweiligen Psalm genommen sind. Andere im Lektionar vorgeschlagene Kehrverse sind entweder eine Art Motto im Sinne des Psalms und der vorangegangenen Lesung oder sie ergänzen den Psalm um einen weiteren Gedanken.

Wie sind die Antwortpsalmen im Lektionar im Hinblick auf die Lesung eigentlich ausgewählt? Als Erstes muss darauf hingewiesen werden, dass der Antwortpsalm wegen seiner bevorzugten Form der Ausführung so heißt – und nicht etwa, weil das Volk mit einem Psalm auf den Lippen auf die zuvor gehörte Lesung antwortet. Diese Deutung trifft man allerdings immer wieder an, wenn es zum Beispiel im *Cantionale der Schweiz* in der Einführung heißt: „Der eigentliche theologische Grund [für den Antwortpsalm] ist dies: Wir antworten Gott mit seinem eigenen Wort." Mit diesem Gedankengang ist man ja nicht in schlechter Gesellschaft, denn er kommt direkt aus der Liturgiekonstitution des II. Vatikanischen Konzils, wo es heißt (Nr. 33): „In der Liturgie spricht Gott zu seinem Volk; in ihr verkündet Christus noch immer die Frohe Botschaft. Das Volk aber antwortet mit Gesang und Gebet." Die lateinische Bezeichnung *psalmus responsorius* weist demgegenüber schon etwas deutlicher auf die Art der Ausführung hin; *responsum* ist die lateinische Übersetzung von *Antwort,* und die sprachliche Nähe zum vertrauten Ausdruck *Responsorien* lässt uns an kurzgliedrige Dialoge, also jedenfalls an kurze musikalische Einheiten denken (zum Unterschied von der *Antiphon,* die ein längeres, musikalisch abgeschlossenes Gebilde ist). Wie auch immer – „die Psalmen sind [per se und als Ganzes] *Rede, Wort und Antwort des Menschen an Gott* – keine Selbstverständlichkeit in einer ‚Heiligen Schrift'". (Krummacher 2009, S. 16; Hervorhebung vom Verf.)

Die Lesung (an Sonn- und Festtagen: die *erste* Lesung) und der Antwortpsalm sind also aufeinander abgestimmt; und in welcher Art und Weise diese Bezüge hergestellt sind, kann man folgendermaßen beschreiben:

– Der Psalm ist *assoziativ* mit der Lesung verknüpft. Der Berührungspunkt entsteht aus einer verbalen Verklammerung oder aus der Verwendung eines ähnlichen Bildes; inhaltlich im engeren Sinne haben die beiden Texte aber nichts miteinander zu tun.

Beispiele: 23. Sonntag C: Gott trägt dem Propheten Ezechiel auf, das Bundesvolk jedesmal zu warnen, „wenn du ein Wort aus meinem Mund hörst." Der Psalm 95 spricht von einer ganz andern konkreten Situation: „Verhärtet euer Herz nicht wie in Meriba!", und ist ansonsten in einer Anbetungs- und Lobstimmung, die oberflächlich gesehen gar nicht besonders gut zur Lesung passt. – Oder z. B. Allerheiligen: „Woher sind diese, die weiße Gewänder tragen, und woher sind sie gekommen?" Diese rhetorische Frage angesichts des jüngsten Tages wird verknüpft mit einer ähnlich klingenden Frage: „Wer darf hinaufziehn zum Berg des Herrn?"

– Der Psalm verhält sich zur Lesung *affirmativ*, das heißt die ausgewählte Stelle bekräftigt die Aussage; sie wird zu etwas, „das wir immer schon (im Psalm) gesagt haben".

> Beispiele: Geburt Johannes des Täufers, Vorabendmesse: Gott spricht zu Jeremias: „Noch ehe ich dich im Mutterleib formte, habe ich dich ausersehen …", und der Psalm bestätigt, dass das schon früher so war: „Herr, … vom Mutterleib an stützte ich mich auf dich." Oder z. B. 26. Sonntag C: „Wenn sich der Schuldige von dem Unrecht abwendet, das er begangen hat, … wird er sein Leben bewahren." Und im Psalm: „Gut und gerecht ist der Herr; darum weist er die Irrenden auf den rechten Pfad."

– Die Gedanken im Psalm sind *komplementär* zu denen der Lesung, das heißt in der Lesung wird die eine Seite, im Psalm die (oder eine) andere gezeigt.

> Beispiele: Mariä Aufnahme in den Himmel, Messe am Tag: In der Offenbarung wird Maria dargestellt, wie sie erst noch durch Bedrängnis geht und in die Wüste flieht. Der Psalm schildert demgegenüber ihren Sieg: „Man geleitet sie mit Freude und Jubel." (Vgl. ⇨ Maria, bes. S. 245.) Umgekehrt z. B. am 32. Sonntag C: In der Lesung wird die Weisheit gerühmt; wer sie erringt, hat seine Ruhe gefunden. Der Psalm hingegen schildert den Suchenden – „meine Seele dürstet nach dir."

– Der Psalm ist *kontemplativ*. Er hat, soweit erkenntlich, kaum Berührungspunkte mit der vorangegangenen Lesung; er greift die Gesamtstimmung des Gottesdienstes auf. Bei allen drei Messen für Allerseelen beispielsweise kann man solche Antwortpsalmen finden, die ein beruhigendes Moment nach der Lesung erzeugen, aber auf die konkreten Motive der jeweiligen Lesung kaum eingehen.

Wieder einmal ist zu fragen: Hat denn all das Bedeutung für den Kirchenmusiker? Insofern als die Kenntnis solcher Zusammenhänge die Sinne dafür schärft, wie sich Themen und Motive durch den Gottesdienst ziehen. Wer das verstanden hat, wird den Ausdruck „Zwischengesänge" nicht mehr verwenden wollen (wiewohl er gelegentlich sogar in den liturgischen Bestimmungen auftaucht, zum Beispiel GRM 55). Zweitens wird es – entgegen aller Vorschrift – ja doch immer wieder vorkommen, dass statt des angegebenen Psalms „ein anderer geeigneter Gesang" ausgewählt werden muss; und wer diese Aufgabe wahrnimmt, sollte damit vertraut sein, dass der Antwortpsalm nicht einfach irgendwie zur Lesung passt, sondern dass hier meistens subtile Übereinstimmungen anzutreffen sind und er sollte in seiner Auswahl ähnliche Sorgfalt walten lassen. Umgekehrt sollte ihm bewusst sein, dass es eben auch den Fall des kontemplativen Psalms gibt, der keine direkte Verklammerung mit der Lesung aufweist – und schließlich auch den Commune-Psalm. Dass er eine der ausdrücklich gestatteten Alternativen ist, weist auf einen sehr grundsätzlichen Aspekt der heutigen Liturgie hin: Ein allzu starres Beharren

auf einem vorgegebenen Text, ein allzu minutiöses Einhalten jeder Regel hat –
Bemühen um Korrektheit im Grundsätzlichen vorausgesetzt – nicht die höchste
Priorität in dieser Liturgie.

Dass in Bezug auf die innige Abstimmung zwischen Lesung und Psalm ein wenig heißer gekocht als gegessen wird, kann man aus einer weiteren Bestimmung
ablesen: Wenn an einem Sonn- oder Festtag nur die zweite Lesung genommen
wird, dann gibt es für den Gesang danach mehrere Möglichkeiten – und zwar
überraschenderweise auch die, dass darauf der Antwortpsalm folgen kann. Somit
kommt nach dieser Lesung ein Psalm, der mit ihr nichts zu tun hat. Das schwächt
auf den ersten Blick den sonst deutlichen Akzent auf die Zusammengehörigkeit
einer Lesung mit dem dort angegebenen Psalm. Andererseits besteht ja weiterhin eine gewisse Verbindung zwischen Psalm und Evangelium, denn die entfallene
erste Lesung ist ja aufs Evangelium ausgerichtet. (An den Wochentagen gibt es nur
eine Lesung; der Antwortpsalm harmoniert mit ihr, nicht aber das Evangelium,
ausgenommen in den geprägten Zeiten.) Und außerdem wird man daran erinnert,
dass der Antwortpsalm *auch*, aber nicht *nur* eine Art Gefährte der ersten Lesung
ist, sondern er ist selbst eine (gesungene) Lesung aus dem Buch der Psalmen.

Nach all dem, was über die Bedeutung des Antwortpsalms und seine Stellung
innerhalb der Messgesänge gesagt wurde, und nachdem folglich klar ist, dass der
Psalmist eine liturgische Rolle im vollen Sinn ausfüllt, braucht man wohl kaum
weiter zu begründen, dass ein gewisser Brauch schärfstens abzulehnen ist: Der Organist singt von der Empore aus, am Instrument sitzend, den Psalm über ein Mikrophon und begleitet sich selbst. An dieser liturgisch-dramaturgischen Absurdität
ist *das* Kantorenbuch nicht unschuldig, denn es heißt dort im Vorwort: „Zur Not
können Antwortpsalm und Halleluja-Vers auch von der Orgelempore erklingen,
meist aber wohl nur, wenn dort auch ein Mikrophon mit Anschluss an die Laut-
sprecheranlage [hier wurde wirklich an alles gedacht!] zur Hand ist."

Weitere Begründungen für diese Unsitte sind rasch bei der Hand, vor allem
jene, dass auf diese Weise jedenfalls die gesungene Ausführung des Psalms gewährleistet sei, und zwar in hoher Qualität – und überhaupt, Kantoren sind so
schwer zu finden! – Ja, das von Oben-Singen ist freilich einfacher, als ein halbes
Dutzend sangeswillige Laien zu rekrutieren, zu motivieren und sie soweit zu schu-
len, dass sie annehmbar vom Ambo aus singen; und diese Arbeit ist nie zu Ende.
(Im Stephansdom hatten wir eigens ein altes Harmonium in einem Nebenraum
der Sakristei; so konnte man mit einem nicht ganz sicheren Kantor auch noch fünf
Minuten vor Beginn den Psalm noch einmal durchsingen.) Die nächste Rechtfer-
tigung ist besonders originell: „Es kommt ohnehin aus dem Lautsprecher, ob es
nun von oben oder von vom Altarraum aus ins Mikrophon gesungen wird!" Nach
dieser Argumentation kann man sich künftig alle Überlegungen bezüglich liturgi-

scher Orte sparen, und demnächst singt womöglich der gesundheitlich anfällige Diakon sein Evangelium von der geheizten Sakristei aus. – Meiner Meinung nach kann es kein Pardon für diese Verirrung aus Bequemlichkeit geben; wo das so gehandhabt wird, sollte es rasch abgestellt werden.

Das **Halleluja** samt Vers – bzw. die Ersatzrufe in der Fastenzeit – ist auf ganz andere Art ein wichtiger Gesang.

– *Halleluja* (wörtlich: *Preist den Herrn*) ist einer der Urrufe der Kirche, die sie aus dem Alten Testament übernommen und integriert hat – so wie *Maranatha* oder *Hosanna* –, und es weist wie kein anderes Wort auf die österliche Dimension der Frohen Botschaft hin. („Halleluja" kommt allerdings wörtlich nur einmal im Neuen Testament vor, nämlich in Off 19.)

– Der Vers wird normalerweise aus dem unmittelbar folgenden Evangelium genommen oder hat eine enge Beziehung zu ihm; salopp ausgedrückt, ist er eine erste Kostprobe, die den Appetit auf die ganze Perikope wecken soll.

– In manchen heiklen Fällen stellt der Vers eine ansonsten nur dürftige Beziehung zwischen dem Festgedanken und dem Evangelium her, zum Beispiel am Fest der Aufnahme Mariens in den Himmel (vgl. S. 246).

– „Diese Akklamation stellt einen selbstständigen Ritus, das heißt eine eigenständige Handlung dar. Die Versammlung der Gläubigen empfängt und begrüßt den Herrn, der im Evangelium zu ihr sprechen wird," heißt es in GRM 62.

– Das Halleluja muss (!) gesungen werden; andernfalls kann es entfallen – hier die Bestimmungen im Wortlaut: „Das Halleluja und der Ruf können, wenn sie nicht gesungen werden, entfallen." (GRM 63c) Oder: „ Das Halleluja (in der Fastenzeit der andere entsprechende Ruf vor dem Evangelium) muss gesungen werden, und zwar nicht nur vom Kantor, der den Ruf anstimmt, oder von der Schola, sondern von der ganzen Gemeinde." (PELM 23)

Wenn man die Liturgie vor und nach dem II. Vatikanischen Konzil vergleicht, dann ist diese letztere Bestimmung eine kleine Sensation. Denn früher galt als einziges Kriterium für den Vollzug, dass der Text vom Zelebranten laut oder leise gelesen wurde. Jetzt hingegen hat man aus dem Charakter des Hallelujarufes den Schluss gezogen, dass Sprechen dafür nicht adäquat wäre und das Singen vorgeschrieben. Also: Lieber auf diesen Text verzichten, wenn er nur als Text vorkommt. Worum es hier geht, hat Rudolf Pacik bereits vor vielen Jahren auf den Punkt gebracht: „Ein gesprochenes Halleluja ist wie ein rezitierter Jodler."[13] Und es wäre zu ergänzen: Bei aller Sonderstellung und bei aller Strahlkraft, die der Jubelruf Halleluja hat, ist er an dieser Stelle vor allem der Rahmen für eine Zeile aus dem Evangelium; ich

---

13 Ähnlich das Bonmot von Bernard Huijbers: „Ein vorgelesener Psalm hat immer etwas von einer gesprochenen Nationalhymne." (Huijbers 1974, S. 35)

halte es daher für unpassend (und auch für unorganisch), zwischen den gesungenen Hallelujas den Vers bloß zu sprechen. Es gibt viele einfache Möglichkeiten, die kurze Textstelle zumindest zu kantillieren. Streng genommen ist ein solches Zwischen-hinein-Sprechen wieder ein Rückschritt in die Welt des →Persolvierens – zu jener vorhin erwähnten Haltung, in der man alle vorgegebenen Texte ohne Rücksicht auf Funktion oder Charakter einfach hintereinander ablaufen lässt (oft sogar mit der Betonung auf laufen).

Auch für den Vers aus dem Evangelium gibt es Commune-Texte, das heißt man kann aus einem größeren Angebot an „allgemeinen" Versen auswählen. In diesen geht es meist um das Wort im weiteren Sinn, zum Beispiel *Rede, Herr, dein Diener hört; du hast Worte des ewigen Lebens* oder *Deine Worte, Herr, sind Geist und Leben*. Andere haben einen Huldigungs- oder Akklamationscharakter, zum Beispiel *Gepriesen sei der König, der kommt im Namen des Herrn*. Allerdings geht dabei die Funktion des direkten Hinweises auf das kommende Evangelium wieder etwas unter.

Eine weitere Sensation ist, dass es nun auch in Toten- und Totengedenkmessen einen Hallelujaruf gibt. Aber eigentlich ist das so überraschend nicht, denn gerade im christlichen Gottesdienst für die Verstorbenen müsste es ganz automatisch und immer schon diesen starken Akzent der Auferstehung gegeben haben. (Mehr dazu im Kapitel ⇨Liturgien für Abschied und Gedenken S. 150.)

Es gibt klarerweise weiterhin Zeiten, in denen kein Halleluja gesungen wird. In der österlichen Bußzeit tritt an die Stelle des Hallelujarufes einer von mehreren ähnlich kurzen Christusrufen, die dann den Evangelienvers umrahmen (z. B. *Lob sei dir, Herr, König der ewigen Herrlichkeit* oder *Lob dir, Christus, König und Erlöser*).

Die Möglichkeiten der Gestaltung sind trotz der Kürze gar nicht so begrenzt. Wiewohl dieser Gesang in erster Linie Vollzug ist, so hat er doch auch einen Aspekt der Begleitung, denn er wird parallel zur Prozession mit dem Evangeliar ausgeführt. Eine solche gibt es allerdings nur, wenn es sich um eine Messe mit Diakon handelt; andernfalls beschränkt sich das Geschehen darauf, dass der Zelebrant von seinem Platz zum Ambo geht. Die Länge der Musik sollte in einem vernünftigen Verhältnis zur Evangelienprozession stehen (es kommt davor gegebenenfalls noch das Einlegen des Weihrauchs dazu).

Vor allem, wenn keine Chorkomposition zu Verfügung steht, hat sich vielfach ein etwas längeres, festliches Orgelvorspiel zum Halleluja des Kantors hin eingebürgert. Das ist erstens besser, als *nach* dem Gesang noch ein paar Takte einzuschieben, wenn der Diakon oder der Zelebrant noch nicht bereit sind (falls man, Pardon, die alte Urangst vor drei Sekunden Stille nicht in den Griff bekommt!). Zweitens wird damit unterstrichen, dass diesmal nicht eine „Antwort" auf eine Lesung folgt, sondern dass es um das nachfolgende Evangelium geht. Nach der zweiten Lesung „wird dem Mitfeiernden eine Umorientierung zugemutet. Nun soll die

Aufmerksamkeit ganz auf das Kommende gerichtet werden", heißt es im Abschnitt „Wortgottesdienst" im Handbuch „Die Messe" (siehe Literatur). Dieser merkliche Ruck, diese Trennfuge würde durch ein den Gesang etwas hinauszögerndes Orgelvorspiel unterstrichen.

Über die Frage, wie der Hallelujaruf trotz seiner relativen Kürze – vor allem im Vergleich zum Antwortpsalm – das ihm zukommende Gewicht bekommen soll, wird immer wieder nachgedacht und geschrieben. Eine Möglichkeit von vielen: „Wenn man davon ausgehen darf, dass ein musikalisch geschulter Kantor den Hallelujaruf singen kann, ohne die Melodie direkt vorher von der Orgel gehört zu haben erlaubt dies das Spiel freierer Orgelmusik, welche nur tonartlich mit dem entsprechenden Halleluja-Ruf korrespondiert. Der Kantor muss seinen Anfangston finden können, ein Cantus-firmus-Bezug wie bei einem Liedvorspiel ist aber nicht notwendig."[14]

Wenig beachtet wird die Anregung in FGM 47: „Man kann das Halleluja auch ohne Vers(e) singen, namentlich wenn die Melodie reicher gestaltet ist." Mit etwas Phantasie wird man das auch so verstehen dürfen, dass der Chor allein singt. Es sollte dies allerdings die Ausnahme bleiben, denn das Halleluja ist und bleibt gemeinsame →Akklamation der Gemeinde an einer Schlüsselstelle der ganzen Feier.

> Wie bei den anderen Gesängen kann auch hier der gregorianische Hallelujagesang aus dem Graduale Romanum (bzw. Graduale simplex) genommen werden. Für die österliche Bußzeit tritt an seine Stelle der Tractus. (Vgl. ⇨Fastenzeit S. 191.)

Für die praktische Arbeit ist von Bedeutung, dass die meisten Kehrverse, Halleluja- und sonstigen Rufe mit weitaus mehr Psalmtönen bzw. Vorsängerversen kombiniert werden können, als dies die Angaben in den Büchern vermuten lassen. So lassen sich etwa die meisten Kehrverse, bei denen der II. Psalmton als Möglichkeit angegeben ist, auch mit dem VIII. kombinieren und umgekehrt; manchmal ist eine Transposition erforderlich. Weiters hat fast jedes auskomponierte Vorsängerstück in den Kantorenbüchern seinen melodischen „Hintergrund" in einem der gregorianischen →Modi bzw. Psalmtöne; mit entsprechend vielen Kehrversen und Rufen in der entsprechenden Tonart könnte dieses Stück daher auch kombiniert werden. Leider fehlen Angaben über solche Verwandtschaften in den Vorsängerbüchern. All dies lässt es geraten erscheinen, die Auswahl der Stücke dem Kirchenmusiker zu überlassen, der auch bei fehlenden Hinweisen die Kombinations- und Transponiermöglichkeiten nach einem kurzen Blick auf die Noten erkennen kann.

In den Lektionaren und in den →Schott-Messbüchern finden sich Verzeichnisse, wann welcher Antwortpsalm vorgegeben ist. Wenn auch der Normalfall der Planung so aussehen dürfte, dass man von den Vorgaben im Lektionar ausgeht,

---

14 Bernhard Schneider, Lobt Gott mit Cymbelstern und Orgelspiel. musica sacra 126/2 S. 98f.

kann es für eine längerfristige Planung von Nutzen sein, den umgekehrten Weg zu gehen und nachzusehen, wann man eine bestimmte Vertonung einsetzen kann. Dies gilt vor allem für aufwändigere Kompositionen – Psalmmotetten, Liedsätze von Psalmliedern, solistische Literatur –, die eine längerfristige Planung voraussetzen.

Eine Variante ist noch zu besprechen, nämlich die Kombination beider Gesänge zum Halleluja-Psalm. Der Ausdruck sieht einem anderen zum Verwechseln ähnlich, nämlich dem Hallel-Psalm. Dieser ist eine bestimmte Gattung des Psalms, in der der Ruf *Halleluja* immer wiederkehrt – fast in der Art eines Kehrverses oder Refrains (zum Beispiel Ps. 148, 149, 150). Halleluja-Psalm steht hingegen für einen Antwortpsalm, bei dem ein Hallelujaruf als Kehrvers dient (was eben nicht genau dasselbe ist). Diese Form bietet sich vor allem in der Osterzeit an; im Graduale Romanum war und ist es sogar die Normalform, dass in dieser Zeit zwei Hallelujagesänge gesungen werden. Während des ganzes Jahres (ausgenommen die Fastenzeit) ist der Halleluja-Psalm in Messen mit nur einer Lesung eine gute Möglichkeit. Mit der Halleluja-Psalm-Variante sollte man allerdings sparsam umgehen; zum einen wird die gewisse Schwelle, von der vorhin die Rede war, wieder undeutlicher, und der gewisse dramaturgische Ruck vor dem Evangelium geht verloren. Und verloren geht auch der Vorausgriff auf einen Kernsatz aus dem nachfolgenden Evangelium.

Der häufigere Fall wird allerdings sein, dass Antwortpsalm und Hallelujaruf samt Vers einfach hintereinander gesungen werden, wenn nur eine Lesung gelesen wird. Bei einer solchen unmittelbaren Abfolge von Antwortpsalm und Halleluja mit Vers wählen viele Organisten und Kantoren den Weg des kleinsten musikalischen Widerstandes, das heißt die beiden Gesänge stehen in derselben Tonart. Der erwähnte Ruck ist dann kaum zu spüren und äußert sich nur mehr darin, dass die Gläubigen sich erheben. Unter einfachen Verhältnissen trifft man auch oft nicht nur dieselbe Tonart für beide Gesänge an, sondern es werden der Psalm und auch der Evangelienvers im selben Psalmton gesungen. Das verwischt die funktionalen Unterschiede zwischen den beiden Gesängen vollkommen und sollte als Notlösung empfunden werden. Wenn es schon nicht anders geht, kann man durch eine harmonische Rückung die mehrmals erwähnte Trennfuge deutlich machen, das heißt man schließt den Hallelujaruf ohne merkliche Modulation einen Halb- oder Ganzton höher an den Antwortpsalm an.

Der Phantasie sind eigentlich keine Grenzen gesetzt, was die Gestaltung betrifft; diesen wichtigen Gesang aufwendig und doch in angemessener Kürze zu gestalten, sollte als Herausforderung empfunden werden. In zahlreichen Beiträgen sind immer wieder Vorschläge gemacht worden (siehe Literatur). Die meisten Kantorenbehelfe, die sich hauptsächlich dem Antwortpsalm widmen, enthalten auch größere Abschnitte für den Hallelujaruf. Es gibt einige Publikationen speziell

für den Gesang vor dem Evangelium, die vor allem für die Einbindung des Chores
Material bereitsstellen:

> Halleluja-Buch. Gesänge zum Ruf vor dem Evangelium für Vorsänger, Schola, Chor, Ge-
> meinde, Orgel und andere Instrumente, hg. vom Liturgischen Institut Trier, Freiburg 1989.

> So spricht der Herr. Evangelienverse zum Kirchenjahr, hg. von der Österreichischen Werk-
> woche für Kirchenmusik; ein Band für vier gemischte Stimmen mit und ohne Begleitung,
> ein Band für gleiche, drei gemischte und Männerstimmen, Wien-München 1996.

> Halleluja. Chor- und Bläsersätze zur festlichen Gestaltung des Rufes vor dem Evangelium,
> hg. von der Österreichischen Werkwoche für Kirchenmusik, Wien-München 1992.

An einigen wenigen Festtagen kommt zu den beiden besprochenen Gesängen noch
die **Sequenz** hinzu. Die Entstehung dieses Gesanges ist so zu denken, dass die aus-
ufernden Melismen am Ende des letzten Gesanges vor dem Evangelium – meistens
das Schluss-a des Halleluja – mit Silben unterlegt wurden. Nach einer Reihe von Entwicklungsschritten waren die Sequenzen als Strophenlieder ausgebildet, wobei jeweils zwei Strophen dieselbe Melodie hatten. Zur Zeit der höchsten Blüte gab es über
1000 Sequenzen; in den liturgischen Reformen des →Tridentinischen Konzils wurden sie auf ganz wenige beschränkt, und heute finden sich noch vier im Gebrauch.
Sie werden in diesem Buch im jeweiligen thematischen Zusammenhang besprochen:
– Victimae paschali laudes – Ostern (S. 207)
– Veni Sancte Spiritus – Pfingsten (S. 214)
– Lauda Sion salvatorem – Fronleichnam (S. 220)
– Stabat Mater – Fest der sieben Schmerzen Mariä (S. 252)

Für die ersten beiden Sequenzen ist der Gesang in der Messe des Tages verpflichtend, für die anderen empfohlen. Die Sequenz *Dies irae, dies illa* war früher am
Fest Allerseelen und in der Totenmesse verpflichtend; heute lebt sie nur in den alten Requiem-Vertonungen weiter, gleichsam ohne offiziellen liturgischen Ort (vgl.
S. 154f.). Wann die Sequenz gesungen wird, ist nicht ganz eindeutig zu beantworten. Für den gregorianischen Gesang gilt: „Die Sequenz wird gegebenenfalls nach
dem letzten Halleluja (…) gesungen, ohne *Amen* am Schluss. Wird das Halleluja
mit seinem Vers nicht gesungen, so fällt auch die Sequenz weg [!].“ (OCM 8) Hingegen heißt es in GRM Nr. 64: „Die Sequenz wird vor dem Halleluja gesungen“, was
einleuchtend ist, da ja der Evangelienvers der Gesang unmittelbar vor dem Evangelium sein und bleiben soll. Zwar widerspricht diese Anordnung dem ursprünglichen musikalischen Zusammenhang der Gesänge; er ist allerdings ohnehin in
keinem der Fälle mehr wahrnehmbar. In der jüngeren Literatur – Die Messe (B);
Basiswissen (F) u. a. – wird die Ausführung der Sequenz *nach* dem Hallelujaruf als
gleichwertige Möglichkeit angegeben, und da die Sequenz das gewichtigere und

eher aufwändiger gestaltete Musikstück ist, wird man dieser Variante vielleicht sogar den Vorzug geben.

Bleibt nur noch übrig, sich immer wieder an die kleine, aber feine Bestimmung in PELM 40 zu erinnern:

> „Der Vorsteher [der Liturgie] soll von den Auswahlmöglichkeiten, die das Lektionar für Lesungen, Antwortrufe, Antwortpsalmen und Rufe vor dem Evangelium bietet, sinnvollen Gebrauch machen. Er soll dies jedoch tun im Einvernehmen [!] mit jenen, die bei der Feier eine bestimmte Aufgabe haben, und dabei auch die Gläubigen hören in den Fragen, die sie betreffen."

Oder in GRM 111:

> Die tatsächliche Vorbereitung jedweder liturgischen Feier hat einvernehmlich [!] und mit Hingabe unter Mitwirkung aller Beteiligten [!] gemäß dem Messbuch und den anderen liturgischen Büchern zu geschehen, sowohl hinsichtlich des Ritus als auch im Hinblick auf Pastoral und Musik. Dabei steht dem Kirchenrektor die Leitung zu, wobei die Gläubigen in den Dingen, die sie unmittelbar betreffen, gehört werden sollen. Der Priester aber, welcher der Feier vorsteht, behält immer das Recht, über die Dinge zu entscheiden, die ihm zukommen.

Unter denen, mit denen der Zelebrant im Einvernehmen vorgehen soll, ist vermutlich auch der Kirchenmusiker gemeint. Und das ist natürlich keine Einbahnstraße …

Der Wortgottesdienst und mit ihm die lesungsbezogenen Gesänge sind ein zentraler Teil der Eucharistiefeier und nicht etwa ein wenig Einstimmung auf den im engeren Sinne eucharistischen Teil. In GRM 28 heißt es: „Die heilige Messe besteht gewissermaßen aus zwei Teilen, der Liturgie des Wortes und der eucharistischen Liturgie, die jedoch so eng miteinander verbunden sind, dass sie eine gottesdienstliche Einheit bilden." Es ist nicht mehr so wie vor der liturgischen Reform, als man alles, was vor der Gabenbereitung war, als Vormesse bezeichnet hat. Michael B. Merz beschreibt die Eucharistiefeier als Ellipse mit zwei gegenüberliegenden gleichwertigen Brennpunkten: die Verkündigung des Wortes Gottes und das Eucharistische Hochgebet samt der gemeinsamen Mahlfeier. (Merz 1991, S. 41) Vor diesem Hintergrund müsste klar sein, warum die Gesänge innerhalb dieses Abschnittes einen so breiten Raum auch in dieser Besprechung der Messe einnehmen – und dass ihre Gestaltung immer ein Schwerpunkt der musikalischen Planung sein sollte.

4. Credo

Das gemeinsame Glaubensbekenntnis der Mitfeiernden wird in den Messfeiern an Sonn- und Festtagen gesprochen oder gesungen – und, ähnlich wie beim Gloria – „auch bei besonderen Feiern von größerer Festlichkeit"; auch hier ist also wieder die entsprechende Flexibilität zum Beispiel für Brautmessen gegeben.

Es gibt zwei approbierte offizielle Fassungen: das Apostolische Glaubensbekenntnis („Ich glaube an Gott, den Vater, den Allmächtigen …") und das Große (nizänisch-kostantinopolische) Glaubensbekenntnis („Wir glauben an den einen Gott …"). Wenn im Zusammenhang mit Musik vom Credo gesprochen wird, geht es fast immer um das längere von beiden, das nizänische Credo. Wie gleich das erste Wort zeigt, unterscheidet sich die amtliche deutsche Übersetzung durch die durchgehende Verwendung des Plurals (*Wir* glauben) von der aus hunderten Vertonungen gewohnten Singularform (*Credo – Ich* glaube), was aber für die praktische kirchenmusikalische Arbeit keine Bedeutung hat.

Die Credo-Vertonungen aus dem *thesaurus* sind es, die – wie auch das Sanctus – am meisten die Debatte am Kochen halten, wie es hier zu einer rollengerechten Integration in unsere heutige Liturgie kommen könnte. In einem eigenen Abschnitt am Schluss dieses Kapitels wird dazu Stellung genommen; vgl. auch ⇨ Alte Messe / Neue Liturgie S. 96.

Die erwähnten alten Vertonungen waren immer der Prüfstein für die Kompetenz und Erfindungsgabe eines Sakralkomponisten, vor allem in Bezug auf die formale Bewältigung des langen und nicht singadäquat strukturierten Textes. *Ein* Stereotyp hat sich früh herausgebildet, nämlich die Anlage eines eigenen zentralen Abschnittes, der mit *Et incarnatus est* beginnt. Oft wird in diesen Formteil auch noch der Text *Crucifixus … et sepultus est* integriert, manchmal wird er deutlich abgesetzt. Bei *Et resurrexit* ist jedenfalls immer ein deutlicher Einschnitt zu beobachten. Kompositionen, die diesen Ur-Konventionen nicht folgen, sind selten und dementsprechend auffällig: Giacomo Carissimi beginnt einmal den langsamen Teil bereits bei *Qui propter nos homines* (Missa concertata in C, SABar (!), 2 Viol, Bc); genauso machen es auch Charles Gounod (Choralmesse; Johannes-Messe C-Dur) und einmal Franz Schubert in der Messe C-Dur. Letzterer ist auch der Autor des vielleicht berühmtesten Sonderfalles, nämlich des ohne irgendeine Unterbrechung, ohne Tonart- oder Tempowechsel durchkomponierten Credo in der G-Dur-Messe. Schubert ist nicht ganz allein mit dieser Idee; auch Johann Ernst Eberlin hat einige Male über das *Et incarnatus* hinwegkomponiert (Missa septimi toni, SATB Ktrio; Missa in a), und es dürfte gerade in dieser Epoche noch einige mehr geben, die es so gemacht haben.

Die genannten Stereotype sind ab dem 18. Jahrhundert so verbreitet, dass sie als allgemeingültig und untrennbar mit den entsprechenden Textstellen verbunden betrachtet wurden. Als im 20. Jahrhundert die barocken und noch früher geschaffenen Messkompositionen wiederentdeckt wurden, stülpten viele Musiker die gewohnten Tempo- und Ausdrucksbezeichnungen den Werken der alten Meister über; das *Et incarnatus* wurde „wie immer" langsamer, das *Et resurrexit* wurde wieder rascher ausgeführt, auch wenn an diesen Stellen bloß Zäsuren, aber keine Änderungen in der Textur der Komposition anzutreffen waren. (Das wurde „folgerichtig" auch bei den gregorianischen Vertonungen so gehandhabt, obwohl natürlich auch dort nicht die mindeste Änderung in der musikalischen Substanz zu beobachten ist.)

Eine weitere oft realisierte Gestaltungsidee besteht darin, die Worte *credo, credo* als eine Art Motto zu verwenden bzw. als musikalisches Kopfmotiv zu formen und immer wiederkehren zu lassen, was ein pfiffiges Mittel ist, den etwas unhandlichen Text zu gliedern. Aber so kommt es wieder einmal zu terminologischem Geholpere. Denn einerseits hat sich für Ordinarium-Vertonungen, die ein solcherart gestaltetes Credo enthalten, der Ausdruck „Credo-Messe" eingebürgert, was sprachlogisch unbefriedigend ist, denn dass eine Messe ein Credo enthält, stellt ja den Normalfall dar. (Anton Bruckners Messe in f-Moll ist etwa eine von vielen solchen „Credo-Messen".) (Ich schlage hiermit den Ausdruck *Credo*-Credo vor; er ist von strahlender Logik, aber unschön und wird sich möglicherweise nicht durchsetzen.) – Noch unübersichtlicher wird es dadurch, dass eine der vielen Credomessen, nämlich Mozarts Messe C-Dur KV 257, seit langem allgemein *die Credomesse* genannt wird. Das wäre noch nicht schlimm, aber Mozart hat noch eine weitere Credomesse komponiert – die Missa brevis in F-Dur, KV 192 –, die aber natürlich nicht so genannt wird (nun ja, manchmal wird sie als *Kleine Credomesse* bezeichnet). Damit die Gefahr einer Verwechslung nicht zu klein wird, ist das Credo-Thema dieser Messe identisch mit dem Thema des Sanctus in *der Credomesse*.

Weitere liebgewordene Gewohnheiten der Komponisten: *descendit de coelis* wird mit hinuntergehenden, *et resurrexit* mit hinaufgehenden melodischen Figuren dargestellt. Bei *Et in Spiritum Sanctum* wechselt man – manchmal etwas gewaltsam – in einen Dreiertakt, um die dritte göttliche Person darzustellen. *Et unam sanctam catholicam* erklingt „in machtvollem Unisono des Chores", wie es in Besprechungen bisweilen heißt. Bei *mortuorum* findet man subito pianissimo und/oder subito adagio vor. *Et vitam venturi*, manchmal auch erst das *Amen*, ist als Fuge oder zumindest als Fugato gestaltet. Manche dieser Ideen wirken vor allem bei Komponisten schwächeren Kalibers ein wenig abgenützt oder kommen etwas naiv daher.

Manchmal werden nur einzelne kurze Teile des Credos chorisch vertont, am öftesten der Et-incarnatus-Abschnitt; er wird dann in ein gregorianisches Credo (meist ins Credo III) eingefügt. Aus einer großen Anzahl von traditionellen Credo-Kompositionen lässt sich so ein mehrstimmiger Mittelteil extrahieren. (Ein Beispiel im „Chorbuch a tre": Aus der Messe a due soprani e basso von Francesco Durante, SSBar, Bc.) In den letzten Jahren sind etliche derartige Kombinierteile komponiert worden; das kommt einfachen Verhältnissen entgegen oder auch der singenden Beteiligung der Gemeinde.

Einige einstimmige deutsche Vertonungen sind überregional verbreitet; bei einer Durchsicht von Gesangbüchern findet man weitere gut verwendbare, die leider nicht allgemein bekannt sind.[15] Bei einigen wird die Gemeinde durch einen wiederkehrenden Ruf („Amen" oder „Amen, wir glauben") beteiligt, während der eigentliche Text solistisch oder von einer Schola gesungen wird. Auch das Apostolische Glaubensbekenntnis wurde – meist einstimmig – vertont; auch hier finden sich Formen mit Gemeinderuf. Es gibt so gut wie keine Vertonungen der Glaubenbekenntnisse im NGL-Stil, was leicht zu erklären ist: Will man den Text ohne Veränderungen bzw. Auslassungen bewahren, wird man an einer freirhythmischen Gestaltung nicht vorbeikommen. Gerade das ist allerdings der Gegenpol zur geordneten, geradezu starren Periodik und zum regelmäßigen Strophenbau, der für den NGL-Stil wesenhaft ist. Als wäre dies ein naheliegender Umweg, bieten einige Liederbücher den vollständigen Text in vierstimmiger Falsibordoni-Fassung an; über diese Erzeugnisse wollen wir hier freundlich schweigen.

5. Gesang zur Gabenbereitung / Offertorium

Wie schon erwähnt, ist nach der neuen Ordnung der Messfeier kein Gesang zur Gabenbereitung vorgegeben. Im Graduale Romanum sind, so wie auch bei den anderen Gesängen, jedoch die existierenden Offertorien zugeordnet worden bzw. zugeordnet geblieben. Unter allen Gesängen, die während einer Eucharistiefeier zu gestalten sind, ist hier jedenfalls die größte Freiheit in der Auswahl gegeben. Auch Instrumentalmusik oder Stille sind ausdrücklich erwähnt, ergänzt durch folgende bemerkenswerte Bestimmung:

---

15 Z. B. in den Diözesananhängen des *Gotteslob* von Rottenburg und Mainz; im KGB (Kirchengesangbuch) der Schweiz 1998; ein Apostolisches Credo aus der mozarabischen Liturgie, auf deutsch adaptiert, findet sich im Handbuch „Die Messe" (F) auf S. 83.

„Wenn aber zur Darbringung der Gaben nicht gesungen und die Orgel nicht gespielt wird, ist es dem Priester erlaubt, beim Emporheben des Brotes und des Weines mit lauter Stimme die Segensformeln vorzutragen, auf die das Volk mit der Akklamation antwortet: Gepriesen bist du in Ewigkeit, Herr unser Gott (Benedictus Deus in saecula)." (GRM 142)

„Wird weder gesungen noch die Orgel gespielt, ist es dem Priester erlaubt [!], diesen Begleit-text [die Gebete während der Gabenbereitung] mit vernehmlicher Stimme zu sprechen. In diesem Fall kann die letzte Zeile entweder vom Priester oder vom Volk gesprochen werden. Im Hinblick auf den lauten Vortrag des Wortgottesdienstes und des Hochgebetes empfiehlt es sich, die hier gebotene Möglichkeit des „heiligen Schweigens" zu nützen und auf den lau-ten Vortrag der Begleittexte zu verzichten." (FGM 77)

Und, möchte man ergänzen, auch darauf, die erwähnten Gabengebete „mit ver-nehmlicher Stimme" in ein Musik- oder Gesangstück „hineinzusprechen". Leider trifft man immer wieder auf Zelebranten, die diesen – erstaunlich dramaturgie-orientierten – Absatz in diesem grundlegenden Dokument nicht kennen oder ihn missverstehen. Diese Gebete während der Gabenbereitung sind nicht zu verwech-seln mit dem eigentlichen Gabengebet, das den ganzen Vorgang abschließt. Letz-teres ist ein Präsidialgebet, das der Priester im Namen der ganzen Versammlung spricht; ein solches Gebet ist Vollzug pur und wird von nichts anderem begleitet oder untermalt. Umgekehrt ist es bei den beiden Bereitungsgebeten; diese betet er für sich und sie werden in der Regel „still gesprochen" (GRM 31–33) – siehe vorhin: Es ist dem Priester „erlaubt", sie vernehmbar zu sprechen! Diese feinen Unterscheidungen wird so mancher Kirchenmusiker nach wiederholtem Störfall aus seinem Gedächtnis hervorholen müssen und vielleicht sogar freundlich, aber „vernehmlich sprechen" müssen …

Ganz klar – jede Art von Musik zur Gabenbereitung ist begleitend; die ein-fachste Lösung ist eine Orgelimprovisation. Wenn man allerdings ein Orgel- oder Chorstück auswählt, muss man bedenken, ob es einen Opfergang gibt und ob Weihrauch verwendet wird. Vorbei sind zwar die Zeiten, da man als Organist mit-ten in der Phrase die Finger von den Tasten gerissen hat, um den Priester nur ja nicht „warten zu lassen", und gewiss sind auch die Zeiten vorbei, da ein Zelebrant einen ohnehin bereits kadenzierenden Organisten mit *Lasset uns beten!* unterbro-chen hat – wir nehmen es jedenfalls an! Aber Augenmaß punkto Länge ist hier jedenfalls gefragt. Das schon mehrmals bemühte Zauberwort vom Einvernehmen zwischen allen Beteiligten könnte auch einschließen, dass der Musiker den Zele-branten vorwarnt, wenn es einmal ausnahmsweise doch etwas länger als erfor-derlich dauern könnte – ein sanfter Hinweis, dass heute eine besonders ruhige Gangart beim Weihrauch von Vorteil wäre.

Was kann man singen – alles? Ja und nein. Relative Freiheit hat hier ja im-mer schon ein wenig geherrscht (soweit ein textlich vorgegebenes Offertorium

überhaupt „ein wenig" verbindlich sein kann; aber Vorschriften, die nur „ein wenig" gelten, haben ja gerade in Österreich Tradition). Denn auch früher gab es die
verschmitzte Pseudo-Gattung des *Offertorium pro omni tempore*, die sich im 18.
Jahrhundert großer Beliebtheit erfreute (ein Blick in die entsprechenden Kapitel
dieses Buches – Haydn, Mozart, Schubert – bringt mehrere Begegnungen mit solchen inoffiziellen Commune-Stücken). Dazu kommen noch Stücke zwischen den
Gattungen, die nur aus dem Grund als Offertorium bezeichnet wurden, weil sie
an dieser Stelle der Messe gesungen wurden (u. a. auch einige Stücke des marianischen Repertoires, S. 253). Die Freiheit in der Auswahl des Musikstückes ist dennoch relativ zu sehen. Vor allem sollte man sich an dieser Stelle vor ausdrücklich
eucharistischen Gesängen im engeren Sinne hüten. Ich hatte einmal eine heftige
Diskussion mit einem angesehenen lutherischen Kollegen, der mich der engstirni-
gen Wortklauberei bezichtigte, weil ich Mozarts *Ave verum* als eher ungeeignet für
die Gabenbereitung ansah und es lieber während der Kommunionspendung angesetzt sehen wollte.[16] Die Messe als Ganzes sei doch Eucharistie, wandte er ein …
Da hatten wir uns in der terminologischen Unschärfe verstrickt, die zu Beginn
dieses Kapitels (S. 23) kurz erläutert worden ist. – Auch ein marianisches Stück ist
hier immer schnell zur Hand; man soll ein weites Herz haben, aber auch in diesem
Fall muss man mit Augenmaß programmieren (vgl. dazu auch die detaillierten
Bemerkungen in den Kapiteln ⇨ Jahreskreis, bes. S. 228, und ⇨ Maria S. 247). Vom
bereits erwähnten gregorianischen Offertorium abgesehen, gibt es im Einzelnen
wohl folgende Möglichkeiten für Vokalmusik (Chor, Soli, Gemeindelied):

– Ein nochmaliges Aufgreifen von Gedanken bzw. Ausschnitten aus dem Evangelium oder einer anderen Lesung. Zusätzlich zum Fundus an lateinischen Vertonungen und einer umfangreichen deutschen Produktion der letzten vierzig Jahre
  gibt es noch das große Repertoire von Evangelienmotetten aus dem evangelischen Bereich (⇨ Nicht katholisch, aber trotzdem toll, bes. S. 359), die als Evangelienvers (das heißt zwischen den Hallelujas) meist eine Spur zu lange wären,
  aber für die Gabenbereitung sehr gut geeignet sind.
– Ein thematischer Bezug zur Kirchenjahreszeit. Damit sind vor allem die geprägten
  Zeiten gemeint, aber auch Schwerpunkte an manchen Stellen im ⇨ Jahreskreis,
  besonders gegen Ende (Wiederkunft, Gericht, Weltende, Wachsamkeit). Dabei
  muss man darauf achten, nicht am Sonntag X eine Motette zu singen, die am
  Sonntag Y viel genauer passen würde.
– Texte aus dem großen Repertoire Lob und Preis, Zuversicht, Gottvertrauen und
  Gemeinschaft. Da empfiehlt sich Vorsicht wegen eventueller Bezüge zum fal-
  schen liturgischen Ort. So eignen sich z. B. aus dem Lied *Dank sei dir, Vater, für*

---

16 Dass der Text eines *Ave verum* allerdings weit mehr umfasst als eucharistische Frömmigkeit, wird an
    anderer Stelle genau überlegt (S. 64 und 228).

das ewge Leben die Strophen 1, 2, 4 und 5 sehr gut, während die 3. Strophe schon die Kommunion anspricht.

– Morgen- und Abendlieder – aber die einen nur am Morgen und die anderen nur am Abend! Übrigens, Achtung bei Lob- und Dankliedern, in denen die Tageszeit unauffällig und nebenbei vorkommt. *Aus meines Herzensgrunde sag ich dir Lob und Dank / in dieser Morgenstunde ...* ist kein optimaler Text für eine Abendmesse.

– Marianisches Repertoire – wobei einige Exklusiven zu bedenken sind. *Regina caeli* bzw. *Freu dich, du Himmelkönigin* ist stark österlich konnotiert bzw. kann in der Fastenzeit nicht angesetzt werden.

– Gesänge, die auf die Gabenbereitung selbst Bezug nehmen.

Es mag überraschen, dass diese Möglichkeit als letzte angeführt wird. In der Fachliteratur kommen vor allem die alten „Opferungslieder" nicht gut weg. Sie passen zu einer anderen, nicht mehr im Vordergrund stehenden Sicht dieses Teils der Messe. Dazu muss ein wenig ausgeholt werden.

Im ersten Jahrtausend wurden die Gaben in einer Prozession zum Altar gebracht. Dem entsprach auch der begleitende Gesang, der in etwa dieselbe Form wie der alte Gradualgesang hatte, nämlich ein wiederkehrendes Responsum bzw. eine Antiphon und einige Psalmverse. Im Frühmittelalter kam die Gabenprozession der Gläubigen immer mehr ab, bis sie nur mehr in Sonderfällen stattfand. Dementsprechend veränderte sich auch der Gesang; die Anzahl der Psalmverse wurde mehr und mehr reduziert, bis nur mehr die kunstvolle Antiphon übrigblieb, die dafür immer umfangreicher wurde. Reduziert wurde auch die Beteiligung der Gläubigen insgesamt, so dass die sichtbaren Riten des Zelebranten und die leise gesprochenen Gebete in den Mittelpunkt rückten. So trat der Aspekt des Bringens und Bereitens in den Hintergrund zugunsten der Deutung des Vorgangs als Selbsthingabe und Selbstaufopferung. Diese Motive findet man auch vielfach in den meisten älteren Liedern. Heute wird eher der Mahlcharakter der Eucharistie betont und somit rückt auch die Vorbereitung der Gaben – als relativ schlichter Akt – wieder mehr in den Blick. Die alten Texte haben jedoch noch den anderen Tonfall: „*Wir begehen / das Opfer ohne Ende ...*" oder „*Nimm uns als Christi Glieder / mit ihm zum Opfer an*" etc. – Dies sind die Hintergründe einer gewissen Reserviertheit gegenüber den traditionellen „Opferungs"-Liedern. Manche Fachleute halten Stille oder Instrumentalmusik jedenfalls für die geeignetere Begleitung.

Im Falle einer Eucharistiefeier, bei der ein ausladendes klassisches Ordinarium gesungen wird, ist der Gesang zur Gabenbereitung eine gute Gelegenheit, für die Gemeinde das Verhältnis zwischen gehörter und selbst gesungener Musik wieder auszubalancieren; das ist der Ort, wo die Gemeinde wieder ein wenig an Selber-Singen aufholen kann. Und deswegen halte ich hier ein Gemeindelied – trotz aller

Bedenken – für eine sehr gute Möglichkeit. Auch den Einwand, dass sich an dieser Stelle die offene Form (Responsorialgesänge u. ä.) besser eignet als die geschlossene (eben das Strophenlied), kann ich nicht vollen Herzens nachvollziehen. Von der Vielfalt der Formen her ist in einem großen „Hochamt" wenig Platz für Strophenlieder, und die Gabenbereitung ist eine Gelegenheit dafür.

Findet aber tatsächlich eine Gabenprozession statt, an der sich alle oder zumindest viele aus der Gemeinde beteiligen, dann ist Instrumentalmusik sicher die vernünftigste Variante. Es spricht auch nichts gegen einen responsorialen Gesang, an dem sich alle mit einem Kehrvers beteiligen; nur sollte ein wahrnehmbarer Unterschied zur Gestaltung des Antwortpsalms eingehalten werden. „Insbesondere muss die Gemeinde unbedingt auch in Strophenformen mit großem Atem zum Singen kommen und darf nicht auf musikalische Kurz- und Kürzestformen reduziert werden." (Eberhard 2005, S. 223)

6. Sanctus / Benedictus

Auch dieses ist, wie das Gloria, purer Vollzug, aber die Gewichtigkeit ist verstärkt dadurch, dass dieser Gesang in jeder Messe – unabhängig von Kirchenjahreszeit, Rang des Tages oder Festes und Grad der Feierlichkeit – enthalten ist. Denn wir befinden uns hier in der Kernzone des Gottesdienstes, im Hochgebet, das konstitutiv für die Eucharistiefeier und mit ihrer sakramentalen Wirkung verbunden ist. Hier wird sehr deutlich, dass die Gemeinde in dieses Hochgebet einstimmt und dass sie auch an diesem innersten Geschehen teilnimmt.

In GRM 79 wird das Sanctus als zweiter Teil des Hochgebetes definiert: „Die Akklamation: Darin vereint sich die ganze Versammlung mit den himmlischen Mächten und singt das Sanctus. Diese →Akklamation, die Teil des Eucharistischen Hochgebetes selbst ist, wird vom ganzen Volk zusammen mit dem Priester vorgetragen." Das hat Konsequenzen, die in FGM 97 präzisiert werden: „Das Sanctus soll in der Regel von Priester und Gemeinde gemeinsam gesungen oder gesprochen werden. Es darf nur durch ein Lied ersetzt werden, das mit dem dreimaligen Heiligruf beginnt und dem Inhalt des Sanctus entspricht."[17]

Das hat, ähnlich wie beim Credo, eine weitläufige und andauernde Diskussion darüber ausgelöst, wie und ob sich die Gemeinde auch bei diesem wichtigen Ge-

---

17 Das bedeutet – oder hätte schon vor Jahren bedeuten müssen – streng genommen das endgültige Aus auch für unsere österreichischen Heilig-Lieder aus der Haydn- und der Schubert-Messe. Von Sanctus-→Paraphrasen oder gar Sanctus-Liedern kann man hier eigentlich nicht sprechen. Ich persönlich meine, dass wir sie trotz allem weiterhin singen sollten.

sang durch einen Chor vertreten lassen kann – worüber am Schluss des Kapitels zu reden sein wird.

Mit diesem Problem eng verbunden ist die Frage der Gliederung dieses Gesanges. Der liturgische Text ist ohne Zweifel ein zusammengehöriges Ganzes. In der Kirchenmusik finden wir allerdings insgesamt weitaus öfter Vertonungen, bei denen Sanctus und Benedictus getrennte Sätze sind, die einmal mehr, ein andermal weniger oder gar nicht in musikalischer Beziehung miteinander stehen. Es lohnt sich, einen genaueren Blick auf den Text zu werfen.

Solange wir von den uns vertrauten traditionellen Vertonungen – auch von den Sanctus-Liedern – ausgehen, haben wir die Gliederung wohl so vor Augen:

> Sanctus, sanctus, sanctus,
> > Dominus Deus Sabaoth.
> > Pleni sunt coeli et terra gloria tua.
> > Hosanna in excelsis.
> > (* * *)
> Benedictus qui venit in nomine Domini.
> > Hosanna in excelsis.

Die Komponisten haben das hauptsächlich in folgende Formen gebracht:

A-B-C / D-C   oder   A-B-C / X-Y   oder   A-B-C / X   oder   A-B-C-D-E

Wenn man allerdings den Text auf seine Herkunft hin ansieht, ergibt sich eine ganz andere Struktur:

Der erste Teil ist ein Zitat aus dem Propheten Jesaja. Der Prophet hat eine Vision von Gottes Thron; dort rufen Engel einander zu: „Heilig, heilig, heilig ist der Herr der Heere. Von seiner Herrlichkeit ist die ganze Erde erfüllt." (Jes 6,3). Martin Luther hat für sein Deutsches Sanctus (1526) die Jesaja-Szene als Ganzes verwendet („Jesaja dem Propheten das geschah"); erst im letzten Viertel der Melodie kommt das Dreimal-Heilig vor. Seine ausladende Melodie lehnt sich an das gregorianische Sanctus IX an; sie wird heute auch im lutherischen Gottesdienst leider kaum noch verwendet. Johann Nepomuk David hat sie in seiner Deutschen Messe paraphrasiert. – Ein entfernter Nachfahre ist die kürzere Melodie nach dem Choralbuch von Steinau (1726), die sich eng an den liturgischen Text anlehnt.

Jesaja hatte seine Vision „im Todesjahr des Königs Usija", 738 v. Chr. Der nun folgende Teil kommt aus dem Neuen Testament und spielt gut 700 Jahre später. Es ist ein Bruchstück aus der Szene des Einzugs in Jerusalem, die jedes Jahr am Palmsonntag im Prozessionsevangelium geschildert wird (Joh 12,13): „Da nahmen sie Palmzweige, zogen hinaus, um ihn zu empfangen, und riefen: Hosanna! Gesegnet sei er, der kommt im Namen des Herrn, der König Israels!"

Hosanna ist einer der hebräischen Rufe – so wie *Halleluja* –, die unübersetzt in die lateinische und nun in die muttersprachliche Liturgie übernommen wurden; er bedeutet „Hilf doch!" und ist, ähnlich wie *kyrie eleison*, weniger ein Ruf um Erbarmen als einer der Huldigung. Das im Evangelium dort nicht enthaltene *in excelsis* wurde, möglicherweise in Parallelität zu der Szene von Betlehem, auch hier den Engeln in den Mund gelegt.

Wir haben also einen alt- und einen neutestamentlichen Teil vor uns; das Entscheidende ist der Punkt zwischen *gloria tua* und *Hosanna*: „Wenn zwischen Sanctus und Benedictus ein Trennungsstrich gezogen würde, müsste er hier sein; der Hosannaruf gehört nicht mehr zum Sanctus, sondern rahmt den Benedictusruf ein."[18] So wird es schon 1955 in einer Einführung zum Ordinarium formuliert; aber diese im Text wurzelnde Struktur ist durch eine lange Tradition verdunkelt. Wie könnte man sich dieses Zerbrechen in die beiden Teile an der „falschen" Stelle vorstellen?

Vor mehr als tausend Jahren wandelte sich das Bewusstsein vom gemeinschaftlichen Vollzug des Gottesdienstes in einem langen Prozess zur Betonung des Rituellen und des Privaten; der immer mehr für sich zelebrierende Priester und seine individuelle Begegnung mit Gott rückte in den Vordergrund, und dem Hochgebet wuchs eine auch äußerlich greifbare mystische Dimension zu. Der →Kanon wurde in Stille gebetet; wenn der Zelebrant schon längst Sanctus samt Benedictus leise für sich gesprochen hatte, dauerte der Gesang noch immer an. Die Vertonungen von Palestrina und in der Zeit davor und danach waren immer kunstvoller und immer länger geworden, sahen aber immer noch die Einheit des Textes vor; das Benedictus war fast immer ein Abschnitt von geringerer Stimmenanzahl, aber noch keineswegs einer von grundsätzlich verschiedenem musikalischen Charakter. Aber ein Einschnitt im musikalischen Geschehen, ein Neubeginn war jedenfalls an dieser Stelle gegeben, und dieses Atemholen entwickelte sich offenbar zu einer immer größeren Pause, in die hinein die Wandlungsworte leise gesprochen und die Hostie erhoben werden konnte; seit dem Mittelalter galt der Blick auf die erhobene Brotgestalt als Garant für die vollständige Teilnahme des Gläubigen am sakramentalen Geschehen. (Vgl. S. 217) Unmittelbar danach wurde mit dem Gesang des Benedictus fortgefahren. Wie sehr das Auseinanderdriften der beiden Teile auch mit einer Verschiebung des Inhaltes von Akklamation zu eucharistischer Frömmigkeit korrespondierte, zeigt eine →Tropierung[19] des Sanctus aus dem späten Mittelalter, deren Text nur zu gut bekannt ist:

> Sanctus, ave verum corpus natum de Maria virgine,
> Sanctus, vere passum, immolatum in cruce pro homine.
> Sanctus, cujus latus perforatum vere fluxit sanguine.
> Dominus … gloria tua. Esto nobis praegustatum mortis in examine. O clemens, o pie,
>   o Jesu fili Mariae.
> Hosanna … Benedictus … in excelsis.

18 Roder/Tittel 1955, hier: 3/2, S.11.
19 Roder/Tittel 1955, hier: 3/2, S. 13. Tittel gibt als Fundort die Trienter Codices an (DTÖ Bd. VI, S. 62).

Diese Praxis führte zu einer Änderung der liturgischen Bestimmungen; im Caeremoniale Episcoporum von 1600 wurde festgelegt, dass das Benedictus nach der Wandlung zu singen war (was allerdings zunächst nicht für die gregorianischen Sanctus-Kompositionen galt). In der Folge gingen die Komponisten allmählich dazu über, den Teil nach dem Hosanna auch musikalisch verschieden anzulegen. So entfernte sich das Benedictus immer mehr vom Sanctus – räumlich und charaktermäßig –, bis man die beiden Sätze endgültig als selbstständige Gesänge ansah.

Im genannten Dokument wurde auch gestattet, „dass während der →Elevation die Orgel lieblicher und mit tieferen Stimmen gespielt wird" (Cap. 28, 9). Vermutlich wurde damit ein schon weithin bestehender Brauch sanktioniert; die Elevationstoccaten von Girolamo Fresobaldi und anderen Meistern lassen diesen Schluss zu (vgl. S. 352). Einerseits wollte man also die Wandlung nicht mit dem Singen des „Sanctus/Benedictus" überdecken, andererseits empfand man anscheinend totale Stille als unangemessen.

(Für die liturgische Praxis ohne Bedeutung, aber bemerkenswert ist, dass Beethoven in der *Missa solemnis* zwischen Sanctus und Benedictus ein „Präludium" für Orchester eingefügt hat, das mit seinen ruhig dahingehenden Vorhalten und Auflösungen sogar ein wenig an die Elevationstoccaten der Italiener erinnert.)

Vor allem von seiten der Kirchenmusik wurde die Trennung der beiden Sätze bis weit ins 20. Jahrhundert hinein so sehr als Normalfall empfunden, dass zum Beispiel in der erwähnten umfassenden Besprechung „Ordinarium Missae" der Co-Autor Ernst Tittel über die schwebende Frage referiert – in der Spalte daneben –, ob es „erlaubt ist, das Choralbenedictus ans Choralsanctus anzuschließen, … was sich auch mit der liturgisch-historischen Auffassung trifft, dass das Sanctus ein Ganzes, ein untrennbares Vorbereitungsglied [!] auf das hohe Geheimnis sei. … Heute liebt man es, bei missae breves Sanctus und Benedictus in einem Satz zu komponieren – eine Übung, die stillschweigend toleriert wird [!], und die vielleicht auch einmal Gesetzeskraft erlangen könnte." (S. 12)[20] Auf dem Kirchenmusikkongress in Wien 1954 war dementsprechend als Votum Nr. 5 formuliert worden: „Da die im Caeremoniale Episcoporum verlangte Trennung von Sanctus und Benedictus ausschließlich aus den Bedürfnissen der Polyphonie zu erklären ist, möge gestattet werden, bei der Missa cantata in cantu gregoriano das Benedictus vor der Wandlung zu singen."

Mit dem Vordringen von Gedankengut aus den liturgischen Bewegungen entstanden ab etwa 1930 immer mehr muttersprachige Vertonungen des liturgischen Textes (in denen die beiden Teile natürlich wieder als Ganzes behandelt wurden).

---

20 Ähnlich Nowak 1975, S. 161: „Am kurzen Text des *Benedictus*, der wie das *Sanctus* mit *Hosanna in excelsis* abschließt und so seine liturgische Nachbarschaft zum *Sanctus* deutlich macht, ist dem Komponisten völlig freie Hand gelassen, welche Form er daraus gestalten will."

Schließlich zog die Gesetzgebung erneut nach: „Die Ritenkongregation hat mitgeteilt, dass Sanctus und Benedictus zusammen gesungen werden können", wie das *Wiener Kirchenblatt* vom 20. April 1958 auf Seite 3 verlautbart. Die österreichischen Kirchenmusiker hatten es wirklich nicht einfach, denn sehr bald darauf (3. September 1958) hieß es in der Instruktion „De musica sacra" unter Nr. 27 d: „Sanctus und Benedictus sind zusammenhängend zu singen, wenn sie nach gregorianischen Weisen gesungen werden; andernfalls soll das Benedictus nach die Konsekration [sic!] verlegt werden."

Getrennt oder zusammen – diese Frage erhitzt noch immer die Gemüter. Wir können sie hier von der Frage „Gemeinde oder Chor" insofern trennen, als es dabei um ein Problem geht, das gar nicht auftritt, wenn die Gemeinde zum Zug kommt. Wenn Joseph Ratzinger 1994 (noch oder schon wieder?) schreibt: „Die Teilung von Sanctus und Benedicus ist zwar nicht notwendig [!], aber sie ist höchst sinnvoll", dann wirft das, bei allem Respekt, sehr viel an ehrlicher Denkarbeit einfach über den Haufen und bringt in dieser Frage niemanden weiter.[21]

In den ersten Jahren nach der Liturgiereform wollte man zuallererst die Einheit des Komplexes Sanctus/Benedictus wieder herstellen. 1965 dekretierte die Deutsche Bischofskonferenz: „Das Sanctus-Benedictus [sic!] setzt nach der Präfation unverzüglich ein."[22] Aber so empfand man auch immer mehr ein Übergewicht vor allem der Vertonungen aus der Wiener Klassik gegenüber dem Hochgebet. Das Problem wurde vor allem bei jenen Benedictus-Kompositionen schlagend, die gar keinen musikalischen Zusammenhang mit dem Sanctus erkennen ließen; bei vielen Messen hätte man ab sofort hintereinander das festliche Sanctus und – nach einer unverständlichen „Satzpause" – das eher gemütvolle Benedictus gesungen. (Vgl. dazu auch: ⇨Messen konzertant? S. 102.) Auf das deutlich akklamatorische Sanctus wäre das meditativ-betrachtende Benedictus gefolgt, und danach hätte man den akklamatorischen Charakter im Hochgebet des Priesters (*Ja, du bist heilig / Vere sanctus es* – das „Postsanctus") wieder wachrufen müssen. Die Musikinstruktion von 1967 dekretierte – leider oder Gott sei Dank etwas unscharf – unter Nr. 34: „Das getrennte Singen des Benedictus nach der Wandlung ist nur dann erlaubt, wenn die Länge der Komposition dies nahelegt." (Man hört förmlich den Dialog aus tausenden Sakristeien: „Ist es heute lang?" – „Nein, Herr Pfarrer!" – „Wirklich nicht?" – „Na ja …")

Eine andere Lösung wurde 1982 in Österreich vorgeschlagen: „Wo immer es sinnvoll erscheint und von der Komposition her möglich ist, soll das *Benedictus* an das Sanctus angeschlossen werden. Wenn die selbstständige Komposition des *Benedictus* die Anfügung an das Sanctus nicht erlaubt, kann man ein solches Be-

---

21 Ratzinger 1994, S. 296
22 Richtlinien für die Feier der heiligen Messe in Gemeinschaft Nr. 11

nedictus am ehesten zwischen dem ‚Amen' am Schluss des Hochgebetes und der Einladung zum Vater unser einfügen."[23]

Dieser Hinweis spricht eine deutliche Empfehlung aus, vermeidet es aber erfreulicherweise, eine bindende Regelung vorzugeben. Für ein gutes musikalisches und dramaturgisches Gewissen ist es ja auch kaum möglich, das Sanctus-Benedictus-Problem ein für alle Mal zu lösen. Der Satzanfang „Bei uns wird das Benedictus immer …" sollte aus dem Sprachschatz gestrichen werden; ich bin überzeugt, dass man die Entscheidung jeweils nur für den konkreten Fall treffen kann. Die Länge der beiden Teile ist dabei nur *eines* von mehreren Kriterien. Eine gefühlte Überlänge auf zwei Orte aufzuteilen scheint das Problem zunächst zu entschärfen. Aber die →Doxologie des Hochgebetes erzeugt einen gewissen Schwung zum Vaterunser hin, der mitten drin abgebremst erscheint, wenn man zu einem ruhigen Benedictus zurückkehrt, das die mystische Atmosphäre der vorkonziliaren Wandlung aufgreift. Man bedenke auch immer: Heute wird das ganze Hochgebet mit lauter Stimme gesprochen; als die *thesaurus*-Kompositionen entstanden, wurde es praktisch unhörbar gebetet.

Im Folgenden seien einige solche Entscheidungen angeführt und begründet:

Unmittelbar hintereinander:

– Mozart, Missa solemnis KV 337. Hosanna-Benedictus-Hosanna bilden ungewöhnlich deutlich eine sinnvolle Einheit; der Beginn des Sanctus wirkt wie ein langsames Vorspiel zu einer dreiteiligen Form. Bei getrennter Aufführung wirkt das ungewöhnlich schroffe Benedictus nicht so unerwartet (in a-Moll und als →Fugato gestaltet). Auch dass es ohne jedes Vorspiel beginnt, spricht für eine →attacca-Ausführung. – Ähnlich in den Proportionen, aber ein lyrisches – sehr kurzes – Benedictus: Schubert, Messe C-Dur.

– Ebenfalls ähnlich, aber musikalisch nicht so deutlich ausgeprägt: Mozart, Missa brevis D-Dur KV 194; Trinitatis-Messe KV 167.

– Schubert, Messe B-Dur: Wiewohl die beiden Sätze verschiedene Tempobezeichnungen aufweisen, sind die Hosanna-Abschnitte völlig identisch; der Zusammenhang ist gut wahrnehmbar.

– Eigentlich ein Gegenbeispiel ist die Haydns Jugendmesse (F-Dur, Hob. XVII: 1). Durch die lange Orchesterumrahmung (13 + 11 Takte, das ist fast die Hälfte des ganzen Satzes!) wird das Benedictus zu einer selbstständigen musikalischen Einheit. Da ansonsten allerdings spartanische Kürze herrscht, kann man eine Koppelung in Erwägung ziehen.

---

23 So Nr. 8 aus den „Hinweisen für die musikalische Gestaltung der Messfeier durch Chor und Orgel". Diese von der „Liturgischen Kommission Österreichs" und der „Arbeitsgemeinschaft der österreichischen Diözesankommissionen für Kirchenmusik" erarbeiteten Hinweise wurden in der Frühjahrssession 1982 der Österreichischen Bischofskonferenz „positiv zur Kenntnis genommen". Singende Kirche 29/4, 1981/82, S. 168

Mittlere Länge, aber eher getrennt:

– Mozart, Piccolomini-Messe KV 228; Credo-Messe KV 258; Krönungsmesse KV 317. Das Benedictus ist ein selbstständiger Satz mit mehreren thematischen Kernen und einem gewissen Modulationsplan. Eine übergreifende Großform wäre auch durch attacca-Ausführung eher nicht wahrzunehmen.

– Gregor Joseph Werner, Missa festivalis e brevis. Die beiden Sätze wären kurz genug für die Koppelung – aber Haydns Vorgänger hat das Sanctus mit einer Fugato-Engführung begonnen und schreibt sieben Takte später für das erste Hosanna eine zweite solche. Nach einem kurzen Sopran-Solosatz folgt – nach einer Fermate – eine ausgedehnte Fuge über das zweite Hosanna. Die Koppelung brächte eine Häufung von drei kontrapunktischen Sätzen in G-Dur, die im selben Tempo stehen – und das war von Werner nicht so gedacht.

Längere Sätze – getrennt:

– Schubert, Messe F-Dur. Die beiden Sätze sind völlig unterschiedlich; nach dem Benedictus ist ein einziges *hosanna* gleichsam angehängt.

– Manchmal lässt schon die Tonartenfolge ein attacca nicht ratsam erscheinen, abgesehen von der formalen Selbstständigkeit des Benedictus: J. Haydn, Mariazeller Messe (C-Dur/ g-Moll), Theresienmesse (B-Dur/G-Dur) und Paukenmesse (C-Dur/c-Moll; hier ist auch das zweite Hosanna völlig verschieden vom ersten).

– Bei Vertonungen dieser Art kann man das Benedictus auch nach der Doxologie singen; trotz der zeitlichen Entfernung ist keine künstlerische Einbuße zu erwarten. Die zuvor angesprochene Abflachung der Akklamationskurve tritt jedoch ein, was wiederum dagegen spricht. Benedictus-Sätze dieser Art sind eigentlich auch zu lang, als dass sie stehend angehört werden sollten.

– Ähnlich ist es bei den gewissen fröhlichen oder sogar „aufgeregten" Benedictus-Sätzen, bei Haydn – etwa bei der Nicolai-Messe und vor allem in der Harmonie-Messe, wo der Satz viel lebhafter ist als das Sanctus. Rein aus musikalischen Überlegungen heraus sollten zwei rasche Sätze in diesem Stil nicht attacca gespielt werden.

– Diese Überlegungen gelten für alle „großen" Messen – aber es gibt gleitende Übergänge. Was macht man mit Beethovens C-Dur-Messe? Die Länge spricht gegen eine Koppelung. Aber Beethoven schreibt keinen Schluss-Doppelstrich vor dem Benedictus, und die aparte Rückung D-Dur/F-Dur ginge verloren … (Vgl. S. 308.)

Kurze Sätze, dennoch getrennt:

– Zoltan Kodaly, Missa brevis. Eines der typischen Beispiele für diese Überlegungen! Das Sanctus verklingt ätherisch, das Benedictus hebt im pianissimo an; wiewohl die Sätze relativ kurz sind, rechnet die ganze Disposition mit der Wandlungsstille zwischen den Sätzen. Für den Platz nach der Doxologie ist das Benedictus nicht geeignet. – Ähnlich die „Missa Misericordiae Domini" von Jean Langlais. In einem viertaktigen Nachspiel steigt eine Flötenkantilene nach oben, am Beginn des Benedictus wird der Gestus aufgegriffen und die Flöte kommt ohne Begleitung von oben herunter. Dazwischen sieht man förmlich die erhobenen eucharistischen Gestalten vor sich. Rein musikalisch könnte man die beiden Sätze attacca spielen und sie sind auch nicht lang. Die Idee des Komponisten – die ganz offensichtlich mit dem damaligen Ritus (1958) bestens harmoniert – wäre allerdings dahin. (Nochmals: früher leises, jetzt lautes Hochgebet!)

– Gleiches gilt für viele Kompositionen aus der Mitte des 20. Jahrhunderts, auch wenn das erste Hosanna im forte schließt. Als ein wichtiges Kennzeichen des Liturgiegerechten galt damals eine geringe Ausdehnung der Sätze. Sie sind aber dennoch ausdrücklich für getrennte Aufführungen konzipiert und stehen bei einer attacca-Ausführung oft beziehungslos hintereinander. Hier ist höchste Sensibilität verlangt.

– Ähnlich ist es mit den Orgelmessen der Spätromantik. Die Entscheidung muss vor allem die schon genannte Akklamationskurve einbeziehen. Ist das Benedictus kurz und kehrt bald wieder zu einem fröhlichen oder majestätischen Hosanna zurück, dann sollte man die Sätze koppeln. – In der Messe für Männerchor von Franz Liszt endet das Sanctus mit einem Quartsextakkord; das Benedictus ist dennoch (und vielleicht deshalb) mit *post elevationem* überschrieben.

Nach all dem Gesagten – und vor allem mit einem nochmaligen Blick auf die eigentliche Natur des Benedictus als Teil des Hochgebetes – kann man andere Positionierungen dieses Gesanges ohne weitere Beschönigung als absurd verwerfen: während der Kommunionspendung oder als Auszugsmusik. Während es für ersteres wenigstens noch die naive Begründung gibt: „Wieso denn nicht? *Qui venit* – der da kommt; und in der Kommunion kommt er ja doch!", muss man die andere Variante schlicht als völlig unsinnig bezeichnen.

Bezüglich der Zukunft des Sanctus-Gesanges blenden wir noch einmal zurück. Abgesehen von der eindeutigen Forderung nach der Ausführung durch die ganze Gemeinde sieht also eine vom Text ausgehende Gliederung wie folgt aus:

Sanctus, sanctus, sanctus,
Dominus Deus Sabaoth.
Pleni sunt coeli et terra gloria tua.

Hosanna in excelsis.
Benedictus qui venit in nomine Domini.
Hosanna in excelsis.

Musikalisch könnte das zu folgenden Formen führen, die sich grundlegend vom bisher Gewohnten unterscheiden:
A-B-C / X-Y-X   oder A-B-A / D-B-D   oder A-B-A'-B'-A'
(oder auch A-B-C-D-E, was aber auf die Textstruktur gar nicht eingeht).

Der geschätzte Leser befindet sich nun unversehens an der einzigen Stelle in diesem Buch, an der ich kurz über eigene Kompositionen berichten werde. Ich tue es deshalb, weil ich kaum andere Experimente mit neuen Sanctus-Formen kenne.

Das zuletzt genannte Schema habe ich bereits 1973 verwendet (Missa Viennensis, SSA, [ohne Gloria], Wien-München 1976). Das hatte ehrlich gesagt noch nichts mit der erwähnten Textgestalt zu tun; ein neues Design war dennoch gefordert, da jetzt die Einheit der beiden Teile im Vordergrund stand und neue Vertonungen nur mehr aus einem Satz bestehen sollten. Es zeigte sich allerdings, dass neue Sanctus-Kompositionen weitgehend der alten Form folgten, nur dass man eben nach dem ersten *in excelsis* keinen Doppelstrich mehr machte. Meine Lösung bestand hingegen in drei verhalten schwebenden A-Teilen (Sanctus/Hosanna/Hosanna), in die zwei kurze bewegte Abschnitte (pleni sunt coeli und Benedictus) eingeschoben waren. Eine Beteiligung der Gemeinde war nicht vorgesehen, da der Auftraggeber die Wiener Hofmusikkapelle war.

Die Form a-B-a // X-y-X habe ich neulich im NGL-Stil realisiert. Mit dem ersten Hosanna werden Tonart und musikalisches Material abrupt gewechselt und das Tempo angezogen. Wegen der formalen Abrundung kehrt das Dreimalheilig vor dem ersten Hosanna wieder. – Das Stück beginnt in D-Dur und endet in F-Dur. Die Groß- und Kleinschreibung im Formschema drückt in etwa die Proportionen aus. (Sanctus 08, Gemeinde, Vorsänger[gruppe] ad lib, Tasteninstrument. Ich singe dir mein Lied, Behelf der Kath. Jugend der Diözese Graz-Seckau 2008)

Ganz ähnlich ist es bei zwei anderen Vertonungen; auch hier wird vor dem ersten *Hosanna* auf das musikalische Material des Beginns zurückgegriffen, allerdings mit dem Text *gloria tua*. Danach gibt es eine Fermate und auch einen Tempo- und Instrumentationswechsel. In beiden Fällen wechseln Haupt- und Favoritchor ab. Die Kompositionen sind für kirchenmusikalische Kongresse entstanden (Salzburg 1996, Brixen 2000) und nur als Manuskript vervielfältigt.

Zum Thema Hochgebet – und insofern, kirchenmusikalisch gesehen, zum Sanctus – gehören Bestrebungen, Vorschläge und Kompositionen, die auf eine anspruchsvollere Gestaltung der bisher nur gesprochenen Teile hinzielen. Dabei geht es vor allem um Versuche, die Gemeinde zu beteiligen.

– Die Gemeinde bringt sich immer wieder durch kurze Rufe – Akklamationen – ein.
– Die Akklamation nach dem Einsetzungsbericht „Deinen Tod, o Herr, verkünden wir …" wird erweitert – ein instrumentales Vorspiel, eine ausgedehntere Melodie, eine Chor-Coda.
– Die bisher am häufigsten realisierte Erweiterung wird beim abschließenden Amen vor der Einleitung zum Vaterunser vorgenommen, meistens durch einen Chor-Jubilus bzw. eine chorische Coda, jedenfalls ein erweitertes *Amen*. (Vgl. Siegfried Koeslers Anregung auf S. 79.)

Ich vermag der zuletzt angeführten Idee einiges abzugewinnen, kann mir auch die mittlere Variante gut vorstellen, bin aber sehr skeptisch bezüglich der erstgenannten. So wie ich nicht meine, dass man den ausgreifenden monodischen Schwung des *Exsultet* in der Osternacht unterbrechen soll, so glaube ich auch nicht an Einwürfe der Gemeinde ins Hochgebet. Es ist ein Präsidialgebet, und zwar nicht irgendeines, sondern das stärkste, das wir in der Messe haben. Bei aller Notwendigkeit, der versammelten Gemeinde ihre lang vorenthaltene Rolle zurückzugeben: Was hier geschieht und was hier angesprochen wird, bedarf nicht alle 50 Sekunden einer Affirmation. Wer hier um den Altar versammelt ist, hat sich pauschal einverstanden erklärt und „ist eingemischt". Plötzlich liegt dann ein schwacher Odeur von Beteiligung im parademokratischen Sinn über der Feiergemeinde, als trüge der Priester „seine" Sache vor, die immer wieder – „Genau!" – „Hört, hört!" – des anfeuernden Einverständnisses bedarf. Vielleicht klingt es bösartig, aber ich wittere hier auch die simple Furcht vor zwei Minuten Monolog. Die Dichte an dialogischen, responsorialen und performativen Elementen hat im Gottesdienst sehr zugenommen, und es scheint sofort Gestaltungs- und Abwechslungsdruck zu entstehen, wenn ein einziges Element mit einem einzigen Performer kurze Zeit hindurch dominiert. – Ich persönlich könnte ohne diese Einwürfe leben …

7. Die Gesänge rund um die Kommunion

Die saloppe Zwischenüberschrift will darauf hinweisen, dass man in diesem Teil der Eucharistiefeier wieder auf das Ganze achten muss – ähnlich wie das auch beim Eröffnungskomplex war – und nicht einfach Element an Element reihen darf. Die Teile hängen nicht im engeren Sinne liturgisch zusammen, sind aber jedenfalls dramaturgisch aufeinander bezogen.

Als Erstes begegnet uns das **Agnus Dei** – aber schon das ist mit einem dünnen Fragezeichen zu versehen. In seinem in die Zukunft weisenden Artikel „Liturgie und Musik …" (siehe Literatur) erwähnt Albert Gerhards ein „Lied zum Friedensgruß. Dass sich dieses Element mehr und mehr einbürgert, mag ein Hinweis darauf sein, dass auf Zukunft hin der Ordo missae kein starres Gebilde bleiben muss." Ich muss gestehen, dass ich diesem Lied in den über 20 Jahren seit 1988 noch nirgends begegnet bin, aber vielleicht ist dies Zufall und es wird tatsächlich oft gesungen – aber wenn, was ist dann mit dem Agnus Dei?

In der Tat gibt es hier wieder eine Frage nach dem Ort dieses ehrwürdigen Gesanges, aber da tut zuerst wieder der kurze Blick in die Geschichte not. Ursprünglich brachte die Gemeinde das Brot für die Eucharistie mit. Nach dem sakramentalen Akt der Wandlung und dem Abschluss des Hochgebetes wurde das Brot zerteilt – ein nicht bloß technisch-praktischer Vorgang, sondern ein zutiefst identitätsstiftender Ritus. Und solange er ausgeführt wurde, sangen die Anwesenden eine Litanei, was sehr vernünftig war, denn die Dauer des Gesanges konnte mit dem Vorgang in Einklang gebracht werden. Im Lauf der Zeit schränkte man das Herbeibringen der eucharistischen Gaben durch die Gläubigen ein, denn der Gebrauch von Hostien wurde eingeführt, und diese wurden auch konsekriert aufbewahrt. (Seit dieser Zeit wurden Sakramentshäuschen gebaut, die Vorläufer der Tabernakel.) Das Brotbrechen beschränkte sich auf die große Oblate des Zelebranten, und dementsprechend schrumpfte die Agnus-Dei-Litanei auf die Dreizahl. Durch die Kürze des Brotbrechens rückten Friedenswunsch („Pax Domini …") und Ende des Agnus Dei einander näher, was zur Änderung der letzten Bitte auf „Dona nobis pacem" geführt haben könnte. (Die Messe/Eucharistiefeier, [B] S. 124)

Es gibt so manches an der Schnittstelle Liturgie/Musik, wo es um Übereinstimmung in der Dauer geht, wo dies aber nicht problemlos möglich ist. Man denke an ausufernde Introitusgesänge bei kurzem Weg zum Altar; man erinnere sich an die überlangen mehrteiligen *Offertoires* in den Orgelmessen des Barocks in Frankreich (vgl. dazu S. 117).

Zu einer solchen Stelle ist das Agnus Dei nun geworden – genauer gesagt: es gab schon sehr lange ein Problem der zeitlichen Nicht-Übereinstimmung, das nun durch unser neues Funktions- und Rollenbewusstsein verschärft wird. Die Rückbesinnung auf den ursprünglichen Inhalt des Ritus und auf die ursprüngliche Gestalt des Gesanges führt in diesem Fall zu einem echten Konflikt. Das Brechen der Hostie dauert wenige Sekunden, aber sogar die kürzeren unter den grandiosen Agnus-Dei-Vertonungen erreichen leicht fünf Minuten.

> „Die Zeichenhaftigkeit verlangt, dass die Materie der Eucharistiefeier tatsächlich als Speise erkennbar ist. Daher soll das eucharistische Brot, auch wenn es ungesäuert ist und in der herkömmlichen Form bereitet wird, so beschaffen sein, dass der Priester in einer mit dem Volk gefeierten Messe die Hostie wirklich in mehrere Teile brechen und diese wenigstens einigen Gläubigen reichen kann." (GRM 321)

Ich bekenne, dass ich hier einen einfachen Ausweg für meine Praxis gefunden habe, lange bevor ich über die dazu passende Theorie etwas wusste. Unangenehm technisch ausgedrückt: Das Brotbrechen ist für mich jener Vorgang, in dem die zur Verfügung stehende Speisematerie in die einzeln konsumierbaren Stücke aufgeteilt wird. Ich sehe in der Verteilung der Hostien aus dem Speisekelch ein Äquivalent des Brotbrechens, und zwar in der Form, die heute weithin die einzig praktizierte ist.

Schon 1994 berichtete der damalige Domkapellmeister von Würzburg, dass man in seinem Dom „manchmal zur Brotbrechung ein gregorianisches, zur Kommunion ein mehrstimmiges Agnus Dei singt." (Koesler 1994, S. 99) Ich nahm dazu in der übernächsten Nummer der Zeitschrift Stellung und verwarf diese Doppelung aus grundsätzlichen Erwägungen, denn es könne kein „eigentlich liturgisches" und kurz darauf ein Verzierungs-Agnus-Dei geben. Ähnlich erwähnt Joseph Ratzinger in seinem bereits zitierten Artikel (Ratzinger 2008), dass es am Regensburger Dom Brauch sei, das Agnus Dei zuerst gemeinsam zu beten und es dann, während der Austeilung, vom Chor singen zu lassen – eine Lösung, die ich aus denselben Gründen für unakzeptabel halte. Ratzinger weist dann allerdings darauf hin, dass nach Jungmann „schon im frühen Mittelalter vielfach nur *ein* Agnus Dei nach dem Friedensgruß gesungen wurde, während das zweite und dritte seinen Platz nach der Kommunion [des Priesters] fand und so die Kommunionausteilung begleitete, wo es sie gab. (...) Nur ein völlig versteinerter Archaismus kann aus dieser seiner ursprünglichen Bestimmung, die Zeit der Brotbrechung zu begleiten, die Schlussfolgerung ziehen, dass es ausschließlich an dieser Stelle gesungen werden dürfe." Ich meine, dass das Problem der Agnus-Dei-Position trotz allem wesentlich leichter zu lösen ist als die Fragen um Credo und Sanctus; denn ein Begleitgesang ist das Agnus an der einen wie auch an der anderen Stelle.[24]

Die Komponisten sind bei der formalen Gestaltung des Agnus Dei auf keine besonderen Schwierigkeiten gestoßen. Die naheliegenden Möglichkeiten ergeben sich von selbst: Die drei Anrufungen werden identisch vertont, das *Dona nobis* unterscheidet sich nicht von den beiden miserere nobis (A-A-A'). Diese Ur-Form hielt sich lange Zeit; in weniger ausgedehnten Messen trifft man das auch noch in der Wiener Klassik an, zum Beispiel bei Michael Haydn, Missa in tempore quadragesimae (SATB, Bc). Später wurde das Dona nobis allmählich zu einem unterschiedlich gestalteten Teil, zunächst durch den „klassischen" Metrumwechsel (vom geraden Takt zum Triplum) oder durch Vermehrung der Stimmenanzahl durch Teilung (A-A'-B). Dieses Mittel wurde auch in der Gestalt A-B-A' angewendet, indem das zweite Agnus Dei geringstimmig vertont wird und man beim Dona nobis zur vorherigen oder zu einer höheren Stimmenzahl zurückgekehrt. Im Spätbarock bzw. in der Frühklassik spielen Unterschiede in der Besetzung eine immer größere Rolle: zuerst solistisch, ab *dona* chorisch oder umgekehrt. Später kommt noch ein Wechsel der Tonart dazu; am beliebtesten ist der von Moll auf Dur, gefolgt von Wechseln in die Paralleltonart (z. B. g-Moll/B-Dur) oder innerhalb der Grundstufen (z. B. F-Dur/C-Dur). Gegen Ende des 18. Jahrhunderts ist der selbstständige

---

24 Vgl. Schützeichel 1986. Schützeichel geht sehr detailliert auf das Thema ein, erwähnt jedoch die Möglichkeit, das Agnus Dei während der Kommunionspendung zu singen, nur im Sinne einer weit abliegenden Möglichkeit. In seiner kurzen Sichtung der bestehenden Praxis zu Beginn des Artikels kommt diese Möglichkeit gar nicht vor.

Dona-Satz eine so eherne Konvention, dass jede andere Lösung revolutionär wirkt: Schubert schreibt in der G-Dur-Messe eigentlich das alte A-A'-A" – ganz einfach, aber die Tonartenfolge lautet e-Moll/h-Moll/a-Moll, und der Satz schließt pianissimo in G-Dur. Bei ganz kurzen Messen kommt das auch in der →Wiener Klassik vor (siehe Haydn, S. 281). Und noch eine „Abkürzung" war damals gelegentlich anzutreffen: „Bis ins 19. Jahrhundert hinein war es zulässig, den das Agnus Dei und damit das Ordinarium abschließenden Textabschnitt *dona nobis pacem* nicht auszukomponieren; die Anweisung ‚Dona ut (wie) Kyrie' forderte eine das Ganze abrundende Wiederholung des Kyrie bzw. seines Allegro- oder Schlussteiles (so bei Haydns Nicolai-Messe). Für die konkrete Unterlegung der Worte *dona nobis pacem* statt *kyrie eleison* mit ihren entsprechenden Wiederholungen blieben immer verschiedene Lösungen möglich." (Benedikt 2003, S. 22) Auf diese Weise wurde auch der ganze Ordinariumszyklus mit einer Art Reprise abgeschlossen. – Einen anderen, geistlich berührenden Rückgriff macht Anton Bruckner in der d-Moll-Messe: Er verwendet für *dona nobis* zunächst das musikalische Material von *et vitam venturi saeculi* und wendet sich erst danach, wie üblich, dem Thema des Kyrie zu – wird es den endgültigen Frieden erst in der kommenden Welt geben? – Das Ende des Satzes ätherisch verklingen zu lassen, ist in der Wiener Klassik die große Ausnahme; das Agnus Dei schließt fast immer fröhlich, manchmal geradezu furios. Bei Mozart gibt es bisweilen ein friedlich-heiter-sanftes Ende (etwa in der Missa solemnis KV 337).

Wenn aber die längeren Agnus-Dei-Kompositionen während der Austeilung gesungen werden – was passiert dann mit dem **Kommuniongesang (Communio)**? In den Bestimmungen heißt es eindeutig:

> „Während der Priester das Sakrament empfängt, beginnt der Gesang zur Kommunion. Seine Aufgabe ist es, die geistliche Gemeinschaft der Kommunizierenden im einheitlichen Zusammenklang der Stimmen zum Ausdruck zu bringen, die Herzensfreude zu zeigen und den Gemeinschaftscharakter der Prozession zum Empfang der Eucharistie deutlicher sichtbar zu machen. Der Gesang wird fortgesetzt, solange den Gläubigen das Sakrament gereicht wird." (GRM 86)

> „Als Gesang zur Kommunion kann man die Antiphon aus dem Graduale Romanum mit oder ohne Psalm verwenden oder die Antiphon mit Psalm aus dem Graduale simplex oder einen anderen geeigneten Gesang, der von der Bischofskonferenz approbiert ist. Der Gesang wird entweder von der Schola allein oder von der Schola beziehungsweise dem Kantor mit dem Volk ausgeführt." (GRM 87)

Anders als bei den anderen Prozessionsgesängen ergibt sich hier ein schnödes technisches Problem: Wer zur Kommunion geht und singen will, muss ein Buch oder einen Zettel in der Hand haben, und sobald er die Hostie empfangen hat, kann er eine Zeit lang eigentlich nicht singen. Falls das Agnus Dei nicht ein längeres Stück (Chor und/oder Instrumente) ist und daher während der Kommunion gesungen wird – siehe die Überlegungen zuvor –, ergeben sich, streng praktisch gesehen, die folgenden Möglichkeiten:

– Man wählt einen responsorialen Gesang aus, an dem sich die Gemeinde mit einem Kehrvers oder einem Refrain beteiligt, der auswendig gesungen werden kann. Dabei sollte man bedenken, ob und wie oft diese Form im betreffenden Gottesdienst vorkommt.

– Der Kommuniongesang wird solistisch oder vom Chor – ohne Beteiligung der Gemeinde – gesungen.

– Man nimmt eines der alten „Kommunionlieder", die (noch) auswendig gesungen werden können, etwa aus den berühmten Messliedreihen. (Diese Kommunionlieder wurden ursprünglich nicht *während,* sondern *anstelle* der Kommunionspendung gesungen! Sie sind Ausdruck einer geistigen oder „Andachts"-Kommunion. Manche Texte sind inzwischen angepasst worden, z. B. in der Singmesse von Michael Haydn – früher: ... *im Geist dich zu empfangen,* jetzt: ... *dich würdig zu empfangen.*)

– Instrumentalmusik

Im zweiten Absatz von GRM 87 heißt es:

> „Wenn aber nicht gesungen wird, kann der im Messbuch angegebene Kommunionvers von den Gläubigen, von einem Teil der Gläubigen oder vom Lektor gesprochen werden, andernfalls vom Priester selbst, nachdem er kommuniziert hat, bevor er den Gläubigen die Kommunion reicht."

Die letzte Art der Ausführung mag noch angehen; bei den anderen Vorschlägen ist Skepsis geboten. Einen Hinweis, wie die Gläubigen diesen kurzen Vers oder Doppelvers plötzlich sprechen sollen, bleibt das Dokument schuldig. Ob diese staubtrockene Ausführung die „Herzensfreude steigern" wird, wie dies drei Zeilen vorher beschworen wird, darf vehement bezweifelt werden. Und auch die Idee, dieses knappe Textstück, das eigentlich ein Überbleibsel aus einem Prozessionsgesang ist, einfach vom Lektor in den Raum sagen zu lassen, ist, mit Verlaub, fast schon ein Schritt zurück in Richtung →Persolvierungs-Liturgie. Manche Zelebranten hängen den Kommunionvers als eine Art poetische Einleitung vorne an das Schlussgebet an. Das ist dramaturgisch erträglich, aber von der Struktur der Liturgie her bedenklich.

Da vor allem im deutschen Sprachraum der **Dank- bzw. Lobgesang** nach der Kommunion zum Normalfall geworden ist, hat der Kommuniongesang nur mehr eine kleine Nische als Lebensraum; er wird sozusagen (immer von der Praxis her gedacht) zwischen Agnus Dei und Dankgesang aufgerieben, und seine Realisierung ist auch nicht unproblematisch. Weitere Sätze aus GRM 87 spiegeln das auch wider:

> Wenn aber ein Lobgesang nach der Kommunion vorgesehen ist, ist der Gesang zur Kommunion rechtzeitig zu beenden. Man sorge dafür, dass auch die Sänger ohne Schwierigkeiten die Kommunion empfangen können.

Der Dankgesang ist fakultativ sowie auch die Stille davor. Beides sei aber aufs Wärmste empfohlen. Ob nun mit begleitendem Gesang oder ohne, die Kommunionspendung ist eine Zone erhöhter Aktivität, in den meisten Eucharistiefeiern sogar die einzige Stelle, wo sich alle Beteiligten physisch bewegen. Eine Phase der Ruhe ist an dieser Stelle sehr angebracht.

Für das Danklied gibt es noch andere Begründungen.
- Dadurch, dass die Gesänge in der Messfeier ihr volles liturgisches Gewicht zurückbekommen haben – vor allem die Funktionsgesänge –, verliert das früher häufig gesungene Schlusslied (nach der Entlassung) seine Bedeutung und streng genommen seinen Sinn.
- Dazu kommt, dass erst seit der Liturgiereform die Abfolge Segen – Entlassung lautet; davor war es umgekehrt. Die Formel *Gehet hin in Frieden* hat an Gewicht zugenommen, seit danach nicht mehr der Segen gesprochen wird; stärker als früher empfindet man, dass jetzt tatsächlich in Frieden gegangen und folglich nicht noch etwas gesungen wird.
- So wächst dem Danklied Bedeutung zu; einen wirklich abschließenden, aber noch innerhalb der Liturgie liegenden Gesang gab es bisher eigentlich nicht. Vom Messbuch her fehlt ja überhaupt ein verbindliches Schlusselement; im Vergleich zum Beginn der Feier mit seiner Überfülle an Teilen ist diese Zone dünn ausgestattet.
- Ein weiterer Grund für das Dank- und gegen das Schlusslied: Nach dem Schlussgebet ist der geeignete Ort für ein abschließendes Wort des Zelebranten sowie für allfällige Mitteilungen. Die Gestaltungskurve senkt sich, ein ritusferner Moment entsteht, ein erster Geruch der Welt „draußen", post festum, dringt ein („Kommen Sie jetzt noch ins Pfarrcafé!"). Die Gestaltungebene müsste danach von neuem angehoben werden.

Was den Inhalt des Dankgesanges betrifft, gibt es mehrere Möglichkeiten:[25]
- ein Lob-, Dank- oder Preislied
- ein Bezug zu einer der Perikopen, vornehmlich zu jener, die der Feier das Profil gegeben hat und vielleicht auch in der Predigt eine Rolle gespielt hat

---

25 Detaillierte Liedvorschläge von Norbert Bosslet in musica sacra, 113/5, S. 425 (Abdruck eines Absatzes aus seinem Artikel in *Gottesdienst* 16–17/1993).

– ein Bezug zur Kirchenjahreszeit
– Zuversicht, Gottvertrauen, Sendung
– ein Weiterschwingen der „eucharistischen Atmosphäre" – Kommunion- bzw. eucharistische Lieder im weitesten Sinne

Was hier nicht am Platz ist: ein marianischer Gesang, es sei denn – wenn schon –, an einem Marienfest. Hier wird ja das sakramentale Geschehen (und das soziale Erleben) des fast beendeten Gottesdienstes zusammengefasst; ein marianischer Gesang hätte an sich keinen Zusammenhang mit der Feier; er signalisierte, dass diese Feier im Moment des Gesanges bereits beendet ist.

Das Danklied ist der geeignete Ort für die Gattung Strophenlied; auch hier gilt allerdings, dass die Häufigkeit einer Gesangform innerhalb der Feier im Auge behalten werden soll.

Der Autor hat keinen Zweifel über seine Präferenz für den Dankgesang vor dem Schlussgebet gelassen. Aber es gibt Situationen, wo man eine andere Lösung finden sollte. Hier einige Beispiele:
– ⇨Christi Himmelfahrt. Während der Kommunion wird der vierte Satz aus Messiaens Suite *L'Ascension* gespielt (vgl. S. 211). Nach dem letzten sehr langen Akkord sitzen alle noch eine Weile schweigend da. Es gibt nichts, was man danach gemeinsam singen könnte. Hier empfiehlt sich ein kurzes Lied zum Auszug oder eines zwischen Schlussgebet und Ankündigungen.
– Ähnlich: Fast während der gesamten Kommunionspendung hat Stille geherrscht; erst gegen Ende hat der Chor *Christus factus est* von Anton Bruckner gesungen.
– Oder: Während der Austeilung wurde einer der antiphonalen Gesänge gesungen (*Wir rühmen dich, König der Herrlichkeit* o. ä.). Da wäre allenfalls ein Schlusslied angebracht.
– Ein Agnus Dei aus einer der großen Haydnmessen hat die ganze Ausspendung lang gedauert; der Zelebrant sitzt bereits. Ein Gemeindelied sollte frühestens nach dem Schlussgebet, vielleicht sogar erst nach der Entlassung gesungen werden.

Was das „alte" Schlusslied betrifft, muss man sich vor Augen halten, dass es ja früher kein Schlusswort und keinen persönlichen Gruß (abgesehen von „Dominus vobiscum"), keinerlei direkten Kontakt zwischen Zelebranten und Gemeinde gab, der irgendein Jetzt-haben-wir-*gemeinsam*-eine-schöne-Messe-gehabt-Gefühl ausgelöst hätte (⇨Alte Messe / Alte Liturgie S. 86). Da hatte ein ausdrücklich als Schlusslied gedichteter und plazierter Gesang eine wichtige Funktion.

8. Nochmals: Ordinarium / Proprium

Mit all den historischen, liturgischen und praktischen Erwägungen im Blick soll die Frage nach den traditionellen Gattungen nochmals gestellt werden. Die Antworten fallen differenzierter aus als zuvor.

– **Eingangslied/Introitus:** Kann sich auf die Eröffnung per se, auf den Beginn der Feier beziehen und hat damit Ordinariumscharakter: *Nun jauchzt dem Herren alle Welt … die ihr nun wollet bei ihm sein, kommt geht zu seinen Toren ein.* Kann das Thema des betreffenden Sonntags anreißen – *Gaudete in Domino semper* – oder die geprägte Zeit ansprechen: *Komm, du Heiland aller Welt.* Dann ist er Teil des Propriums.

– **Kyrie:** Ist Teil des Ordinariums. In der Form der Kyrielitanei allerdings kommen Propriumselemente dazu, die mit der →geprägten Zeit oder dem Fest zu tun haben.

– **Gloria:** Unverrückbar und ausschließlich Ordinarium.

– **Antwortpsalm:** Propriumsteil, wenn es der speziell für die erste Lesung ausgewählte Psalm ist. Wird allerdings ein Kehrvers verwendet, der sich eher auf das allgemeine Themenfeld Wort – Hören – *Rede, Herr* u. ä. bezieht, wächst ihm bereits ein wenig Ordinariumscharakter zu. Vollends im Fall eines Commune-Psalms – *Der Herr ist mein Licht und mein Heil – Dein Wort ist meinem Fuß eine Leuchte* etc. – überwiegt eigentlich das Ordinariumselement.

– **Halleluja/Ruf und Vers:** Die Rufe selbst sind eindeutig Ordinariumselemente, die durch den Vers aktualisiert werden, vornehmlich auf das nachfolgende Evangelium hin; insoweit gehört der Gesang als Ganzes (weiterhin) zum Proprium. Da allerdings auch hier eine große Zahl von Textvarianten sich allgemein auf das Wort Gottes bezieht oder →Akklamationscharakter hat, kann der Gesang einen deutlichen Drall zum Ordinarium bekommen. (Am Dienstag der dritten Woche im Jahreskreis etwa besteht der Vers aus dem vorhin zitierten Psalmvers [!] *Dein Wort, o Herr, ist meinem Fuß eine Leuchte, ein Licht für meine Pfade* und hat naturgemäß mit dem Evangelium textlich nichts zu tun.)

– **Gabenbereitung/Offertorium:** Es gilt dasselbe wie für den Introitus; in FGM 70 heißt es, dass hier „deutsche Gesänge und Lieder, die der Gabenbereitung, der liturgischen Zeit bzw. dem Tag entsprechen", gesungen werden. Das eine hat somit eher Ordinariums-, das andere Propriumscharakter.

– **Sanctus, Agnus Dei:** Unverrückbar und ausschließlich Ordinarium.

– **Kommuniongesang/Communio; Dankgesang:** Auch in diesen Fällen sind beide Zuordnungen möglich. Bezieht sich der Text auf die eucharistische Begegnung (*Jesus, dir leb ich …*) oder auf das gemeinsame Mahl (*Wir alle essen vom einen Brot …*), überwiegt das Ordinariumselement. Wird die Verbindung zu den →Perikopen hergestellt, verschiebt sich der Gesang in Richtung Proprium.

Man sieht, dass in vielen Fällen die Grenzen fließend geworden sind. In diese Richtung weist Siegfried Koesler am Schluss seines Beitrages: „Nach all dem Gesagten … hoffe und träume ich davon, dass wir vielleicht wieder die schöpferischen Musiker … über den Weg eines *neuen Ordinariums* zur Mitarbeit begeistern können, (…) beispielsweise aus Kyrie, Gloria, Halleluja, Sanctus, Amen und Agnus bestehend …" (Koesler 1994)

II. „Früher war alles so feierlich"

In diesem Kapitel geht es um einige Fragen, die allesamt um die Polarität Früher/ Jetzt kreisen:

– Wie sah die Liturgie aus, als Haydn und Mozart ihre Messen komponierten?
– Ist das die →Tridentinische Liturgie, von der heute wieder so viel die Rede ist?
– Wie geht die Orchestermesse mit der heutigen Liturgie zusammen?

Diese Themen sind eng miteinander verwandt. Auffällig ist, dass immer viel Emotion dabei ist, wenn über diesen Problemkreis diskutiert wird. Auf den ersten Blick scheint es immer um dieselbe Sache zu gehen – aber hören wir einmal genau hin, was da im Einzelnen beklagt wird:

– Die Musik von 1776 – Mozart und Haydn – passte genau zur Liturgie von 1776. Zur heutigen Liturgie passt sie nicht.
– Mit der Einführung der neuen Liturgie hat man den jahrhundertelang gegebenen Zusammenhang von Musik und Liturgie zerstört.
– Die Liturgie „bis zum Konzil" war in Jahrhunderten zu ihrer endgültigen Gestalt herangereift. Sie war festgelegt und subjektiven Zugriffen entzogen.
– Seit dem Konzil hingegen verändert sich „die Liturgie" dauernd und ist außerdem der Willkür aller Beteiligten ausgesetzt.
– Früher war die Liturgie feierlich und erhaben, heute wirkt sie alltäglich und menschlich; sie hat alle Sinne angesprochen, heute ist sie rational.
– Früher waren Liturgie und Kirchenmusik künstlerisch bzw. kulturell bedeutsam, heute legt „man" darauf keinen Wert.
– „Die Messe" (gemeint ist das Ordinarium) verliert an Bedeutung; stattdessen soll man Kyrielitaneien und Antwortpsalmen singen bzw. komponieren.

Ich erspare es mir und dem Leser, für jeden dieser Sätze Belegstellen anzuführen. Mit manchen Autoren, die hier zu zitieren wären, habe ich schon vor einiger Zeit heftig diskutiert und möchte keine neue Runde eröffnen; dies nicht aus Bequemlichkeit, sondern wirklich nur um des lieben Friedens willen. Wer weitere (zunehmend) extreme Standpunkte kennenlernen möchte, kann in so manchem Internetforum fündig werden.

1. Alte Messe / Alte Liturgie

Als Erstes gilt es zu rekapitulieren, wie die Liturgie zur Zeit ⇨Haydns und ⇨Mozarts ausgesehen hat; manches ist in den entsprechenden Kapiteln schon untersucht worden. Was hier im Folgenden erörtert wird, dient nicht nur dem Blick in eine Art Gottesdienst-Museum, um zu sehen, „wie es damals war". Es hat auch Relevanz für die Integration der klassischen Orchestermesse in unsere heutige Liturgie, und es ist schließlich auch für die Diskussion um die Tridentinische Messe von Bedeutung.

> Im Folgenden ist vom Typus „Hochamt" die Rede. Darunter verstand man bis zum II. Vatikanischen Konzil eine Messe, die einerseits mit einer gewissen Mindestbesetzung an liturgischem Personal zelebriert und andererseits mit figurierter Kirchenmusik gestaltet wurde. Wir beziehen uns hier auf eine *missa in cantu,* die von den Musikgattungen her jedenfalls über den Gesang von gregorianischem Choral hinausgeht. Akteure sind: der Zelebrant, der →Diakon und der Subdiakon sowie eine gewisse Anzahl von Altarassistenten (Ministranten und ggf. Kleriker mit niederen Weihen, z. B. →Akolyth oder Lektor). Die Gestaltungsform war damals genau geregelt; es war keineswegs dem Belieben überlassen, ob und was gesungen wurde. In einem Amt durfte der Zelebrant nicht das eine Gebet sprechen und ein anderes singen, sondern er hatte alles zu singen. In einer Messe ohne Assistenz durfte wiederum nichts gesungen werden. Die heutige – für uns selbstverständliche – Freiheit auch in diesen Dingen gab es nicht.

> Alles, was im Folgenden nicht ausdrücklich als gesungen bezeichnet wird, ist leise oder fast unhörbar gesprochen zu denken, und zwar durchgängig lateinisch.

Bevor man nun die Welt der früher gepflegten Liturgie kennenlernt und seine Schlüsse zieht, sollte man sich zum Vergleich die damals nicht wirksamen, heute aber im Vordergrund stehenden Paradigmen des Funktions- und des Rollenprinzips erneut vergegenwärtigen (⇨Exkurs I: Liturgische Rollenträger, Funktionen der Gesänge, S. 27). Da man zu einer schlüssigen Einschätzung – ich vermeide das Wort Beurteilung – aller Facetten nur in Kenntnis der Details gelangen kann, wird im Folgenden ein Gottesdienst im früheren Ritus durchgängig beschrieben, und zwar immer als Erstes das Tun der liturgisch aktiven Personen[1] und dann die Musik.

Ein Hochamt zur Zeit Mozarts

> – Nach einem Glockenzeichen ziehen Zelebrant und Assistenz ein und knien vor dem Altar nieder. Es folgt das Stufengebet (Psalm 42, Schuldbekenntnis, Lossprechung, Schlussdialog). Dann folgt der rituelle Eröffnungsgruß *Dominus vobiscum,* der mit *Et cum spiritu tuo* beantwortet wird. Dann liest der Zelebrant für sich den **Introitus**, gefolgt vom **Kyrie** im kaum hörbaren Dialog mit dem Ministranten bzw. dem Diakon.

---

1 Man würde heute nicht zögern, sie als „liturgische Rollenträger" zu bezeichnen – was sie aber damals nicht waren, vgl. S. 29f.

Zum Einzug wurde eine Bläserintrada („Aufzug") gespielt. Meistens wurde nämlich kein Introitus gesungen. Falls doch, wurden Introitus und Kyrie hintereinander gesungen, eventuell durch ein minimales Orgelinterludium getrennt. Einige Autoren halten es für möglich, dass es bloß ein Orgelpräludium anstelle des Introitus gegeben hat.

– Der Zelebrant stimmt das **Gloria** an. Das ist die erste Gelegenheit, bei der die versammelte Gemeinde seine Stimme hört. Dann betet er das ganze Gloria still für sich; danach setzt er sich und wartet.

Chor und Orchester sangen parallel dazu das Gloria.

– Der Zelebrant singt das **Tagesgebet**, danach der Subdiakon die **Epistel** (lateinisch). Der Zelebrant liest parallel denselben Text still für sich. (Es gab nur eine Lesung.)

– Nun liest der Zelebrant den Text des **Graduales** und des **Allelujaverses**. Inzwischen nimmt ein Teil der Assistenz Aufstellung, um mit dem Diakon zum Ort der Evangeliumsverkündigung zu ziehen; Weihrauch wird ins Fässchen eingelegt.

Parallel dazu spielte man die Epistel- bzw. Kirchensonate. Anstelle der im →Messformular vorgesehenen Gesänge ein Instrumentalstück zu spielen, war in Wien schon seit dem 16. Jahrhundert verbreitet. In Salzburg stellte Fürsterzbischof Colloredo diese Praxis 1783 ab und beauftragte Michael Haydn mit der Komposition von Gradualien (S. 275).

– Der Diakon singt das **Evangelium**; der Zelebrant liest den Text parallel dazu für sich.

– Es gibt keine Predigt innerhalb des Hochamtes.

– Der Zelebrant stimmt das **Credo** an und setzt still fort. Danach setzt er sich und wartet.

Chor und Orchester bringen das Credo zu Gehör.

– Der Zelebrant singt zunächst *Dominus vobiscum,* alle antworten *Et cum Spiritu tuo,* anschließend singt er das Wort *Oremus.* Diese Bitte gehört zum Gabengebet, das allerdings erst viele Minuten später – nach der Bereitung von Wein und Brot und nach dem Lavabo – fortgesetzt wird.[2] Es wird still gebetet, so dass der laut gesungenen Einladung kein hörbares Gebet folgt. Nach dem *Oremus* gibt ein Ministrant ein Glockenzeichen. (Es gibt keine Fürbitten.)

Man hört nun das **Offertorium** des Tages – das heißt einen Gesang mit dem im Messformular vorgesehenen Text oder ein als Offertorium bezeichnetes anderes Stück. Es kann auch marianischen Inhalts sein. Möglicherweise wurde auch Instrumentalmusik gespielt.

– Der Zelebrant singt *Per omnia saecula saeculorum.* Das ist der Schluss des leise gebeteten Gabengebetes, zu dem die Einladung lange vorher laut gesungen worden ist. Es folgt, vernehmlich gesungen, der Dialog vor der **Präfation**, so wie er auch heute lautet, und die Präfation.

– Der Zelebrant betet **Sanctus und Benedictus** und setzt sofort mit den Gebeten des Kanons fort. Wenn der Zelebrant mit dem Sanctus beginnt, läutet der Ministrant dreimal. Bei den

---

2 So laut Jungmann 1965, S. 94. Rudolf Pacik meint dagegen, es könnte auch der auf die Gebetseinladung geschrumpfte Rest des Allgemeinen Gebetes – den schon vor dem →Tridentinum verschwundenen Fürbitten – sein (was das isolierte *Oremus* nicht viel logischer macht).

Worten *Hanc igitur* gibt er dem Ministranten ein dezentes Handzeichen, der dann einmal läutet.

Das Sanctus wird gesungen, der Zelebrant betet weiter. Falls das Sanctus länger dauert, hält er vor dem Einsetzungsbericht inne.

– Der Zelebrant spricht, nahezu unhörbar, die →**Wandlung**sworte. Die Erhebung der Hostie und des Kelches begleitet der Ministrant jeweils mit drei Glockenzeichen. Danach setzt der Priester mit dem Kanon fort. (Eine →**Akklamation** der Gemeinde gibt es nicht.)

Das Benedictus wird gesungen. Falls es länger dauert, als der Priester für die Gebete braucht, wartet der Priester.

– Das erste, was man nach der Präfation vom Zelebranten vernimmt, ist (gesungen) *Per omnia saecula saeculorum*. Nach dem Amen der Anwesenden setzt er allein mit dem gesungenen **Pater noster** fort, nur den letzten Halbsatz *sed libera nos a malo* singen die Umstehenden wie eine Antwort (ohne Amen). Den Embolismus (*Libera nos …*) betet der Priester still.

Dazu gibt es leises Orgelspiel oder Stille.

– Ein weiteres Mal beginnt der Priester einen Dialog mit dem Schlusssatz *Per omnia saecula saeculorum* und setzt nach dem Amen mit *Pax Domini …* fort. Nach dem Gebet zur Vermischung von Brot und Wein betet er das **Agnus Dei** und das Friedensgebet.

Parallel dazu wird das Agnus Dei gesungen. Der Gesang begleitet also alle zuvor genannten Gebete und die Kommunion von Priester und Assistenz. Eine Kommunionspendung an das anwesende „gläubige Volk" gibt es nicht.

– Während der Gesang des Agnus Dei andauert, reinigt der Zelebrant die Gefäße. Falls eine **Communio** gesungen wird – was keineswegs die Regel ist –, wartet er diese ab, sodann singt er die **Postcommunio** (das dritte Propriumsgebet des Tages). Es folgt gesungen der letzte Dialog, nämlich ein weiteres *Dominus vobiscum* samt Antwort und schließlich *Ite, missa est / Deo gratias* und, ebenfalls gesungen, der **Segen**. Danach liest der Zelebrant still das Schlussevangelium (vgl. S. 183).

Nach dem Segen erklingt Musik: entweder ein Orgelpostludium oder ein Chorstück allgemeinen oder marianischen Inhalts. Oft wird allerdings noch ein eucharistischer Segen mit der Monstranz angeschlossen; in diesem Fall wird das *Tantum ergo* gesungen.

Man sieht deutlich, wie auf zwei Ebenen agiert wird. Auch wenn die ganze Form *missa in cantu* heißt, wird die Liturgie doch in Wirklichkeit größtenteils still vollzogen. Die Musik dominiert auf diese Weise notwendigerweise das ganze Geschehen; die Gewichte sind und bleiben verschoben. Im Lichte dieser Überlegungen mutet es eigenartig an, wenn heutzutage in den Diskussionen um die „Orchestermesse in der neuen Liturgie" immer wieder von solchen verschobenen Gewichten die Rede ist (siehe später S. 94f.), denn dies trifft noch viel mehr für die Praxis in der tridentinischen Liturgie zu. Zu Mozarts Zeit verschwand der Ritus in weit größerem Ausmaß hinter der Musik; das betraf die zeitliche Ausdehnung genauso wie die Gestaltungstiefe.

Es gibt Nahtstellen, wo sich die beiden Ebenen für kurze Zeit berühren und manchmal auch de facto und sinnvoll ineinandergreifen. Genau besehen sind es aber immer bloß die Anfänge der Gesänge, die mit einer korrespondierenden Stelle im Ritus verzahnt werden, und auch da nicht in jedem Fall. Das Kyrie zum Beispiel begleitet mehrere unabhängige Abläufe und wirkt fast wie ein zweiter Introitus, und falls kein Introitus gesungen wird, übernimmt es die Funktion der Eingangsmusik. Das Benedictus ist ein besonders komplexer Fall, der an geeigneter Stelle ausführlich besprochen wird (S. 65f.). Hier scheint nämlich auf den ersten Blick eine vernünftige Korrespondenz mit dem Ritus gegeben zu sein; aber in Wahrheit klaffen gerade hier die Ebenen völlig auseinander. Und von diesem Fall her wird nun auch deutlich, woher es kommt, dass die frühere Liturgie als so kunstsinnig und so musikfreundlich wahrgenommen wird: Weil sie völlig hinter der Musik zurücktritt. Die rituelle Handlung wird immer wieder *einfach angehalten,* um der Musik Raum zu geben, und an keiner anderen Stelle ist dies so offensichtlich wie hier. Denn nach dem kunstvollen Gesang des Sanctus wird zwar dem zentralen und konstituierenden Gebet der ganzen Eucharistiefeier kurz „Raum gegeben" (die Formulierung ist verräterisch, trifft aber genau den Kern!), aber nach dieser kurzen stillen Unterbrechung kann sich gleich das Benedictus entfalten, während das wichtige Gebet weitergeht – nur eben unhörbar. Für Liebhaber der großen Kirchenmusik sind ideale Bedingungen gegeben, für den Liturgiker sind, es bleibt dabei, *auch damals schon* (!) die Gewichte verschoben.

„Mit Rücksicht auf die vorgegebene Zeitdauer einer Messfeier konnten auch bei den breiter angelegten Werken einzelne Teile wie das mit dem Sanctus verbundene Benedictus entfallen. In Bayern, aber auch im Gebiet des Erzbistums Salzburg war es gar üblich, das Credo nach dem Abschnitt *Et incarnatus est* abzubrechen." (Bircher 2006, S. 41) Das wurde damals natürlich nicht als unliturgisch empfunden, denn es kam einzig und allein darauf an, ob der Priester den vollständigen Text las, und somit war es liturgisch unerheblich, ob da vielleicht nur das halbe Credo gesungen wurde und die andächtig Lauschenden nicht erfuhren, wie es nach der Geburt Christi weitergegangen wäre und ob da eine Kreuzigung und eine Auferstehung stattgefunden hätte. Das muss man immer mitbedenken, wenn man von der wunderbaren Übereinstimmung von Musik und Liturgie schwärmt.

Als wir vorhin feststellten, dass auf zwei Ebenen agiert wurde, war damit von der Ebene der anwesenden Gläubigen noch gar nicht die Rede. Es gab sie aber; sie ist uns nur nicht aufgefallen, und das ist typisch und sogar folgerichtig. Man muss sich ja einmal klar machen, dass die Gemeinde tatsächlich nichts, *buchstäblich nichts,* „zu tun" hatte in einem solchen Hochamt – außer *andächtig sein.* Die wenigen Antworten wurden nicht vom Volk, sondern vom Chor gesungen. Das hielt sich an vielen Orten bis weit ins 20. Jahrhundert hinein, als im Zuge der verschiedenen liturgischen Bewegungen immer mehr Elemente als dem Volk gehörig wiederentdeckt und reklamiert wurden. Da war es keineswegs selbstverständlich, dass der Chor diese Antworten, manchmal durchaus widerwillig, an „die Leute abgab", nicht verstehend (weil vom Chorleiter auch nicht darüber informiert), dass der Gemeinde nur zurückgegeben wurde, was ihr von Anfang an und durchgehend gehört hatte.

Man verzeihe mir das Bild, das nur illustrativ, aber keineswegs abschätzig gemeint ist: Nur an manchen Stellen tauchte der Zelebrant aus seinem im Wesentlichen privat vollzogenen Ritus an die Oberfläche auf und nahm einen flüchtigen Kontakt zu den Anwesenden auf. Lesung und Evangelium wurden der Gemeinde laut vorgetragen, wie es dem Sinn des Aktes entspricht (auf lateinisch allerdings); von den Amtsgebeten des Priesters bekam sie jedoch wenig mit, und aus der Perspektive des nicht besonders kundigen Messbesuchers mussten sie wohl wie geheimnisvolle Zonen der Stille oder aus dem Zusammenhang gerissene Texte zwischen den Musikstücken wirken.

Zelebrant und Gemeinde kamen eigentlich gar nicht in Kontakt, da es keine Begrüßung gab, die als solche wahrgenommen werden konnte. Es gab wohl die Grußformel *Dominus vobiscum*; auf sie wurde aber durch den Ministranten *Et cum spiritu tuo* geantwortet. Der Charakter der Grußformel war allerdings noch zusätzlich dadurch verdunkelt, dass sie insgesamt sechsmal verwendet wurde. Der Grußcharakter mutierte dadurch zu einer Art von Signal, nun wieder aufzumerken, und in der Tat – in jedem Fall von neuerlicher Kontaktaufnahme des Zelebranten rief er der Gemeinde wieder dieselben Worte zu, die allerdings in keinem Fall von einer gemeinsamen Antwort der Gemeinde belohnt wurden. Übrigens hatte auch ein Priester, der allein – ohne Ministrant, ohne weitere Messbesucher – eine stille Messe hielt, die Grußformeln zu verwenden; er antwortete sich dann selbst jedesmal mit *Et cum spiritu tuo*. Erst seit der Reform des Messbuches nehmen die Vorschriften darauf Bezug, dass es auch Messen geben könnte, ohne dass noch jemand zweiter zugegen ist, und seither sind für diese Fälle die Grußworte (es sind ohnehin nur mehr wenige) gestrichen.[3] – Wie wenig man die Lesung als etwas fühlte, was eigentlich der Gemeinde vorgelesen (im Sinne des Wortes) wurde, zeigt eine unscheinbare Anweisung[4], die für die stille Messe galt: „Am Ende der Epistel (das der Priester meistens mit der linken Hand anzeigt) [!] antwortet der Ministrant *Deo gratias*." Die Lesung wurde so sehr nicht vorgelesen, dass der Priester für die Dankformel ein Handzeichen geben musste.
Jeder war daran gewöhnt, dennoch war es absurd: An drei Stellen begannen die spärlichen Dialoge des Zelebranten mit der Gemeinde (d. h. mit den Altardienern oder bestenfalls mit dem Chor) mit *per omnia sæcula sæculorum*. Die Antwort lautete *Amen*. Man hörte nur die Schlussformel des Gebetes, das ja im Auftrag der Gemeinde gesprochen wurde, nicht den Inhalt des Gebetes. Ins bürgerliche Leben übertragen kann man sich das wie folgt vorstellen: Ein Generaldirektor liest still in seinen Unterlagen; plötzlich sagt er: „Was ich ja schon immer so gesagt habe." – Die Vorstände am Konferenztisch antworten: „Genau, das finden wir auch."

---

3   „Eine Feier ohne liturgischen Dienst oder wenigstens einen Gläubigen soll nur aus einem gerechten und vernünftigen Grund stattfinden. In diesem Fall entfallen die Grußworte, die Hinweise und der Segen am Ende der Messe." (GRM 254)
4   Phillip Hartmann, Repertorium rituum: Übersichtliche Zusammenstellung der wichtigsten Ritualvorschriften für die priesterlichen Functionen. Paderborn 1901

Der unvoreingenommene Beobachter wird an dieser Stelle einwenden, dass all dies unzulässigerweise und einseitig aus der Sicht des 20. Jahrhunderts interpretiert wird, und dass hier die frühere Praxis mit einer liturgietheoretischen Optik vermessen wird, die ihr gar nicht gerecht werden *kann*. Die Theologen und die Liturgiker des 18. Jahrhunderts nämlich dürften das alles anders gesehen haben, und die Musiker und die Gläubigen erst recht.

Dass die gesamte Gemeinde Subjekt der Liturgie ist, konnte damals tatsächlich kein Thema sein. Dafür gab es handfeste theologische und dogmatische Begründungen, die aufzuzeigen ich Berufeneren überlasse. Abseits davon jedoch: Die Welt war, für jedermann zu spüren, innen und außen grundsätzlich hierarchisch strukturiert, die Kirche als Ganzes war es auch, und es gab keine Veranlassung, die Liturgie – als eine „Äußerung" der Kirche – anders zu sehen. Diese Ordnung in diesem Teil der Welt stellte sich als festgefügt und unveränderbar dar. Der gesamtkulturelle Konsens über eine grundsätzliche gestaltende Beteiligung von jedermann an möglichst vielem war noch nicht entwickelt. Liturgie als gemeinsames Tun aller Gläubigen war ein Konzept, das im 18. Jahrhundert auf blankes Unverständnis gestoßen wäre (wie etwa auch die Idee der Religionsfreiheit). Man kann die damalige Praxis also nur vor dem Hintergrund dieser allgemeinen soziokulturellen Ideologeme verstehen.

Dass Liturgie nicht grundsätzlich mit Beteiligung der Gemeinde zu tun hat, wurde im Konzil von Trient deutlich – wenn auch, wie es scheint, sogar mit leisem Bedauern, wie das gleich folgende Zitat erkennen lässt – ausgesprochen. Und diese Sicht der Dinge war auch die damals maßgebliche. Kirchliche Dokumente sind grundsätzlich geneigt, auch bei auffälligen Änderungen eher die Kontinuität zu betonen und diese mit einer Phalanx von Zitaten zu untermauern („Wie schon Papst N. gelehrt hat" – „Wie die Kirche immer mit gleichbleibender Treue verkündet hat"). Im Falle der Gemeinde in der Liturgie weist aber GRM in Nr. 11 ausnahmsweise ausdrücklich auf den historischen Bruch hin:

> „Schon das Konzil von Trient hatte den großen katechetischen Nutzen erkannt, der sich aus der Feier der Messe ergibt. Es konnte aber nicht alle praktischen Folgerungen daraus ziehen. So wurde von vielen die Erlaubnis zur Verwendung der Volkssprache bei der Feier des eucharistischen Opfers gefordert. [!] Im Hinblick auf die damaligen Umstände hielt es das Konzil aber für geboten, gegenüber dieser Forderung erneut die überlieferte Lehre der Kirche einzuschärfen, nach der das eucharistische Opfer in erster Linie ein Tun Christi selbst ist, *dessen eigene Wirksamkeit nicht davon abhängig ist, in welcher Weise die Gläubigen daran teilnehmen.* Das Konzil erklärte deshalb mit festen und zugleich abgewogenen Worten: ‚Obwohl die Messe *viel Lehrreiches für das gläubige Volk enthält,* schien es den Vätern doch nicht von Vorteil, sie unterschiedslos in der Volkssprache feiern zu lassen.'" (Ökumenisches Konzil von Trient, 22. Sitzung, Doctr. de ss. Missae sacrificio, Kap. 8) (Hervorhebungen von P. P.)

Nachdem wir zunächst festgestellt hatten, dass Liturgie (Ebene 1) und Musik (Ebene 2) sich nur berührten, aber nach den Kriterien der Funktion nicht verschränkt waren, sind wir nun bei der dritten Ebene angelangt. Wir müssen, unterstützt durch das vorige Zitat, bestätigen: Die Liturgie war in einem Ausmaß nicht gemeindebezogen, das wir uns heute nur mühsam vorstellen können. Im Lichte der Zitate kann dies aber nicht verwundern. Die am Altar Agierenden, die Musizierenden und das anwesende „Volk" feierten jeweils ihre eigene Messe – zeitlich und örtlich parallel ablaufend. Und mit einem Mal spürt man auch, woher der alte Sprachgebrauch kommt:

– Der Priester *liest die Messe*: Genau das tat er, und zwar für sich, als ob er Gebete betrachtend-rekapitulierend in einem Buch läse. (Diese provokante Beschreibung bezieht sich auf den äußerlich wahrnehmbaren Tatbestand; der Autor will damit keineswegs ausdrücken, dass er für die so „gelesenen" Messen an der Realität oder der Gültigkeit des sakramentalen Vollzuges zweifelt.)
– Die Gläubigen *hören die Messe*: Genau das taten sie. Das korrespondiert äußerlich damit, dass „die Messe viel Lehrreiches für das Volk enthält".
– Die Gläubigen *wohnen andächtig der Messe bei*: Das sagt, bösartig überspitzt, dass sie am selben Ort sind, an dem ein Priester die Messe zelebriert und dass sie in Gedanken voll beim gottesdienstlichen Geschehen sind.
– Die Musiker *führen eine Messe auf*: So empfanden sie es wohl.

Das ist keine polemische Einschätzung, die wegen der neuen Diskussion um die tridentinische Messe so hart ausfällt. Einer der Vordenker der liturgischen Erneuerung im 20. Jahrhundert hat den Unterschied zwischen den Selbstverständnissen der alten und der erneuerten Liturgie schon 1964 so beschrieben:

„Liturgie ist Gottesdienst der Kirche; die Kirche ist Gemeinschaft der Gläubigen; somit ist die Gemeinschaft der Gläubigen Subjekt der Liturgie. Das ist eigentlich eine Selbstverständlichkeit.
    Der Gedanke konnte, bis das II. Vatikanische Konzil seine eindeutige Sprache sprach, dem neu oder sogar kühn erscheinen, der gewohnt war, unter Liturgie den ‚Gottesdienst der Kirche' zu verstehen (…) insofern die Kirche, d. h. die kirchliche Obrigkeit, ihn ordnet und ihn durch Amtspersonen vollziehen lässt. Die Liturgie wäre demnach nur eine Summe von religiösen Akten, (…) mit deren Vollzug bestimmte Personen beauftragt sind, und das sind eben nur die Träger des Amtes im Gegensatz zur Gesamtheit der Gläubigen. Aus dieser Betrachtungsweise ging dann jene Auffassung der Liturgie hervor, der zufolge die Beteiligung des Volkes überhaupt nicht zum Wesen der Liturgie gehört. (…) Die Teilnahme der Gläubigen erschien damit als etwas, das für die Liturgie als solche belanglos war, das außerhalb ihres Begriffes stand. Die Gläubigen konnten dann dem Gottesdienst nur aus einer gewissen Entfernung [!] beiwohnen [!], sie konnte die Messe anhören [!], mussten es auch; aber sie hatten keinerlei aktive Rolle zu erfüllen; ja sie stünden überhaupt nicht in der Liturgie, sondern stünden ihr nur *gegenüber*." (Jungmann 1965, S. 28f.; Hervorhebung von Jungmann)

Und nun sind wir auch schon bei der neuen Sehnsucht nach der tridentinischen Messe angelangt. Das ist in doppelter Hinsicht kein Zufall, denn einerseits ist es ja dieser Ritus, der zur Zeit der →Wiener Klassiker galt, andererseits ist die Diskussion darüber aufgeflammt und wird am Feuer gehalten, seit Benedikt XVI. die Zelebration im alten Ritus mit nur mehr geringen Kautelen freigegeben hat (Motu proprio „Summorum Pontificum" vom 7. Juli 2007; dazu ein ergänzender Brief des Heiligen Vaters an die Bischöfe unter demselben Datum). Es kann nur jedem, der mit Liturgie zu tun hat – und dazu gehören nun einmal die Kirchenmusiker – empfohlen werden, beide Dokumente aufmerksam zu lesen. Das ist nicht als Ergebenheitsadresse zu verstehen, sondern ohne Hintergedanken und so, wie es geschrieben ist: Man muss es selbst lesen, in Ruhe alle Argumente – und wie sie vorgebracht werden – kennenlernen und auch den Subtext erspüren.

In seinem Schreiben schlägt Papst Benedikt den gewohnten ruhigen, emotionslosen Ton an. Joseph Ratzinger hat vermutlich schon lange den Wunsch gehabt, den alten Ritus wieder zu gestatten; wie lange, dürfte weithin unbekannt sein. Ich habe vor einiger Zeit durch Zufall eine diesbezügliche Äußerung von ihm aus dem Jahr 1978 (!) gefunden, als er noch keine zwei Jahre Bischof war. „Etwas anderes freilich ist die Frage, ob nicht – ähnlich wie bei der Reform von 1570 – in großzügiger Weise die Möglichkeit gegeben werden sollte, unter den gegebenen Bedingungen bis auf weiteres von dem alten Missale Gebrauch zu machen."[5] – In seinem Schreiben von 2007 weist der Papst, wie es der Tradition vatikanischer Verlautbarungen entspricht und in diesem speziellen Fall von besonderer Delikatesse ist, in seinem Brief an die Bischöfe vorsorglich darauf hin, dass sich sozusagen gar nicht viel ändert durch sein Schreiben: „Was nun die Verwendung des Messbuchs von 1962 als *forma extraordinaria* der Messliturgie angeht, so möchte ich darauf aufmerksam machen, dass dieses Missale nie rechtlich abrogiert wurde und insoferne im Prinzip immer zugelassen war." Leider konnte der katholische Erdkreis das nicht so unaufgeregt sehen.

Betreffend des Unterschiedes zwischen alter und neuer Liturgie greife ich aus einem Stapel an Beiträgen die Äußerung des österreichischen Diözesanbischofs Egon Kapellari heraus, der als besonders kunstsinnig innerhalb seines Standes gilt und den man beiderseits der Fronten als unverdächtigen Zeugen der Zeitläufte akzeptieren sollte.

> „In nicht wenigen Wortmeldungen habe ich in den letzten Jahren gegen Verflachungen und Banalisierungen in der Liturgie Stellung genommen, die nicht immer nur aus einer spirituellen Erschöpfung und daraus erwachsender gedankenloser Routine resultieren, sondern da und dort auf eine problematische Theologie zurückzuführen sind. (…) Manche, denen ich klar widersprechen möchte, machen in schlichter Pauschalität allein die liturgischen Veränderungen durch das Konzil bzw. nach dem Konzil verantwortlich und plädieren für eine

---

5   Ratzinger 1978; es handelt sich um die Fußnote 8 auf S. 496.

weitgehende Umkehrung der Liturgiereform. (…) Ich habe mich dagegen zur Wehr gesetzt, dass Liturgie eigenmächtig verändert wird, und gesagt, dass diese kein Knetwachs in den Händen noch so wohlmeinender junger und älterer Christen sein darf. Daran möchte ich erinnern, wenn ich andrerseits auch jenen Katholiken widerspreche, die den Zustand der Liturgie vor dem Konzil einer Gesamtverklärung unterziehen wollen, was nur um den Preis einer erheblichen Vergesslichkeit geschehen kann, und die das Gesamtbild des heutigen Zustands von Liturgie ungerechtfertigt düster malen. (…)

Im Ganzen aber war die vorkonziliare Liturgie ein Kunstwerk. Sie war schön durch die Sinnenhaftigkeit in Farbe, Musik, (…) durch Weihrauch und auch durch die nur wenigen verständliche und daher als numinos empfundene lateinische Sprache.

Diese Liturgie glich einer Kathedrale, der man im Lauf der Zeit eine Reihe von Einbauten und Anbauten hinzugefügt hatte, und die dadurch ihre Durchsichtigkeit verloren, aber mystische Qualität oder wenigstens Heimeligkeit gewonnen hatte."[6]

Welche Auswirkungen für die musica sacra hat es, wenn hin und wieder oder sogar oft die Messe tridentinisch gefeiert, und vor allem, wenn der Hauptgottesdienst am Sonntag in diesem Ritus gefeiert würde? (Nach dem Motu proprio Papst Benedikts kann *eine* der Sonntagsmessen tridentinisch gefeiert werden.)

Für einen Kirchenmusiker, der seinen Beitrag zur Liturgie als das versteht, als was er nach langen Umwegen seit dem 20. Jahrhundert wieder verstanden wird, nämlich als *integrierenden Bestandteil der Liturgie* und nicht als schmückende Zutat wie zur Zeit Mozarts, hätte das wohl demoralisierende Folgen. In der Denkweise des alten Ritus „gilt" nur, was der Priester betet, singt oder flüstert; deshalb liest er auch alles parallel, auch wenn es gesungen wird. Welche Gesänge der Kirchenmusiker auswählt bzw. wie er sie den einzelnen Teilen zuordnet, wird zu einer Fleißaufgabe, hat aber keinen essentiellen Bezug zur Liturgie. Die Auswahl wird dann nach Kriterien der Länge, der Aufführungsschwierigkeit und der Ästhetik vorgenommen (leider ist das die Vorgangsweise, die so mancher Kirchenmusiker auch ohne tridentinischen Ritus wählt). Latein wäre die einzige zugelassene Sprache; vorbei wäre es mit Schütz, Bach und Mendelssohn. Denn zweifellos würde das Pendel hier gewaltig ausschlagen und die einschränkenden Bestimmungen würden rigider gehandhabt werden als es in der Zeit unmittelbar vor dem II. Vatikanischen Konzil der Fall war. Der vermeintliche Vorteil für die Kirchenmusik bestünde, wie früher, wie zu Mozarts Zeit, darin, dass die beiden Ebenen wieder weitgehend unkoordiniert nebeneinander liefen, so dass für die prachtvollen Orchestermessen anscheinend wieder mehr Zeit wäre und man sich die eineinhalb Stunden nicht mit so viel laut Gesprochenem teilen müsste.

---

6   Kapellari, Egon: „Sacrosanctum Concilium" und die Praxis heutiger Liturgie. Vortrag bei der Internationalen Sommerakademie des Linzer Priesterkreises am 25.8.1997 in Aigen im Mühlkreis. musica sacra 118/1, 1998, S. 18–24. DDr. Egon Kapellari, damals Bischof von Gurk-Klagenfurt, ist heute Bischof von Graz-Seckau.

Aber unmittelbar vor dem Konzil war es doch nicht so schlimm, wird man einwenden. Man hatte doch die Betsingmesse, das „deutsche Hochamt", die Gemeinschaftsmesse und was es da sonst noch an augenscheinlich nicht-so-ganz-römischen Varianten gab (vgl. S. 323f.). – Das sieht oberflächlich so aus und täuscht bloß über die damals unverändert gültigen Bestimmungen hinweg: „Mit der durch die Liturgische Bewegung seit etwa 1920 propagierten ‚Gemeinschaftsmesse' wurde über die stille Messe des Priesters eine zweite, volkssprachige Schicht gelegt; an den Riten selbst änderte sich nichts. (Anfangs war übrigens nicht klar, ob es dem Volk erlaubt sei, dem Priester gemeinsam zu antworten!)" (Pacik 2007, S. 10)

Wer der tridentinischen Liturgie zuneigt und auf einen solchen Zug, sollte er sich seiner Pfarrkirche nähern, als Kirchenmusiker aufspringen möchte, soll wissen, worauf er sich einlässt. Wenn man in den erwähnten Foren ein wenig blättert, hat man den Eindruck, dass sich viele Symphatisanten des alten Ritus nicht im Klaren sind, was alles in diesem Gesamtpaket drin ist, und dass nicht alle wissen, was sie um des prächtigen Hochamtes willen an Kleingedrucktem unterschreiben. Wer nämlich meint, es gehe um die lateinische Sprache und um ein bisschen mehr Brokat bei den Messgewändern, um ein bisschen mehr Feierlichkeit und um die Blickrichtung des Priesters, der hat sich grob getäuscht.[7]

Die Konzilsväter wollten ja die Muttersprache nicht einfach deshalb einführen, damit alle endlich alles verstehen und alle immer auf deutsch singen können. Die Kausalkette sieht ganz anders aus: Sobald man (wieder) erkannt hatte, dass das ganze Volk Subjekt der Liturgie ist, musste man ihm auch die Möglichkeit geben, teilzunehmen. Das wiederum zog notwendig die Wiederbelebung des Rollenverständnisses in der Liturgie nach sich; und wer nun seine Rolle als Zelebrant, Diakon, Lektor, Kantor und Chorsänger wahrnehmen konnte, sollte dies nicht erst nach einem Lateinstudium tun können. Ein anderer Grund für die Zulassung der Muttersprache war die inzwischen sprichwörtlich gewordene Anregung des Konzils, „dass der Tisch des Wortes Gottes reicher gedeckt wurden möge" (SC 51). Die ganze Fülle der →Perikopen aus dem Alten Testament und der Antwortpsalmen neu vor den Gläubigen auszubreiten hätte allerdings kaum einen Sinn gehabt, wenn diese Texte auf lateinisch angeboten worden wären. Insofern geht es nicht um „die lateinische Messe" (vgl. S. 226).

(All dies waren übrigens nicht, wie auch immer wieder insinuiert wird, die Denkergebnisse einiger Schreibtischtäter am Vorabend des Konzils, sondern Früchte mehrerer liturgischer Bewegungen, deren Überlegungen – nach Durchlauf zweier Generationen und nach tausenden Experimenten – das Zentrum der

---

7   Man kann es sich auch ganz einfach machen, wie z. B. der angesehene und sonst auf sehr hohem Niveau
    argumentierende Philosoph Robert Spaemann: „Ich gehe ja nun meistens in die alte [tridentinische]
    Messe, da singt die ganze Gemeinde alle ihr zukommenden Teile der Messe, vom Kyrie bis zum Agnus
    Dei, ich weiß nicht, worin die aktive Teilnahme sonst noch bestehen soll." (Nordhofen 2008, S. 79)

Weltkirche erreichten und dort schließlich, unter Getöse, Streit und viel Heiligem Geist, 1962 in halbwegs konkrete Leitsätze gegossen wurden.)

Was da alles im „Messbuch von 1962"[8] inkludiert ist und was außerdem noch passiert, wenn an einer Kirche nach beiden Riten gefeiert wird, beschreibt Rudolf Pacik präzise in seinem bereits erwähnten Beitrag:

> „Es gäbe plötzlich zwei unterschiedliche Kirchenjahre; zwei Heiligenkalender; zwei Schrift-
> lesungs-Ordnungen; zwei voneinander abweichende Vorschriften über die Ausstattung
> der Kirchen; (bereits abgeschaffte) niedere Weihen und den Subdiakonat bei den ‚Altglau-
> bern‘, Laien-Dienstämter bei den anderen etc. Das eigentliche Problem liegt jedoch nicht
> im Chaos, sondern im Nebeneinander zweier unterschiedlicher Liturgie-Theologien. Das
> II. Vatikanische Konzil definierte in der Liturgiekonstitution ‚Sacrosanctum Concilium‘ die
> Liturgie als Feier der Gemeinde: einen Gottesdienst, der in all seinen Teilen jeden und jede
> betrifft, an dem alle – gewiss mit je anderen Aufgaben – tätig und verstehend teilnehmen
> sollen. Die Gemeinde hat ihr durch die Taufe übertragenes Amt zurückerhalten, das sie seit
> dem Mittelalter nicht mehr ausüben konnte. Entsprechend musste die Gestalt der Liturgie,
> zumal die der Messe, revidiert werden, was durch das Missale Romanum von 1970 geschah.
> Der so genannte tridentinische (in Wirklichkeit mittelalterliche) Ritus, auch seine leicht ver-
> änderte Ordnung von 1962, ist – wie der frühere Wiener Liturgiewissenschaftler Johannes
> Emminghaus es ausdrückte – eine ‚absolute Priestermesse‘. Der das Messbuch einleitende
> ‚Ritus servandus‘ beschreibt als Grundform die private Feier des einzelnen Priesters.“

Wo meine Sympathien liegen, brauche ich wohl nicht lange zu erklären. Ich versuche zwar in diesem Buch, mich der Polemik zu enthalten, möchte aber auch vor Polemik und Fanatismus warnen.

Abschließend sei festgestellt: Musik aus dem *thesaurus* zu schätzen und innerhalb der Liturgie (!) zu pflegen, hat nichts mit der Bevorzugung des alten Ritus zu tun, und alle Versuche, einen Konnex zwischen tridentinischer Liturgie und dem *thesaurus* insofern herzustellen, als ob diese Paarung anderen Formen überlegen (oder ihre Bevorzugung gar der Wille des Papstes) wäre, können mit vielen guten Gründen entkräftet werden.

Bei dieser Gelegenheit bleibt noch ein letztes beliebtes Stereotyp zu entzaubern, jenes nämlich, nach dem die Paarung Palestrina-Messe plus Proprium im gregorianischen Choral annähernd die Idealform der musikalischen Messgestaltung wäre, und zwar aus dem Grund, dass dies die jahrhundertealte und allein deshalb

---

8   Es gehört zu den sehr unangenehmen Garnierungen der Debatte um die Wiederzulassung des
    tridentinischen Ritus, dass dieser oft (und nach den dürren Fakten zu Recht!) als das „Messbuch von 1962"
    bezeichnet wird – ganz so, als ob es sich hier um eine moderne Sache aus dem Jahr des Konzilsbeginns
    handelte und nicht um einen Ritus aus dem 17. Jahrhundert. Zu einer nochmals verschärften Form der
    vernebelnden Terminologie ist es dann nur noch ein kleiner Schritt, wenn es (abermals faktisch korrekt!)
    als das „Messbuch des seligen Papstes Johannes' XXIII." apostrophiert wird – als ob dieser Papst nicht für
    genau das Gegenteil von liturgischem Revisionismus stünde und als ob nicht gerade er die Galionsfigur
    und nachgerade das Synonym für Aufbruch und Modernisierung wäre! – Leider wurde die Chiffre
    „Johannes XXIII." auch, pardon, von Benedikt XVI. selbst in seinem Motu proprio verwendet; wir wollen
    hoffen, dass es wieder einmal in bester Absicht und bloß ohne Gespür für den Subtext geschehen ist …

schon kulturell überlegene Form sei (⇨ Exkurs VI: Die Suche nach der guten, alten, *reinen* Kirchenmusik). – Es sei gerne eingeräumt, dass nach den Pius-Päpsten des 20. Jahrhunderts mit ihrer Rangordung *Gregorianik – Palestrina – alles übrige* eine solche Idealisierung nahe liegt. Dabei wird allerdings ausgeklammert, dass es seit dem II. Vatikanischen Konzil zahlreiche offizielle Äußerungen gibt, nach denen alle Stile grundsätzlich geeignet sind für die Liturgie. Eines jedoch sollte klar sein: Von Jahrhunderten der durchgängigen Pflege dieser Gestaltungsform kann keine Rede sein. Zu Zeiten von Eberlin, Mozart, Schubert und Bruckner wurde das Proprium sicher nicht im gregorianischen Choral gesungen. Die Idealisierung greift sehr pauschal auf die Zeit des 14./15. Jahrhunderts zurück, in der neben gregorianischem Choral nur zeitgenössische Musik im Gottesdienst erklungen ist – und in dem die Gesänge keineswegs mit der 1903 geforderten liturgischen Korrektheit erklangen. Als historisch neues Phänomen ist die vorgeblich so alte Symbiose ein Konstrukt des frühen 20. Jahrhunderts.

So können wir die meisten zu Beginn des Kapitels aufgelisteten Fragen jetzt beantworten:
- Die Musik von Mozart und Haydn passte *ästhetisch* perfekt mit der damaligen Liturgie (und auch mit dem Kirchenraum und den soziokulturellen Gegebenheiten) zusammen. *Liturgietheoretisch* gesehen liefen Musik und Liturgie aber nebeneinander ab.
- Ein essentieller Zusammenhang – hie Wesen der Musik, hie Wesen des jeweiligen Elementes der Liturgie – war kaum gegeben und konnte daher nicht zerstört werden.
- Dass die „neue" Liturgie für Varianten und Veränderungen grundsätzlich offener ist als die alte, wurde im Kapitel Messe dargelegt. Wiewohl Liturgie per se eine Institution der Ordnung und des Konservativen ist, kann doch die Betonung dieser Dimension, über große Zeiträume und zyklisch betrachtet, einmal stärker, einmal schwächer zum Tragen kommen.
- Erhaben, feierlich, rational, kühl: Diese Parameter entziehen sich letztlich einer präzisen Empirie und können nicht Gegenstand liturgischer Gesetzgebung sein. Kategorien wie die genannten spiegeln vielmehr ästhetische und kulturelle Strömungen wider.
- Eine Verflachung im kulturellen und ästhetischen Bereich kann leider in Liturgie und Kirchenmusik der letzten Jahrzehnte nicht geleugnet werden. Die vorgebliche Protestantisierung der katholischen Liturgie – wenn sie denn dingfest gemacht werden könnte – kann allerdings angesichts des bedeutenden Corpus an lutherischer Kirchenmusik nicht dafür verantwortlich gemacht werden.

2. Alte Messe / Neue Liturgie

Bleibt nur noch die diffizile Aufgabe übrig, zu untersuchen, ob der Schatz der Kirchenmusik, der in der Epoche der tridentinischen Liturgie geschaffen worden ist, mit der heute gültigen Liturgie in Einklang gebracht werden kann, und das betrifft naturgemäß vor allem das Ordinarium. Es mag verwundern, dass dieses Thema hier noch einmal aufgerollt wird, nachdem bereits bei den Einzelbesprechungen der Gesänge in der Messe sehr viel über die ursprüngliche und die heutige Funktion – sofern verschieden – gesagt wurde. Es geht hier denn auch eher um eine Gesamtschau. Nicht so sehr die Stellung des einzelnen Elementes steht jetzt im Vordergrund, sondern die Gesamtkonfrontation (oder vielleicht doch: die Gesamtharmonie) eines in Jahrhunderten gewachsenen Schemas mit einer in vielem neu definierten Liturgie. Gerade nach den Überlegungen betreffend die Wiederzulassung des alten Ritus – und in vollem Bewusstsein über die Implikationen, die über die bloße ars celebrandi hinausgehen – ist die Erörterung dieser Frage hochaktuell. (Zur Spezialfrage des alten Requiems in der erneuerten Totenliturgie: ⇨Liturgien für Abschied und Gedenken.)

Ein entscheidendes Stichwort: Nicht neu ist diese Liturgie (zu einem sehr großen Prozentsatz), sondern vieles an ihr wurde neu definiert. Es wurden Akzente gesetzt und Blickwinkel geändert. Vieles an dieser „neuen" Liturgie ist im Gegenteil so alt, dass es in Vergessenheit geraten war und erst behutsam als ehrwürdiges Gut vorgestellt werden muss. Der vielgeschmähte Antwortpsalm etwa – wir sagten es schon – wirkt nur deshalb als radikale Neuerung gegenüber dem vertrauten gregorianischen Graduale, weil niemandem mehr bewusst war, dass sich dieses vor vielen hundert Jahren aus einem Proto-Antwortpsalm rückgebildet hatte, und es gibt noch eine Reihe weiterer Beispiele dieser Art.

Aber es geht um die Gesamt-, nicht um die Einzelfrage: Einer heute wieder ganz auf die Gemeinschaft der Gläubigen bezogenen Liturgie steht ein immenser Corpus an Sakralmusik gegenüber, der manches klingende Kulturgut enthält, das zum ehernen Kernbestand der abendländischen Kunst zählt. All dies ist jedoch – wir haben es im Detail untersucht – für eine andere Liturgie geschaffen, die auf einer anders akzentuierten Theologie beruht und mit anderen gesellschaftlichen Parametern verbunden ist.

Über diesen Clash of Cultures – man soll es ruhig beim Namen nennen – sind seit 1962 viele tausend Seiten geschrieben worden. Eine kleine Auswahl an Literatur wird am Schluss angeführt. Und hier sind noch nicht einmal die bilderstürmerischen Aktivitäten der ersten Jahre nach dem Konzil gemeint.

Hier geht es, auf äußerste komprimiert, vor allem um folgende Spannungen:
– Begleitgesänge – Introitus, Gabenbereitung, Agnus Dei – erreichen eine Ausdeh-

nung und ein künstlerisches Gewicht, das sie in Konkurrenz zu anderen Elementen setzt, die liturgisch mehr Gewicht haben, aber nun an den Rand gedrängt scheinen.

– Vollzugsgesänge – vor allem Credo und noch mehr das Sanctus – werden nicht von der Gesamtheit der Gläubigen gesungen oder gesprochen, sondern dem Chor delegiert.

– Kyrie und Gloria sind Gesänge des Eröffnungsteiles, die aber – vor allem im Fall der großen Orchestermesse – ein enormes Übergewicht bekommen über die *liturgia verbi*, den Wortgottesdienst also mit Lesungen, Antwortpsalm und Hallelujavers.

– Im Fall des Sanctus wächst sich eine Akklamation – man könnte sagen: ein mehrgliedriger freudiger Ruf der Zustimmung – aus zu einem beherrschenden Hauptteil, der den Gegenstand der Zustimmung, das Hochgebet, zu einem minder interessanten Monolog des Zelebranten degradiert (rein dramaturgisch gesehen).

– Insgesamt verschieben sich bei einem großen klassischen Ordinarium die Proportionen zwischen Musik und sakralem Vollzug in einer unangemessenen Weise.

Oberflächlich gesehen, geht es zunächst einmal um die Ausdehnung vieler *thesaurus*-Kompositionen. Franz Karl Praßl weist an anderer Stelle auf „mildernde Umstände" hin, die sich gerade durch die einengenden Vorschriften am Ende des 18. Jahrhunderts ergeben: „Die Anordnungen des Erzbischofs, welch ‚glückliche Schuld' für uns Heutige! Eine Mozartmesse mit einer Spieldauer von ca. 20 Minuten mit einem kurzen Sanctus und Benedictus ist in ihren Proportionen weitaus besser in die heutige Liturgie einzufügen als viele andere Kompositionen aus dieser Zeit." (Praßl 2006, S. 101) In Österreich ist man traditionell ja eher bereit, längere Messvertonungen in der Liturgie aufzuführen – was schon in Deutschland mit Staunen registriert wird; dort geht man fast grundsätzlich davon aus, dass das „nicht geht". So verweist etwa Günther Massenkeil in seinem Artikel über die c-Moll-messe und das Requiem (!) von Mozart auf die „Tatsache, dass beide Werke zwar in der gottesdienstlichen Praxis keinen Platz haben, wohl aber im Kirchenkonzert." (Massenkeil 2006, S. 150) Und Franz Anton Stein apostrophiert einmal Bruckners e-Moll-Messe als „diejenige der Bruckner-Messen, die auch immer noch und immer wieder zur Liturgiegestaltung verwendet [!] wird" (womit impliziert wird, dass die Messen d-Moll und f-Moll quasi ohnehin nicht in Frage kommen). (musica sacra 116/3, Leitartikel)

   Abgesehen vom Aspekt der zeitlichen Ausdehnung muss man aber wohl Jakob Koch rechtgeben: „Aufgrund der unterschiedlichen liturgischen und kirchenmusikalischen Kontexte von Spätbarock und 21. Jahrhundert sind für den heutigen Hörer nicht mehr alle musikalischen Aussagen und Merkmale der Mozart-Messen nachvollziehbar. … Der authentische liturgische Spannungsbogen droht durch einen musikalisch generierten zweiten Spannungsbogen nivelliert zu werden. Die Proportionen werden verschoben." (Koch 2006, S. 78) Dass in einem „Hochamt", wie wir es in unseren Breiten kennen und wie es sich weiterhin großer Beliebtheit erfreut, irgendwas nicht zusammenpassen soll, ist dennoch für viele nicht ohne weiteres nachzuvollziehen. Wenn man aber ernst nimmt, was hier nun viele Seiten lang über das Wesen und die genaue Funktion der einzelnen Elemente der Messe überlegt worden ist, dann muss man zugeben, dass die Bedenken nicht einfach als Prinzipienreiterei vom Tisch gewischt werden können.

Der Ursprung der Probleme liegt eigentlich schon im entsprechenden Konzilsdokument selbst, und zwar nicht nur, wie man annehmen könnte, bei den Artikeln 112–121, die das Kapitel VI *„Die Kirchenmusik"* ausmachen. In dieser Konstitution *Sacrosanctum Concilium* wurde nach sehr langen Vorarbeiten (und heftigen Kontroversen) die Richtung für die Liturgie der Zukunft angegeben, aber es finden sich darin kaum konkrete Ausführungsbestimmungen.[9] Das setzt sich fort im ersten nachkonziliaren Dokument zur Musik in der Liturgie, der *Instruktion über die Musik in der heiligen Liturgie (Musicam sacram)* von 1967. Natürlich werden hier Weichen gestellt und Akzente gesetzt, jedoch vermeidet es das Dokument, allzu präzise Vorschriften zu machen. Dass dies nicht aus Unachtsamkeit oder vordergründiger Ängstlichkeit geschah, zeigt die Entstehungsgeschichte der Instruktion, die in Jaschinskis Dokumentation immerhin 48 Seiten umfasst (Jaschinski 1990, S. 241–289). „Gegner wie Befürworter des zyklischen Messordinariums berufen sich auf dasselbe Dokument, das als erwiesene Kompromissregelung möglichst vielen Seiten gerecht werden wollte." (Praßl 2001, S. 9)

Als eigentlicher Knackpunkt wird immer wieder folgender Satz aus der Instruktion zitiert: „Nicht zu billigen ist jedoch der Brauch, den ganzen Gesang einem Sängerchor zuzuweisen und das Volk gänzlich von der Teilnahme auszuschließen." Es handelt sich um *einen* Satz aus dem Artikel Nr. 16c, den man nicht ohne die Kenntnis von Nr. 34 in die Diskussion werfen sollte:

> „Wenn die Gesänge des so genannten ‚Ordinarium Missae' mehrstimmig gesungen werden, können sie vom Sängerchor *in gewohnter Weise* mit oder ohne Instrumentalbegleitung vorgetragen werden unter der Voraussetzung, dass das Volk *nicht gänzlich* von der Teilnahme ausgeschlossen wird. *Sonst aber* können die Teile des ‚Ordinarium Missae' in fortlaufendem Wechsel oder in sinnvoller Zusammenfassung größerer Textteile zwischen Sängerchor und Volk oder auch innerhalb des Volkes aufgeteilt werden. In diesem Falle möge man beachten: Das Symbolum [das Credo] als eine Form, den Glauben zu bekennen, soll nach Möglichkeit von allen gesungen werden, oder in einer solchen Form, die eine entsprechende Teilnahme der Gläubigen gestattet. Das Sanctus als abschließende Akklamation zur Präfation soll regel-

---

9 Allein dass es innerhalb des Konzilsdokuments über die Liturgie ein eigenes Kapitel über Kirchenmusik gibt, war Gegenstand von langen Diskussionen und ist als Botschaft zu verstehen: Kirchenmusik ist nicht ausschließlich und quasi stillschweigend Bestandteil der Liturgie, sondern für sich genommen Gegenstand eigener Aussagen.

mäßig von der ganzen Versammlung, gemeinsam mit dem Priester, gesungen werden. Das Agnus Dei kann so oft als nötig gesungen werden, insbesondere bei der Konzelebration, da es die Brotbrechung begleitet. Es ist zu wünschen, dass das Volk wenigstens in die Schlussbitte einstimmt." (Hervorhebungen von P. P.)

Der Beitrag von Franz Karl Praßl (2001) setzt sich detailliert mit der Problematik auseinander und nimmt die Bestimmungen genau unter die Lupe; seine Lektüre wird schärfstens empfohlen. Der Kern seiner Argumentation ist:
– Der Ausdruck *„in gewohnter Weise"* schließt die gewohnte Praxis der Aufführung des kompletten Ordinariums in einer Vertonung für Chor und/oder Instrumente ohne Gemeindebeteiligung ein; und es ist ein Normalfall – eben die *gewohnte Weise* –, dass ein solches Ordinarium so vertont ist und dass es alle Teile umfasst.
– In dieser konkreten Feier ist die Gemeinde dann eben an anderen Gesängen beteiligt und somit *nicht gänzlich* – im Hinblick auf die ganze Feier – von der Teilnahme ausgeschlossen.
– Diese Aussagen ergeben nur einen Sinn, wenn es ein *„sonst aber"* gibt – in diesen weiteren *sonstigen* Fällen ist dann die Teilnahme der Gemeinde auch bei den Teilen des Ordinariums gegeben. Diese sonstigen Fälle dürften in unseren Breiten annähernd 95 Prozent ausmachen.

Weitere, etwas untergeordnete Gesichtspunkte, die für die Integration der *thesaurus*-Messe in die heutige Liturgie sprechen:
– So wie laut Konzilskonstitution Nr. 119 der Musiküberlieferung fremder Völker Wertschätzung entgegengebracht werden soll und sogar „die Liturgie an ihre Eigenart angepasst" werden soll (und nicht etwa umgekehrt!), so „können auch wir Bewohner des christlichen Abendlandes erwarten, dass unserer Musik die gebührende Wertschätzung entgegengebracht und angemessener Raum gewährt wird. Dazu gehört auch, dass ein paar Mal im Jahr eine vollständige Ordinariumskomposition der Wiener Klassik gesungen werden darf." (Irmgard Reichl in einem Leserbrief in musica sacra 108/6, 1988, S. 506)
– Es gibt nicht nur die im physischen Sinn tätige Teilnahme am Gesang, sondern auch die des „aktiven Hörens", bei der sich der Hörer mit dem von anderen Gesungenen identifiziert und es sich zu eigen macht. (Auch die Diskussion über dieses teilnehmende Hören dauert seit vielen Jahren an.)
– Zu berücksichtigen ist der Gesamtanteil an „bloß" hörender und tatsächlich singender Beteiligung des Volkes. Praßl erinnert daran, dass dem vom Chor gesungenen Ordinarium mit seinen vier bzw. fünf Teilen sieben weitere Gesänge gegenüberstehen, an denen die Gemeinde beteiligt werden kann – abgesehen von den Antworten und Akklamationen, die sie grundsätzlich in jeder Messfeier singen soll.
– Es ist vernünftigerweise auch auszuschließen, dass Mitfeiernde Zweifel darüber haben könnten, worum es im Credo geht oder was *Agnus Dei* bedeutet; in allen

anderen Messfeiern, die ohne Chor und Orchester gestaltet werden, sprechen oder singen sie ja jedesmal den deutschen Text.

– Letztlich muss ja auch nicht jeder Teilnehmer jedes einzelne lateinische Vokabel verstehen, um seine Identifikation mit dem Ganzen des betreffenden Gesanges zu gewährleisten. Man ist heutzutage auch mit einer Flut von englischen Vokabeln oder Satzteilen konfrontiert, die man jedenfalls dem Sinn nach erfasst, ohne möglicherweise jedes Wort gesondert zu verstehen.

– Schließlich geht es um die Gesamtproportionen im kirchenmusikalischen Repertoire einer Pfarrgemeinde im ganzen Kirchenjahr. Abgesehen von gewissen „Musik-Kirchen", bei denen die Gewichte so verschoben sind, dass die Grundintentionen der heutigen Liturgie nur mehr bei großzügiger Betrachtung gegeben sind, dürfte im Normalfall einer Pfarrkirche mit einer florierenden Kirchenmusik und einer insgesamt gesunden Liturgie das Pendel ohnehin weit zugunsten der Gemeindebeteiligung ausschlagen.

– Es gibt noch andere Schnittstellen zwischen Kunst und Kult, an denen es Reibung geben muss, wenn sich die eine oder die andere Seite bewegt. Radikallösungen gibt es gelegentlich, sollten aber die Ausnahme sein.

Wer diesen Gedankengang noch weiter verfolgen möchte, sollte als Erstes an die Altäre denken. Hier hat sich sehr viel geändert. Durch die Zelebration zur Gemeinde hin (*versus populum*) wurden freistehende Altäre erforderlich,[10] und die alten Hochaltäre an der vorderen Wand wurden funktionslos – besser gesagt: gingen ihrer bisherigen Funktion verlustig. Denn in den meisten Fällen wurden sie nicht einfach entfernt, sondern blieben stehen und behielten zumindest ihre architektonische Funktion als optischer Abschluss des Kirchenschiffes; manche beherbergten weiterhin den Tabernakel.

Apropos – auch die Praxis der Aufbewahrung der konsekrierten Hostien hat sich im Lauf der Zeit mehrmals geändert. Wurden sie zuerst in der Sakristei aufbewahrt, so kamen im 12. Jahrhundert die Sakramentshäuschen auf. Als sich die Verehrung der Eucharistie mehr und mehr auf die Hostie selbst fokussierte, verlegte man den Aufbewahrungsort in die Mitte und baute einen Tabernakel direkt über dem Altar. Viele Sakramentshäuschen verschwanden; man kann die Stellen oft noch im Mauerwerk erkennen. Heute hat sich die Praxis erneut geändert; „wegen der Zeichenhaftigkeit ist es eher angebracht, dass auf dem Altar, auf dem die Messe gefeiert wird, kein Tabernakel steht, in dem die Allerheiligste Eucharistie aufbewahrt wird." (GRM 315) Da und dort wurden noch vorhandene Sakramentshäuschen aus der Gotik inzwischen reaktiviert.

---

10 Auch die Zelebration versus populum ist keine neue und keine „linke" Erfindung. Als Papst Pius VI. 1782 Wien besuchte, zelebrierte er am 3. März im Stephansdom auf diese Weise. (Gruber 2007, S. 78)

Man sieht, dass es auch nicht einfach eine einzige Lösung gibt. Drakonische Veränderungen sind allerdings auch vorgekommen; der Lettner, der eine eigene lange und bemerkenswerte Geschichte hat, ist bis auf wenige Ausnahmen verschwunden und lebt in anderer Funktion in den anglikanischen Kirchen weiter. Ähnlich radikal ging anfangs die reformierte Kirche mit der Musik (und übrigens auch sonst mit der sakralen Kunst) um; einzig der unbegleitet gesungene Liedpsalm wurde geduldet. Er musste so komponiert sein, dass er notfalls in der Mitte der letzten Strophe schließen konnte, denn irgendwelche über den Psalmtext hinausgehende Worte bloß wegen des ebenmäßigen Strophenbaus waren nicht gestattet. (Vgl. S. 336.)

Man spürt ein wenig Unbehagen, wenn man an eine solche Rigidität im Künstlerischen denkt. Wer die Gesamtheit der Bestimmungen über Liturgie und Musik im 20. Jahrhundert überblickt, wird feststellen, dass es einen sanft ansteigenden Weg zur Offenheit gibt – eine Entwicklung weg von einer bis ins letzte kodifizierten Liturgie, weg von der Reglementierung zur verantworteten Flexibilität in gewissen Grenzen. Vor allem ist ja die stilistische Einengung der Kirchenmusik aufgegeben worden. Pius X. hatte 1903 in seinem Motu proprio „Tra le sollecitudini", das für die Kirchenmusik bis zum II. Vatikanischen Konzil maßgeblich war, eine Rangordnung aufgestellt, nach der der gregorianische Gesang der eigentliche Stil der liturgischen Musik war; an zweiter Stelle kam der Palestrina-Stil als hochgeschätzte und an dritter Stelle alles übrige als geduldete Musik. (Vgl. S. 311 und 318.) Damit ist es nun vorbei; der gregorianische Gesang hat eine Art Ehrenplatz inne, aber darüber hinaus gibt es keine Abstufungen mehr. Sollte man jetzt über den Umweg der funktionellen und rollenmäßigen Mindereignung den Großteil des *thesaurus* erneut von der Liturgie ausschließen – jetzt, da just diese Musik aus ihrer Neben-der-Liturgie-Existenz in die Vollgültigkeit hereingeholt worden ist?

Weiters: Wenn die dramaturgischen Bögen der *thesaurus*-Musik und der Liturgie nicht zusammenpassen, wie es heißt, dann kann man ja möglicherweise an beiden Schrauben ein wenig drehen. Von dem, was konstitutiv ist an dieser Liturgie, kann und will man selbstverständlich nichts wegnehmen. Aber möglicherweise kann man auf der Liturgieseite etwas dazugeben? Vielleicht sollte man wie Meinrad Walter einmal nicht nur fragen, „wie ‚liturgiefähig' heute Mozarts Musik ist, sondern auch danach, wie die Liturgie ‚mozart-fähig' bleiben kann."[11] Praktisch gesagt: Wenn Gloria und Credo mit ihren Dimensionen und ihrer Pracht den dazwischenliegenden Wortgottesdienst vorgeblich erdrücken, warum nicht lieber mehr Aufwand mit letzterem treiben als dem *thesaurus* mit dem Aus drohen? Die Lesungen wie im guten alten Hochamt singen, und den Antwortpsalm – siehe oben – mit deutlich mehr Aufwand gestalten? Die Fürbitten von der Ge-

---

11 Zitiert bei Koch 2006, S. 79.

meinde mehrstimmig singen lassen? Und wenn das ausladende Sanctus das Hochgebet überstrahlt, warum dann nicht das Hochgebet singen anstatt es zu sprechen? Jakob Koch (2006, S. 79) drückt es so aus: „Vor allem Liturgen erliegen oft dem Trugschluss, man müsse den zeitlichen ‚Mehraufwand', den die gottesdienstliche Darbietung einer Orchestermesse mit sich bringt, durch eine Straffung der liturgischen Riten und des Gemeindegesanges ausgleichen." Viel eher sei jedoch zu fordern, „dass der Festlichkeit der Orchestermesse auch eine dezidiert festliche Gestaltung der anderen Teile des Gottesdienstes entspricht." Und noch einmal Franz Karl Praßl (2001, S. 12):

> „Das Verhältnis von Wort – Musik – ritueller Entfaltung – Raumgestalt – Stille usw. muss in sich stimmig und richtig gewichtet sein. Wird nun einem reichen musikalischen Geschehen am Chor ein kärgliches Tun an Ambo und Altar und womöglich nichts in der Gemeinde gegenübergestellt, so ist Kritik angebracht."

Für jeden, der Geschichte und Struktur der Liturgie ernst nimmt und sich auch mit den Hintergründen des *thesaurus* beschäftigt, kann es kein Ausspielen der beiden Komponenten des Kultischen gegeneinander geben. Eine solche Polarität wäre im letzten eine künstliche und erscheint zuallererst auch intellektuell unredlich. Liturgie und Sakralmusik müssen an einem Strang ziehen – und zwar in derselben Richtung. Der *thesaurus* wird bleiben – nicht *trotz* der neuen Liturgie, sondern *in* ihr – und *ihretwegen*.

Exkurs III: Messen konzertant?

Ist es die schiere Lust an Diskussion oder gar Widerspruch, die den Autor dieses Thema aufgreifen lässt? Messen werden landauf, landab konzertant aufgeführt, und somit erscheint das Fragezeichen überflüssig. Überdies gibt es gewichtige Vorbehalte gegenüber liturgischen Aufführungen ausladender Orchestermessen, die in diesem Buch ausführlich besprochen werden[12], und schon aufgrund dieser Vorbehalte müsste die Zahl außerliturgischer Aufführungen eher zu- als abnehmen. Dazu kommen noch die ablehnenden Äußerungen von Pius X. (1903) und Pius XI. (1928) (vgl. S. 325).

---

12 ⇨Nochmals: Ordinarium/Proprium S. 78f.; ⇨ Alte Messe / Neue Liturgie", S. 94f.

Zunächst führt kein Weg daran vorbei, dass eine ⇨Ordinariums-Vertonung nun einmal in den meisten Fällen ursächlich für den Gottesdienst komponiert worden ist, und daher sollte man diesen Zusammenhang nicht ohne gewichtigen Grund aufgeben. Dabei geht es vorrangig nicht um ein theologisches oder spirituelles Problem.

Das war allerdings nicht immer so. Zur Zeit der →Wiener Klassiker war es schlichtweg verboten, liturgische Musik ohne Liturgie bzw. außerhalb des Kirchenraumes aufzuführen. Derlei wurde als Profanierung empfunden, und in jener Epoche der Einheit von Thron und Altar hätte man die kleinste Entehrung des Religiösen auch als einen ersten Schritt der Respektverweigerung gegenüber der weltlichen Autorität gedeutet. Es waren nicht kirchliche, sondern staatliche Bestimmungen, die für eine strikte Trennung des Sakralen vom Profanen sorgten. Wurden Messen dennoch konzertant aufgeführt, musste der Musik ein nicht-liturgischer Text unterlegt werden.[13]

Um die längst verwischte Grenze zwischen Sakralem und Profanen handelt es sich in der heutigen Diskussion nicht, sondern vielmehr um die Frage des Ganzen in der kultischen Performance – ums Gesamtkunstwerk, wenn man so will. Der Vergleich mit der Gattung Filmmusik zeigt, worum es – mutatits mutandis – bei diesem Aspekt geht. Man kann eine Filmmusik zwar losgelöst vom optischen „Anlass" der Musik, also ohne den Film gleichzeitig anzusehen, aufführen bzw. anhören, wird aber dabei viele der wesentlichen Absichten des Komponisten nicht wahrnehmen können. Im Falle liturgisch intendierter Musik liegt die Sache nur ein wenig anders; es fehlen dann szenische und sogar olfaktorische (Weihrauch!) Komponenten, ganz zu schweigen von Zonen der Stille, von gelesenen oder →kantillierten Texten. In einer konzertanten Aufführung werden sozusagen die fünf Edelsteine des Ordinariums ohne das Samtkissen – ohne Einbettung und ohne Zwischenräume, ohne präsentierende Anordnung – aneinandergereiht.

Derlei bleibt nicht immer folgenlos. Im letzten Drittel des vorigen Jahrhunderts konnte man eine neue Mode bestaunen; mancherorts wurden Werke der Sakralmusik „als Ballett realisiert". Als ein getanztes Mozartrequiem für die kommenden Salzburger Festspiele angekündigt wurde, schrieb ich in einem Kommentar:[14]

> Durch die Aneinanderreihung von originär getrennten Sätzen kommt es auch zu der Unsitte, aus den Teilen des *Dies irae* Sätze im symphonischen Sinn zu machen (mit jeweils zehn Sekunden Pause, Schweiß abwischen, umblättern, nachstimmen), wodurch der inhaltliche Zusammenhang gestört wird, aber auch Temporelationen nicht mehr wahrgenommen werden. – Zuerst beraubt man die Musik ihrer natürlichen, vom Komponisten berücksichtigten außermusikalisch-sinnlichen Umgebung; dann reagiert man auf das selbstverschuldete Defizit an sinnlicher Vielfalt und stülpt dem Kunstwerk eine neue, intentionsfremde Realisierungsebene über. Ebenso könnte man die einzelnen Musikstücke, die zur Eröffnung des

---

13 Diesem Absatz liegen ausführliche Informationen von Otto Biba zugrunde, für die ich herzlich danke.
14 Hörcartoon für Mozart. Die Presse, 13. August 1990, S. 7

Philharmonikerballes gespielt werden, nahtlos aneinandergereiht konzertant „aufführen" und sich dann wundern, dass diese Abfolge kein schlüssiges Programm ergibt und dass „etwas fehlt" – und diese so nicht interessante Abfolge mit einem Ballett „unterlegen".

Aber auch ohne den nicht so häufigen Fall einer tänzerischen Ausdeutung – vor allem bei den Messen der Wiener Klassiker kommt es zu musikalischen Situationen, die es zur Zeit der Entstehung nie gegeben hätte, nämlich die Aufeinanderfolge von schnellen, lauten Sätzen in derselben Tonart. Als besonders störend empfinde ich jedesmal die Abfolge *Requiem/Dies irae* im Mozartrequiem oder Gloria/Credo in der Krönungsmesse. Das Repertoire ist voll von derartigen „steilen Fügungen".

Wenn man also Ordinariums-Vertonungen aus dem Stilkreis der Klassik konzertant aufführt, sollte man beachten:
– Ordinariumssätze waren niemals für eine nahtlose Aufeinanderfolge gedacht; also empfiehlt es sich, zwischen den Sätzen anders geartete Musik (z. B. Gregorianik, Orgel solo) einzufügen. Auch Texte sind eine interessante Möglichkeit.
– Unbedingt anzuraten ist diese Vorgangsweise, wenn es zur Aufeinanderfolge von gleichartigen Sätzen wie beschrieben kommt.

Bei all dem muss man aber stets den konkreten Fall im Blick haben; bei Messen aus dem 19. Jahrhundert kann man durchaus zu anderen Ergebnissen kommen. Da wird das Kyrie eher in dunklen Farben gehalten und ist häufig kein schneller Satz. Auch das Credo kommt manchmal sehr nachdenklich daher, schließt jedoch meistens rasch und laut. Sanctus-Sätze beginnen bisweilen sehr verhalten, nachgerade sphärisch. Hier sind direkte Anschlüsse eher möglich als in der Wiener Klassik. Jedenfalls aber sollte man sich die Mühe machen, jeden Fall für sich zu prüfen. Einige Beispiele:
– Die Sätze von Schuberts Missa solemnis in As-Dur haben die Tonartenfolge As – E – C – F – As-F – f-As. Von daher gibt es keine Einwände gegen die unmittelbare Aneinanderreihung (vgl. S. 301f.). Auch die Charaktere der Sätze sind kontrastierend. Seine Große Messe Es-Dur ist hingegen ein Grenzfall.
– Mit der Messe A-Dur von César Franck verhält es sich ähnlich (A – D – c-C [!] – D – Panis angelicus in A – a-A. (Es gibt keinen eigenen Benedictus-Satz, sondern stattdessen wurde nach der Wandlung *Panis angelicus* gesungen; vgl. S. 220.) Auch von der Langsam/Schnell-Gestaltung her ist eine konzertante Aufführung gut möglich.
– In Bruckners f- Moll-Messe sind die Tonarten f – C – C – F – As – f-F. Den lauten hymnischen Schluss des Glorias und den ganz ähnlichen Beginn des Credos sollte man keinesfalls unmittelbar aufeinander folgen lassen. – Die d-Moll-Messe weist die Tonarten d – D – D – D – G-D – g-D; sie scheint für eine Aufführung ohne Einschübe weniger geeignet.

– Die Missa brevis von Kodaly empfinde ich als Grenzfall; die Probleme entstehen hier nicht durch Abfolgen von laut/laut, sondern von leise/leise (Sanctus/Benedictus/Agnus). – Die Komposition war ursprünglich für Orgel solo – also ohne jeden Text – und diente der Begleitung bzw. untermalenden Ausdeutung der stillen Messe, was an den hier angestellten Überlegungen jedoch nichts ändert.

Bei konzertanten Aufführungen von Messen und Requien aus der Romantik kann man öfters das Phänomen beobachten, dass für langsame Sätze besonders ruhige Tempi genommen werden. Hier wirkt unbewusst die sinfonische Tradition auf die jetzt gerade sinfonisch aufgeführte Messe zurück: Nach einem Allegro-Satz Hosanna kann ja nur ein Adagio-Satz Benedictus folgen – auch wenn die Komponisten *Allegro moderato* (Bruckner f-Moll) oder *Andante* und *Allabreve* (Schubert Es-Dur) vorschreiben.

Aus dem Beiheft zu einer CD mit dem Requiem von Antonín Dvořák:
Das Requiem wurde 1890 fertig gestellt. Es hat liturgischen Charakter, wie es bei solchen Kompositionen häufig üblich ist, folgt also dem Ablauf des Gottesdienstes und dient dem Gottesdienst.

III. Andere Gottesdienstformen

1. Das Stundengebet

Geistlicher Reichtum in kleinen Dosen

Der Sonntag ist jedesmal ein kleines Ostern, lautet ein Aperçu der Liturgiewissenschafter, und die Eucharistiefeier ist jedesmal Gedächtnis und Vergegenwärtigung des Erlösungsgeschehens. Aber außerdem gibt es noch eine Art laufenden „Betrieb", einen mehrmals am Tag pulsierenden gottesdienstlichen Rhythmus, eine Grundlandschaft des Gebetes, aus dem die Messe als das ganz Andere und das Wichtigste herausragt: das Stundengebet. Kirchenmusikalische Relevanz hat eigentlich nur einer seiner Teile, nämlich die Vesper – sozusagen nur die Spitze eines Eisberges. Dennoch sollte man ein wenig Überblick über diese Palette an kleinen Liturgien haben.

Eigentlich sollte man es ja so sehen: Der tägliche Gottesdienst ist das Stunden- bzw. Tagzeitengebet, der Sonntagsgottesdienst ist das Stundengebet plus Eucharistiefeier. Das Gebet zu bestimmten Tagzeiten ist eine ganz alte Sache. Die Liturgiewissenschaft ist vorsichtiger geworden mit dem Verfolgen von Traditionen und Wurzeln, die in die vorchristliche Zeit zurückreichen. Aber es scheint, als hätte es auch damals schon einerseits den einen Opferkult im Tempel gegeben und andererseits, davon ganz verschieden, den Synagogengottesdienst – zwei- bis dreimal am Tag und für alle offen. Dieses mehrmalige Beten abseits einer großen Hauptkulthandlung wird bereits mehrmals in den Psalmen erwähnt; „siebenmal am Tag singe ich dein Lob", heißt es beispielsweise im Psalm 119. Sich immer wieder aus dem Getriebe zu lösen und sich auf das über und außer dem Alltag Liegende zu besinnen – es trifft sich mit dem Urbedürfnis nach einer Strukturierung der Zeit, nach Gliederung des Tages, und es lehnt sich an den Lauf der Sonne am Himmel an.

Vor allem dort, wo Christen ständig in größeren Gruppen zusammenleben, ist eine derartige Verzahnung von Tagesablauf und Gebetsrhythmus praktikabel – und identitätsstiftend! Schon bevor die tägliche Eucharistiefeier zur Regel wurde, gab es in der ältesten Zeit bereits über den Tag verteilte Gebetszeiten. Nach Anfängen vor allem im Mönchtum des Ostens war es dann Benedikt von Nursia, der für seinen Orden ein festes System von Gebetszeiten entwickelt hat; denn *Ora et labora*, Beten und Arbeiten, war das Motto für seine neue Gemeinschaft. Ab dem 6. Jahrhundert kann man im Großen und Ganzen vom Stundengebet in annähernd der heutigen Form ausgehen – und das ist nun wirklich eine sehr lange Zeit. *Horae canonicae*, festgesetzte Stunden (des Gebetes) wurde das genannt, und davon kommt das deutsche Lehnwort *die Hore* (Plural: *die Horen*). Da das Stundengebet als Ganzes ein Amt, eine Pflicht ist, wird es auch *das Offizium* genannt. Um es umständlich, aber unmissverständlich zu sagen: So wie es das →Messformular von Pfingsten oder vom 14. Sonntag im Jahreskreis gibt, so gibt es auch das Offizium von Pfingsten wie auch das Offizium vom 14. Sonntag im Jahreskreis.

Das Offizium eines Tages besteht aus großen und kleinen Horen:
– LAUDES
– Terz
– Sext
– Non
– VESPER
– Komplet

Dazu kommt noch als siebter Teil die sogenannte Lesehore. Sie hat die deutlichste Veränderung erlitten; ursprünglich war dies eine Lese- und Besinnungsstunde in der Nacht und wurde Matutin genannt. Der Ausdruck lebt im Wort „Mette" fort. Die Prim hat man, da ohnehin im Schatten der Laudes, abgeschafft.[1]

Die Übersicht über das Stundengebet ist korrekt, aber noch nicht die ganze Wahrheit, denn das Offizium aller Sonn- und Festtage beginnt mit der 1. Vesper am Abend davor! Hier trifft man die letzten schemenhaften Nachwirkungen der jüdischen Auffassung an, dass der Tag mit dem Sichtbarwerden des Abendsterns am Vorabend beginnt.[2] Sie ist heutzutage sogar ein wenig stärker zu spüren dadurch, dass es seit dem II. Vatikanischen Konzil weithin Vorabendmessen gibt – ebenfalls für Sonn- und Festtage. Am Abend des betreffenden Tages betet oder singt man dann die 2. Vesper, die sich textlich oft beträchtlich von der 1. unterscheidet und deshalb auch immer getrennt in den Büchern ausgewiesen ist. Gibt

---

1   Das sonst eher nur um die großen Linien besorgte Konzilsdokument über die Liturgie enthält im Punkt 89 eine erstaunliche Menge Details, unter anderem auch die Abschaffung der Prim (SC 89d).

2   „Gemäß alter jüdisch-christlicher Tradition dauert der liturgische Tag vom Vorabend bis zum folgenden Abend. Das hat sich im Laufe der Entwicklung in der westlichen Liturgie geändert. Nach der ‚Grundordnung des Kirchenjahres' [1969] dauert der liturgische Tag ‚von Mitternacht bis Mitternacht; doch beginnt die Feier der Sonntage und der Hochfeste bereits am Abend des vorhergehendes Tages'." Auf der Maur (G, 1994) S. 234

es zwei verschiedene Vespern, dann zieht das auch Unterschiede in der Komplet nach sich. Für den Kirchenmusiker ist dies nicht ohne Bedeutung. Fällt ein Festtag etwa auf einen Donnerstag und hat er eine 1. Vesper (was im →Direktorium immer eigens angegeben ist), dann sollte man am Mittwochabend nicht die Messe vom Mittwoch, sondern die vom Donnerstag feiern. Es sei aber sofort eingeräumt, dass derlei liturgische Präzision heutzutage durch eine gewisse Flexibiliät in den Bestimmungen gemildert ist. („Wenn es dem Wohl der Gläubigen dient" … „Wo es Brauch ist" …)

In den Bezeichnungen der kleinen Horen spiegelt sich noch die antike Stundeneinteilung. (Man erinnert sich an die Passionsgeschichte: „Es war um die neunte Stunde" = um 15 Uhr.) *Vesperae* heißt abends, *completorium* bedeutet Abschluss (des Tages bzw. des Stundengebetes). *Laudes* ist der Plural von *laus* (Lob), wobei das Wort im Deutschen eine zwischen beiden möglichen grammatikalischen Formen schwankende Verwendung erleidet. „Heute früh bin ich in der Laudes fast eingeschlafen" ist sprachlich nicht ganz korrekt, aber im Klosterjargon sicher häufiger anzutreffen als „Dann musst du vor den Laudes einen Espresso trinken".

Ursprünglich, und durch lange Zeit hindurch, wurde das Stundengebet von den Mönchen gemeinsam vollzogen und wies einen hohen Anteil an Gesang auf. Auch an den Domkirchen pflegten die zahlreichen Kleriker – Bischof, Propst, Vikare, Kapitel – das gemeinsame Chorgebet. Die einzelnen Elemente waren jeweils in speziellen Büchern zusammengefasst – →Lektionar, Hymnar, →Antiphonale usw. Als immer mehr Mitglieder eines Klosters reisend unterwegs waren, mithin auch Priesterbrüder in der „Welt" tätig waren – eben Weltpriester zum Unterschied von Ordenspriestern –, entwickelten sich für den Gebrauch „unterwegs" Verzeichnisse, die die Kurzangaben des Tagzeitengebets enthielten. Der Begriff hierfür war „breviarium". Später wurden die Texte, die nicht (mehr) auswendig rezitiert werden konnten, auch ausgeschrieben, wodurch eine eigene Buchform, und als Folge des Zerfalls, eine eigene Art Privatliturgie mit einem Verpflichtungscharakter entstand.[3] Auch wurden im Mittelalter immer mehr Pfarren gegründet, und immer mehr Priester lebten nicht mehr in einem Klerikerverband. So spaltete sich die Form des allein und still gebeteten Stundengebetes von der anderweitig weiterhin gepflegten Chorform ab.

Man begegnet heute drei Formen des Stundengebetes:
– die zuletzt genannte des privat und still gesprochenen Gebetes,
– das gesungene Chorgebet, heute hauptsächlich in Klöstern und Stiften,
– eine Art Kümmerform in der Mitte, das rezitierte Chorgebet, bei dem kaum gesungen, sondern fast ausschließlich auf einem Ton rezitiert wird.

---

3 http://www.stundenbuch-online.de/tagzeiten-begriff.htm. Auf diese private Website wird vom Liturgischen Institut der deutschsprachigen Schweiz verwiesen (http://www.liturgie.ch/ds/dcms/sites/lich/index.html).

Das Zentrum allen Chorgebetes ist der Psalter. Bis zur letzten großen Reform des Stundengebetes liefen alle 150 Psalmen im Lauf einer Woche durch; heutzutage gibt es einen vierwöchigen Zyklus. Wenn auch die Psalmen – Gotteserfahrungen in poetischer Form – das Stundengebet prägen, so liegen doch die Höhepunkte auch in diesen Gottesdiensten bei den Lesungen. Es gibt keine Evangelien→perikopen, aber eine reiche Palette an Lesungen und zusätzlich noch Texte von Kirchenvätern und anderen kanonischen Autoren. – Aus praktischen Gründen wird es meistens die Vesper sein, die kirchenmusikalisch zu gestalten ist, und sie ist auch das hauptsächliche Objekt unserer Erwägungen, wiewohl vieles Grundsätzliche auch für die anderen Horen gilt.

Da fast alle Vespervertonungen aus dem *thesaurus* der Kirchenmusik vor der letzten Reform des Stundengebetes entstanden sind, sollte man den heutigen und auch den früheren Ablauf kennen:[4]

bis 1970	*seit 1970*
Eröffnung	Eröffnung
	Hymnus
– Antiphon, 1. Psalm, 1. Antiphon	1. Antiphon, 1. Psalm, 1. Antiphon
– Antiphon, 2. Psalm, 2. Antiphon	2. Antiphon, 2. Psalm, 2. Antiphon
– Antiphon, 3. Psalm, 3. Antiphon	Canticum (Gesang aus dem Neuen Testament)
– Antiphon, 4. Psalm, 4. Antiphon	
– Antiphon, 5. Psalm, 5. Antiphon	Lesung
Responsorium breve	Antwortgesang
Hymnus	
Versikel	
Antiphon zum Magnificat	Antiphon zum Magnificat
Magnificat	Magnifcat
Antiphon zum Magnificat	Antiphon zum Magnificat
Preces	Fürbitten
Kyrie	
Vaterunser	Vaterunser
Oration	Oration
Schlussdialog	Schlussdialog
	Segen (falls ein Priester die Liturgie leitet)
marianische Schlussantiphon	evtl. marianische Schlussantiphon

---

4   Es gab eigene Ordenstraditionen; die Benediktiner etwa hatten nur vier Psalmen. Die Kenntnis solcher Abweichungen erleichtert die Lösung mancher Rätsel in alten Musikbeständen.

In der alten Form ist die beherrschende Stellung der Psalmen deutlicher zu erkennen. Seit der Reform gibt es zwei Psalmen statt fünf, aber dafür ein neutestamentliches →Canticum. Man könnte sagen, dass hier insgesamt ein gewisser Ausgleich stattgefunden hat. Gab es vor dem Konzil im Messbuch fast gar keine alttestamentlichen ⇨Perikopen, so ist durch die Aufwertung des Antwortpsalms und durch die neue erste Lesung geradezu eine Flut an Altem Testament in die tägliche Messliturgie eingedrungen. Umgekehrt hat man im Stundengebet die Psalmen etwas lockerer verteilt und Cantica aus dem NT dazugenommen.

Eine weitere auffällige Änderung besteht darin, dass im römischen, das heißt im allgemein gültigen Stundengebet der →Hymnus jetzt am Beginn gesungen wird. (Im monastischen Brevier steht er so wie früher nach dem Responsorium.) Auf diese Weise agieren sofort alle Anwesenden und „singen sich zusammen". So wird der Antwortgesang aufgewertet, da er nicht mehr in Konkurrenz zum benachbarten Hymnus steht.

„Die Antwortgesänge in den Vespern sind so formuliert, dass sie auf jede Wortverkündigung [!] gesungen werden können, andererseits ordnet sie der entsprechende Akzent in die entsprechende Kirchenjahreszeit ein." (Duffrer 1976, S. 54) Und in AES 49 heißt es: „Das Responsorium (breve) ist die Antwort auf Gottes Wort. Es kann, je nach den Umständen, entfallen [!]. An seiner Stelle können auch andere Antwortgesänge genommen werden, die für diesen Zweck geeignet und deren Texte von der Bischofskonferenz approbiert sind." Hier herrscht deutlich mehr Flexibilität als beim Antwortpsalm in der Messe, und diese Freiheiten sollten auch genützt werden. Interessant die Anmerkung im Stundenbuch zum Charakter des Responsoriums: „Die erste Reaktion auf diese Frohbotschaft ist leise und besinnlich. Deshalb steht hier ein Gebilde, in dem die gleiche Antwort (*responsum*) mehrfach wiederkehrt. … Nach diesem besinnlichen Intermezzo erreicht die Gebetsstunde ihren Höhepunkt [nämlich im Magnificat bzw. Benedictus]." (Einführung, S. 8*)

Die Antiphon ist, im Gesamtgebilde einer Hore gesehen, nicht einfach ein literarisches oder musikalisches Genus, sondern laut AES 113 auch ein Hilfsmittel zum Verständnis des Psalms. „Die Antiphonen verdeutlichen die literarische Gattung eines Psalms. Sie machen ihn zum persönlichen Gebet. Sie betonen ein gewichtiges Wort, das sonst der Aufmerksamkeit entgehen könnte. Sie geben einem Psalm bei den verschiedenen Anlässen jeweils ein eigenes Kolorit." Normalerweise besteht der Text der Antiphon also aus einem Vers (oder Halbvers) des dazugehörigen Psalms. An vielen Festtagen ist es jedoch so, dass die Antiphonen eine Verbindung zwischen Anlass und Psalm herstellen; wo dies nicht möglich ist, werden die beiden Texte – sozusagen trotzdem – einfach gegenübergestellt. Das gilt besonders für die Antiphon zum Magnificat, die immer aktualisierend, das heißt auf den Tag oder die Zeit bezogen ist.

Eine Hore, speziell eine große, ist in jeder Hinsicht ein grundlegend anderer Gottesdienst als eine Messfeier, was die Gestalt und vor allem den performativen

Gestus betrifft. Wenn man auch nicht mehr von Vormesse und eucharistischem Teil spricht (vgl. S. 55), sondern die Gottesbegegnung in Wort und Eucharistie gleich gewichtet, so gibt es in der Messe doch starke dramaturgische Kurven und Höhepunkte. Ganz anders bei den Horen: Es überwiegt die leichte Wellenbewegung. Die Psalmen und das Canticum sind flach kreisende Gebilde, die in den vor- und nachgestellten Antiphonen bzw. Kehrversen nur sanfte Anfänge und Schlüsse aufweisen. Die Lesung und das nachfolgende Responsorium sind ein gewisser Höhepunkt, besser gesagt, man wird kurz aus der endlos kreisenden Form des Psalmsingens herausgehoben. Das Magnificat wird zwar auch in dieser Art gesungen, aber allein durch die Änderung der Haltung wird ein zweiter Höhepunkt angedeutet. Beim Magnificat stehen nämlich alle; jemand hat es – etwas übertrieben – das Hochgebet der Vesper genannt. Und beim Magnificat wird auch bei jedem Vers das Initium der Psallierformel gesungen. (Ebenso wird es auch beim *Benedictus Dominus Deus Israel* und beim *Nunc dimittis* an den entsprechenden Stellen in den Laudes bzw. der Komplet gehalten.)

In der Tat ist die ruhig dahinfließende Vortragsweise des Psalmsingens das charakteristische Element beim feierlich gesungenen Stundengebet. Anders als beim Strophenlied gibt es kein deutliches Auf und Ab, keine Periodik, die irgendwo hinzielt und keine halbe Strophe, die zur musikalischen Erfüllung ihrer Gegenhälfte bedarf; all dies bietet in den großen Horen ohnehin der Hymnus. Der Psalm mit seinen gegenüber dem Wort völlig nachgiebigen Kadenzen trägt den Sänger von selbst. „Die Melodie hebt (hier) das Wort auf eine höhere Ebene, ohne ihm den Charakter des Wortes bzw. ohne dem Vortrag den Charakter des Sprechens zu nehmen." (Duffrer 1976, S. 49) Der Text steht im Vordergrund, das Singen ist auf eine Art Transportebene zurückgedrängt, das dem Sänger erspart, für Wort-Ton-Beziehungen und für entsprechende (auch unbewusste) Koordination Kapazität aufzuwenden. Dagegen ist die Antiphon ein vergleichsweise abgerundetes und zielgerichtetes Gebilde.

Das gesungene Stundengebet ist ohne diese beiden komplementären Formen nicht zu verstehen, und es fehlt etwas Wesentliches, wenn diese musikalische Yin-Yang-Beziehung eingeebnet wird. Es gibt aber immer wieder Tendenzen, auch für die Gemeindepsalmodie Wort-Ton-Beziehungen dingfest zu machen. Das Fließband der Psallierformel soll immer wieder für eine Hundertstelsekunde angehalten werden für ein *Loo – be den Herrn* und auch kurz beschleunigt für ein *so hoch der Himmel überderEr – de ist*. Auch der Beistrich und der Strichpunkt sollen nach dieser Philosophie ihre Mikro-Gegenstücke im Singen bekommen. Unbedingt sei zu vermeiden, dass die einzelnen Silben mit einzelnen gleichlangen und gleichlauten Notenwerten verbunden werden. Im ewigen Widerstreit zwischen →Äqualismus und Wortbezogenheit ist somit die nächste Runde eröffnet, und wie in vielen kulturellen Dingen kann es hier kein richtig oder falsch und daher nie ein „Ergebnis" geben.

Für ein mechanistisches Leiern des Psalms wird ohnehin niemand eintreten; die Daseinberechtigung von →Kantillier- und Psallierformeln besteht per se in ihrer Wortbezogenheit. Ebenso ein Wesensmerkmal ist allerdings gerade das Formelhafte, das für einsilbige genauso wie für fünfsilbige Worte – ganz *gleich*! – eben jene verachteten *gleichen* Noten anbietet. Aber aus der vorhin aufgezeigten Grunddynamik des Stundengebetes heraus halte ich es für schade, wenn die beiden gegensätzlichen Singweisen einander angenähert würden. Der Psalm: orientalisch kreisend, ein wenig hypnotisch-gleichförmig, kein Ziel außer jedesmal dieselbe flache Kadenz. Die Antiphon bzw. der Kehrvers: abendländisch zielgerichtet, ein kleines Stück gebauter Musik, mit Anfang und Ende, dazwischen eine Kurve, diese Melodie mit diesem Text verbunden. Sie stehen einander gegenüber und ergänzen einander.

Dazu kommt, dass die Psalmen nach alter Tradition im Chorgebet wechselchörig ausgeführt werden. Das bedeutet, dass zwei gleich große (oder gleich starke!) Sängergruppen die Doppelverse abwechselnd singen – zum Unterschied von responsorialem Singen, wo es einen solistischen Teil gibt, auf den mit einem meist kürzeren Teil die Gesamtheit der Sänger antwortet (*responsum* = die Antwort; vgl. auch den Abschnitt über den Antwortpsalm S. 42). Daraus ist eine ganz eigenartige Singtradition entstanden. Jeder Doppelvers hat in der Mitte eine Pause, verbunden mit einer ganz kleinen melodischen „Delle", der Mediante (dort steht das Sternchen, der Asterisk, im Text). Diese Pause „ist eine rhythmische Pause, die unabhängig von der Interpunktion zu halten ist; man könnte sie auch Meditationspause nennen. Man wird nur dann zu einem ruhigen und meditativen Psalmengesang kommen, wenn man … etwa einen ruhigen ‚Atem kommen' lässt, nicht ‚Atem holt". (Duffrer 1976, S. 51) Am Ende des Doppelverses aber, nach der Finalis (der eigentlichen Kadenz) schließt die andere Gruppe unvermittelt mit dem nächsten Vers an (worüber in der Fachwelt übrigens kein vollständiger Konsens besteht). Die beiden Gruppen haben einander friedlich-entspannt nachgejagt, haben wie in einem geistlichen Ballspiel einander Verse zugeworfen. Die Antiphon findet die beiden Mannschaften in der Mitte am Netz zum Handschlag vereint – und dann beginnt das Hin und Her von Neuem.

Das kann und soll so sein, weil die Psalmen so vielgestaltig sind. Die Singweise nimmt sich ganz zurück, um den diversen Genera Raum zu geben. Das offizielle Dokument sagt dazu sehr anschaulich:

„Es gehört zum dichterischen und liedhaften Charakter der Psalmen, dass sie nicht notwendig Gott ansprechen: Psalmen sind auch Gesang vor Gott. (…) Der Psalmist redet eben als Dichter häufig auch sein Volk an. Er erzählt die Geschichte Israels oder spricht andere an, selbst die vernunftlosen Geschöpfe. Dann wieder lässt er im Psalm Gott selber das Wort ergreifen, aber auch Menschen und sogar die Feinde Gottes, wie etwa im Psalm 2." (AES 105)

Und nun wieder die Frage: Wo kommt hier „die Kirchenmusik" ist Spiel? Wer eine
Vesper musikalisch gestaltet, sollte sich mit den vorhin aufgeworfenen Überlegungen befasst haben. Denn, ein Paradox, je mehr er gestaltet, desto weiter weicht
er vermutlich – in allerbester Nicht-Absicht – die Wesensmerkmale der Vesper
auf. In erster Linie gibt es da wohl die Versuchung, „mehr Abwechslung in das
Psalmensingen" zu bringen. „Andere haben entdeckt, dass es ja Psalmenlieder gibt
und meinen, die Vesper dadurch retten zu können, dass sie statt der Psalmen diese
Liedform wählen." (Duffrer 1976, S. 49) Es stimmt natürlich: Wo die Gemeinde
nicht halbwegs an die Psalmodie gewöhnt ist, wird sie sich schwer tun; wenn man
ihr aber das Leben mit einem Psalmlied erleichtert, ist auch wieder eine Gelegenheit weg, sie ins Psalmodieren einzuführen. Das ist aber erst der pädagogische
Faktor; wie vorhin dargelegt, ist das Stundengebet aus seinem Wesen heraus nicht
gerade die Mutter der Abwechslung. Mit feinem Gespür nähert sich auch das offizielle Dokument dem Problem der Balance von Gestaltung, Übereinstimmung mit
dem Charakter und Abwechslung:

> „Unter Nr. 121–123 sind die verschiedenen Vortragsweisen für die Psalmen beschrieben. Die
> Auswahl unter ihnen soll nicht so sehr nach äußeren Gesichtspunkten erfolgen, sondern sich
> nach der verschiedenen literarischen Gattung der Psalmen richten, die innerhalb einer Feier
> vorkommen: So wird es wohl besser sein, Weisheits- und Geschichtspsalmen anzuhören [!],
> während Hymnen und Danklieder naturgemäß nach gemeinsamem Gesang verlangen. Sehr
> viel liegt aber daran, dass die Feier weder zu nüchtern noch zu kompliziert oder nur auf die
> Einhaltung rein formaler Gesetze bedacht ist, sondern der inneren Wirklichkeit entspricht.
> In erster Linie muss man danach trachten, dass der Sinn vom Eifer für das ureigene Gebet
> der Kirche durchdrungen werde und es Freude bereite, das Gotteslob zu feiern." (AES 279)

Wenn auch unter „gemeinsamem Gesang" hier wohl kaum das Psalmlied verstanden wird, so kommt hier doch die Sorge um die Gesamtdramaturgie des Gottesdienstes sehr deutlich zum Ausdruck – und das „Wohl der Gläubigen". Wer die
dürren Vorschriften der vorkonziliaren Dokumente kennt, die mit keiner Silbe auf
die eigentlich Agierenden eingehen, wird hier den größtmöglichen Unterschied im
liturgischen Grundklima erkennen.

Ich gestehe, dass ich in der Frage Abwechslung/Grundruhe der Hore gespalten
bin. Zum Drang nach Abwechslung kommt ja immer auch der Gedanke: „Wenn
der Chor jetzt schon da ist …" Die Gemeindepsalmodie sollte jedenfalls nicht zu
kurz kommen. Einige Anregungen (innerhalb der Punkte weitere Alternativen
durch Schrägstrich getrennt):

EINZUG:
– Orgel oder sonstige Instrumentalmusik
– Chor: eine in der Länge gut abgestimmte Motette, jedenfalls nicht in Strophenform, um
   dem Hymnus nicht Konkurrenz zu machen; auch der Charakter sollte von dem des Hymnus verschieden sein

– eine Litanei, die im Wechsel Vorsänger-Alle gesungen wird (kein Psalm, kein Responsorium!)

HYMNUS:
– Der Idealfall lautet Strophenlied, evtl. abwechselnd mit dem Chor. Die Chorstrophen sollten gar nicht oder nur wenig über die eigentliche Strophe hinausgehen, also nur spurenhaft motettisch erweitert sein (für kunstvollere Formen ist es noch zu früh im Ablauf).
– Strophenlied, von allen durchgesungen
– Die Gemeinde singt die erste und die letzte Strophe, der Chor die übrigen.
– Bei Hymnen mit nur zwei oder drei Strophen: Die Orgel spielt gleichsam eine zusätzliche Strophe solistisch (Alle-Orgel-Alle / Alle-Alle-Orgel-Alle / Alle-Chor-Orgel-Alle). Dabei könnte die Orgel sanft um einen Halb- oder Ganzton hinaufmodulieren.
– notfalls Chor allein (dennoch möglichst in Strophenform – und nur, wenn die Gemeinde sonst sehr viel beteiligt ist)

PSALMEN; gilt auch für CANTICUM und MAGNIFICAT:
– Gemeindepsalmodie – abwechselnd (links-rechts / Frauen-Männer / Schola-Alle)
– Solo- bzw. Responsorial-Psalmodie (wie Antwortpsalm, Vorsänger-Alle). Bei dieser Form wird der Kehrvers bzw. die Antiphon mehrmals wiederholt.
– Der ganze Psalm wird solistisch vorgetragen.
– Psalmlied bzw. Magnificat-Lied (möglichst großer Abstand vom Hymnus!). Alle bereits beim Hymnus genannten Formen sind möglich.
– Gehobener Sprech-Vortrag, leise von Orgelspiel untermalt. Am wenigsten ist diese Form fürs Magnificat geeignet.
– Mehrstimmige Psalmtöne. Dieses weite Feld umfasst einfache →Falsibordoni, bei denen die gregorianischen Psalmtöne drei- oder vierstimmig gesungen werden, weiters ähnliche Modelle, die nichts mit den traditionellen Psalmtönen zu tun haben, bis hin zu den harmonisch reichhaltigen Evensong-Adaptionen, die vor allem in England zur Grundausstattung jeden Chores gehören und in den letzten Jahren auch vermehrt im den deutschen Sprachraum übernommen werden.[5]
– Alternatim-Form (s. u.) – am ehesten im Fall des Magnificat

Man sollte genau auf die Abfolge und auf den Charakter der Musik und auch des Textes achten; für den gehobenen Sprech-Vortrag etwa wird sich ein meditativer Text eher eignen als ein Lob- und Dankpsalm. Wie schon dargelegt, sind strophische Paraphasen möglich, aber nicht die beste Alternative.

Die Alternatim-Praxis hat eine lange Tradition. Schon im Mittelalter wurden einzelne Verse – oder beim Ordinarium einzelne Abschnitte – nicht gesungen, sondern bloß die Melodie von der Orgel solistisch gespielt. Später wurden diese Orgelteile immer kunstvoller ausgestaltet, und am Endpunkt der Entwicklung war der Cantus firmus kaum mehr zu hören oder sogar verschwunden, und es stimmt nur noch die Tonart mit den gesungenen Teilen überein. Das Konzil von Trient verschärfte die Regeln für diese Praxis deutlich.

Im lutherischen Bereich hielten sich vor allem beim Magnificat die Alternatim-Kompositionen sehr lange; es war vor allem der IX. Ton – *tonus peregrinus* –, in dem zahlreiche derartige

---

5   Überblick: Mailänder 2009, bes. S. 140–148. – Weitere Anregungen bei Pacik 2010

Sätze geschaffen wurden, u. a. von Samuel Scheidt, Matthias Weckmann u. a. Sie sind für unsere Vespern sehr gut zu verwenden. Die Alternatim-Praxis liegt vor allem beim Magnificat nahe, da dieser Text in jeder Vesper vorkommt und daher auch die jeweils von der Orgel ersetzten Verse als bekannt vorausgesetzt werden können.

Im Fall des Canticum ist vom Ersatz des Textes abzuraten; es ist das erste Mal in der langen Geschichte des gesungenen Stundengebetes, dass alle Gläubigen einen neutestamentlichen Text wörtlich singen können, und das sollte man nicht ausgerechnet mit einer →Paraphrase umgehen.

In der Barockzeit sind in Frankreich umfangreiche und klangfarbenreiche Alternatim-Orgelstücke entstanden, die hauptsächlich fürs Ordinarium, mehrfach aber auch für das Magnificat gedacht waren. (Vgl. S. 352.)

Die süddeutsch-österreichische Spielart des gerade noch mit dem Gesang verwandten Alternatim-Stückes begegnet uns in den zahlreichen Versetten oder Versetteln (Gottlieb Muffat, Johann Pachelbel u. a.). Ob hier wirklich noch regelmäßig abgewechselt wurde, darf bezweifelt werden. (Vgl. S 351.)

RESPONSORIUM bzw. ANTWORTGESANG:
– Eines der zahlreichen Responsorien in den Gesangbüchern bzw. in einem der Vesperbücher (Kantor-Alle / Schola-Alle / Chor-Alle, d. h. mehrstimmig/einstimmig).
– Im Stile eines kurzen Antwortpsalms; dies nur, wenn diese Form sonst nicht verwendet wird.
– ein kurzes Chorstück (keine Strophenform)
– ein kurzes Orgelstück
– Stille
– notfalls gehobenes Sprechen mit leiser Orgeluntermalung

Das Responsorium hat eine ganz eigene Struktur, die sonst nirgends anzutreffen ist:

AB – AB – C – B – Ehre sei dem Vater … (ohne: Wie es war im Anfang …) – AB

Vielleicht sollte man diese originelle Anlage nicht leichtfertig durch etwas anderes ersetzen; aber auch hier muss man andererseits die Verteilung der Formen im Gesamtablauf im Auge behalten.

Bezüglich des Magnificat sei nochmals darauf hingewiesen, dass es ein Höhepunkt im Vespergottesdienst ist. Es durch die Gestaltung als meditatives Element zu kostümieren, ist daher eher nicht angebracht. Sosehr auch die Einbindung aller Anwesenden naheliegend ist, so ist andererseits, wie schon angedeutet, auch die Stellvertretung durch den Chor gut möglich, da der Text als bekannt vorausgesetzt werden kann.

Als Abschluss des Vespergottesdienstes wird vielerorts eine der traditionellen marianischen Schlussantiphonen gesungen (siehe S. 250f.), auch wenn dies nicht mehr verpflichtend vorgeschrieben ist. Hier ist ein guter Ort für den strophischen Gesang der ganzen Gemeinde – oder auch für ein Chorstück. Und man sollte nicht vergessen, dass nach einem still schließenden *Ave Maria* oder auch nach einem schmissigen *Regina coeli* nicht in jedem Fall unbedingt ein Orgelnachspiel folgen muss! Gerade ein Abendgottesdienst kann auch einmal ohne Gebrause zu Ende gehen …

Eine Einladung an die komponierenden Kollegen sei, ähnlich wie im Zusammenhang mit dem Antwortpsalm (siehe S. 43f.), auch für die Vesper ausgesprochen: Es gibt noch viel zu tun. Im Stundenbuch finden sich sehr ansprechende neue Hymnen, zum Teil in ungewöhnlichen Versmaßen, die der Vertonung harren. Auch punkto Responsorium gäbe es noch einiges zu entwickeln, ganz zu schweigen vom ungehobenen Schatz der Cantica.

Da seit der Reform des Stundengebets sowohl die Vesper als auch die Laudes mit einer Messfeier verbunden werden kann, soll hier noch kurz der – übrigens fast identische – Aufbau der Morgenhore dargestellt werden, wie er heute gültig ist:

Invitatorium (Ps. 95) (oder Eröffnung)

    Hymnus
Antiphon – Morgenpsalm – Antiphon
Antiphon – Canticum aus dem Alten Testament – Antiphon
Antiphon – Lobpsalm – Antiphon
    Lesung
Responsorium
Antiphon – Benedictus (Lobgesang des Zacharias) – Antiphon
Bitten
Vaterunser
Schlussoration
Schlussdialog
Segen (falls ein Priester die Liturgie leitet)
evtl. marianische Schlussantiphon

Anstelle der Standarderöffnung („Herr, öffne meine Lippen" oder „O Gott, komm mir zu Hilfe") gibt es für die Laudes einen ausgebreiteten Eröffnungspsalm, der seit vielen Jahrhunderten eine eigene, reichere Melodie hat; formal haben wir es hier mit einem sehr langen Responsorium zu tun. Schließlich wird ja hier nicht nur die einzelne Hore eröffnet, sondern das ganze Tagesoffizium. Das Gegenstück zum Magnificat der Vesper ist das weniger bekannte *Benedictus Dominus Deus Israel.* Es ist der prophetische Gesang des Zacharias, der von seiner zeitweiligen Stummheit plötzlich befreit ist, nachdem er seinen neugeborenen Sohn Johannes genannt hat; die ganze Geschichte steht bei Lk 1,57–80.

Die Cantica, die in den beiden großen Horen und auch in der Complet als Höhepunkt gesungen werden, sind solche, die das Alte mit dem Neuen Testament verbinden. Es sind heilsgeschichtliche Scharniere, und auch die handelnden Personen stehen sozusagen auf beiden Erdteilen. In der Komplet ist es der Lobgesang des greisen Simeon, sein „Lebens-Abend-Lied." (Stundenbuch). Er richtet sich

noch einmal auf und sagt: „Nun lässt du, Herr, deinen Knecht, … in Frieden scheiden, … denn meine Augen haben das Heil gesehen …" (Lk 2,29, vgl. S. 186f.)

Wenn die Vesper das Abendgebet der Kirche ist, dann ist die Komplet, einfältig
ausgedrückt, das Gute-Nacht-Gebet; danach ist der Tag endgültig zu Ende. Auch
diese Hore wird wohl nicht oft in den Genuss kirchenmusikalischer Gestaltung
kommen; da sie aber in der anglikanischen Kirche mit der Vesper zum Evensong
verschmolzen ist, für den ein bemerkenswertes Repertoire komponiert worden ist
(S. 360), soll der Aufbau hier referiert werden:

> Eröffnung
> Schuldbekenntnis, Vergebungsbitte
> Hymnus
> 1. Antiphon, 1. Psalm, 1. Antiphon
> 1. Antiphon, 2. Psalm, 2. Antiphon
> Lesung
> Responsorium
> Antiphon – Lobgesang des Simeon – Antiphon
> Schlussgebet
> evtl. marianische Antiphon

Die Verbindung von Laudes bzw. Vesper mit einer Messe wird nach AES 94–97
folgendermaßen gestaltet:

> Introitus
> Hymnus („an Festtagen eher weglassen")
> > Begrüßung („die übrigen Elemente des Eröffnungsritus, ggf. auch das Kyrie, entfallen")
> Psalmodie der Hore wie gewohnt
> ggf. Gloria
> > in der Messe fortfahren bis einschließlich Kommuniongesang
> Benedictus bzw. Magnificat samt Antiphon (als Dankgesang)
> Schluss wie üblich

Eine kleine Hore kann auch an eine Messe anschließen, und auch eine Vesper; für
diesen Fall sind die Bestimmungen AES 96 und 97 wichtig:

> „Die Erste Vesper eines Hochfestes, eines Sonntags oder eines Herrenfestes, das auf einen
> Sonntag fällt, kann aber erst gefeiert werden, nachdem die Messe des vorangehenden Tages
> bzw. des Samstags gehalten ist."

> „Wenn die Kleine Hore (Terz, Sext oder Non) oder die Vesper auf die Messe folgt, wird die
> Messe in gewohnter Weise bis einschließlich des Schlussgebetes gefeiert. Nach dem Schluss-
> gebet beginnt unmittelbar die Psalmodie der Hore. Bei der Kleinen Hore entfällt die Kurz-
> lesung; es folgen die Oration und danach die Entlassung wie in der Messe. Bei der Vesper
> entfällt die Kurzlesung; es folgt unmittelbar das Magnificat mit seiner Antiphon. Fürbitten
> und Vaterunser entfallen. Die Feier schließt mit der Oration und dem Segen über das Volk."

Was hier auf den ersten Blick anmutet wie Spezialfälle, die man kaum antrifft, kommt tatsächlich in vielen Klosterkirchen häufig vor. Und nicht nur dort – auch am Stephansdom beispielsweise hat man durch viele Jahre Laudes und Kapitelmesse verbunden, bis in den Nullerjahren die eigenständige Laudes sozusagen wiederentdeckt wurde. Die Verbindung von „Hochamt" (gemeint ist, unabhängig von der Gestaltungsform, der Haupt- bzw. Kapitelgottesdienst) und Terz oder Sext ist an einigen Domkirchen anzutreffen (z. B. in Mainz). Diese liturgische Spielart ist übrigens der Grund für die Merkwürdigkeit, dass in den ausgedehnten Orgelmessen des französischen Barocks (Couperin, Grigny, Marchand) das Offertoire der weitaus längste Satz ist, aber kein ähnlich dimensioniertes Schlussstück vorgesehen ist: Ein großer Auszug fand nämlich gar nicht statt! Der Klerus blieb im Presbyterium und betete oder sang gemeinsam die Terz oder Sext. Generell wäre wohl hier und heute noch einiges zu tun, was das Stundengebet in den Domkirchen betrifft.[6]

Inzwischen hat man auch in ganz „normalen" Pfarrkirchen ein wenig Stundengebet eingeführt. Meist handelt sich um die Vesper, aber man trifft auch hie und da eine Laudes oder eine Komplet an. Da man dort ja gerade das Bewusstsein für die Eigenart und die Formenwelt der Horen wecken will, sind die beschriebenen Modelle zur Kombination von Hore und Messe vielleicht nicht die beste Lösung; für jemand, der die Welt des Stundengebetes noch nicht kennt, sieht das dann wie eine unmotivierte Erweiterung des Eröffnungsteiles oder wie ein Anhängsel an die Messe aus.

Das führt zur Frage, wie so manche „Vesper" denn eigentlich aussieht – nicht immer ist Vesper drin, wo Vesper drauf steht. Noch einmal Günter Dufferer:

> „Eine [tatsächliche] Vesper unterscheidet sich von anderen Wortgottesdiensten, die nur deshalb Vesper heißen, weil sie am Abend stattfinden. Es wäre richtiger, den Namen ,Vesper' zu reservieren für die festgefügte Gottesdienstform, die diesen Namen trägt. Dieses Gerüst verleiht der Vesper etwas Beständiges, Wiederholbares. Sie ist geeignet, sich einzuprägen. Man kann sich in diesem Gottesdienst zu Hause fühlen. Man findet sich zurecht, man kann sich mittragen lassen, auch wenn man einmal nicht andächtig sein sollte, d. h. nicht immer an alles denken kann, was da von einem gefordert ist. Die Abwechslung, die Variation ist dabei nicht ausgeschlossen." (Dufferer 1976, S. 51)

Hier klingt noch einmal an, was vorhin über endlos kreisende Gebilde gesagt wurde, und man denkt wie von selbst an den Unterschied zur Messfeier. Die Eigenart des Stundengebetes als unaufgeregte, per se eher betrachtende Liturgie zu bewahren – das gilt vor allem für die Vesper – ist eine Herausforderung für den Gestalter, die weniger darin besteht, Höhepunkte aneinander zu reihen, sondern im behutsamen Nachziehen von Linien und von Schattierungen. Wie so oft in der Kirchenmusik sollte gerade hier gelten: Weniger ist manchmal mehr.

---

6   „Das Stundengebet ist das traurigste Kapitel [in der Kathedralliturgie]." Hans Hollerweger bei einer Tagung zur Liturgie an Kathedralkirchen. Heiliger Dienst 39. Jg., 1/2, 1985, S. 87

2. Wort-Gottes-Feier, Andacht und mehr

Auch wenn der Katholik im Normalfall nur mit der ⇨ Messe zu tun hat: Theologisch besteht die Liturgie eines Tages aus dem ⇨ Stundengebet und der Eucharistiefeier.

Damit sind allerdings die Formen des Gottesdienstes noch lange nicht erschöpft.

In diesem Kapitel werden folgende besprochen:
- Wortgottesdienst
- Andacht
- Spezialfall Bußgottesdienst
- Wort-Gottes-Feier
- Lucernar

Da ist zuerst wieder Definitionsarbeit gefragt. Unter „Wortgottesdienst" versteht man nämlich wieder einmal zwei Dinge: zum einen jenen Hauptteil der Eucharistiefeier vom Beginn der ersten Lesung bis einschließlich Evangelium („Liturgie des Wortes" – *liturgia verbi*). Er wird im Kapitel Messe ausführlich besprochen. (Alles, was davor liegt – bis zum Tagesgebet einschließlich – ist der Eröffnungsteil.)

Vor allem nach dem II. Vatikanischen Konzil hat es sich eingebürgert, etwas pauschal auch viele andere Gottesdienstformen „**Wortgottesdienst**" zu nennen. Alles, was weder eine Eucharistiefeier noch ein Teil des Stundengebets ist, wurde als „Wortgottesdienst" bezeichnet. Manches davon hätte man zwanzig Jahre früher noch „Andacht" genannt, aber dieser Ausdruck wurde von vielen als antiquiert empfunden.

Streng genommen ist mit dem Ausdruck auch zuallererst das Grundmodul (fast) eines jeden nicht-eucharistischen Gottesdienstes gemeint. Wer etwa einen Blick auf die Totenliturgie wirft, wird bemerken, dass dieser Liturgiekern auch dort vorhanden ist; was sich daran anschließt – die Verabschiedung und die Riten am Grab –, ist nicht mehr Wortgottesdienst, wiewohl das Ganze ein nicht-eucharistischer Gottesdienst ist. (S. 162)

Der große Liturgiewissenschafter Josef Andreas Jungmann vertrat die Ansicht, die Urform des Wortgottesdienstes bestehe aus dem sogenannten Dreischritt Lesung–Gesang–Gebet, wie er uns aus dem langen Lesegottesdienst der Osternacht vertraut ist. Wiewohl Jungmanns Konzept durch spätere Arbeiten relativiert wurde, gibt es doch einigen Konsens über die grundsätzlich dialogische Form der Liturgie; auch darüber ist in diesem Buch im Zusammenhang mit der Messe die Rede. (S. 47)

Die Abfolge Lesung–Gesang ist es, die für den Musiker von Bedeutung ist. Denn wenn bei einer Feier einfach nur gesungen wird, dann wird eine festliche Singstunde daraus; und wenn nur aus der Heiligen Schrift vorgelesen wird, dann kann man es Lesung oder Vortrag nennen. Wenn nur gesungen und gelesen wird, bekommt man als Ergebnis eine etwas strukturlose Erbauungsveranstaltung. Man merkt schon: Ob der Jungmann'sche Dreischritt nun wissenschaftlich ganz oder teilweise haltbar ist – das dritte Element, das Gebet, wird dazu kommen müssen, damit das Ganze, über eine Aneinanderreihung von Lesungen und Gesängen hinaus, als Gottesdienst empfunden wird.

Diese Grundzelle des Gottesdienstes müsste eigentlich immer zuerst feststehen, und dann kann man die anderen Elemente darum herum gruppieren. Ein möglichst allgemeines Schema eines Wortgottesdienstes könnte so aussehen:

Versammlung/Einzug
Eröffnungsgesang
Begrüßung
(eröffnendes Gebet)
(…)
* Lesung
* Gesang
(evtl. zweite Lesung oder Evangelium)

Homilie

(Musik/Gesang)
* Fürbitten
* Gebet

Musik/Gesang
Vaterunser

Segen (Entlassung)
(Musik)

Stehen die Lesung (oder die Lesungen) einmal fest, kann man den darauf folgenden Gesang auf dieselbe Weise auswählen, wie man dies bei einer Messe macht. Die Beziehungen zwischen Lesungen und Antwortgesang sind im Kapitel Messe so ausführlich beschrieben; dort findet man auch alle Möglichkeiten, die über den im Lektionar vorgegebenen Antwortpsalm hinausgehen. (S. 47)

Wer einen Wortgottesdienst selbst zusammenstellt, ist natürlich nicht an die Regeln gebunden, die für die Messe gelten. Daher ist es denkbar, dass man einmal umgekehrt vom Gesang ausgeht und die Lesung(en) dazu passend auswählt. Wenn es einmal keine thematischen Vorgaben gibt, ist der Weg frei für die vielen Stücke, die man immer schon gerne singen wollte, aber die niemals so richtig in eine Messe gepasst haben, zum Beispiel chorische Vertonungen des Vaterunser (S. 231).

Die Freiheit der Auswahl darf nicht zu einer unbekümmerten Beliebigkeit führen. Jedenfalls ist die dramaturgische Kurve zu beachten.

– Innerhalb einer Feier vier große romantische Motetten: Jede von ihnen wird den anderen Konkurrenz machen.

– Zweimal Becker-Psalter, einmal Bruckners *Christus factus est*: Bruckner sollte an dritter Stelle sein; wenn früher, muss man die Motette mit Stille umgeben, damit sie nicht einfach eine von drei Gesängen ist.

– Nach der →Homilie, eventuell nach einer kleinen Stille, ist der beste Platz für das längste Musikstück. Die Kurve der Wortelemente sinkt ab jetzt; man wartet sozusagen auf keine neuen Botschaften mehr.

– Was gerne übersehen wird: Gerade ein Wortgottesdienst muss nicht unbedingt mit einem Postludium der Orgel enden. Eine Motette kann ein sehr intensiver Abschluss einer Liturgie sein; das wird sich gerade ohne Orgelnachspiel besser spüren lassen.

Eine weitere Möglichkeit, die man innerhalb der Messe niemals hat, ist die Abfolge von Liedstrophen und kurzen Betrachtungen. Theoretisch kann man das mit fast jedem Lied machen; ergiebig ist es aber vor allem bei Liedern, deren Strophen zusammenhängen, die sich aber auch sinnvoll trennen lassen. Einige Beispiele:

1 Herr, send herab uns deinen Sohn
2 Wir sagen euch an den lieben Advent
3 Da Jesus an dem Kreuze stund
4 Komm, o komm, du Tröster mein
5 Dreifaltiger verborgner Gott
6 Was Gott tut, das ist wohlgetan
7 O ewger Gott, wir bitten dich
8 Maria, dich lieben
9 Ach wie flüchtig

In einigen dieser Lieder werden Inhalte konsequent strophenweise abgehandelt, dennoch ist auf verschiedene Weise Zusammenhang gegeben (1–5). Andere erscheinen durch den wortgleichen Beginn der Strophen besonders geeignet, von einander getrennt gesungen zu werden (6, 7, 9). Die Strophen von (8) hängen kaum zusammen und gewinnen eigentlich nach dem Gefühl des Autors, wenn man sie eher nicht hintereinander singt. Bei (2) und (5) ist eine gewisse Einförmigkeit gegeben, wenn man die Strophen aufeinanderfolgend singt, die man aber auf die beschriebene Art neutralisieren kann. Für (3) sind entsprechende Stellen aus der Passion leicht zu finden. Es gibt noch viele Lieder, die auf diese Weise das Gerüst für eine kreative Interaktion von Strophe und Text hergeben könnten. Aus den Strophen von *Deinem Heiland, deinem Lehrer* etwa lässt sich eine schlüssige Sakramentsandacht gewinnen (nur sollte man nicht alle Strophen verwenden). – Kreuzweglieder sind hier nicht genannt worden, da sie von vornherein für die strophenweise Ausführung gedacht sind.

Ganz nebenbei ist jetzt das Wort **Andacht** gefallen. Nach einer etwas älteren Definition[7] aus den Fünfzigerjahren ist eine Andacht „jene Gebetsform, in welcher die Gemeinde im Wechsel mit dem Vorbeter nach einem gegebenen Text Lob, Bitten und Vorsätze vor Gott trägt." Die Grenzen sind natürlich fließend; vielleicht kann man sagen, dass die traditionellen Andachten die vorhin genannte liturgische Zelle „(längere) Lesung – (kompletter) Psalm (mit Kehrvers)" nicht so sehr im Blick hatten. Das überrascht nicht, denn als wichtiger Baustein wurde sie vielen erst durch die erneuerte Messliturgie bewusst. Viele Andachten beruhten (und beruhen noch immer) auf einem anders gearteten Modul, das mehrmals wiederholt wird:
– Kurzlesung
– Betrachtung
– Dialog (erst antwortend, dann fürbittend)
– Gebet
– Gesang

Nach mehreren solchen Abschnitten kann eine Homilie folgen, danach Fürbitten, Vaterunser und Abschluss. Solche wiederkehrenden Abfolgen sind ein bisschen unmodern geworden; sie geben aber ein gewisses Gefühl struktureller Sicherheit.

Man kann alternativ auch nach der Homilie in Richtung eucharistischer Teil „abbiegen". In diesem Fall folgt nun die Aussetzung des Allerheiligsten, begleitet von einem passenden Lied. Vor dem Segen soll jedenfalls ein Abschnitt mit Anbetung sein; ohne ein solches soll nach den Bestimmungen kein eucharistischer Segen (d. h. mit der Monstranz) erteilt werden. (Näheres unter ⇨Fronleichnam, bes. S. 218) Ein solches Element der Anbetung könnte auch ein mit verteilten Rollen (zumindest Vorsänger/Alle) gesungener längerer, zusammenhängender eucharistischer Gesang sein (*Gottheit tief verborgen / Adoro te; Pange lingua* u. ä.). In diesem Fall sollte man auf den üblichen Gesang zur Aussetzung davor verzichten, da sonst Gesang auf Gesang folgt. – Die üblichen Elemente, die zum Ende der Feier hinstreben – Fürbitten, Vaterunser, Gebet – werden in den eucharistischen Teil integriert, falls sie nicht davor eingebaut wurden. In letzterem Fall schließt die Feier unmittelbar nach dem eucharistischen Segen bzw. der Einsetzung. Notabene, die *eigentliche* Feier schließt; allerdings ist danach vielerorts noch ein marianischer

---

7   Theodor Schnitzler: Stundengebet und Volksandacht. Der Beitrag ist mir momentan leider nicht zugänglich. Für den Hinweis danke ich Rudolf Pacik.

Gruß üblich: eine der marianischen Antiphonen (vgl. S. 250); manchmal folgt danach oder stattdessen der Engel des Herrn gebetet oder gesungen; in der Osterzeit wird jedenfalls *Regina cæli / Freu dich, du Himmelskönigin* genommen. Für die Form der Andacht bleibt grundsätzlich zu bedenken:

> „Die zeitbedingte Gestalt mancher traditionellen Andachten hat in den Jahren nach dem Konzil dazu geführt, dass die neuen Formen gelegentlich sehr belehrend waren. Im Bemühen, auch die Andachten aus dem Geist der Heiligen Schrift zu gestalten, wurde der Unterschied zwischen einer Wort-Gottes-Feier und einer Andacht nicht immer beachtet. Die Andacht möchte von ihrem Wesen her eine Einladung zum betrachtenden Gebet sein. Deshalb sind Wechselgebete, →Litaneien oder auch kurze Betrachtungs-Impulse für Andachten typisch. Es geht also um eine meditative Versenkung und um die Anbetung Gottes. Lob, Dank und Bitte können hier viel konkreter auf die vielfältigen Anliegen des Lebens bezogen werden, als dies im Rahmen der knappen Fürbitten der Messfeier oder der Stundenliturgie sinnvoll ist." („Mitte und Höhepunkt des ganzen Lebens der christlichen Gemeinde. Impulse für eine lebendige Feier der Liturgie." Pastorales Schreiben der deutschen Bischöfe vom 24. Juni 2003, S. 42)

Zu den Formen, die nach dem Konzil ein wenig in Mode kamen, gehört auch der **Bußgottesdienst**. Eine Zeit lang wähnten so manche, die Einzelbeichte würde in absehbarer Zeit durch eine gemeinsame Bußfeier abgelöst oder zumindest ergänzt werden. Davon ist keine Rede mehr; für die musikalische Gestaltung ist es jedoch (zumindest vordergründig) nicht relevant, ob das Bußsakrament in diesem Gottesdienst vollzogen wird oder ob man auf den Vollzug vorbereitet werden soll. Der Bußgottesdienst hat vielmehr seinen eigenständigen Charakter:

> „Die persönliche Dimension von Sünde, Umkehr, Buße und Versöhnung ist in den vergangenen Jahren dem gläubigen Bewusstsein teilweise entschwunden. Denn es ist üblich geworden, das kirchliche Bußsakrament in der Gestalt der gemeinsamen Bußfeier zu vollziehen. Diese Form hat durchaus ihren eigenen Sinn, wenn sie die kirchlich-öffentliche Dimension von Buße und Versöhnung zum Ausdruck bringt." (Impulse zur Erneuerung der Einzelbeichte im Rahmen der Bußpastoral. Schreiben der Schweizer Bischofskonferenz, Dezember 2007. Geleitwort S. 2)

Ein anderer Aspekt, der zweifellos in einer gemeinsamen Bußfeier seinen Platz hat, ist der der Gewissenerforschung. Die angesprochenen Themen vor Augen, kann der Musiker seinen Teil beitragen, dass die Akzente richtig gesetzt werden. Nach einigen „klassischen" und auf den ersten Blick naheliegenden Gesängen enthält die folgende kurze Liste noch andere für weitere Impulse.

Aus der Tiefe unsrer Todesangst (Kyrielitanei)
Aus tiefer Not
O höre, Herr, erhöre mich (nach Ps. 30)
Erbarme dich, erbarm dich mein (nach Ps. 51)

O Herr, nimm unsre Schuld
Herr, dir ist nichts verborgen (nach Ps. 139)
Manchmal kennen wir Gottes Willen
Ich steh vor dir mit leeren Händen, Herr
Hilf, Herr meines Lebens
Zwischen Jericho und Jerusalem
Wie ein Fest nach langer Trauer
So jemand spricht: Ich liebe Gott
Hier liegt vor deiner Majestät

(Zum letzten Titel: Die wohlbekannte Eröffnungsstrophe aus dem Haydn-Messlied bekommt
unerwartete Untertöne, wenn man sie gegen Ende einer Gewissenserforschung singt!)

Wort-Gottes-Feier ist der korrekte Ausdruck für einen Sonn- oder Festtagsgottes-
dienst, der ohne Priester stattfindet und logischerweise auch keine Eucharistiefeier
einschließt.

Eine Zeit lang hat man auch diese Form der Liturgie einfach „Wortgottesdienst" genannt, aber das ist in zweifacher Hinsicht kein guter Name für das, was
da stattfinden soll: Erstens wegen der zu Beginn geschilderten Probleme mit der
Terminologie, die bereits genügend Unklarheit verursachen; zweitens soll nicht
der Eindruck entstehen, es handle sich um die erste Hälfte einer Sonntagsmesse,
die irgendwo aufhört, weil kein Priester da ist. Wenn es auch schmerzlich ist und
als Mangel empfunden wird, dass es zu wenig Priester gibt, dann soll nicht auch
noch die an diese Situation angepasste Liturgie den Geruch des Mangelhaften haben. Die Eucharistiefeier ist und bleibt die Vollform des Sonntagsgottesdienstes;
die Wort-Gottes-Feier soll kein Torso einer gekappten Messe sein, sondern soll ihr
eigenes Gepräge und ihre eigene Form haben. Die Musik ist hier sehr gefordert, da
ihr, wie zu zeigen sein wird, reichlich Platz eingeräumt wird.

Abgesehen von Gestaltungsschwerpunkten, die sich von denen der Eucharistiefeier ein wenig unterscheiden, ist es auch nicht erwünscht, dass die sonntägliche
Wort-Gottes-Feier oft mit einer Kommunionfeier verbunden wird; nur wenn sehr
lange keine Messe gefeiert werden kann, scheint es trotz aller Vorbehalte geboten,
an die Wortliturgie die Kommunionspendung anzuschließen.[8] In diesem Sinne
spricht auch die deutsche Bischofskonferenz im Einklang mit der österreichischen
klare Worte:

„Diese Entwicklung [zum häufigen und gleichsam gewohnheitsmäßigen Kommunionempf-
fang] hat dazu geführt, dass auch Wort-Gottes-Feiern mit einer Kommunionfeier verbunden werden, vor allem wenn an einem bestimmten Tag in einer Gemeinde keine Messe
gefeiert werden kann. Wie die Kranken in der Hauskommunion Anteil an einer zuvor ge-
feierten Eucharistie erhalten, so stehen solche Kommunionfeiern immer in Verbindung mit

---

8   Gespräch mit Dr. Andreas Redtenbacher CanReg, Vorsitzender des Liturgieausschusses der Erzdiözese
    Wien.

vorhergehenden Messfeiern. Was auf den ersten Blick als gute Notlösung erscheint und in bestimmten Situationen auch sinnvoll sein kann, zeigt aber mittlerweile problematische Folgen. Denn manche meinen, dass ein Wortgottesdienst, der mit einer Kommunionfeier verbunden wird, ein vollgültiger Ersatz für eine Messfeier ist. Es besteht sogar Grund für die Vermutung, dass immer mehr Gläubige den wesentlichen Unterschied nicht mehr wahrnehmen. Das, was ihnen in der Messfeier wesentlich erscheint, erfahren sie auch in den anderen Feiern: Das Wort Gottes wird vorgelesen und ausgelegt und das eucharistische Brot wird ihnen gereicht. Der untrennbare Zusammenhang von sakramentaler Kommunion und Eucharistiefeier ist für die Spiritualität offensichtlich nicht durchgängig prägend. Doch müssen solche Wort-Gottes-Feiern die Sehnsucht nach der Eucharistie lebendig halten."[9]

Die Wort-Gottes-Feier behält neben der Eucharistiefeier ihren eigenständigen Sinn:

> „Bereits der lateinische Begriff *Verbi Dei celebratio* zeigt, dass es sich bei solchen Gottesdiensten um eine wirkliche Feier der Gegenwart Christi in seinem Wort handelt. Somit ist keine angehängte Kommunionfeier von Nöten, im Gegenteil: Sie mindert die Wortfeier zu einer Vorfeier vor der ,eigentlichen' Kommunionfeier." [!] (Schwemmer 2006, S. 78)

Im Weiteren folge ich nun eng dem entsprechenden Abschnitt in Rudolf Paciks ausführlichem Beitrag „Musik in der Tagzeitenliturgie und in der sonntäglichen Wort-Gottes-Feier" (2010). Nach dem Werkbuch lautet die Struktur einer solchen Wort-Gottes-Feier so:

Eröffnung

Einzug – *Gesang zur Eröffnung*
Kreuzzeichen – Liturgischer Gruß – Einführung
Christusrufe (Kyrielitanei)
Eröffnungsgebet

Verkündigung des Wortes Gottes

erste Lesung
Psalm/Gesang
zweite Lesung
Ruf vor dem Evangelium
Evangelium
Auslegung und Deutung
Stille

Antwort der Gemeinde

---

9   Wort-Gottes-Feier. Werkbuch für die Sonn- und Festtage. Hrsg. von den Liturgischen Instituten Deutschlands und Österreichs im Auftrag der Deutschen Bischofskonferenz, der Österreichischen Bischofskonferenz und des Erzbischofs von Luxemburg. Trier; Deutsches Liturgisches Institut 2004.

[Auswahl aus A–E:]

A) *Glaubensbekenntnis*

B) *Predigtlied*

C) Taufgedächtnis (Form A) / *Gesang zur Austeilung des Weihwassers*

D) Schuldbekenntnis und Vergebungsbitte / evtl. mit *Psalm 130*

E) Segnungen, die zum Sonn-(Fest-)tag gehören

Friedenszeichen

Kollekte [= Gabensammlung]

Lobpreis und Bitte

Sonn-(Fest-)täglicher Lobpreis

Hymnus (Gloria bzw. „Dir gebührt unser Lob" [Advent- und Fastenzeit])

Fürbitten (Allgemeines Gebet)

Vaterunser

Loblied/Danklied

Abschluss

Mitteilungen

Segensbitte

Entlassung

(*Abendlied, Morgenlied, Marienlied*)

Auszug

Alle Elemente, bei denen Gesang und/oder Musik möglich sind, sind kursiv gesetzt. Da wird schon auf den ersten Blick deutlich, dass es hier große Chancen und Freiräume für die Gestaltung gibt.

– Der Eröffnungsteil sieht ähnlich aus wie bei der Messe; das Gloria – bzw. der es ersetzende Gesang in der österlichen Bußzeit und im Advent – wird in den dritten Teil verlegt.

Ein Beispiel für einen solchen →Hymnus in der Advent- und Fasteneit:

> „Dir gebührt unser Lob, dir unser rühmendes Lied! Dir o Gott, sei Ehre und Ruhm: dem Vater, dem Sohn und dem Heiligen Geist, jetzt und immer und ewig. Amen." (Werkbuch, siehe Literatur am Ende dieses Kapitels.)

– Die eigentliche Wortliturgie ist mit der der Messe identisch. Am Sonntag werden auch die in der Leseordnung vorgesehenen →Perikopen genommen.

– Unter der Überschrift „Deutung und Auslegung" nennt das Werkbuch nicht nur Predigt, Lesepredigt, Glaubenszeugnis, geistlichen Impuls, sondern ebenso „Bildliche und musikalische Elemente: Sie helfen der Gemeinde, das Wort Gottes ‚mit allen Sinnen' aufzunehmen. Einzelne dieser Elemente [also zum Beispiel Predigt/geistlicher Impuls] können miteinander verknüpft werden."

Man muss sich bewusst machen, dass diese Wortliturgie länger dauern darf als die Wortliturgie der Messe. Und da eröffnen sich Chancen für alternative Formen der Predigt und der Vertiefung – auch musikalisch. Manche Elemente, die in der Messe aus Zeitgründen etwas stiefmütterlich behandelt werden, könnten sich hier entfalten. Idealerweise wählt man Musik (für Instrumente, Gemeinde- und Chorgesang), die sich auf die Schriftlesung(en) bezieht: das Predigtlied – mit allen Strophen und/oder als Liedkantate gestaltet. Hier gehören auch die sonst zu langen Psalmmotetten, Teile von →Kantaten und Geistliche Konzerte (Schütz, Selle, Teleman) her. (Vgl. S. 359.) Auch die vorhin (S. 120) aufgezeigte mehrteilige Abfolge Strophe-Betrachtung hat hier ihren Platz.

– Der Teil „Antwort der Gemeinde" ist eine Besonderheit der Wort-Gottes-Feier. Er bringt neue musikalische Möglichkeiten mit sich, zum Beispiel auch hier wieder das Predigtlied (ähnlich dem Evangeliumslied, das in den Niederlanden verbreitet ist, oder dem Hauptlied [allerdings *vor* dem Evangelium] der lutherischen Liturgie); den →kantillierbaren Lobpreis, der in das – auch mehrstimmig vom Chor ausgeführte – →Gloria mündet.

– Der Schlussteil bietet keine Schwierigkeit – abgesehen von der immer geltenden Maxime, dass die dramaturgische Kurve zu beachten ist und dass nicht gerade am Schluss, wenn alle schon mit den Füßen scharren, der längste Gesang programmiert werden muss.

„Die recht vollzogene Wort-Gottes-Feier ist sicher nicht einfacher vorzubereiten als eine Messe", heißt es im zitierten Dokument der deutschen Bischöfe, und das ist noch vorsichtig ausgedrückt. Während man sich in der Sonntagsmesse auf die gewachsene und bekannte Struktur ein wenig verlassen kann (man tut es allzu oft, zugegeben!), gibt es hier mannigfache Quer- und Rückbezüge. Jedenfalls soll die Wort-Gottes-Feier tatsächlich als Feier begangen werden. Feiern heißt in diesem Fall: Das Wort steht im Mittelpunkt; alles dreht sich um dieses Wort; Rudolf Pacik zitiert im Weiteren Eduard Nagel: „Es selbst wird mehr als alles andere gehört und alles, was sonst noch gesagt wird, hat Bezug dazu. Für dieses Wort ist Zeit, ihm zuliebe sind die Versammelten da. Sie heben ins Bewusstsein, was ihnen dieses Wort bedeutet, warum es für sie wichtig ist." (Nagel 1999, S. 139)

Eine der neuen Formen ist der Lobpreis, der ins Gloria mündet. Auch jüngere Diözesananhänge enthalten keine geeigneten Formen. Im NGL-Buch *Du mit uns* wird vorgeschlagen, *Laudate omnes gentes* als Akklamation zu singen und der Text des Lobpreises zu sprechen, was der Autor eher als Notlösung empfindet. Hier sind wieder einmal die Komponisten gefragt!

Die Dinge sind im Fluss, und so wie es aussieht, wird die Zahl der sonntäglichen Wort-Gottes-Feiern noch eher zunehmen. Ein Treppenwitz der Liturgie- und der Pastoral-Geschichte ist, dass die Idee der Wort-Gottes-Feier direkt aus der Liturgiekonstitution stammt, allerdings mit ganz anderen Vorzeichen: „Zu fördern sind eigene Wortgottesdienste an den Vorabenden der höheren Feste, an

Wochentagen im Advent oder in der →Quadragesima sowie an den Sonn- und Feiertagen, besonders da, wo kein Priester zur Verfügung steht; in diesem Fall soll ein →Diakon oder ein anderer Beauftragter des Bischofs die Feier leiten." (SC 35.4) Die Situation der priesterlosen Gemeinde wird zwar erwähnt, doch zielt die Idee auf eine verstärkte bzw. häufigere Begegnung mit dem Wort Gottes im Sinne eines *zusätzlichen* Angebots (das geht aus dem Kontext innerhalb des Art. 35 hervor). Damals hatten manche Pfarrer noch drei Kapläne; man *konnte* eine Wort-Gottes-Feier abhalten. Heute *muss* man …

Da Materialien zur Wort-Gottes-Feier nicht so allgemein verbreitet scheinen wie etwa für die Gestaltung von Eucharistiefeiern, findet sich eine etwas längere Auflistung von Behelfen am Ende des Kapitels; sie ist ebenfalls (auszugsweise) dem mehrfach zitierten Artikel von Rudolf Pacik (Tagzeitenliturgie) entnommen.

* * *

Eine lang vergessene Form ist in letzter Zeit zum Leben erweckt worden: das **Lucernar**.

Es handelt sich um keinen Gottesdienst, sondern, weltlich ausgedrückt, um einen sehr feierlichen Vorspann. Die wichtigste Liturgie des Jahres, die Feier der Osternacht, wird mit einem solchen Lucernar eingeleitet, das dem Anlass entsprechend sehr ausgedehnt und festlich gestaltet wird. In der Frühzeit wurde dieser Lichtritus oft ausgeführt, vor allen in gewissen monastischen Traditionen. Dabei geht es nicht, wie man vermuten würde, bloß um eine Kerze und um eine Flamme, sondern im ganzen Kirchenraum sollen alle „Ampeln" entzündet werden. Bei diesem Willkommen des Abends schwingen uralte (und gewiss vorder-orientische) Empfindungen mit: die Kühle des Abends, das Helle in der dunklen Umgebung … All dies ist natürlich vor hunderten von Jahren christologisch interpretiert und „liturgisch aufgeladen" worden. In der ambrosianischen Liturgie (Mailand) beginnt die Vesper noch heute jeden Tag mit dem *lucernarium*, einem →Responsorium, das vom Licht redet.[10]

Als Grundschema bietet sich an:
- Einzug mit der Prozessionskerze
- Liturgischer Gruß (Lichtruf)
- Lichthymnus
- Lichtdanksagung

Danach kann mit der →Vesper, mit der →Komplet oder mit einer Eucharistiefeier fortgesetzt werden. Wie schon angedeutet, ist ein Lucernar-Ritus ein feierliches Eröffnungselement, das eigentlich vom Wesen her einer Fortsetzung bedarf.

---

10 Rupert Berger, Neues Pastoralliturgisches Handlexikon, Freiburg etc. 1999

In manchen jüngeren Büchern sind Gesänge fürs Lucernar enthalten, so etwa in den *GOTTESLOB*-Diözesananhängen von Graz und Linz oder zum Beispiel im NGL-Liederbuch *Du mit uns.*

Wer die Grundgesetze des Wortgottesdienstes berücksichtigt – hier ist wieder der Gattungsbegriff und nicht eine besondere Form gemeint –, wird jede Art von nicht-eucharistischer Feier zusammenstellen können. Gespür für Abläufe und die Fähigkeit, aus verschiedenen Quellen von Texten (Lektionar, Liederbuch, Bibel …) assoziativ zu verknüpfen sind Voraussetzungen für eine erfolgreiche Gestaltung.

> Unter den vielen Gottesdiensten, die ich gestaltet habe, bin ich auf einen besonders stolz. Die Situation: Die Dompfarre St. Stephan hatte vor, eine Immigrantenfamilie aus Vietnam lang- fristig unter ihre Fittiche zu nehmen. Die offizielle Aufnahme der Familie sollte in einem Wortgottesdienst in der Kapelle stattfinden. Im selben Gottesdienst sollte auch die Segnung der neuen kleinen Orgel in der Churhauskapelle erfolgen. Als ich nachdachte, wie man diese Kurve kriegen könnte, fiel mir blitzartig der eine Psalm ein, in dem von Fremden die Rede ist, die Musik machen: Psalm 137! „An den Strömen von Babel, da saßen wir und weinten. Wir hängten unsere Harfen an die Weiden in jenem Land … Wie könnten wir singen die Lieder des Herrn, fern, auf fremder Erde?" Die Verbindung war denkbar wackelig, denn unsere Vietnamesen hatten keine Zwingherren, die von ihnen Lieder verlangten, und sie dachten auch nicht an Jerusalem. Aber eine biblische und musikalische Brücke konnte ge- schlagen werden.

Wichtig erscheint auch das Drumherum. Dazu gehören nicht nur Blumenschmuck, Beleuchtung und eine gewisse Ruhe im Ablauf; das sind auch nicht Hauptanliegen des Kirchenmusikers. Was ihn aber angeht: Nicht alles muss immer im Feiertext stehen! Ein überladenes Textheft kann den Teilnehmer geradezu mutlos machen. Aber nicht nur das; manches Musikstück, mancher Text wirkt beim unerwarteten Hören stärker. Die Elemente der Spannung und der Überraschung sind zwar keine essentiellen Parameter der Liturgie; es hängt im Gegenteil viel an ihrer Berechen- barkeit und Regelmäßigkeit. Dennoch – vor allem Musikstücke, die leise, wie aus dem nichts kommend, beginnen, müssen gar nicht angekündigt werden. Manche sind zudem auch so bekannt, dass sie im ersten Moment des Erklingens schon das Ganze erkennen lassen; Mozarts *Ave verum* wäre ein sehr typisches Beispiel für das, was hier gemeint ist. Auch szenische Elemente – im weitesten Sinne – entfal- ten bisweilen ihre Wirkung erst durch Unvorhersehbarkeit.

> Und deshalb berichte ich jetzt von einem weiteren Gottesdienst. Es war einer, wie man ihn nur ein einziges Mal machen kann: die Jahresschlussandacht 1999 im Stephansdom. Aufs äußerste verkürzt erzählt: Wir machten einen ruhigen Gang durch das ganze Jahrtausend. Es begann mit gregorianischem Choral auf der einen Seitenempore, und nach ein paar Sekunden antwortete von der gegenüberliegenden ein Saxophon, das den Modus aufgriff.

„Unter einem 1000-Jahr-Bogen von Musik sind wir eingezogen," sagte der Bischof in seiner Begrüßung.

Danach der Psalm 90, und dann die zehn Etappen. Jede Station bestand aus ein wenig Musik, die mit dem entsprechenden Jahrhundert zu tun hatte; dann ein knapper Rückblick (zwei kurze Absätze, einer über das Positive und einer über das Negative des Jahrhunderts) und zwei Fürbitten.

Die Musik war klein besetzt – Hildegard von Bingen mit Sopran-Solo, zweimal ein Gemeindelied, einmal Cello-Solo …

Nach dem 20. Jahrhundert die Lesung aus Kohelet; eine kurze Homilie.

Das Lied „O heilger Leib des Herrn"; eucharistischer Teil mit drei gemeinsamen Gebeten.

Das Lied „Vertraut den neuen Wegen" (EG 395). Eucharistischer Segen.

Aber seit eineinhalb Stunden saß, für gut 50 Prozent der weit über 1000 Besucher sichtbar, ein riesiges Symphonieorchester auf dem Musikplatz. Im Textheft fand sich kein Hinweis, was (und ob?) es spielen würde.

Unmittelbar nach dem Segen mit der Monstranz begannen ohne Vorwarnung die gewissen zuerst suchend kreisenden, dann ekstatisch hochfahrenden Violinfiguren (die übrigens fast jeder in Wien sofort erkennt), und es erklang das „Halleluja" aus dem „Buch mit sieben Siegeln" von Franz Schmidt. Im Textheft stand nur schlicht „Musik zum Auszug".

Wir spielten weiter bis zum Ende des Oratoriums. Auf das Halleluja folgte somit das monotone Gebet der Männerstimmen „Wir danken dir, o Herr …" und danach der kurze Schlussmonolog des Propheten mit seinem „Amen", in das Chor, Orgel und Orchester mit einem letzten „Amen" im fortissimo einfallen.

Die Dauer der Musik war gestoppt worden und der Zeitpunkt rückgerechnet worden, wann der Auszug beginnen musste, so dass Übereinstimmung gegeben war.

Bei den Ausgängen bekamen die Teilnehmer einen Folder, in dem die Jahrhundert-Texte und alle Musikstücke nachgelesen werden konnten.

Die **Jahresschlussandacht** ist eine der raren fantastischen Gelegenheiten für alle, die mit Liturgiegestaltung zu tun haben: Die Kirche ist voll – auch mit Fernstehenden, die selten kommen! –, und es gibt keine bindenden Vorgaben. Wir können uns deshalb kurz fassen. Vernünftigerweise wird man auf die naheliegenden Grundelemente nicht verzichten:

- Eröffnung (Gesang – Begrüßung)
- Gebet – Schriftlesung – Antwortgesang
- Homilie
- Rückblick
- Dank
- Fürbitten
- Lobpreis (Te Deum)
- eucharistischer Teil (Anbetung – Stille – Segen)
- Abschluss

Der Phantasie sind keine Grenzen gesetzt, auch was die Abfolge betrifft; und das ist einmal eine Liturgie, in der auch Texte abseits der Heiligen Schrift eingesetzt werden können. Detaillierte Vorschläge für die Musikauswahl scheinen überflüssig, da es auch diesbezüglich keinerlei Einschränkungen gibt. Es ist ratsam, die dramaturgische Kurve wenigstens zweimal abzusenken, so dass nicht die ganze Feier vor Preis und Dank überquillt:

Eröffnungsteil: Loblied
>Lesung und Antwortgesang: Zeit und Ewigkeit ... der kleine Mensch vor dem großen Gott ... die Pläne Gottes ... Psalm 90 ... Psalm 139 ...
Homilie
>Rückblick
Dank

Es hat nur mittelbar mit der Musik zu tun, aber doch wieder mit der Dramaturgie: Ich halte es für ungünstig – um nicht zu sagen widersinnig –, nach der Jahresschlussandacht noch die Vorabendmesse des Hochfestes zu feiern. Hier ist meinem Gefühl nach das bürgerliche Jahr stärker als die Liturgie. Mich hat es immer merkwürdig berührt, wenn nach dem festlichen Ende des Jahresschlusses noch offensichtlich Vorbereitungen für eine Messe im selben Raum zu sehen waren; ein wenig Entwertung des feierlichen Schlusspunktes schwingt da ja doch mit.

WERKBÜCHER UND HANDREICHUNGEN ZUR WORT-GOTTES-FEIER:

Preisungen. Psalmen mit Antwortrufen. Hrsg. von Godehard Joppich / Christa Reich / Johannes Sell. 3., erweiterte und überarbeitete Auflage. Münsterschwarzach: Vier Türme Verlag 2005.

Die Wortgottesfeier [sic!]. Der Wortgottesdienst der Gemeinde am Sonntag. Vorsteherbuch für Laien. Hrsg. vom Liturgischen Institut Zürich im Auftrage der deutschschweizerischen Bischöfe. Paulusverlag Freiburg Schweiz [sic!].

Wort-Gottes-Feier. Werkbuch für die Sonn- und Festtage. Hrsg. von den Liturgischen Instituten Deutschlands und Österreichs im Auftrag der Deutschen Bischofskonferenz, der Österreichischen Bischofskonferenz und des Erzbischofs von Luxemburg. Trier: Deutsches Liturgisches Institut 2004. [Einige Texte lassen sich im Internet abrufen: http://www.liturgie.de/wortgottesfeier]

Wort-Gottes-Feiern an allen Sonn- und Feiertagen. Hrsg. von Beate Jammer, Andreas Poschmann, Margret Schäfer-Krebs und Heinz Vogel. Ostfildern: Schwabenverlag / Trier: Deutsches Liturgisches Institut 2004ff. [Loseblattsammlung; Erscheinungsweise: jährlich sechs Lieferungen]

Handreichung zur musikalischen Gestaltung von Wort-Gottes-Feiern an Sonn- und Festtagen. [...] Linz: Kirchenmusikkommission der Diözese Linz 2004.

http://stuerber.ps-muenchen.de/stuerber/lucernar.htm (eine Reihe von Gestaltungsvorschlägen für das Lucernar)

IV. An den Wendepunkten des Lebens

1. Die Taufe

„Was begehrst du von der Kirche?"

Mit dieser Frage kann man heutzutage eine abendfüllende Diskussion lostreten, oder man kann ein Telefoninterview damit eröffnen. Dass in letzterem Fall auch die Antwort so lauten wird, wie sie oben hingeschrieben wurde, ist unwahrscheinlich; die meisten hierzulande, die in der Lage sind, ein Telefongespräch zu führen, sind schon getauft. Aber Frage und Antwort wie im Titel kommen auch tatsächlich in der Einleitung zu einer Tauffeier vor. Was geschieht da eigentlich?

Der Taufwerber wird in die Gemeinschaft der Christen aufgenommen. Getauft wird mit Wasser, und wo Wasser im Spiel ist, geht es immer auch um Reinigung; das war schon in vorchristlichen Riten so (man denke an Christus, der sich von Johannes taufen ließ). Die christliche Taufe – und das ist der eigentliche Kern des Sakramentes – befreit von der Erbsünde und macht den Getauften „offiziell" zu einem Kind Gottes. Die Feier läuft so ab:

– Der Taufspender (→Diakon, Priester, Bischof) empfängt den Täufling (und seine Eltern) bei der Kirchentüre und stellt ein paar Fragen: Warum seid ihr gekommen, was wollt ihr? Damit wird die Grundsituation stilisiert nachgestellt: „Da kommt ein Neuer, der Mitglied werden will."

– Danach bittet man den Neuankömmling sozusagen weiter. So wird der Weg spürbar gemacht, den jemand erst einmal zurücklegen muss (innerlich nämlich) vom Ungetauft- zum Christ-Sein. (Im Urchristentum blieben die Noch-Nicht-Getauften während der Eucharistiefeier außerhalb des Kirchenraumes.) Dieser Weg der feiernden Gemeinde führt entweder zum regulären Platz des Gottesdienstes oder gleich zum Taufbrunnen.

- Ein knapper Wortgottesdienst – Lesung, Gesang, Gebet – dient zur Sammlung und stellt den Bezug zur Tradition der Bibel her.
- Zu den Fürbitten werden einige Heilige angerufen (man stellt quasi die Verbindung her zwischen verdienten, angesehenen Mitgliedern der Gemeinschaft und dem Neuen, der Mitglied werden will).
- Beim Taufbecken angekommen, wird es ernst; der Neue wird gefragt, ob er die Feinde der Gemeinschaft ablehnt („Widersagst du dem Bösen?") und ob er sich mit den Zielen und Idealen der Gemeinschaft identifiziert: Er legt das Glaubensbekenntnis ab. Meistens kommt hier stellvertretend der Taufpate zum Zug.
- Die eigentliche Taufe geschieht durch Benetzen oder Übergießen mit Wasser. (Vereinzelt haben auch katholische Kirchen Becken zum weitgehenden Eintauchen des Täuflings.)
- Weitere begleitende Riten dienen der Verdeutlichung (das weiße Kleid als Symbol des Gereinigtseins) oder der Bekräftigung (die Salbung mit →Chrisam).

Mit all dem ist – in der Praxis – verbunden, dass der Neugetaufte Vollmitglied in der Kirchengemeinschaft wird. Die kleine Einschränkung ist angebracht, da im eigentlichen Taufritus von irgendeiner konkreten kirchlichen Institution ja nicht die Rede ist. Das kann man sehr schön am Ablauf einer Nottaufe sehen; das wenige, was da eben zu sagen ist, ist auf die Beziehung zwischen dem Taufwerber und Gott beschränkt. Aber es stimmt schon – ab der Taufe ist man, wo auch immer, Mitglied.

So, wie in unseren Landen die Taufe gefeiert wird, wird diese Aufnahme in die Gemeinschaft sehr deutlich. In vielen Pfarren ist es nämlich inzwischen üblich, dass mehrere Taufen auf einem Termin zusammengelegt werden. Dadurch entsteht automatisch auch eine größere Gruppen von Feiernden; jedes Elternpaar bringt ja seine Anverwandten und Freunde mit, und alle sind gegenseitig Zeugen dieser festlichen Aufnahme. Auf diese Weise kommt der gemeinschaftliche Aspekt viel deutlicher zum Ausdruck als etwa bei einer Einzeltaufe oder gar bei einer Taufe im Haus der Eltern. Und nicht nur ganz nebenbei ist das auch für die Gestaltung der Feier gut; denn wo mehr Menschen versammelt sind, kann auch besser gebetet und gesungen werden.

Beide Aspekte hat man vermutlich auch in jenen Pfarren im Blick gehabt, wo Taufen in die Sonntagsmesse integriert werden. Da braucht man sich um kräftigen Gesang gar keine Sorgen mehr machen. Bei anderen Tauffeiern kann allerdings die Feiergemeinde ganz schön bunt zusammengewürfelt sein; vom Idealfall, dass sich da eine Art Teil-Sonntagsgemeinde zusammenfindet, die über einen gemeinsamen Liedvorrat verfügt, ist man da oft ziemlich weit entfernt. Ein paar allgemeine Lob- und Danklieder sind ja schnell zur Hand, aber die Thematik einer Taufe ist nun doch wieder so besonders, dass man sich da um Übereinstimmung bemühen sollte.

Fast alle Gesangbücher bieten einige spezielle Tauflieder an. Das ist gut, aber auch wieder problematisch. Denn ein genau auf dieses Sakrament ausgerichtetes

Lied wird eben nur zur Taufe gesungen und gehört dann nicht zu den „allgemein bekannten" Liedern. (Dieses Problem taucht auch bei anderen →Kasualien auf, vor allem bei der ⇨Hochzeit und beim Begräbnis.). Eines der bekannteren Lieder, *Fest soll mein Taufbund immer stehen*, bezieht sich streng genommen auf die Erneuerung (!) des Taufversprechens; das ist auch der Grund, warum es bekannt ist, denn es wird in vielen Kirchen jedes Jahr in der Osternacht gesungen, wo die ganze Feiergemeinde dieses Versprechen erneuert.

Die ⇨Osternacht ist klarerweise ein höchst prominenter Platz für eine Taufe. Denn die Reinmachung eines Einzelnen wird da sehr sinnfällig unter der Perspektive der Erlösung der ganzen Menschheit gesehen, und deshalb wird auch innerhalb der Osternachtsliturgie immer das Taufwasser geweiht; dabei wird die brennende Osterkerze ins Wasser gesenkt. Allerdings geht das persönliche Einzelereignis, das den Täufling betrifft, ein wenig unter in den ohnehin zahlreichen Höhepunkten dieser großen Liturgie. Aber eine Taufe wird ja auch als Familienfest erlebt, vor allem dann, wenn es ein Kind ist, das getauft wird. Meistens bringt die Taufe den ersten offiziellen Auftritt des Babys in der Großfamilie, und zum ersten Mal können sich alle den neuen Erdenbürger ansehen. All dies spricht ein wenig gegen die Osternacht als Termin, so sinnvoll er auch von den theologischen Zusammenhängen her sein mag. Deshalb trifft man zu diesem Termin, wenn überhaupt, meistens nur Erwachsene an, die getauft werden. Bei solchen Taufen wird übrigens auch gleich die ⇨Firmung gespendet.

Einer der schönsten Liedtexte, die in der jüngeren Vergangenheit für eine Taufe gedichtet wurden, ist *Segne dieses Kind* (Lothar Zenetti, vor 1971). Die erste Vertonung dieses Textes, die auch in die Gesangbücher beider Konfessionen Eingang gefunden hat, konnte sich trotz ihrer kompositorischen Qualität nicht durchsetzen, weil sie zum sofortigen Nachsingen zu schwierig ist. Der Text wurde aber als so geglückt empfunden, dass inzwischen eine ganze Reihe von weiteren Melodien dazu komponiert wurden, und man wird sehen, welche davon das Rennen ins neue katholische Gesangbuch machen wird. – Dem Problem der genau passenden, aber unbekannten Lieder speziell für die Taufe wurde auch gelegentlich dadurch begegnet, dass für bekannte Melodien taufspezifische Texte neu gemacht wurden; vor allem in den Gesangbüchern der evangelischen Kirche finden sich solche Lieder:

Nun schreib ins Buch des Lebens / Herr, ihre Namen ein
oder
Wen Gott beruft ins Leben / wer weiß, worum, wozu
(beide nach der Melodie „Beim letzten Abendmahle")

Gott, der du alles Leben schufst / und uns durch Christus zu dir rufst
(nach der Melodie „O Jesu Christe, wahres Licht")

Wer ohnehin sein eigenes Liedblatt für die Taufe anfertigt, kann sich aus diesem Angebot bedienen. – Im Evangelischen Gesangbuch findet sich auch ein ehrwürdiges berühmtes Lied – Text und Melodie von Martin Luther –, das biblisch-theologisch bestens fundiert ist: *Christ unser Herr zum Jordan kam*. Auch dieses Lied ist leider sehr schwer zu singen und auch völlig unbekannt bei uns. Es handelt, wie der Titel sagt, von der Taufe Jesu; in seiner etwas altertümlichen Sprache ist es eher ein Lied *über* die Taufe als ein Lied *zur* Taufe. Es gibt eine ganze Reihe von Choralvorspielen über diese Melodie, die bei uns aber unbekannt ist; der Bezug zur Kindertaufe müsste im katholischen Raum erst erklärt werden.

Welche Musik nun? Die goldene Regel steht auch über einer Tauffeier: Weniger kann mehr sein. Verstärkt gilt das für Anlässe, wo es um Kinder geht. Bei der Taufe kommt normalerweise noch dazu, dass ein Kirchenraum jedenfalls ein höchst ungewöhnlicher Ort für einen Säugling ist; die Sinneseindrücke, die auf ihn einstürmen, sind komplex genug, und ein solcher Ausnahmezustand sollte nicht über Gebühr in die Länge gezogen werden. Das führt gleich zur nächsten Überlegung; bevor man nämlich auswählt, *was* man singt, muss man herausfinden, *wer* singen wird. Wo mehrere Taufen zusammengelegt werden, kommen vielleicht auch eine ganze Menge Kinder zusammen, und da ist es auch sinnvoll, ihre Präsenz zu betonen. Sie sind ja diejenigen, bei denen die Taufe noch sozusagen „frisch" ist; ihre Eltern sind dabei und spüren noch einen Zusammenhang zum letzten derartigen Fest, das sie erlebt haben. Kinder sollten auch ihre eigene Taufkerze mitbringen, die dann angezündet wird. Wo so eine größere Gruppe Kinder zu erwarten ist, sollte auch das eine oder andere kindgerechte Lied gesungen werden. Das führt zur Wahl des Instrumentariums – vielleicht doch auch die Gitarre, sofern ein Spieler vorhanden ist?

Einige Überlegungen, korrespondierend mit dem vorhin angegebenen Ablauf:
– Zunächst bedenke man, wo sich die Teilnehmer an der Feier versammeln – ist dieser Ort vielleicht so weit weg von der Orgel, dass man den Gesang nicht mehr gut führen kann? Wenn nicht, dann sollte man lieber mit einem rein instrumentalen Stück beginnen. Kürze ist angebracht – vor allem aber: Der Weg des Taufspenders bis zu den Versammelten ist keineswegs ein feierlicher Einzug und soll auch durch die Musik nicht zu einem solchen aufgebauscht werden! Falls man gemeinsam singt: Hier ist wirklich ein möglichst bekanntes Lied am Platz; passende Themen: „Lob und Dank", Eröffnung, Beginn, „Wir sind versammelt". (Man achte aber darauf, dass nicht von der Eröffnung einer Messfeier gesungen wird.)
– Den gemeinsamen Weg der Feiernden begleitet man am besten mit Instrumentalmusik; Sologesang ist hier weniger geeignet – vor allem, weil es dafür drama-

turgisch zu früh ist und weil in dieser Situation niemand wirklich auf den Text achten wird. Und wieder: Die Länge des Stückes muss gut auf die Länge des Weges abgestimmt sein. Falls man sich jedoch für einen gemeinsamen Gesang entscheidet, kommt eigentlich aus praktischen Gründen nur eine →responsoriale Form (Vorsänger/Alle) in Frage.

– Nach der Lesung sollte der Antwortpsalm folgen. Im →Rituale findet man sowohl Vorschläge für Lesungen als auch für die dazu passenden Psalmen. Auch eine andere als die dort vorgeschlagenen Lesungen kann gewählt werden; den entsprechenden Antwortpsalm findet man, indem man die Lesung in einem →Lektionar oder im →Schott sucht. Den vorgesehenen Psalm kann man ersetzen – durch ein Psalmlied oder durch ein anderes passendes Lied. Ohne die Lesung zu kennen, kann man nur schwer etwas aussuchen; aber mit den Themen „Kinder Gottes", „Gemeinschaft der Glaubenden" oder „Gott liebt den Menschen" wird man nicht weit fehl gehen. – An dieser Stelle ist nun auch ein Sologesang eine vernünftige Alternative – aber hier ist erhöhte Wachsamkeit bei der Auswahl geboten; ein *Ave Maria* passt mit Sicherheit nicht, und auch eucharistische Gesänge (*Ave verum*, *Pange lingua* etc.) haben hier nichts verloren.

– Vor den Fürbitten, das heißt nach dem Wortgottesdienst, wird vermutlich die Predigt gehalten, und danach ist erneut Raum für Musik. Für die Thematik gilt das bereits Gesagte. Die Länge des Stückes ist an dieser Stelle ein bisschen weniger sensibel; hier wird keine Handlung und kein Weg begleitet, sondern alle hören zu. Wenn irgendwo, dann ist hier ein meditativer Einschub angebracht.

– Zieht man erst jetzt zum Taufbecken, empfiehlt sich am ehesten ein kurzes Instrumentalstück.

– Unmittelbar nach der Taufe „kann die Gemeinde eine →Akklamation singen", heißt es im Rituale. Ein gut gängiges Halleluja ist die beste Lösung; so wird auch die gedankliche Brücke Erlösung-(Kreuz)-Auferstehung-Ostern hergestellt.

– Die Abfolge der weiteren kurzen Riten sollte man nicht unterbrechen. Erst nach dem Abschluss der Liturgie mit dem Vaterunser und dem Segen ist wieder Gelegenheit für ein Lied (Lob und Dank, Kirche, Schöpfung, Heiliger Geist). Auch Instrumentalmusik ist möglich; man achte auf die dramaturgische Kurve einer solchen Feier: Meditatives ist jetzt weniger geeignet; man braucht einen knappen, festlichen Abschluss. Gerade nach so einer Taufe tritt innerhalb der Familie wohl sofort Kommunikationsbedarf ein, – prosaisch ausdrückt: Alle wollen jetzt mit allen reden –, und möglicherweise ist der Säugling schon seit dem Kontakt mit dem kalten Wasser gut zu vernehmen. Also: nichts wie weg und keine Konzertdarbietung mehr!

Lieder:
Beginn/Abschluss: Lobe den Herren * Nun jauchzt dem Herren alle Welt (1.2.4.7) *

Lasst uns loben, freudig loben * Nun singe Lob, du Christenheit
Nach der Spendung der Taufe: Morgenstern der finstern Nacht (1.2.4.)
Das ist der Tag, den Gott gemacht (1.3.4.) * Herr, deine Güt ist unbegrenzt

Orgel und Gesang:
J. S. Bach, *Aus dem Schemellischen Gesangbuch:*
Jesu meines Glaubens Zier * Es glänzet der Christen inwendiges Leben
Dvořák, *Aus den Psalmen*
Der Herr ist mein Hirt * Ich hebe meine Augen auf zu den Bergen

2. Firmung

Zeitgeist und Heiliger Geist

„Heute werdet ihr firm gemacht für ein christliches Leben." So einfach hat es einmal ein Domkapitular seinen Firmlingen erklärt. Und ein anderer sagte: „Heute werdet ihr Vollmitglieder in unserer Firma." Klingt originell und birgt auch ein Körnchen Wahrheit in sich; aber was wirklich dahinter steckt, kann man in der Bezeichnung des evangelischen Äquivalents deutlich sehen. Das lateinische Wort *confirmatio* umfasst das Begriffsfeld (Be)stärkung, (Be)kräftigung – und auch Zustimmung.

Das zentrale Geschehen beim Sakrament der Firmung ist die Herabkunft des Heiligen Geistes; in den meisten Fällen wird es Christen gespendet, die an oder vor einem Wendepunkt in ihrem Leben stehen. Während in der ⇨ Taufe die Gottes*kind*schaft begründet und besiegelt wird, geht es nun um eine besondere „Ausstattung" des Heranwachsenden, um eine Ausrüstung mit speziellen Gaben des Heiligen Geistes, damit die Herausforderungen, die das Christsein für Erwachsene mit sich bringt, bewältigt werden können. Das wurde in den letzten Jahrzehnten deutlich durch das kontinuierliche Heraufsetzen des Mindestalters. Schon Thomas von Aquin sieht das Sakrament mit dem Erwachsenwerden in Zusammenhang: „In der Firmung aber empfängt der Mensch gleichsam das Vollalter des geistigen Lebens."

Die Zusammenhänge zwischen Taufe und Firmung sind offensichtlich; vor der Firmspendung erneuern die Firmkandidaten ihr Taufversprechen. Man muss sogar feststellen, dass sie es eigentlich zum ersten Mal wirklich bewusst ablegen; bei der Taufe haben es die Paten für sie getan, und ob einem siebenjährigen Erstkommunionkind tatsächlich klar ist, was „Ich widersage!" bedeutet, ist zweifelhaft. (Es ist zu hoffen, dass sich für die Erstkommunion irgendwann eine andere Formulierung finden lässt – etwa „Das will ich nicht!" oder „Das gefällt mir gar nicht!".) – Im Sonderfall einer Erwachsenentaufe wird die Firmung gleich anschließend gespendet; sie wirkt in diesem Zusammenhang – ein wenig irreführend – wie eine Art zweite, höhere Stufe der Taufe.

Riten für den Übergang eines jungen Menschen zum Erwachsenen gibt es in allen Religionen und Kulturen, und sogar dort, wo man das Leben entritualisieren wollte, war weiterhin Bedarf nach Ausdeutung und Überhöhung dieses Übergangs von einer Lebensstufe zur nächsten zu spüren; so gab es etwa in der DDR die Jugendweihe. Damit soll die Firmung und das Kommen des Heiligen Geistes nicht relativiert werden; der Blick auf andere Formen zeigt nur einmal mehr den „Sitz im Leben" und das Elementare an der Stufe, die da überschritten wird.

Noch vor 50 Jahren war die Spendung des Firmsakramentes den Bischöfen vorbehalten; inzwischen ist der Kreis der zur Spendung Berechtigten weitaus größer geworden. Diese Veränderung bringt es auch mit sich, dass die Firmlinge sich das Sakrament (sozusagen) nicht mehr zentral im Dom „abholen", sondern es kommen nun die Firmspender – nach wie vor Bischöfe, aber auch Priester höheren Ranges – in die Pfarr- oder Dekanatskirche und feiern die Spendung mit der vor Ort existierenden Gemeinde.

Das hat Auswirkungen auf die musikalische Gestaltung – zunächst dadurch, dass nun der Pfarrer, der Liturgieausschuss und der Kirchenmusiker der jeweiligen Pfarrkirche für den Gottesdienst verantwortlich sind; früher, als zentral gefirmt wurde, wurde auch zentral gestaltet. In der Praxis wird man gut daran tun, seine Gestaltungsideen mit dem Firmspender abzusprechen (im Fall eines Bischofs mit seinem Zeremoniär). – Die zweite Auswirkung ist, dass das Sakrament nun vorwiegend innerhalb der Sonntagsmesse – zwischen Evangelium und Fürbitten – gespendet wird. In den Bischofskirchen mussten früher viele hunderte Firmlinge hintereinander betreut werden, und da wurden oft mehrere kurze Wortgottesdienste und keine Messen angesetzt.

Traditionell wird vor allem vom Weißen Sonntag bis zum Beginn des Sommers gefirmt. Es gibt eigene →Messformulare für die Spendung der Firmung; ein solches wird man wählen, wenn der Termin spät liegt und bereits in die Zeit des →Jahreskreises (nach dem Fest der Dreifaltigkeit) fällt. Die Sonntage der Osterzeit hingegen passen von Haus aus ganz gut zur Feier der Firmung, da ihre Lesungen einerseits von der Aufbruchsstimmung der jungen Christengemeinden geprägt sind, andererseits schon eine gewisse Vorausahnung oder Erwartung des Heiligen Geistes mit einschließen – besonders deutlich am 6. Sonntag der Osterzeit.

Dass die Firmung heute meistens in der beschriebenen Form gefeiert wird, hat den großen Vorteil, dass man es mit einer „normalen" Sonntagsgemeinde zu tun hat, die um weitere Familienangehörige der Firmlinge erweitert wird. Das führt an sich zu kräftigem Gesang, und man kann auch aufs gängige Repertoire zurückgreifen – all dies ein wenig eingeschränkt dadurch, dass während der eigentlichen Firmspendung geschaut, photographiert und daher doch wieder weniger engagiert gesungen wird.

Letztlich hat man es mit zwei Gelegenheiten zu tun, für die über die Messgestaltung hinaus Musik vorzusehen ist: eben die Firmspendung, und davor – fakultativ – ein zum Thema hinführendes, vorbereitendes Lied oder Musikstück. Ich persönlich neige dazu, dieses letztgenannte Stück eher entfallen zu lassen. Denn wenn die Firmung im Rahmen der Messe gespendet wird, ist man durch die Schriftlesungen, das bisher Gesungene und die Predigt hinreichend vertraut mit den wichtigsten Gedanken; überdies liegt schon einiges an gespannter Erwartung über der Feiergemeinde. Wird hier dennoch ein letzter Moment des Innehaltens gewünscht, plädiere ich für ein kurzes (!) Instrumentalstück. Danach folgen die vorbereitenden Gebete, die Erneuerung des Taufverspreches (sofern es nicht bereits anstelle des Glaubensbekenntnisses stattgefunden hat) und das eigentliche sakramentale Gebet um die Herabkunft des Geistes.

Die Spendung selbst erfolgt für jeden Firmling einzeln durch die Salbung mit Chrisam; der Firmling wird dabei persönlich angesprochen. Vielfach besteht die Praxis, die kurze Formel bei den ersten zwei oder drei Kandidaten vernehmbar sprechen zu lassen und alle weiteren Male mit Gesängen zu „überdecken". Für die Auswahl dieser Gesänge sollte man berücksichtigen:

– Der Griff nach einem offensichtlich „passenden" Heiligen-Geist-Lied bringt wahrscheinlich eine (weitere) Verdoppelung des „Komm, Heiliger Geist"-Motives.
– Vielleicht passt auch ein solches Lied an einer anderen Stelle der Messe noch besser, vielleicht zur Eröffnung.
– Vor allem passt möglicherweise eine der →Paraphrasen von *Veni, Creator Spiritus* oder *Veni Sancte Spiritus* besser als vorbereitendes Lied, so man eines möchte. Denn der Inhalt dieser ehrwürdigen Stophengesänge erschließt sich besser, wenn sie in ihrer Gesamtheit zusammenhängend, bewusst und nicht bloß eine Handlung begleitend gesungen werden.
– Überdies kann man mit einem einzigen dieser Lieder meist nicht die ganze Zeit der Spendung ausfüllen; man hilft sich üblicherweise mit Zwischenspielen der Orgel, die aber im Fall der genannten Gesänge die Architektur der Dichtung beschädigen würden.
– Mit einem Lob- und Danklied allgemeinen Inhalts fährt man daher hier besser, zumal sehr viele Feiernde kein Liedblatt oder Gesangbuch in der Hand halten werden (sondern eher eine Kamera).
– Die in jeder Hinsicht vernünftigste Lösung wäre responsorialer Gesang, also eine Form, bei der die Gemeinde mit einem gut singbaren Kehrvers beteiligt wird.

– Es eignen sich dazu nicht nur Lob- und Dankpsalmen, sondern auch solche, in denen die Größe Gottes oder die Schöpfung besungen wird, sowie einige neutestamentliche →Cantica.

– In jedem Fall muss man genau überlegen, wie lange die Firmspendung, je nach Anzahl der Firmlinge, dauern wird. Bei längerem responsorialem Gesang ist der Einsatz von zwei verschiedenen Vorsängern zu empfehlen.

Am schönsten wäre es ja, während der ganzen Spendung Stille zu halten. Man denke an den parallelen Fall bei der Priesterweihe, wenn die Weihekandidaten einzeln vor jeden der anwesenden Priester hintreten und sich die Hände auflegen lassen. Das kann bis zu dreißig Minuten dauern, und eine so lange Zeit der Stille ist sehr eindrucksvoll. Trotzdem sei davon abgeraten; eine Sonntagsgemeinde – sie umfasst vermutlich auch jede Menge jüngerer Geschwister der Firmlinge! – „erträgt" das rein dramaturgisch nicht.

Noch mehr als bei anderen Feiern stellt sich bei der Firmung erneut die Frage: Hereinholen der „adäquaten" Musik, jener Musik, bei der sich vorgeblich die Jugendlichen zu Hause fühlen und die vorgeblich „ihre Musik" ist – oder eben gerade ein Akzent in Richtung Festlichkeit, Überhöhung, Abgrenzung gegen die üblicherweise konsumierte Musik? Die Frage kann nicht generell beantwortet werden – und sie *darf* nicht ein für alle Mal beantwortet werden.

Ich erinnere mich an eine Firmgruppe, die sich einen hohen Anteil an gregorianischem Choral für ihre Messe gewünscht hat. Es mag der Reiz des Elitären gewesen sein oder die Faszination des Antikisierenden; es mögen gewisse Choral-CDs gewesen sein, die gerade hohe Verkaufszahlen erzielten. Es könnte aber auch einer der Jugendlichen erkannt haben, dass man sich durch die Hereinnahme dieser Musik auch ein wenig in eine ganz alte Tradition einreiht. Firmhelfer, Pfarrer und Musiker tun gut daran, solche Regungen im Keim wahrzunehmen und sanft zu fördern – nicht, weil die sonst eher von jungen Menschen vorgeschlagene Musik a priori minderwertig wäre, sondern weil gerade bei einer Feier der Erweiterung und des Aufbruchs, wie es die Firmung ist, die Pluralität der Äußerungen eine geradezu symbolhafte, ausdeutende Rolle spielen könnte …

> „Im Rückblick … muss gefragt werden, ob nicht viele kirchenmusikalische Bemühungen allzusehr in Richtung einer „Zielgruppenmusik" gegangen sind. Das führt vor allem bei Erstkommunion- und Firmfeiern zu bisweilen harten Auseinandersetzungen. … Ein thematisch bis ins Letzte ausgefeilter Firmgottesdienst, bei dem die Anwesenden [üblichen Gemeindegottesdienstbesucher] kaum ein Lied mitsingen können, hinterlässt auch bei Kindern und Jugendlichen den völlig falschen Eindruck, dass die Gemeinde heute alles tut, damit es ihnen [den Firmlingen] gefällt, wo hingegen ab morgen wieder das Normalprogramm gefahren wird." (Walter 1993, S. 217)

Die verschiedenen thematischen Aspekte beim Heiligen Geist, die zu unterschiedlichen Ergebnissen bei der musikalischen Gestaltung führen können (und sollen), sind im Kapitel ⇨Pfingsten beschrieben.

LIEDER ZUR HINFÜHRUNG:
Komm, Schöpfer Geist, kehr bei uns ein
   oder eine andere Paraphrase von Veni Creator Spiritus
Nun bitten wir den Heiligen Geist

ORGELMUSIK ZUR HINFÜHRUNG:
Johann Gottfried Walther, Nun bitten wir den Heiligen Geist (2. Vers, fünfstimmig)
Johann Sebastian Bach, Komm, Gott Schöpfer, Heiliger Geist (entweder die kurze
   Version aus dem *Orgelbüchlein* BWV 631 oder die längere aus den *Leipziger
   Chorälen* BWV 667)

LIEDER WÄHREND DER FIRMSPENDUNG:
Dein Lob, Herr, ruft der Himmel aus
Lobe den Herren
Mein ganzes Herz erhebet dich
Du, Herr, gabst uns dein festes Wort

RESPONSORIALE GESÄNGE (Vorsänger/Alle) WÄHREND DER FIRMSPENDUNG

PSALMEN:
Psalm 8 – Herr, unser Herrscher, wie gewaltig ist dein Name
Psalm 91 – Wer im Schutz des Höchsten wohnt
Psalm 104 – Lob des Schöpfers
Psalm 145 – Ich will dich rühmen, mein Gott und König

CANTICA:
   – Gesänge aus dem Alten Testament:
Stimmt an ein Lied für meinen Gott (Judith 16,1–2a.13–15) *
Gott kommt als der gute Hirt (Jes 40,10–17) *
Der Lobgesang der drei Jünglinge (Daniel 3,57–88)
   *Liedartige Vertonungen findet man in den Gesangbüchern
   oder die Psallierform im „Stundenbuch".*

   – Gesänge aus dem Neuen Testament:
Gottes Heilsplan (Eph 1,3–10) *
Christus, der Erstgeborene der Schöpfung (Kol 1,12–20)

* *Diese Gesänge findet man im (Kleinen) Stundenbuch.*

3. Hochzeit

Horch – sie spielen unser Lied!

TRAUUNG IN DER MESSE	*TRAUUNG IN EINEM WORTGOTTESDIENST*
Empfang des Brautpaares	Empfang des Brautpaares
(Taufgedächtnis)	
Einzug	Einzug
Begrüßung	Begrüßung
Einführung	
Kyrie/Kyrielitanei	
(Gloria)	
Tagesgebet	Eröffnungsgebet
Lesungen/Gesänge	Lesungen/Gesänge
Homilie	Homilie
Trauung:	*Trauung:*
Befragung der Brautleute	Befragung der Brautleute
Segnung der Ringe	Segnung der Ringe
Vermählung	Vermählung
Bestätigung der Vermählung	Bestätigung der Vermählung
feierlicher Trauungssegen	feierlicher Trauungssegen
Fürbitten	Fürbitten
Eucharistiefeier	Vaterunser
(Gabenbereitung usw.)	Schlussgebet
Danklied	
Auszug	Auszug

Zur Einstimmung ein Blick in ein zufällig gefundenes Internetforum:

Beitrag von Ä.
Hallo,
hatten am Wochenende unser Gespräch mit unserer Pfarrerin für die Taufe und Hochzeit
[!]. Sie hat uns natürlich auch gefragt zu welchem Lied wir einlaufen [!] möchten, ob wir
eine CD abspielen möchten oder Orgelgespiel [sic!] wollen. Nun suche ich nach einem passenden Lied, dass [sic!] sowohl zur Hochzeit als auch zur Taufe passt und natürlich richtig
schön ist. Habt Ihr Tipps?
Danke Z.

Beitrag von S.
Hallo,
sehr gerne wird Chapel of Love, zum Einmarsch [!] gespielt.
Liebe Grüße, Ö.

Beitrag von Ü.
Na das ist ja mal total unpassend. Gehört wohl eher in eine Zeichentrickserie oder sowas. Was ist denn daran feierlich?

Beitrag von A.
So einen Schmarrn kann auch nur jemand reden, der hinten und vorne keine Ahnung hat! Wenn der Kirchenchor mit Instrumenten dieses bekannte Hochzeitslied spielt, dann ist das Klasse.

Beitrag von Ü.
yea yea yea?
Naja über Geschmack sollte man nicht streiten.

Beitrag von Ö.
Der Klassiker, unter den Hochzeitsliedern.
<Chapel of Love – Kapelle der Liebe> Hört man immer wieder gerne, bei Rhythmischen Trauungen [sic!]! Aber nur, wenn es der Kirchenchor, selber singt.
Sehr schön!

Beitrag von Y.
Hallo,
wir haben „Theme" von Braveheart gewählt (als Klavier-Version).
Ich find's sooo toll!
Liebe Grüße, Y.

Beitrag von Q.
Hi X.,
ich bin zur Klaviermusik von Marc Terenzi eingezogen,
Love to be loved, by you …
Sehr sehr schön …
LG Q.

Der schönste Tag im Leben der Brautleute! Aber für den Kirchenmusiker ist es manchmal ein schwerer Tag. Wie auch bei anderen →Kasualien, werden Wahlmöglichkeiten extensiv genützt – nicht nur vom Kirchenmusiker, sondern vor allem von den Brautleuten. Das betrifft die →Perikopen (Lesung und/oder Evangelium), vor allem aber die Musik. Da verkommen die ohnehin flexiblen Vorgaben der Liturgie oft zu einem gerade noch wahrnehmbaren Rahmen für ein Wunschkonzert und/oder eine Lyriklesung.

Warum ist das so? Das Sakrament der Ehe spenden einander die Brautleute; der Priester bzw. der →Diakon ist der offizielle Zeuge der Glaubensgemeinschaft. Möglicherweise hat sich das in den Köpfen der Brautleute festgesetzt, auch bei jenen nämlich, die von Liturgie nichts wissen oder der Kirche und dem Glauben fernstehen – in der Form, dass man wirklich alles „selber machen" darf.

Zweitens ist das vermutlich ohnehin die einzige kirchliche Feier im Leben, wo man sich alles selbst aussuchen kann, und das will man dann gleich voll auskosten. Als man getauft wurde, haben das andere gestaltet, bei der Erstkommunion ebenfalls – und fürs Begräbnis kann man ja allerlei festlegen, genießen kann man die selbst ausgedachte Gestaltung dann nicht mehr. Aber bei der Trauung ist es möglich; das gilt dann für beide betroffenen Personen. Deswegen ergibt das, drittens, eben die addierten Text- und Musikwünsche von zwei Menschen.

Nun, dass die Brautleute mitwirken bei der Vorbereitung zur Gestaltung, ist richtig, notwendig und ausdrücklich gewünscht. Es gibt eine handliche Taschenausgabe für den Ritus: „Die Feier der Trauung", Ausgabe für Brautleute und Gemeinde[1], und da heißt es in der Fußzeile unter der Übersicht über die verschiedenen Abläufe: „Es bestehen ... Wahlmöglichkeiten. Es ist daher notwendig, dass rechtzeitig vor der Trauung die Feier zwischen dem Zelebranten und dem Brautpaar besprochen wird."

Ehe man die vielen Gestaltungsmöglichkeiten überlegt, sollte man den Blick auf das wirklich Unveränderbare werfen. Wie man an den Grundabläufen sieht, die zu Beginn dargestellt sind, ist der eigentliche Ritus der Trauung kurz und nachvollziehbar. Die Befragung der Brautleute (das →Scrutinium) ist das Pendant zu ähnlichen Dialogen vor anderen Riten (Taufe, Erstkommunion, Diakonen- und Priesterweihe etc.) Die Segnung der Ringe steht vor jenem Akt, der in allen Formen enthalten sein muss und sozusagen das amtliche (nicht das sakramentale) Kernstück der Trauung ist: „Immer muss jedoch der assistierende [!] Priester die Konsenserklärung der Brautleute erfragen und entgegennehmen." (SC 77)

Die Brautleute haben nun die Wahlmöglichkeit zwischen dem selbst gesprochenen Vermählungsspruch („Ich nehme dich zu meinem Mann / meiner Frau ...") oder der Vermählung durch das Jawort. Der *Copulans*[2] bestätigt sodann den geschlossenen Bund und ruft die Zeugen an; traditionell folgt hier Musik. – Es folgen der feierliche Trauungssegen (mehrere Wahlmöglichkeiten) und die Fürbitten. Falls die Trauung nicht innerhalb der Messe gehalten wurde, endet hier der Gottesdienst.

Betreffend weiterer Gestaltungsvarianten fällt als Erstes auf, dass das Angebot an Perikopen sehr ausgeweitet worden ist (so wie zum Beispiel auch bei Totenmessen und Begräbnis). Vor der Reform des Ritus waren nur eine Lesung und

---

1 Herder-Verlag 2008. Im Impressum heißt es, man solle „Anfragen an das Liturgische Institut Trier" richten. Dieses dürfte somit der Herausgeber sein.

2 *Copulans*, wörtlich „der Verbindende", ist der alte lateinische Ausdruck für den Diakon bzw. Priester, der eine Trauung vornimmt. Am Schluss von Mozarts Trauungsprotokoll etwa heißt es: *Cop(ulavi) 4 Aug: Wolff.* (Ich habe getraut, 4. August, Wolff.) Der Ort, wo Mozart getraut wurde, war aber nicht die Kopulationskapelle, wie sie in einer zeitgenössischen Beschreibung genannt wird, im Haus neben dem Stephansdom (heute Curhauskapelle), sondern die Eligiuskapelle im Dom selbst. „Kopulieren war damals der allgemein übliche Ausdruck für *trauen*." (Gruber 2007, S. 77)

ein Evangelium vorgesehen, und man muss wirklich zugeben, dass es ermutigendere Stellen für eine Hochzeit gibt als Eph 5,22–23 („Ihr Frauen, ordnet euch euren Männern unter") und Mt 19,3–6 („Darf man seine Frau aus jedem beliebigen Grund entlassen?"). Jetzt gibt es jeweils mehr als zehn erste bzw. zweite Lesungen und ebensoviele Evangelien. Wie üblich, sind auch die vorgesehenen Antwortpsalmen bzw. Hallelujaverse mit angegeben. Diese Palette an Texten gilt es zu nützen und wirklich auszuschöpfen. (Meine persönlichen Tipps sind Tob 8,4b–8 und Rut 1,14b–17.) Als Erstes gilt es einmal festzustellen: Nach keiner dieser Lesungen ist Ave Maria (egal welches) ein auch nur annähernd passender Gesang!

Und schon sind wir mitten in der zu Beginn angerissenen Problematik. Für jemand, der keinen Sensus für Liturgie insgesamt hat, wird es schwer zu verstehen sein, dass es hier nicht um eine mehr oder minder gefällige Abfolge von schönen Texten und rührenden Musikstücken geht – denn für ihn mag es so aussehen. Und dann holt man sich eben weitere Dinge in die Feier hinein, die man gerne hören will.

Wo sind die Zeiten hin, da man sich bloß gegen den Brautchor von Wagner (Lohengrin) und den Hochzeitsmarsch von Mendelssohn (Sommernachtstraum) verwahren wollte! Ich habe vage eine diesbezügliche schriftliche Weisung vor mir, kann aber den Beleg nicht finden. Fest steht, dass diese Stücke von Amts wegen schärfstens nicht erwünscht waren, und zwar nicht aus ästhetischen Gründen: Im Falle Wagner handle es sich um Musik zu einer Hochzeit, die von Anfang an unter ungünstigen Auspizien stünde, und mit einer christlichen Ehe im Blick sei diese Musik daher unpassend. Und die Mendelssohn'sche Musik sei für eine Quasi-Trauung von Fabelwesen wie Elfen und Esel erdacht worden, und auch das liege ja wohl nicht auf einer Linie mit einer kirchlichen Feier.[3] Ja, das war noch einfach, und bei diesen Stücken handelte es sich immerhin um handwerklich einwandfreie Kompositionen großer Meister!

Ave Maria! Niemand weiß, wie es dazu gekommen ist. Gegen das Ave Maria – Fortsetzung: *gratia plena, Dominus tecum* – ist grundsätzlich nichts einzuwenden (außer wie gesagt, dass es als Gesang nach egal welcher Lesung ungeeignet ist). Warum es nach dem Vermählungsspruch so gut passen soll, ist unverständlich – außer dass es jedes Brautpaar schon bei sieben anderen Hochzeiten gehört hat und dass es immer schon so war, „und deshalb möchte wir es auch haben!" (Zur Textgestalt des Ave Maria vgl. S. 247f.)

Das Ave Maria von Schubert hingegen, wiewohl musikalisch ohne Tadel, passt leider überhaupt nicht. Ich halte mich an Peter Paul Kaspar (2002, S. 224):

---

3 Freundlicherweise hat Hans Lauermann, altgedienter Kirchenmusiker der vorigen Generation, in einem Gespräch meine eigene Erinnerung bestätigt bzw. korrigiert. Er hat mir auch den neuen Text zu Schuberts *Ave Maria* mitgeteilt (siehe folgende Seite).

„In dem damals beliebten Versroman von Walter Scott ‚Das Fräulein vom See‘ (1810) findet sich als ‚Ellens Gesang‘ ein Gedicht, dessen Strophen jeweils mit den Worten ‚Ave Maria‘ beginnen und enden. Der dazwischen liegende, leicht sentimentale und in keiner Weise hochzeitliche Text wurde von Franz Schubert vertont – natürlich mit Klavier und für kirchlichen oder gar liturgischen Gebrauch völlig ungeeignet. In diesem Lied bittet eine todunglückliche Jungfrau für ihren Vater, bedauert die Grausamkeit der bösen Menschen, lässt harte Felsen erweichen und in dunklen Felsenklüften Rosendüfte wehen. In der letzten Strophe beschließt sie resignierend, sich still dem Schicksal zu beugen, während sie Mariens heiliger Trost anwehen möge. Der heutzutage kaum erträgliche und ein hoffnungsfrohes Brautpaar subtil verhöhnende Text [!] wird glücklicherweise kaum verstanden …“
Allerdings hat man das Lied offenbar schon zur Zeit seiner Entstehung als frommen Gesang missverstehen wollen. Schubert in einem Brief im Juli 1825: „… dass man sich sehr über meine Frömmigkeit (…) wunderte, die ich in einer Hymne an die heilige Jungfrau ausgedrückt habe und die wie es scheint alle Gemüther ergreift und zur Andacht stimmt.“ (nach Seidel 2003, S. 17) Hielt womöglich Schubert selbst das Stück für eine „Hymne an die Heilige Jungfrau“?

Es gibt eine sehr holperige Anpassung des lateinischen Ave Maria. Um das Lied doch noch irgendwie salon- oder besser gesagt emporenfähig zu machen, veröffentlichten die *Chorblätter* (4. Jg., Heft 12, Dezember 1949, S. 21) – einer der Vorläufer der *Singenden Kirche* – einen neuen deutschen Text von Dominikus Joseph Peterlini. Er folgt ungefähr dem uralten Gebet Memorare/Gedenke, o mildreichste Jungfrau Maria:

Ave Maria, Königin,
Du gnadenvolle, hehre, milde,
dich preisen wir mit Herz und Sinn
versammelt hier vor deinem Bilde.
Denn, Mutter, die wir innig lieben,
wer hätte jemals schon gehört,
dass der verlassen sei geblieben
der bittend sich zu dir gekehrt?
Ave Maria!

Ave Maria, Hoffnungsstern,
zeig gnädig dich den Neuvermählten,
die dich, du Mutter unsres Herrn,
zu ihrer Schützerin erwählten.
Wir flehn, beschütze ihre Pfade,
wie du es treu bisher getan,
erbitte ihnen Huld und Gnade
auf ihrer neuen Lebensbahn!
Ave Maria!

Aber ach – hätte man es nur mit Stücken vom musikalischen Kaliber des Fräuleins vom See zu tun! Heute gibt es nichts, was es nicht gibt. Renate Nika hat in ihren Beiträgen sowohl die anekdotische Seite abgedeckt als auch vorgeschlagen, wie man mit den Wünschen der Leute umgehen könnte (Nika 2005 und 2008). Sind es weit ab des Sakralen liegende Stücke („Aber das ist *unser* Lied, das muss einfach sein!"), dann soll man diesen Wunsch zwar möglichst nicht abschlagen; aber mit einem kurzen Wort des →Offizianten könnte das unpassende Ding als Sonderwunsch erklärt und ein wenig aus dem Feierablauf herausgehoben und isoliert werden.

Abgesehen von allen stilistischen und textlichen Erwägungen ist zu bedenken:
– Meistens ist es einfach zu viel, was da an Lieblingsliedern gewünscht wird. Es stimmt, dass man von einer Feiergemeinde, die hauptsächlich aus Fernstehenden besteht, keinen donnernden Volksgesang erwarten darf und deshalb mit Zuhör-Musik besser fährt. Dennoch ist weise Beschränkung geboten.
– Das betrifft auch Texte. Wenn jede der anwesenden Omas noch etwas beisteuert (Hermann Hesse, Khalil Gibran, Mutter Theresa und ein Sonett vom verstorbenen Opa), kann das eigentlich nur auf Kosten der Dramaturgie gehen.
– Beschränkung ist im Fall von „moderner" Musik auch aufgrund der Lautstärke geboten. Eine Sieben-Mann-Band mit vier großen Boxen und Mischpult erträgt man nur über eine begrenzte Zeitspanne, auch wenn man diese Musik liebt. (Oder täuscht sich da unsereiner?)

Sorgfältig muss man auch das Ende der Feier überlegen. Wenn die individuellen Gratulationen unmittelbar nach dem Auszug noch im Kirchenraum stattfinden, muss man die Musik zum Auszug logischerweise knapp halten. Unter Umständen, je nach räumlicher Situation, braucht man nach dem Ende der Gratulationen eine zweite und endgültige Auszugsmusik. – Legt man Wert darauf, dass die Auszugsmusik zum Großteil angehört werden kann, führt kein Weg an der Mühe vorbei, die Musik *und* die Länge des Auszugs abzustoppen und sich einen Zeitpunkt zu überlegen, zu dem der Auszug beginnt. Dadurch wird das Ende der Musik mit dem Ende des Auszugs synchronisiert.

Unter den Varianten, die im genannten Behelf „Die Feier der Trauung" angegeben sind, findet man noch zwei weitere Modelle:
– Die Trauung eines Katholiken mit einem nichtgetauften Partner, der an Gott glaubt.
– Die Trauung eines Katholiken mit einem Partner, der nicht an Gott glaubt.

Die Vorgaben lassen erkennen, dass man sehr subtil auf verschiedene Situationen eingehen möchte (ähnlich, wie sich das auch in den Wahlmöglichkeiten beim Begräbnisgottesdienst äußert, vgl. S. 152). Nichtgläubige sollen nicht im Wege einer kirchlichen Feier überfahren oder vereinnahmt werden. In allen Situationen ist es jetzt übrigens auch freigestellt, je nach persönlicher Situation der Brautleute die übliche Frage nach der Bereitschaft zu Kindern zu stellen oder sie auszulassen. Diese anerkennenswerte Sorgfalt sollte als weiterer Ansporn dienen, sich sehr genau mit der Musikauswahl auseinanderzusetzen und nicht einfach alles in den Ablauf hineinzupressen, was an Wünschen vorgelegt wird. Die folgenden Vorschläge sind klarerweise (wie auch sonst in diesem Buch) nicht als Liste des Möglichen zu verstehen, sondern wollen zur einen oder anderen Abweichung vom Gewohnten anregen.

GEMEINDELIEDER:
Gott, der nach seinem Bilde. Anmerkung im Gesangbuch: „Das Lied kann auch auf die Melodie *O Gott, nimm an die Gaben* gesungen werden." Anmerkung des Autors: Die Anregung ist sehr zu empfehlen.

Im EG findet man:
Herr, vor dein Antlitz treten zwei (Melodie *Nun danket all*)
Du hast uns, Herr in dir verbunden (Melodie im EG *O dass ich tausend Zungen hätte.* Das Metrum ist 9.8.9.8.8.8; man kann den Text auf *Ich will dich lieben, meine Stärke* oder *Wer nur den lieben Gott lässt walten* singen.)

NGL-LIEDER:
Sag ja zu dir
Aus Traum und Tränen sind wir gemacht
Von der Zärtlichkeit Gottes („Behutsam will ich dir begegnen". Das Lied ist sehr zu empfehlen; der Titel geht allerdings in eine andere Richtung als der Text des Liedes.)
Einer trägt des andern Last (evtl. ohne 4. Strophe. Nicht zu verwechseln mit dem deutlich weniger geeigneten *Ein jeder trage die Last des andern.*)

KLEINE BESETZUNGEN:
Gerard Bunk, Zwei Arien (im alten Stil):
(*Bist du bei mir* * Mezzo-S-Solo, Org, Vc ad l.)
Wo du hingehst, da will auch ich hingehen S-Solo, Org, Viol oder Br oder Ob ad lib
Der Text entspricht in etwa dem vorhin genannten Abschnitt Rut 1,14b–17. Leider läuft die Wortbetonung gegen des Sinn des Textes: *Wo du **hingehst**, da will auch ich hin**gehen** und wo du **bleibst**, da **bleibe** ich auch.*

Achtung: *Bist du bei mir* ist ein Sterbelied und daher für eine Trauung *nicht* geeignet. Das gilt (leider) auch für das Lied von J. S. Bach mit demselben Text. Die ersten vier Worte führen in die falsche Richtung.

Ähnlich ist es mit *So nimm denn meine Hände*; der Anfang des Textes lässt an den Vermählungsritus denken. Es geht aber eher um Gottvertrauen; gemeint ist: sich in die Hand Gottes geben. Das Lied steht im EG (Nr. 376) unter „Angst und Vertrauen". Trotz dieser Einwände wird es wohl weiter bei Trauungen erklingen …

Beethoven, *Ich liebe dich so wie du mich.* Vokal-Solo, Org (Original: Klavier)

Dvořák, Aus den Psalmen: *Der Herr ist mein Hirte*; *Herr, nun sing ich dir.* S-Solo, Org (Original: Klavier)

Estermann, *Ich aber bleibe immer bei dir.* S-Solo, Org (manualiter)

Schütz, *O süßer, o freundlicher.* S-Solo, Org (eigentlich: Bc)

Rutter, *A clare benediction.* SSA oder S-Solo Org oder Klavier

CHOR:
Rutter, *The Lord bless you and keep you.* SATB, Org
Der sogenannte Aarons-Segen (Der Herr segne dich und behüte dich, Num 6,24–26).
Das Stück ist – mit Recht – auf der ganzen Welt verbreitet, spätestens seit der unvergesslichen Aufführung zum 100. Geburtstag der „Queen Mum" am 19. Juli 2000 in der St. Pauls Cathedral in London.

Fauré, *Cantique de Jean Racine* op. 11. Mehrere Besetzungsvarianten: SATB, Org; SATB, Str, Org; SATB, 2 Fl, 2 Ob, 2 Clar, 2 Fag, 2 Hr, Harfe, Str, Org.
Im Text geht es um Hingabe an Gott; er passt nicht schlechter oder besser zu einer Trauung als viele andere „allgemeine" Gesangstexte; von der musikalischen Substanz her erfüllt er gewiss die Erwartungen einer Trauungsgemeinde.

Mendelssohn, *Jauchzet dem Herrn.* SATB
Mendelssohn, *Denn er hat seinen Engeln befohlen.* SSAATTBB
Rheinberger, *Angelis suis.* Bar-Solo, SATB, Org

4. Liturgien für Abschied und Gedenken

Vorausgegangene, Hinterbliebene

Die verschiedenen Formen der Totenliturgie

Abholung des Sarges beim Trauerhaus, Zug zur Kirche
Eucharistiefeier, am Schluss Verabschiedung
Zug zum Friedhof, Begräbnisritus

Der Sarg ist in der Kirche oder Friedhofskapelle aufgebahrt.
Eucharistiefeier, am Schluss Verabschiedung
Zug zum Friedhof bzw. zum Grab, Begräbnisritus

Variante:
Der Sarg ist in der Kirche oder Friedhofskapelle aufgebahrt
Eucharistiefeier, am Schluss Verabschiedung
Erst zu einem späteren Zeitpunkt:
Zug zum Friedhof bzw. zum Grab, Begräbnisritus

Der Sarg ist in der Friedhofskapelle aufgebahrt.
Wortgottesdienst und Verabschiedung
Zug zum Grab, Begräbnisritus
Anschließend oder zu einem anderen Zeitpunkt:
Eucharistiefeier (ohne Sarg)

Der Inhalt dieses Kapitels bezieht sich auch auf Messen zum Jahresgedächtnis eines Ablebens und auf die Messen des Allerseelentages.

Von allen Riten, die einem Menschen im Laufe seines Daseins begegnen können, sind jene, die Abschied, Tod und Bestattung umgeben, die unausweichlichsten. Nicht jeder mag gefirmt sein, nicht alle heiraten, nicht alle erleben die Taufe eines Kindes, aber am eigenen Begräbnis führt kein Weg vorbei.

Stärker als bei den genannten →Kasualien, die einen freudigen Hintergrund haben und die vor allem in eine neue Perspektive des Lebens führen, kommt hier – vom Element der Trauer einmal abgesehen – eine Komponente des Geheimnisvollen, Unergründlichen zum Tragen. Wer einen Menschen betrauert, tritt unweigerlich mit dem Numinosen in Kontakt, er mag gläubig sein, fernstehend oder sogar nicht-gläubig. Egal nun, ob Gott hier eine selbstverständliche oder gar keine Rolle spielt, es ist wohl diese Wahrnehmung des Unendlichen und Unerklärlichen, die auch an der Kirche Uninteressierte oft auf die Dienste einer Religionsgemeinschaft zurückgreifen lässt.

> Hannes Benedetto Pircher, einer der wenigen nichtkonfessionellen Grabredner im Wiener Friedhofsdienst, erzählte: Im Zuge des Vorbereitungsgesprächs für die Beisetzung betonte eine Witwe mehrmals, dass sie keinerlei liturgische oder kirchliche Elemente irgendeiner Art wünsche. Als sich die Besprechung dem Ende zuneigte, vergewisserte sie sich jedoch: „Ein Vaterunser beten wir aber schon, oder?"

Dies deutet darauf hin, dass der Wunsch nach kirchlicher Betreuung noch eine andere Wurzel hat. Hier stehen nämlich erprobte und strukturierte Riten zur Verfügung, hier hat man einen Corpus an Texten und Liedern, und manches Formelhafte gibt ja auch Halt oder sendet ein Signal aus. In unserem Kulturkreis spürt eben auch ein Uninteressierter diesen hauchfeinen Ruck „Jetzt wird es ernst", wenn am Grab das Vaterunser gebetet wird. Und das Wort *Amen* ist als Abschluss einer Feier bislang noch nicht übertroffen worden, wenn es um Kürze und Schlichtheit geht.

Für den Kirchenmusiker ist dies alles von höchster Wichtigkeit. Man kann davon ausgehen, dass die Anwesenden bei jeder Art von Totengedenken und Begräbnisliturgie immer ein Mix von Nah- und Fernstehenden sein wird. Damit ist noch gar nicht alles gesagt; es ist auch mit Teilnehmern zu rechnen, die nicht einmal die vorher erwähnten Grundsignale entziffern können. All das gilt zwar auch für andere Kasualien; beim Totengedenken muss aber noch eine gewisse Behutsamkeit in der Gestaltung, eine Art Pietät im Kulturellen, dazukommen.

Das hat unter anderem damit zu tun, dass der Kreis derer, die nach dem Ableben in den Genuss katholischer Riten kommen können, in den letzten Jahrzehnten stetig ausgeweitet worden ist:
– Seit 1963 ist die Feuerbestattung für Katholiken erlaubt.
– „Sofern kein Begräbnisverbot nach c. 1184 CIC vorliegt, werden auch durch Suizid gestorbene Katholiken kirchlich bestattet." (Die kirchliche Begräbnisfeier S. 258)[4]
– „Öffentliche Sünder" [was immer darunter zu verstehen ist!] sind dann vom Begräbnis nicht ausgeschlossen, wenn sie vor dem Tod Reue gezeigt haben und kein öffentliches Ärgernis erregt haben (1973).
– Auch für verstorbene Nichtkatholiken können öffentliche Messfeiern abgehalten werden (1976).

„Wenn ein Verstorbener zu Lebzeiten nicht der katholischen Kirche angehörte, aus der Kirche ausgetreten ist oder auf andere Weise deutlich gemacht hat, dass er keine kirchliche Bestattung wünscht, so ist der Wille des Verstorbenen zu respektieren und ein kirchliches Begräbnis nicht möglich.

Wenn es dennoch aus pastoralen Gründen geboten erscheint, die Angehörigen bei der Bestattung des Verstorbenen zu begleiten, ist alles zu vermeiden, was nach den Ortsgewohnheiten Kennzeichen einer kirchlichen Bestattungsfeier ist. Priester und Diakon tragen keine liturgische Kleidung." (Die kirchliche Begräbnisfeier S. 336)

Im genannten Rituale finden sich im Anhang noch folgende Formulare:
– Begleitung, wenn ein kirchliches Begräbnis nicht möglich ist,
– liturgische Feiern bei Großschadensereignissen und Katastrophen,
– die Feier der gemeinsamen Verabschiedung oder Bestattung von tot geborenen Kindern und Fehlgeburten.

Man spürt deutlich den Geist der Offenheit und das Anliegen, für verschiedene Situationen möglichst gut angepasste Gottesdienste anzubieten. (Man fragt sich

---

4   Die kirchliche Begräbnisfeier. Nach dem Rituale Romanum 1969. © 2009 Ständige Kommission für die Herausgabe der gemeinsamen liturgischen Bücher im deutschen Sprachgebiet.

unwillkürlich: Möchten die Befürworter des →tridentinischen Ritus auch in all diesen Fällen den Weg zurück antreten?)

a) Das „alte" Requiem

Nicht nur wegen der Rückkehr zu einer stark standardisierten Feier wäre dies ein pastorales Defizit. Denn in einem anderen Punkt hat sich die Liturgie für Begräbnis und Totengedenken noch stärker verändert. In der Liturgiekonstitution des II. Vatikanischen Konzils findet sich der kurze, aber entscheidende Satz: „Die Totenliturgie soll deutlicher den österlichen Sinn des christlichen Todes ausdrücken und besser den Voraussetzungen und Überlieferungen der einzelnen Gebiete entsprechen, auch was die liturgische Farbe betrifft." (SC 81) Diese Grundsatzentscheidung von großer Tragweite betrifft natürlich ganz besonders die Kirchenmusik, und zwar vor allem die in früheren Epochen entstandene. Die vorgegebenen Texte, die damals vertont wurden, wiesen eine ganz andere Akzentuierung auf:

> „In den Jahrhunderten vor dem Erscheinen des alten Rituale Romanum [1570] hatte sich allmählich eine Akzentverschiebung ergeben. Der Tod wurde nicht mehr so sehr als Übergang in eine neue Seinsform und als Heimkehr zum Herrn verstanden, sondern als Hintreten vor sein Gericht und als Beginn einer harten jenseitigen Läuterungszeit angesehen. Damit tritt der österliche Charakter der Begräbnisliturgie in den Hintergrund; gewiß geht das Vertrauen auf die Erlösung in den liturgischen Texten nicht verloren, aber Gedanken der Buße und der Sühne und die Furcht vor dem Gericht werden beherrschend. Der Begräbnisgottesdienst wird fast ausschließlich von der Fürbitte für den Verstorbenen bestimmt." (Kaczynski 1994, S. 216)

Diese Sicht der Dinge kann man gut an den Texten der Totenmesse, wie sie früher waren, ablesen. Die Totenmesse schlechthin, das Requiem, war eindeutig im Sinne der vorhin geschilderten Themen ausgerichtet. Es gab nur dieses eine Messformular; von den heute vorhandenen Wahlmöglichkeiten war keine Rede. Seit Pius V. 1570 das neue Missale in Kraft gesetzt hatte, war dies der für jede Totenliturgie verbindliche Text.

Requiem ist zunächst nur das erste Wort des Introitus der Messe; im Lauf der Zeit bezeichnete man das ganze Messformular so (ähnlich wie bei der *Rorate*-Messe, vgl. S. 176), und auch die musikalische Gattung – die Vertonung aller Gesänge der Messe – wurde so genannt. Die überall angegebene Schriftstelle aus dem 4. Buch Esra wird man vergeblich in der Hausbibel suchen; dieses Buch gehört nicht zu den kanonischen, das heißt offiziell anerkannten Teilen der Heiligen Schrift.

Ein *Requiem* als viele Male vertontes Set von liturgischen Texten ist eine Plenarmesse; so bezeichnet man ein Konglomerat aus Ordinarium und Proprium. Der weitaus häufigste Fall für diese Sonderform ist eben die Totenmesse. (Manchmal ist auch die *Missa in nocte*, das erste der drei Messformulare des 25. Dezember, als Ganzes vertont worden.) Dabei wurden auch noch ein oder zwei Gesänge angeschlossen, die die Einsegnung des Toten bzw. die Verabschiedung begleiten. Die komplette Abfolge der Gesänge lautet:

Introitus	Requiem æternam – Te decet hymnus – Requiem
In vielen Fällen sofort anschließend vertont:	
	Kyrie
Graduale	Requiem æternam – In memoria æterna erit iustus
Sofort anschließend vertont:	
Tractus	Absolve Domine
Sequenz	Dies irae, dies illa
Offertorium	Domine Jesu Christe – Hostias et preces
	Sanctus
Meist sofort anschließend vertont:	
	Benedictus
	Agnus Dei
Communio	Lux æternam
Responsorium	Libera me, Domine
Antiphon	In paradisum

Das hervorstechendste Stück ist die →Sequenz *Dies irae*. Nicht nur ist es ein Text von ungewöhnlicher Länge, sondern er enthält jede Menge Anknüpfungspunkte für Dramatik, Lyrik, Tonmalerei und Symbolik. Das Gedicht aus dem Mittelalter wurde erst 1570 in die Totenmesse aufgenommen.

> Die Länge der Sequenz dürfte der Grund dafür sein, dass in so mancher Requiemvertonung →Graduale und/oder Tractus fehlen, so etwa bei Mozart, Michael Haydn und Antonin Reicha; man bedenke, dass es nur eine Lesung gab, so dass man einen kurzen und einen langen Gesang unmittelbar hintereinander singen hätte müssen. Bei Cherubini und Dvořák hingegen gibt es beide Sätze, dafür fehlt das Libera; bei beiden findet sich vor dem Agnus Dei noch ein Satz *Pie Jesu Domine*. Diesen Teil und auch das Libera findet man wiederum bei Fauré und Duruflé, dafür aber kein Dies irae. *Pie Jesu* wurde nach der Wandlung gesungen so wie sonst oft *O salutaris hostia*. (Vgl. S. 220). Ein Komponist, der auch oder eher an konzertante Aufführungen dachte, ließ das Graduale vielleicht auch deshalb weg, weil die erste Hälfte ebenfalls *Requiem æternam … luceat eis* lautet.

Ganz im Sinne der tridentinischen Liturgie, die ja keine Begrüßung der Anwesenden durch den Zelebranten kennt, wurden Introitus und Kyrie fast immer in einem durchgehenden Satz vertont, allenfalls mit einer kleinen Änderung in Tonart oder Faktur. Das Offertorium ist länger als gewöhnlich; die Form ähnelt einem →Responsorium (A-B-C-B). Für einen Komponisten bieten sich dadurch gewisse

Strukturen an; oft wird das zweimal vorkommende *Quam olim Abrahæ* als →Fuge gestaltet, so etwa bei Mozart, Michael Haydn, Dvořák (vgl. den Sonderfall des Requiems von Anton Bruckner S. 317f.). Eine Textvariante wies früher das Agnus Dei in der Totenmesse auf:

Agnus Dei, qui tollis peccata mundi, dona eis requiem (zweimal)
Agnus Dei, qui tollis peccata mundi, dona eis requiem sempiternam.

Libera me Domine begleitete den Ritus nach dem Ende der Messe, bevor der Sarg hinausgetragen wird. Es ist ein düsterer Text, in dem auch die Worte *dies iræ* noch einmal vorkommen. Für eine Gedenkmesse – also ohne Verbindung mit einem aktuellen Todesfall – brauchte man diesen Teil nicht. Die Doppelantiphon *In paradisum – Chorus angelorum* war auf dem Weg von der Kirche zum Friedhof vorgesehen; sie mit Chor und Orchester zu vertonen, war daher nicht sinnvoll. Sie konnte aber im Kirchenraum erklingen, wenn jemand innerhalb der Kirche beigesetzt wurde. Davon abgesehen, handelte es sich um einen freundlich-friedlichen Text innerhalb eines ansonsten eher bedrohlichen Gesamtablaufes, den manche Komponisten vermutlich schon allein des Kontrastes wegen gerne vertonten.

Wie kann man ein „altes" Requiem mit der heute gültigen Liturgie und vor allem mit dem neuen Akzent auf Ostern und Auferstehung vereinbaren? ⇨Offertorium und ⇨Sanctus/Benedictus bieten keine Schwierigkeiten (außer jene grundsätzlichen, die bei der Integration eines ausladenden Ordinariums alter Machart in die heutige Liturgie auftreten; sie werden ausführlich ab S. 94 erörtert). Das Agnus Dei lässt sich vor der Kommunionspendung unterbringen, wenn es nicht mit der Communio in einem Stück zusammenhängend vertont ist; in diesem Fall singt man beides während der Austeilung. Für den ersten Satz *Requiem* ist ein langer Einzug, eventuell mit Weihrauch, anzuraten. Der Zelebrant sollte in den Einleitungsworten darauf hinweisen, dass dem Gedanken an Buße und Vergebung bereits stellvertretend vom Chor Raum gegeben wurde.

Die Sequenz ist nicht mehr Bestandteil der Messe. Die Entscheidung für oder gegen das *Dies iræ* muss den Gesamtzusammenhang einbeziehen: Gibt es österliche Akzente von ausreichendem Gewicht in der Feier (bzw. am Grab), um diese lange Schilderung von Gericht und Sündenstrafe auszubalancieren? Hat man es mit einer Gemeinde zu tun, die mehrheitlich mit einem solchen Element umgehen kann? Wie schwer wiegt die künstlerische Gesamtheit der Komposition?

Am Totengottesdienst für einen Musiker etwa nehmen wahrscheinlich auch sehr viele Kollegen teil. Ihnen ist die Idee des „alten" Requiems geläufig, und so wird man vermutlich nicht zögern, alle Teile zu singen. – Etwas ganz anderes ist eine Durchschnittsgemeinde, die zwar „ein feierliches Requiem" möchte, aber mit dem *Dies iræ* doch nicht so recht etwas anfangen kann. – Im Fall des Mozartrequiems ist zu sagen, dass das *Dies irae* der zentrale Satz ist, der einen Gutteil der Faszination dieses Requiems ausmacht. Ich selbst habe oft dafür plädiert, trotz mancher Bedenken das ganze Werk in der Liturgie aufzuführen oder andernfalls lieber eine andere musikalische Lösung zu suchen.

Hat man sich entschlossen, dieses oder ein ähnlich gewichtiges Dies irae zu singen, dann liegt es nahe, eine zweite Lesung zu nehmen, die inhaltlich andere Töne anschlägt (siehe später). Auch mit der Wahl des Evangeliums kann man einen Gegenakzent der Zuversicht setzen. Halleluja und Vers werden ein Übriges tun. Fast von selbst verbietet es sich, Halleluja und Vers direkt auf ein Dies iræ folgen zu lassen!

Hingegen rate ich ab, zur Verabschiedung am Schluss noch das *Libera me* zu singen, selbst wenn es sich um eine Komposition von allerhöchster Qualität handelt. Es ist eigentlich unmöglich, die heutzutage tröstlich akzentuierten Gebetstexte mit diesem Gesang zu konterkarieren, in dem erneut von den Höllenstrafen die Rede ist; meist ist die Vertonung ja auch dementsprechend düster gehalten. Hingegen soll nun an dieser Stelle *In paradisum* gesungen werden (siehe später S. 162). – Die vorhin genannten Requiem-Kompositionen von Fauré und Duruflé etwa enthalten kein *Dies iræ*, aber ein *Libera me*. Man kann es nach der ersten Lesung singen; es enthält die genannten Gerichts- und Sühneakzente, aber nicht so ausgedehnt, und der Satz ist auch kürzer als ein *Dies irae*. (Über die Wahl der →Perikopen siehe nächste Seite.)

All dies wird hier ausführlich erörtert, um für die alten Requiem-Kompositionen goldene Brücken zu bauen. Aber es muss auch deutlich gesagt werden: Aus den liturgischen Büchern sind sowohl *Dies iræ* als auch *Libera me* eliminiert worden – mit einer kleinen Einschränkung.[5]

b) Die erneuerte Liturgie des Abschieds

Die folgenden Überlegungen beziehen sich auf alle Gottesdienste im Themenfeld „Verstorbene", auch auf die Begräbnisriten. Der großräumige Schwenk in Richtung Auferstehung und ⇨Ostern wurde bereits erwähnt. Ein weiterer Unterschied liegt darin, dass die Gebete des →Offizianten nicht mehr hauptsächlich die Befreiung des Verstorbenen von Sündenstrafen zum Gegenstand haben und auch nicht die Bewahrung vor der ewigen Verdammnis. Die Akzente sind jetzt anders gesetzt:
– Im Vordergrund steht der Abschied und die Hoffnung auf die Auferstehung,
– Anrufung der Barmherzigkeit Gottes,
– die Seele des Verstorbenen wird bei Gott sein,
– Tröstung der Hinterbliebenen.

---

5   „Das *Dies irae* fand einen neuen Platz: Dreigeteilt in Vigil, Laudes und Vesper wird es im Offizium der
    letzten Woche des Kirchenjahres gesungen, um das endzeitliche Moment dieser Zeit zu verdeutlichen."
    Lowis 2010, S. 4

Eine weitere für den Kirchenmusiker wichtige Neuerung ist das große Angebot an Lesungen und Evangelien und, damit einhergehend, eine große Zahl an Antwortpsalmen und Hallelujaversen. Damit ist das auffallendste Detail angesprochen: Das Halleluja, der untrennbar mit Ostern und der Auferstehung verbundene Ruf, wird auch – gerade auch! – angesichts des Todes und des Abschieds gesungen. Dieser Gedanke wird noch dadurch verstärkt, dass während der Messe, auch in der Fastenzeit (!), die Osterkerze brennen soll.

Es sollte eigentlich selbstverständlich sein: Gerade bei Totenmessen könnten die Akzente durch eine genaue Abstimmung von Lesungen und Musik sensibel gesetzt werden.

Man muss besonders vorsichtig vorgehen, wenn zu erwarten ist, dass die Trauergemeinde vorwiegend aus mit der Liturgie nicht Vertrauten besteht.[6] Hier gehen womöglich auch textlich bestens abgestimmte Chorstücke und Lieder weit an den Erwartungen vorbei. Dennoch sollte man, wann immer möglich, daran arbeiten, auch Trauergottesdienste mehr nach den Schrifttexten auszurichten, und das gilt dann auch für die Musik. Für das, was ohnehin jeder bei so einem Anlass erwartet, ist immer noch genügend Raum.

In der folgenden Liste wird ein Großteil der vorgesehenen Perikopen assoziativ (!) mit Gesängen verknüpft. Das bedeutet in den meisten Fällen *nicht*, dass man die angegebenen Stücke statt des Antwortpsalms verwenden soll (wiewohl manche natürlich gut passen). In vielen Fällen handelt es sich bloß um die Verdoppelung eines Lesungstextes. Die Liste soll eher dazu dienen, dass man das Thema einer Lesung – oder ein einzelnes Motiv daraus – an einer anderen Stelle des Gottesdienstes mit dem Gesang wieder aufgreifen kann.

Zur folgenden Liste:

– Der vorgesehene Antwortpsalm und der Vers vor dem Evangelium sind wie üblich im Lektionar oder im Schott-Messbuch bei den Perikopen zu finden.

– [2. Nov.] bedeutet, dass diese Perikope eine der am Allerseelentag vorgesehenen ist.

– Nach dem Zeichen ∞ finden sich Gemeindelieder bzw. -gesänge.

– (*) weist auf die „Standard"-Perikopen für eine Totenmesse hin (die aber keine erkennbare besondere Rolle spielen, sondern nur einfach die ersten angeführten sind)

ERSTE LESUNGEN

Jes 25,6a.7–9 Festmahl (*)
    Selle, Die mit Tränen säen 2 x SATTB (Doppelchor)
    ∞ Eine große Stadt ersteht

---

6   Neben einer Reihe von Spezialformen bietet das *Manuale für die Begräbnisfeier* (Hg. Pastoralamt/Liturgiereferat der Erzdiözese Wien 2008) mit feinem Gespür auch eine – nur ganz leicht abweichende – Variante für eine „Gemeinde, die mit der Liturgie vertraut ist".

Offb 14,13 Selig sind die Toten
    Schütz, Selig sind die Toten SSATTB
    ∞ Herr, ich glaube, Herr ich hoffe
1 Sam 2,1abc.2.6–8c
    Eccard, Der Herr Jesus ist mein Hirte SATB
    ∞ Wer unterm Schutz des Höchsten steht
2 Makk 12,43–45 Das Sündopfer des Judas Makkabäus [2. Nov.]
    Rosenmüller, Das ist das ewige Leben (SABar, Bc)
    ∞ Den Menschen, die aus dieser Zeit
Ijob 14,1–3.10–15 Der Mensch, vom Weibe geboren [2. Nov.]
    Purcell, Man that is born SATB Bc (colla parte Instrumente ad lib)
    ∞ Ach wie flüchtig, ach wie nichtig (1.4.5.8.)
Ijob 19,1,23–27 Ich weiß, dass mein Erlöser lebt
    Johann Michael Bach, Ich weiß, dass mein Erlöser lebt SATTB Bc ad lib
    ∞ Wir sind nur Gast auf Erden
Weish 2,1–2b.4ab.21a.22 – 3,6.9 Die Seelen der Gerechten sind in Gottes Hand
    Rheinberger, Selig sind die Toten SATB
    ∞ Wohl denen, die da wandeln
Weish 3,1–6.9 Die Seelen der Gerechten sind in Gottes Hand
    Stanford, Beati quorum via SATB
    ∞ Du höchstes Licht (1.4.5.)
Weish 4,7–10a.13–15 Gnade und Erbarmen wird den Auserwählten zuteil
    Reinecke, Herr Gott, du bist meine Zuflucht SATB
Weish 5,15–16 Die Gerechten leben in Ewigkeit
    Bruckner, Os justi SATB
    ∞ Den Menschen, die aus dieser Zeit
Weish 11,23–12,1 Herr, du Freund des Lebens
    Hammerschmid, O barmherziger Vater SATB
    ∞ Herr, deine Güt ist unbegrenzt
Sir 2,1–9 Sei tapfer und stark
    Rheinberger, Ad te levavi SATB
    ∞ Herr, ich bin dein Eigentum
Sir 41,3–4.11 Fürchte dich nicht vor dem Tod
    Hauptmann, Gott sei mir gnädig SATB
    ∞ O Welt, ich muss dich lassen
Jes 43,1–3 Ich bin bei dir, wenn du durchs Wasser und durchs Feuer gehst
    Mendelssohn, Denn er hat seinen Engeln befohlen SSAATTBB
    ∞Wer unterm Schutz des Höchsten steht
Jer 29,11–14b Wenn ihr mich von ganzem Herzen sucht, dann lasse ich mich finden
    Hauptmann, Nun, Herr, wes sollt ich mich trösten SATB
    ∞ Auf dich allein ich baue
Klgl 3,17–26 Gut ist es, schweigend zu harren auf die Hilfe
    Mendelssohn, Wer bis an das Ende beharrt SATB (Orch ad lib)
    ∞ Was Gott tut, das ist wohlgetan

Ez 37,1–10 Die Gebeine werden wieder lebendig
    Graun, Auferstehn wird all mein Staub SATB
    ∞ Lasst uns den Herrn erheben (1.3.)
Apg 9,36–42 Tabita, steh auf
    Selle, Die mit Tränen säen 2 x SATTB (Doppelchor)
    ∞ Wenn mein Stündlein vorhanden ist (1.2.)
Offb 21,1–5a.6b–7 Ein neuer Himmel, eine neue Erde
    Franck, Kommt ihr Gesegneten SATB
    ∞ Komm, Herr Jesus, komm zur Erde (1.3.)

ZWEITE LESUNGEN

Röm 14,7–9.10c–12 Leben wir, so leben wir dem Herrn (*)
    Raphael, Denn unser keiner lebt sich selber SSA
    ∞ Herr Jesu, öffne unsern Mund (1.3.6–8)
1 Kor 15,20–23 … so kommt durch e i n e n Menschen auch die Auferstehung
    Becker, Ich bin die Auferstehung SAATTBB
    ∞ Freu dich, erlöste Christenheit (1.5.7)
Röm 5, 5–11 Wir wurden mit Gott versöhnt
    Franck, Also hat Gott die Welt geliebt SATB
    ∞ Christus, du bist der helle Tag (1.5.)
Röm 6,3–9 Sind wir mit ihm gekreuzigt, dann werden wir auch mit ihm leben
    Franck, Ich weiß, dass mein Erlöser lebt SATB
    ∞ Sei gelobt, Herr Jesus Christ (2.3.)
Röm 8,14–23 Wir warten auf die Erlösung unseres Leibes [2. Nov.]
und
1 Petr 1,3–9 Die Auferstehung ist unsere Hoffnung
    Telemann, Ich halte aber dafür Soli SS(B) oder SA(B), Ktrio
    ∞ Alles Leben ist dunkel
Röm 11,33–36 Denn aus ihm ist die ganze Schöpfung
    Ingegneri, O bone Jesu SATB
    ∞ Gott wohnt in einem Lichte (1.2.5.)
2 Kor 4,7–11 … damit auch das Leben an uns sichtbar werde
    Fussan, Die Erlöseten des Herrn SABar
    ∞ Das ist der Tag, den Gott gemacht (2.3.4.)
2 Kor 4,14–5,1 Das Sichtbare ist vergänglich, das Unsichtbare ewig
    Cornelius, Grablied SATB
    ∞ Was Gott tut, das ist wohlgetan (1.2.4.)
2 Kor 5,1.6–10 Wir haben eine Wohnung von Gott
und
Phil 3,20–21 Unsere Heimat ist im Himmel
    Hessenberg, Wie lieblich sind deine Wohnungen SATB
    ∞ Wir sind mitten im Leben
1 Thess 4,13–18 Wir werden immer beim Herrn sein [2. Nov.]
    Schütz, Seele Christi (Soli ATB, Bc)
    ∞ Gott wohnt in einem Lichte (1.5.)

1 Thess 5,2–6 Der Herr kommt wie ein Dieb in der Nacht
    Raselius, Gleich wie der Blitz ausgehet SATB
    ∞ Der Herr bricht ein um Mitternacht

EVANGELIEN

Joh 3, 14–17 So sehr hat Gott die Welt geliebt (*)
    Schütz, Also hat Gott die Welt geliebt SATB
    ∞ O Herz des Königs
Lk 24,1–8 Der Stein ist weg
    Becker, Ich bin die Auferstehung SAATTBB
    ∞ Der Heiland ist erstanden (1.2.5)
Joh 11,17–27 Ich bin die Auferstehung und das Leben [2. Nov.]
    Franck, Herr, komm hinab SATB
    ∞ Wenn mein Stündlein vorhanden ist (1.2.)
Mt 5,1–12a Selig die Armen …
    Stanford, Beati quorum via SATB
    ∞ Wohl denen, die da wandeln
Mt 11,25–30 Kommt alle zu mir
    Franck, Kommt her zu mir alle SATB
    ∞ O lieber Jesu, denk ich dein (1.3.6.)
Mt 25,1–13 Geht dem Bräutigam entgegen
    Johann Sebastian Bach, Wachet auf, ruft uns die Stimme SATB
    ∞ Wachet auf, ruft uns die Stimme (1.)
Mt 25,31–46 Kommt, nehmt das Reich in Besitz
    Franck, Kommt, ihr Gesegneten SATB
    ∞ Gelobt seist du, Herr Jesu Christ (1.4.)
Mt 28,1–8 Er ist auferstanden
und
Mk 15,33–39; 16,1–7 Er ist auferstanden
und
Mk 16,1–7 Der Stein ist weg
    Becker, Ich bin die Auferstehung SAATTBB
    ∞ Freu dich, erlöste Christenheit (1.5.7)
Mk 5,21–24.35–43 Die Tochter des Jairus
    Franck, Herr, meine Tochter ist gestorben SATB
    ∞ Danket Gott, denn er ist gut (1.3.9.11.12.)
Lk 23,44–46.50–53; 24,1–6a Vater, in deine Hände …
    Daniel Roth, In manus tuas Domine SATB Org
    ∞ Auf dich allein ich baue (1.3.)
Lk 24,13–35 Emmaus
    Rheinberger, Abendlied SSATTB
    ∞ Herr, unser Herr, wie bist zu zugegen
Joh 12,23–28 Wenn das Weizenkorn in die Erde fällt
    Franck, Wer mich liebt SATB
    ∞ Das Weizenkorn muss sterben

Joh 14,1–6 Im Hause meines Vaters sind viele Wohnungen [2. Nov.]
    Hessenberg, Wie lieblich sind deine Wohnungen SATB
    ∞ Wir sind mitten im Leben
Joh 20, 24–29
    ∞ Gottheit tief verborgen (1.4.7.)

So wie an anderen Stellen in diesem Buch (z. B. ⇨Pfingsten, S. 214) wurden auch
hier gerade nicht naheliegende Gesänge ausgewählt, die auch gar nicht unbedingt
die Erwartungen nach trauriger Seelenmessen-Musik befriedigen, die aber dafür
so manchen biblischen Zusammenhang freilegen. An weitere, eher typische, Stücke wird am Schluss des Kapitels erinnert.

Requiem-Kompositionen alten Zuschnitts brauchen hier wohl nicht angeführt
werden. Bezüglich neuer Totenmessen ist, vornehm ausgedrückt, noch durchaus
Bedarf. So wie im Fall von Antwortpsalm und Halleluja (vgl. S. 43f.) sollte man
meinen, dass die Herausforderungen für die Komponisten verlockend sind: die
ungeheure Auswahl an Texten, die Beteiligung einer heterogenen Gemeinde und
vor allem die Integration der österlichen Elemente, sprich des Hallelujarufes. Es
scheint allerdings wenig Neuartiges komponiert worden zu sein. Dafür sind auch
im Fall Totenliturgie hin und wieder die üblichen Kassandrarufe zu vernehmen,
dass „das Konzil" hier einmal mehr „die alte Form zerstört" habe; die explosions-
artige Vermehrung von (teilweise sehr poetischen) Texten wird hingegen nicht als
Einladung empfunden. Nur vereinzelt werden die Chancen wahrgenommen.

    Hölzl, Messe für Verstorbene. *Eine Fülle an Aufführungsmöglichkeiten:*
    a cappella; mit Orgelbegleitung; mit Bläserbegleitung (2 Tr, 2 Pos); mit Bläser- und Orgelbe-
    gleitung. *Das Angebot an neuen Texten wurde genützt. Keine Gemeindebeteiligung, leider kein
    Halleluja, obwohl zwei Zwischengesänge vorliegen.*

Die schon mehrmals angesprochene Sensibilität ist auch bezüglich des musikalischen Aufwandes nötig. Vor allem auf dem Land ist die Mitwirkung der Blaskapelle
nicht nur eine musikalische Frage, sondern eine des „Standings" des Verstorbenen
bzw. der Familie. Das muss man einfach zur Kenntnis nehmen; andererseits heißt
es im schon genannten Dokument der Bischofskonferenzen:[7] „Bei der Begräbnisfeier soll außer den Unterscheidungen, die auf der liturgischen Aufgabe und
der heiligen Weihe beruhen, und außer den Ehrungen, die aufgrund liturgischer
Gesetze den weltlichen Autoritäten zukommen, weder im Ritus noch im äußeren
Aufwand ein Ansehen von Person oder Rang gelten." In der Instruktion über die
Musik in der heiligen Liturgie „Musicam sacram" vom 5. März 1967 hieß es etwas
praxisfremd: „In der Adventszeit (…) und in der Eucharistiefeier für Verstorbene
ist Instrumentalmusik nicht statthaft." (Nr. 66)

---

7   Die kirchliche Begräbnisfeier, Praenotanda Nr. 20, was auf SC 32 zurückgeht.

c) Riten für Verabschiedung und Begräbnis

Dieser Abschnitt kann nicht ersetzen, was aus dem →Rituale zu erfahren ist, zumal es viele Varianten gibt. Die Möglichkeiten werden nur angedeutet. Abstimmung zwischen dem Verantwortlichen für die Musik und dem Offizianten ist ohnehin unumgänglich.

Es gibt zwei zentrale Elemente:
– die Verabschiedung,
– das Begräbnis.

Die Verabschiedung ist, technisch ausgedrückt, immer an vorletzter Stelle, vor dem Gang zum Grab. Beginnt die ganze Liturgie mit einer Eucharistiefeier, wird die Verabschiedung nach dem Schlussgebet angefügt. Da entsteht eine kurze Pause, wenn der Priester die →Kasel ablegt und das →Pluviale nimmt. Ein sehr kurzer musikalischer Akzent wäre möglich, ist aber nicht anzuraten; mit Stille trennt *und* verbindet man die beiden Liturgien weitaus schlüssiger. Ansonsten ist später nur mehr der Gesang *In paradisum / Zum Paradies mögen Engel* vorgesehen sowie Musik zum Auszug mit dem Sarg.

Geht keine Messe voraus bzw. beginnt die Feier nicht in der Kirche (Friedhofskapelle/Einsegnungshalle/Krematorium), dann geht der Verabschiedung ein kurzer Wortgottesdienst voraus. Bei allen Varianten – sie sind auf die Situation des Verstorbenen oder auf die Umstände bezogen – lautet das Grundschema:

Musik/Gesang
liturgische Eröffnung, persönliche Worte des Offizianten
Kyrierufe
Gebet
Schriftlesung
(ein Antwortgesang ist nicht vorgesehen)
Predigt
Stille
Musik/Gesang
Fürbitten
Vaterunser

An dieser Stelle wird nun die Liturgie mit einer der Bestattungsformen fortgesetzt. Der Standardablauf ist: Taufgedächtnis, Verabschiedung, Prozession zum Grab, Gebete am Grab, Versenkung des Sarges, Glaubensbekenntnis, Schlussgebete, Gegrüßet seist du Maria, Schlussversikel. Die Anordnung der Elemente variiert ein wenig; im Fall einer Feuerbestattung etwa wird das Glaubensbekenntnis *vor* dem Taufgedächtnis gebetet.

Das Rituale gibt keine weitere Stelle für Gesang oder Musik an. Es gibt lokale Traditionen für weiteren Musikeinsatz an fast allen Stellen. Der Autor kann nur wieder erneut den Stehsatz anbieten: Weniger ist manchmal mehr. Es gibt ja noch zwei Bräuche, die man in die Gesamtdauer der Feier einrechnen muss: Am Schluss werfen nacheinander alle Anwesenden ein wenig Erde ins Grab, und ebenso kondolieren sie danach individuell der Familie. Für Reden und Würdigungen sollte man die Anmerkung 10 des Wiener-Begräbnis-Manuale (s. Fußnote auf S. 157) beherzigen: „Wenn im Zusammenhang mit der Beisetzung Trauerreden (Bekannte, Arbeitgeber oder Vereinsmitglieder) vorgesehen sind, so werden diese entweder vor dem Beginn [!] der Liturgie oder nach ihrer Beendigung am Grab gehalten."

Für eine Urnenbeisetzung ist eine schlichte Feier vorgesehen. Es wird vorausgesetzt, dass eine Verabschiedung bereits vor der Kremation stattgefunden hat. Falls Musik/Gesang vorgesehen ist, sei man darauf bedacht, mit der Gestaltung nicht nochmals in den innersten Kreis der Trauer hineinzugeraten. Meist ist bereits einiger zeitlicher Abstand zum Todesfall und auch zur Verabschiedung gegeben; die Wunden beginnen zu heilen, und das könnte durch ein weiteres *Näher, mein Gott, zu dir* gestört werden. *Sing, bet und geh auf Gottes Wegen* trifft die Stimmung etwas besser.

* * *

Die im großstädtischen Bereich weitaus häufigste Abfolge der gesamten Sterbeliturgie ist:
Aufbahrung in der Friedhofskapelle
Wortgottesdienst, Verabschiedung
Prozession zum Grab
Begräbnisgebet und -riten
   Danach bzw. zu einem anderen Zeitpunkt:
Eucharistiefeier in der (Pfarr-)Kirche

In diesem Fall ist Wachsamkeit gegenüber Verdopplungen besonders geboten. Oft werden die beiden Gottesdienste von verschiedenen Offizianten geleitet; vielleicht wählen sie zufällig dieselbe Lesung aus? Und auch hier ist wieder die Kurve der Trauerintensität zu beachten; sie hatte ihren Höhepunkt bei der Verabschiedung oder am Grab. Die vorhin gezeigte Liste, die weitgehend frei ist von den üblichen Trauerstereotypen, kann gerade in dieser Hinsicht Anregung geben (S. 157f.).
   Noch nicht allgemein eingebürgert, aber ausdrücklich anzuraten: eines der bekannten Osterlieder. Die beste Wahl – in jeder Hinsicht, auch von der Tonart her! – ist *Der Heiland ist erstanden*, vor allem wegen der 2. und 5. Strophe (*Ich werde durch sein Auferstehn / gleich ihm aus meinem Grabe gehn*).

Allen jenen, die selber einen Feiertext oder ein Textheft anfertigen, sei das Lied *Der schöne Ostertag* sehr empfohlen (EG 117: Text: Jürgen Henky 1983 nach englischen (1902) und niederländischen (1685) Vorlagen, Melodie 1624). Schöner kann man die Verbindung Begräbnis-Auferstehung kaum ausdrücken.

1. Der schöne Ostertag! Ihr Menschen, kommt ins Helle!
Christ, der begraben lag, brach heut aus seiner Zelle.
Wär vorm Gefängnis noch der schwere Stein vorhanden,
so glaubten wir umsonst.
Doch nun ist er erstanden, erstanden, ...
(2. ...)
3. Muss ich von hier nach dort – er hat den Weg erlitten.
Der Fluss reißt mich nicht fort, seit Jesus ihn durchschritten.
Wär er geblieben, wo des Todes Wellen branden,
so hofften wir umsonst.
Doch nun ist er erstanden, / erstanden, erstanden, ...

* * *

Für die Messen zum Jahresgedächtnis gilt sozusagen verschärft, was über die Trauerkurve gesagt wurde. Oft werden Jahresgedächtnisse gebündelt, das heißt man setzt für einen Gottesdienst an, in dem aller Toten eines Monats gemeinsam gedacht wird. Eine solche Gemeinde wird aus unterschiedlich Nah- und Fernstehenden zusammengesetzt sein, was in der Liedauswahl berücksichtigt werden muss. Im Übrigen sei auch für diese Fälle auf die ausführliche Liste auf S. 157f. verwiesen.

Weitere Vorschläge für Chorliteratur:

Gounod, *Nunc dimittis* SATB Org (unter dem Titel „Evening service")
Kreuels, *Nunc dimittis*. Einfache Bearbeitung mit Falsibourdoni samt einem Kehrvers *Sei unser Heil, o Herr, derweil wir wachen, behüte uns, da wir schlafen, auf dass wir wachen mit Christus und ruhen in Frieden.* Im *Chorbuch a tre*
M. Franck, *Nunc dimittis* Doppelchor 2 x SATB
Mendelssohn, *Herr, nun lässest du*
Stanford, *Lord, now lasseth thou* (in A)[8] *(das Lieblings-Nunc-dimittis des Autors)*

Gumpelzhaimer, *Mit Fried und Freud* SABar
Homilius, *Herr, wenn Trübsal da ist* SATB
Gadsch, *Mitten in dem Leben* SATB 2 Tr 2 Pos
Bruch, *Herr schicke was du willt* SATB
Samuel Sebastian Wesley, *Der Herr ist mein Hirte* SATB Org B-Solo ad lib

---

8   Wenn ein englischer Komponist die *Canticles* mehrmals vertont hat, wird im Titel meistens auch die Tonart angegeben. Vgl. die Bemerkungen zum Kirchenmusikrepertoire der Anglikaner S. 360.

Lauterbach, *Zum Paradies mögen Engel* SATB
Dem erwähnten Manuale (Erzdiözese Wien) liegt eine einfache Vertonung dieses Textes bei
(SATB oder SABar oder TTBB; lose Blätter). Zum unentgeltlichen Selber-Kopieren wird
ausdrücklich eingeladen!

V. DAS JAHR DES HEILS

1. Wozu brauchen wir ein Kirchenjahr?

Was gewesen ist, wird wiederkommen

Im folgenden Kapitel geht es leider so gut wie gar nicht um Musik. Was hier erörtert wird, sollte man aber zumindest in Grundzügen überblicken, wenn man Musik für Gottesdienste auswählt. Denn wenn auch etwa eine Taufe vordergründig als privates Fest empfunden wird, so kann doch das Kirchenjahr nicht einfach für diesen Nachmittag gleichsam weggeklappt werden. Wer Mitte März eine Taufe gestaltet, muss aufs Halleluja verzichten – und wer dies Ende April tut, sollte es keinesfalls weglassen.

Ernsthaft die Frage zu stellen, ob man ein Kirchenjahr *braucht*, ist fast so müßig, wie es die Frage nach dem bürgerlichen Jahr oder nach den Jahreszeiten wäre. Die uns umgebende Natur funktioniert weitgehend zyklisch, und so ist auch der Mensch von vornherein ein „zyklisches Tier". Der ewige Kreislauf der Jahreszeiten ist ein Glücksfall (und für den gläubigen Menschen ein Geschenk des Schöpfers); aus Science-Fiction-Romanen oder aus der entsprechenden Fachliteratur kann man nämlich erfahren, wie langweilig es auf einem Himmelskörper wäre, auf dem es aufgrund astronomischer Konstellationen keine Jahreszeiten gäbe. Und die Wissenschaft sagt uns auch, dass ohne den kürzesten Rhythmus, den von Tag und Nacht, Leben in der uns bekannten Form wahrscheinlich nicht entstehen hätte können.

All diese Abfolgen von Tag und Nacht, von warmen und kühleren Zeiten, von biologischem Werden und Vergehen sind Urelemente des Wechsels, in denen unsere Welt pulsiert, und zwar unabhängig davon, ob es uns Menschen gibt und ob wir dies wahrnehmen und beschreiben. Solche natürlichen Perioden und Zyklen bescheren uns das Grundelement der Abwechslung; sie ermöglichen uns seit Millionen von Jahren das immer neue Warten auf „bessere Zeiten" (wärmer, heller, ein Mehr an Nahrung), das mit Vorfreude und Spannung verbunden ist. Während einer solchen „besseren Zeit" wird man sich freuen und dankbar sein; man wird sich aber im Wissen um die mit Sicherheit darauf folgende „schlechtere Zeit" zur Wachsamkeit und zur Vorsorge anhalten. Dieses Element des Auf und Ab ist so grundlegend und entscheidend, dass es sich geradezu zwingend in den kultischen Äußerungen des Menschen abbildet. (Auch der „Vater der liturgischen Bewegung" in Österreich sah das Kirchenjahr stark im Verbindung mit den natürlichen Zyklen und sprach gerne von Jahreszeiten oder sogar Gezeiten der Kirche. Parsch 2008, S. 36)

Nicht endgültig geklärt ist unter Liturgiewissenschaftern, ob manche christliche Feste heidnische Vorläufer gehabt haben – zum Beispiel ob ⇨Weihnachten auf ein Sol-invictus-Fest zurückgeht, das im Jahr 274 nach Christus unter Kaiser Aurelian zum Staatskult erhoben worden war. Dass es vom jüdischen Pessach eine Verbindung zu ⇨Ostern gibt, ist hingegen nicht umstritten.

Egal aber, ob nun dieses Fest schon in der Bronzezeit gefeiert und jenes erst im Mittelalter „erfunden" wurde – das Kirchenjahr mit seiner Anlehnung ans astronomische und biologische Jahr hat einen fühlbaren „Sitz im Leben", und deshalb halten auch in unserer Zeit der zunehmenden Säkularisierung viele Menschen weiterhin eine lose Verbindung mit diesem Ablauf aufrecht. Man sollte sich übrigens bewusst machen, dass dieses christliche Kirchenjahr eindeutig europäisch gefärbt ist; wer jemals bei sengender Hitze den Weihnachtsmorgen in Australien erlebt hat, sieht den Zusammenhang mit dem Auf und Ab der Natur etwas relativiert. Auch im Vorderen Orient, wo die Wurzeln unserer Religion liegen, sind die uns vertrauten Kreisläufe nicht so deutlich zu spüren, oder sie äußern sich anders (etwa in trockenen und weniger trockenen Zeiten).

Das uns vertraute Kirchenjahr weist noch eine weitere Komponente des „Natürlichen" auf (die Reihenfolge der Nennung schließt keine Wertung ein): Seine Kurve folgt im Prinzip den Lebensstationen des Religionsstifters. In einem ersten großen Überblick stellt sich das so dar:

Kirchenjahr	Christus	„Sitz im Leben der Natur"
Advent	Schwangerschaft	die Natur ruht; dunkelste Zeit
Weihnachten	Geburt	Umkehrpunkt, Sonnenwende
Palmsonntag	Höhepunkt der „Karriere"	Zeit der Entwicklung; es wird heller
Karfreitag	Tod	momentaner Rückschlag (Frost?)
Ostern	Auferstehung	„gespürter" Frühling, Triebe kommen aus der Erde
Chr. Himmelfahrt	Vollendung	es „geht weiter aufwärts"
Pfingsten	Vermächtnis	gute Ernte ist grundgelegt
Zeit nach Pfingsten	virtuelle Präsenz	gute Ernte rückt näher; später: Ernte

Für die Feier der beiden Angelpunkte in Jesu Leben – Geburt und Tod – sieht das Kirchenjahr Zeiten der Vorbereitung vor: die vier Wochen des ⇨Advent und die 40 Tage der ⇨Fastenzeit. Da richtet sich der Blick konzentriert auf den jeweils bevorstehenden Höhepunkt; der Tonfall wird ruhiger, manche Formen des Lobpreises und des Jubels werden zurückgenommen oder vorübergehend unterdrückt. Mit dem Rückzug nach innen korrespondiert auch das Fasten, das mit diesen Zeiten verbunden ist; dieses Element ist allerdings im Großen und Ganzen kaum noch präsent und wird auch in Klöstern oft nur mehr in abgewandelter, gelockerter Form praktiziert. Letzten Endes haben wir es hier mit einem Ur-Topos der Dramaturgie (und, einmal mehr, der Periodik) zu tun: Ich enthalte mich der Fröhlichkeit (und mancher Speisen), um zum erwarteten Zeitpunkt desto lauter lachen zu können (und das Festmahl mehr zu genießen).

Die 40 Tage der Fastenzeit sind die stärker geprägte und ernstere Zeit als der Advent. Letzterer vibriert in stiller, durchaus freudiger Erwartung und eröffnet einen ruhigen Weg aus der Dunkelheit in immer lichtere Abschnitte. Der Adventkranz mit der zunehmenden Anzahl von brennenden Kerzen ist dafür das von jedermann verstandene Abbild. Die Fastenzeit hingegen ist ein wesentlich komplexeres Gebilde; hier kann nicht einfach Vorfreude auf die Auferstehung herrschen, denn diese setzt zuvor den Tod Jesu voraus. Man kann vielleicht sagen, dass die Christen hier in eine gewichtige Vertiefungsphase eintreten, in denen sie die fundamentalen Eckpunkte der Heilsgeschichte kompakt bedenken sollen – und diese schließen eben Tod und Leben, Sünde und Erlösung ein.

Zeiten der Vorbereitung sind in allen Religionen und Kulturen bekannt. Die Christen kennen noch weitere, zum Teil kleinräumigere Vorbereitungszeiten. So machen etwa Weihekandidaten – Männer, die zu →Diakonen, Priestern oder Bischöfen geweiht werden – vorher Exerzitien; dasselbe gilt von Christen beiderlei Geschlechts, die in eine Ordensgemeinschaft eintreten oder ihre Mitgliedschaft dort auf Dauer verbindlich machen (in der ewigen →Profess). Für manche Feste ist eine →Novene vorgesehen (ein neuntägiger „Anlauf", der der Vertiefung des jeweiligen Festgedankens dient); die kleinste Vorbereitungseinheit ist die →Vigilfeier; dabei wird der Vortag eines Festes einfach bewusst als Auftakt begangen. Dies hat seine Wurzel in der jüdischen Anschauung, dass jeder Tag mit dem Abend des Vortages beginnt; einen Vigiltag könnte man als kräftige Ausdehnung dieses Auftaktes erklären. Der Gedanke einer solchen Vorfeier kommt bei einigen Festen auch dadurch zum Ausdruck, dass es ein eigenes →Messformular für den Abend davor gibt. – In der Liturgie vor dem II. Vatikanischen Konzil gab es für hohe Feste eine Art Gegenstück: Messe und Stundengebet waren durch die ganze Woche nach dem Fest vom Gedanken dieses Festes geprägt; man nannte diese Zeit die →Oktav (von Weihnachten, von Pfingsten etc.). Heute haben nur noch Ostern und Weihnachten eine Oktav.

Die beschriebenen Zyklen suggerieren uns einerseits die beruhigende Gewissheit, dass nach jedem Ab auch wieder ein Auf kommt; aber es gibt im Kirchenjahr auch einige Unregelmäßigkeiten. Bei aller Ablaufkonstanz gibt es doch gewisse Variablen, so dass einmal der eine, dann wieder der andere Abschnitt länger ist. Das kommt daher, dass das christliche Jahr an einem entscheidenden Punkt mit dem Zusammentreffen von zwei von einander unabhängigen astronomischen Abläufen verknüpft ist: Ostern ist definiert als jener Sonntag, der auf den ersten Vollmond im Frühling folgt. Zwar kann man diesen Zeitpunkt jeweils hunderte Jahre im Voraus berechnen; in der Praxis aber blickt man immer neugierig in den nächsten Kalender, um festzustellen, „wie Ostern fallen wird". Der Termin kann in einer Bandbreite von immerhin 35 Tagen variieren[1], und mit seiner Bewegung zieht das Osterfest eine beachtliche Anzahl von Terminen und Wochen mit sich. Das betrifft „vorne" die Fastenzeit, die unbeirrt 40 Tage vor Ostern beginnt; im Extremfall kann das wenige Tage nach dem 2. Februar sein, dem Fest „Darstellung des Herrn", das gerade noch eine Spur nachweihnachtlich ausstrahlt. Auf der anderen Seite kann die liturgische Osterzeit bis Mitte Mai oder bis Mitte Juni reichen, und auch das Dreifaltigkeits-, das ⇨Fronleichnams- und das Herz-Jesu-Fest sind betroffen. Sie haben zwar mit der Osterzeit nichts zu tun, ihre Lage ist aber fest mit ihr verknüpft (Sonntag, zweiter Donnerstag und dritter Freitag nach ⇨Pfingsten). Deshalb nennt man auch all diese Feste, die aus den beschriebenen Gründen jedes Jahr auf ein anderes Datum fallen, *bewegliche Feste*.

Was bedeutet das für alle anderen Feste und Gedenktage, die mit einem bestimmten Datum verbunden sind? Stellen wir uns das Kirchenjahr einmal als Rechenschieber vor. Auf dem längeren Teil sind alle Tage des Jahres eingraviert, auf dem verschiebbaren kürzeren Teil ist die Zeit von Aschermittwoch bis Fronleichnam dargestellt. Der Abschnitt von Aschermittwoch bis Palmsonntag ist schwach blasslila gefärbt; man sieht noch ohne Mühe die darunterliegenden Feste (etwa den Gedenktag des heiligen Josef am 19. März). Einerseits unterdrückt die blasse Einfärbung bereits generell das Halleluja, aber am 19. März darf doch ausnahmsweise das ⇨Gloria gesungen werden, das an den Sonntagen nicht erklingen darf. – Die Karwoche ist undurchsichtig violett; kein Festtag, und wäre er noch so wichtig, ist zu sehen. Das kann hin und wieder sogar das Hochfest der Verkündigung des Herrn am 25. März betreffen (Details vgl. S. 241). Wenn es in die Karwoche fällt, wird es am Montag nach dem Weißen Sonntag nachgeholt. Dies deshalb, weil auch die Woche nach Ostern „undurchsichtig" ist (wir stellen sie uns leuchtend rot vor).

In der Tat gibt es in der Liturgie eine genaue Rangordnung der Feste, Gedenktage und Sonntage. Das ist nötig, da das liturgische Jahr sozusagen auf mehreren

---

1   Frühester Termin 22. März, spätester 25. April. Die extremen Termine treten sehr selten auf (der 22. März im Schnitt nur einmal alle 210 Jahre, der 25. April einmal in 133 Jahren.)

Achsen läuft. Um zwei Beispiele zu nennen: Der Gedenktag Josef, der Arbeiter (1. Mai) wird gefühlsmäßig als Fest wahrgenommen, da er auf einem bürgerlichen Feiertag liegt. Streng liturgisch ist er aber kein Fest, sondern ein („gewöhnlicher" Heiligen-)Gedenktag; sollte er auf einen Sonntag fallen – und dabei kann es sich nur um einen Sonntag der Osterzeit handeln –, ist der Sonntag stärker und Josef wird in diesem Jahr nicht gefeiert. Allerdings sind nur die Sonntage der →geprägten Zeiten so „stark"; ein normaler Sonntag wird beispielsweise vom Fest der Darstellung des Herrn (2. Februar) *verdrängt*, wie es in der Fachterminologie heißt. – Die generelle Rangordnung findet man im →Direktorium – abgesehen davon, dass dort ohnehin bei jedem Datum alle liturgischen Möglichkeiten bzw. Einschränkungen angegeben sind.

Auch für die nächste, wirklich knifflige Auswirkung der hin- und herwandernden Fasten- und Osterzeit leistet das Bild vom Rechenschieber gute Dienste. Wenn gerade „nichts läuft" (wenn keine der →geprägten Zeiten ist), muss ja für diesen liturgischen Normalbetrieb Stoff vorgesehen sein – will sagen, es muss Lesungen, Gebete und Gesänge geben, die aufeinander bezogen ausgewählt sind und die im sogenannten Messformular zusammengefasst sind; auf unserem Rechenschieber umfasst das alles, was nicht vom Schieber bedeckt ist – mit Ausnahme von Advent und Weihnachten. Diese ganz lange neutrale Zeit nennt man die „Zeit im ⇨Jahreskreis", und man sieht, dass es sie vor und nach dem verschiebbaren Teil gibt. Sie beginnt mit dem Sonntag nach dem 6. Jänner; dieser erste Sonntag im Jahreskreis wird quasi grundsätzlich verdrängt vom Fest der Taufe Jesu; das ist so eingerichtet, damit die folgenden Werktage die erste Woche im Jahreskreis bilden können. Damit korrespondiert am anderen Ende der 34. Sonntag, auf den das Christkönigsfest fällt (und die nachfolgenden Werktage ergeben die 34., letzte Woche im Jahreskreis). Wie geht sich das aus, wenn doch mittendrin 13 Wochen einmal hier, einmal da sind? Der Rechenschieber zeigt es: es gibt unter dem Schlitten immer einige Jahreskreis-Sonntage, die bedeckt sind. Wenn Ostern früh ist, gibt es vielleicht nach der „Taufe Jesu" nur fünf „normale" Sonntage, und nach dem Dreifaltigkeitsfest beginnt die „normale" Zeit mit dem 8. Sonntag im Jahreskreis. Liegt Ostern spät – wie etwa 2011 –, kann sogar der 9. Sonntag noch im März liegen, und man steigt dann Ende Juni erst mit dem 13. Sonntag wieder in den Jahreskreis ein. Es finden also in keinem Jahr *alle* diese Jahreskreis-Sonntage statt – aber es sind immer genügend solche Sonntage vorgesehen, damit jede Laune des Frühlingsvollmondes liturgisch abgedeckt werden kann. Mitten drin in dieser nie in der Gesamtheit auftretenden Reihe der Jahreskreis-Sonntage gibt es natürlich immer eine virtuelle Lücke, die ebenfalls wandert (aber immer unter dem Schieber).

In der Liturgie vor dem II. Vatikanischen Konzil war das Problem anders gelöst. Man hatte sechs „Sonntage nach Erscheinung des Herrn" und 24 „Sonntage nach Pfingsten". Kam der Aschermittwoch früh, fielen entsprechend viele Sonntage nach Erscheinung aus. Klarerweise reichten aber dann in so einem Jahr die Sonntage nach Pfingsten nicht aus; an diesem Punkt irgendwann Ende Oktober / Anfang November stückelte man zwischen dem 23. und 24. Sonntag eigens dafür eingerichtete „(nachgeholte) Sonntage nach Erscheinung" an. – Der große Vorteil der jetzt geltenden Praxis ist, dass die letzten Sonntage des Jahreskreises immer auch tatsächlich am Schluss liegen; ihre Texte führen zum Christkönigsfest und zur Erwartung der Wiederkunft Christi hin. Mit der anderen Methode war dieses Hinzielen auf den Schluss nicht so präzise möglich. Besonders deutlich wird dies an den Wochentagen bei den Texten der 33. und 34. Woche, die in der heutigen Liturgie wie eine große spirituelle Rampe zur Wiederkunft hinleiten; im Lesejahr II etwa schließt die Lesung am Samstag vor dem 1. Adventsonntag mit den Worten: „Siehe, ich komme bald!" – Sinnfälliger kann man den Kreislauf des Kirchenjahres nicht mehr darstellen als durch diese Verzahnung mit dem Advent.

Da ist nebenbei der Ausdruck „Lesejahr" gefallen. In der Liturgie vor dem II. Vatikanischen Konzil gab es für jeden Sonn- und Feiertag eine Lesung und ein Evangelium, und diese waren im folgenden Jahr wieder am gleichen Tag zu hören. Das Konzil wollte nun, „dass der Tisch des Wortes Gottes [innerhalb der Liturgie der Messe und des Stundengebetes] reicher gedeckt werde". So führte man nicht nur die zweite Lesung in der Messe wieder ein, sondern sah auch für die Sonn- und Feiertage einen Drei-Jahres-Zyklus vor. (Streng genommen wurde die *erste* Lesung neu eingeführt, vgl. S. 91.) Als Lesejahr C werden die Jahre, die durch drei teilbar sind, definiert, und daraus ergeben sich auch die Lesejahre A und B. Im Großen und Ganzen dominiert in jedem dieser Jahreszyklen einer der Evangelisten: A = Matthäus, B = Markus, C = Lukas (die sog. →Synoptiker). Das Johannesevangelium mit seiner Sonderstellung ist für Festtage und andere besondere Gelegenheiten reserviert. – Für die Wochentage hat man die Lesejahre I und II – entsprechend den ungeraden und geraden Jahreszahlen – eingerichtet. Vor allem aber gab es früher kaum Lesungen aus dem Alten Testament in den Messen! – Ähnliche Änderungen haben das ⇨Stundengebet betroffen. Auf diese Weise wird man in der Liturgie mit einem gewaltig ausgeweiteten Angebot an Schrift- und Psalmtexten konfrontiert; insbesondere für die Wochentage gibt es nun längere Strecken zusammenhängender Lektüre etwa aus Jeremia, Samuel oder Hiob, an die früher nicht zu denken gewesen ist.

Für die Kirchenmusik hat dies natürlich Auswirkungen. Für manche Texte, die früher in der Liturgie nicht vorgekommen sind, gibt es keine „alten" bzw. keine lateinischen Vertonungen; sie werden nun neu vertont. Man kann sich hier aber auch viele Stücke aus dem lutherischen Bereich (Schütz, Mendelssohn, Brahms) oder von den Anglikanern ausborgen (⇨Nicht katholisch ..., S. 358). Insbesondere die Wiederbelebung des Antwortpsalms hat großen Bedarf an Neukompositionen ergeben, hat aber auch viele jahrhundertealte Kompositionen neu mit einem liturgischen Ort versehen.

Bleibt noch das Problem mit den anderen Festen und Gedenktagen, die nicht beweglich sind. Welches Problem? Diese Tage haben ein fixes *Datum*, aber keinen fixen *Wochentag*. Und so kann man immer fragen und nachsehen, auf welchen Wochentag Weihnachten oder Allerheiligen fällt (und sich seine Chancen auf ein paar einfach gewonnene Urlaubstage ausrechnen). Weihnachten wird mit den vier Wochen des Advents vorbereitet; an der Zahl der vier Sonntage ist nicht zu rütteln, aber wie viele Tage nach dem 4. Sonntag noch bis Weihnachten vergehen, ändert sich naturgemäß jedes Jahr; der Advent kann also zwischen 22 und 28 Tage lang dauern. In Mitteleuropa, wo das „bürgerliche" Weihnachten schon am 24. Dezember gefühlt und auch gefeiert wird, kommt es in manchen Jahren zu einer merkwürdigen Fast-Überschneidung von Advent (am Vormittag) und Weihnachten (am Abend), wenn der 24. ein Sonntag ist. – Da die Texte, die gegen Ende des Advents gelesen werden, das Immer-näher-Kommen der Geburt Christi immer deutlicher ansprechen, ist eine ähnliche Disposition nötig wie bei den Sonntagen am Schluss des Kirchenjahres, damit die Texte mit der größten „Nähe" auch am knappsten vor Weihnachten zu hören sind. Deshalb „kippt" am 17. Dezember die Zuordnung der liturgischen Texte: Bis dorthin ist sie auf den Wochentag bezogen (z. B. für den Dienstag der 3. Adventwoche), danach ist sie ans Datum gebunden (vgl. S. 178). – Auch die Feste nach Weihnachten sind teils mit Sonntagen verknüpft und somit bewegliche Feste (Heilige Familie, Taufe des Herrn), andere sind datumsgebunden und fallen daher manchmal aus (Evangelist Johannes, Unschuldige Kinder), wenn sie auf einen Sonntag fallen – abgesehen vom 1. Jänner, der in der Vergangenheit mit einigen unterschiedlichen Festgedanken ausgestattet war (bis zur Neuordnung der Liturgie: „Beschneidung des Herrn"), der aber nicht wandert und auch durch nichts verdrängt werden kann; das gilt natürlich auch für das Fest der Erscheinung des Herrn am 6. Jänner.

Noch einmal zurück zu den verschiedenen „Achsen", auf denen das Kirchenjahr „läuft". Der Zusammenhang mit dem Leben Jesu bringt es mit sich, dass das Fest „Verkündigung des Herrn" am 25. März ist, also fast immer in die Fastenzeit fällt; denn ab sofort ist Maria schwanger, und dieser Beginn muss wohl neun Monate vor Christi Geburt – zu Weihnachten – angesetzt werden. Das macht die Gestaltung des Festes zu einer sensiblen Sache, denn mitten in der Fastenzeit hat man es mit adventlich ausgerichteten Schrifttexten und Liedern zu tun. Das Gegenstück ist das *Fest der ohne Erbsünde empfangenen Gottesmutter Maria* am 8. Dezember, neun Monate vor dem Fest *Mariä Geburt* am 8. September. Dieser noch komplexere Fall wird im Kapitel ⇨Maria behandelt. – Im Festkalender der Liturgie vor dem II. Vatikanischen Konzil gab es das Fest des heiligen Thomas am 21. Dezember; wenige Tage vor Weihnachten, wo sich die liturgischen Texte schon ganz auf das Baby im Stall von Betlehem konzentrierten, wurde man mit der Erzählung vom skeptischen Apostel konfrontiert, der vom auferstandenen Christus aufgefordert wird, seine Hände in die Wunden zu legen. Der legendäre Domprediger des Stephansdomes Adolf Zimmermann machte es den Gläubigen einmal – unter den vier brennenden Kerzen des Adventkranzes – klar: „Auf diese Weise lehrt uns die Kirche, dass nicht unsere vorweihnachtliche Stimmung die Liturgie bestimmt, sondern dass umgekehrt *wir* uns nach der Liturgie richten und unsere Stimmung nach ihr einstellen müssen." Die Architekten der nachkonziliaren Liturgie sahen das aber nicht ganz so rigoros, sondern verlegten den heiligen Thomas zumindest in die nicht geprägte Zeit des Jahreskreises (3. Juli).

Man muss also zugeben: Den Sitz im Leben gibt es, und die jahreszeitliche Komponente gibt es ebenfalls – aber das Kirchenjahr ist schon auch ein Konstrukt auf der symbolischen und der rituellen Ebene. Wer dies im Auge behält, wird mit den beschriebenen „Unebenheiten" – und mit einigen weiteren, die noch zur Sprache kommen werden – keine Schwierigkeiten haben.

Für den Kirchenmusiker und für jeden, der Liturgie gestaltet, ist die Kenntnis der inneren Zusammenhänge und der „Mechanik" des Kirchenjahres unabdingbar. Denn – wie eingangs angedeutet – einen völlig vom Kirchenjahr losgelösten Termin gibt es kaum. Richtig – von Fronleichnam bis Allerheiligen kann grundsätzlich nichts Schlimmes passieren, wenn man da mitten in der „grünen" Zeit eine Taufe, eine Hochzeit, ein Begräbnis zu gestalten hat. (Im Jahreskreis wird grundsätzlich die →liturgische Farbe grün verwendet.) Aber in vielen Monaten geht es eigentlich nicht ohne Einbettung der Feier in die große Sphäre der österlichen oder der weihnachtlichen Geprägtheit. Und auch im Juli oder Oktober tut man gut daran, sich die Umgebung des Jahreskreises ein wenig anzusehen; vielleicht war gerade am letzten Sonntag von der Gemeinschaft der Heiligen die Rede, vielleicht von Treue oder Ausdauer, vielleicht von der Auferstehung der Toten. Und so lassen sich möglicherweise Querbezüge herstellen und Parallelen finden.

All dies ist zuerst Sache des Vorstehers der Feier, aber auch und vor allem betrifft es jene, die die Musik für die Liturgie auswählen. Ohne Vertrautheit mit dem Kirchenjahr geht es nicht!

2. Advent und Weihnachtsfestkreis

Es ist eine offen daliegende und doch geheimnisvolle Nahtstelle. Irgendwann am frühen Vorabend des 1. Adventsonntags gleitet die Christenheit aus der Endzeit in den Advent hinüber – wenn man es bedenkt, ein Sprung über einen nicht messbaren riesigen Zeitraum. Eben haben wir noch Christus den König gefeiert und an seine Wiederkunft am Ende der Zeiten gedacht, und nun erwarten wir Christus, wie er als Baby in der Krippe seinen irdischen Weg beginnt. Wiederkunft und Ankunft, Spannung und Erwartung … aber die Endzeit wird in ein nie mehr verlöschendes hellstes Strahlen übergehen; im Advent leuchtet ein Stern, eine Laterne, eine Kerze.

Damit sind wir auch schon beim ersten Event – der Weihe (eigentlich: der Segnung) der Adventkränze. Das ist beste Paraliturgie, eine „fromme Übung", und Stimmung ist alles. Eines der gängigen Lieder wie *Tauet Himmel den Gerechten* oder *O Heiland reiß die Himmel auf* darf wohl nicht fehlen; man sollte nur darauf achten, ob man es nicht eine Stunde später bzw. am nächsten Tag noch besser passend für die Messe verwenden will. Eine andere naheliegende Möglichkeit ist *Wir sagen euch an den lieben Advent*. Und bei dieser Feier braucht man auch mit *Maria sei gegrüßet* nicht übervorsichtig zu sein (vgl. unten die Bemerkungen zum 4. Adventsonntag und auf S. 241f.).

Wer in den Lektionaren blättert, wird feststellen, dass Lesungen, Gesänge und Evangelien der späten Jahreskreis-Sonntage bisweilen in ganz ähnliche Texte übergehen, die auf erste Ankunft des Herrn vorausschauen; oft findet man Perikopen aus den gleichen Büchern von Jeremias und Jesaja. (Vgl. die Bemerkungen zum Ende des ⇨Jahreskreises S. 231.) Man kann sich heute nur schwer vorstellen, wie man vor der liturgischen Reform ganz ohne Lesungen aus dem Alten Testament ausgekommen ist, und das gilt vor allem für die Adventzeit. Hier liegt denn auch einer der Hauptunterschiede zwischen den beiden Zeiten der Erwartung. Was am Ende des Advents in Erfüllung geht, wird uns von den Propheten verheißen; was uns am Ende der Zeiten erwartet, wird uns in der Offenbarung des Johannes beschrieben, vor allem aber hat Christus immer wieder davon gesprochen.

> „Die Evangelien sind geprägt durch ihren Bezug auf die Wiederkunft des Herrn (Erster Adventssonntag), auf Johannes den Täufer (Zweiter und Dritter Adventssonntag) und auf die Geschehnisse, die der Geburt des Herrn unmittelbar vorausgingen (Vierter Adventssonntag). Die Lesungen aus dem Alten Testament bestehen aus prophetischen Texten (hauptsächlich aus Jesaja) über den Messias und die messianische Zeit." (PELM 93)

In seiner kritischen Beschreibung der jetzt gültigen Leseordnung bemerkt Elmar Nübold: „Bei der Auslegung der eschatologischen Botschaft des Alten Testamentes in der Adventzeit und an den weihnachtlichen Hochfesten muss deutlich werden, dass mit Jesu erstem Kommen die ganze Weite alttestamentlicher Zukunftshoffnung noch nicht in Erfüllung gegangen ist." (Nübold 1990, S. 179) Und noch mehr:

> „Die Liturgie des Advents weiß virtuos mit dem dreifachen Aspekt des Kommens Gottes zu spielen. Insbesondere in der Tagzeitenliturgie, die im Advent besonders reich und gewichtig ist, gibt es eine Fülle von Texten, bei denen völlig offen ist, ob der erste (Menschwerdung), der zweite (liturgische Feier/Weihnachten) oder der dritte Aspekt (Eschatologie/Wiederkunft) gemeint ist. Oft geschieht dies dadurch, dass zwar ein bestimmter Aspekt akzentuiert wird, die anderen aber zumindest mitschwingen. Diese gelenkte Offenheit der Bedeutung wird wohl bewusst eingesetzt, um die ganze Bedeutungsfülle des Kommens Gottes zu vergegenwärtigen." (Martin Brüske)[2]

All das betrifft auch den Kirchenmusiker und jeden, der Lieder und Stücke auswählt.

Der Advent hat diesbezüglich noch eine Eigenheit aufzuweisen. Es klingt trivial, aber echte Adventlieder kann man nur im Advent singen! Wer jemals versucht hat, das Repertoire an solchen Liedern auszuweiten, hat das sehr rasch zu spüren bekommen. Die Fastenzeit ist thematisch viel breiter; da kommt man lange ohne ausdrückliche Fasten- bzw. Passionslieder aus. Ähnlich ist es in der Osterzeit. Adventlieder hingegen kann man nur an höchstens 28 Tagen im Jahr singen (da ist sogar der 8. Dezember mitgezählt); dieser längstmögliche Advent ergibt sich, wenn der 25. Dezember ein Sonntag ist. Und man hat auch nur diese 28 Tage, um ein neues Lied einzuführen; vor allem aber wird dieses Lied erst nach elf Monaten wieder gesungen werden können.

Man ist versucht, *Rorate coeli – Tauet, Himmel –* als musikalisches Motto über den Advent zu schreiben. *Rorate coeli* sind die Anfangsworte eines Introitus; er eröffnete von alters her die Votivmesse zu Ehren der Jungfrau Maria im Advent; der angegebene Psalmvers ist Ps. 85,1 (*Benedixisti, Domine, terram tuam*). Heute ist dieser Introitus einer von mehreren, die für Marienmessen zur Auswahl angeboten sind. Wegen der starken adventlichen Konnotation wird man während des Jahres wohl eher andere Gesänge wählen. Diese marianische Votivmesse wurde seit langem an den Wochentagen des Advents verwendet und hatte allmählich ihren ausschließlich marianischen Charakter verloren; vor allem stehen ja heutzutage in der neuen Leseordnung für jeden Tag des Advents eigene Lesungen, Evangelien und Zwischengesänge zur Verfügung.

Ein weiterer Introitus *Rorate* eröffnet die Messe am 4. Adventsonntag (hier sind die Psalmverse aus Ps. 18 – *Coeli enarrant gloriam Dei*). Das steht in Einklang damit, dass dieser Sonntag marianisch geprägt ist. Schon früher wurde an diesem Tag das Offertorium *Ave Maria* (vgl. S. 247f.) gesungen. Heute berichten die

---

2   Homepage des Liturgischen Institutes des deutschsprachigen Schweiz http://www.liturgie.
    ch/ds/dcms/sites/lich/portal/artikel.html?f_action=show_article&f_article_id=11&f_article_
    title=Gott%2Bim%2BKommen

Evangelien in allen Lesejahren von der werdenden Mutter Maria. Wer Gesänge auswählt, wird versuchen, marianische Elemente für diesen letzten Adventsonntag aufzusparen.

Es gibt noch einen weiteren *Rorate*-Gesang, nämlich eine Antiphon, besser gesagt ein Responsum, das sich aus einem →Responsorium verselbstständigt hat. Der Text umfasst nur den ersten Satz aus dem genannten Introitus (*Rorate caeli desuper et nubes pluant justum*).

Der 3. Adventsonntag heißt traditionell „Sonntag Gaudete" nach dem ersten Wort des Introitus *Gaudete – Freut euch*. An diesem Tag dringt sozusagen ein Sonnenstrahl durch die Wolkendecke in die ansonsten violette Welt des Advents, und man kann die liturgische Farbe rosa nehmen so wie am 4. Fastensonntag (*Laetare*); die rosa Messgewänder existieren nur für diese beiden Anlässe.

1. Sonntag B
Lieder: O komm, o komm, Emmanuel (A); O Heiland, reiß die Himmel auf; Tauet, Himmel, aus den Höh'n (B); Wir warten dein, o Gottessohn (C)
Rheinberger: Ad te levavi „1. Adv" (SATB)
NGL: Dunkelheit bedeckt alle Völker der Welt; Machet die Tore auf
Raselius, Wahrlich ich sage euch (SATB) (*Diese Motette zum Evangelium passt auch am 33. Sonntag B*)
Veni, veni, Emmanuel: diverse Bearbeitungen der Melodie aus dem 15. Jahrhundert u. a. von Kodaly (SATB, auch SABar im *Chorbuch a tre*); Willcocks (SATB, Orgel)

2. Sonntag
Lieder: Kündet allen in der Not (A); Lied: Mit Ernst, o Menschenkinder; Tauet Himmel, den Gerechten (ohne 2. Strophe)(B); Macht hoch, die Tür (C)
Grahl: Kündet allen in der Not (SATB, Orgel, Gemeinde)
Scheidt: Macht hoch die Türe (SATB Bc)
Eccard: Mit Ernst o Menschenkinder (SATB)
Schütz: Tröstet, tröstet (Jes 40,1–5) (SSATTB Bc)
Rathgeber: Salvatorem exspectamus (SA-Soli, SATB, Ktrio). *Originaltitel: „Offertorium pro tempore Adventu". Der Text enthält auch „Laetentur caeli" und „Jubilate, montes".*

3. Sonntag
Lieder: Freut euch im Herrn, denn er ist nah (A, B, C)
Diabelli: Prope est Dominus (SATB Str Orgel)
Rolf Schweizer: Freuet euch im Herrn allewege (SATB, 2 Sax, Pos), Cemb (Pfte, Org), Kb B-Git)

4. Sonntag
Lieder: Maria, sei gegrüßet; Tauet Himmel, den Gerechten (2. Strophe)(A, B, C)
Brixi: Rorate coeli (SATB, Ktrio, 2 Pos ad lib oder Orgel solo)
Rheinberger: Rorate caeli (SATB)
Gallus: Ecce concipies (SATB)

Wer Wochentagsgottesdienste im Advent gestaltet, muss eine Besonderheit in der Leseordnung beachten. Damit die Texte zielgenau zu Weihnachten hinführen, sind Lesung, Zwischengesänge und Evangelium ab dem 17. Dezember jeweils ans Datum gebunden und nicht mehr an den Wochentag. (Im Jahr 2010 etwa werden am 16. Dezember die Lesungen vom Donnerstag der dritten Woche im Advent genommen, am nächsten Tag aber nicht mehr die vom Freitag, sondern die vom 17. Dezember.)

Mit dem 17. Dezember beginnt auch die Reihe der O-Antiphonen (*Antiphones majores*). Das sind die Magnificat-Antiphonen der →Vesper, so genannt nach dem Beginn (17. Dezember: *O Sapientia / O Weisheit*; 18.: *O Adonai / O Herr* usw.) Die Bezeichnung deutet darauf hin, dass derartig gewichtige Magnificat-Antiphonen für Wochentage eine Besonderheit waren. Seit der Neuordnung dienen diese Antiphonen an den jeweiligen Tagen auch als Vers vor dem Evangelium. Es gibt eine Reihe strophischer →Paraphrasen (*Herr, send herab uns deinen Sohn* ist z. B. der Rahmen für eine derartige Nachdichtung); jede Strophe kann mit einem passenden Hallelujaruf vor dem Evangelium verwendet werden.

* * *

Ein Dauerbrenner ist die Frage, wie weit weihnachtliche Texte, Lieder und Musikstücke in die Adventzeit hineinragen dürfen. Das betrifft in erster Linie außerliturgische Veranstaltungen – Konzerte – und paraliturgische wie Andachten. Aber auch bei der Gestaltung von Messen geht es um eine gewisse Vorsicht bei der Strophenauswahl.

Wer sich halbwegs an die Vorgaben hält, wird zwei gegenläufige Beobachtungen machen: Einerseits wird nichts ausdrücklich Weihnachtliches „passieren", andererseits sind die Grenzen ja doch nicht so scharf (nicht so scharf wie etwa im Fall Fastenzeit und Ostern). Für den 2. Adventsonntag A und Epiphanie sind zum Beispiel die Antwortpsalmen praktisch identisch (Ps. 72). Gewisse Lesungen vom Typ der emphatischen Vorausahnung trifft man vorher an (Steig auf einen hohen Berg, Zion, du Botin der Freude – 2. Adventsonntag B) und auch nachher (Auf, werde licht, Jerusalem – Epiphanie). Beide Stellen sind aus dem Buch Jesaja. Andererseits enthält die Jesaja-→Perikope von Epiphanie auch das Motiv „Finsternis bedeckt alle Völker der Erde", das einen starken adventlichen Touch hat. Dorthin gehören auch die adventlich gefühlten Vertonungen von *Das Volk, das im Dunkel wandelt* (Herzogenberg, Stanford, Händel) und anderen. Letzterer Text kommt wiederum in der ersten Lesung der Mitternachtsmette vor (Jes 9,1).

Umgekehrt greifen manche der Adventlieder schon ein wenig voraus, wenn es zum Beispiel in der vierten Strophe von *Komm, du Heiland aller Welt* heißt: *Glanz strahlt von der Krippe auf.* Auch in anderen Liedern finden sich Spuren, die über Vorahnungen hinausgehen. Ein bekanntes Beispiel für eine großräumige Überschneidung ist jener Abschnitt aus Ps. 24, der am Fest der Darstellung des Herrn

– also am Ende des Weihnachtsfestkreises – als Antwortpsalm dient (Ihr Tore, hebt euch nach oben … denn es kommt der König der Herrlichkeit). Diese Textstelle hat einen stark adventlichen Einschlag, und die populäre Motette *Machet die Tore weit* von Andreas Hammerschmidt (SSATBB, auch mit Bläsern ad lib) läuft denn auch in allen Katalogen unter Advent, obwohl dieser Psalm im Lektionar nie im Advent vorkommt – merkwürdigerweise auch nicht zu Christkönig –, nur einmal, eher unauffällig, als Gesang zur Eröffnung am 22. Dezember. (Es gibt eine ganze Reihe von Vertonungen des Textes z. B. von Neukomm, Homilius, Becker u. a.)

Es hilft nichts – strikt nach den Texten allein lässt sich eine Ja/Nein-Liste kaum aufstellen.

Da ist Fingerspitzengefühl angesagt. Der überall spürbaren Verwischung der Grenze zwischen Advent und Weihnachten kann man ohnehin kaum woanders als im liturgienahen Bereich gegensteuern. Die ersten Weihnachtssterne leuchten ab Mitte November über den Einkaufsstraßen, und spätestens ab Anfang Dezember wird das Punschtrinken mit gefühlvollen Bläsersätzen (*Es ist ein Ros entsprungen, O Tannenbaum*) untermalt – und letzteres zu spielen, ist angesichts der längst aufgestellten Bäume ja nur logisch. Ich plädiere dennoch für das Halten der letzten Bastion beim Kirchenkonzert. Weihnachtliches wird auch dort einsickern (*Gelobet seist du, Jesu Christ; Resonet in laudibus*), aber man muss ja nicht die Schleusen öffnen (*Transeamus usque ad Bethlehem; O du fröhliche*). Es geht um eindeutig konnotierte Texte und Melodien, und diese Linie sollte nicht überschritten werden.

Die Realität spricht leider auch nicht gerade gegen konzertante Aufführungen großer weihnachtlich ausgerichteter Oratorien und →Kantaten bereits in der Adventzeit. Die Rede ist hier vom Bach'schen Weihnachtsoratorium sowie von den einschlägigen Kompositionen von Schütz, Saint-Saens, Herzogenberg und anderen. In den Wochen nach Weihnachten bekommt man einen Chor nur schwer zu einer intensiven Probenphase zusammen, und ein Teil des erhofften Publikums ist auf Urlaub. Gegen einen Termin Ende Jänner spricht, dass das Weihnachtsgefühl bereits gegen null hin abgenommen hat. Der liturgisch Sensible mag das bedauern und bekämpfen oder auch nicht – im Allgemeinen empfindet das Publikum ein weihnachtliches Oratorium am 18. Dezember besser platziert als am 28. Jänner. Man ist ja ohnehin schon dankbar, dass neulich eine österreichische Klosterkirche die Anfrage eines Konzertveranstalters abgewiesen hat, der am 4. Dezember das *Stabat Mater* von Antonín Dvořák aufführen wollte.

Die Linie überschritten wurde übrigens auch soeben in diesem Kapitel. Die **Weihnachtszeit** beginnt liturgisch mit der Ersten Vesper des Hochfestes am 24. Dezember abends. Untertags wird noch – in violetter Farbe und ohne Gloria – die Messe vom (Wochentag) 24. Dezember gefeiert, abends jene vom Heiligen Abend (weiße Farbe, Gloria), die eine →Vigilmesse vom Hochfest ist. Ein sanftes Zögern liegt

über dieser „weihnachtlichen Vorweihnachtsmesse"; dass Christus jetzt in diese
Welt eintritt, wird umkreist, aber noch nicht ausgesprochen. Der Vers vor dem
Evangelium lautet: *Morgen wird die Sünde der Erde getilgt, und über uns herrscht
der Retter der Welt.* Als Lied empfiehlt sich *Es ist ein Ros entsprungen*; in der ers-
ten Strophe (*von Jesse kam die Art*) gibt es einen Bezug zur zweiten Lesung. Jesse
ist Isai, der Vater von König David. (Vgl. ⇨Maria, Fußnote 21 auf S. 244 und die
Bemerkungen zu *Virga Jesse* S. 254.) Wichtig ist es, ausgesprochene Krippen- und
Hirtenlieder noch nicht zu verwenden (von *Stille Nacht* ganz zu schweigen).

Die **Mitternachtsmette** ist einer der paradoxen Gottesdienste, was die Besucher-
struktur betrifft. Die besondere Ausstrahlung einer nächtlichen Liturgie, die vertrauten Lieder, die Krippe – all das zieht so viele Besucher an, dass die ersehnte
Intimität meist nicht aufkommen kann. Und es kommen auch viele, die zwar sonst
nicht regelmäßig am Gottesdienst teilnehmen, aber gerade für dieses eine Mal
gewisse Erwartungen haben, die eher nicht in Richtung aktiver und tätiger Teilnahme gehen. Hier ist eine vernünftige Balance nötig; man muss nicht unbedingt
gerade in dieser Messe zeigen, wie modern doch die Kirchenmusik inzwischen
geworden ist, etwa mit einer Kyrielitanei? Ja – aber ansonsten ist das jedenfalls der
Gottesdienst für Krippe und Hirten und *Stille Nacht*. Über die Verwendung des
letzteren Liedes innerhalb der Messe werden manchmal im nördlicheren Deutschland Zweifel geäußert; bei uns dürfte darüber wohl kaum diskutiert werden.

Im süddeutsch-österreichischen Raum haben sich zwischen Spätbarock und
Biedermeier Formen wie Pastorale, Pastorella u. ä. entwickelt. Einschmeichelnde
Melodik mit vielen Naturtönen, volkstümliche Dichtung und durchschaubare formale Gestaltung sind die Kennzeichen dieser liebenswürdigen Gattung. Vor allem
die Christmette ist der passende Ort.

> Ein Beispiel von vielen: Dittersdorf, Pastorelle in Es / Pastorelle in G („Ihr Hirten eilet auf
> die Flur, verlasst die Morgenwache!") (S- oder B-Solo, Ktrio). Besonders hervorgetan haben
> sich in diesem Genre auch Diabelli, Führer und Brixi.
> Schiedermayr, Tecum principium (S-Solo, Org)

Das **Hochfest Weihnachten** ist der einzige Tag, für den es drei verschiedene Messformulare gibt: *missa in nocte – missa in aurora – missa in die,* das heißt in der
Nacht (die Mitternachtsmette) – zur Morgenröte (am Morgen) – am Tag.

Manchmal haben Komponisten Weihnachtsmessen geschrieben, bei denen
auch der eine oder andere Teil des Propriums in den Zyklus aufgenommen wurde.
In der Pastoralmesse op. 150 von Führer etwa ist auch das Offertorium der Met-
te *Laetentur caeli* enthalten. Diabelli nimmt in seine Pastoralmesse op. 147 in F
(Str Fl 2 Klar oder 2 Ob 2 Fag 2 Trp) auch das „Graduale" (richtig: den Introitus)
Puer natus est nobis aus der *missa in die* auf, außerdem ein „Offertorium" *Angelus*

ad pastorem ait; Vertonungen dieses Textes sind im 18. und 19. Jahrhundert öfter anzutreffen (z. B. von Diabelli), aber aus welchem Messformular er tatsächlich kommt, konnte ich nicht eruieren. Aber früher wurde so manches, was nach dem Credo gesungen wurde, einfach als Offertorium bezeichnet. – Eine interessante Vertonung aller Teile von ⇨Ordinarium und ⇨Proprium (d. h. eine Plenarmesse) hat der junge Anton Heiller 1949 geschaffen: *Missa in nocte* (SSA, Orgel). – Weitere öfter anzutreffende *thesaurus*-Sätze aus den Proprien sind *Tecum principium* (Graduale der missa in nocte), *Viderunt omnes* (Graduale oder Communio) und *Tui sunt coeli* (Offertorium, *missa in die*). Aus dem →Offizium begegnen manchmal die Magnificat-Antiphon der 2. Vesper *Hodie Christus natus est* und der Vesperhymnus *Jesu redemptor omnium*. Proprienvertonungen zur *missa in aurora* spielen aus naheliegenden praktischen Gründen keine Rolle im Repertoire.

> Clérambault: Hodie Christus natus est (S-Solo, evtl. B-Solo, Bc) *Die untere Stimme geht fast immer mit dem Continuo-Bass mit; sie wird daher wohl eher mit einem Bass als mit einem Second Dessus (= 2. Sopran) zu besetzen sein.*

Bevor wir uns den nächsten Festen zuwenden, sollten wir einen Blick auf die **Weihnachtszeit** als Ganzes werfen. Es geht hier um die Entfaltung einiger Aspekte der Menschwerdung und der menschlichen Existenz Christi, und eine stimmige Chronologie spielt dabei eine eher geringe Rolle. Bei den Heiligenfesten Stephanus und Johannes ist eine solche auch gar nicht zu erwarten, aber beide Festtage haben schon seit der Mitte des ersten Jahrtausends ihr Datum. Der Kindermord in Betlehem, dessen am 28. Dezember gedacht wird, ist schwer in Einklang zu bringen mit der (gedachten, ausgemalten) Langzeitsituation der Heiligen Familie in Nazareth (27., manchmal aber 30. Dezember) und auch nicht mit der Beschneidung und der Namensgebung Jesu, was nach wie vor am 1. Jänner einen Teilinhalt des Festes ausmacht. Auch das Epiphaniegeschehen – wenn es sich denn auf ein konkretes historisches Geschehen festmachen ließe – ist hier nicht ganz ohne weiteres einzufügen; dass die Taufe Jesu jedenfalls danach gefeiert wird, ist hingegen wieder schlüssig. Das letzte Fest, das mit Weihnachten zusammenhängt, Darstellung des Herrn im Tempel, ist wieder aus der Logik des Ablaufs ausgeklinkt, aber dafür stimmt die Zahl von 40 Tagen, die für diesen rituellen Akt seit der Geburt (s. d.) verstrichen sein muss. Von all dem abgesehen: Wir befinden uns in der →Oktav von Weihnachten, und so gut wir die Feste auch gleich gedanklich dort einordnen werden, so widerspricht dieses Gedränge an Festen doch dem Grundgedanken einer Oktav, in der vor allem das Fest weiter ausstrahlen soll, ohne durch andere Inhalte überlagert zu werden. – Die Messformulare der festfreien Tage sind mit dem jeweiligen Datum verknüpft (also nicht „Donnerstag der … Woche" wie sonst meist üblich). Die ganze Oktav hindurch wird das Gloria gesungen, nicht aber an den verbleibenden wenigen Wochentagen der Weihnachtszeit (2. bis 5. Jänner).

Nach Weihnachten wird eine kleine Palette an Festen ausgebreitet, die in der Liturgik manchmal *comites Jesu*, Jesu Begleiter bzw. sein Ehrengefolge, genannt werden. Das Fest des **heiligen Stephanus** zeigt uns – wie es einmal ein Prediger ausdrückte –, „dass dieses herzige Kind in der Krippe auf lange Sicht gar nicht so harmlos ist." Diese gedankliche Verbindung hat man erst später hergestellt; das Stephanusfest soll sogar älter sein als das Weihnachtsfest. Die musikalische Gestaltung ist nicht unproblematisch. Einerseits ist es ein Märtyrerfest; nichts an den Texten im Messbuch deutet auf Weihnachten hin. Also keine Weihnachtslieder? Aber man trägt ja auch nicht für diesen Tag die Christbäume weg aus der Kirche, und die Krippe bleibt ebenfalls stehen. Es ist eben eine merkwürdige liturgische Parallelsituation, an die man allerdings weit über 1000 Jahre hindurch gewöhnt ist. Wenn man nicht Lieder und Gesänge auswählen möchte, die sich auf das Märtyrerfest beziehen (*Mir nach, spricht Christus* u. ä.), dann sollte man zumindest auf jene Weihnachtslieder zurückgreifen, die das Festgeheimnis darstellen (*Tag an Glanz und Freuden groß; Sei uns willkommen, Herre Christ; Ich steh an deiner Krippen hier*) und solche vermeiden, die das Geschehen in Betlehem nacherzählen (*Es kam ein Engel; In dulci jubilo; Nun freut euch, ihr Christen*).

Das Stephanusfest ist in unserem kalendarischen Bewusstsein ganz fest verankert, zumal es auf einen bürgerlichen bzw. gesetzlichen Feiertag fällt („Stephanitag"). Für annähernd ein Viertel der österreichischen Katholiken hat es sogar den Rang eines Hochfestes, weil Stephanus der Patron der Wiener Domkirche ist. Aber überall sonst ist das Fest liturgisch im Rang unter dem **Fest der Heiligen Familie**, das am Sonntag nach Weihnachten gefeiert wird, und wenn dieser Sonntag der 26. ist, dann entfällt Stephanus und es wird die Messe von der Heiligen Familie genommen. Wenn andererseits die Heilige Familie Pech hat und Weihnachten und der 1. Jänner auf Sonntage fallen, dann wird das Fest am 30. Dezember gefeiert, und es passiert etwas ganz Merkwürdiges: Es verliert eine der beiden Lesungen und wird somit äußerlich einem Wochentag etwas ähnlicher. Das Fest der Heiligen Familie ist ein relativ junges sogenanntes Ideenfest, das 1920 für die Weltkirche eingeführt wurde. Der heutige Termin wurde auf einigen Umwegen erreicht; es wurde zunächst am dritten, später am ersten Sonntag nach Epiphanie gefeiert (was der Chronologie sogar ein wenig besser entsprach). Dies und die vorhin angesprochenen komplizierten Verschubregelungen machen deutlich, dass es nicht von Vorteil war, innerhalb einer Festoktav noch weitere Anlässe anzusiedeln; solche Kollisionen waren allerdings in den vorkonziliaren Kalendern noch weitaus häufiger. – Der biblische Befund ist dürftig insofern, als wir über die Kindheit Jesu und erst recht über das Zusammenleben mit Maria und Josef nichts wissen. Folgerichtig gibt es auch kaum allgemein verbreitete Lieder zum Thema (übrigens auch keine Vertonungen im *thesaurus*). Man wird sich mit Liedern behelfen, die allgemein aufs Zusammenleben und auf eine Grundhaltung des frohen Gottvertrauens

Bezug nehmen, zum Beispiel *Was Gott tut, das ist wohlgetan; Herr, unser Herr, wie bist du zugegen; Nahe wollt der Herr uns sein.* Allerdings hat der Autor (und wohl auch der Leser!) keinen Zweifel, dass in Wirklichkeit weithin auch an diesem Tag Weihnachtslieder im Gottesdienst gesungen werden; da gelten für die Auswahl dieselben Überlegungen wie für das Stephanusfest. – Korrespondierend mit dem Evangelium findet man Passendes in den einschlägigen Spruchsammlungen, zum Beispiel Raselius, *Steh auf und nimm das Kindlein* (SSATB).

Der 27. Dezember bringt das **Fest des Apostels und Evangelisten Johannes,** das mit Weihnachten auf den ersten Blick noch weniger zu tun hat. Traditionell wird Johannes mit dem – in der Bibel nie namentlich bezeichneten – Lieblingsjünger assoziiert. Er hatte immer schon eine Sonderstellung; im 5. Jahrhundert wird sogar in einer Legende von seiner leiblichen Aufnahme in den Himmel erzählt. Johannes war es, der beim letzten Abendmahl an der Brust Christi lag, und über diesen gedanklichen Umweg kann man damit einverstanden sein, dass auch sein Fest in der Nähe des Weihnachtsfestes liegt. Das Tagesevangelium konfrontiert uns Ende Dezember mit einem überraschenden österlichen Akzent. Mit den Liedern *Tag an Glanz und Freuden groß* oder *Ich steh an deiner Krippen hier* kann man zwischen der Weihnachtsatmosphäre und der gedanklichen Welt des Johannesevangeliums einen dünnen Bogen spannen. Oder man greift das Motiv der persönlichen Liebe zu Jesus auf und singt *Ich will dich lieben, meine Stärke* oder *Morgenstern der finstern Nacht.* Ein Satz aus dem Evangelium des Johannes ist zu einem Schlüsselsatz geworden und liegt in vielen Vertonungen vor: *Verbum caro factum est,* zum Beispiel von Rathgeber („Offertorium pro tempore nativitatis Domini nostri Jesu Christi") (!), (AT-Soli SATB Bc) oder von Schütz (SWV 314; SS-Soli Bc); deutsch zum Beispiel von Telemann, *Und das Wort wurde Fleisch* (SABar Bc) (Chorbuch a tre). Die entsprechende Perikope (Joh 1,1–5.9–14) ist ein zentraler Text über das Erlösungsgeschehen; sie wurde in der vorkonziliaren Messe jedesmal (!) am Schluss, nach dem Segen, still vom Priester gelesen. Heute kommt sie zu Weihnachten in der dritten Messe (*missa in die*) vor und noch einmal am Zweiten Sonntag nach Weihnachten.

Am 28. Dezember wird das **Fest der Unschuldigen Kinder** gefeiert. Sie sind Jesus auf andere, tragische Weise nahe. Seit Jahrhunderten suggerieren die bildlichen Darstellungen des Kindermordes ein riesiges Gemetzel, das eine ganze Kohorte unter hunderten Kindern angerichtet hat. In dem kleinen Provinzort Betlehem werden es eine Handvoll oder ein Dutzend Opfer gewesen sein; jeder einzelne ist einer zu viel, aber man sollte doch die Proportionen zurechtrücken. – Auch für diesen Tag ist die Liedauswahl nicht einfach. Jede Strophe über das liebliche Jesuskind in der Krippe lässt den Mord an den Gleichaltrigen um eine Stück drastischer erscheinen. Entweder man nimmt eines der für den 27. Dezember genannten abstrakt-weihnachtlichen Lieder, oder man spart ausnahmsweise Gemeindelieder soweit wie möglich aus: Orgelmusik zu Beginn, ein typisches Gabenbereitungs- und ein Danklied. Den auffallend poetischen Antwortpsalm sollte man jedenfalls verwenden. (Ps. 124,7: *Unsere Seele ist wie ein Vogel dem Netz des Jägers entkommen.*)

Die Gestaltung der Jahresschlussandacht wird am Ende des Kapitels ⇨ Wort-Gottes-Feier …, S. 128f.) behandelt.

Der **1. Jänner** ist mit Inhalten überladen:

– Hochfest der Gottesmutter Maria
– Weltfriedenstag
– Außerdem inkludiert: Beschneidung Jesu.
– Bis vor kurzem inkludiert: Namensgebung Jesu. Der Inhalt des alten Namen-Jesu-Festes (früher am Sonntag zwischen 1. und 6. Jänner) findet sich seit 2003 wieder im Rang eines nicht gebotenen Gedenktages am 3. Jänner. – Übrigens stammt der schöne Hymnus *Jesu dulcis memoria / O lieber Jesu, denk ich dein* aus der Vesper des aufgelassenen Festes.
– Oktavtag von Weihnachten
– Neujahrstag

Das ist eine ganze Menge, und vielleicht hätte man zumindest auf den Weltfriedenstag verzichten können. (An Neujahr führt schließlich kein Weg vorbei.) Die Geschichte der verschiedenen Festbelegungen dieses auffälligen Datums kann hier nicht einmal angedeutet werden. Jedenfalls hatte der Oktavtag von Weihnachten schon in frühester Zeit eine marianische Prägung, die dann durch den Schwerpunkt Beschneidung und Namensgebung überlagert wurde. Früher gab es daher immer wieder ein eigenes „Fest der Mutterschaft Mariens" (zuletzt, 1931–1970, am 11. Oktober); dieser – eigentlich selbstverständliche – Festinhalt ist nun wieder im Hochfest am 1. Jänner aufgegangen. Die Widmung als Marienfest ist also nur eine Wiederbelebung (vgl. S. 238), die allerdings auch von einem prominenten Liturgiewissenschafter kritisch und sogar ironisch gesehen wird:

> „Eine bedeutende pastorale Chance ist auch die Feier von Neujahr, wenn es als solches gefeiert wird. Die Feier eines künstlich rekonstruierten, seit über tausend Jahren abgestorbenen Festes dürfte weit an der Erlebnissituation heutiger Gemeinden vorbeigehen. Das Missale Romanum bietet zwar unter den Formularen für besondere Anliegen auch eines ‚Zum Jahresbeginn' (Nr. 24) an, aber mit der unbegreiflichen Rubrik: ‚Diese Messe wird nicht am 1. Januar, dem Hochfest der Mutter des Herrn, genommen' – wann aber sonst; etwa zum chinesischen oder einem anderen Neujahrtermin?" (Auf der Maur 1994, S. 176)

Vor der Liturgiereform wurde am 1. Jänner einfach das komplette Messformular der dritten Weihnachtsmesse wiederholt, nur das Evangelium nahm auf die Beschneidung Bezug. Heute laviert man ein wenig opportunistisch zwischen allen vorhandenen Themen. Das Messbuch bietet zwei Eingangsverse zur Wahl an, nämlich einen marianischen und einen über die ewige Herrschaft Gottes. In der ersten Lesung wird mit dem Aaronssegen klammheimlich liturgisch Prosit Neujahr gewünscht, und das setzt sich im Antwortpsalm fort. Die zweite Lesung schlägt elegant eine Brücke zur Gottesmutterschaft Mariens, und das Evangelium verbindet das Ende der Weihnachtserzählung mit der früher verwendeten kurzen Perikope von der Beschneidung. Der Kirchenmusiker darf es dann wohl auch in dieser Weise angehen (und das ist nicht ironisch gemeint): ein wenig Marianisches, viel Preis und Dank und Zuversicht, dazu das eine oder andere Weihnachtsstück. Das Lied *Der du die Zeit in Händen hast* ist musikalisch und textlich ein hervorragender Wurf, aber ob es für den Neujahrstag nicht doch zu besinnlich und von der modalen Melodie her einfach zu „traurig" ist? *Lobpreiset all zu dieser Zeit* (Melodie *Ich steh an deiner Krippe hier*) hingegen ist sicher ein guter Treffer. – Rheinberger *Neujahrsgebet* (TTBB); Dulichius, *Das alte Jahr vergangen ist* (SAATTB; nicht →c. f.!)

Der **Zweite Sonntag nach Weihnachten** bietet in den Texten ein philosophisches Nachschwingen der Weihnachtsbotschaft, ohne dass noch einmal auf ein konkretes Ereignis Bezug genommen würde. In den Lesungen geht es um die überzeitliche Dimension und um die Gotteskindschaft; außerdem hören wir, wie vorhin erwähnt, nochmals die Perikope „Das Wort wurde Fleisch" (vgl. oben 27. Dezember). Was die Musikauswahl betrifft, ist dieser Sonntag ganz offen. *Jauchzet, ihr Himmel* (nach der Melodie *Lobe den Herren*) und *Ich steh an Deiner Krippe hier* treffen die nachdenkliche und doch weihnachtliche Stimmung recht gut. Wer mit Chor gestaltet, kann an diesem Tag „allgemein weihnachtliche" Stücke ansetzen, sofern sie nicht ganz ausdrücklich Hirten, Engel und „Heute ist Christus geboren" einschließen.

Am 6. Jänner kommt es mit dem **Hochfest Erscheinung des Herrn (Epiphanie)**, volkstümlich auch Dreikönigstag genannt, zum zweiten großen Höhepunkt des Festkreises. Dass es nicht drei waren und auch keine Könige, die da gekommen sind, spielt angesichts der Hauptbotschaft des Tages kaum eine Rolle. Sie lautet: Heute wird es allen klar, wer hier geboren wurde; was geschehen ist, strahlt weit über Krippe und Stall hinaus, und es sind keine Hirten mehr, die hier staunen, sondern gewichtige Persönlichkeiten. In technokratischer Ausdrucksweise könnte man sagen: Zu Weihnachten ist eine unglaubliche Sache geschehen; am 6. Jänner wird die Öffentlichkeit informiert. Daher begegnet uns hier auch wieder das Motiv „Freue dich, Jerusalem". Einige bekannte Gesänge stammen aus dem Proprium des Festes, etwa das Graduale *Omnes de Saba venient* – vertont zum Beispiel von Michael Haydn (SATB, Org); Rheinberger (SATB) – oder das Offertorium *Reges Tharsis* (Eybler, Byrd, Palestrina). Mit dem Antwortpsalm (Ps. 72) korrespondiert die Motette *Zu seinen Zeiten wird blühen* von Dedekind (SA, Bar ad lib [eher solistisch], Bc).

𝄞 In der Weihnachtshistorie von Schütz (SWV 435) sind auch die wesentlichen Abschnitte des Festtagsevangeliums vertont (Nr. 9 bis 15, Mt 2,2–13; mit verteilten Rollen bzw. verschiedenen Kammerbesetzungen). Abschnitte daraus könnten das Evangelium während der Gabenbereitung oder der Kommunionspendung noch einmal wachrufen. (Der Praktiker weiß allerdings, dass die Gottesdienste zu Epiphanie ohnehin etwas länger dauern, da vor dem Schluss traditionsgemäß die Sternsinger ihre Botschaft abliefern.)

Nicht mehr zur Weihnachtszeit, aber zum Weihnachtsfestkreis gehört das Fest **Darstellung des Herrn (Mariä Lichtmess)**. Es ist uralt und gehört zum Kernbestand der Leben-Jesu-Feste. Es hieß bis 1960 Mariä Reinigung (Purificatio Mariæ). Nach jüdischem Brauch galt eine Frau nach der Entbindung als unrein; nach Ablauf von vierzig Tagen hatte sie im Tempel zu erscheinen, um offiziell für rein erklärt zu werden. Davon eigentlich unabhängig war es auch vorgeschrieben, ein männliches Neugeborenes zunächst Gott zu weihen und es dem Priester zu „präsentieren". Über dieses Lehnwort gelangt man zur heutigen lateinischen Bezeichnung des Festes *Praesentatio Domini*. Der Ausdruck „Darstellung" hingegen ist eigentlich unklar und suggeriert nach unserem Sprachgebrauch eher, dass Jesus auf einem besonders kostbaren Gemälde zu sehen ist.

> Sorgfalt ist geboten, wenn man nach geeigneten Stücken aus dem *thesaurus* sucht, denn es gab früher auch ein Fest *Praesentatio Mariæ*! Hierbei handelte sich um eine ganz andere, nur legendarisch überlieferte Begebenheit: Demnach wurde Maria im Alter von drei Jahren in den Tempel gebracht, um dann bis zu ihrem zwölften Lebensjahr dort zu dienen. Die deutsche Bezeichnung dieses Festes lautete denn auch – eine Spur passender – Mariä Opferung. Dieses Fest wurde 1960 gestrichen und an seinem Datum 21. November stattdessen der Gedenktag Unserer Lieben Frau von Jerusalem angesetzt – und, erstaunliche Wendung, auf die Weihe einer Marienkirche in Jerusalem im Jahre 543 (!) ging das aufgelassene Fest auch zurück. Man hatte den Weihetag einer Kirche nachträglich mittels einer Legende mit größerem Glanz ausgestattet – eine in der Geschichte des Heiligenkalenders gar nicht so unübliche Sache. (Zur Bezeichnung dieses und anderer marianisch geprägter Feste vgl. auch S. 241.)

Dass Jesus von seinen Eltern in den Tempel gebracht wird, ist nur ein Teil der Geschichte, und nicht der auffälligste. Sensationell ist eher die visionäre Rede des alten Simeon und, kurz danach, seine Prophezeiung, dass dieses Baby Israel verändern würde – „ein Licht, das die Heiden erleuchtet und Herrlichkeit für dein Volk Israel." Diese Stelle strahlt im Sinne des Wortes auf das ganze Fest aus; es ist der Anlass für eine Lichterprozession vor der Messe, und von daher kommt der volkstümliche Name Mariä Lichtmess. (In der Ostkirche steht diese Begegnung Christus-Simeon sogar im Vordergrund des Festes, das deshalb dort *hypapánte*, Begegnung, heißt.)

Die Rede des Simeon „Nun lässt du, Herr, deinen Knecht in Frieden scheiden" (Lk 2,29–32) hat ihrerseits auf Liturgie und Musik ausgestrahlt. Dieses *Nunc dimittis* ist der große neutestamentliche Gesang, das →Canticum, in der →Komplet und wird somit jeden Tag von jedem katholischen Kleriker abends im Breviergebet gelesen bzw. in den Klöstern gesungen. Der Text ist überdies nicht nur eine Christusvision, sondern wird auch als Abschieds- und Sterbelied aufgefasst; er ist mit zum Teil herausragenden Vertonungen in die Kirchenmusikgeschichte eingegangen. Im Evensong, dem Abendgebet der anglikanischen Kirche, werden Magnificat *und* Nunc dimittis gesungen, weswegen die beiden Cantica in dieser kirchenmusikalischen Tradition meistens als Zweier-Set vertont sind. (Vgl. S. 360.)

Bereits zur Lichterprozession soll dieser „Lobgesang des Simeon" gesungen werden; eine responsoriale Ausführung – Vorsänger oder Chor/Alle – liegt nahe. Das gilt auch für weitere Gesänge, die wegen der Kürze des *Nunc dimittis* zweifellos nötig sind. Ps. 27 (Der Herr ist mein Licht und mein Heil) oder der Lobgesang des Zacharias (Lk 1,68–79, zu finden in den →Laudes) sind passende Ergänzungen – letzteres, weil es sich um eine ähnliche Vision eines alten Mannes handelt, die ebenfalls eine Brücke vom Alten zum Neuen Testament spannt.

Wenn die Prozession beendet ist, folgt an sich sofort das Gloria der Messe. Aus dramaturgischen Gründen empfiehlt sich hier ein kurzes Wort der Überleitung oder eine kurze Stille, damit nicht nahtlos Gesang auf Gesang folgt. Aus diesem Grund wäre es vielleicht eine Überlegung wert, das Gloria ausschließlich dem Chor anzuvertrauen.

Wenn man nicht gerade einen Kreuzgang oder einen ähnlich geschützten Platz zur Verfügung hat, wird es wegen der ungünstigen Jahreszeit in den meisten Fällen ratsam sein, die Prozession innerhalb der Kirche durchzuführen. Laut Messbuch gibt es auch die Variante in Form einer →Statio. (Jedoch: „Der Priester begibt sich zur Kerzenweihe mit der Assistenz und einer Vertretung der Gemeinde (?!) an einen geeigneten Platz innerhalb oder außerhalb der Kirche.") Der Autor hält so eine Eigentlich-doch-fast-Prozession für keine besonders geglückte Lösung. Für die musikalische Gestaltung ist die Beschränkung auf den Kirchenraum – *samt* Prozession! – aber jedenfalls die praktischere.

Charpentier, *In festo purificationis* (SAB Ktrio Bc)

Als älterer Kirchenmusiker ist man fast ein wenig traurig, dass die alten Gesänge zur Prozession verschwunden sind; man freute sich immer schon ein wenig auf das lautmalerische Responsorium *Obtulerunt*: „Sie opferten für ihn, den Herrn, ein Paar Turteltauben oder zwei junge Tauben (*par turturum aut duos pullos columbarum*)." Eine andere der alten Antiphonen, *Responsum accepit Simeon* (Lukas 2, 26, der „Vorspann" zum *Nunc dimittis*) ist u. a. von Luca Marencio vertont worden (SATB).

3. Fastenzeit

Große Ereignisse, heißt es, werfen ihre Schatten voraus – und in der Tat fällt eine Art Trübheit auf diese Wochen der Kirchenjahreszeit. Die offizielle Bezeichnung seit der Liturgiereform lautet österliche Bußzeit, und damit ist die Hinordnung auf Ostern ausgedrückt; man spürt, wozu dieses Fasten und Einkehren gut sein wird. Der Höhepunkt des ganzen Kirchenjahres, das Fest der Auferstehung, ragt so hoch aus dem Jahresablauf hinauf, dass der Schatten entsprechend weit reicht: 40 (*quadragesima*) Tage sind es, an denen kein Halleluja erklingt. Weniger Drumherum, dann ist das Essentielle besser zu sehen – so könnte man die Stimmung beschreiben. Kein Blumenschmuck für den Altar, und „der Klang von Instrumenten ist nur zur Unterstützung des Gesanges erlaubt, weil beides den Bußcharakter dieser Zeit hervorstreicht." So steht es im →Direktorium für die Erzdiözese Wien, und der nächste Absatz ist unabhängig von den Diözesangrenzen höchst bemerkenswert:

> Bezüglich des „Verbots des selbstständigen Orgelspiels" in der Quadragesima stellt die Diözesankommission für Kirchenmusik fest: Es würde dem Geist des II. Vatikanischen Konzils widersprechen, den großen Schatz wertvoller choralgebundener Orgelliteratur zur österlichen Bußzeit nicht zu pflegen. Dagegen sollte – um den Bußcharakter dieser Zeit zu betonen – jedenfalls auf „nichtssagendes" Präludieren und Interludieren bzw. eventuell auf Liedbegleitung verzichtet werden. (Ausgabe 2008/2009, S. 106)

Man höre genau hin: Das ist ein Aufruf zu einer *anderen* Art des Musikeinsatzes, der nicht bloß in einem sturen Weniger oder Fast-Nichts besteht. Vergleichbar damit ist der in vielen Kirchen geübte Brauch, vor das Altarbild ein Fastentuch zu hängen; das ist nicht einfach *kein* Bild, sondern ein anderes, das speziell auf die Fastenzeit hinweist und andere Gesichtspunkte in den Vordergrund rückt. Bilder, Blumen, Musik: Spürbar anders soll es sein, und wenn man eine lange sonntägliche Kommunionspendung ganz ohne Orgelspiel erlebt, dann ist das besonders am 1. Fastensonntag ein sehr deutliches Signal. Aber der 2. Fastensonntag beispielsweise wird von der Verklärung Christi beherrscht; nach einer langen Stille ein kurzes Orgelstück zu spielen, das diese Stimmung aufgreift, läuft wohl der Absicht, im Ganzen akustisch zu fasten, noch nicht zuwider.

Für die Enthaltsamkeit bezüglich Instrumente und Blumenschmuck gibt es Ausnahmen, nämlich an Hochfesten und Festen sowie am 4. Fastensonntag. Der Introitus dieses Sonntags beginnt seit Jahrhunderten mit dem Wort *Laetare* (Freue dich!), und so gibt es hier einen einzelnen Sonnenstrahl in den vierzig Tagen der Bewölkung. Ähnlich wie am 3. Adventsonntag können die rosaroten Messgewänder bzw. Paramente verwendet werden; sie existieren nur für diese beiden Tage! – Die weiteren Ausnahmen betreffen vor allem das Fest des heiligen Josef (19. März) und das Hochfest der Verkündigung des Herrn (25. März, vgl. S. 241).[3] An solchen Tagen wird auch das Gloria gesungen, das ansonsten in der Fastenzeit entfällt. Die Ausnahmen betreffen auch Patronatsfeste, das heißt den Gedenktag des Kirchen-, Stadt- oder Diözesanpatrons, der am jeweiligen Ort den Rang eines Festes hat. (In Wien fällt etwa der Gedenktag des Stadtpatrons Klemens Maria Hofbauer am 15. März immer in die Fastenzeit.)

Wer genau nachzählt, wird bemerken, dass die Zahl von 40 Tagen nur ungefähr stimmt und hauptsächlich symbolischen Charakter hat; nach alter Tradition werden die Sonntage als Nicht-Fasttage nicht mitgezählt. Und offiziell reicht die Fastenzeit vom Aschermittwoch bis zur Abendmahlsmesse am Gründonnerstag (vgl. S. 192). Christus hat 40 Tage in der Wüste gefastet; das entsprechende Evangelium hören wir am 1. Fastensonntag. Wo die Liturgie nach dem Ambrosianischen Ritus gefeiert wird, etwa in der Kirchenprovinz Mailand, dauert übrigens auch die Adventzeit 40 Tage. (Vgl. Grundordnung des Kirchenjahrs n. 27.31.)

Bis zu den Kalender- und Liturgiereformen gab es noch die sogenannte Vorfastenzeit (ebenfalls ohne Gloria und Halleluja). Die drei Sonntage vor dem Aschermittwoch hießen Septuagesima, Sexagesima und Quinquagesima, und es ist offensichtlich, dass diese Bezeichnungen „noch symbolischer" waren als die vorhin genannten 40 Tage, denn eine Woche hat nun einmal nicht zehn Tage! Hier ging es allerdings um liturgische Kilometersteine, die mit runden Zahlen beschriftet waren. Diese Vorfastenzeit gibt es also nicht mehr, aber wer mit dem großen überlieferten Repertoire der Kirchenmusik zu tun hat, wird gelegentlich auf Stücke aus dieser untergegangenen Kirchenjahreszeit treffen und sollte daher wissen, was es damit auf sich hat.

In der evangelischen Kirche heißen der dritt- und der vorletzte Sonntag vor dem Aschermittwoch weiterhin Septuagesimä und Sexagesimä, während der letzte vor der Fastenzeit „Sonntag Estomihi" genannt wird – nach dem Introitus des oben genannten Sonntags Quinquagesima (*Esto mihi in Deum protectorem* – heutige Übersetzung des Verses Ps. 30,3: *Sei mir ein schützender Fels*). In Ermangelung der Vorfastenzeit ist der gregorianische Introitus mit diesem Text heutzutage im →Graduale Romanum beim 6. Sonntag im Jahreskreis gelandet – immerhin in der Nähe des alten Ortes (wiewohl dieser Sonntag ausfallen kann, wenn Ostern sehr früh fällt).

Nach dem 4. Fastensonntag wird die Stimmung noch eine Spur düsterer. Die letzten zwei Wochen vor Ostern wurden früher offiziell als Passionszeit bezeichnet. Auf die Kirchenmusik hatte Einfluss, dass ab dem 5. Fastensonntag (damals „Passionssonntag" genannt) an manchen der üblichen Stellen kein *Gloria Patri* gesun-

---

3   Weitere Feste, die betroffen sein können: Cyrill und Method (14. Februar), Kathedra Petri (22. Februar), Apostel Matthias (24. Februar). Das →Direktorium gibt Auskunft.

gen wurde; der Introitus etwa wurde unmittelbar nach dem Psalmvers wiederholt. Diese Regelung ist nicht mehr in Kraft, aber weiterhin werden die Kreuze verhüllt bis zur Kreuzverehrung am Karfreitag. (Ähnlich hatte auch der Introitus *Requiem* immer schon kein *Gloria Patri*.)

Die hauptsächliche Herausforderung für den Kirchenmusiker besteht im präzisen Eingehen auf die inhaltlichen Schwerpunkte der Fastenzeit. Den Vorrat an Buß- und Fastenliedern einfach auf die Sonntage zu verteilen, greift weitaus zu kurz. Vor allem aber geht es um das Hinausschieben von allzu direkten Bezügen auf das Leiden Christi. In den →Perikopen wird ja eine umfassende Palette an Themen ausgebreitet, die in gewisser Weise auf die Passion hinzielen, aber zunächst keineswegs konkret davon sprechen. Wer also schon am 1. Fastensonntag das Lied „O Haupt voll Blut und Wunden" ansetzt, kann zwar sicher sein, dass auch ein unaufmerksamer Gottesdienstbesucher den Anbruch der Fastenzeit aufgrund der Liedauswahl erkennt, hat aber trotzdem kräftig danebengehaut.

Eine Übersicht über die Sonntage 1 bis 5 zeigt die großen Linien:

> Am 1. und 2. Sonntag bleiben wie bisher [d. h. vor der Reform der Leseordnung] die →Perikopen von der Versuchung und von der Verklärung des Herrn. Allerdings werden sie nach allen drei →Synoptikern gelesen. An den drei folgenden Sonntagen sind für das Lesejahr A die Evangelien von der Samariterin, vom Blindgeborenen und von der Auferweckung des Lazarus wieder eingeführt worden. Da diese Perikopen für die Eingliederung in die Kirche von großer Bedeutung sind, können sie auch in den Lesejahren B und C verwendet werden, besonders wenn es in der Gemeinde Taufkandidat/inn/en gibt. [!]
> Für die Lesejahre B und C werden jedoch auch andere Texte angegeben: für Lesejahr B johanneische Stellen über die kommende Verherrlichung Jesu durch Kreuz und Auferstehung und für das Lesejahr C lukanische Texte über die Umkehr. (…) Die alttestamentlichen Lesungen beziehen sich auf die Heilsgeschichte, die eines der Hauptthemen der Verkündigung in diesen vierzig Tagen ist. In jedem Jahr ist eine Reihe von Lesungen mit den wichtigsten Etappen der Heilsgeschichte von ihrem Beginn bis zur Verheißung des Neuen Bundes vorgesehen. (PELM 97)

Die Inhalte sind also so breit gefächert, dass man mit den Liedern und Gesängen, die in den Gesangbüchern ausdrücklich unter „Fastenzeit" angeboten sind, gar nicht auskommen wird. Es folgt ein Versuch, den Sonntagen Lieder zuzuordnen (jeweils nach dem Sternchen NGL-Repertoire). Es geht hier einmal mehr eher um assoziative Verknüpfung als um detaillierte Vorschläge für bestimmte Strophen an bestimmten Stellen des Gottesdienstes.

> Lesejahr A:
> 1. Sag ja zu mir; Erhör, o Gott, mein Flehen * Nicht von Brot allein
> 2. Mein schönste Zier (1. und 2. Str.); Du höchstes Licht * Das Volk unsres Herrn auf der Suche seit Jahren
> 3. Herr, deine Güt ist unbegrenzt (Wasser, Quelle) * Ich bin zum Brunnen gegangen; Ein Mensch, mit dem ich rede, ist eine Quelle für mich

4. Mir nach, spricht Christus (Erwählung, Nachfolge) * Wie Blinde stolpern wir

5. Lasst uns den Herrn erheben (Vom Tod zum Leben) * Herr, du bist mein Leben

Lesejahr B

1. Tu auf, tu auf (Umkehr) * Schaffe in mir, Gott

2. Was Gott tut, das ist wohlgetan (Gottvertrauen) * Hilf Herr meines Lebens

3. Zu dir, o Gott, erheben wir (Wort Gottes) * Lass uns hören, Herr und Gott

4. Nun saget Dank und lobt den Herren (2. Str.: „Nicht sterben werd ich …") * Jesus Christus starb für mich

5. Das Weizenkorn muss sterben; Heil'ges Kreuz * Korn, das in die Erde

Lesejahr C

1. Zieh an die Macht („Wir sind im Kampfe …") * Kehret um

2. Morgenstern der finstern Nacht, Schönster Herr Jesu * Gottes Liebe ist wie die Sonne

3. Erbarme dich, erbarm dich mein * Ich bin der Ich-bin-da

4. Tu auf, tu auf (Der verlorene Sohn, Umkehr) * Wie ein Fest nach langer Trauer

5. Mir ist Erbarmung widerfahren (Mel.: Wer nur den lieben Gott lässt walten) * Er wollte Versöhnung um jeden Preis

Notwendigerweise muss eine solche Zuordnung höchst subjektiv sein. Man könnte in den Perikopen auch andere Schwerpunkte erkennen. Wer etwa am 3. Fastensonntag A aus der Geschichte vom Jakobsbrunnen die Spannung Jude-Samariter gewinnt und zum Beispiel „Wir und die Minderheiten" zum Thema macht, wird andere Lieder wählen (z. B. Wir alle essen von einem Brot * Zwischen Jericho und Jerusalem).

* * *

An der Form des Gesanges vor dem Evangelium ändert sich nichts, nur das Halleluja wird durch einen anderen Ruf ersetzt. In vielen Kirchen wird nur ein einziger Christusruf verwendet, obwohl es sehr viele Möglichkeiten gibt. Allein das Halleluja-Buch (1989) bietet 24 Rufe an (Transpositionen nicht eingerechnet). Vor allem dort, wo täglich Messe gefeiert wird, sollte man diese Varianten auch ausschöpfen.

Werden gregorianische Gesänge gesungen, so tritt in der Fastenzeit an die Stelle des Halleluja-Gesanges seit Jahrhunderten der →Tractus. Die Bezeichnung könnte daher kommen, dass der ganze Gesang nicht antiphonal oder responsorial, sondern solistisch und in einem durch*gezogen, tractim*, vorgetragen worden ist.[4] Der Tractus ist ja, genauso wie das Graduale, ein zusammengeschrumpfter Psalm (vgl. S. 40). Nur in Ausnahmefällen sind längere Psalmteile anzutreffen, wodurch dann mehrere selbstständige Abschnitte gegeben sind, so zum Beispiel der Tractus des 1. Fastensonntag *Qui habitat in adiutori Altissimi* oder der vom Palmsonntag *Deus deus meus*, die jeweils 35 Zeilen (!) im Graduale Romanum umfassen.

---

4 Diesen Hinweis verdanke ich Mag. Xaver Kainzbauer.

𝄞𝄞   Rheinberger: Eripe me Domine (SATB Orgel)
      Lasso: Domine exaudi orationem meam (SATB)
      Nystedt: Herr, neige dein Ohr (SATB)

                                    * * *

Das Ende der österlichen Bußzeit lässt sich auf mehrere Arten gliedern. Einerseits
sprechen wir von der **Karwoche**, was aber kein offizieller liturgischer Topos ist; die
Bezeichnung ist verständlicherweise von der bürgerlichen Woche abgeleitet. Wir
empfinden aber auch die **Kartage** Gründonnerstag, Karfreitag und Karsamstag als
geistliche, quasiliturgische Größe. Sprachgebrauch und praktische Gegebenheiten
sind eine Sache; jedoch:

> „Die Neuordnung des Kirchenjahres kennt keine drei Kartage mehr, sie kennt das Ostertri-
> duum, die dreitägige Feier von Tod und Auferstehung des Herrn, die mit dem Abendgottes-
> dienst am Donnerstag beginnt und mit dem Sonntag abend [!] endet. … Der Gründonners-
> tag selber ist ein einfacher Tag der Fastenzeit." (Berger 1974, S. 67)

Während der ersten Jahrhunderte kannten die Christen nur eine einzige Osterfei-
er, nämlich jene einer ausgebreiteten Oster→vigil. Ab dem 4. Jahrhundert spaltete
sich dies auf und wandelte sich zu einzelnen Feiern für die verschiedenen Aspekte (Abendmahl, Tod am Kreuz, Auferstehung). „Die [Kirchen-]Väter zählen 40
Stunden vom Tod des Herrn bis zum Morgendämmern der Auferstehung." (Berger 1974, S. 67) Das erklärt die Diskrepanz zwischen den *drei Tagen* im Sprachgebrauch und dem deutlich kürzeren Abstand zwischen der Karfreitagsliturgie, die
manchmal um 15 Uhr gefeiert wird, und der Ostervigil. Bis zur Reform der Karwochenliturgie im Jahr 1955 (die einige wichtige Schritte in Richtung II. Vatikanisches
Konzil voraus-„ahnte") wurde übrigens am Samstagmorgen (!) „die Auferstehung"
gefeiert – ein von der Eucharistie losgelöster, nur entfernt mit der heutigen nächtlichen Liturgie verwandter Gottesdienst, der mit der Ostervesper (!) endete.
     Unbeschadet der historischen und offiziös-liturgischen Gegebenheiten habe
ich mich entschlossen, mit der Gliederung in diesem Buch die gefühlte Grenze
violett/rot nachzuzeichnen; das Kapitel *Fastenzeit* endet also mit dem Karfreitag,
und das folgende beginnt mit der Feier der Osternacht.

                                    * * *

Der **Palmsonntag** ist die dramatische Ouvertüre der Karwoche. An diesem Tag
erlebt man den liturgischen Ablauf im wörtlichen Sinn als Drama: Die Prozession
mit den Palmzweigen bildet den Einzug Christi in Jerusalem nach; das Volk jubelt
ihm zu – könnte er der erwartete Messias sein? Das ist die Heimat des Hosan-

narufes (vgl. S. 63f.). Aber noch innerhalb der nächsten Stunde wendet sich das Blatt, und wir hören die Passion. Im NGL *Gestern schrieen sie begeistert* ist etwas von diesem Umschwung eingefangen. Bis zur Reform der Liturgie drückte sich das auch darin aus, dass die Prozession in roter, die Messe danach aber in violetter liturgischer Kleidung gefeiert wurde. Man hat das aus guten praktischen Gründen aufgegeben; das Wechseln der Paramente vor der versammelten Gemeinde, an der Nahtstelle zwischen dem Einzug in die Kirche und der Messe, war ja doch eine Art dramaturgisches Schlagloch.

Für die Palmweihe und die Prozession sind zum Teil Überlegungen wie für Fronleichnam anzustellen (vgl. S. 223), was den Einsatz von Bläsern und Chorsängern betrifft. Die Prozession ist allerdings im Normalfall wesentlich kürzer als zu Fronleichnam, und es gibt keine Station(en). Ein Problem tritt dadurch auf, dass sich „die Gemeinde, wenn es möglich ist, an einem Ort außerhalb der Kirche versammelt" (Messbuch). Das Problem ist nicht diese Versammlung der Gemeinde, sondern es entsteht dadurch, dass der Weg der liturgischen Akteure (Zelebrant, Diakon, Lektor, Kantor, Ministranten) zu diesem Versammlungsort noch nicht Teil der Feier ist und daher „trocken" – ohne Musik, ohne Gebete – erfolgt. Für den Außenstehenden (und diese sind normalerweise zahlreich bei diesem Anlass!) sieht es so aus, als verließen plötzlich Menschen in kostbaren Gewändern die Kirche – ohne erkennbaren Ritus, möglicherweise ohne Ziel? (Ähnlich geht es auch am Beginn der Osternachtsliturgie zu, allerdings ist der Weg dort meistens noch kürzer.) Es entsteht der Eindruck, als habe man für diesen ersten Teil der Prozession keine Lieder bzw. Musikstücke überlegt. Die Lösung besteht darin, den schweigenden Weg möglichst kurz zu halten, indem man die Palmweihe außerhalb, aber *an* der Kirche beginnen lässt – in der Nähe der Sakristei und mit genügend Raum für die Gemeinde. Für die eigentliche Prozession muss man dann ein wenig ausholen und sie von der Kirche weg und wieder zurückführen.

Für die Palmweihe gibt es von alters her einen Kanon an Gesängen wie *Gloria, laus et honor* oder *Pueri hebraeorum*. Sie kommen heutzutage wenn dann wohl in der Muttersprache in Betracht; es gibt Vertonungen von einzelnen Teilen – zum Beispiel Gregor: Hosianna der da kommt (SATB Bläser oder Orgel) – oder in Form von mehr oder weniger kompletten Sets, zum Beispiel Paulmichl: Liturgische Gesänge zum Palmsonntag (SATB, Kantor, Gemeinde) oder jene von Hermann Kronsteiner (SATB). Von Interesse sind die Sechs Gesänge zum Palmsonntag von Franz Schubert (SATB) (vgl. S. 303).

Notfalls kann man einstimmig singen. Da man kaum alle Teilnehmer schon zu Beginn mit Feiertexten versorgt hat, sind →responsoriale Formen mit einfachen Antwortrufen die beste Lösung – warum nicht ein „Hosanna in der Höhe" aus einem allgemein bekannten Ordinariumsgesang, wodurch auch nebenbei die Herkunft dieses Rufes verdeutlicht wird? Für die Prozession könnte man dann aber ein gut bekanntes Strophenlied ansetzen; beim Losmarschieren kann man ja Zettel austeilen.

Die Messe beginnt mit dem Tagesgebet (der einzige Fall im Kirchenjahr, wo trotz der liturgischen Farbe Rot kein Gloria gesungen wird!) Ein weiterer Ausnahmefall tritt kurz danach ein: Der Vers vor der Passion *Christus war gehorsam bis zum Tod* (Phil 2,8b–9) ist zur Gänze in der vorhergehenden zweiten Lesung enthalten (Phil 2,6–11). Es handelt sich ohnehin um eine sensible Stelle, denn wenn die Passion gesungen wird, folgt Musik auf Musik. Die in unseren Breiten naheliegende berühmte Motette von Bruckner *Christus factus est* wäre gerade wegen ihrer Eindringlichkeit unmittelbar vor der Passion keine gute Wahl. Vielleicht kann man ausnahmsweise vom Regelfall abgehen und den Gesang vor der Passion „fast" weglassen – und zwar auf folgende Weise: die Philipper-Lesung wird von einem sangeskundigen Lektor vorgetragen; der Schluss (Phil 2,11) existiert in Form eines leidlich bekannten Rufes (*Jesus Christus ist der Herr zur Ehre Gottes, des Vaters*), und statt diesen Satz zu lesen, kann der Lektor ihn singen, worauf er von der Gemeinde wiederholt wird. Auf diese Weise kommt es nicht zu einem eigenen Gesang, aber doch zu einem →akklamatorischen Element. Wem das zu extravagant erscheint: Ein entfernt ähnlicher Fall ist die dritte Lesung (Ex 14,15–15,1) in der Osternacht, deren Schluss identisch ist mit dem Beginn des folgenden Gesangs, der schlicht und einfach die Fortsetzung der Lesung ist! (Früher endete diese Lesung auch tatsächlich mit den Worten: „sangen dieses Lied".) – Wenn man wie beschrieben vorgeht, wäre es denkbar, den Gedanken *Christus factus est* später noch einmal aufzugreifen und die Motette nach der Kommunionstille zu singen. Von all dem aber ganz abgesehen, ist *Christus war für uns gehorsam* auch am Karfreitag als Vers vor der Passion vorgesehen (s. d.).

Auch die Gesänge im gregorianischen Choral weisen eine Merkwürdigkeit auf – der lange Tractus (siehe vorhin) wird nach der *ersten* Lesung (!) gesungen und das Graduale *Christus factus est* nach der zweiten.

Die Passion wird nach einem der →Synoptiker gelesen oder gesungen (A: Matthäus, B: Markus, C: Lukas); der Kirchenmusiker wird aus gewichtigen Gründen auch einmal abgehen können von dieser Zuordnung, ohne dass theologischer Schaden befürchtet werden muss. Die Passion nach Johannes sollte für den Karfreitag reserviert bleiben. Bei der Wahl einer Vertonung muss man ja auch die Gesamtdauer der Liturgie (Palmweihe, Prozession, Messe) im Blick haben. Kompositionen in der Art von Heinrich Schütz (nach Lukas und Matthäus) sind in jeder Hinsicht eine gute Wahl: auf der einen Seite schlicht, wie das der katholischen Sicht der Musik in der Karwoche entspricht, und dennoch mit dramatischen Elementen ausgestattet, dabei nicht zu schwer und auch nicht um so viel länger als die auf einfache Rezitationsmodelle gesungene Passion.

Komma, Matthäus-Passion

Mittergradnegger, Markus-Passion

Linke, Passion nach dem Evangelisten Markus (T-Solo, SATB – tw. gesprochen)

Wird die Passion gesungen, empfiehlt es sich, das Glaubensbekenntnis gemeinsam zu sprechen. Und in dieser Liturgie, mit ihren langen Strecken an Text – egal ob gesprochen oder gesungen –, wäre als Ausgleich eine ausgedehnte Stille während der Gabenbereitung vielleicht keine schlechte Idee.

Wird die Passion aber gesprochen, ist zu überlegen, ob man sie wirklich immer so, wie sie im →Lektionar steht, mit verteilten Rollen sprechen soll. Es hat manchmal etwas Unbeholfenes, wenn es da etwa heißt:

1. Sprecher:	Da sagte Petrus zu ihm:
2. Sprecher:	Auch wenn alle an dir Anstoß nehmen – ich nicht!
1. Sprecher:	Jesus antwortete ihm:
3. Sprecher:	Amen, ich sage dir …

Es könnten doch sehr gut über längere Strecken wirkliche Dialoge gelesen werden. Eine andere Variante wäre, auf Dialoge zu verzichten und längere Abschnitte von verschiedenen Personen (Frauen und Männern) lesen zu lassen.

Die nächste spezielle Liturgie in der Karwoche ist die →**Chrisammesse**, in der die heiligen Öle geweiht werden. Sie ist eine Messe des Bischofs und gehört zum Gründonnerstag, wird aber aus praktischen Gründen oft schon früher in der Woche gefeiert. Zu dieser feierlichen Messe sind alle Priester der Diözese eingeladen, und wenn davor noch eine Zusammenkunft angesetzt ist, dann ist der Gründonnerstag kein idealer Tag für einen Pfarrer, der mit der Vorbereitung seiner abendlichen Gründonnerstagsliturgie daheim genug zu tun hat. Die Chrisammesse ist ein Fest der Priesterschaft geworden; dieser Aspekt ist bereits in den beiden Lesungen vorgegeben, und dementsprechend können auch die musikalischen Akzente gesetzt werden. Man hat es mit dem kräftigsten und zügigsten Gemeindegesang des ganzen Jahres zu tun, und man kann getrost auch weniger bekannte Gesänge auswählen.

Für die Themenfelder Geist, Salbung, Priesterschaft und Kirche stehen genügend Stücke zur Verfügung; die Themen Kreuz und Passion treten in dieser Liturgie ganz zurück.

Während die Gestaltung der Chrisammesse nur in Bischofskirchen anfällt, wird die **Abendmahlsmesse am Gründonnerstag** überall gefeiert. Eine eigenartige Stimmung dominiert die Feier; es ist ein Gemenge aus festlicher Freude über die Einsetzung der Eucharistie beim letzten Abendmahl und aus dunkler Vorahnung der Passion. Deutlich spürbar, nicht zuletzt durch den Ritus der Fußwaschung, sind auch die Aspekte Nächstenliebe und Gemeinschaft.

Der Eröffnungsvers *Wir rühmen uns im Kreuze* – identisch mit *Nos autem gloriari* im Graduale Romanum – sollte nicht dazu verleiten, die Liturgie schon zu Beginn auf die Passion auszurichten. Die Stimmung ist und bleibt freudig. Geneigten Hauptes und sehr still wird das Kreuz erst am Karfreitag verehrt; heute wird es gepriesen und als Signal der Gegenwart Christi erlebt. In diesem Introitus wird das Kreuz angesprochen *und* die Auferstehung, ähnlich wie im Gesang zur Kreuzverehrung *Crucem tuam* (vgl. S. 197). Da klingt an, dass die drei Tage eine Einheit bilden; der Gesang steht als Motto über dem ganzen Triduum.[5]

Eine Vertonung des *Ave verum* fasst die Facetten dieses Festtages sehr gut zusammen (vgl. jedoch S. 228). Auch eine der vielen *Also hat Gott die Welt geliebt*-Kompositionen (vgl. S. 229) passt genau. *Christus factus est* war ursprünglich das Graduale am Gründonnerstag und passt an sich ebenfalls, gehört aber heutzutage zum Palmsonntag und/oder zum Karfreitag.

Weitere Vorschläge: Ernst F. Richter: Mein Gott, warum hast du mich verlassen (Soli und Chor SATB); Reger: Als Jesus in den Garten ging (SATB). Gesänge zur Fußwaschung von Hilber, Kronberg und Paulmichl sowie von H. Kronsteiner findet man in diversen Gesamtzyklen für den Tag. Einstimmige Vertonungen stehen in den Kantorenbüchern bzw. im „Chorbuch zum Gotteslob" zur Verfügung. Das NGL *Dies ist mein Gebot* erwähne ich mit großem Vorbehalt; wiewohl der Text annähernd passt, ist der Charakter doch ein wenig zu fröhlich.

Zu Gabenbereitung und Kommunion eigenen sich eucharistische Motetten (vgl. S. 224) mit Ausnahme von jenen, die eher österlich konnotiert sind (*Ego sum panis*) bzw. ein Halleluja enthalten. Einen eucharistischen Gesang braucht man jedenfalls, wenn das Allerheiligste am Schluss der Liturgie vom Altar weggetragen wird. Etwas unorthodox, aber eine Überlegung wert: Man singt aus dem Lied *Deinem Heiland, deinem Lehrer* die folgenden Strophen:

> 2. Str.: … *Dieses Brot, mit dem im Saale Christus bei dem Abendmahle die zwölf Jünger selbst gespeist.*
> Die folgenden Strophen bieten Assoziationen zur ersten Lesung:
> 9. Str.: … *In des Osterlammes Tode und im alten Mannabrote stellt es sich prophetisch dar.*
> 4. Str.: *Durch das Lamm, das wir erhalten, wird hier der Genuss des alten Osterlammes abgetan … und das Neue fängt nun an.*

Überdies wird mit diesen Strophen und der Melodie die gedankliche Verbindung zu ⇨Fronleichnam hergestellt, noch dazu bei der eucharistischen Prozession.

---

5   Für diesen Hinweis danke ich Rudolf Pacik im Besonderen.

Am **Karfreitag** beginnt die Liturgie mit einem schweigenden Einzug und einer
Prostratio von Zelebrant und Assistenz; darauf folgt sofort das Tagesgebet und die
erste Lesung.

> Es gibt eine Rangordnung liturgischer Gesten, die Verehrung bzw. Anbetung aus-
> drücken: Kopfverneigung – Kniebeuge – doppelte Kniebeuge – Knien – Prostratio.
> Die doppelte Kniebeuge besteht aus Niederknien, Kopfverneigung und Aufstehen.
> Bei der Prostratio legt man sich für einige Minuten mit dem Gesicht nach unten auf
> den Boden. Sie kommt außer am Karfreitag nur bei der Diakonen-, Priester- und
> Bischofsweihe vor sowie – für Ordensangehörige – vor der feierlichen →Profess.

Der Antwortpsalm sollte – diesmal wirklich – nicht durch etwas anderes ersetzt
werden. Nach der zweiten Lesung ist erneut *Christus war für uns gehorsam* als Vers
angegeben. Falls man es am Palmsonntag in einer aufwendigen Vertonung gesungen hat, kann man diesmal eine andere nehmen (vgl. S. 230) oder, je nach Gestaltung der darauffolgenden Passion, eine ganz andere Lösung suchen.

Für die Passion nach Johannes gelten ähnliche Überlegungen wie am Palmsonntag. Es gibt zahlreiche Vertonungen (Lechner, Byrd, Scarlatti u. a.), unter denen sich jene in der Art von Heinrich Schütz besonders gut eignen (einfacher als
Schütz z. B. die Johannespassion von Thomas Mancinus [SATB tutti und Soli].
William Byrd [SABar] hat bloß die Turbae zur Johannespassion vertont). Danach
folgen die Großen Fürbitten.

Die nächste Herausforderung für die Musik sind Kreuzenthüllung und Kreuzverehrung. Ein subtiles Mosaik von Chor-, Vorsänger- (bzw. Schola-) und Gemeindegesang sowie ausreichend Stille ist hier vonnöten.

– Die schrittweise Abnahme des verhüllenden Tuches vom Kreuz wird begleitet
   vom Ruf „Seht, das Holz des Kreuzes …" und der Antwort „Kommt lasset uns
   anbeten", und daran gibt es nichts weiter zu gestalten. Ich persönlich würde der
   ehrwürdigen lateinischen Melodie *Ecce lignum crucis / Venite adoremus* den Vorzug geben.

– Während der Kreuzverehrung kann – soll! – die Antiphon *Crucem tuam / Dein
   Kreuz, o Herr, verehren wir* gesungen werden. Nach dem Vorbild dieses Textes
   und dieser Melodie wurde nämlich die →Akklamation *Mortem tuam / Deinen
   Tod, o Herr …* gestaltet, die heutzutage nach den Einsetzungsworten oft gesungen wird; es ist schade, dass diese Verankerung in der Liturgie des Karfreitags
   kaum bewusst ist. Dazu muss man freilich die – gar nicht schwierige – gregorianische Melodie singen.

– Der zweite Höhepunkt nach der Passion sind die sogenannten Improperien. „Das
   sind keine ‚Klagelieder', es sind Vorwürfe, mit denen der Herrscher Christus sich
   seinem Volk zuwendet, um uns auf seinen Weg zu rufen." (Berger 1974, S. 70)

♪♪ Lateinisch/griechisch (Popule meus): Palestrina (SSAATTBB)
Deutsch/griechisch: Mailänder (SABar), Chorbuch a tre

- Werden weitere Gesänge benötigt, kann man sich von den gregorianischen Vorbildern anregen lassen (*Crux fidelis* und *Pange lingua gloriosi* [!] *praelium certaminis* (vgl. S. 221); es gibt eine SATB-Vertonung von Johannes Hafner. Es ist nicht schwer, „passende" Gemeindelieder zu finden; ob an dieser Stelle diese Form tatsächlich die geeignete ist, bezweifle ich. Hier eine kleine Auswahl an Motetten:

♪♪ Bárdos, Eli, Eli (SATB)
Rheinberger, Passionsgesang. *Eine Vertonung* (SATB) *der Sieben Worte, aus denen man einzelne Sätze singen kann*
Mendelssohn, Mein Gott, warum hast du mich verlassen (SATBSATB)
Kropfreiter, Ave crux, spes unica (SATB)
Monteverdi, Christe adoramus te (SATB)
Ingegneri, O bone Jesu
Schütz, Ehre sei dir Christe; O hilf Christe; Wer Gottes Marter in Ehren hält. *Schlusschöre aus den Passionen nach Matthäus, Johannes und Lukas* (alles SATB)

Der letzte Teil der Liturgie ist eine schlichte Kommunionfeier. Es gibt sie erst seit der Reform der Karwochenliturgie. Der Hintergrund der früheren Praxis war der Gedanke, dass Christi Tod begangen wird und daher keine Messfeier stattfinden kann. 1956 wurde eine Kommunionsfeier mit Hostien aus dem Tabernakel angefügt. Für die heutige Form gilt hingegen: Wieso soll es ausgerechnet an diesem Tag, an dem das Gedächtnis des Kreuzestodes begangen wird und somit die Erlösung ganz gegenwärtig ist, die eucharistische Begegnung nicht geben? Beide Gedankengänge haben etwas für sich. Theologische Konzepte sind wandelbar und in der Folge auch die Liturgie – in bisweilen erstaunlichem Ausmaß. Und interessanterweise „wird ein alternatives Modell [!] der Karfreitagsfeier ohne Kommunionfeier diskutiert, wie es der älteren Generation noch in Erinnerung ist." (Praßl 2002, S. 10)

Während dieser Kommunionspendung sollte ein gewisser Anteil Stille herrschen. Falls es auch Musik gibt, könnte sie ganz gut einstimmig sein, vor allem wenn es noch ein abschließendes Gemeindelied gibt – und auch das ist nicht die nächstliegende Variante. Hier spürt man doch deutlich, dass das strophische Gemeindelied das Ende der Feier vielleicht mit einem Hauch Normalität überziehen könnte; hier versteht man, dass ein machtvoller Hymnus – und wäre er vom Text her noch so karfreitags-adäquat – nicht immer die schlüssigste Lösung ist. (Und das schreibt ein Autor, dessen persönliche Präferenz im Zweifelsfall immer das Strophenlied ist – fast immer!)

♪♪ O Christe Domine Jesu; Bleibet hier und wachet mit mir; O adoramus te, o Christe. *Einfache vierstimmige Gemeinderufe von Jaques Berthier („Taizé")* (Chorbuch Eucharistie)
Gallus: Ecce quomodo (SATB)

Tenebrae factae sunt: *Vertonungen von* Michael Haydn *und* Albrechtsberger (beide SATB)   𝄞𝄞
J. S. Bach: Jesu, meine Freude (SATB). *Leider kann dieser Satz – wie viele Bach-Sätze – aufgrund der Tonhöhe nicht mit dem Gemeindelied kombiniert bzw. alterniert   werden.*

Denkbar wäre auch ein musikalischer Rückgriff auf die erste Lesung. Der Abschnitt Für-
wahr, er trug unsere Krankheit (Jes 53,4–5) aus dem Lied vom Gottesknecht ist viele Male
vertont worden und liegt vor u. a. von Carl Heinrich Graun, Christian Fink (sehr einfach),
Melchior Franck, Albert Becker (alle SATB); Antonio Lotti, Eberhard Wenzel (beide SABar).

H. Kronsteiner, Gesänge zu allen Liturgien der Karwoche
Lambertz, Mein Volk, was tat ich dir (SATB)
Telemann, Halt im Gedächtnis Jesu Christ (SATB Bc)
M. Franck, Ich halte es dafür (Röm 8,18–19) (SATB); Telemann (SS oder SA Ktrio)
Zipp, Denn ich halte es dafür (S-Solo Streichquartett)
Berthier, Bleibet hier und wachet mit mir (SATB, SA-Solo, allerdings mit Orgel!)

4. Ostern

„Nichts ist, wie es früher war", heißt es in einem schwungvollen Osterlied. In der
Tat ist der Schritt von der Karwoche in die österliche Zeit ein sehr starker. Die Dramaturgie dieses Übergangs entfaltet sich allerdings nicht in einem einzigen kräftigen Ruck, sondern in einer eindrucksvollen und einzigartigen Liturgie, die nicht
zuletzt auch durch ihre Länge den inneren Abstand von Tod und Leben, von Grab
und Auferstehung deutlich macht.

a) Die Feier der Osternacht

Der angesprochene Weg vom Tod zum Leben wird gleich zu Beginn mit einem
alten Symbolpaar ausgedrückt, nämlich mit Dunkel und Licht. Mit der **Weihe des
Osterfeuers** wird ein *element*ares (!) Zeichen gesetzt; was zerstören und vernichten
kann, spendet auch Wärme und erleuchtet die Welt des Menschen. Eine Urkraft
wird in die Liturgie hereingeholt und im Kultischen gezähmt, vereinnahmt und
unterworfen.
    Elementar ist auch das erste, was nun erklingt: die Rufterz, eine Urzelle des
Musikalischen. „Lumen Christi" oder „Licht Christi" wird gesungen, und es sei

empfohlen, an diesem einfachsten und stärksten Ruf nichts zu verändern; im →Messbuch steht „Christus, das Licht!", und das hat sich mancherorts eingebürgert – aber drei Töne können weniger sein als zwei …

Während die Osterkerze in die dunkle Kirche hineingetragen wird, erklingt der Ruf dreimal, immer einen Ton höher. Das weckt die Erinnerung an das *Ecce lignum crucis*, das erst vor wenigen Stunden auf dieselbe Art gesungen wurde. Der Beginn der Osternachtsliturgie ist das Abbild einer Nachtwache; ums Feuer versammelt, warten die Christen mit Lesungen, Gesängen und Gebeten auf den Auferstandenen.

Das nächste Stück Musik ist einer der längsten zusammenhängenden Gesänge, die unsere Liturgie kennt: das **Exsultet**. Es ist wie eine feierliche →Präfation gebaut, und ich plädiere dafür, es zu nehmen, wie es ist: keine verkürzte Version, nicht von Zurufen der Gemeinde unterbrochen und keine Experimente mit einer vereinfachten Singweise. Das Exsultet ist, was es ist; hier zu fordern, die Gemeinde müsse „beteiligt" werden, wäre ein Nachwehen des ersten Hyperaktionismus der Sechzigerjahre. Aber wenn das Exsultet gekonnt vorgetragen wird, ist jedermann „beteiligt", auch wenn er nichts einzuwerfen hat. Der springende Punkt ist, offen gesagt: Wer das Exsultet singt, muss auch wirklich annehmbar singen können. Dieser Gesang muss vorbereitet und vermutlich sogar geübt werden. Er weist einige Intervallkombinationen auf, die aus dem Rahmen des üblichen Liturgiegesanges fallen, und überdies einen sehr großen Tonumfang. Es muss jemand singen, der diesen Tonumfang auch wirklich hat. In den meisten Fällen wird es nötig sein, sich vor dem Beginn dezent einer Stimmgabel zu bedienen; die Bandbreite für einen Anfang, der später eine vernünftige Lage des tiefsten und höchsten Tones nach sich zieht, ist sehr gering. – Ist kein →Diakon zur Hand, der das alles bewältigt, soll man sich nicht scheuen, einen anderen Kantor – vielleicht jemanden vom Kirchenchor – heranzuziehen. Feierliches und richtiges Singen ist nicht allein dadurch gewährleistet, dass der Sänger eine →Dalmatik und eine →Stola anhat. Ich rufe mit dem nächsten, abschließenden Satz vermutlich Protest hervor: An dieser einen exponierten Stelle des Kirchenjahres ist der möglicherweise gar nicht so fromme Laienkantor einem sangesunkundigen Kleriker zu hundert Prozent vorzuziehen. (Für diesen offensichtlich durchaus akzeptablen Fall sind übrigens einige Adaptionen im Messbuch vorgesehen.)

Danach folgte der Wortgottesdienst. In einer langen Reihe von **Lesungen aus dem Alten Testament** wird die unruhige Beziehung zwischen Jahwe und dem Menschengeschlecht dargestellt; im Auf und Ab des wandernden Bundesvolkes wird der Plan Gottes entfaltet, der schließlich zum Ostergeschehen und zur heutigen Nacht führt. Es sind sieben Lesungen vorgesehen, von denen mindestens drei gelesen werden sollen; die Geschichte vom Zug der Israeliten durchs Rote Meer (dritte

Lesung, Ex 14) muss jedenfalls gelesen werden. Ich plädiere dafür, dass man sich Zeit nimmt und nicht (wieder einmal) „wegen der Leute" eine möglichst kurze Variante nimmt. In dieser wichtigsten Liturgie des Jahres darf es nicht zuallererst um die vorgebliche Schonung der Mitfeiernden gehen, als ob diese immer auf die schnellste Konsumation einer Liturgie aus seien. Der lange Weg, den die Menschheit bis zum heilsgeschichtlichen Angelpunkt zurückgelegt hat, der in dieser Nacht gefeiert wird, darf sich auch in einer nicht gerade kurzen Abfolge von Lesungen – samt den Antwortgesängen und Gebeten – abbilden. Der Ausbruch des Glorias wirkt umso stärker, je länger es bis zu diesem ersten Höhepunkt gedauert hat.

Für jede Lesung ist wie üblich ein Antwortgesang vorgesehen. (Das war in der vorkonziliaren Liturgie übrigens nicht so; nur wo die Lesung in einen Gesang mündete, folgte er auch tatsächlich.) Man kann diese Gesänge nehmen, wie sie sind, und in der schlichten Form Vorsänger/Alle ausführen. Das wirkt auf den ersten Blick eintönig; aber so entsteht eine karge, etwas archaisch wirkende Abfolge; wie ganz regelmäßige Ornamente oder Perlen an einer Schnur reiht sich Element an Element, und dieser Rhythmus wird erst beim Gloria aufgegeben – was dann umso stärker wirkt. Die Antwortgesänge sind im →Lektionar bzw. im →Schott angegeben und in den entsprechenden Publikationen (Kantorenbüchern etc.) zu finden.

Es spricht aber nichts gegen Abwechslung bei der Gestaltung der Gesänge. In der Folge werden zu jeder Lesung einige Vorschläge gemacht. (Nach der dritten Lesung kann man eigentlich kaum etwas anderes singen als das unmittelbar an die Erzählung anschließende Triumphlied des Moses, und so wurde der hier gemachte Vorschlag nur mit Vorbehalt hingeschrieben.)

> 1. Lesung (Gen 1) – Der Schöpfungsbericht
>   Vorsänger/Alle: Ps 104
>   Lied: Noch lag die Schöpfung formlos da; Erfreue dich, Himmel.
>   Chor: Bazu/Veciana, Noch ehe die Sonne am Himmel stand SATB

> 2. Lesung (Gen 22) – Abraham will seinen Sohn Isaak opfern
>   Vorsänger/Alle: Ps 16
>   Lied: Wir sind mitten im Leben; Wer unterm Schutz des Höchsten weilt
>   Chor: Rheinberger, Ad te levavi SATB

> 3. Lesung (Ex 14) – Der Zug durch das Rote Meer
>   Responsorialer Gesang: Danket Gott, denn er ist gut (1.6.–10.)
>   Chor: Schieri, Ich singe dem Herrn ein Lied SATB

> 4. Lesung (Jes 54) – Jahwe bekräftigt seinen Bund mit dem auserwählten Volk
>   Vorsänger/Alle: Ps 30
>   Lied: Nun saget Dank und lobt den Herren (1.2.)
>   Chor: Doppelbauer, Cantate Domino

5. Lesung (Jes 55) – Jahwe verheißt einen erweiterten, neuen Bund
    Vorsänger/Alle: Gesang aus Jes 12
    Lied: Gott wohnt in einem Lichte (1.2.5.); Völker aller Land (1.3.)
    Chor: Schütz, Mein Licht und mein Heil

6. Lesung (Bar 3) – Das Gesetz Gottes und seine Weisheit
    Vorsänger/Alle: Ps 19
    Lied: Dein Lob, Herr, ruft der Himmel aus (1.2.3.)
    Chor: A. Becker, Erquicke mich mit deinem Licht SATB

7. Lesung (Ez 36) – Das Volk wird zerstreut, aber auch wieder gesammelt
    Vorsänger/Alle: Ps 42 oder Ps 51
    Lied: Gott ruft sein Volk zusammen
    Chor: Rheinberger, Deus tu conversus SATB

Was für die vorhin beschriebene „karge" Gestaltung ausschließlich mit Kantorengesang gesagt wurde, ist nicht so zu verstehen, dass man – in parallel gedachter Einförmigkeit – auch ausschließlich Gemeindelieder singen könnte. Ordnet man die hier gemachten Liedvorschläge in einer Reihe an, bekommt der ganze Wortgottesdienst einen Drall zu einer festlichen Normalität, die hier nicht am Platz ist. Ein wenig Verhaltenheit ist gefragt, vor allem zu Beginn. Die dramaturgische Kurve muss stimmen – und das heißt, sie muss zunächst flach sein! So passt nach der ersten Lesung das altvertraute *Noch lag die Schöpfung* aus der Schubertmesse mit seinem eher bedächtig staunendem Lob der Schöpfung viel besser als das schon recht übermütige *Erfreue dich, Himmel*. – Nur für den Wortgottesdienst in der Osternacht sieht das Messbuch übrigens ausdrücklich auch Stille nach einer Lesung vor; man wird gut daran tun, in diesem ohnehin verhaltenen Teil der Liturgie mit diesem Element sparsam umzugehen bzw. sich eher anderer Formen der Antwort auf die Lesung zu bedienen.

Nach der letzten alttestamentlichen Lesung folgt mit dem ⇨**Gloria** der erste von mehreren Höhepunkten der Osternacht. Es kommt auch sehr plötzlich daher, und – streng genommen – auch etwas unmotiviert („eine Verlegenheitslösung" nennt es Rupert Berger, 1974, S. 66). Denn eben waren wir noch im Alten Testament, und gleich darauf kippen wir liturgisch in die Osterzeit, ohne dass wir auch nur eine Andeutung bekommen haben, was den jähen Umschwung bewirkt, ohne dass wir etwas vom leeren Grab, den Wächtern, den Engeln oder gar von der Auferstehung erfahren haben.[6] (Andererseits ist es auch wieder ganz einfach; das Gloria signalisiert, dass die ⇨**Fastenzeit** zu Ende ist.[7]) Das größere Problem aber ist

---

6   Bereits das Exsultet enthält eigentlich schon die Osterbotschaft – aber ein handfester Bericht, wie er eben dann im Evangelium kommt, steht noch aus.
7   Das wird so gefühlt; strenggenommen dauert die Fastenzeit allerdings „von Aschermittwoch bis zum Beginn der Abendmahlsmesse am Donnerstag in der Karwoche". GdK(G) III,28.

die Zusammenballung von Höhepunkten; das wurde auch von Liturgikern immer wieder diskutiert. Denn schon kurz darauf wird *das* (Oster-)**Halleluja** gesungen. Es hat offiziell keine Sonderstellung mehr, und auch vom dreimaligen Singen ist im →Missale keine Rede mehr. Es fungiert „nur mehr" als Kehrvers zum Antwortpsalm; ein eigentlicher Vers vor dem Evangelium ist interessanterweise nicht vorgesehen (warum auch – das Halleluja selbst *ist* die Botschaft, *ist* der Kernsatz aus dem Evangelium, obwohl es dort nicht vorkommt). Aber da das Halleluja so lange absent war, wirkt seine Wiederkehr nach 40 Tagen sehr stark. Das dreimalige Singen, jeweils um einen Ton höher, stellt den Bezug zum *Ecce lignum crucis* und zum *Lumen Christi* her, und deshalb sollte diese Tradition beibehalten werden. Mit der „Normalisierung" des Hallelujas zum Kehrvers spießt sich allerdings ein weiterer alter Brauch: Der Diakon der Messe kündigt dem Zelebranten feierlich dieses endlich wiederkommende Halleluja an („Hochwürdigster Vater, ich verkündige Euch eine große Freude, [nämlich] das Halleluja!"), worauf dieser den Ruf selbst dreimal anstimmt und alle wiederholen. Wegen der langen Absenz des Hallelujas seit dem Aschermittwoch kann es diesmal zwecks größerer Gewichtigkeit der Zelebrant selber anstimmen, und nur dann ist es sinnvoll, es vorher ankündigen zu lassen.

Das Halleluja musikalisch hervorzuheben, ist gerade in der Osternacht sehr wichtig, denn der *eigentliche* Höhepunkt ist das Evangelium. Zur österlichen Singweise sollte auch eine entsprechende Umrahmung treten. Will man den erwähnten alten Modus beibehalten (dreimal und immer höher), könnte eine Art Fanfare unmittelbar nach dem dritten Mal die beste Wirkung haben; wird hingegen noch ein Gesang egal welcher Art angehängt, wird der ganze Komplex eher schwächer.

Das **Evangelium** – es ist die froheste aller frohen Botschaften – kann gar nicht mehr weiter umrahmt oder ausgeschmückt werden – allenfalls noch durch den gesungenen Vortrag im eigens vorgesehenen feierlichen Osterton. Und auch hier sei dringend davon abgeraten, dies gleichsam als Recht, das dem Diakon zusteht, aufzufassen. Nur ein geübter Sänger sollte sich darauf einlassen, und wenn der Zelebrant der bessere Sänger ist, komme er hier zum Zug und nicht der Diakon.

Kurz darauf folgen bereits die nächsten Höhepunkte, nämlich die Taufwasserweihe und – nach Möglichkeit – die Spendung der ⇨Taufe. Die Verzahnung Altes/ Neues Testament wird hier nicht nur ideell, sondern geradezu physisch deutlich, wenn die Osterkerze ins Taufwasser gesenkt wird. Musikalisch zu gestalten gilt es erst wieder den zustimmenden Gesang der Gemeinde, während sie mit dem gesegneten Wasser besprengt wird. Der vorgeschlagene Text „Ich sah Wasser ausgehen vom Tempel …" wartet noch auf eine Vertonung, die so eingängig ist, dass sie von der Osternachtsgemeinde gesungen werden kann – einmal im Jahr! Bis dahin wird man eher eines der folgenden Lieder singen:

Fest soll mein Taufbund immer stehen
> (Der Text ist streng genommen eine →Paraphrase [und somit eine Doppelung] des Taufversprechens, das die Gemeinde soeben abgelegt hat!)

Ich bin getauft und Gott geweiht
> (Das Lied trifft inhaltlich genau, ist aber leider noch wenig bekannt.)

Dies ist der Tag, den Gott gemacht
> (Der Text verbindet die Themen Ostern und Taufe.)

Man wird gut beraten sein, die anschließende ⇨**Gabenbereitung** kontrastierend zu gestalten, was Stil und Form der Musik betrifft. Am besten ist hier wohl Instrumentalmusik geeignet, wenn man den Textreichtum und die Aktivität der Gemeinde in den vorangegangenen Teilen bedenkt.

⇨Sanctus und Agnus Dei führen zu einigen wesentlichen Überlegungen über die Feier der Osternacht, die wir bis jetzt hinausgeschoben haben. Denn spätestens hier taucht einerseits die Frage auf, ob Teile eines durchkomponiertes ⇨Ordinariums verwendet werden sollen. Es gibt zwar kein Kyrie und kein ⇨Credo, aber die verbleibenden Teile könnten sowohl aus einem zusammengehörigen Ordinarium genommen als auch zusammengestellt werden. Andererseits muss man sich Gedanken machen über den Grad der Feierlichkeit dieser Liturgie im Vergleich zu anderen Festen des Kirchenjahres – und sie alle sind ja jedenfalls im Rang unter der Osternacht. Das betrifft auch die wenige Stunden später folgenden Eucharistiefeiern am Ostersonntag. Um nochmals Rupert Berger zu zitieren: „Als im Mittelalter die Osternachtsfeier immer mehr auf den Vorabend gerückt wurde, wurde eine eigene Messfeier am Sonntagvormittag notwendig. Diese wird vielfach als die eigentliche Festmesse des Ostertages verstanden; in Wirklichkeit ist sie eine pietätvoll bewahrte Zutat [!], notwendig für die, denen die Teilnahme an einer nächtlichen Feier nicht möglich ist, wertvoll für die, die nach dem Nachtgottesdienst auch am Tag österliche Eucharistie feiern möchten. Man wird sie als festlich gestaltetes →Hochamt feiern, aber doch immer deutlich machen müssen, dass der Festgottesdienst von Ostern in der Osternacht gefeiert wird." (Berger 1974, S. 69) Nun strahlt die Feier der Osternacht so deutlich den Charakter des Singulären aus, dass die Versuchung gering ist, sie als Spezial-Hochamt gestalten zu wollen. Und doch sollte diese höchste Feier des Jahres auch den größten Aufwand verursachen – was sich im Sinne einer hochgestuften Feierlichkeit auch materiell und auch in der Anzahl der Mitwirkenden äußern könnte. Österreichisch ausgedrückt: Wer am Ostersonntag um zehn Uhr die Krönungsmesse aufführt, müsste in der Osternacht mindestens Haydns Paukenmesse ansetzen.

Es ist gut, sich einmal mit diesem Gedankengang zu beschäftigen; in der Praxis allerdings wird es wohl kaum zu einer solchen Umkehrung der Verhältnisse kommen können – aus mehreren Gründen:

– Die Gesamtlänge der Liturgie lässt es nicht geraten erscheinen, längere Ordinariumsteile anzusetzen.

– Durch den umfangreichen Wortgottesdienst hat der Chor genug an Herausforderung zu bewältigen.

– Der dort hohe Anteil an „gehörter Liturgie" legt für möglichst viele andere Teile eine singende Beteiligung der Gemeinde nahe.

– Dazu kämen eine Reihe von logistisch-technischen Schwierigkeiten und eine verminderte Vorbereitungskapazität für den Ostermorgen, an dem ja doch jedenfalls ein „Hochamt" erwartet wird.

Für die musikalische Gestaltung der Kommunionspendung muss man berücksichtigen, dass – wie bei so mancher singulären Liturgie – viele Mitfeiernde anwesend sind, die aber nicht zur inneren (oder sagen wir: regulären) Gemeinde gehören. Da sich das beherrschende Osterwort „Halleluja" als Kehrvers leicht nachsingen lässt, ist in dieser Hinsicht kein Problem zu erwarten; der im →Graduale Romanum an erster Stelle für die Weiterführung genannte Psalm 117 ist einer der kürzesten Psalmen und ist aus diesem Grund, bei allem Respekt, nicht gerade gut geeignet. Weiters ist Psalm 33 vorgeschlagen, den man natürlich einfach anschließen kann. Außerdem gibt es noch den Kommunionvers „Unser Osterlamm ist geschlachtet …". Ich empfehle eine doppelt responsoriale Form:

> Kantor: Halleluja
>> Gemeinde: Halleluja
> Chor: Unser Osterlamm …
>> Kantor(en): 2 x 2 Psalmverse
>> Gemeinde: Halleluja
> Kantor(en): 2 x 2 Psalmverse
>> Gemeinde: Halleluja
> *evtl. Orgelzwischenspiel*
> Chor: Unser Osterlamm
>> Kantor(en): 2 x 2 Psalmverse usw.

Man kann nach einiger Zeit einen anderen Psalmton nehmen und später wieder zum ursprünglichen zurückkehren; die bekannteren Hallelujarufe – die meisten in F – lassen sich sowohl mit dem I. als auch mit dem VI. und IX. Ton kombinieren (→Kirchentonarten). Auch der V. Ton ist möglich, erfordert aber als Vorsänger(in) einen Tenor oder Sopran. Gerade eine solche Disposition mit deutlichem Wechsel der Lage (und evtl. mit Wechsel der Kantoren) lockert gut auf. Eine andere Möglichkeit für derartige großräumige Musikstrecken ist, mit Hilfe von kurzen Orgelzwischenspielen zu modulieren und den Gemeinderuf in verschiedenen Tonarten vor- und nachzusingen; mit terzverwandten Abfolgen (E-Dur/G-Dur/E-Dur) erzielt man einen kleinen „Modulationsschock", aber die neue Tonart hat doch noch einen wahrnehmbaren Bezug zur vorherigen. Dabei kann man auch den Psalmton erneut wechseln.

Im deutschsprachigen Raum folgt noch ein weiterer Höhepunkt – *das* Osterlied wird gesungen. Hier gibt es verschiedene regionale Spezialitäten, denen eines gemeinsam ist: Ohne dieses Lied fehlt das letzte höchste Ostergefühl! Und deshalb soll man hier auch nichts verändern wollen; man kann allenfalls überlegen, ob man dieses Lied vor dem Schlussgebet (also als Danklied) oder nach der Entlassung (als Schlusslied) singen soll.

Wiewohl sonst kein Freund des Gesanges nach der Entlassung bin ich in diesem Fall unentschieden, neige aber aus dramaturgischen Gründen sogar eher zur Plazierung am Schluss. Denn nach der langen Musikstrecke während der Kommunionspendung sollte kein weiterer Gesang anschließen; eher wäre eine deutliche Stille angebracht, die sich aber unter den speziellen Bedingungen – Schlussphase einer sehr langen Liturgie, übervolle Kirche und wohl auch ein gewisser „Jubel-Druck" – nicht so leicht erzielen lässt. Da scheint es günstiger zu sein, nach dem vorwiegend meditativen Kommuniongesang gleich das Schlussgebet anzuschließen und *das* Osterlied noch aufzusparen.

Für mich persönlich ist dies auch ein Fall, wo ich nach dem abschließenden Osterlied kein Orgelnachspiel machen wollte. *Das* (jeweilige) Osterlied gewinnt nämlich noch an Gewicht, wenn es als Schlussstein dieser großen Liturgie steht und nicht mehr kommentiert bzw. paraphrasiert wird.

Chor:
Herbert Paulmichl, Die Feier der Osternacht für Vorsänger, Chor und Gemeinde. *Das knappe Set enthält Antwortgesänge für die 1., 3. und die neutestamentliche Lesung, weiters einen Kommuniongesang und zwei Osterlied-Sätze.*

Charles-Marie Widor, Surrexit a mortuis, SATB, (Bearbeitung für nur *eine*) Orgel.
Der Text enthält unter anderem auch den Kommunionvers des Ostersonntags.

b) Der Ostersonntag und die Osteroktav

Er ist und bleibt ja doch der höchste Feiertag des Jahres, unbeschadet des vorhin über die nächtliche Liturgie Gesagten. Er ist der Ursonntag, der Stammvater aller Herrengedächtnisse, aus dem die wöchentliche Sonntagsmesse hervorgegangen ist. Musikalisch „darf" man im festlichen Gottesdienst des Ostersonntages alles, was festlich, freudig und österlich ist. Man bedenke jedoch: Der gregorianische Introitus beginnt mit dem Wort *Resurrexi*, und dieser Hauptgedanke sollte auch deutlich erkennbar zu Beginn angerissen werden. (Leider ist dieser Hinweis nicht überflüssig. Erst vor wenigen Jahren schlug mir ein Konvent vor, das österliche Hochamt mit einem festlichen *Regina caeli* zu beginnen, was ich höflich ablehnte.)

Andererseits: Es gibt Feste im Kirchenjahr, die keiner Überschrift mehr bedürfen; dass es sich um Ostern handelt, spürt man auch, wenn zu Beginn festliche Instrumentalmusik erklingt. Anders formuliert: keine Überschrift – ja, eine nicht treffende – nein. – Und noch ein dritter Gesichtspunkt: Bei aller Festlichkeit lasse man den Gesang der Gemeinde nicht zu kurz kommen – gerade an so einem Tag.

Die →Sequenz *Victimae paschali laudes* ist heute verpflichtend; es gibt eine Anzahl brauchbarer deutscher Adaptionen. Jede Strophe wird zweimal über derselben Melodie gesungen, und so empfiehlt sich – wiewohl nicht ganz funktionsadäquat – eine ⇨responsoriale Ausführung (Kantor bzw. Schola/Alle). Da dieser Gesang nur einmal pro Jahr benötigt wird, käme auch eine mehrstimmige Realisierung durch den Chor allein in Frage; im Sinne erhöhter Feierlichkeit ist dies einem möglicherweise schütteren Gesang der ganzen Gemeinde vorzuziehen.

Baldassare Galuppi, Victimae paschali laudes. SATB, Org. *Sehr einfach.*

Die Tage der Osteroktav haben liturgisch den Rang von Herrenfesten plus einen Extrarang; das bedeutet, dass kein noch so wichtiges anderes Fest gefeiert werden kann. Das betrifft nämlich nicht nur allfällige Heiligen- oder Kirchweihfeste, sondern manchmal sogar das Fest Verkündigung des Herrn; was auch immer – es muss auf den Montag nach dem Weißen Sonntag verlegt werden. An allen Tagen der →Oktav wird das Gloria gesungen, und alle haben denselben Ruf vor dem Evangelium („Das ist der Tag, den der Herr gemacht hat; lasst uns jubeln und seiner uns freuen"). Dieses *Haec dies quam fecit Dominus* ist der Gradualvers in der Messe am Ostersonntag; er hatte schon in der alten Liturgie eine Sonderstellung, indem er die ganze Woche lang anstelle des →Hymnus (!) in der →Vesper gesungen wurde. Der Dialog am Schluss der Messe (Gehet hin in Frieden / Dank sei Gott, dem Herrn) wird in der durch Halleluja erweiterten Form gesprochen oder gesungen.

Brixi, Haec dies quam fecit Dominus. SATB, Ktrio.
Dedekind, Der Tod ist verschlungen in dem Sieg (SS Bc) *sowie eine weitere Vertonung dieses Textes (1 Kor 15,55–57) von* Albert Becker (SATB, *sehr wirkungsvoll*).
    Dieser Text („Tod, wo ist dein Stachel?") findet sich merkwürdigerweise nirgends in der Osterzeit, aber als 2. Lesung am 8. Sonntag C und interessanterweise am Fest Maria Himmelfahrt. Er eignet sich aber sehr gut für die Osterzeit.

Darüber hinaus hat der Ostermontag sein eigenes Profil, das vor allem durch das Evangelium von den zwei Emmaus-Jüngern entsteht (übrigens auch in anderen christlichen Konfessionen).[8] Johann Sebastian Bachs Kantate „Bleib bei uns, Herr" (BWV 6) ist mit der Emmaus-Geschichte verknüpft, und mit der Soloarie „Ach bleib bei uns, Herr Jesu Christ" (eigentlich eine Choralstrophe) haben wir ein

---

8   Strenggenommen ist der Ostermontag nach der römischen Ordnung kein Feiertag und hat auch andere Lesungen. Die uns vertrauten →Perikopen – eben jene mit der Emmaus-Erzählung – sind ein Zugeständnis an die starke diesbezügliche Tradition im deutschen Sprachgebiet.

bleibendes musikalisches Stichwort für diesen Tag; denn diese Arie hat Bach für Orgel solo transkribiert (BWV 649, der fünfte der sog. Schübler-Choräle). Gegen eine Verwendung dieses Choralvorspieles mit seinem deutlichen Bezug im Titel ist nichts einzuwenden. Das entsprechende Kirchenlied war allerdings im katholischen Bereich nie bekannt und wird heute auch in den lutherischen Kirchen auf eine andere Melodie gesungen; die anderen Strophen haben mit dem Ostermontag übrigens nichts zu tun. – Ein wenig überraschend ist, dass die erste Lesung mit den Worten „Am Pfingsttag trat Petrus auf" beginnt, so dass sich zu diesem frühen Zeitpunkt der Abschluss der Ostergeschichte mit dem Ausblick auf die Herabkunft des Geistes überschneiden; dazu wird gleich noch mehr zu sagen sein.

Michael Haydn, Alleluja, in die resurrectionis. SATB, 2 Trp, Ktrio. *Der Titel scheint eine Halleluja-Vertonung „für den Ostertag" zu verheißen; es handelt sich aber um den Gradualvers vom Weißen Sonntag (2. Sonntag der Osterzeit) „Am Tag meiner Auferstehung, spricht der Herr, werde ich euch nach Galiläa vorausgehen". Und dieser Vers wird natürlich von einem Halleluja eingerahmt. Der Text passt während der ganzen Osterzeit.*

c) Die Sonntage der Osterzeit

Das sind sozusagen sieben Kilometersteine auf dem Weg nach Pfingsten. „Vierzig Tage hindurch ist er ihnen erschienen" heißt es in der Apostelgeschichte vom Auferstandenen (Apg 1,3). Nach dem sechsten Sonntag gibt es allerdings ein dramatisches Ereignis, nämlich die Himmelfahrt Christi, und daher findet man am siebten Sonntag eine verdatterte Gemeinde von Aposteln und Jüngern vor, die sich erst eine Woche später am Pfingstfest mit Hilfe des Heiligen Geistes wieder aufrappeln werden.

Was diese sieben Wochen von allen anderen Abschnitten des Kirchenjahres unterscheidet, ist die völlige Absenz des Alten Testamentes. (Als ob man nach Ostern, wo doch „alles anders geworden" ist, diese längst vergangenen Dinge jetzt einmal ruhen lassen wollte!) Die erste Lesung ist durchgehend aus der Apostelgeschichte genommen. Und überdies durchdringt das Halleluja alle Gesänge und Lieder. Es kann die ganze Zeit hindurch auch als Kehrvers für den Antwortpsalm verwendet werden.

In diesen sieben Wochen wird ein entscheidender Lebensabschnitt des Christentums entfaltet. Was hier in den liturgischen Texten angeboten wird und wie das angeordnet ist, muss Einfluss auf die musikalische Gestaltung haben.

– Zunächst beherrschen noch das Osterereignis und die unmittelbar folgenden Begebenheiten das Geschehen: die zwei Ahnungslosen in Emmaus, der zweifelnde Thomas, verschiedene Erscheinungen des Auferstandenen.

- Mehr und mehr verlagern sich aber bald die Schwerpunkte. Wir erfahren einerseits Details – Realien sozusagen – aus dem Leben der Urkirche: Organisation, karitative Arbeit, Nachbesetzung von Stellen usw.
- Andererseits schimmert allmählich durch, dass diese fröhlich pulsierende Urkirche wohl doch kein vorübergehender Zustand sein dürfte, und es kommen da und dort Gedanken an eine gar nicht so kurze Endzeit auf, die die Urchristen bis zur Wiederkunft Christi vor sich haben.
- Diese sehr lange Durststrecke wird nicht ohne spezielle Ausrüstung, nicht ohne Beistand zu bewältigen sein, und so tritt die Erwartung des Heiligen Geistes immer mehr in den Vordergrund.

Dieser vielschichtige Weg samt den allmählichen Kursänderungen wird auch in den Lesungen der Wochentage vor uns ausgebreitet. Damit dies folgerichtig und nachvollziehbar bleibt, hat jeder Wochentag der Osterzeit seine eigene Lesung und sein eigenes Evangelium (für beide Lesejahre I und II gemeinsam). Wer Messen für die Wochentage gestaltet, wird sehr sorgfältig darauf achten müssen, dass dieses fortlaufende Panorama von Ostern hin zu Pfingsten nicht zu oft durch Lesungen von Gedenktagen oder gar Votivmessen „gestört" wird.

Aber es gibt hier keinen präzisen chronologischen Ablauf, auch keinen bis ins letzte logisch-theologischen, so dass auch nicht mit jedem Sonntag der Osterzeit quasi ein neues Kapitel aufgeschlagen oder eine weitere Stufe beschritten wird. Die Übergänge sind gleitend. Sie müssen es ja auch sein, zunächst einmal aus dem Redaktionsgeschehen der liturgischen Texte heraus; in den Evangelien etwa werden ja Stücke aus den Abschiedsreden montiert mit Worten, die Christus nach seiner Auferstehung gesagt haben muss, und in den zweiten Lesungen erreichen uns Überlegungen des Paulus, die Jahrzehnte nach Christi irdischem Auftreten niedergeschrieben worden sind. Einmal taucht schon sehr früh das „Ende der Zeiten" auf (2. A), aber ein andermal wird noch am 3. Sonntag (B) auf Emmaus zurückgegriffen, und das Warten auf den Heiligen Geist zieht sich stärker und schwächer durch die ganze Zeit hindurch; von dem ersten Vorgeschmack von Pfingsten bereits am Ostermontag war schon die Rede.

Nun deuten wir den großen Bogen an verschiedenen Themen an, der mit der skizzierten Vielschichtigkeit der Ostersonntage[9] zwei bis sieben korrespondiert; dazu zeigen wir Bezüge mit bekannten Liedern auf:

Noch ganz österlich, eher noch das Geschehen berichtend:
Gelobt sei Gott im höchsten Thron
Ihr Christen, singet hocherfreut (*O filii et filiae*)

---

9 „2., 3., … *Ostersonntag*" hat sich mancherorts im Sprachgebrauch erhalten, da die Sonntage in den ersten Probeübersetzungen des neuen Missale so bezeichnet waren. Aber erstens sollte es nur *einen* Ostersonntag geben, und zweitens „heißen diese Sonntage ‚*Sonntage der Osterzeit*'". (Grundordnung des Kirchenjahres und des Neuen Römischen Generalkalenders II, 23)

Vom Tode heut erstanden ist
Freu dich, erlöste Christenheit (1–5)

Österlich, reflektierend:
Die ganze Welt, Herr Jesu Christ
Nun freue dich, du Christenheit
Nun freut euch hier und überall
Wir wollen alle fröhlich sein

Die junge Kirche und ihre Dynamik:
Dies ist der Tag, den Gott gemacht
Nun saget Dank und lobt den Herren
Erschienen ist der herrlich Tag

Der Anfang der langen Endzeit:
Freu dich, erlöste Christenheit (6 und 7)

Die Erwartung des Heiligen Geistes:
Gott ruft sein Volk zusammen

In Richtung Himmelfahrt:
Völker aller Land

Und jetzt noch einige konkrete Zuordnungen für die Liedauswahl:

2. Sonntag (Apostel Thomas): Gottheit tief verborgen (z. B. 1, 4, 5); Ihr Christen, singet hoch erfreut (*O filii et filiae*), bes. 7–11.

3. Sonntag: Das Heil der Welt; Sei gelobt, Herr Jesus Christ

4. Sonntag (Sonntag vom Guten Hirten): Nun jauchzt dem Herren, alle Welt;
O heilger Leib des Herrn (bes. 1, 3, 5)
Chor:
Melchior Franck, Der Herr ist mein getreuer Hirt SATB
Eccard, Der Herr Jesus ist meine Hirte (SATB)
Mendelssohn, Surrexit pastor bonus (SSA, Orgel)

5. Sonntag: Also sprach beim Abendmahle (1,2)

6. Sonntag: Das ist der Tag, von Gott gemacht; Lesejahr B: Du höchstes Licht

7. Sonntag: Eine große Stadt ersteht

Für die ganze Osterzeit:
Schubert, Christ ist erstanden (SATB). *Hinter diesem Titel, der eine →Cantus-firmus-Bearbeitung erwarten lässt, verbirgt sich die Vertonung eines Gedichtes von J. W. v. Goethe, das zwar nur eine deutliche Oster-Schlagseite hat, aber doch für diese Zeit geeignet ist.*

d) Christi Himmelfahrt

Das Fest hat zwei Seiten: Einmal markiert es das Ende der unmittelbaren Präsenz des Herrn auf Erden. In der Liturgie vor dem II. Vatikanischen Konzil endete an diesem Tag die Osterzeit – und zwar punktgenau nach dem Evangelium mit dem Bericht über die Himmelfahrt; der Diakon löschte unmittelbar danach die Osterkerze aus. – Andererseits beginnt – sozusagen mit der Ankunft Christi im Himmel – sein ewiges Königtum; dieser Gedanke wird im Antwortpsalm und in einer der Lesungen (Eph 1) umschrieben. Seit jeher vermitteln die Proprientexte auch Triumph- und Siegesstimmung. „Der Herr stieg empor beim Schall der Hörner", heißt es da (Ps. 47), und auf einer Meta-Ebene kann man die Entsprechung zu seiner ebenso triumphalen Wiederkehr am Jüngsten Tag spüren. Abgesehen von ausdrücklich für das Fest bestimmten Liedern trifft auch *Völker aller Land* ziemlich gut den Kern der Sache (2. Strophe: *Gott in seinem Sieg auf zum Himmel stieg. Der Posaune Schall mächtig füllt das All.*)

CHOR:
Schütz, Ascendo ad Patrem meum (Doppelchor SATB)
Grieg, Jesus Kristus er opfaren (Jesus Christ ist aufgefahren) (SATB, B-Solo)
Finzi, God is gone up
Im wirkungsvollen (und gar nicht so schweren) Stück von Finzi ist der erwähnte Trompetenschall mit einem fröhlichen Chorsatz kombiniert. Man benötigt dafür eine nicht zu kleine Orgel, die natürlich entsprechende Zungenregister haben muss.

ORGEL:
J. S. Bach, Heut triumphieret Gottes Sohn (BWV 630, Orgelbüchlein)

Messiaen, L'Ascension.
Der Einsatz von Messiaens theologisch und biblisch begründeter Musik in der Liturgie will immer wohl überlegt sein. Da es wenig genau passende Orgelliteratur zum Himmelfahrtsfest gibt, sollte man L'Ascension aber jedenfalls in Erwägung ziehen. Vor allem der letzte Satz Prière du Christ montant vers son père *(Gebet Christi, als er zu seinem Vater aufsteigt) ist ohne Erklärungen verständlich, zumal er auch auf kleineren Instrumenten realisiert werden kann. Messiaen bildet eine majestätische Aufwärtsbewegung ab, und am Schluss bleibt ein Akkord ganz lange stehen, der eigentlich nach einer Auflösung verlangt; da stehen die Apostel wie angewurzelt und fragen sich: War es das? Kommt da noch etwas?*
Das Stück könnte nach der Kommunionspendung (nicht während!) als Vertretung des Dankgesanges erklingen; man muss sich dafür Zeit nehmen, und es sollten vor allem gegen Ende hin alle – auch im Presbyterium – still sitzen und zuhören.

Da die Osterzeit seit der Neuordnung des liturgischen Kalenders bis Pfingsten reicht, folgt trotz des einschneidenden Ereignisses der Himmelfahrt noch der 7. Sonntag der Osterzeit; in der früher gültigen Ordnung hieß er einfach „Sonntag in der Oktav von Himmelfahrt". Wiewohl der große Atem des Osterfestes bis Pfingsten reicht, hat dieser Sonntag doch ein ganz eigenes Profil; eine Atmosphäre des Nicht-Mehr und auch des Noch-Nicht wird in den Texten ausgebreitet. Man wird gut daran tun, dem auch musikalisch mit einer gewissen Verhaltenheit zu begegnen; der „Schall der Hörner" ist verklungen und das Sturmesbrausen des ankommenden Geistes noch eine Woche entfernt.

CHOR:
Hartmann, Eins bitt ich vom Herren. (SSATB) *Dieser Abschnitt aus Ps. 27 ist an diesem Sonntag (und auch am 6. Sonntag A) der Antwortpsalm; die Motette passt auch sehr gut zu Anlässen wie Kirchweihe, Ministrantenaufnahme etc.)*

CHOR/ORGEL/KANTOR:
Für die fünfzig vom Halleluja dominierten Tage sollte man genug an Abwechslung für diesen Ruf zur Verfügung haben, zum Beispiel:
Halleluja. Chor- und Bläsersätze zur festlichen Gestaltung des Rufes vor dem Evangelium, Wien-München 1992.
Weitere Hinweise dazu im Kapitel ⇨MESSE, s. Halleluja, S. 54.

5. Pfingsten

Das Fest und seine Stellung im Kirchenjahr korrespondiert sehr sinnfällig mit der ⇨Firmung im Leben des Christen. In den liturgischen Texten in den 50 Tagen nach ⇨Ostern wird das Werden der jungen Kirche vor uns ausgebreitet[10], und nun erreicht sie die Stufe zum Erwachsenendasein. Auch hier kommt jetzt ein Stück Spezialausrüstung dazu, ein unterstützendes Heilmittel, und zwar gerade zum rechten Zeitpunkt. Erst vor zehn Tagen ist Christus in den Himmel aufgenommen worden – aber: „Ich lasse euch nicht als Waisen zurück … ich will euch einen Beistand geben." Zu Pfingsten wird die Kirche erwachsen insofern, als es jetzt „ernst wird": Die Christen brauchen ab sofort eine Langzeitperspektive, die die vibrierende Naherwartung der Zeit nach der Auferstehung ablöst.

Über die Theologie des Heiligen Geistes etwas zu sagen, wird sich dieses Buch nicht anmaßen. Immerhin sei aber angemerkt: Man tut gut daran, sich diese dritte göttliche Person möglichst weitgefasst vorzustellen, und man sollte sich diesen Heiligen Geist nicht ausschließlich als etwas vorstellen, das hin und wieder „herabgerufen" wird, sondern um eine Wirkkraft, die sich in vielem dauernd äußert. Dass

---

10   Vgl. ⇨Die Sonntage der Osterzeit" S. 208.

es hier sehr unterschiedliche Facetten gibt, müsste sich letzten Endes in einer ebenso differenzierten musikalischen Gestaltung niederschlagen. Diese Vielfalt wird in den liturgischen Texten entwickelt, und zwar besonders deutlich in den Lesungen der Messe, die für den Abend vor dem Pfingstfest vorgesehen sind.

Die folgende Zusammenstellung soll die verschiedenen Blickwinkel auf den Heiligen Geist zeigen und die damit korrespondierende Vielfalt möglicher Gesänge. Sie ist ausnahmsweise *nicht* als jeweils konkreter Vorschlag eines Antwortgesanges gedacht – wiewohl der Vorschlag manchmal so verwendet werden könnte.

– Der Lebensspender, ohne den alles nur „Knochen ohne Fleisch" ist: Vorabendmesse, Lesung aus Ezechiel.
Entsprechende Gesänge: Sag ja zu mir, wenn alles nein sagt; Manchmal kennen wir Gottes Willen. – Psalm 148.

– Der Geist, der Visionen hervorbringt: Vorabendmesse, Lesung aus Joel.
Entsprechende Gesänge: Der Geist des Herrn erfüllt das All (2. Strophe!); So sollen die Erlösten singen. Gesang aus Offb 19 (Das Heil und die Herrlichkeit).

– Der Geist als donnerndes Kommunikationsmedium Jahwes: Vorabendmesse, Lesung aus Exodus.
Entsprechende Gesänge: Der Geist des Herrn erfüllt das All (4. Strophe!); König ist der Herr. Psalm 8 (Herr, unser Herrscher).

– Negative Definition anhand des Turmbaues von Babel – so läuft es ohne Gottes Geist. Vorabendmesse, Lesung aus Genesis.
Entsprechende Gesänge: Worauf sollen wir hören; O Jesu Christe, wahres Licht. Psalm 12 (Hilf doch, o Herr)

– Der Durchhaltegeist (siehe vorhin „Langzeitperspektive"!): Vorabend, Lesung aus dem Römerbrief.
Entsprechende Gesänge: Nun singt ein neues Lied dem Herren; Eine große Stadt ersteht.

– Der Geist als Indentitätsstifter für Christen: Messe am Tag, Lesung aus dem 1. Korintherbrief.
Entsprechende Gesänge: Gott ruft sein Volk zusammen (3. Strophe!); Nun singe Lob, du Christenheit.

– Der Geist einer christlichen Zivilcourage: Pfingstmontag, Lesung aus der Apostelgeschichte.
Entsprechende Gesänge: Lehre, Herr, uns beten; Lass uns in deinem Namen, o Herr; Lasst uns loben, freudig loben.

– Der Schöpfer-Geist.
Entsprechende Gesänge: Dein Lob, Herr, ruft der Himmel aus; Lobe den Herren; Erde, singe; Erfreue dich, Himmel. Psalm 104 (Sendest du deinen Geist aus).

Wie man sieht, sind die typischen Heiliger-Geist-Lieder noch gar nicht genannt worden. Sie „passen" zwar immer „irgendwie" (auch zu den angeführten →Perikopen), gehören aber eigentlich in einen jeweils ganz bestimmten Zusammenhang:

– *Komm, Heilger Geist, der Leben schafft* ist eine der vielen Übertragungen des Vesperhymnus *Veni, Creator Spiritus*. Sie wird – wie auch *Komm, allgewaltig heilger Hauch* – auf eine angepasste Melodieversion der lateinischen Urfassung gesungen.

– *Komm, Schöpfer Geist, kehr bei uns ein* ist eine weitere Übertragung, hat dasselbe Versmaß und könnte daher auf dieselbe angepasste Melodie gesungen werden; gebräuchlich ist allerdings die Melodie aus Köln von 1741.

– *Komm herab, o Heilger Geist* ist eine Übertragung des anderen ehrwürdigen Gesanges zum Heiligen Geist, des *Veni Sancte Spiritus*. Es ist die →Sequenz vom Pfingstfest, und diese Stelle der Messe ist auch der richtige Platz für diesen Gesang. Die Sequenz kann, aber muss nicht gesungen werden.

– *Komm, o komm, du Tröster mein* zählt in sieben Strophen die sieben Gaben des Geistes auf. Es ist eines der leichtesten Lieder, weil es sehr in der Grundtonart verhaftet ist. Das bringt allerdings auch eine gewisse Eintönigkeit mit sich, und deswegen ist davon abzuraten, alle sieben Strophen durchzusingen, auch wenn dadurch die Idee der Aufzählung durchkreuzt wird.

– *Nun bitten wir den Heiligen Geist*, ein sehr altes Lied, das im 20. Jahrhundert um drei Strophen erweitert wurde, deckt in Form von Anrufungen viele der vorhin genannten Facetten des Geistes ab. Da das Lied die Form einer →Leise hat, passt es besonders gut zu Beginn eines Gottesdienstes.

– *Komm, o Tröster, Heilger Geist* ist ein ähnliches Anrufungslied, das auch in die vorhin genannte Kategorie der „Langzeitperspektive" passt, da von Trost und Stärke die Rede ist.

Diese ausführlichen Aufzählungen sollen die Sensibilität dafür wecken, dass es im Fall von Pfingsten verschiedene Aspekte gibt, die weit über die vorrangig wahrgenommenen hinausreichen. „Komm, Heiliger Geist" ist nur der Hauptslogan, und deshalb scheinen Lieder mit diesem Grundmotiv naheliegend zu sein, wiewohl oft andere Gesänge weitaus besser geeignet sind, da sie auf weitreichende Zusammenhänge verweisen und zum Nachdenken anregen können.

Mit Choralvorspielen über Heiliger-Geist-Lieder, speziell aus dem barocken bzw. lutherischen Bereich muss man sensibel umgehen. Die im Kapitel Firmung genannten Bearbeitungen über „Nun bitten wir den heiligen Geist" von Johann Gottfried Walther und die Stücke über „Komm Gott Schöpfer, Heiliger Geist" können ohne lange Erklärungen verwendet werden, da man die bei uns bekannten Melodien gut heraushören kann. Anders ist es zum Beispiel mit Choralbearbeitungen über „Komm, Heiliger Geist, Herre Gott" (Bach, Buxtehude und andere). Das Lied steht zwar im *Gotteslob*, ist aber nie wirklich heimisch bei uns geworden; eine selbstverständliche Konnotation mit dem Thema Heiliger Geist wird sich beim Hören nicht einstellen, wenn nicht zumindest der Titel bekanntgegeben wird.

* * *

Mit kreativer Gestaltung kann der Kirchenmusiker einiges dazu beitragen, dass die dritte göttliche Person ein wenig aus dem Schattendasein herausgeholt wird, das sich dadurch ergibt, das Gott Vater und Gott Sohn die Hauptrollen im Alten und im Neuen Testament spielen und über den Heiligen Geist naturgemäß weniger zu hören ist. Die Hinweise auf die durchdringende und umfassende „Arbeitsweise" dieses Geistes werden vom Leiter der Liturgie und vom Prediger kommen – aber auch der Musiker kann hier unterstützen.

✳ ✳ ✳

Praetorius, Nun bitten wir den Heiligen Geist (SATB, in B)

Trubel, Nun bitten wir den Heiligen Geist (SABar, in G)

Distler, Nun bitten wir den Heiligen Geist (SABar, in F)

Eberlin, Veni Sancte Spiritus (Soli SATB 2 Viol Trp Pk Bc) *Nicht die Pfingstsequenz, sondern der Ruf vor dem Evangelium!*

Reissiger, Veni Sancte Spiritus (SATB) *Text wie vorige Komposition*

Enjott Schneider, Komm, Heilger Geist, der Leben schafft (SATB) *Text und Melodie des Vesperhymnus, teilweise unter Verwendung von Vokalisen.*

✳ ✳ ✳

Postskriptum: Es ist nicht Kirchenmusik und schon gar nicht Musik für die Liturgie, aber die wahrscheinlich luxuriöseste Vertonung von *Veni, Creator Spiritus* muss zumindest erwähnt werden – es ist der erste der beiden Sätze von Gustav Mahlers VIII. Symphonie, komponiert 1906, uraufgeführt 1910 in München. Die Besetzung könnte umfangreicher kaum sein, und der Komponist setzt die ganze Palette seiner Instrumentationskunst ein, um die gewaltige Bandbreite des Geistes zu illustrieren. Ein besonderer Gag ist am Beginn der vierten Strophe zu erleben; Mahler schiebt zwischen der Silbe *Ac-* und dem Rest des Wortes *-cende* (*Ent - zünde*) eine Fermate ein; man hört förmlich das Anreißen eines Streichholzes und die nachfolgende Stichflamme mit dem vollen Orchester.

6. Fronleichnam, Eucharistie

Verständnis und Verehrung der Eucharistie haben sich im Lauf der Zeit besonders stark gewandelt. In diesem Kapitel geht es um Liturgie und Musik im Hinblick auf die Gegenwart Christi in den eucharistischen Gestalten Brot und Wein (vgl. auch die Begriffsbestimmung auf S. 23f.) und für das Hochfest, das diesem Gedanken gewidmet ist.

Nach einem halben Kirchenjahr, das mit Festen und geprägten Zeiten den irdischen Wandel Jesu nachgezeichnet hat, findet sich an erster Stelle das Ideenfest Fronleichnam im Kalender. Ein Ideenfest ist eines, das nicht primär mit der Heilsgeschichte, mit dem Leben Jesu oder mit einer Heiligengestalt verbunden ist. Dass Christus uns ein reales und immer erneuerbares Zeichen seiner Gegenwart hinterlassen hat, wird an sich am Gründonnerstag gefeiert, denn diesen Akt der Stiftung hat er beim letzten Abendmahl gesetzt. Somit ist der Gründonnerstag der eigentliche Festtag der Eucharistie, der aber bereits sehr stark von der nahenden Leidensgeschichte geprägt ist. Trotzdem strahlt dieser Tag so stark „eucharistisch", dass der Donnerstag der Eucharistie-Tag jeder Woche ist (so wie man sich jeden Freitag der Passion erinnert und der Samstag traditionell einen marianischen Unterton hat). Der Termin des Fronleichnamsfestes ist einfach der erste Donnerstag, der nach der Kette von geprägten Zeiten – und der früher vorhandenen →Oktav von ⇨Pfingsten – frei für ein solches Fest ist. Simpel ausgedrückt: Am Gründonnnerstag feiern wir, dass wir die Eucharistie *bekommen*; zu Fronleichnam, dass wir sie *haben*.

Der deutsche Name geht auf die mittelhochdeutschen Worte *frôn* und *lich(n)am* (Leib) zurück – und damit sind wir auch schon mitten in den zu Beginn angesprochenen Veränderungen. „Fronleichnam" korrespondierte mit der früheren amtlichen Bezeichnung „Festum sanctissimi Corporis [!] Domini nostri Jesu Christi" (oder „In festo Corporis [!] Christi"). Seit 1970 heißt das Fest „Sanctissimi corporis et sanguinis [!] Christi sollemnitas" und entsprechend im Deutschen Messbuch von 1975 „Hochfest des Leibes und Blutes Christi". Gleichzeitig wurde das erst 1849 eingeführte „Fest des kostbaren Blutes" (1. Juli) gestrichen. Das ist nicht irgendeine harmlose Korrektur, sondern erweitert den Festinhalt von bloß der einen auf beide eucharistische Gestalten. Auf den ersten Blick erscheint das angesichts des biblischen Befundes wie eine Selbstverständlichkeit, denn dort – in den Passionserzählungen nach Matthäus und Lukas sowie in der eucharistischen Rede (Joh 6,51–58) – ist immer von Fleisch *und* Blut, von Brot *und* Wein die Rede. Aber der neue Name des Festes beendet eine jahrhundertelange Fokussierung auf das eucharistische Brot allein, die ein Erbe des Mittelalters ist. Wie im Kapitel über die Messe dargelegt (S. 64), verschob sich um die erste Jahrtausendwende der Höhepunkt der Messe allmählich zur →Wandlung hin – nicht nur zur Wandlung als liturgischem Topos, sondern hin zum Augenblick der Verwandlung der Gestalten. Seit dem Frühmittelalter wurde unter „Wandlung" das Sprechen des Einsetzungsberichtes oder nur der Einsetzungsworte verstanden. In dieser Zeit wurde auch die Elevation, das Hochheben und Zeigen der Hostie und des Kelches, eingeführt. Die Hostie in diesem Moment anzusehen, galt als die eigentliche Begegnung mit Gott, und die Gläubigen trachteten, möglichst mehrere Elevationen hintereinander mitzuerleben. In der Literatur wird offen ausgesprochen, dass da durchaus magische Vorstellungen im Spiel waren. Da der Empfang der Kommunion damals ein seltenes Ereignis im Leben des Christen war, konnte die Elevation einen derartigen Stellenwert bekommen; bis ins 20. Jahrhundert hinein war die „geistliche Kommunion" die weitaus häufigere Form als der tatsächliche Empfang der Hostie. Manche Textstellen in alten Liedern erinnern noch daran, zum Beispiel in der Singmesse von Michael Haydn: „Im Geist dich zu empfangen" – man rechnete gar nicht mit der wirklichen Kommunion.

> Das Fronleichnamsfest hat mehrere Wurzeln. Ideengeschichtlich spiegelt es einen Ruhepunkt in einem langen theologischen Streit um die präzise Art und Weise der Wandlung der eucharistischen Gestalten wider. Der Auslöser für die zunächst regionale Einführung des Festes war eine Vision der Juliana von Lüttich (1193–1258). Ursprünglich auf ein spezielles →Messformular und →Offizium beschränkt, entwickelten sich nach und nach weitere Elemente; eines der Vorbilder waren Flurprozessionen. Von dort kommt auch das Konzept der vier Altäre (vier Himmelsrichtungen!), das vor allem im deutschen Sprachraum wirkte. Die Ausführungsbestimmungen des Konzils von Trient kennen noch keine Unterbrechung der Prozession außer zu dem Zweck, dass sich der Bischof ausruht (höchstens zweimal). (Pacik 2009a, S. 4)

Anfangs wurde die Hostie in einem geschlossenen Gefäß bei der Prozession mitgetragen; eine solche Pyxis (vgl. das verwandte Wort Büchse!) ist auch heute in Gebrauch, wenn es nur ums Aufbewahren und nicht ums Zeigen geht. Später wurde für die Prozession zunächst eine durchsichtige Pyxis verwendet, bis allmählich Monstranzen in verschiedenen Stilen aufkamen. Sie wurden zu einem wichtigen Kultgerät, da Formen der Eucharistieverehrung zunahmen, die alle das Zeigen der Hostie für längere Zeiträume als Mittelpunkt hatten. Der liturgisch-technische Sprachgebrauch ist für einen Außenstehenden gewöhnungsbedürftig:

Aussetzen: Die Hostie – zuvor in der Messe konsekriert oder aus der Pyxis bzw. dem Tabernakel – wird in eine Halterung in der Monstranz eingefügt; die Monstranz wird auf dem Altar oder auf einem erhöhten Platz aufgestellt. („Nach der Messe wird ausgesetzt" oder „… wird das Allerheiligste ausgesetzt".) Die Lehnwörter aus dem Lateinischen *exponieren* bzw. *expositio* (ausstellen, Ausstellung) wirken irgendwie eleganter.
Einsetzen (reponieren): Der umgekehrte Vorgang, d. h. die Hostie wird wieder aufbewahrt.

Gegenüber früheren Jahrhunderten, aber auch schon im Vergleich zur Mitte des
20. Jahrhunderts, sind diese Arten der Eucharistiefrömmigkeit sehr zurückgegangen, und damit verschwinden auch manche Formen und Rituale. Das mag man
einerseits bedauern; man muss andererseits bedenken, dass diese Art der Verehrung der Hostie losgelöst war vom eigentlichen Sinn der Eucharistie, nämlich der
Kommunion in der Messe. Die beschriebene allgemeine Abstinenz vom Kommunionempfang – durch viele Jahrhunderte – ließ folgerichtig andere Formen des
eucharistischen Kontaktes wichtig werden. Sie hielten sich bis in die Zeit des II.
Vatikanischen Konzils, obwohl bereits durch die Reformen Pius' X. (1905 und
1910) der Kommunionempfang in möglichst allen Messen für jeden Mitfeiernden
empfohlen und schrittweise eingeführt wurde. Eine feierliche →Vesper mit einem
eucharistischen Element abzuschließen, war früher Standard. Als damals häufige Sonderform gab es die sogenannte Segenmesse, was bedeutete, dass die ganze
Messe vor der ausgesetzten Monstranz gefeiert wurde. So wurde gleichsam die eucharistische Wirkung verdoppelt – was aus heutiger Sicht höchst problematisch
erscheint: Christus ist vom Beginn der Messe an in der Hostie in der Monstranz
gegenwärtig – und dann nochmals (oder erneut?) in den soeben in der Messe konsekrierten Hostien … Vor ausgesetzter Monstranz eine Messe zu feiern, ist heute
aus guten Gründen ausdrücklich verboten.[11] Die eucharistische Gegenwart „ist die
Frucht der Konsekration und muss als solche in Erscheinung treten."[12]

> In einer Segenmesse galten selbstverständlich „verschärfte" liturgische Regeln,
> etwa was die Art und die Anzahl der Kniebeugen betraf. Die Gläubigen waren angehalten, die ganze Messe hindurch zu knien. Im Fall einer Predigt hätten sie stehen
> bleiben müssen, und der Priester hätte der Monstranz nicht den Rücken zuwenden
> dürfen. Das Problem wurde mittels einer Art reich verziertem Banner auf einem
> hohen Gestell gelöst; es wurde vor die Monstranz gestellt, wodurch die Präsenz des
> Herrenleibes quasi vorübergehend „ausgeschaltet" wurde. Auch während der Kommunionspendung wurde diese Fahne verwendet.

Diese und andere verschwundene Formen erinnern daran, dass man sich früher
auf die gleichsam stoffliche, reale Gegenwart Christi, vertreten durch die Hostie,
konzentriert hat und darin den primären Sinn der Eucharistie gesehen hat. Heute
steht der Charakter des gemeinsamen Mahles, also als Speisesakrament, im Vordergrund, und die eucharistischen Gestalten und ihre Verehrung wird grundsätzlich im Zusammenhang mit der Messe gesehen. Wann immer möglich, sollen nur
hic et nunc konsekrierte Hostien verwendet werden – sowohl für die Kommunion
der Gläubigen als auch für die Monstranz. Beides ist allerdings aus praktischen

---

11 Instruktion über Feier und Verehrung des Geheimnisses der Eucharistie vom 25. Mai 1967, Nr. 61
12 Ritualefaszikel „De sacra Communione et de cultu mysterii eucharistici extra Missam" (1973), Nr. 6

Gründen nicht immer möglich (z. B. im Fall einer abendlichen Andacht, der keine Messe vorausgeht).

Dass die Eucharistie vor allem für die jüngeren Katholiken kein isoliertes Phänomen ist, sondern mit Mahl, Gemeinschaft, Passion oder anderen Themen in Verbindung gebracht wird, lässt sich an einer Nebensächlichkeit ablesen: In den NGL-Liederbüchern gibt es keine Abteilung mit entsprechenden Gesängen, sondern sie müssen aus anderen Bereichen herausgesucht werden. (*Kann denn das Brot so klein* etwa findet sich im Liederbuch „Du wirst ein Segen sein" unter dem Stichwort Weihnachten.)

Die lange während Fokussierung auf die Hostie hatte auch das Ziel, sich von den reformatorischen Kirchen abzugrenzen. Dass dort den Gläubigen im Abendmahlsgottesdienst nicht nur das Brot, sondern auch der Wein gereicht wurde (der „Laienkelch"), war eines der offensichtlichen Unterscheidungsmerkmale. Auch dies ist eine der Hauptursachen, warum die zweite eucharistische Gestalt, der Wein, im katholischen Bewusstsein weitgehend aus dem Blickfeld verschwand und warum die von der Messe losgelöste eucharistische Verehrung immer mehr das liturgische Panorama beherrschte – und warum dies zu einem typisch katholischen Phänomen werden konnte. (Die anglikanische Kirche kennt zwar eine Eucharistietheologie, die derjenigen der Katholiken nahe kommt, nicht aber eine von der Eucharistiefeier losgelöste Verehrung der Gestalten – und demgemäß keine entsprechende Musik.)

Fast unnötig zu erwähnen, dass sich die beliebtesten Formen und Themen von Liturgie und Volksfrömmigkeit überschneiden konnten, ohne dass derlei als Konflikt empfunden wurde. Man betete beispielsweise vor der ausgesetzten Monstranz den Rosenkranz oder hielt eine Andacht zum heiligen Josef ab, was ja in sich folgerichtig war: Die von ihrem Ursprung, der Messe, losgelöste eucharistische Präsenz betrachtete man als eine Art Grundatmosphäre oder als Hintergrund, vor dem man andere Formen pflegte. (Es gab allerdings auch den Brauch, nach der Wandlung bis zum Vater unser laut ein Gesätzchen des Rosenkranzes zu beten, was in ländlichen Gegenden noch bis in die Sechzigerjahre angetroffen werden konnte.)

* * *

All dies schlägt sich kirchenmusikalisch in vieler Hinsicht nieder, zunächst einmal im Repertoire des *thesaurus*. Nach Vertonungen des ⇨Ordinariums und marianischen Kompositionen dürften Stücke mit eucharistischem Text den drittgrößten Anteil im Repertoire ausmachen.

– Man brauchte ja bei jeder Aussetzung ein *Tantum ergo* (dazu später). Ausgesetzt wurde am Ende jeder feierlichen Vesper, oft auch nach dem Hochamt, bei allen Segenmessen und bei den zahlreichen selbstständigen Andachten oder Litaneien, auch wenn der Hauptteil einer solchen Andacht nicht-eucharistisch – also etwa marianisch – war.

– Zur Anbetung sang man außerdem oft eine eucharistische Antiphon bzw. Motette.

– Ebenso war an zwei Stellen der Messe Bedarf – naturgemäß während der Kommunion, aber auch nach der Wandlung.

In diesem Zusammenhang ist interessant, dass Messkompositionen aus Frankreich aus dem 18. bis zum frühen 20. Jahrhundert fast immer als zusätzlichen Satz nach dem Benedictus ein *O salutaris hostia* oder ein *Sacris solemnis* enthalten. Man trifft es so regelmäßig an, dass es in diesem Kulturkreis eigentlich als Ordinariums-Satz gerechnet werden kann. Es wurde nach dem Benedictus gesungen, manchmal sogar an seiner Stelle. („Nach dem Benedictus des Hochamtes kann eine Motette zum heiligsten Sakrament gesungen werden." Motu proprio *Tra le sollecitudini* Nr. 8)

Zurück zum Fronleichnamsfest. Ob die Prozession vor oder nach dem feierlichen Hochamt war, hat sich ebenfalls aufs Repertoire ausgewirkt. Musikalisch lag der Schwerpunkt meistens auf der Prozession, und so gibt es nicht übermäßig viele Vertonungen des Propriums. *Oculi omnium*, →Graduale von Fronleichnam, von J. Michael Haydn (SATB, Ktrio, 2 Hr ad lib) ist ein interessantes Stück, das aufgrund des eher allgemein-eucharistischen Textes (Ps. 145,15–16) vielseitig verwendbar ist. Er ist uns geläufig vom gesungenen Tischgebet von Heinrich Schütz: *Aller Augen warten auf dich, Herre* (SWV 429; es ist der erste von drei Teilen des „Benedicite vor dem Essen").

Der auffälligste Gesang aus dem Proprium des Festes ist die →Sequenz *Lauda Sion salvatorem*. Die Nachdichtung *Deinem Heiland, deinem Lehrer* ist mit der Melodie von Michael Haydn zu großer Popularität gelangt, was man von der deutschen Adaption der gregorianischen Melodie im *Gotteslob* nicht behaupten kann; hier wurde der Inhalt der 24 Strophen auf zwölf komprimiert. Der Autor des ursprünglichen Textes ist kein geringerer als Thomas von Aquin; auch etliche andere eucharistische Gesänge werden ihm zugeschrieben. Sie werden in der Literatur als Zeugnisse – im Sinne lehrhafter Dichtung – für jene konsolidierte Theologie der Eucharistie bezeichnet, mit der die Einführung des Festes zusammenhängt.

Die Prozession ist streng genommen nicht verbindlich vorgeschrieben und gehörte auch früher nur zu den „frommen Übungen" (pia exercitia). Des ungeachtet erfreute sie sich vor allem in unseren Landen immer großer Beliebtheit und wurde – durch die Jahreszeit begünstigt – zu einem wichtigen Ereignis mit folkloristischen Elementen. Es hatte sich schon früh eingebürgert, die Prozession mit vier Stationen abzuhalten und mit der Rückkehr in die Kirche als fünfte Station abzuschließen. Die Idee mit den vier Stationen könnte von Flurprozessionen stammen, bei denen der Segen auf das ganze Land, das heißt auf oder für alle Himmelsrichtungen, herabgefleht wurde; eine andere Deutung weist darauf hin, dass oft vier Stadttore vorhanden waren. Es ist weithin noch immer Brauch, an jeder Station einen provisorischen Altar aufzustellen; jedesmal wird der Segen mit der Monstranz gegeben. Früher wurde an jedem Altar auch eine eigene Evangelien→perikope gelesen.

Für die musikalische Gestaltung gab es einen quasioffiziellen Kanon von Gesängen. Am Beginn der Prozession wurde *Pange lingua* gesungen, der Hymnus in der 2. Vesper des Hochfestes. Für die Prozession wurden im →*Liber usualis* (Ausgabe von 1964) eine Reihe von Gesängen vorgeschlagen. Abgesehen von Magnificat, Benedictus und anderen Stücken allgemeiner Art bilden die folgenden unter ihnen sozusagen das Eigengut (sie sind nicht ausdrücklich vier Stationen zugeordnet):

- *Sacris solemniis*: Hymnus der Matutin am Hochfest; es gibt sehr viele Vertonungen. Die sechste der sieben Strophen, *Panis angelicus*, führt auch ein Eigenleben. Sie ist als selbstständige Sakramentsmotette unzählige Male vertont worden. Berühmt ist die Komposition von César Franck (S-Solo, Vc-Solo, Orgel).
- *Verbum supernum*: Hymnus der Laudes.
- *Salutis humanae sator*: Hymnus der 2. Vesper von Christi Himmelfahrt.
- *Aeterne rex Altissime*: Eigengut der Prozession.
- Als Abschluss der Prozession bzw. bei der Rückkehr in die Kirche wird ein weiteres Mal der eucharistische Segen mit der Monstranz gegeben. Hier ist ein *Tantum ergo* fällig – der offizielle Sakramentsgesang schlechthin. Auch in diesem Fall haben sich zwei Strophen verselbstständigt. Die vorletzte Strophe des Hymnus *Pange lingua*, nämlich *Tantum ergo sacramentum*, ist jahrhundertelang der zur Aussetzung der Monstranz vorgeschriebene Gesang gewesen; die letzte Strophe, *Genitori genitoque*, wurde nach dem Segen zum Einsetzen gesungen. Von daher ist der übergroße Vorrat an Vertonungen dieser zwei Strophen zu erklären; Hinweise auf bestimmte Stücke erübrigen sich. Heute ist kein bestimmter Gesang für diese Aussetzungs-Riten vorgeschrieben.

Es gibt noch einen zweiten Hymnus, der mit den Worten *Pange lingua gloriosi* beginnt; es geht dort weiter mit *lauream certaminis* („Preise, Zunge, den ruhmreichen Streit"). Dieser Kreuzhymnus des Venantius Fortunatus (6. Jahrhundert) ist älter und diente Thomas von Aquin zum Vorbild für den Sakramentshymnus. Der Hymnus wurde früher zur Kreuzverehrung am Karfreitag gesungen; zu ihm gehörte eine Antiphon *Crux fidelis*, deren letzte Zeile *dulce lignum* abwechselnd mit der ganzen Antiphon als Responsum verwendet wurde – ein komplexes Gebilde. Der Hymnus dürfte nicht oft vertont worden sein, aber vor einer Verwechslung mit dem eucharistischen Hymnus (Fortsetzung *corporis mysterium*) wird gewarnt; sie kann passieren, wenn man in einem Verzeichnis sucht, das nur die ersten zwei Worte enthält.

Wenn auch heute von verbindlich vorgegebenen Gesängen für die Prozession keine Rede mehr ist – und man heutzutage sicher hauptsächlich Formen mit Beteiligung der Gemeinde wählen wird –, so seien doch einige Vertonungen aus dem *thesaurus* angeführt:

🎼 Butz, Hymnen zur Fronleichnamsprozession und Pange lingua (SATB, Bläser oder Orgel). *Die oben genannten „kanonischen" Gesänge.* Vom selben Komponisten auch deutsche Vertonungen: Vier deutsche Hymnen und Tantum ergo zur Fronleichnamsprozession (SATB, Bläser ad lib)

🎼 Eberlin, Vier eucharistische Motetten (Benedicam Dominum, O sacramentum, O felix caritas, Agimus tibi gratias) (SATB, Bc).

🎼 Joseph Haydn, „Lauda Sion." Responsoria de venerabili [sacramento] (SATB, 2 Hr, Ktrio). *Keine zusammenhängende Vertonung der ganzen Sequenz und auch keine* →*Responsorien im strengen Sinn! Der fast vollständige Text wird in vier einzelnen weitgehend homophonen Sätzen auskomponiert. Nicht zu verwechseln mit Haydns* Lauda Sion, Hymnus/Motetto de venerabili sacramento (SA-Soli, SATB, 2 Ob, 2 Trp, Streicher). *Auch hier werden Strophen der Sequenz vertont; alle vier Sätze sind in C-Dur; der vorher genannte Zyklus hat die Tonartenfolge B – d – A – Es (!).*

Die eucharistische Verehrung und damit das Fronleichnamsfest sind, wie gesagt, in einem lange andauernden Umbruch begriffen. Die umfangreichen Überlegungen dazu und die weitreichenden Konsequenzen (Fuchs 2006) können hier nur angedeutet werden:

– Immer weniger Leute nehmen an der Prozession teil; in der Folge wird eine kürzere Strecke als angemessen empfunden. Die klassische Anzahl von vier Altären wird reduziert.

– Im Vergleich zu früher spielt der Auftritt nach außen eine etwas kleinere Rolle. Im Vordergrund steht das gemeinsame Tun – das Vorbereiten, Ausführen (das betrifft natürlich auch die Musik) und das Nachfeiern (Agape etc.).

– Die bisherige natürliche Einbettung der Prozession in eine Welt, in der christliche Inhalte und Symbole grundsätzlich akzeptiert oder verstanden werden, ist immer weniger gegeben.

– Wenn mehrere Pfarrgemeinden die Feier gemeinsam begehen, bieten sich sternförmige Wege für kürzere getrennte Prozessionen an, die in eine gemeinsame Messfeier münden.

– Die von der Messe losgelöste eucharistische Frömmigkeit spielt bei weitem nicht mehr eine so wichtige Rolle wie früher. Die Prozession hat ideell nicht mehr dasselbe Gewicht wie früher.

– Guido Fuchs berichtet über einen gewissen Anteil an ökumenisch begangenen Feiern. Als besonders interessante Form begegnete ihm jene, bei der der evangelische Pfarrer die Bibel trug – neben dem katholischen, der wie gewohnt die Monstranz in der Hand hielt.

– Die Gestaltung in Form einer →Statio – anstelle einer Prozession – scheint sich zunehmender Popularität zu erfreuen.

– Technisch gesehen ist jede Art der musikalischen Gestaltung wesentlich leichter an einem festen Ort durchzuführen als bei einer Prozession.

War die musikalische Gestaltung der Prozession früher untrennbar mit dem Auftritt einer Blaskapelle verbunden, stehen heutzutage vielfältige Formen der elektronischen Verstärkung zur Verfügung, wodurch man Vorsänger, →Schola und Chor zum Anstimmen und zum Anführen des Volksgesanges einsetzen kann. Das bedeutet auch eine bedeutende Erweiterung des Repertoires. Eine landläufige Blaskapelle spielt, noch dazu im Gehen, ein ganz bestimmtes Tempo im geraden Takt; Lieder wie *O wunderbare Speise* oder *Lobe den Herren* sind kaum machbar. Man sollte andererseits nicht unterschätzen, dass viele Teilnehmer Sound und Gestus einer solchen Blaskapelle als typisch für diesen Tag empfinden dürften und dass ihnen etwas Wesentliches fehlte, würde man ganz auf diesen Klangkörper verzichten.

Setzt man für jede Etappe der Prozession hintereinander ein Lied (mehrere Strophen) und dann einen responsorialen Gesang an, kann man damit gleich mehrere Probleme lösen:
– Abwechslung von Besetzungen und Formen
– Ein einziges Lied ist meistens zu kurz für eine Etappe.
– Die Blaskapelle kann jedenfalls eingesetzt werden.
– Chor oder Schola können ebenfalls (auch) bei der Prozession eingebunden werden.
– Mit einem Wechselgesang kann man der ganzen Sache immer wieder einen biblischen Schub geben.
– Setzt man zuerst das Lied und dann den Wechselgesang an, ist man bei Erreichen der nächsten Station flexibel und kann den Gesang punktgenau beenden.
– Man muss nicht alle Strophen eines langen Liedes singen lassen, um den Weg zur nächsten Station möglichst auszufüllen.

Für den responsorialen Gesang kommen nicht nur Psalmen in Frage, sondern auch Stellen aus dem Neuen Testament, aber auch moderne Texte. Beispiele finden sich im Chorbuch zum Gotteslob (S. 151–160), im Chorbuch „Kommen, um Christus anzubeten“ und in NGL-Büchern.

Wer Musik zu eucharistischen Anlässen auswählt, sollte seine Sinne dafür schärfen, dass es hier – ähnlich wie beim Thema Heiliger Geist – verschiedene Akzente gibt, die zwar nahe beisammen liegen, sich aber doch nicht decken.

– „Speise“:
Die Speisung der 5000 – das Manna in der Wüste – die Wegzehrung (Krankenkommunion, Versehgang) – das tägliche Brot
Chor: Oculi omnium (M. Haydn, s. o.; Wood (SATB); Aller Augen (s. o.)

Selle: Jesus sprach … „Mich jammert des Volkes" (SATB)
Lieder: O wunderbare Speise; Wir rühmen dich, König der Herrlichkeit; Im Frieden dein
(2. Strophe!); Wie schön leuchtet der Morgenstern (2. Strophe: „Himmlisch Manna …")
NGL: Das eine Brot wächst aus vielen Halmen; Brot ist mehr als Brot; Let us break bread
together.

– „Mahl":
Die Stiftung der Eucharistie am Gründonnerstag – Brotbrechen als identitätsstiftendes
Tun bzw. als Erkennungszeichen („Emmaus") – Mahlgemeinschaft – Mahl der Versöh-
nung („Der verlorene Sohn")
Chor: *O sacrum convivium* (Magnificat-Antiphon der Zweiten Vesper von Fronleichnam).
Vertonungen u. a. von Byrd, Pergolesi, Viadana, Messiaen (SATB) und Andrea Gabrieli
(SATTB).
Lieder: Beim letzten Abendmahle; Wir alle essen von einem Brot
Kleine Besetzung: Schütz, Die Wort [sic!] der Einsetzung des heiligen Abendmahls, SWV
423, (SSABar, Bc ad lib)
NGL: Komm, nimm das Brot, komm, nimm den Wein; Seht, das Brot, das wir hier teilen;
Brannte nicht unser Herz. – *Eine Vertonung der Einsetzungsworte bietet* Nehmt und esst,
das ist der Leib.

– „Brot des Lebens":
Wer mein Fleisch isst, … der wird leben, auch wenn er stirbt
Chor: Ego sum panis – Palestrina (SATB), Daniel Roth (SATB, TB-Solo, Orgel), Roger-
Ducasse (SSA, S-Solo, Orgel)
Lieder: O Jesu, all mein Leben bist du; Jesu, du mein Leben
NGL: Ich bin das Brot des Lebens.

– „Christi Gegenwart":
Ich bin bei euch alle Tage … Der Herr ist mein Hirte
Lieder: Herr, unser Herr, wie bist du zugegen
NGL: Herr, bleibe bei uns, geh du mit uns.

– „Monstranz":
Damit ist die von den anderen Bezügen losgelöste, früher vorherrschende Anbetungs-
Frömmigkeit gemeint. Dieses Feld wird vor allem von den alten Segenliedern abgedeckt.
Hierher gehört – in zweiter Linie – auch die mystische Jesus-Frömmigkeit (*Jesus, dir leb
ich*).
Die bereits genannten Gesänge *Pange lingua* und *Tantum ergo*; weiters *Adoro te devote*;
deutsch: *Gottheit tief verborgen*; hiezu Bearbeitungen von Thomas Schmid (SATB) oder
von Klasen (SABar)
Chor: Bárdos, Adoremus in aeternum (SSA, Orgel)
Lieder: Das Heil der Welt; Schönster Herr Jesu (unter Einbeziehung der 5. Strophe); O
lieber Jesu, denk ich dein; Morgenstern der finstern Nacht
NGL: Schenk uns Gedanken der Stille; Du bist der Atem der Ewigkeit
Kleine Besetzung: Schütz, O süßer, o freundlicher SWV 285 (S-Solo, Bc).

Das Lied *Gott sei gelobet und gebenedeiet* entzieht sich diesen Kategorien – besser gesagt: Es umfasst alle Facetten der Eucharistie. Im *Gotteslob* wird es als Einschaltstrophe zu *Lauda Sion* bezeichnet, im „Handbuch zum Evangelischen Kirchengesangbuch" (1964) als Fronleichnamsleise. Beides stimmt; Bezüge zu unserem Hochfest sind jedenfalls vorhanden. Die kraftvollen Strophen 2 und 3 gehen auf Martin Luther zurück. Die evangelischen Christen sangen übrigens noch bis zur Einführung des EG im Jahr 1993 am Beginn der 2. Strophe: *Der heilig Leichnam ist für uns gegeben …*

* * *

Fronleichnam hat noch das **Herz-Jesu-Fest** als Begleiter, das am zweiten Freitag danach gefeiert wird (also acht Tage später). Die Wurzeln des Festes reichen weit zurück. Erst 1856 wurde das Fest für die ganze Kirche eingeführt. Mehrere Themen überlagern sich: „Herz" als Ort der Seele (Gemüt, *thymos*), als Ziel des Gernhabens, als Objekt einer durchaus menschlichen Sehnsucht. Jesus „hat ein Herz für uns", lautet der Subtext. Bildliche Darstellungen vor allem aus dem 19. Jahrhundert liegen auf dieser Linie. Es ist ein Fest der Liebe Christi und der Sühne für alle Beleidigungen, die dieser Liebe zugefügt werden. – Eine biblische Verankerung ist durch die Schilderung bei Joh 19,34 hergestellt: „Einer der Soldaten stieß mit der Lanze in seine [Jesu] Seite, und sogleich floss Blut und Wasser heraus." Nur im Lesejahr B allerdings wird diese Perikope gelesen; die Evangelien der Jahre A und C sind Hinweise, dass andere thematische Komponenten im Vordergrund stehen: „Kommt alle zu mir, die ihr euch plagt und schwere Lasten zu tragen habt" (A) bzw. die Freude über das einzelne wiedergefundene Schaf (C). Eine Verbindung zu Passion und Kreuz spürt man übrigens auch dadurch, dass das Fest an einem Freitag begangen wird.

Wie an anderer Stelle dargelegt wird (S. 228), passt eine Ave-verum-Vertonung an diesem Fest besonders gut (*cujus latus perforatum – dessen Seite durchbohrt wurde*). Auch alle Gesänge, die das Themenfeld Guter Hirte/Weide/Schafe umfassen – somit auch alle Vertonungen des 23. Psalms – eignen sich gut. Für die musikalische Gestaltung des Herz-Jesu-Festes ist es entscheidend, welchen der Aspekte man hervortreten lassen will: Jesus, unser Freund / Christus, am Kreuz für uns durchbohrt / eucharistische Verehrung. Das Lied *Du König auf dem Kreuzesthron* umfasst annähernd alle Themenfelder.

7. Die Zeit im Jahreskreis

Und dann ist es plötzlich vorüber: ⇨Fastenzeit, Karwoche, ⇨Ostern und die Osterzeit, ⇨Pfingsten samt den Nachzüglern ⇨Fronleichnam und Herz-Jesu-Fest – und der Schwung aller dieser Feste und Festzeiten soll uns jetzt bis zum ⇨Advent weitertragen, uns in Bewegung halten (geistlich und liturgisch).

Zeit im Jahreskreis – das heißt ja nicht, dass nichts los ist. Die Sonntage sind ständige Wiederholung und Vergegenwärtigung des Osterfestes. „Außer den Kirchenjahreszeiten, die eine besondere und eigene Prägung aufweisen, bleiben im Jahr noch 33 bzw. 34 Wochen, die nicht durch einen besonderen Gesichtspunkt des Christusgeheimnisses geprägt sind. In ihnen wird das Christusgeheimnis eher als Ganzes gefeiert, zumal an den Sonntagen."[13]

Nicht nur von Christus, seinem Leben und seinen Worten ist allerdings in den liturgischen Texten des Jahreskreises die Rede, sondern es wird – vor allem in den beiden nicht-evangelischen Lesungen – ein ganzes Panorama an Inhalten ausgebreitet. Da dies ein Buch über Kirchenmusik ist, kann hier auf die Vielfalt der angebotenen →Perikopen und Gesänge nicht im Detail eingegangen werden. Ein Überblick über die Gestaltung der Sonntage zeigt:

In den Evangelien-Perikopen werden naturgemäß Szenen aus dem Leben Jesu geschildert; es wird von Wundern berichtet, und seine Worte werden überliefert.

Die drei →Synoptiker Matthäus, Markus und Lukas sind grundsätzlich den Lesejahren A, B und C zugeordnet. Das Johannesevangelium ist hauptsächlich für besondere Gelegenheiten – Feste, Festgeheimnisse, wichtige Stationen im Leben Jesu – reserviert.

In der (ersten) alttestamentlichen Lesung wird der Bezug zur langen „Vorgeschichte" hergestellt; oft werden Prophetenworte oder Ereignisse auf dem Weg des Bundesvolkes als Hinweise auf Christus gedeutet. (Im alten →Missale Romanum von 1570 bis 1970 gab es kaum alttestamentliche Perikopen; seit dem II. Vatikanischen Konzil sind es über 180. In Werktagsmessen ist die Berücksichtigung von alttestamentlichen Perikopen noch deutlicher.)

Die neutestamentliche (zweite) Lesung hat mit den beiden anderen Lesungen im Regelfall nichts zu tun. Hier gibt es sehr unterschiedliche thematische Stränge:
- Theologische Erwägungen, etwa über Sünde/Vergebung/Rechtfertigung, über Tod und Leben, über das Herrenmahl oder das Verhältnis Alter und Neuer Bund.
- Fragen der Disziplin und des Umgangs untereinander.
- Damals aktuelle Probleme oder Geschehnisse (vielfach handelt es sich um Briefe,

---

13 Grundordnung des Kirchenjahres … Nr. 43

die an frühchristliche Gemeinden geschrieben worden sind oder um Mahnreden, die später in diese Form gebracht worden sind).

– Insbesondere die Apostelgeschichte bietet Berichte aus dem Leben der Urkirche und über Reisen der Apostel. (In der Zeit von Ostern bis Pfingsten tritt die Apostelgeschichte an die Stelle der alttestamentlichen Lesung.)

– Lesungen aus der Offenbarung, dem einzigen prophetischen Buch des Neuen Testamentes; sie halten die Erwartung auf die Wiederkunft Christi wach. Perikopen aus diesem Buch beherrschen die Zeit am Ende des Kirchenjahres, aber auch – fast überraschenderweise – im Lesejahr C die Osterzeit.

Was hat dies nun mit Kirchenmusik zu tun?

Erstens soll man sich in der grünen Zeit des Repertoires der →geprägten Zeiten (Advent, Weihnachten, Fastenzeit, Osterzeit) enthalten. Diese heißen ja ausdrücklich so, weil hier ganz bestimmte große Themen dominieren. Dass ein Osterlied in der Fastenzeit unsinnig ist, braucht nicht argumentiert werden. Aber auch ein Passions- oder ein Adventlied hat in der grünen Zeit zunächst einmal nichts verloren. Dieser so trivial anmutende Hinweis ist leider so unnötig nicht. Mir ist in meiner langen Praxis schon jede Art von Unachtsamkeit begegnet – von Bruckners *Vexilla regis* mitten im Juli bis zu Anton Heillers *Gaudete* Ende Oktober. Das erste ist ein →Hymnus, der eindeutig in die Passionszeit gehört, wie ein wacher Hörer spätestens in der sechsten Strophe deutlich bemerken muss: „O Crux ave, spes unica, *hoc Passionis tempore …*" Und dass Anton Heillers schwungvoller Gesang für Sopran und Orgel nahezu untrennbar mit der Adventzeit verbunden ist, wird jedem ohne lange Erklärung einleuchten.

„Jahreskreis" bedeutet zweitens, dass es zwar die starken Prägungen nicht gibt, aber dafür immer wieder kleinere. Die Zeit des Jahreskreises ist also nicht in erster Linie ein Ablagerungsplatz für alle Lieder, Gesänge und Chorstücke, die man in den geprägten Zeiten nicht unterbringen kann, weil sie allzu offensichtlich nicht dorthin gehören; hier gibt es sehr wohl einzelne Sonntage – oder auch einmal eine kurze Abfolge von Sonntagen –, die mit Themen verbunden sind. Dabei geht es auch darum, einem vielleicht gegebenen größeren Zusammenhang nachzugehen. Oft scheint ja ein Lied oder ein Chorstück ganz gut zu passen – aber ein oder zwei Wochen später trifft es vielleicht noch besser. Drei Beispiele zur Verdeutlichung:

Am 8. Sonntag (A) wird das Motiv Gottvertrauen angeschlagen. Mit dem bekanntesten Lied zu diesem Thema *Wer nur den lieben Gott lässt walten* sollte man aber noch eine Woche warten; am 9. Sonntag korrespondiert der vorletzte Vers des Evangeliums (Mt. 7,21–27) nämlich wörtlich mit dem Schluss der ersten Strophe (*Wer Gott dem Allerhöchsten traut, der hat auf keinen Sand gebaut*).

Im selben Lesejahr zieht sich das Thema Nachfolge über die Sonntage 10, 11 und 12 hin. Das naheliegende Lied *Mir nach, spricht Christus, unser Held* sollte man sich dennoch für den 13. Sonntag aufsparen, an dem jenes Evangelium gelesen wird, das wörtlich mit einzelnen Zeilen des Liedes übereinstimmt: *Nehmt euer Kreuz und Ungemach auf euch* – Mt 10,38; *Wer seine Seel zu finden meint, wird sie ohn' mich verlieren* – Mt 10,39. – Eine ähnliche Folge von Sonntagen mit dem Thema Nachfolge findet sich auch im Lesejahr C (12., 13., 14.).

Im Lesejahr B beherrscht vom 17. bis 21. Sonntag das Motiv Speise die Perikopen – das umfasst sowohl die Brotvermehrung für die Fünftausend als auch die Erzählung vom Mannaregen in der Wüste. Aber nur am 18. Sonntag ist in der ersten Lesung und im Evangelium vom Manna in der Wüste die Rede. Für diese Gelegenheit sollte man das Lied *Das Heil der Welt* vormerken (3. Strophe: Das wahre Manna, das ist hie). Am 20. Sonntag korrespondiert *O wunderbare Speise* besser mit dem Evangelium.

Andererseits *ist* die Zeit im Jahreskreis ja doch auch eine Art Auffangbecken für jene Musik, die überall passt – besser gesagt: für Musik, die nicht genau passen muss. Dieser Satz widerspricht nur oberflächlich gesehen dem zuvor Gesagten. Denn vieles, was anscheinend immer gesungen werden kann, passt bei näherem Hinsehen doch irgendwo noch besser; und um eine solche präzise Zuordnung geht es vor allem in der langen grünen Kirchenjahreszeit. Im Folgenden werden einige beliebte Chorstücke auf ihre Jahreskreis-Verträglichkeit hin untersucht.

♪ Ave verum corpus (siehe auch im Kapitel ⇨ Mozart)

In erster Linie ist das eine eucharistische →Antiphon; als solche kann man sie schlicht und einfach an jedem Tag des Jahres ansetzen. Besonders gut wird sie an den oben genannten Sonntagen 17 bis 21 (C) passen, vor allem am 21. Sonntag. Mindestens ebenso deutlich weist der Text allerdings auch auf das Leiden und Sterben Jesu hin. Dieser Aspekt geht unter, weil die „zärtliche" Tongebung bei Mozart das Stück wie von selbst in Richtung einer gewissen eucharistischen Frömmigkeit und Anbetung driften lässt. Sehr gut trifft der Text der Motette am Herz-Jesu-Fest, das ein wenig als Nachklang von Fronleichnam gefühlt wird, wobei im Evangelium aber auch von der durchbohrten Seite Jesu die Rede ist (*cujus latus perforatum*); dieses Motiv klingt auch etwa am 12. Sonntag C an. Mehr noch – der Text kommuniziert wie in einer Miniatur eine Gesamtschau unseres Glaubens an das Sakrament der Gegenwart Christi – und wäre somit am Gründonnerstag oder am Karfreitag am besten platziert. Leider (und verständlicherweise) wird diese berühmteste Motette Mozarts so oft gesungen, dass sie in der Karwoche missverstanden würde – so als ob dem Gestalter wieder nur („sogar bei *diesem* Anlass!") das gewöhnliche *Ave verum* eingefallen wäre.

Der Text stammt, für uns heute überraschend, aus einer Sanctus-→Tropierung (S. 64).

Es gibt noch viele weitere Vertonungen des Textes, die es sich lohnt anzusehen, zum
♪ Beispiel: Saint-Saëns, Gounod, Guilmant, Elgar [SATB, S-Solo, Orgel], Imant Raminsh.

Locus iste (Anton Bruckner)

Ein Kollege hat einen klugen Artikel zu diesem Thema geschrieben[14] und schließt mit den Worten: „Es möge auch weiterhin im ganzen Land erklingen – aber bitte zum Kirchweihfest!" Ich gebe dem Autor völlig Recht, möchte aber eine kleine Einschränkung (oder vielmehr eine kleine Lockerung) vorschlagen. Zum Unterschied vom vorhin genannten *Vexilla regis* mitten im Juli richtet das *Locus iste* zumindest keinen echten Schaden an, wenn man es irgendwann im Jahreskreis einmal zur Gabenbereitung singt (bitte nicht als Kommuniongesang, nur weil es „getragen" ist). Mit einem kleinen Hinweis in der Predigt kann man das Stück vielleicht auch einsetzen, wenn vom „Ort Gottes" die Rede ist, etwa am 11. Sonntag B: „ …ziehen wir es vor, aus dem Leib auszuwandern und daheim beim Herrn zu sein." (2 Kor 5,8) Interessanterweise greift auch der Kommuniongesang dieses Sonntages diesen Akzent deutlich auf: „Nur eines erbitte ich vom Herrn, danach verlangt mich: im Haus des Herrn zu wohnen alle Tage meines Lebens." (Ps. 27,4) Der von Bruckner vertonte Text kommt in der Bibel so nicht vor, lehnt sich aber wohl an Gen 28,17 an (*Terribilis est locus iste;* Einheitsübersetzung: *Wie ehrfurchtgebietend ist dieser Ort* – was einen etwas anderen Akzent setzt!). Streng genommen ist hier nicht von einer Kirche oder sonst einem kultischen Bau die Rede, sondern von einem Platz, an dem man Gott begegnet oder wo er zumindest fühlbar ist. Und deshalb passt *Locus iste* schon auch am Fest der Verklärung des Herrn (6. August); dieses Evangelium wird übrigens auch jedes Jahr am 2. Fastensonntag gelesen.

Also hat Gott die Welt geliebt

Dieser Text (Joh 3,16a.15) umschließt, extrem kompakt formuliert, den ganzen zentralen Christusglauben. Dementsprechend passt seine Vertonung so gut wie immer; aber auch in diesem Fall lohnt es sich, Tage aufzuspüren, wo die Perikopen diese Akzentuierung nahelegen oder dieser Text als einer der Gesänge vorgeschlagen ist: 6 A, 2. und 4. Fastensonntag B, am Fest Kreuzerhöhung (14. September) sowie interessanterweise am Pfingstmontag (C) und am Fest der Dreifaltigkeit (A und B).

Es sei wieder einmal darauf hingewiesen, dass die Betonung des ersten Wortes al**so** (und nicht **al**so) lauten muss; es handelt sich um ein Wort wie allhier oder allda. (Das gilt, nebenbei gesagt, auch für Al**so** sprach Zarathustra.) Wie im Lauf der Zeit die ursprüngliche Betonung des Wortes verblasst ist, lässt sich anhand unterschiedlicher Vertonungen verfolgen. In der Komposition von Rosenmüller (SATB, 2 Viol, 2 Pos, Orgel) etwa ist al**so** immer deutlich auftaktig gestaltet, während der Romantiker Albert Becker umgekehrt betont (SSAATTBB).

---

14 Matsch, Norbert: Locus iste passt doch immer, oder? Anton Bruckners Motetten in der heutigen Liturgie. In: Singende Kirche, 43/3, 1996, S. 160–164. Hier finden sich auch wertvolle Überlegungen über die liturgisch richtige Verwendung der anderen Motetten Bruckners.

♪ Auch hier empfiehlt sich ein Blick auf weitere Vertonungen, etwa von Melchior Franck, Distler (aus „Der Jahreskreis", dreistimmig) oder *God so loved the World* von Stainer.

Der Bach-Zeitgenosse Christian August Jacobi (Soli und Chor SATB, Ktrio) hat in seiner gleichnamigen Kantate eine weihnachtlich akzentuierte Vertonung geschaffen.

♪ **Christus factus est** (vor allem Anton Bruckner sowie einige andere Komponisten, z. B. Palestrina, Anerio, Rheinberger)

Der Text gehörte ursprünglich zum Gründonnerstag und wird in der heutigen liturgischen Ordnung am Palmsonntag und am Karfreitag vor der Passion gesungen. Außerdem kommt er am 26. Sonntag (A) vor. Auch dies ist wie der zuvor besprochene Text ein Schriftwort (Phil 2,8.9), das so zentral ist, dass es immer passt, wenn Motive wie Kreuz, Leiden, Gehorsam, aber auch Gottes Liebe und seine Barmherzigkeit zur Sprache kommen – also sehr oft. Man wird gut daran tun, mit diesem Stück reserviert umzugehen, nicht zuletzt wegen der kaum zu unterdrückenden Konnotation mit der Karwoche. Weitere Spuren von Kreuz- und Passionsmotiven im Jahreskreis werden weiter unten erörtert.

Ave Maria

Kein Zweifel – auch das „kann man immer singen". Es gibt allerdings viele Feste, an denen dieser vermutlich am öftesten vertonte religiöse Text besser oder sogar hervorragend passt, und für diese Gelegenheiten sollte man diese Stücke auch reservieren. Mehr darüber ist im Kapitel ⇨ Maria nachzulesen.

♪ **Os justi** (Anton Bruckner)

Der Text war zu der Zeit, als ihn Bruckner vertonte, der Introitus der Messe für Bekenner und das →Graduale am Augustinus-Fest. Etwas weiter unten kann man sehen, dass die Motive Wort, Gesetz, Bekenntnis und Prophetenrede öfter im Jahreskreis anklingen; das wären auch Gelegenheiten für diese Motette, wobei die gedankliche Verbindung mit einem kurzen erklärenden Wort unterstützt werden könnte. Man beachte auch den 5. Sonntag C: *Da flog einer der Serafim zu mir; er trug in seiner Hand eine glühende Kohle (…). Er berührte damit meinen Mund …* (Jes 6).

Norbert Matsch weist in dem bereits erwähnten Beitrag darauf hin, dass das gregorianische Halleluja am Schluss der Motette, das etwas unorganisch angehängt wirkt, in Wahrheit am Beginn einer anderen Bruckner-Motette *Inveni David* steht, die damals als Allelujagesang direkt auf das Graduale *Os justi* folgte.

Vaterunser (Heinrich Schütz, Charles Gounod, Igor Strawinsky und andere) 🎼
Das Gebet des Herren ist innerhalb der Messe jener Teil des →Kanons, mit dem
die Feiergemeinde zustimmend antwortet, und deshalb kann er auch nur von allen – gemeinsam gesprochen oder gesungen – *vollzogen* (!) werden. Somit ergibt
sich auch nur dann eine sinnvolle Möglichkeit zum Singen einer der Vertonungen – etwa zur Kommunion –, wenn im Evangelium von diesem Gebet die Rede
ist – und das ist nur einmal der Fall, nämlich am 17. Sonntag C. – In einer freieren
Gottesdienstform dagegen kann eine solche Vater-unser-Motette ohne weiteres
aufgeführt werden.

Unterschiedliche Adaptionen – auch im →Falsibordoni-Stil – finden sich im
Kölner Chorbuch (Abendlob/Evensong).

* * *

Ein genauer Blick auf das umfangreiche Panorama an Perikopen zeigt, dass sich
in den Sonntagen des Jahreskreises immer wieder Einsprengsel finden, die die Erinnerung an die geprägten Zeiten wachhalten bzw. Querverbindungen zu ihnen
eröffnen. Eine kleine Übersicht:

Adventliche Motive: 33 A[15], 7 B, 23 B, 5. Fastensonntag C, Taufe des Herrn C, Fest der Geburt
Johannes des Täufers (24. Juni) sowie erwartungsgemäß an den Festen des heiligen Josef (19.
März) und Verkündigung des Herrn (25. März). *Das Volk, das im Dunkel wandelt:* 3 C; *Das
Gleichnis von den klugen Jungfrauen:* 32 A. (In diesem wie auch vielen anderen Fällen lässt
sich das Motiv sowohl adventlich deuten als auch in Richtung Wiederkunft des Herrn.)

Wiederkunft des Herrn, Endzeit, Parousie: 33 A, 3 B, 22 B, 19 C, 26 C, 1. und 2. Adventsonntag B, 1. Adventsonntag C, 5. Fastensonntag C sowie die schon erwähnten Sonntage
der Osterzeit C. Hinweise auf die Endzeit werden gegen Ende des Kirchenjahres häufiger;
hier gilt umgekehrt, dass sie nahezu gleitend in ganz ähnliche Texte übergehen, die auf erste
Ankunft des Herrn vorausschauen – oft Perikopen aus den gleichen Büchern von Jeremias
und Jesaja.

Chor 🎼
Heino Schubert, Eine große Stadt ersteht (Chor, Orgel, Kantor, Gemeinde). *In dieser*
Komposition – etwas extravagant als „Lied-Troparion" bezeichnet – werden durch eine
interessante Textauswahl die vorhin beschriebenen miteinander verwandten Themen ver-
eint: Ich sah einen neuen Himmel und eine neue Erde / Finsternis bedeckt die Völker / Auf,
werde Licht, Jerusalem; dazu kommen als Klammer die Strophen des bekannten Gemein-
deliedes. Die einzelnen Teile können auch jeweils für sich verwendet werden.

Die Motive Kreuz, Passion und Leiden schimmern oft durch, besonders deutlich in 13 A
und 12 B, aber auch an den Festen Dreifaltigkeit (A) und Herz Jesu (B). Auch am Christkönigsfest (B) wird die Verbindung mit der Leidensgeschichte hergestellt.

15 33. Sonntag, Lesejahr A

Weitere Motive, die immer wieder aufgegriffen werden:
Der (gute) Hirt, die versprengten oder wieder zusammengeholten Schafe, die Weide: Traditionsgemäß am 4. Sonntag der Osterzeit (A, B, C); 16 B, 2. und 4. Adventsonntag A, Herz-Jesu-Fest C. Interessant ist, dass auch am Christkönigsfest (A und C) das sanfte Motiv des Hirten zur speziellen Deutung des Königtums Christi herangezogen wird. Zu den geistlichen Texten, die am häufigsten vertont wurden, zählt Ps. 23 (*Der Herr ist mein Hirte*). Er ist an einigen der genannten Tage als Antwortpsalm angegeben.

Wort, Gesetz, Gebot: 9 A, 22 B, 5 C und an vielen anderen Stellen.

Für alle Völker / aus allen Völkern: Taufe Jesu (B, C), 9 C, 21 C, 6. Ostersonntag A, 4. Ostersonntag C, Christi Himmelfahrt, Dreifaltigkeit (B). – Hier geht es meist darum, dass der Neue Bund nicht nur den gläubigen Juden, sondern auch den Heiden (und das sind eben „alle Völker") zugänglich sein soll.

Schöpfung, Paradies, Erbsünde: 10 B, 27 B, 1. Fastensonntag A, 8. Dezember, Dreifaltigkeit (C). Hier muss man genau auf die Perikope achten und auch auf den Zusammenhang mit den anderen Lesungen; ein fröhliches Lob der Schöpfung ist hier meist nicht angebracht.

Die bisherigen Überlegungen sollen zeigen, dass die präzise Verortung einer bestimmten Textvertonung gerade für die Zeit des Jahreskreises wichtig ist. Weniger spröde ausgedrückt: Wer Musik aussucht, sollte wissen, wo dieser Text ursprünglich „zuhause" war und wo er in der heutigen Liturgie möglicherweise buchstäblich vorkommt. Dann wird man leichter entscheiden können, ob man die betreffende Vertonung an ihrem Platz oder – wenn, dann aus gutem Grund – zu einem anderen Zeitpunkt einsetzt.

Weitere Beispiele für typische Jahreskreis-Vertonungen (manche haben den Untertitel „pro omni tempore"):

Ab ortu solis
Michael Haydn (SATB, 2 Ob oder 2 Trp, Hr ad lib, Ktrio)
Ein Lob- und Preis-Text mit einem deutlichen Eucharistie-Akzent (*... venite comedite panem meum et bibite vinum meum / kommt, esst mein Brot und trinkt meinen Wein*). (Vgl. jedoch S. 235!)
Der aus Mal 1,11 und Spr 9,5 zusammengesetzte Text war in der früheren Ordnung der Tractus der Votivmesse vom heiligsten Altarsakrament und ist jetzt interessanterweise der Tractus am Gründonnerstag, wo er *Christus factus est* abgelöst hat.

Benedictus sit Deus pater
Zelenka (SATB Bc)
Die Vertonung von W. A. Mozart (KV 117) besteht aus drei Teilen, die auch getrennt aufgeführt werden können. (Die Eckteile sind für SATB, 2 Trp, Pk, Streicher bzw. Bc, der Mittelteil für S-Solo, 2 Fl, 2 Hr, Streicher, Bc)

Da pacem, Domine
Melchior Franck (Kanon); Mendelssohn (2 Fl, 2 Ob, 2 Fg, Streicher, Orgel, SATB); Wilhelm Stockhausen (SSAATTBB)

Verleih uns Frieden
Mendelssohn (SATB, Orgel)

Die Himmel erzählen die Ehre Gottes
Joseph Haydn (SATB, Fl, 2 Trp, Pk, Streicher, Orgel); Mendelssohn (SSATB)

Herr, neige dein Ohr und sei mir gnädig
Nystedt (SATB)

In te, domine, speravi.
Diabelli (SATB, Orgel, Streicher, Bläser ad lib, evtl. nur mit Orgel)
Michael Haydn (SATB, Ktrio, 2 Trp, Orgel)
Der Text aus Ps. 30 erinnert an den Schluss des Te Deum. Der Abschnitt kommt oft in Antwortpsalmen vor. Bei Michael Haydn wird er als „Offertorium pro omni tempore" bezeichnet; als Offertorium findet sich der Text allerdings nirgends im alten Graduale, sondern als Allelujavers am 6. Sonntag nach Pfingsten (im neuen Graduale in der 13. Woche im Jahreskreis). Es ist eine immer zutreffende Aussage über Gottvertrauen und Zuversicht.

Ist Gott für uns
Schütz (SATB, Bc) (Röm 8,35.38–39)

Laudate Dominum
Johannsen (SATB)

Lauda, Jerusalem
Johann Ernst Eberlin (SATB, Ktrio, Orgel)
Ps. 147 ist mit Fronleichnam konnotiert – ein wenig zufällig, wie es scheint, denn nur im Vers 12b findet sich ein flüchtiger Bezugspunkt („… und sättigt dich mit bestem Weizen"). Der Psalm als Ganzes preist Gott für seine Allmacht als Schöpfer. Der kurze Abschnitt aus Ps. 147, der für ältere Vertonungen die Textgrundlage abgibt, steht im heutigen *Graduale Romanum* als Allelujavers bei der 30. Woche; hier geht es um die feste Stadt und ihre Rolle als konkreter Vorzugsort Gottes – ein Bild für die unumstößliche und dauerhafte Bindung zwischen Gott und Mensch.

Sicut cervus / Wie der Hirsch schreit
Gounod/Distler (beides SATB)

So bitten wir an Christi statt
Paul Horn (SABar) (2 Kor 5,20–21)

Verbum caro factum est (Joh 1,14)
de Rivulo (SATB)

Und das Wort wurde Fleisch
Gulbius (SATB)
Reger *(Das Wort ward Fleisch)*

Der Gesamtüberblick über inhaltliche Schwerpunkte im Jahreskreis hilft bei der Feinabstimmung. Am Beispiel des **Christkönigsfest**es gezeigt: In den Lesejahren A und C könnten mit den Strophen 1, 5 und 7 aus dem Lied *O heilger Leib des*

Herrn beide Motive – das des Hirten und das der künftigen Herrlichkeit – abgedeckt werden. Im Lesejahr B dagegen kann man mit dem Lied *Singt dem König Freudenpsalmen* den Bezug zum Einzug in Jerusalem – in zeitlicher Nähe des Dialogs mit Pilatus („*So bist du also doch ein König?*") – herstellen.

𝄞 Diabelli, Beata gens (SATB, Orgel, Streicher, Bläser und Pauken ad lib)
Der Text aus Ps. 33, ursprünglich Graduale am 17. Sonntag nach Pfingsten, entspricht weitgehend dem Antwortpsalm am 19. Sonntag (C). Er passt auch gut zu Christkönig und im weiteren Sinne zum Aspekt „Gott und sein Volk".

𝄞 Michael Haydn, Dominus regnavit. (SATB, Orgel, Ktrio, Trp ad lib)
Der Text aus Ps. 96 kommt an vielen Stellen des Kirchenjahres vor; für die Verwendung gilt das zum vorigen Stück Gesagte.

Damit sind wir bei den Festen am Ende des Kirchenjahres angelangt; das Christkönigsfest wurde bereits kommentiert.

Allerheiligen und **Allerseelen** werden sozusagen als Paar wahrgenommen, und sosehr man in Pastoral und Predigt zu Recht immer betont, wie unterschiedlich die Akzente sind, so sind doch beide Tage der Gemeinschaft aller Glaubenden gewidmet: am zweiten Tag steht die Gemeinschaft der Verstorbenen, am ersten die der Vollendeten im Vordergrund. Aus ganz unterschiedlichen Gründen liegen beide Feste zeitlich sehr passend. Denn Allerheiligen gehört mit den Sonntagen, die den Blick auf Endzeit und Wiederkunft lenken, zusammen, und mit Allerseelen korrespondiert die Jahreszeit. Letzteres Fest wird im Kapitel ⇨Liturgien für Abschied und Gedenken besprochen.

Die Lesungen der Messe zu Allerheiligen zeigen, dass Trauer, Düsterkeit und Vergänglichkeit hier falsch am Platz sind. Allerheiligen ist ein Tag der offenen Tür für das Danach und für das Drüben. Die Vision der 144.000 Weißgewandeten (erste Lesung) geben Anregung, wie man sich das ungefähr vorstellen kann – ein immerwährendes himmlisches Woodstock, um es gewagt auszudrücken. Und die Seligpreisungen im Evangelium weisen darauf hin, wie man bereits hierorts seine Chancen erhöhen kann, einmal dabei zu sein. Der nicht ganz einfache Übergang von hüben nach drüben wird ausgeklammert; darum geht es eher am folgenden Tag. Einer der Grundakzente ist wohl der aus dem bekannten Lied: *Ja, da möcht' ich gern dabei sein, wenn der Herr einst wiederkommt.*

Lieder (abgesehen von *Ihr Freunde Gottes*):
Eine große Stadt ersteht; *Oh when the Saints (Ja, wenn der Herr)*; *Wie schön leuchtet der Morgenstern*; *Völker aller Land*

Chor:
𝄞𝄞 Bruckner, Os justi (SATB); Stanford, Beati quorum via (SATB); Justorum animae (Byrd, Stanford SATB; Lasso, Palestrina (SSATB); Salieri (SATB Str Org).

Melchior Franck: Die Erlöseten des Herren werden wiederkommen (SATB)

Orgel:
Messiaen: *Apparition de l'église eternelle*
In einem gewaltigen, ruhig pulsierenden Crescendo zieht, gleich einem riesigen Schiff, die
Vision dieses strahlenden Neuen Jerusalem vorüber, um dann wieder zu verschwinden. Auf
frappierende Weise erweckt der Komponist sowohl den Eindruck statischer Größe als auch
den des Unterwegsseins.

Ecce sacerdos
Ein Responsorium, das in der alten Liturgie immer beim feierlichen Einzug eines
Bischofs gesungen wurde. Es gibt zahlreiche Vertonungen, die eher auf Festlichkeit
abzielen als auf die Ausdeutung der Bibelstelle (Eccl 44,16,27). Der Gesang ist nicht
mehr vorgeschrieben und kaum noch im Gebrauch – mit Recht, da er den Charakter
des Tages oder des Anlasses gerade am Beginn der Liturgie verdecken würde.

Exkurs IV: Falsche Freunde, kirchenmusikalisch

Von einem *falschen Freund* spricht man im Zusammenhang mit Übersetzungen, wenn es in der einen Sprache ein ähnliches oder fast gleichlautendes Wort
gibt, das aber in der anderen etwas anderes bedeutet. Ein klassisches Beispiel: Ein
snowstorm ist keineswegs ein Schneesturm, sondern bedeutet bloß starker Schnee-
fall. Ein Schneesturm hingegen ist ein *blizzard*.

In der Kirchenmusik gibt es ähnliche Phänomene insofern, als ein Textanfang
nach etwas Bestimmtem aussehen kann, aber der tatsächliche Inhalt in eine ganz
andere Richtung geht. Einige – zum Teil amüsante – Beispiele:

Christ lag in Todesbanden
Taucht immer wieder in Radioprogrammen am Karfreitag auf. Aber es handelt
sich um *den* klassischen lutherischen Osterchoral, dessen Strophen mit Halleluja
aufhören.

Gloria sei dir gesungen
Mit diesen Worten beginnt die dritte Strophe des Liedes *Wachet auf, ruft uns die
Stimme*.

Aber mit dem *Gloria,* wie es in der Messe gesungen wird, hat die Strophe nichts zu tun – und man kann es auch nicht als Gloria singen!

♪ *Iss dein Brot mit Freuden und trinke deinen Wein*
Diese Kammer-Motette von Heinrich Schütz SWV 358, Nr. 18 aus den Symphoniae sacrae II (S- und B-Solo, 2 Violinen, Bc) war vor einiger Zeit während der Kommunionspendung bei einer festlichen Messe zu hören. Der auf den ersten Blick so gut passende Text (Koh. 9,7; 3,12; 8,15; 3,13) hat mit den eucharistischen Gestalten aber überhaupt nichts zu tun. Das Buch Kohelet (oder: Prediger) schließt mit einem Appell zur gottesfürchtigen Lebensfreude: Iss (dein Brot), trink (deinen Wein), genieße das Leben – aber vergiß nicht, dass du einmal Rechenschaft ablegen wirst müssen.

Wer seine Musik nur nach einer kurzen Titelangabe im Katalog bestellt, kann noch ganz andere Überraschungen erleben. Einmal hatte ein Gastchor im Stephansdom nach der 1. Lesung ein kurzes Stück von Dimitri Bortnianskij (1751–1825) angesetzt; die Notenseite war im Fettdruck mit *Preiset den Herrn, unsern Gott* überschrieben. Unmittelbar vor der Messe bekam ich den Text zu lesen:

> Heilig, heilig, heilig ist der Herr, unser Gott!
> Alle Lande sind seiner Ehre voll! Hosianna! Hosianna in der Höh'!
> Gelobt sei der da kommt im Namen des Herrn!
> Hosianna in der Höh'! In alle Ewigkeit. In Ewigkeit.

Der titelgebende Satz kam nicht einmal vor. Es kostete mich konzentrierte Kraft der Überredung, um zu klären, dass ein ⇨Sanctus unverrückbar ein Sanctus bleibt – egal ob man nun „Psalm" oder „Loblied" oder sonst was darüber schreibt.

Mit „Heilig" beginnt auch die 3. Strophe von *Großer Gott, wir loben dich,* und sie geht sogar annähernd so weiter wie der erste Abschnitt des Sanctus-Gesanges. Dennoch sollte man diese Strophe nicht anstelle eines Sanctus-Gesanges verwenden. Leider kommt das öfter vor, als man annehmen würde – in immerhin drei von 100 Messfeiern, die zwischen November 2003 bis April 2006 in Deutschland im Rundfunk übertragen wurden, ist diese „Variante" gewählt worden. (Jaschinski 2007, S. 414)

„*Die Hochzeit ist zwar bereit.*" Das sieht nach einer Motette aus, die gut zu einer Trauung passt, allerdings macht das Wort „zwar" bereits ein wenig stutzig. Und in der Tat: Der vertonte Satz Mt 22,8 findet sich in der →Perikope Mt 22,1–14, wo es um das Gleichnis vom Hochzeitsmahl geht, zu dem der König einlädt, zu dem aber nicht nur niemand kommt, sondern die Boten mit der Einladung werden auch noch verprügelt. Keine gute Hintergrundstory für eine Hochzeit! – Die Matthäus-Stelle wurde ♪ u. a. von Vulpius und Raselius als Spruchmotette für den 20. Sonntag nach Trinitatis vertont. In unserer Leseordnung trifft man die Perikope am 28. Sonntag A an.

Benedictus: Ohne irgendeine weitere Angabe könnte das ein Satz aus einer Messe sein; ganz selten findet man alleinstehende Vertonungen dieses Ordinariumteiles, zum Beispiel von Gabriel Fauré (SATB-Soli, Org). Größer ist die Wahrscheinlichkeit, dass es sich um *Benedictus Dominus Deus Israel*, das →Canticum der →Laudes handelt (Lk 1,68–79; vgl. S. 115), das allerdings nicht allzu oft vertont wurde. Es ist der prophetische Gesang des Zacharias, der von seiner zeitweiligen Stummheit plötzlich befreit ist, nachdem er seinen neugeborenen Sohn Johannes genannt hat; die ganze Geschichte steht bei Lk 1,57–80.

Beim letzten Beispiel handelt es sich leider nicht um einen falschen Freund, sondern um pure Missachtung der Lesungstexte – oder um ein unbekümmertes „Hauptsache, schöne Musik! Die Leute passen auf Zusammenhänge eh nicht auf." Allerdings ist, hoffentlich unbeabsichtigt, eine den falschen Freunden ähnliche Situation herausgekommen. Es war an einem 33. Sonntag A, und so hörte man die Lesung Spr 31,10–13.19–20.30–31. Auszug:

> *Eine tüchtige Frau, wer findet sie? (…) Das Herz ihres Mannes vertraut auf sie, und es fehlt ihm nicht an Gewinn. (…)* [Schluss:] *Preist sie für den Ertrag ihrer Hände, ihre Werke soll man am Stadttor loben.*

Danach sang der Chor ein Ave Maria (ich habe mir leider nicht notiert, von welchem Komponisten). Endlich wissen wir, wer mit der *tüchtigen Frau* gemeint ist, deren Werke man am Stadttor loben soll! Hoffentlich hat man diesen Hinweis inzwischen an den Lehrkanzeln für Altes Testament aufgegriffen.

So geschehen an einer für ihre Kirchenmusik berühmten Stätte in Wien.

Nachtrag: Vielleicht habe ich der Kirchenmusikstätte unrecht getan. In der 2. Lesung (1 Thess 5,1–6) heißt es: *Während die Menschen sagen: Friede und Sicherheit!, kommt plötzlich Verderben über sie wie die Wehen über eine schwangere Frau* (!).

8. Maria und ihre Feste

In diesem Buch wollen wir nicht der Versuchung nachgeben, die mannigfaltig definierbare Rolle Marias im – man verzeihe den Ausdruck – kultischen Gewebe der Kirche zu untersuchen. Der unmittelbare Nutzen für die kirchenmusikalische Praxis hielte sich auch in Grenzen. Vielleicht nur soviel: In einer wesentlich männlich ausgerichteten Religion bietet der Komplex „Maria" ein beherrschendes und nachgerade befreiendes Gegengewicht; in der intellektuellen theologischen Welt des

Christentums wirkt alles Marianische als ein Element des Gefühls, des Herzens, des Lebendigen[16] (einige spezielle Themen ausgenommen). Und die marianischen sind die am deutlichsten wahrnehmbaren „anderen" Momente; kaum eine katholische Kirche kommt ohne Marienaltar aus, und dass an ein *Vaterunser* fast automatisch ein *Gegrüßet seist du, Maria* angehängt wird, war noch vor 50 Jahren unumstößlich und ist erst in letzter Zeit etwas weniger selbstverständlich geworden (nicht zuletzt aus Gründen ökumenischer Sensibilität). Gäbe es nicht zigtausende Vertonungen von ⇨ Messen und → Vespern, wären marianische Kompositionen vermutlich die umfangreichste Gattung des kirchenmusikalischen Repertoires. Dies ist umso auffallender, als der Vorrat an direkt biblisch fundierten Texten über Maria eher begrenzt ist. Dies spielt jedenfalls direkt in die Liturgie hinein – somit auch in ihre Musik – und wird uns später im Detail beschäftigen.

In großen Wellenbewegungen nimmt Marianisches im Denken der Kirche, in ihrer Liturgie und ihrer Kultur insgesamt einmal zu und auch wieder ab. In der Liturgie gibt es aber Konstanten: Vier Marienfeste werden jedenfalls schon seit dem 6./7. Jahrhundert gefeiert: Lichtmess (2. Februar), Verkündigung (25. März), Aufnahme in den Himmel (15. August) und Geburt (8. September). Im Mittelalter kamen Mariä Heimsuchung (31. Mai, früher 2. Juli) und Empfängnis (8. Dezember) dazu. Seit 1969 gibt es am 1. Jänner das Hochfest der Gottesmutter Maria.

Die beiden erstgenannten Feste werden seit der Kalenderreform nach dem II. Vatikanischen Konzil als Herrenfeste gefeiert. Da hat sich natürlich nicht der Inhalt gewandelt, sondern der Betrachtungswinkel. So mancher hat hierin zuallererst eine unfreundliche antimarianische Tendenz des Konzils vermutet; das Fest am 2. Februar war jedoch bis zum 11. Jahrhundert ein Herrenfest gewesen und wurde dann erst in *Purificatio Mariæ* (Mariä Reinigung) umbenannt. Ähnlich verhielt es sich mit dem Fest der Verkündigung. Umgekehrt ist es beim 1. Jänner. Schon im 6. Jahrhundert feierte man in Rom an diesem Datum vermutlich die Geburt Mariens oder jedenfalls einen marianisch geprägten Tag. Als dann das Geburtsfest auf den Tag im September gelegt wurde, überzog sich der 1. Jänner mit dem Gedenken an die Mutterschaft Mariens (auch das wurde später zu einem eigenen Festtag [11. Oktober]). Im Lauf der Zeit wurden in der Zeit nach Weihnachten weitere Einzelaspekte des frühen Erdenlebens Jesu mit eigenen Fest- oder Gedenktagen ausgestattet; fortan wurde am 1. Jänner die „Beschneidung des Herrn" (und die Namensgebung) gefeiert, wodurch die marianische Prägung des Tages verlorenging. Dass der Tag seit 1969 wieder als *Hochfest der Gottesmutter Maria* gefeiert wird, ist also keine neue vatikanische Erfindung, sondern ein Rückgriff auf eine sehr alte Tradition.

---

16 Damit soll Maria und das marianische Element – oder sollen wir sagen: Ferment – keineswegs auf ein ästhetisches oder ideelles Phänomen reduziert werden; es muss nur klar sein, dass für unser Thema theologische Erwägungen und erst recht schiere Glaubensfragen nicht in vorderster Linie eine Rolle spielen.

Wer eine Feier gestaltet, sollte sich bewusst sein, dass an jedem Marientag – und in jedem Text und jedem Gesang – auch etwas Christologisches zumindest mitschwingt und dass die Inhalte oft nahtlos verwoben sind. Das zeigen, wie angedeutet, die erstgenannten Feste sehr deutlich: Beim Geschehen, das am 25. März gefeiert wird, spielt Maria offensichtlich die Hauptrolle; aber es herrscht wohl kein Zweifel, dass es im Ganzen eher um jenes auf unerklärliche Weise entstandene Baby geht, das den Lauf der Welt verändern wird. Und deshalb ist *Mariä Verkündigung* nicht falsch, aber *Verkündigung des Herrn* ebenfalls sehr treffend.

Im Mittelalter entfalteten sich die Heiligenfeste zahlenmäßig immer weiter, und Marienfeste machten da keine Ausnahme. Noch im offiziösen Codex Rubricarum von 1960 sind 15 Feste bzw. Gedenktage der Gottesmutter verzeichnet; dies sind wohlgemerkt Feste des Generalkalenders, das heißt für die ganze Welt verpflichtend zu begehen. Dazu kommen weitere Marienfeste, die nur für eine bestimmte Region vorgesehen sind. Im Zuge der letzten Kalenderreform sind etliche dieser Feiern verschwunden, zu einfachen Gedenktagen herabgestuft oder in Regionalkalender verschoben worden.

Für den mit Kirchenmusik Befassten ist ein Überblick über diese Sachlage durchaus von praktischem Nutzen. Marianische Texte bzw. Gesänge existieren zuhauf und begegnen uns in alten und neuen Messbüchern, Gradualien[17], Gesangbüchern und Verlagskatalogen. Bei näherem Hinsehen gibt es weitaus mehr Gesänge, als die jetzt existierenden Marientage rechtfertigen. Aber jedes Stück muss ja von irgendwo kommen, und wenn es jetzt keinem Anlass zugeordnet ist, dürfte es seine Heimat in einem versunkenen Marienfest haben – in der Messe oder im ⇨Stundengebet –, oder es ist eine nicht mehr gebräuchliche allgemeine →Antiphon, vielleicht ein Überbleibsel aus einer Litanei. Spätestens wenn es darum geht, einen eventuellen biblischen Bezug oder eine Übersetzung zu finden, ist der Überblick über das umfangreiche liturgische Hinterland der marianischen Inhalte eine Hilfe.

Das II. Vatikanische Konzil hat grundsätzlich die Linie verfolgt, Maria mit und trotz ihrer Einzigartigkeit nicht zu isolieren, sondern zu integrieren; in ihrer unanfechtbaren Sonderstellung sollte sie nicht noch weiter herausgehoben werden. So hat es etwa, nach schwierigen Debatten schon im Vorfeld, über Maria kein eigenes vorbereitendes Schema und schließlich auch kein eigenes Konzilsdokument gegeben. Dies drückt sich parallel in so manchem liturgischem Detail aus, nicht zuletzt eben in einigen Korrekturen im Kalender. Auch hier gibt es allerdings inzwischen wieder einen Pendelschlag, der unter Liturgiewissenschaftern und Pastoraltheologen als nicht unbedenklich eingestuft wird. 1987 wurden spezielle Marien-Mess-

---

17 Das *Graduale* ist ein Buch, in dem die gregorianischen Propriumsgesänge für das ganze Jahr stehen. *Graduale* wird auch der gregorianische Gesang nach der 1. Lesung genannt. Vgl. S. 25.

bücher in Gültigkeit gesetzt.[18] „Diese Bücher sind zwar im Blick auf Wallfahrtsorte konzipiert worden. Trotzdem muss man feststellen, dass es sich um ein Unikum handelt: (…) ein eigenes marianisches Liturgiebuch, ein eigenes Marienjahr, das die übrigen Liturgiebücher und das Herrenjahr überlagert. (…) Man muss mit aller Nüchternheit konstatieren, dass es sich hier um ein klares Abweichen von den Intentionen des Vaticanum II (…) handelt." (Auf der Maur 1994, S. 177) Momentan scheint die liturgische Welt zwar noch nicht aus den Fugen geraten zu sein, aber man sollte eine solche Entwicklung aufmerksam beobachten. Und vielleicht finden sich ja für die vorhin erwähnten, momentan fest- und heimatlosen marianischen Stücke wieder mehr Gelegenheiten, wo sie dann genau passen …

Folgende **Marienfeste** bzw. Gedenktage finden sich heute im Generalkalender:

1. Jänner	**Hochfest der Gottesmutter Maria**
[**2. Februar**	**Darstellung des Herrn**]
[**25. März**	**Verkündigung des Herrn**]
am Tag nach dem Herz-Jesu-Fest	Unbeflecktes Herz Mariä
2. Juli	**Mariä Heimsuchung**
16. Juli	Gedenktag Unserer Lieben Frau auf dem Berge Karmel
5. August	Weihetag der Basilika Santa Maria Maggiore in Rom
15. August	**Mariä Aufnahme in den Himmel (Hochfest)**
22. August	Maria Königin
8. September	Mariä Geburt
15. September	Sieben Schmerzen
7. Oktober	Gedenktag Unserer Lieben Frau vom Rosenkranz
21. November	Gedenktag Unserer Lieben Frau in Jerusalem
8. Dezember	**Hochfest der ohne Erbsünde empfangenen Gottesmutter Maria**

Dazu kommt noch im Regionalkalender:
12. September	Mariä Namen

(Das oben unter dem 2. Juli angeführte Fest hat dieses Datum nur im Regionalkalender; außerhalb des deutschen Sprachgebietes wird es am 31. Mai gefeiert.)

Wie die Liturgiewissenschaft mit kritischem Unterton anmerkt[19], stellt sich bei einigen dieser Gedenktage durchaus die Frage nach der universellen Bedeu-

---

18 Collectio Missarum de beata Maria Virgine I *und* Lectionarium pro Missis de beata Maria Virgine II, beides 1987, deutsch 1990

19 „Entgegen dem klaren Auftrag des Konzils ist aber die Dezentralisierung des Heiligenkalenders nur sehr mangelhaft verwirklicht. (…) Mit Bedauern muss festgestellt werden, dass die Reformkommission offenbar zu wenig konsequent ihre eigenen Prinzipien eingehalten hat." (Auf der Maur 1994, S. 177)

tung wie auch jene, ob sich anhand einer solchen Feier das Verständnis und eine vernünftige Frömmigkeit weiter entfalten lassen. Manche Gedenktage kommen aus einer bestimmten Ordenstradition (z. B. der Gedenktag vom Berge Karmel), andere sind mit geschichtlichen Begebenheiten verbunden, die mit dem eigentlichen Festinhalt nichts zu tun haben, so etwa gerade das uns vertraute und beliebte Maria-Namen-Fest.

> Mariä Namen war ein lokales Fest in Spanien und wurde aus Dank für den Sieg über die Türken in Wien 1683 für die Gesamtkirche verpflichtend gemacht. Auch das Rosenkranzfest wurde zum Dank für einen Sieg über die Türken (1716 bei Peterwardein) eingeführt. Das Fest der Sieben Schmerzen Marien (heute ein Gedenktag) wurde 1814 von Papst VII. zum Dank für seine Rückkehr aus der Gefangenschaft eingeführt.

Gerade die Marientage haben im Lauf der Jahrhunderte eine bewegte Geschichte hinter sich gebracht; da wurde hinauf- und herabgestuft, umbenannt, abgeschafft, wieder eingeführt, verlegt – ein Zeichen dafür, dass manches in der Liturgie, und am meisten der Kalender, nicht so festgefügt und ehrwürdig ist, wie das von vielen empfunden wird. Nicht erst das 20. Jahrhundert hat „so viele Änderungen" gebracht; dass sich im Heiligenkalender etwas ändert, ist sozusagen Tradition. – Für den mit der Musikauswahl Befassten bieten gerade die weniger deutlich umrissenen Marientage keine Probleme, da hier jene Vertonungen, die nicht genau auf einen bestimmten Inhalt zielen, sehr gut eingesetzt werden können. Sie werden im letzten Abschnitt des Kapitels aufgezählt.

Wegen ihrer nachweihnachtlichen Untertöne werden die Feste des 1. Jänner und des 2. Februar im Zusammenhang mit dem Weihnachtsfestkreis (S. 184 bzw. 186) besprochen. Nach ihnen ist **Verkündigung des Herrn** am 25. März der erste stark marianisch geprägte Festtag des Kalenderjahres. Dem tut wie gesagt keinen Abbruch, dass er ein Herrenfest ist; die Texte sprechen durchgängig von Maria. Sie sind aber auch deutlich adventlich geprägt, wie eine Gegenüberstellung vor allem der Vorgaben des Graduale Romanum zeigt:

Eingangslied: Rorate caeli desuper (!) / Tauet, ihr Himmel von oben
auch am 4. Adventsonntag

Graduale: Tollite portas / Ihr Tore, hebt euch nach oben
auch am 22. Dezember (Graduale Romanum); Antwortpsalm am 2. Februar (!)

Tractus: Audi filia, et vide / Höre, Tochter, sieh her
in Marienmessen in der Fastenzeit; mit Alleluja als Allelujavers in Marienmessen in der Osterzeit

Offertorium: Ave Maria
auch am 4. Adventsonntag

Communio: Ecce Virgo concipiet / Seht, die Jungfrau wird empfangen
auch am 4. Adventsonntag

Das Fest fällt normalerweise in die Fastenzeit, und doch hat man es mit diesen adventlichen Texten zu tun. Vollends eigenartig mutet es an, wenn der 25. März in die Kar- oder Osterwoche fällt. In einem solchem Fall wird *Verkündigung des Herrn* nämlich am Montag nach dem Weißen Sonntag gefeiert, und das Fest kann bis auf den 10. April wandern, wenn der Palmsonntag auf den 25. März fällt. Man wird gut daran tun, die adventliche Schlagseite mit deutlichen Osterakzenten auszubalancieren. Keinesfalls sollte man den Gottesdienst mit einem adventlich konnotierten Lied wie *Maria sei gegrüßet* oder *Ave Maria klare* beginnen. Die entsprechenden Strophen aus diesen Liedern, die genau zum Festinhalt passen, sollte man lieber in der Mitte unterbringen. Daran, dass an diesem Tag ein *Ave Maria* (dazu später) eine der wirklich treffenden Möglichkeiten ist, ändert auch eine Verschiebung in die Osterzeit nichts.

Genau passende Lieder:
„Ave Maria, gratia plena!" So grüßt' der Engel …
Ave Maria klare, du lichter Morgenstern
Maria, sei gegrüßet
Ave Maria zart, du edler Rosengart

Die im Kalender folgenden Marientage sind im Bewusstsein der Gläubigen nicht so präsent. Da ist zunächst der Gedenktag des Unbefleckten Herzens Mariä – „am Samstag nach dem zweiten Sonntag nach Pfingsten", wie es offiziell heißt; einfacher ist es, sich „am Tag nach dem Herz-Jesu-Fest" zu merken. Danach folgt das Fest **Mariä Heimsuchung** am 2. Juli. (Wenn Ostern sehr spät liegt – wie z. B. 2011 – können die beiden Tage zusammenfallen; dann entfällt der „schwächere" Gedenktag). Der Name des Festes gehört, bei allem Respekt, in die Ecke der Merkwürdigkeiten – zusammen etwa mit jenem Fest am 22. Februar, das früher *Petri Stuhlfeier* geheißen hat, was inzwischen vernünftigerweise auf *Kathedra Petri* geändert wurde. Das Wort Heimsuchung unterliegt offenbar einem schleichenden Bedeutungswandel zum Negativen; heimgesucht wird man heutzutage eher von einer Plage oder einer Seuche – ganz abgesehen davon, dass man heimgesucht *wird*; also müsste das Fest, wenn schon, dann *Elisabeths Heimsuchung* heißen! Ich habe allerdings vorläufig keinen besseren Vorschlag … Die lateinische Bezeichnung lautet *In visitatione Beatæ Mariæ Virginis*. Beide Marientage sind von den Vorgaben im Graduale Romanum und auch im deutschen Messbuch her sehr offen gehalten. Man wird hier mit der Auswahl marianischer Gesänge relativ freizügig verfahren können. Zu bedenken ist, dass bei der Begegnung der beiden Cousinen auch die besondere Rolle Johannes des Täufers in die Freude eingebunden wird; ein wenig adventlicher Akzent ist nicht zu leugnen.

Die weiteren „kleinen" Marientage bedürfen kaum einer detaillerten Besprechung. Unter ihnen ist uns der Gedenktag (früher ein Fest, ehemals sogar mit eigener Oktav) der Sieben Schmerzen am 15. September etwas stärker im Bewusstsein als andere. Vielleicht liegt das an den vielen bildlichen Darstellungen der leidenden Gottesmutter – vor allem in Form der Pietà –, vielleicht aber auch an den Vertonungen des *Stabat Mater* und an der deutschen Nachdichtung *Christi Mutter stand mit Schmerzen* (siehe weiter unten). In seiner 4. Strophe bietet übrigens das Lied *Maria, dich lieben* einen deutlichen Bezug (*Du hast unterm Kreuze auf Jesus geschaut …*).

Auch für *Maria Königin* dürfte es leicht sein, gut entsprechende Stücke zu finden; vom *Salve Regina* und seinen deutschen Übersetzungen bzw. →Paraphrasen bis zum volkstümlichen *Glorwürd'ge Königin* lässt sich eine Menge aufs Programm setzen. Die anderen Tage sind thematisch überhaupt ganz offen und bieten keine Schwierigkeiten; gerade deshalb sollte man da genau auf bestimmte Feste oder Inhalte ausgerichtete Stücke vermeiden.

Von den beiden marianischen Hochfesten der zweiten Jahreshälfte werden wir uns aus bestimmten Gründen zuerst mit dem späteren beschäftigen. Das Fest am 8. Dezember, *Hochfest der ohne Erbsünde empfangenen Gottesmutter Maria*, wurde – und wird noch immer – landläufig „**Maria** [richtig wäre: Mariä] **Empfängnis**" genannt; bei dieser Formulierung bleibt ein Rest Ungewissheit, ob es Maria ist, die (Christus) empfängt oder ob Maria (im Schoß ihrer Mutter Anna) empfangen wird (letzteres trifft zu). Die Verwechslung liegt auch deshalb immer wieder nahe, weil das Fest mitten im Advent begangen wird, in dem die liturgischen Texte naturgemäß immer wieder von der schwangeren Gottesmutter berichten oder entsprechende Hinweise im Alten Testament zitieren. Hier spielt die musikalische Gestaltung eine wichtige Rolle. „Weil es so schön passt", wird nämlich oft *Maria, sei gegrüßet* gesungen; das Lied passt allerdings nur zum Advent, zum Inhalt des Festes aber überhaupt nicht. Es geht um die Auserwählung Marias und ihre von Ewigkeit her festgelegte Sonderrolle, die später, nämlich zum Zeitpunkt ihrer Empfängnis im Leib ihrer Mutter, sozusagen manifest wird – und nicht um das, was sie aufgrund dieser Sonderrolle schließlich tun wird, nämlich (ihrerseits) Christus empfangen und zur Welt bringen. Wählt man nun das Lied *Maria, sei gegrüßet*, so tritt wieder der Gedanke an diese letztere „Empfängnis" in den Vordergrund. Es sei eingeräumt, dass der Text der ersten Strophe noch eher auf die Auserwählung Marias Bezug nimmt und erst ab der zweiten Strophe in die Verkündigungsgeschichte einbiegt. Dennoch ist das ganze Lied so sehr adventlich konnotiert, dass die angesprochene Schlagseite in die falsche Richtung kaum zu vermeiden ist.

Es gibt einen weiteren – eher heiklen – Aspekt. Wo immer es um die „reine Magd" geht, schwingt auch ein wenig die Idee der Unberührtheit mit, die Vorstellung von der Jungfräulichkeit der Gottesmutter. Eine jahrhundertelang dominante (und nie ganz aufgegebene) Grundströmung im christlichen Denken, den Sexualakt als Abweichung vom Reinen und Heiligen anzusehen, schlägt hier durch. Vor allem der Verlust der Jungfräulichkeit wurde oft als Defizit an Reinheit thematisiert. So kommen die beiden Konzepte einander immer wieder in die Quere – hier der eine Makel (die Erbsünde), da der andere (die nicht mehr gegebene Unberührtheit). Auch sonst kommen sich die beiden Begriffe sprachlich nahe: Nach dem ersten Sexualakt „verliert eine Frau ihre *Unschuld*", und die Erbsünde wird auch die Ur-*Schuld* des Menschen genannt (in der Liturgie der Osternacht heißt es im *Exsultet*: „O glückliche Schuld, die eines solchen Erlösers gewürdigt wurde!"). Die Verschleifung der beiden Fälle von Schuld bzw. Reinheit ist jahrhundertealt; sie begegnet uns in vielen Liedern[20], beispielsweise in einem der bekannten und ehrwürdigen Weihnachtslieder, wo es am Ende der zweiten Strophe heißt: „… hat sie ein Kind geboren / und blieb doch reine (!) Magd." – womit wohl kaum die Erbsünde gemeint sein dürfte. Diese Formulierung hat denn auch dazu geführt, dass *Es ist ein Ros entsprungen*, wiewohl insgesamt ein „ö-Lied" (d. h. eines mit einer Text- und Melodiefassung im Konsens der beiden großen Konfessionen, also ein *Einheitslied*, vgl. S. 341), für die letzte Halbzeile der zweiten Strophe doch unterschiedliche Formulierungen aufweist:[21] Protestanten singen „… welches uns selig macht." – Bei all dem geht es hier ausdrücklich *nicht* um die erwähnte dogmatische Frage, ob Maria auch nach der Geburt Jesu Jungfrau geblieben ist, sondern nur um sprachliche Unschärfen, die eine klare Sicht auf die Inhalte erschweren, und zwar im Zusammenhang mit Vertonungen.

Ein offenes Wort sei gestattet: Das Problem mit der Liedauswahl wird durch die Lage des Festes im Advent nur *verstärkt*, aber die eigentliche *Ursache* liegt darin, dass es gar keine annähernd passende – nämlich im narrativ-faktischen bezugnehmende – Stelle in der Heiligen Schrift gibt, und deshalb greift die Kirche zur Unterstreichung der Sonderstellung Marias einmal mehr auf das auffallendste Ereignis

---

20 Ave Maria klare, 4. Str.: *… in reiner Jungfrauschaft.* – Ave Maria zart, 3. Str.: *Da hast du, reine Magd …* Der
    Engel des Herrn, 1. Str.: *… und bleiben eine Jungfrau rein.*
21 Dieses kurze Textstück ist ein hymnologisch-theologischer Dauerbrenner. Vgl. Redaktionsbericht zum
    Einheitsgesangbuch *Gotteslob*. Paderborn 1988, S. 584: „… denn der evangelischen Seite in der AÖL [=
    Arbeitsgemeinschaft für Ökumenisches Liedgut] konnte nicht zugemutet werden, zu der ursprünglichen
    Fassung dieser Zeile, die sich klar zur Lehre von der virginitas Mariae post partum [= Jungfrauschaft
    Mariens nach der Geburt] bekennt, ja zu sagen." – Es gibt einen weiteren sensiblen Punkt im selben
    begrifflichen Umkreis: „Die Volksetymologie katholischer Prägung, die in Jes. 11,1 „virga" („Rute") mit
    „virgo" („Jungfrau") zusammenbringt, kommt für uns ohnehin [!] nicht in Betracht." So zu lesen im
    Handbuch zum Evangelischen Kirchengesangbuch, Band 1,2: Rudolf Köhler, Die biblischen Quellen
    der Lieder S. 63, Berlin 1964. (In beiden Fällen sind diese Kommentare zu den Gesangbüchern lange
    nach Abschluss der Redaktion entstanden und stellen insofern wohl auch verteidigende Reaktionen auf
    Reaktionen dar; das *Gotteslob* erschien 1975, das EKG sogar bereits 1949.) – Vgl. die Überlegungen zu
    Virga Jesse auf S. 254f.

in ihrem Leben zurück; es ist nicht die Geburt Jesu, sondern die Ankündigung aus dem Mund eines Engels, dass es zu dieser Geburt kommen wird, noch dazu nach einer vom Regulären abweichenden Empfängnis. Die eine Empfängnis steht sozusagen der anderen im Weg, was das klare Profil des 8. Dezember betrifft.[22]

Leider tritt das Problem in Österreich bisweilen noch verschärft zutage. Für jene Jahre, in denen der 8. Dezember auf einen Sonntag fällt, hat die Österreichische Bischofskonferenz die Regelung getroffen, dass zwar das Hochfest gefeiert wird, aber dann doch quasi irgendwie gleichsam auch ein bisschen mit geprägter Zeit durchwirkt wird.[23] Das Resultat ist, dass „Mariä Empfängnis" erst recht wieder diesen gewissen adventlichen Drall bekommt. Der Hintergrund dieser – pardon! – von oben verordneten liturgischen Absurdität ist ein säkular-politischer. Seit Jahrzehnten kämpft die Kirche in Österreich darum, dass der 8. Dezember – ein „roter" Kalendertag und arbeitsfrei – nicht als vorweihnachtlicher Einkaufstag mit geöffneten Läden abläuft. Die Gewichtigkeit des Feiertages und auch die Forderung nach geschlossenen Läden wäre, so die Argumentation, nicht mehr so stark untermauert, wenn das Fest in jenen Jahren liturgisch gar nicht präsent wäre, in denen es vom 2. Adventsonntag verdrängt würde. Die Vorstellung, dass die österreichischen Handelstreibenden aufgrund einer liturgischen Unebenheit, die alle paar Jahre am 2. Adventsonntag eintritt, ihre Politik der geöffneten Läden überdenken und zumindest ein wenig schlechtes Gewissen dabei haben könnten, gehört in die Reihe der liebenswerten Absonderlichkeiten an der Schnittstelle von Kirche und Welt. Angesichts eines solchen Sonntags mit seiner liturgischen Janusköpfigkeit steht allerdings auch der versierte Kirchenmusiker etwas ratlos vor seinem Notenschrank.

All diese Überlegungen scheinen zunächst nichts mit der Auswahl geeigneter Lieder oder Motetten zu tun zu haben; bei näherem Hinsehen kann aber gerade für diese etwas heiklen thematischen Felder die Musik Klärung oder weitere Verwirrung bringen.

Mit dem Fest **Maria Himmelfahrt** (korrekt: Mariä Aufnahme in den Himmel; 15. August) ist es insofern ähnlich, als es auch hier zwar eine sehr lange Tradition für den Festinhalt, aber keinen konkreten biblischen Befund gibt. Die Kirche kann daher auch in diesem Fall die Grundaussage, soweit es Schrifttexte für die Liturgie betrifft, nur umkreisen: Maria ist leiblich in den Himmel aufgenommen worden, und das ist ein weiteres Indiz für ihre singuläre Sonderstellung unter allen Menschen. So wie es am Beginn ihrer physischen Existenz, also zu „Mariä Empfäng-

---

22 Am 25. März und am 8. Dezember wird genau dieselbe Perikope als Evangelium gelesen (Lk 1, 26–38)!

23 →Direktorium der Erzdiözese Wien für 2002/2003, S. 49: „In der Messfeier ist die 2. Lesung vom 2. Adventsonntag zu nehmen; [Anm. d. Verf.: diese Lesungen sind in allen Lesejahren zwar relativ „advent-neutral"; aber:] außerdem soll der Charakter der Adventzeit in Hinweisen und in der Predigt zum Ausdruck kommen, ebenso in den Fürbitten, die mit dem Tagesgebet des 2. Adventsonntags zu beschließen sind."

nis", ein solches Signal ihrer einzigartigen Erwählung gegeben hat, so wird nun das Ende ihres leiblichen Daseins mit einem ähnlichen versehen, indem dieses physische Dasein nicht wie üblich zu Ende geht. Beide Signale des Einzigartigen werden mit uralten Metaphern aus dem Alten Testament in Beziehung gebracht, und diese führen letztendlich auch zu einer musikalischen Gestaltung, die nicht das vordergründig Passende, sondern das wirklich Treffende zum Ziel haben sollte. Meerstern, Morgenstern, Arche des Bundes, Auserwählte, Begnadete – umschreibende und preisende Bezeichnungen treffen hier besser als Texte, die auf die wenigen greifbaren Fakten Bezug nehmen, die aber in Wirklichkeit mit anderen Festen und anderen Inhalten zu tun haben. All dies ist – andererseits – auch wieder mit Bedacht zu verstehen; es gibt ja kaum Gebete, Texte und Lieder, in denen die Grundmelodie „Maria ist Christi Mutter" nicht irgendwie durchklingt. Es geht nur darum, dass man mit dieser Grundmelodie sozusagen haushält und sie vor allem nicht gerade dort zur Hauptstimme macht, wo es um andere Aspekte der Gottesmutter geht.

Petr Eben, Aufgenommen in den Himmel (SABar, Orgel).
(*So spricht der Herr*; Chorbuch a tre) (= *Ruf vor dem Evangelium zu Mariä Himmelfahrt*)

LIEDER FÜR 15. AUGUST UND 8. DEZEMBER:
– Sagt an, wer ist doch diese
– Wunderschön prächtige
– Gegrüßet seist du, Königin
– Maria, Himmelskönigin
– Ave Maria klare (1., 2. und 6. Strophe)
– Maria, breit den Mantel aus
– Glorwürdge Königin
Speziell für 15. August: Maria aufgenommen ist

LIEDER, DIE MAN AM 8. DEZEMBER NICHT ANSETZEN SOLLTE:
– Maria, sei gegrüßet
– Ave Maria klare (3. bis 5. Strophe)
– Ave Maria, gratia plena
– O Maria, sei gegrüßt
– Maria, dich lieben
– Der Engel des Herrn

Ein Lied passt natürlich zu jedem Marienfest: „Den Herren will ich loben" und alle anderen Magnificat-Paraphrasen, die es noch (in anderen Gesangbüchern) gibt. Allerdings wird dieses Lied von vielen Gläubigen nicht als „Marienlied" gefühlt – es steht ja auch unter den Lob- und Dankliedern, und so wird man als Kirchenmusiker immer wieder nach der Messe mit dem Vorwurf konfrontiert: „Warum singen wir heute kein Marienlied?" Oder am 8. Dezember: „Warum singen wir heute nicht *Maria, sei gegrüßet*?"

Im Folgenden werden die wichtigsten Texte besprochen und ihrem liturgischen und inhaltlichen Sitz nachgegangen – zunächst die beiden mit Abstand am öftesten vertonten:

Ave Maria

Dieses im katholischen Bereich zweithäufigste Gebet braucht man nicht vorstellen. Es sind allerdings zwei Textvorlagen, die mit diesen Worten beginnen; die eine ist eine Montage aus zwei Evangelienstellen, bei der anderen ist an diesen ersten Text noch ein Gebet angefügt (*Sancta Maria …*).

Vielleicht ist wenigen bewusst, dass der biblische Teil in zeitlicher und örtlicher Nähe zum Magnificat entstanden ist und nur wenige Verse entfernt seinen Ursprung hat. Im Lukasevangelium heißt es (1,28): „Der Engel trat bei ihr ein und sagte: *Sei gegrüßt, du Begnadete, der Herr sei mit dir!*" Die Fortsetzung stammt aus dem Dialog zwischen Maria und ihrer Cousine Elisabeth „wenige Tage" danach (Lk. 1,42): „Elisabeth … rief mit lauter Stimme: *Gesegnet bist du mehr als alle anderen Frauen, und gesegnet ist die Frucht deines Leibes.*"

In dieser textlichen Gestalt – also ohne „Jesus …" – findet man den Gesang im Graduale als Offertorium am 8. Dezember[24], am Rosenkranzfest, am 4. Adventsonntag sowie in den Auswahlstücken zu Marienmessen allgemeiner Art (Votivmessen), weiters auch als Tractus (vgl. S. 191).[25] Einige Vertonungen entsprechen dem und umfassen nur den biblischen Textabschnitt (also „Ave Maria … ventris tui") – zum Beispiel von Brixi (2 Hr, Ktrio, Orgel, SATB); von Rutter (SATB, S-Solo, Orgel). Ein solches Stück eignet sich hervorragend, um zum Beispiel am 25. März die Herkunft des Mariengebetes aus dem Evangelium zu unterstreichen.

Im uns eher vertrauten längeren Text schließt sich noch ein Gebet an, und in dieser Form liegen vermutlich tausende Vertonungen vor. Als gregorianischer Gesang läuft diese Textgestalt unter den allgemeinen – das heißt nicht an eine Liturgie gebundenen – →Antiphonen; dieser Gesang ist auch musikalisch nicht identisch mit dem zuvor genannten Offertorium.

Man tut gut daran, das *Ave Maria* nicht inflationär zu verwenden; gerade in einer Zeit, wo es mancherorts Tendenzen gibt, in nahezu jeder liturgischen Feier einen marianischen Akzent zu setzen, sollte man seine Sinne dafür schärfen, es mit diesem Text genau zu nehmen und ihn nicht als feststehendes Ornament oder als Gebetsformel anzusehen. – Abseits der Marienfeste und jener Herrenfeste bei denen Maria eine Hauptrolle spielt (Darstellung, Verkündigung), gibt es nur

---

24 Über die Problematik des Verkündigungstextes im Zusammenhang mit dem 8. Dezember siehe vorhin S. 243.

25 Vor der Kalenderreform gab es am 24. März ein eigenes Fest des Erzengels Gabriel (passenderweise einen Tag vor seinem „großen Auftritt"), und auch da wurde das Offertorium *Ave Maria* gesungen. Heute werden die drei Erzengel Gabriel, Michael und Raphael in einem gemeinsamen Fest am 29. September gefeiert.

wenige Gelegenheiten, bei denen Maria in den Perikopen vorkommt – etwa am 7. Sonntag der Osterzeit (A) (*Sie alle verharrten dort zusammen mit den Frauen und mit Maria, der Mutter Jesu*) oder am 10. B (*Da kamen seine Mutter und seine Brüder … „Wer ist meine Mutter und meine Brüder?"*). Man wird allerdings zugeben müssen, dass Maria hier wirklich bloß *erwähnt* wird; die Gottesmutter dann mittels eines *Ave Maria* gleichsam aus dem Hintergrund hervorzuholen, erscheint nicht gerechtfertigt – zumindest nicht mehr gerechtfertigt als an jedem anderen Sonntag.

Einige auffällige Vertonungen:
Tomaso Luis de Victoria (SATB) *Diese Vertonung greift die gregorianische Melodie der allgemeinen Antiphon (siehe vorhin) auf; zu Beginn wird einstimmig das gregorianische Kopfmotiv gesungen.*
Cherubini (Klarinette, Orgel, S-Solo)

Das **Magnificat** ist der christliche Lobgesang schlechthin, und zwar aus mehreren Gründen. Nur weil er chronologisch eine Spur nach dem Ave-Maria-Basistext entstanden ist, wird er hier erst an zweiter Stelle angeführt. Obwohl er ein Marienlied (im weitesten Sinne) ist, gibt es ihn in allen christlichen Kirchen – weil er biblisch fundiert ist, und zwar mehrfach. Im Lukasevangelium wird berichtet, wie Maria bald nach dem Besuch des Engels mit seiner unglaublichen Botschaft ihre Cousine Elisabeth aufsucht. Diese bricht in eine überschwängliche (wir würden heute sagen:) Gratulation aus. Marias wohlbekannte Reaktion beginnt mit dem Wort „*Hoch preist* (= lat. *Magnificat*) *meine Seele den Herrn*". Es ist allerdings kaum anzunehmen, dass ein einfaches Mädchen aus der Provinz von sich aus, ohne Vorbilder, auf diese Art geredet hat – in einem literarischen Stil, der in die Sprache der Bibel weist. In der Tat gibt es Stellen, die Maria im Ohr gehabt haben könnte – zunächst einmal den Psalm 113 (… *der den Schwachen aus dem Staub emporhebt und den Armen erhöht, der im Schmutz liegt … Die Frau, die kinderlos war, lässt er im Hause wohnen; sie wird Mutter und freut sich an ihren Kindern*). In der →Vulgata-Zählung war der Psalm 112, der in der früheren Ordnung als vierter Psalm in der regulären Sonntagsvesper stand. Dadurch ist er uns vertraut aus zahllosen Vertonungen – etwa von Michael Haydn oder Mozart und vielen anderen. Eine zweite Stelle im Alten Testament, die ähnliche Gegenüberstellungen aufzählt (zuerst arm/kinderlos/schwach – nachher durch Gottes Hilfe reich/mit Nachkommen/stark), ist der Gesang der Hanna im 1. Buch Samuel.[26] Dieser Textabschnitt wird daher auch in der Liturgie auf Maria bezogen und dient mehrmals als Antwort-„Psalm": am Gedenktag des unbefleckten Herzens Mariä (2. Samstag nach Pfingsten), am Fest Mariä Namen (12. September) und am 22. Dezember,

---

26 Der ganze Abschnitt lautet 1 Sam 2,1bcde.4–5b.6–7.8abcd. Im Zusammenhang mit der Erzählung von Hanna und ihrem Sohn Samuel kommt die Stelle am Dienstag der ersten Woche im Lesejahr II vor.

wo die Parallele besonders deutlich ist; an diesem Tag wird unmittelbar danach als Evangelium die Verkündigungsgeschichte gelesen, in der das Magnificat enthalten ist. – Für den starken Eröffnungssatz könnte schließlich Jes 61,10 Pate gestanden haben: *Von Herzen will ich mich freuen über dem Herrn. Meine Seele soll jubeln über meinen Gott.* Passenderweise beginnt mit diesen Worten das Eingangslied am 8. Dezember.

Drittens ist, mit allen diesen Querbezügen, dieser Gesang auch eine der deutlichsten Brücken vom Alten zum Neuen Testament. (Allerdings spielt die Verkündigungsszene natürlich *vor* Christi Geburt; das Magnificat ist also vom Texttyp her ein „Gesang aus dem Neuen Testament", der aber in der Zeit des Alten Testamentes entstanden ist!)

Ein auch nur ungefährer Überblick über die zahlreichen Vertonungen wird hier nicht versucht; da aber an vielen Orten Bedarf nach mehreren Vertonungen besteht – etwa, wenn öfter Vespern gestaltet werden müssen –, folgen einige Angaben.

Unter dem Titel „An evening Service" (vgl. S. 360) verbergen sich jeweils eine Magnificat- und eine Nunc-dimittis-Komposition von Gounod (STB, Orgel)
Eccard (SSATB, mit Tonus IX)
Melchior Franck (SATTB, alternatim mit VIII. Ton)
Joh. Ludwig Krebs (SATB, Bc)
Charpentier (SATB, Bc)
Essl (SATB, S-Solo)
Schütz (mehrere Vertonungen)
C. Ph. E. Bach (Soli und Chor SATB, 2 Fl, 2 Ob, Fg, 2 Hr, 2 Viol, Br, Bc [3 Trp, Pk])
Kropfreiter: Freiburger Magnificat (vier- bis achtstimmiger gem. Chor, Orgel (unter Verwendung des VIII. Tones)
Paulmichl (SATB, Org ad lib)

Unterschiedliche Adaptionen – auch im →Falsibordoni-Stil – bietet das *Kölner Chorbuch* (Abendlob/Evensong).

Neben dem schon erwähnten Magnificat-Lied *Den Herren will ich loben* finden sich auch im Evangelischen Gesangbuch zwei Paraphrasen (Nr. 308 und 309), von denen die letztere, *Mein Seel, o Herr, muss loben dich* im Metrum 8.8.8.8 steht (vgl. S. 361) und somit auf sehr viele bekannte Melodien gesungen werden könnte.

Unter den Neuschöpfungen im NGL-Stil erscheint *Groß sein lässt meine Seele den Herrn* beachtenswert (Liederbuch „Du wirst ein Segen sein" Nr. 546, im Nachfolge-Liederbuch „Du mit uns" Nr. 562).

Das *Magnificat* ist früher oft in Alternatim-Versionen vertont worden. Dabei wechseln Verse in einem gregorianischen Rezitationsmodell mit solchen ab, die mehrstimmig vertont sind. Im vorhin erwähnten Kölner Chorbuch findet sich etwa eine von Jakob Reiner (vor 1560–1600) mit dem IV. Ton; der weitaus häufigste Ton für Magnificat-Bearbeitungen ist der IX. (Tonus peregrinus). Für diesen Ton sind auch viele Orgel-Alternatim-Sätze komponiert worden; dabei wird abwechselnd ein Vers einstimmig gesungen und der nächste durch ein kurzes Orgelstück gleichsam vertreten (vgl. S. 351); in diesem kurzen Satz kommt oft der Psalmton selbst vor. Solche Bearbeitungen gibt es zum Beispiel von Samuel Scheidt. Andere Komponisten haben Magnificat-Versetten geschaffen, wo die Beziehung zum Gesang nur mehr in der Verwendung der gregorianischen Tonart besteht, das heißt der Titel lautet zwar zum Beispiel *Magnificat Noni Toni*, aber die Melodie wird gar nicht zitiert (z. B. von Pachelbel).

Die Verbindung des Magnificat-Textes mit dem IX. Ton ist eine der besonders dauerhaften Text-Melodie-Paarungen in der musica sacra. Neben vielen anderen hat auch Johann Sebastian Bach zwei Choralbearbeitungen (BWV 648 und 733) für Orgel komponiert, in der die Töne des gregorianischen Modells wie ein übliches Kirchenlied als →Cantus firmus verwendet werden.

Unter den vielen marianischen Gesängen, die schon Jahrhunderte lang im Gebrauch sind, nehmen die marianischen (Schluss-)Antiphonen eine besondere Stellung ein. Es sind vier Gesänge zu Ehren der Gottesmutter, die schon seit dem 14. Jahrhundert den Kirchenjahreszeiten zugeordnet sind; diese strenge Bindung ist seit einiger Zeit aufgehoben; nur das Regina coeli gehört weiterhin in die Osterzeit. Die Chance ist allerdings groß, dass man etwa in einer Klosterkirche am Ende der Vesper auch heute noch eher die der Kirchenjahreszeit entsprechende Antiphon hört. Bei diesen Gesängen handelt es sich um im strengen Sinne außer-liturgische, das heißt sie waren und sind nirgends Teile eines Messformulars oder eines Stundengebetes.

Alma redemptoris Mater – Advent- und Weihnachtszeit
    Rathgeber (S-Solo, Ktrio)
    Rheinberger (S- und A-Solo, Orgel)
    Palestrina (SATB)
    Lonquich (SATB)

Deutsch: Maria, Mutter unsres Herrn

Ave regina coelorum – Fastenzeit
    Kerll (SATB, Bc)
    Rathgeber (SATB, Soli ad lib, Str, 2 Trp ad lib, Orgel)
    Fux (SATB)
    Zelenka (SATB, Bc)

Deutsche Paraphrase: *Maria, Himmelskönigin*
Variationen für Orgel: Augustinus Franz Kropfreiter
(Der Vollständigkeit halber sei angemerkt, dass es eine weitere allgemeine Antiphon mit demselben Textanfang gibt, die in der Kirchenmusik aber kaum eine Rolle spielt: *Ave Regina coelorum, Mater Regis Angelorum, O Maria, flos virginum, velut rosa vel lilium, funde preces ad Dominum pro salute fidelium.*)

Regina coeli – Osterzeit
    Aichinger, Bernabei (SATB)
    Lassus (SSATTB)
    Lotti (SATB)

Mozart KV 276 (Soli und Chor, SATB, 2 Ob, 2 Trp, Pk, Str, Bc)
Rathgeber (S-Solo, Org)
Rheinberger (S-Solo, Org)
Widor (SATTB, Org)

Deutsch: Freu dich, du Himmelkönigin

Salve regina – im Jahreskreis

Jenes wohlvertraute *Salve regina*, das mit dem aufsteigenden Dur-Dreiklang beginnt, stammt
nicht aus der Zeit der Gregorianik, sondern ist eine Komposition aus dem 17. Jahrhundert
(!). Die „echt" gregorianische Melodie ist weitaus herber und steht im I. Ton.
Auf ihr basieren die frühen Alternatim-Orgelstücke von Johannes Kotter und Paul Hofhaymer; auch die komplexe Fantasia super Salve regina von Anton Heiller (1963) hat diese
dorische Melodie zur Vorlage.

Albrechtsberger (SATB, Ktrio)
Brixi (SATB, 2 Hr, Ktrio)
Brixi (S- und A-Solo, Ktrio)
Diabelli (2 Hr, Solo-Violine, Str, Org, SATB)
Gounod (SATB)
Michael Haydn (SATB, 2 Trp, Str, Org)
Franz Schubert (SATB)
Caldara (Str, Org, S-Solo)

Deutsche Paraphrasen: Gegrüßet seist du, Königin; Maria, Königin
Deutsche Übertragung: Sei gegrüßt, o Königin

* * *

Alma Dei creatoris

Eine Textvorlage für die Vertonung von Mozart (KV 277; SATB, Ktrio, 3 Pos) konnte bisher
nicht gefunden werden.[27]

Ante thronum Trinitatis

(... *miserorum miserata, pia mater pietatis)* Dieser zweistrophige Hymnus, sonst unbekannt,
liegt in einer Vertonung von Nicolas Clerambault vor (2 S-Soli, Bc). Der Text hat bittend-
flehende Grundhaltung, ist aber mit keinem Fest oder Festkreis verbunden.

Ave maris stella

Ein Vesperhymnus, der früher an zahlreichen Marienfesten gesungen wurde.
Dementsprechend – wegen der häufigen Verwendung – existiert neben der bekannten gre-
gorianischen Melodie im I. Ton noch eine im IV. und eine – leider kaum bekannte – im
VII. Ton, überdies noch ein tonus simplex (I. Ton), der in der Länge kaum über eine kurze
Wochentags-Vesperantiphon hinausgeht. – Der Hymnus hat inklusive →Doxologie sieben
Strophen; manche Vertonungen umfassen allerdings nicht alle Strophen. Am Text aus dem

---

27 Thomas Hochradner (2006) macht darauf aufmerksam, dass ein Schreibfehler im Text (*sedet* statt *sed et)*
    seit Jahrhunderten mitgeschleppt wurde – bis in die neueste Mozartausgabe.

9. Jahrhundert verdient das Wortspiel in der zweiten Strophe Beachtung, das auch in deutsche Übersetzungen eingeflossen ist, wo es sogar besser zu sehen ist:

Sumens illud **AVE**	Du nahmst an das **AVE**
Gabrielis ore aus des Engels Munde.	
Funda nos in pace	Wend den Namen **EVA,**
Mutans **HEVAE** nomen.	bring uns Gottes Frieden.

Rathgeber (S-Solo, Ktrio)
Adolphe Adam, (S-Solo, Ob ad lib, Org)
Swider (SATB)
Grieg (SSATB)

Deutsch: Meerstern, sei gegrüßet (nicht zu verwechseln mit *Meerstern, ich dich grüße*, welches ein Litaneilied ist!)

Felix es, Sacra Virgo Maria

Allelujavers am Fest Mariä Heimsuchung (vgl. S. 242) und am Rosenkranzfest, weiters einer der Allelujaverse zur Auswahl für Marienmessen, besonders für die Weihnachtszeit. Der um ein Wort erweiterte Text **Felix *namque* es, Sacra Virgo Maria ...** (*Denn* glücklich bist du ...) findet sich als Offertorium am Hochfest der Gottesmutter (1. Jänner).

Rathgeber (SATB-Soli, Ktrio ad lib, Org)
M. Haydn (SATB, Ktri, 2 Ob, 2 Hr ad lib)

Memorare

Ein populäres Gebet (*Gedenke, o mildreichste Jungfrau Maria, es sei noch niemals gehört worden ...*) eines unbekannten Verfassers aus dem 15. Jahrhundert.

Rheinberger (SS solistisch oder chorisch, Org)
Heiller (SATB)

Deutsch: Milde Königin, gedenke

Sancta Maria, Mater Dei

Eine Textvorlage für die Vertonung von Mozart (KV 273, SATB, Str, Bc) konnte bisher nicht gefunden werden. Aufgrund der formalen Anlage des Textes ist es unwahrscheinlich, dass es tatsächlich ein Graduale ist. Es gibt eine entfernt ähnliche, jedoch weitaus kürzere Antiphon zum Magnificat (*Sancta Maria, succurre miseris, juva pusillanimes ...*) Die Fertigstellung der Komposition am 9. September 1777 deutet immerhin auf eine Uraufführung am Fest Maria Namen (12. September) hin. Das Stück lässt sich recht universal einsetzen.

Stabat Mater

Mit dem Wort *stabat* beginnen folgende Texte bzw. Stücke, die alle zum Fest der Sieben Schmerzen Mariens (15. September) gehören:

– Die →Sequenz. Diese oft vertonte Dichtung aus dem Mittelalter ist mit ihren 20 Strophen die weitaus längste noch verwendete Sequenz. Manche dieser großen Kompositionen gehören zu den eindruckvollsten Werken ihrer Schöpfer (Pergolesi, J. Haydn, Dvořák, Joh. Nep. David). Für die deutsche Nachdichtung von Heinrich Bone (1847) *Christi Mutter stand mit Schmerzen* gibt es mehrere miteinander verwandte Melodiefassungen im deutschen Sprachraum.

– Der Hymnus der Vesper. Er besteht aus den Strophen eins bis zehn der Sequenz. Aus den Strophen 15 bis 18 und 20 bildete man früher einen alternativen Vesperhymnus *Virgo virginum praeclara*.

– Der Introitus der Messe: *Stabat iuxta crucem Iesu mater eius ...* Dieser Text ist aus der Passion vertraut (*Beim Kreuz stand auch seine Mutter ...* Joh. 19,25). Daran schließen sich noch zwei Verse aus Ps. 55.

Der Allelujavers des Festes lautet *Stabat sancta Maria, caeli regina ...*

Unter dem Titel *Sancta Mater* hat Gabriel Fauré die 11. und die 15. Strophe des *Stabat Mater* vertont; dazu tritt eine zweimal wiederkehrende Anrufungsformel (*Ora pro nobis Virgo dolorosissima ...*) (S- und T-Solo, SATB, Org).

Sub tuum praesidium

Auch dieser Text ist eine der allgemeinen Antiphonen. Sie fanden vor allem als Abschluss der Lauretanischen Litanei Verwendung. Die Bezeichnung „Offertorium" in manchen Ausgaben ist nicht ganz korrekt; sie rührt wohl daher, dass derlei Gesänge häufig zur Gabenbereitung gesungen wurden.

Isaac (SATB)
Führer (SATB, Str und Orgel oder Orgel)
Mozart (2 S-Soli, Streicher, Bc; auch S- und T-Soli möglich)

Maria, Mater gratiae

Der Text ist ein keinem Fest oder Inhalt zugeordneter zweistrophiger Marienhymnus und kann vielseitig eingesetzt werden.

Fauré (S oder T, Mezzo-S oder Bar Orgel oder Klavier)
Eberlin (T-Solo, SATB, Str, Orgel)

Tota pulchra es, Maria ...

... et macula originalis non est in te. Im Graduale steht dieser Text (und mehr nicht) von alters her als Allelujavers am Fest Maria Empfängnis (8. Dezember). Der von Anton Bruckner vertonte längere Text, ein sehr altes Gebet, beginnt mit diesem kurzen Bibelvers, weiters einigen litaneiartigen Anrufungen und einer Gebetsformel.

Tota pulchra es, [Maria] et macula [originalis] non est in te.	(Hld 4,7)
Tu gloria Jerusalem,	(8. Dezember, Vers im Graduale; auch 3. Antiphon in der Zweiten Vesper)
tu laetitia Israel, tu honorificentia populi nostri.	
Virgo prudentissima,	(Lauretanische Litanei)
Mater clementissima. Ora pro nobis, intercede pro nobis ad Dominum Jesum Christum	(?)

Ähnlich wie im Fall von *Virga Jesse* haben wir es hier mit einer etwas dünnen Beziehung zur angegebenen Schriftstelle zu tun. Vers 4,7 im Hohelied lautet in der Einheitsübersetzung:

Alles an dir ist schön, meine Freundin; kein Makel haftet dir an.
Daraus wurde der liturgisch verwendete Textabschnitt:
Alles an dir ist schön, Maria; kein Makel der Erbsünde haftet dir an.
Aus dem *Makel* wurde die *macula originalis*, die Erbsünde, und aus der *Freundin* wurde Maria. Die traditionelle Übertragung in diversen liturgischen Büchern lautete früher:

Ganz schön bist du, Maria ...
Wegen der sprachlichen Zweideutigkeit ist man inzwischen von dieser Formulierung abgekommen; sie findet sich aber noch in alten Notenausgaben.
Tota pulchra ist klarerweise *das* Stück für den 8. Dezember, eignet sich aber auch für andere Marientage, wo nicht das Verkündigungsgeschehen im Vordergrund steht.

Heinrich Isaac (SATB)
Kropfreiter (SATB)
Schlee (SATB, Org)
Bruckner (T-Solo, SATB, Org)

Virga Jesse

Der Text ist hauptsächlich durch die Motette von Anton Bruckner bekannt; es gibt auch Vertonungen von Byrd, Senfl, Firlinger und anderen. Als Bruckner den Text vertonte, war das der Allelujavers der Marien-Votivmesse für die Osterzeit; im heutigen Graduale steht er als einer von sieben Allelujaversen, die für Marienmessen zur Auswahl angeboten werden, weiters als Allelujavers am Gedenktag Maria vom Berge Karmel. Als biblischer Bezug wird Num 17,8 angegeben. Diese Angabe wird unbeirrt überall so zitiert, obwohl schon ein flüchtiger Blick zeigt, dass hier etwas nicht stimmen kann. Es beginnt damit, dass hier die alte →Vulgata-Zählung der Verse verwendet wird; nach der Einheitsübersetzung handelt es sich um Num 17,23. Dort ist allerdings von Jesse gar nicht die Rede, sondern von Aarons Stab, der plötzlich zu blühen beginnt. Damit ist der etwas flüchtige Bezug auch schon erschöpft, denn die Stelle klingt insgesamt ja auch kaum nach einem der Bücher Mose; die ersten Worte kommen aus dem Buch Jesaja, wo es in 11,1 heißt: „An jenem Tag wächst aus dem Baumstumpf Isais ein Reis hervor, ein junger Trieb aus seinen Wurzeln bringt Frucht.[28] (Eine längere Perikope Jes 11,1–10 wird im Lesejahr A am 2. Adventsonntag gelesen.) Wie zahlreiche andere Stellen dieser Art wird auch diese in der Tradition auf Maria und Christus bezogen – und es ist eigentlich bereits eine solche Interpretation, die sich nun im Text anschließt, ohne dass irgendein Übergang oder eine Zäsur zu spüren wäre. Ein weiterer eher unvermutet anschließender Gedanke, dass Gott (gerade dadurch?) Hohes und Niedriges miteinander versöhnt, entstammt sicher ebenfalls nicht dem Alten Testament, sondern erinnert eher an Stellen im Hebräerbrief (z. B. 5,18) oder vielleicht an Kol 1,20.
Jesse ist die im Lateinischen verwendete Form von Isai; er war der Vater von König David. (Oft hört man, wie Lektoren statt Isai das geläufigere „Isaias" [= Jesája] sagen.) Die Form

---

28 So heißt es beispielsweise in einem Kommentar: „Der Zweig (virga) von Jes. 11,1 wird in der Liturgie mit Num 17,8 assoziiert (das Blühen des Aaronsstabes)." (John. A. Sawyer, The fifth gospel: Isaiah in the history of Christianity. Cambridge University Press, 1996, S. 78.) – Die traditionelle Angabe der Numeri-Stelle weist, abweichend vom üblichen Brauch, auf eine *Assoziation* hin und gibt nicht wie sonst die *Herkunft* des Verses an.

Jesse begegnet uns auch im Lied *Es ist ein Ros entsprungen*. Zu den Worten *virga* und *virgo* beachte man auch die Hinweise in der Fußnote 22 auf S. 244.

Der Text *Virga Jessa* ist also ein Konglomerat aus Prophezeiung und Kommentar. Mit seiner pauschalen Aussage – die Gottesmutterschaft, ihre Herleitung von König David plus Hinweise auf die Heilswirkung – kann er an sich während des ganzen Jahres gesungen werden; da Bruckners Motette allerdings mit einer Serie fröhlicher Hallelujas schließt, ist eine Aufführung während der Fastenzeit natürlich ausgeschlossen. Nach der ursprünglichen Bestimmung gehört die Motette in die Osterzeit; der Text hat aber andererseits auch eine gewisse Schlagseite in Richtung Advent und Weihnachten. Besonders gut passt die Motette naturgemäß am schon erwähnten 2. Adventsonntag A. – Im Sinne des zuvor über den 8. Dezember Gesagten sei davon abgeraten, den Text an diesem Tag zu verwenden.

VI. Streifzüge durch die Geschichte der Kirchenmusik

1. Von Gregor zu Maximilian

Der gregorianische Choral – eine Erfolgsgeschichte! Der am längsten durchgehend gepflegte Musikstil in der Geschichte der Menschheit! Seit dem 8. Jahrhundert gibt es ihn. 1903 hat die Kirche ihn offiziell zum „der römischen Kirche eigenen Gesang" erklärt.

Die Wissenschafter runzeln an dieser Stelle bereits die Stirne. Man kann natürlich nicht genau sagen, seit wann es diese Gesänge gibt (aber „seit dem 8. Jahrhundert" dürfte unpräzise genug sein, hofft der Autor). Und die Skeptiker fragen sich: Wenn die Kirche den gregorianischen Choral so liebt, wieso hat es zwölfhundert Jahre bis zur totalen Identifikation gedauert?

Diese zwölfhundert Jahre können in diesem Kapitel nur in einem allergröbsten Überblick beschrieben werden. Im Folgenden einige Möglichkeiten, wo man mehr darüber – unterschiedlich detailliert – nachlesen kann:

– Dostal 2009. *Sehr übersichtlich und komprimiert.*
– Der Gregorianische Choral – ein Überblick. In: Schwemmer 2006, 407–427. *Auch das geschichtliche Umfeld wird sehr gut erklärt. Dazu eine Zusammenstellung von verschiedenen Notierungen bzw. Drucken desselben Gesanges aus 1000 Jahren.*
– Kohlhaas 2007. *Sehr gut lesbar und übersichtlich.*
– Agustoni 1983. *Die ausführlichste Darstellung; sie bietet auch eine Einführung in die Neumenkunde (Semiologie).*
– Klöckner 2009.

Das wichtigste, was man an großen Linien aus diesen Einführungen herauslesen kann:

– Die Vorläufer des gregorianischen Chorals reichen viel weiter zurück als ins 8. Jahrhundert. Einzelne Regionen hatten lokale Repertoires.

– Die Ursprünge liegen insofern im Dunkeln, als Gesänge anfangs nur mündlich weitergegeben wurden, später dann als Texte mit musikalischen Vortragszeichen (Neumen).

– Gregor der Große hat nicht komponiert, auch nicht gesammelt oder redigiert; all dies ist ihm im 9. Jahrhundert legendarisch zugeschrieben worden.

– Von einem durchgehend gepflegten Stil kann nur mit Vorbehalt die Rede sein. Mehrmals veränderten sich Gestalt und Aufführungspraxis des gregorianischen Chorals.

– Lange Zeit gab es keine Noten auf Linien, sondern Zeichen im Text. Teilweise waren diese sogenannten Neumen stilisierte Handzeichen des Kantors. Sie gaben nur ungefähr über relative Tonhöhen, aber genauer über den Vortrag Auskunft.

– Nach Ausbildung der Notenschrift auf Linien, die mit Guido von Arezzo im frühen 11. Jahrhundert ihren Anfang nahm, existierten die Neumen eine Zeit lang neben (bzw. über) der Notenschrift auf Linien weiter, später verschwanden sie.

– Wissenschafter sprechen von einem schleichenden Verfall des ursprünglichen Bestandes und der dazugehörigen Praxis schon ab dem 11. Jahrhundert.

– Spätestens im 13. Jahrhundert hatte sich die Aufführungspraxis gründlich geändert und damit auch der rhythmische und agogische Reichtum dieser Musik. Die Quadratnotenschrift hatte gesiegt; sie suggeriert gleiche Notenwerte. So konnte der Gesang zum *Cantus planus*, zum „ebenen" (d. h. ebenmäßigen) Gesang werden, der als thematische Grundlage für die mehrstimmige Musik diente, die sich damals entfaltete.

– Im Zuge der liturgischen Reformen nach dem Konzil von Trient (1545–1563) erschien eine Neuausgabe nach den Vorstellungen der Humanisten (Editio Medicaea, 1614). Im Vergleich zur älteren Überlieferung ist der Choral hier vereinfacht und zum Teil grob verfälscht. Vielfach wurden Melodien dem Zeitgeschmack angepasst, vor allem durch Änderungen im Modus und in der Bevorzugung des Wortakzentes.

– Im 17. und 18. Jahrhundert spielte der Choral in Deutschland und Österreich nur mehr in Klöstern und Kathedralkirchen eine wahrnehmbare Rolle; weithin wurde er quasi als „Werktagsmusik" geringgeschätzt. Der Barock als Stil der Fülle und des Pomps war kein ideales Biotop für die Einstimmigkeit. Es war die Zeit der figurierten Kirchenmusik (d. h. mit Chor und Instrumenten).

– Mit der breiten Strömung des Historismus nahm ab der Mitte des 19. Jahrhunderts das Interesse an der Gregorianik wieder zu. Das ging Hand in Hand mit der Entdeckung der alten Musik (besonders jener von Palestrina), zunächst als Gegenstand der Forschung.

- Der gregorianische Choral wurde aber auch im Sinne der unverfälschten, „reinen" (d. h. auch am wenigsten weltlichen, heiligen) Musik betrachtet. Über den Cäcilianismus drang dieses Gedankengut immer mehr auch ins vatikanische Denken ein. (Vgl. S. 309.)
- In diese Zeit datieren auch die ersten Versuche, sich wieder auf Handschriften aus dem Mittelalter zu besinnen und die Bedeutung der Neumen zu erschließen. Als Vater dieser Arbeit gilt Dom Joseph Pothier in der französischen Benediktinerabtei Solesmes.
- Fast gleichzeitig wurden allerdings in Regensburg die Medicaeer Editionen ab 1873 auf Wunsch Roms wieder nachgedruckt und vom Papst empfohlen. Ein Schulenstreit war vorprogrammiert.
- 1903 erhob Pius X. in seinem Motu proprio „Tra le sollecitudini" die Vorrangstellung des Chorals gleichsam zum Gesetz. Erst das II. Vatikanische Konzil äußerte sich dazu wieder etwas differenzierter.

Hier die für den gregorianischen Choral entscheidenden Sätze aus dem Dokument:

> „Die Kirchenmusik muss in hohem Maße die besonderen Eigenschaften der Liturgie besitzen, nämlich die Heiligkeit und die Güte der Form; daraus erwächst von selbst ein weiteres Merkmal, die Allgemeinheit" (Art. 2)
> „Diese Eigenschaften finden sich im höchsten Maße im gregorianischen Choral. Daher ist dieser der der Römischen Kirche eigene Gesang. … Eine Kirchenkomposition ist um so heiliger und liturgischer, je mehr sie sich in Verlauf, Eingebung und Geschmack der gregorianischen Melodik nähert; und sie ist um so weniger des Gotteshauses würdig, als sie sich von diesem höchsten Vorbild entfernt. … Der alte, überlieferte gregorianische Gesang soll daher in reichem Ausmaß im Gottesdienst wieder eingeführt werden. … Im Besonderen sorge man dafür, dass der gregorianische Gesang beim Volk wieder eingeführt werde, damit die Gläubigen am kirchlichen Gottesdienst wieder tätigeren [!] Anteil nehmen, so wie es früher der Fall war [!]." (Art. 3)

Eine der unmittelbaren Folgen dieser päpstlichen Aufforderung zu mehr Gregorianik war das Bedürfnis nach einer Neuausgabe der Melodien. Da hier aber nicht die Wissenschaft, sondern die Praxis – für jeden Gläubigen singbar sollte es sein! – im Vordergrund stand, ging man für die zukünftige Ausgabe weitreichende Kompromisse ein. Die Melodien wurden nach dem damaligen Wissensstand weitgehend „restauriert"; anstelle der subtilen rhythmisch/rhetorischen Vortragsweise wurde den Gesängen aber eine einfache Ordnung aus Zweier- und Dreier-Elementen übergestülpt. Diese neue Editio Vaticana (ab 1905) war nun das offizielle Gesangbuch der römischen Liturgie. Der Vater dieser „Rhythmuslehre von Solesmes" war der Benediktiner André Mocquereau, ein Schüler von Pothier; zwischen beiden war aber aufgrund der Rhythmuslehre ein unüberbrückbarer Konflikt entstanden. Jedenfalls sollten diese ersten Bände der Vaticana als Provisorium gelten. Sie waren aber bis zu den Neuausgaben des →Graduale Romanum bzw. des Graduale Triplex (1979) in Gebrauch.

Den Weg „von Gregor zu Maximilian" werden wir jetzt für einige Zeit unterbrechen und beim gregorianischen Choral verweilen.

* * *

Exkurs V: Gregorianik-Praxis gestern und heute

Der Leser mag sich wundern, warum über die 1200 Jahre so quantitativ unausgewogen berichtet wird. Das hängt einmal damit zusammen, dass es bei diesem Sachgebiet kaum möglich ist, an der Detail-Schraube nur sachte zu drehen. Genauere Informationen darüber, wie sich die Schriftform der Gesänge entwickelt hat, können kaum gegeben werden, ohne dass man sich gleich gehörig in die Paläographie und die Semiologie vertieft. Auch für die historischen Hintergründe gilt: Das Rinnsal lässt sich nicht auf ein Bächlein verbreitern, sondern es käme zu einem Schwall.

Vor allem aber steht in diesem Buch im Zweifel doch wieder die Praxis im Vordergrund, und für jene Gebiete, auf die es uns ankommt, spielen die letzten 200 Jahre der Gregorianik eine weitaus größere Rolle als die Jahrhunderte davor. Das bedeutet nicht, dass es unwichtig wäre, die Frühzeit des Chorals genauer kennenzulernen. Die Erforschung der Überlieferung und die immer präzisere Erschließung der Neumen hat selbstverständlich Auswirkungen auf die Singpraxis heute. Aber die Details müssen wir doch jenen überlassen, die sich mit dieser hochkomplexen Materie auseinandergesetzt haben. Hinter dieser Formulierung schlummert allerdings ein gar nicht so kleines Problem. Blenden wir noch einmal zu Pius X. zurück.

Die vorhin angeführten Aussagen des päpstlichen Schreibens sagen es ganz klar:
– Alle sollen Choral singen, das heißt die ganze Feiergemeinde.
– Das ist „tätigere Teilnahme".
– Gregorianik – oder zumindest gregorianik-nahe Musik – ist der erwünschte Stil.
  (Mit dieser Leitlinie setzen wir uns im Kapitel ⇨ *Das gespaltene Jahrhundert* auseinander.)

Die schon genannten Neuausgaben waren ein wichtiges Vehikel zur Verwirklichung dieser Maximen. Die Methode von Solesmes war tatsächlich relativ leicht zu durchschauen – gesehen von der heutigen Praxis des Choralsingens aus. Man brauchte natürlich auch damals ein Fach „Gregorianik". Die Quadratnotenschrift, die Modologie (das System der →Kirchentonarten), das Dirigieren nach Ikten (siehe später), der Überblick über das Repertoire – da gab es genug zu lernen, aber es war, wie gesagt, *relativ* leicht.

Das Ziel war nicht mehr und nicht weniger, als dass der gregorianische Choral in möglichst vielen Gottesdiensten erklingen sollte. Wie es Pius X. schon in seinem Schreiben angeregt hatte, geschah es: „Kirchenmusik-Lehranstalten" wurden gegründet, und in der Priesterausbildung wurde auf musikalische Bildung inklusive Gregorianik mehr Wert gelegt. Sein Nachfolger Pius XI. konnte in seiner Apostolischen Konstitution *Divini cultus sanctitatem* zum 25. Jahrestag des Motu proprio schon gewisse Erfolge loben, bekräftigte aber erneut den starken Akzent auf dem gregorianischen Choral und gab sehr konkrete Anweisungen. Wenn man zwischen den Zeilen liest, hat man den Eindruck, dass der Choral einerseits deutlich im Vormarsch war, andererseits die totale Durchdringung der Kirchenmusik noch nicht erreicht war.

Die bereits errungenen und die zukünftigen Terraingewinne der wiederbelebten ältesten Musik der Kirche wären ohne die stark systemisierte Methode von Solesmes niemals möglich gewesen. Die schon erwähnte rhythmische Ordnung aus Zweiern und Dreiern beruhte auf der Annahme, dass es einen Grundwert gab – sozusagen ein unteilbares rhythmisches Atom –, der immer und in allen zusammengesetzen Gebilden den gleichen Wert hatte (Isometrik oder Isochronismus; vgl. →Äqualismus). Man stellte sich diesen Grundwert als Achtelnote vor, und in den Übertragungen in moderne Notation wurde das auch so wiedergegeben. Eine weitere im Grunde einfache Regel besagte, dass der Schwerpunkt und somit auch der Dirigierimpuls immer auf der ersten (Quadrat-)Note einer Gruppe sein musste. Für Fälle, in denen die Impulssetzung zweifelhaft war, sah die Solesmer Schule ein kleines vertikales Strichlein, eben den Iktus, vor; er konnte durchaus der Wortbetonung zuwiderlaufen und tat dies auch in vielen Fällen.

Alle diese Elemente der Solesmer Schule waren schon damals keineswegs unumstritten. Die weitere Erforschung der Gregorianik, insbesondere das immer bessere Verständnis der Neumen und die immer breitere Quellenbasis, führten inzwischen zur Einsicht, dass die Solesmer Methode auf falschen Annahmen beruhte und dass sie zu einer schweren Verzerrung der vermutlich originalen Singweise der Melodie geführt hat.

Die Semiologie in der Form, wie sie heute gelehrt wird, erblickte sozusagen das Licht der Öffentlichkeit am Kirchenmusikkongress in Wien 1954, wo ihr idealer Vater, Dom Eugène Cardine – ebenfalls ein Solesmer Mönch – ihre Prinzipien vorstellte. Um die weitere Entwicklung und ihre Verbreitung hat sich Godehard Joppich von der Abtei Münsterschwarzach besonders verdient gemacht.

Und nun kann man das Dilemma erkennen, in das die Gregorianik auf eigentlich paradoxe Weise gekommen ist. Einerseits hatte man die Gesänge so vereinfacht, dass jeder sie singen konnte. Andererseits wurde immer klarer, dass es, ganz im Gegenteil, eine sehr anspruchsvolle Aufgabe sein würde, den Choral entsprechend den neuen Erkenntnissen der Semiologie zu singen. Einerseits war es in den Fünfziger- und Sechzigerjahren soweit, dass allenthalben Choralämter gesungen wurden; vor allem im nordwestlichen Deutschland hatten viele Pfarrgemeinden regelmäßige Choralämter eingeführt und es waren zahlreiche Scholen gegründet worden. In den Zeitschriften wurde ständig für den Choral Propaganda gemacht. Die Gesangbücher enthielten mehrere Ordinarien und auch einige andere gregorianische Stücke in Achtelnoten-Notation. Aber genau dieses Choralsingen der Massen stellte sich nun als nicht dem wissenschaftlichen Befund gemäß heraus – und außerdem hatte es da noch ein Konzil gegeben! – Einer der Hauptakteure der Gregorianik im späten 20. Jahrhundert zieht Bilanz und kommt zu einem erstaunlichen Schluss:

> „Bedeutet der erste Abschnitt der Restauration einen neuen Aufbruch und eine Reform, die sich trotz der wissenschaftlichen Unzulänglichkeit ganz zugunsten des Greg. Chorals auswirkten, so ist paradoxerweise der zweite Abschnitt, der doch eine wissenschaftliche Grundlegung und Durchdringung erzielt und diese auch für die Praxis fruchtbar gemacht hat, durch eine Vernachlässigung des Greg. Chorals gekennzeichnet. Denn die vom 2. Vatikanum gewünschte Liturgiereform ließ von 1963 an die Muttersprache in der Liturgie zu. Dies hatte eine weitgehende Zurückdrängung der lateinischen Sprache und damit des Greg. Chorals zur Folge, weil seine Texte lateinisch sind. Diese Vernachlässigung bedeutet einerseits eine Verarmung, ist aber andererseits nicht unbedingt ein Unglück. Denn man hat inzwischen erkannt, dass die Interpretation der anspruchsvollen Gesänge des Greg. Chorals kleinen geschulten Gruppen [!] vorbehalten ist. So kann man sich jetzt, da man nicht unter liturgischem Zugzwang [!] steht, engagiert und intensiv der weiteren Forschung und einer adäquaten Verwirklichung in der Praxis widmen." (Agustoni 1983, S. 240)

Von all diesen Erwägungen ganz abgesehen, war der gregorianische Choral in der Mitte des 20. Jahrhunderts eine Art *Lingua franca* der katholischen Kirchenmusik geworden. Man konnte am Sonntagmorgen in München, Melbourne oder Milwaukee ankommen, geradewegs in die jeweilige Kathedrale gehen, sich beim Leiter der Choralschola als Kirchenmusiker vorstellen, das Graduale Romanum in die Hand nehmen und nach zehn Minuten Durchlauf das ⇨Proprium mitsingen (lassen wir die aparten Unterschiede in der Aussprache des Lateinischen einmal beiseite!). Die Missa de Angelis und das Credo III waren (und sind noch immer) weltweit verbreitet. Die Beliebtheit dieser Stücke hat sicher damit zu tun, dass sie ganz deutlich in „gewöhnlichem" Dur komponiert sind; das überrascht nicht, stammt doch die Missa aus dem 15./16. und das Credo sogar aus dem 18. Jahrhundert.

In drei der ansonsten hervorragenden Einführungen, die zu Beginn des Kapitels aufgelistet sind, wird dieser Aspekt – Choral als allgemeinverständliches Idiom der musica sacra – nicht einmal im Vorübergehen erwähnt. Das soll hier nicht kritisiert, sondern nur als Symptom wahrgenommen werden. Angesichts der Drehung um 180 Grad, die der Philosophie der Gregorianik widerfahren ist, spielt die kurze „Alle-verstehen-Quadratnoten"-Epoche offenbar keine Rolle; die betreffenden Autoren haben diese Epoche auch selbst nicht mehr erlebt. Heute ist der gregorianische Choral ganz im Gegenteil eine Sache von und für Spezialisten; auch einfache Propriumsgesänge werden lange geprobt. Das ist nicht nur nichts Böses, sondern es ist anzuerkennen. Aber auch für das Singen des Ordinariums von einer Sonntagsgemeinde wird von Fachleuten eine Abkehr von der →äqualistischen Praxis gefordert; auch hier sollen nicht gleichlange Noten gesungen werden, sondern man soll möglichst die neu erfassten rhythmischen Subtilitäten wiedergeben. Wie weit dies ins Reich der gutgemeinten Utopie zu verweisen ist, will ich hier offen lassen.

> Berührende Beispiele für die früher gegebene Funktion der gregorianischen Gesänge als klingendes katholisches Esperanto findet man in einigen Kompositionen des großen tschechischen Sakralkomponisten Petr Eben. Im Orgelzyklus *Laudes* (1960) etwa verschlüsselt er bekannte Melodien und trotzt, mitten in der Eiszeit des kommunistischen Kulturkampfes, der kirchenfeindlichen Linie des Regimes. Auf schlaue Weise trickst er die Kulturfunktionäre aus, die offen erkennbare gregorianische Cantus firmi ohne Zweifel nicht gutgeheißen hätten: Im ersten Satz wird das Alleluja der Osternacht zunächst grotesk verfremdet und ist in weiteren Dehnungen und Umkehrungen zu hören, bis es am Schluss triumphal in Originalgestalt erklingt – wobei es wie eine weitere Variante wirkt. Im vierten Satz wird der Ruf *Christus vincit, Christus regnat, Christus imperat* über einem dunklen Cluster in einzelne Noten bzw. Notenpaare aufgelöst – als ob man einen Bibelspruch entlang einer Autobahn buchstabenweise auf große Tafeln schriebe, und nur bei schneller Fahrt wären die Worte zu erkennen. Karel Paukert, Zeuge der Uraufführung, erzählte mir: „Alle Organisten und Kirchenmusiker waren dabei. Wir haben geweint, denn wir haben erkannt, was er sagen wollte."

Der Rückzug auf kleine, gut geschulte Gruppen hat noch eine andere Ursache:

> „Da der Gregorianische Choral keinem festen Metrum folgt, lässt sich die ‚klassische' Weise des Dirigierens hier nicht anwenden. Wie die verschiedenen Schreibschulen [die Neumen betreffend] erahnen lassen, gab es bereits zur Entstehungszeit kein einheitliches Dirigierschema. … Das wichtigste Element der Einübung der Gesänge ist das Vor- und Nachsingen: Der Leiter einer Schola singt einzelne Abschnitte immer wieder genau vor, wie er sie sich vorstellt und korrigiert jeweils das Nachsingen der Schola. Die Hände zeichnen dabei die ungefähre Gestalt der Neumen nach, um die rhythmische Gestalt anzuzeigen. … Einsätze werden nicht wie ein ‚Auftakt' gegeben, sondern sie entsprechen eher einer Verdeutlichung des Einatmens des Dirigenten durch eine einladende Bewegung der Hände." (Dostal 2009, S. 82)

Die Erkenntnisse der Semiologie gehören zum sich stetig erweiternden Wissensschatz der Menschheit. Sie haben allerdings eine Revolution in der Choralpflege ausgelöst, was zunächst einmal als geistesgeschichtliches Phänomen zu sehen und zu begrüßen ist. Man soll sich nur bewusst sein, dass die Auswirkungen mit den immer wieder propagierten Idealen von 1903, 1928 u. a. nicht mehr im Einklang stehen. Auch das Konzil und die nachfolgenden Dokumente haben die Bedeutung und die Wertschätzung des gregorianischen Chorals fortgeschrieben; er soll, „wenn im übrigen die gleichen Voraussetzungen bestehen, den ersten Platz einnehmen." (SC 116) Aber sie bestehen, das muss man offen aussprechen, meistens nicht – nicht mehr. Gregorianischer Choral, wie er heutzutage gesungen werden soll, ist unter den normalerweise gegebenen Umständen schwieriger zu realisieren als fast alle anderen Formen des Gesanges.

Dabei wirkt die kurze Gregorianik-Blüte des 20. Jahrhunderts deutlich nach, gerade auch in diesen anderen Gesängen. Die Mehrzahl der Kehrverse im *Gotteslob* (und auch im Katholischen Gesangbuch der Schweiz) sind erkennbar Verwandte der kurzen Offiziumsantiphonen; das betrifft die Bevorzugung modaler Wendungen bzw. ganze Melodien, den freien Rhythmus und die ganze Gestik. Die Modelle zur Gemeindepsalmodie sind durchwegs Adaptionen der gregorianischen Psalmtöne. Diese Anlehnung an die Gregorianik ist ein Spezifikum des deutschen Sprachraumes; in anderen Ländern ist man offener für andere Wege. „Das deutsche Sprachgebiet gehört zu den wenigen Regionen, in denen für die Psalmodie fast nur gregorianische bzw. →kirchentonale Modelle verwendet werden – anders als etwa in Frankreich, England, Tschechien, der Slowakei!" (Pacik 2010, S. 6) (Vgl. betreffend den Antwortpsalm auch S. 42f.)

* * *

„Funktionaler Träger der Kirchenmusik waren im Mittelalter primär die kirchlichen Orden, zunächst die Benediktiner, die sich vom Bodensee aus in einer Vielzahl von Klöstern … ausbreiteten, und mit ihnen der mittelalterliche Choral. Das →Offizium der Mönche und Stiftskanoniker bildete somit die konstante Basis der Kirchenmusikpflege. Die Verbreitung mehrstimmiger Musik ging sehr langsam vor sich." (Riedel 2003, S. 45)

Nun setzen wir den Weg zu Maximilian fort, treten aber zunächst noch einen großen Schritt zurück, um einen Panoramablick auf ganz Europa und auf das Frühmittelalter zu werfen. Das Orientalische, das der gregorianische Choral zweifellos hat, hat sich zunächst mit dem Südeuropäischen verbunden. Und nun, in einer Jahrhunderte andauernden Begegnung, trifft dieses Amalgam seinerseits auf die fränkisch-germanische Art des Gesanges. Allmählich wird der sprachlichen Akzentuierung – und noch später auch der Metrisierung – des Gesanges der

Vorzug gegeben gegenüber der „mittelmeerischen" Melodieverschleifung; nach Fellerer (1974) ist dies der bisher stärkste Einbruch neuer Musik in die mitteleuropäische Musik der Spätantike. Dieses Ineinander-Aufgehen der Stile trägt bereits die Tendenz zur Einzelnote mit ihrer Einzelsilbe in sich. Da wird, unmerklich und grundsätzlich, die Weiche gestellt für die riesige Menge an →Hymnen, →Tropen und →Sequenzen, die rund um die Jahrtausendwende komponiert wird.

Und, eine weitere unerhörte Neuerung, es bleibt nicht bei der Einstimmigkeit. Als Erstes treffen wir auf das Organum. Die Monodie ist auf die einfachste Weise erweitert worden, indem die Melodie im Oktav- und Quintabstand parallel mitgesungen wird. Auch das begünstigt die Tendenz zu mehr Geordnetheit; je mehr Leute gleichzeitig singen, desto mehr Regeln muss es für die Improvisation geben – oder desto genauer muss der Gesang notiert werden. Das ist sogar noch übereilt ausgedrückt: Er musste erst einmal *notierbar* werden. Es ist unausweichlich, dass die Neumen mit ihrem Defizit an exakter Fixierung der Tonhöhen zwangsläufig unmodern werden. (Vgl. S. 258.)

Schematisch ausgedrückt: Die Kunst der Tropierung bewahrt zwar die Abfolge der Töne in einer reichen Melodie, aber das geschieht, indem sie ihnen Silben zuordnet (und das Melisma dadurch außer Kraft setzt). Statt der lange über vielen Tönen gesungenen letzten Silbe „e" des Wortes *kyrie* wird nun ein Text mit diesen Tönen verbunden. So dringt nicht autorisierter Text ins bisher ohne Veränderungen bewahrte Ordinarium ein. Und nach einiger Zeit und vielen Entwicklungsschritten ist es nicht nur *ein* Text, sondern es laufen verschiedene Textebenen auf mehreren Stimmen ab. Aber noch sind es im Wesentlichen die gregorianischen Melodien. Erst langsam setzt sich parallel dazu die Mode durch, eigene Melodien zu erfinden. Gregorianisch oder neu erdacht, es geht generell in Richtung Emanzipation vom liturgischen Gesang und in Richtung Polyphonie. Das war insgesamt so unerhört, dass sich – zum ersten von vielen Malen – die kirchlichen Autoritäten mit der Kirchenmusik befassen mussten. Es ging um die Motette und ihre Folgen.

Eine Motette war zunächst ein weltliches, eher artistisches Chorstück für Kenner und Liebhaber. Ab dem 14. Jahrhundert verbreitete sie sich von Paris aus, bis allmählich fast alle mehrstimmige Vokalmusik in dieser Art komponiert wurde. Von lapidarer Einfachheit ist die Bezeichnung dieses Stiles: ars nova, die neue Kunst.

Die Folgen waren, milde gesagt, weitreichend:

> „Zum Bruch zwischen der Tradition des liturgischen Gesangs und der musikalischen Entfaltung kam es durch die Entwicklung der Motette zu einer textlich und musikalisch autonomen Gattung. Die Forderung nach dem Verbot der Motette [!] beim Reformkonzil von Vienne 1311/12 und das Dekret Papst Johannes XXII. „Docta sanctorum Patrum" (zwischen 1255-1257) setzten sich nicht durch. Die Kirche resignierte und zog sich auf die bereits durch

die Tradition kanonisierten Formen ihrer Liturgie zurück. Bereits vor 1291 schreibt Wilhelm Durandus d. J. in seinem für die römische Liturgie maßgeblich gewordenen Rationale divinorum officium vor, dass die Texte des Ordinarium missæ, die von der Schola gesungen werden, zugleich von den Cappellani des Papstes gelesen werden müssen [!]. Damit ist das in allen Konfessionen und allen Kulten einzigartige Verhältnis der katholischen Kirchenmusik zur Liturgie begründet worden und das Grundproblem der katholischen Kirchenmusik in der abendländischen Musikgeschichte entstanden: *Der Vollzug* der Liturgie und die *Musik* wurden *getrennt*. Die Musik wurde von einem *Bestandteil* zu einem *Schmuck* des Gottesdienstes." (Helmut Hucke im Abschnitt „Historischer Hintergrund", GdK [G], Teil 3, S. 151. Hervorhebungen von P. P.)

Dieser Einschnitt wurde relativ ausführlich dargestellt, weil die Kenntnis dieser Wende so manches Argument der Traditionsbewahrer in der Sonne zergehen lässt. Es ist in der musica sacra nämlich keineswegs immer nur das passiert, was der Papst und die Konzilien vorgaben; die Entwicklung der Musik hat sich von römischen Gesetzen nur bremsen, aber nicht unterbinden lassen; auch in der Liturgie hat es immer Veränderung gegeben; die heute wieder mit dem Glorienschein der einzig liturgisch vertretbaren Mehrstimmigkeit versehene Polyphonie à la Palestrina (bzw. ihre Vorfahren) wäre fast schon im 13./14. Jahrhundert verboten worden; und es tritt erneut klar zutage, dass all dies – neue Gesetze *und* neue Kompositionstechniken – von Menschen gemacht ist.

In der Folge entstand im frühen 15. Jahrhundert in England die Gattung der Cantus-firmus-Messe. Alle Stimmen waren vertikal auf diesen →Cantus firmus bezogen, was eine Errungenschaft der Motette war. Die frühesten Beispiele der Übernahme dieses neuen Typs auf dem Kontinent stammen von Dufay und Ockeghem. Die Eigenproduktion solcher Messen im deutschen Sprachraum setzt etwa 1460 ein.

Noch waren die Stücke nicht durchwegs in Zyklen geordnet, wie wir es seit langem gewohnt sind. Oft gab es nur einzelne Sätze – ein Kyrie, ein Gloria –, manchmal waren auch Teile des Propriums eingefügt. Gerade auf dem Territorium von „Greater Austria" hat man eine der umfangreichsten Sammlungen dieser Musik gefunden: die Trienter codices. „Umfangreich" ist weit untertrieben; es handelt sich um 1585 Kompositionen auf über 2000 beschriebenen Blättern! Man staunt über die Internationalität des Vorhandenen, das aus England, den Niederlanden, Frankreich, Italien, Deutschland und Polen zusammengetragen wurde. Unter den Komponisten finden sich berühmte Meister wie Guillaume Du Fay und Johannes Ockeghem. Die meisten Stücke sind Vertonungen des Messordinariums, doch beinhalten die Codices auch viele Motetten sowie weltliche Musik, dazu noch Plenarzyklen mit Ordinarium- und Proprien-Sätzen, die zu bestimmten Kirchenjahreszeiten gehören. – 2000 Seiten sind nicht gleich geschrieben und nicht so schnell zusammengetragen; man hat die Handschriften mit 1439 bis 1470 datiert. Es ist nicht ausgeschlossen, dass das gewaltige Projekt ursprünglich für Wien bestimmt war.

Während man also auf der einen Seite ein riesiges Corpus an moderner Vokalmusik gesammelt hatte, ging es auf dem flachen Land noch lange nicht so modern zu. „Man komponierte in Salzburg noch im 15. und 16. Jahrhundert in einfachsten organalen Formen, zu einer Zeit, da man anderswo bereits die ars nova überwunden hatte. … Die Mehrstimmigkeit fand also in Österreich nur zögernd und reichlich verspätet Eingang. Sie ist ihrem Wesen nach eine höfische Kunst und setzt eine wohlbestallte Kantorei voraus." (Tittel 1961, S. 69)

Nach der Jahrtausendwende hatte langsam der Aufstieg Böhmens begonnen, und im 14. Jahrhundert erlebte das Land eine Blüte. In den Prager Kirchen sollen an hohen Festtagen insgesamt 1200 Gesangskräfte aufgeboten worden sein. Böhmen war damals viel mehr zum französischen und deutschen Kulturkreis orientiert als zum slawischen und strahlte gute 150 Jahre lang in weitem Umkreis aus, vor allem auch nach Wien. 1344 wurde in Prag eine Erzdiözese errichtet und 1348 die erste deutsche Universität gegründet. Einer der Kleriker-Musiker, die Kaiser Karl IV. an seinen immer glänzenderen Hof verpflichtete, war Guillaume Machaut, der Hauptmeister der ars nova. So fand Mitteleuropa und, im Großen gesehen, das Gebiet Österreichs Anschluss an die modernste Musikrichtung.

Denn der Schwiegersohn des Kaisers, Rudolf der Stifter, hatte in Wien seinen Hof, und über diese Verbindung wird auch hier die Polyphonie der Niederländer Einzug gehalten haben. Die Dominanz dieses Stils sollte lange dauern – bis im 17. Jahrhundert allmählich italienische Musiker in ganz Europa in Führung gingen und ihre Kompositionsweise auch in unseren Landen heimisch machten. Aber da sind wir schon bei den Vorläufern …

2. Die Vorläufer der „großen Österreicher"

Könnte die ganze österreichische Kirchenmusik bis 1750 bloß ein gewaltiges Vorspiel für Haydn und Mozart gewesen sein? Und auch gleich für Schubert und Bruckner? Natürlich ist das nicht so – aber ein gewaltiges zentrales Strahlen geht schon von Unseren Großen Kirchenkomponisten aus! Diese Gewichtung spürt man auch in diesem Buch – in der Zuwendung des Autors und auch am breiten Raum, der ihnen gewidmet ist. Andererseits liefert das, was „vorher" war, sehr viel Material – eigentlich mehr Material, als man erwarten könnte. Denn das „Österreich" des fraglichen Zeitraums umfasst ein sehr vielgestaltiges und weiträumiges politisches und kulturelles Gebilde. Die Protagonisten sind erstaunlich mobil (geographisch und in ihrer Tätigkeit). An den politischen Konstellationen kann man auch nicht ganz vorbeigehen. Somit ist es ein völlig aussichtsloses Unterfangen, dies alles in wenigen Seiten einigermaßen zu umreißen. Für alle Unterlassung, Vergröberung und unzulässige Pauschalierung übernimmt der Autor bedauernd, aber ehrlich die Verantwortung und meint, es doch nicht anders machen zu können.

> „Barock ist ein dynamischer, melodischer Lebensstil und ohne Musik gar nicht denkbar. Die Verbindung von romanisch-italienischem mit nationalem Gut vollzieht sich auf europäischer Ebene." (Tittel 1961, 133)

Die österreichische Kirchenmusik in der Mitte und am Ende des Barocks, wie wir sie gleichsam als Ganzes vor uns haben, ohne sofort an genauere Kategorisierung zu denken, lässt sich an zwei Orten festmachen: Wien und Salzburg. Von einer solchen Konzentration zu sprechen, stellt eine gewisse Vereinfachung dar, denn selbstverständlich wurde auch anderswo die musica sacra gepflegt, nämlich in erster Linie in den Klöstern und Stiften, wo die materielle Ausstattung eher vorhanden war. Darüber hinaus allerdings, in den Propstei- und Pfarrkirchen, war man auf Stiftungen und fromme Bruderschaften angewiesen – in heutiger Terminologie: auf Sponsoren und Fördervereine. Man darf nicht übersehen, dass es um das Jahr 1600 nur drei Domkirchen im *heutigen* Sinne[1] auf österreichischem Boden gab – Wien, Wiener Neustadt und Salzburg, und letzteres war das ältere und das kirchenrechtlich weitaus bedeutendere Bistum. Aber noch vor den Vorläufern, von denen hier die Rede sein soll, soll kurz die noch frühere musikalische Blüte erwähnt werden, und da spielen auch die Höfe von Graz und Innsbruck eine gewisse Rolle.

Kirchliche und weltliche Macht waren auf vielfältige Weise miteinander verflochten (was nicht ausschloss, dass man auch miteinander stritt), und ebenso war kirchliche und höfische Musikpflege ineinander verschränkt.

---

1   Bistümer auf österreichischem Boden und ihr Errichtungsjahr: Passau und Salzburg – 739, Säben (Brixen) – 967, Gurk (Klagenfurt) – 1072, Seckau (Graz) – 1228, Lavant (heute Maribor) – 1225. Nach Loidl 1983, S. 22

1480 war, nach längerer Verzögerungstaktik durch die Mutterdiözese Passau, auf Betreiben von Kaiser Friedrich III. das Bistum Wien errichtet worden[2], was nicht sofort, aber bald der Musikpflege zugute kam. Denn sein Sohn Maximilian, wiewohl dauernd mitsamt dem Hofstaat auf Reisen, baute nun selbst eine Hofkapelle auf. 1498 bekommt sie ihren Hauptsitz in Wien (Tittel 1961, S. 95f.). Administriert wird diese historisch bedeutsame Veränderung von Georg von Slatkonja, zunächst Kantor an der Hofkapelle, dann Singmeister – und, eine geradezu abenteuerliche Pointe, ab 1513 der erste tatsächlich amtsführende Bischof von Wien (1513–1522). Er war mehr Künstler und Organisator als Politiker – und er hatte punkto Sponsoring originelle Ideen: Aus dem Erträgnis von fünf unter seiner Regierung im Bischofshof errichteten Kramläden (!) errichtete er eine Stiftung, sodass täglich – für ewige Zeiten! – von der Kantorei am Abend das Salve regina gesungen werden sollte. (Detailliert: Fenzl 1999, S. 47–73)

Als ersten Kapellmeister und Komponisten von überregionaler Bedeutung finden wir in der Hofkapelle Heinrich Isaac, aus Flandern gebürtig und nun, nach Stationen in mehreren italienischen Städten, in Innsbruck, Wien und Augsburg für den Kaiser tätig. Er ist einer der frühen gesamteuropäisch tätigen Musiker – ähnlich wie 100 Jahre später Georg Muffat –, die alle gängigen Stile beherrschten. Das bedeutet niederländische Strenge im Kontrapunkt, aber südliche Klanggestaltung und auch ein Händchen für das Volkstümliche. Sein wichtigstes Werk ist der Choralis Constantinus, ein höchst bemerkenswerter Zyklus von ⇨Proprien für das ganze Kirchenjahr – insgesamt 400 einzelne Sätze! Parallel dazu gibt es ein umfangreiches Corpus an Ordinariums-Vertonungen. Viele dieser Messen sind gar nicht „niederländisch" – womit man immer ausufernd polyphon assoziiert –, sondern kurz und für die Praxis des Wiener Hofes ausgelegt, nach der auch an vielen Wochentagen eine weniger aufwändige mehrstimmige Musik gepflegt wurde. In beiden Gattungen ist die Verbindung mit gregorianischen Melodien ein vorherrschendes Gestaltungsmittel. Und dann gibt es noch deutsche Liedsätze, von denen es einer zur Unsterblichkeit gebracht hat: *Innsbruck, ich muss dich lassen.* In Isaacs *Missa Carminum* finden wir dieses Lied im zweiten Abschnitt des Kyrie als →Cantus firmus.

Andere wichtige Musiker dieses maximilianischen Kreises sind Ludwig Senfl und Paul Hofhaymer, der zuletzt in Salzburg wirkte. Senfl stammt aus Zürich und wirkt teils in Wien, teils in München. In seinem umfangreichen Schaffen klingt der niederländische Motettenstil ein letztes Mal nach. Er vollendet Isaacs Choralis Constantinus. – Hofhaimer wirkte zunächst am Grazer Hof, wo Arnold Schlick sozusagen sein Orgellehrer war, und trat dann ebenfalls in Maximilians Dienst; bei allen staatstragenden Gelegenheiten spielte er im Stephansdom die Orgel, so 1515 beim berühmten Fürstenkongress und bei der Doppelhochzeit von Maximilians Enkelkindern, fungierte aber auch an verschiedenen Orten als kaiserlicher

---

2   Es treffen mehrere Daten zu, je nachdem, ob man die Errichtungsbulle, die Einsetzung des ersten Bischofs oder die tatsächliche Amtsübernahme (durch einen weiteren Bischof) als relevant ansieht. Loidl, bes. S. 28–37

Orgelsachverständiger. Er galt als größter Organist seiner Zeit. Zuletzt war er am fürsterzbischöflichen Hof in Salzburg. Von ihm stammen die ersten größeren österreichischen Orgelstücke – Alternatimsätze über Salve Regina, Ave maris stella und Recordare.

Noch eine Stadt zählte damals zum österreichischen Kulturkreis. Für die Habsburger – die inzwischen auch böhmische Könige waren – war Prag eine ihrer Residenzen.

Zwei Komponisten sind zu nennen, wenn es um Prag geht, und beide brachten italienische Einflüsse mit und gaben so für lange Zeit der geistlichen Vokalkomposition eine neue Richtung. Ein gewisser Jakob Handl hatte sich sein kompositorisches Handwerkszeug in Venedig, Melk und Wien angeeignet; unter dem (nach damaligem Brauch latinisierten) Namen Jacobus Gallus war er 1579–1585 Kapellmeister in Olmütz (heute Olomuce) und wirkte ab 1585 als Kantor an der Johanneskirche in Prag; diese stand unter kaiserlichem Patronat, und so hielt Rudolf II. seine Hand über dem von ihm geschätzten Musiker, wenn er auch nicht offiziell zur Hofkapelle gehörte. Gallus hinterließ ein umfangreiches Werk, darunter das *Opus musicum*, eine gewaltige Sammlung von 374 Propriumsmotetten, ähnlich dem Choralis Constantinus von Isaac. Die vier- bis 24stimmigen Sätze waren ausdrücklich nicht für rein vokale Ausführung gedacht.

Am Prager Hof wirkte etwas später Hans Leo Hassler, der zwischen den Konfessionen und zwischen den Regionalstilen stand. Er brachte den venezianischen mehrchörigen Stil nach Deutschland, allerdings eher in den weltlichen Werken als in seinen 48 (!) Motetten und in den vier- bis achtstimmigen Messen. Er komponierte aber auch für den lutherischen Ritus eine große Zahl Cantus-firmus-Bearbeitungen deutscher Lieder. Durch ihn hält eine gewisse Leichtigkeit der Textdeklamation, ein *parlando* aus der Welt des Madrigals, Einzug in die bisher zum strengen Stil neigende Kirchenmusik in den deutschsprachigen Ländern.

Die für die Kirchenmusik bedeutende Zeit in Salzburg bricht an, als 1628 der neue Dom eröffnet wird; er fasst 10.000 Menschen und hat kein ebenbürtiges Gegenstück nördlich der Alpen. Die Sterne stehen günstig für die Musik, besser gesagt, die Weichen für eine neue Blüte werden bewusst gestellt. Denn Erzbischof Paris Lodron ist ein Förderer und Liebhaber der Musik, und Dombaumeister Solari war vermutlich dazu angehalten worden, von vornherein geeignete Bedingungen für die neue Mode der Mehrchörigkeit zu schaffen. Über verschiedene italienische Komponisten war die venezianische Praxis der mehrfach dislozierten Aufstellungen nach Norden vorgedrungen – nach Prag und Wien nun auch nach Salzburg, und nicht erst jetzt. Seit der Abtragung des alten Salzburger Domes im Jahr 1605 diente die Pfarrkirche Unserer Lieben Frau (die spätere Franziskanerkirche) als Bischofskirche, und auch dort waren bereits mehrere Emporen zum Musizieren verwendet worden.

Unter den vom Süden gekommenen Musikern ist in erster Linie Stefano Bernardi zu nennen, der erst in Verona, dann in Venedig Domkapellmeister war; 1627 wurde er nach Salzburg berufen, offensichtlich mit den Einweihungsfeierlichkeiten im Blick. Er schrieb seine Kirchenmusik „dem Salzburger Dom auf den Leib" (Tittel 1961, S.154). Zum Zeitpunkt der Einweihung waren zwei der Emporen an den Vierungspfeilern fertiggestellt, ab 1645 alle vier. Als ob das nicht genug wäre, verteilte Bernardi für die Messe zur Einweihung seine Musiker auch noch über die zehn seitlichen Emporen in den Oratorien längs des Hauptschiffes. Diese monumentale Aufführung wird in zeitgenössischen Berichten überschwänglich geschildert; über die Stücke im Einzelnen wissen wir nichts, abgesehen vom Te Deum, das von Bernardi stammte. Die Vermutung, dass es die (früher sogenannte) „53stimmige Messe" von Oratio Benevoli, einem römischen Komponisten, gewesen ist, wurde inzwischen entkräftet. Das Werk wurde für die vermeintliche 1100-Jahr-Feier des Erzstiftes St. Peter im Jahre 1682 komponiert und stammt von Heinrich Ignaz Franz Biber („Missa Salisburgensis") – womit wir zum Höhepunkt barocker Kirchenmusik in Salzburg kommen.

Der aus Nordböhmen gebürtige Biber hatte bei Heinrich Schmelzer in Wien studiert und kam, nach einigen Jahren der Tätigkeit in Olmütz (Olomuce) und Kremsier, nach Salzburg, wo er 1678 Vizehofkapellmeister wurde. Ein Jahr später trat Georg Muffat die Stelle des Hoforganisten an. Er schrieb kaum geistliche Vokalwerke, galt aber später als einer der berühmtesten Organisten Europas. Die beiden wurden manchmal mit Bach und Händel verglichen: Biber der vielseitige, der führende Violinkomponist seiner Zeit, stärker verwurzelt in der Tradition, aber auch in der Volksmusik; Muffat der modernere, der kosmopolitische, der Mann der Claves. Zwischen den beiden Musikern dürfte ein unangenehmes Spannungsverhältnis geherrscht haben; Muffat wechselte 1690 mit deutlich artikuliertem Groll an den Hof des Passauer Fürstbischofs. Biber war ein außerordentlich fruchtbarer Komponist, der es auch zu großem Ansehen brachte; als Hofkapellmeister (ab 1684) war er einer der bestbezahlten Musiker; später wurde er auch geadelt. Von seinen etwa 150 Werken ist ein Drittel kirchlich bzw. liturgisch gebunden. Dem Dom angemessen, pflegt er „einen für den Raum nördlich der Alpen einzigartigen kirchenmusikalischen Kolossalstil" (Kircher 2004, S. 6).

Das ist nicht ganz neu; zum ersten Mal hatte schon sein Vor-Vorgänger Abraham Megerle (Amtszeit 1641–1651) bis zu fünfchörig gestaltet. Aber Biber geht differenzierter vor und kontrastiert einerseits Solo und Tutti, andererseits Allabreve und Triplum; er bedient sich barocker Affekte und führt diese Art der Sakralkomposition zu einem Höhepunkt. Bemerkenswert in diesem Zusammenhang seine Missa Alleluja für fünf Chöre oder die Missa Sti. Henrici (um 1700). Während des Benedictus läuft auch das Hosanna immer weiter – ein Vorbild für manche ungewöhnliche Gestaltungen im 18. Jahrhundert. Einer Erwähnung wert ist das Sammelwerk „Vesperae longiores ac Breviores Unacum Litaniis Lauretanis". Insgesamt 42 Stücke sind vertont, zum Teil in liturgisch brauchbaren Zusammenstellungen, zum Teil, um daraus Abfolgen zusammenzustellen („Psalmi per Annum Necessarii"), dazu noch drei Magnificats und die im Titel erwähnte Lauretanische Litanei. Die Besetzung lautet vierstimmiger Chor und Solisten, 2 Violinen, 2 Violen (!), 3 Posaunen ad libitum und Basso continuo. Die neun *psalmi breviores* sind kürzer und einfacher und wohl für die niederrangigen Feste bestimmt. Auffällig für die damalige Zeit dürfte auch sein Requiem in A-Dur gewesen sein; es war unter anderem mit Trompeten besetzt und hatte einen ungewohnt freudig-weichen Gesamtgestus; wahrscheinlich sollte bei dieser Vertonung einmal der Erlösungsgedanke im Vordergrund stehen.

Abgesehen von der musica sacra ist Biber vor allem durch seine 15 Rosenkranzsonaten für Violine und Continuo berühmt geworden. – 1702 unterzeichnete er den Vertrag mit dem Hoforgelmacher Egedacher über die Errichtung der großen Domorgel.

Der nächste große Aufschwung der Salzburger Kirchenmusik, der bis zu Mozart anhalten sollte, beginnt mit der Verpflichtung von Johann Ernst Eberlin, einem gebürtigen Schwaben, der fast vierzig Jahre (1725–1762) am Hof wirkte. Er ist die Schlüsselfigur des ausgehenden Barocks am Übergang zur Wiener Klassik. Über den Umfang von Eberlins kompositorischem Œuvre kann man nur staunen; es umfasst 58 Messen, neun Requien, 160 Proprien, 34 →Vespern, 30 →Litaneien, 22 Oratorien und 59 Schuldramen. Der ungeheure Bedarf an Musik aus so verschiedenen Sparten – Kammermusik zum „Divertissement" ist hier noch gar nicht mitgerechnet – hat mit der doppelten Dimension des Salzburger Hofes zu tun. Die geistliche Macht des Primas Germaniae mit ihrer dementsprechend hochgefahrenen prunkvollen Liturgie ist dabei die naheliegende eine Seite. Die andere Komponente darf man sich nicht als putziges Provinzfürstentum vorstellen; das Erzstift Salzburg war mit etwa 12.000 km^2 einer der größten kirchlichen Staaten Europas; das heutige Bundesland Salzburg umfasst 7.154 km^2 (Ortner 2005, S. 95). Dementsprechend lag beim Chefmusiker die Verantwortung für die Kirchen- und die Tafelmusik, weiters die Leitung der Hofkonzerte und der Komödien auf dem Hoftheater; ihm oblag auch der Unterricht bei den Kapellknaben sowie die Komposition geistlicher und weltlicher Werke.

Unter den vielen Messen ragen heraus: die Missa brevis sexti toni in F (mit einer der raren Credo-Vertonungen ohne Tempo- oder Tonartwechsel bei *Et incarnatus est*), die Missa brevissima in C („würde in den Bestsellerlisten ganz vorne zu finden sein", Kircher, 2002, S. 143), die Missa solemnis brevis (2 Violinen, Bratsche, 2 Trompeten, Pauken, Bc; bereits ein unmittelbares Vorbild für Mozarts Spatzen-, Piccolomini- und Orgelsolo-Messe) und schließlich die Missa a due chori (2 vierstimmige Chöre, 2 Solisten-Quartette und Doppelorchester; vielleicht ein Vorbild für Michael Haydns Missa hispanica von 1786?).

Der große Einfluss, den Eberlin auf Vater und Sohn Mozart hatte, lässt sich dingfest machen; Leopold Mozart edierte 1773 einen Sammelband mit 16 Kompositionen von Eberlin (plus drei Werke Michael Haydns) – in seinen Augen offensichtlich Musterstücke für gediegene Sakralmusik. Auch personell reicht die Eberlin-Zeit in die Nähe Mozarts: sein Schwiegersohn Anton Cajetan Adlgasser war Wolfgang Amadeus' Vorgänger als Hof- bzw. Domorganist.

Über die Verhältnisse in Salzburg sind wir sehr gut informiert. Viele Zeitgenossen haben ihre Eindrücke vom Salzburger Prunk festgehalten, vor allem aber gibt es eine genaue Beschreibung der Praxis in Friedrich Wilhelm Marpurgs Schrift „Historisch-Kritische Beyträge zur Aufnahme der Musik" aus dem Jahr 1757. Die Umstände sind derartig detailreich geschildert, dass man mit einiger Wahrscheinlichkeit Leopold Mozart als Autor des betreffenden Abschnittes annehmen kann. Wichtig ist die Kenntnis der Ordnung, was die Abstufung in der Feierlichkeit betraf, denn das wirkte sich auf die Besetzung aus:
– *in festis Pallii* – der Fürsterzbischof zelebriert,
– *in festis praepositi* – der Dompropst zelebriert,
– *in festis canonici* – einer der Kanoniker (Domkapitulare) zelebriert.

(Weitere Details im Kapitel ⇨Mozart, bes. S. 289) Jedenfalls war in diese Rangordnung sowohl die Besetzung als auch die gestufte Verwendung der Vierungsemporen einbezogen. – Die Westempore spielt bis zum Ende des 18. Jahrhunderts für die figurierte Kirchenmusik keine Rolle, jedenfalls nicht, was die Hochämter betraf; hingegen wurde sie für Anlässe wie etwa das 40stündige Gebet verwendet. Später wurden die Orchesterbesetzungen immer größer, so dass man bei Pallium-Festen immer öfter auf der Westempore musizierte. 1859 wurden die Vierungsemporen abgetragen; der alte Zustand wurde erst 1991 wieder hergestellt.

* * *

Johann Michael Haydn kommt aus demselben kirchenmusikalischen Biotop wie sein älterer Bruder. Auch er ist Sängerknabe in Wien und bekommt Unterricht bei Georg Reutter d. J. in der Tradition von Johann Joseph Fux. 1760 wird er bischöflicher Kapellmeister in Großwardein und tritt 1763 die Nachfolge Eberlins an. Er sollte Salzburgs bedeutendster Musiker in der zweiten Hälfte des 18. Jahrhunderts werden. Von Mozart sehr geschätzt, baut er stilistisch an der Brücke von der Frühklassik zum Biedermeier.[3] Michael Haydn beeinflusste Mozart und umgekehrt, vor allem, was die (Weiter-)Entwicklung der *Missa solemnis et brevis* betrifft. Seine *Missa Sancti Joanni Nepomuceni* (1772) ist bereits ein gelungener Vertreter dieses Typs; die *Missa Sancti Amandi* (SATB, 2 Ob, 4 Trp, Ktrio, Bc), ein Auftragswerk

---

3   Zum Vorgriff Haydns auf das Biedermeier vgl. die informative (und sehr poetische!) Abhandlung: Hrncirik 2006, S. 165–173.

für das Stift Lambach aus dem Jahr 1776, spricht in vielen Details eine mozartische Sprache. (Ähnliche Übergänge zum *Et incarnatus est* finden sich in Mozarts Credo- und Krönungsmesse; für die großen Intervallsprünge im Sanctus vgl. das ähnliche Thema in Mozarts D-Dur-Messe, 1774.) Als Höhepunkt der Gattung bei M. Haydn kann die *Missa sancti Hieronymi* angesehen werden. Mit ihrer tänzerischen Benedictus-Fuge reicht sie den Messen des älteren Bruders, aber auch verwandten Kompositionen Wolfgang Amadeus' in gleicher Weise die Hände.

Auf eine weitere überdeutliche Querverbindung weist Haydns Requiem c-Moll hin, das er 1771 für die Trauerfeierlichkeiten des Erzbischofs Sigismund Schrattenbach komponierte. Kein geringerer als E. T. A. Hoffmann bespricht es 1812 in der Allgemeinen musikalischen Zeitung und vergleicht es mit Mozarts Requiem.

Sehr auffallend ist der Querbezug auch bezüglich der Tonartenfolge in den Vespern:

	Mozart, 1780 (V. de Confessore)	*M. Haydn, 1782*
Dixit Dominus	C-Dur	C-Dur
Confitebor	Es-Dur	Es-Dur
Beatus vir	G-Dur (3/4-Takt)	G-Dur (3/4-Takt)
Laudate pueri	d-Moll	B-Dur
Laudate pueri	F-Dur	F-Dur
Magnificat	C-Dur	C-Dur

* * *

Der neue Erzbischof war der in der Kirchenmusikgeschichte berüchtigte Graf Hieronymus von Colloredo, ein aufgeklärter, rationalistischer und wohl auch menschlich nicht einfacher Mann der Tat. (Vgl. im Kapitel Mozart bes. S. 290 und 297.) Mit Michael Haydn tat er sich offensichtlich leichter, und Mozart war ja auch offensichtlich aus anderem Holz geschnitzt als Haydn. Und so wirkte dieser im Auftrag des Erzbischofs an den Veränderungen mit, die Mozart wohl teilweise den Abgang aus Salzburg erleichtert hatten.

Nachdem Colloredo bereits 1779 Passionsspiele und Passionsprozessionen untersagt hatte, erließ er am 29. Juni 1782 einen weiteren Hirtenbrief, der für die Kirchenmusik gravierende Folgen haben musste. (Vgl. auch S. 294.) Das Dokument fand große Verbreitung – auch in italienischer und französischer Übersetzung! – und löste eine große Anzahl von Traktaten aus, die für oder gegen den Inhalt Stellung bezogen. In mehreren Kapiteln des Hirtenbriefes befasste sich der Erzbischof mit der Einführung des deutschen Kirchengesanges. Eine konsequente Umsetzung dieser Überlegungen hätte die Instrumentalmusik weitgehend aus der Liturgie verdrängt. Nach einer Reihe von Eingaben der Bevölkerung musste Colloredo schließlich 1788 Konzessionen machen. Die figurierte Kirchenmusik blieb geduldet – unter der Bedingung, dass der deutsche Kirchengesang während der übrigen Zeit umso mehr gepflegt werden sollte. („... gleichwie auch Wir, wenn Wir in eine der obgedachten Kirchen kommen, nichts anders, als Gesänge aus gedachter Sammlung hören wollen ...") (nach Pacik 2010, S. 88)

Deutschen Volksgesang hatte es bisher nur beim 40stündigen Gebet gegeben. 1781 führt Colloredo das Landshuter Gesangbuch von 1777 ein; 1790 beauftragt er Haydn, das Buch zu überarbeiten, das heißt vor allem die eher ariosen Melodien zu vereinfachen. Haydn steuert zwei eigene Kompositionen bei: Das „Deutsche Hochamt *Wir werfen uns darnieder*" und das „Deutsche Hochamt *Hier liegt vor deiner Majestät*" – letzteres eine großartige Erfolgsgeschichte, da es heute (nach etlichen Vereinfachungen) noch immer gesungen wird und auch Vorbild für Schuberts „Deutsche Messe" (vgl. S. 303) war.

Bereits 1783 wurde an einer anderen Ecke mit der Reform begonnen. Colloredo beauftragte Haydn, die in Salzburg nach der Epistel üblichen Instrumentalstücke durch Vokalkompositionen mit liturgischem Text zu ersetzen. Das erstes Stück des epochemachenden Zyklus war das →Graduale von Weihnachten *Viderunt omnes*. In diesen Stücken wird der liturgische Text meist zweimal durchgeführt und mit einer Amen- bzw. Alleluja-Coda abgeschlossen; es gibt prinzipiell keine Soli. Mit dieser einfacheren, nur sparsam imitatorischen, oberstimmenbetonten Chorschreibweise hat Michael Haydn etwas erfunden, das die Kirchenmusik verändert hat, indem sie durch Einfachheit bereichert wurde. Mozarts *Ave verum* „ist ohne das Haydnsche Vorbild schwerlich denkbar" (Schmidt 2006, S. 8). Haydns Gradualien verbreiteten sich rasch – auch nach München, Prag und Wien – und gehörten bald zur Grundausstattung auch in beschränkteren Kirchenmusikverhältnissen. Im Archiv der Steyrer Stadtpfarrkirche etwa, Stand von 1847, „lag das Schwergewicht eindeutig auf Propriumskompositionen von Michael Haydn". (Partsch 2004, S. 85) „Das Prestige des Gradual-Zyklus vereitelte in Österreich den Sieg des Cäcilianismus."[4] (Eder 2006, S. 85.) Ähnliches gilt für Haydns A-cappella-Chorsätze. Sein *Tenebrae factae sunt* ist im 19. Jahrhundert vermutlich das bekannteste A-cappella-Werk der musica sacra.

Noch einmal, diesmal nicht im Zusammenhang mit Colloredos Reformen, hat sich Michael Haydn in der Sparte der realpraktischen Kirchenmusik betätigt. 1792 beendet er die Anfertigung einer Orgelbegleitung für alle gregorianischen Gesängen auf Bestellung der Prämonstratenserabtei Rot an der Rot.

Im Vergleich zu seinem Bruder führte Michael Haydn kein stilles, aber doch ein beschränkteres Leben. Er machte keine Reisen in die große Welt hinaus, und

---

4   Zum Cäcilianismus siehe S. 311f.

er hielt auch nichts von einer Drucklegung seiner Werke, sondern bevorzugte eher die Verbreitung in Abschriften durch Freunde und Schüler. 1804 wird er immerhin zum auswärtigen Mitglied der königlichen schwedischen Akademie für Musik ernannt.

Ab dem Jahr 1800 geht die lange Zeit der Salzburger Blüte zu Ende. Fürsterzbischof Colloredo flieht vor Napoleon nach Wien; vermutlich in diesem Zusammenhang bekommt Haydn 1802 das Angebot, neben (oder eher unter?) seinem Bruder Vizekapellmeister in Eisenstadt zu werden, was er aber ablehnt. 1805 verliert Salzburg seinen Status als Residenzstadt und wird allmählich zu einer kleinen Provinzstadt.

* * *

1681 verlegten die Habsburger ihren Regierungssitz wieder von Prag nach Wien, und Kaiser Ferdinand II. war an Musik äußerst interessiert. Im 17. Jahrhundert war die kaiserliche Hofkapelle im Statut der kaiserlichen geistlichen Hofkapelle verankert; der Personalstand schwankte zwischen 70 und 100 Mitgliedern. Als Philippus de Monte 1603 mit 82 den Taktstock aus der Hand legte, ging die niederländische Epoche der Wiener Hofkapelle zu Ende; ab nun stellten Italiener das Gros der Kapellmeister, während bei den Organisten die Deutschen überwogen. Eine Lücke klafft an dieser Stelle in der Geschichte der höfischen Musik in Wien. Erst unter Ferdinand III., erneut ein Musikfreund, geht es mit bekannten Namen weiter: Johann Jakob Froberger, Johann Kaspar Kerrl und Johann Pachelbel werden nach Wien geholt; sie sind vornehmlich Organisten, tragen aber auch zum Messrepertoire bei. Der nächste Kaiser ist sogar selbst ein ausübender und komponierender Musiker: Leopold I. komponiert 180 weltliche und über 70 geistliche Werke. Kein Wunder, dass er sich bis ins Detail mit der Hofkapelle beschäftigte; „1687 erließ er eine strenge Verordnung für seine Musiker, dass jeder die ihm zugeteilte Stimme ohne Widerrede übernehmen solle, ob sie Prim oder Second sei" (Tittel 1961, S. 139). Ein leichtes Leben hatten sie ja nicht mit ihren etwa 800 Diensten pro Jahr!

Der bedeutendste Kontrapunktiker für die Region und die Zeit war Johann Joseph Fux, der mehrere Ämter bekleidete (Hofkomponist, Vizekapellmeister, Hofkapellmeister). In den Messen gibt er sich traditionsverankert, in den Opern und Instrumentalwerken fortschrittlich. Die Leichtigkeit der neapolitanischen Schreibweise hatte aber längst begonnen, auch in die Sakralmusik einzudringen, und so prägte sich der Typ der *Missa concertata* aus, bei der Soli mit Chorsätzen abwechseln und eine reich gegliederte Gestaltungsweise zum Prinzip erhoben wird, ganz im Unterschied zur vormals gepflegten Modell- oder Cantus-firmus-Messe. (Das ist es, was der Ausdruck *Missa concertata* bedeutet – ein bestimmtes Gestaltungsprinzip; er hat nichts mit jener abschätzigen Einordnung vor allem der Messkompositionen aus der Wiener Klassik zu tun, als ob dies „Messen für den Konzertgebrauch" und nicht für die Liturgie wären!)

Gleichzeitig mit Fux wirkte Antonio Caldara in Wien, und auch er brachte Elemente des neapolitanischen Stils mit, die für die Entwicklung des Wiener Messenstiles so bedeutsam werden sollten. Noch ein wenig später waren Georg Reutter d. Ä. und sein Sohn Georg Reutter d. J. wichtige Hof- und Dommusiker.

Und nun sind wir endgültig in der großen Wiener Klassik angekommen: es war der jüngere Reutter, der die Haydn-Brüder als Sängerknaben aufgenommen hat.

3. Haydn

Der angebliche Papa

Fröhlichkeit, Natürlichkeit und die ungebrochene Einheitlichkeit im Schaffen und Wesen zeichnen den vielleicht überragendsten Diesseitsgeist im 18. Jahrhundert aus. Sinnlichkeit und Naturverbundenheit erfüllen sein Wesen; das Leben und Weben der Kreatur ist dem „Landmensch" Haydn bestens vertraut. … Diese Naturverbundenheit und möglicherweise noch mehr die Natürlichkeit im Verbund mit seiner Froh-Natur haben zu Haydns Missachtung, Verniedlichung und überlegener Geringschätzung im 19. Jahrhundert geführt, welche sich in der zumeist negativ besetzten Redewendung des „guten Papa Haydn" widerspiegelt.[5]

Es war kein geringerer als Mozart, der den hochgeschätzten und eigentlich zwei Generationen älteren Komponistenkollegen „Papa" nannte – eben weil ihm der Ausdruck „Kollege" für Haydn niemals in den Sinn gekommen wäre. Man muss immer die damalige Lebenserwartung mitbedenken; ein Sechzigjähriger galt damals als alter Mann. Überliefert ist unter anderem Mozarts Einwand, bevor Haydn 1790 zu seiner ersten Englandreise aufbrach: „Papa, Sie haben keine Erziehung für die große Welt gehabt und reden zu wenige Sprachen!" Haydn quittierte dies mit der legendären Bemerkung: „Meine Sprache versteht man auf der ganzen

---

5   Christian Albrecht, Phänomen Haydn – kirchenmusikalisch. Musik und Liturgie 3/09, S. 8–17

Welt." Finscher merkt dazu an: „Die vertraute Anrede ‚Papa' war, wenn sie denn gebraucht wurde, das durchaus respektvolle ‚Papá', das im Bürgertum bis in unser [20.] Jahrhundert lebendig blieb, nicht das plump-vertrauliche ‚Pápa'".

Was beim „Papa"-Etikett immer ein wenig mitschwingt: Mozart im Vordergrund, der springlebendige genialische Teenager, der fast-schon-romantische Wirrkopf, der später dem ungeliebten Erzbischof den Geigenkasten hinwirft; weiter hinten auf der Bühne Haydn – in der Livree – artig am Tisch (nein, eher am Stehpult!) und er komponiert für seinen Fürsten Oper um Oper, eine Symphonie nach der anderen, und auch Messen, wenn die Obrigkeit es wünscht.

Wie weit dies von der Wirklichkeit abweicht und wieviel mehr dazu zu sagen ist, füllt nicht Bücher, sondern Bibliotheken. Haydns Lebensgeschichte werden wir hier nur so weit und so kurz berühren, als dies für sein kirchenmusikalisches Schaffen von Bedeutung ist. Verglichen mit den wenigen anderen monographischen Kapiteln nimmt Joseph Haydn dennoch großen Raum in diesem Buch ein. Der Autor gesteht zwar auch eine gewisse Vorliebe für Haydns ⇨Messen ein, meint aber, dass diese Bevorzugung sich auf Haydns objektiv messbare große Bedeutung für die österreichische Kirchenmusik gründet.

Schon mit fünf, sechs Jahren ist Joseph Haydn auf der Empore seines Heimatdorfes anzutreffen, wo er die meist anspruchslosen Messen mitsingt – aber es ist bereits die Kirchenmusik, mit der er wie selbstverständlich aufwächst. Ein gewisser Johann M. Franck, Chorleiter, Organist, Mesner und Lehrer aus dem nahegelegenen Hainburg, unterweist den Buben ein wenig; vor allem aber ist dieser Franck mit dem Hofkompositeur und Domkapellmeister Johann Georg Reutter d. J. befreundet; und so landet Haydn mit acht Jahren im Sängerknabenkonvikt des Stephansdomes. Dort bekommt er wenig Theorie mit, aber viel Praxis: Jeden Tag werden zwei Messen gesungen und manchmal noch ein Requiem oder eine →Litanei. Der Domkapellmeister fördert den Knaben und ermuntert ihn, die immer wieder gehörten und gesungenen Stücke „auf beliebige Art zu variieren". Als Haydn 17 wird und in den Stimmbruch kommt, ist das alles sehr plötzlich aus, und er steht mit ein wenig Taschengeld auf der Straße.

Die folgenden Jahre sind mühsam – Noten kopieren, da und dort spielen, singen, korrepetieren. In dieser Zeit (1749) schreibt er seine erste Messe, die „Jugendmesse" in F-Dur. Sie ist in jeder Hinsicht knapp und sparsam gehalten; die Vertonung des *Amen* etwa ist für die großen Sätze identisch; ebenso gehören *Kyrie* und *Dona nobis* zusammen (für letzteres gibt es Vorbilder). Immerhin lässt das *Benedictus* mit seinem relativ langen Vorspiel aufhorchen. Mehrere Autoren weisen auf die frappante Ähnlichkeit mit Reutters Missa in B hin. Als er Primgeiger im Orchester der Barmherzigen Brüder ist, kommt eine Verbindung zu Metastasio zustande und von dort zum geachteten Nicola Porpora, bei dem Haydn gründlichen Unterricht in Musiktheorie und Komposition erhält. Das trägt Früchte; als Haydns erste große Liebe auf Anordnung der Eltern ins Kloster geht, komponiert er 1756 für ihre →Profess das erste der beiden Orgelkonzerte in C-Dur und das Salve Regina E-Dur.

Nach einigen Jahren als Kammerkomponist und Musikdirektor beim Grafen Morzin gelingt der lebensentscheidende Sprung. Haydn bekommt 1761 die Stelle des Vizekapellmeisters und -komponisten bei Fürst Paul Anton Esterházy in Eisenstadt, dem schon ein Jahr später Nikolaus I. nachfolgte. Der amtierende erste Musiker Joseph Gregor Werner war bereits sechzig Jahre alt; dass Haydn nach seinem Tod (1766) aufrücken würde, war möglicherweise schon vorher eine ausgemachte Sache gewesen. Die Kirchenmusik bleibt jedenfalls zunächst dem älteren Musiker vorbehalten.

Nun ist der junge Mann aus dem ländlichen Rohrau am Hof eines der einflussreichsten (und spendabelsten) Magnaten der Region gelandet. Nikolaus I. ist nicht nur reich, sondern auch kulturbeflissen, und nicht nur das, er ist selbst ausübender Musiker; er spielt Cello, Gambe und Baryton. So geht es auch zunächst weniger um Kirchenmusik, sondern hauptsächlich um Opern und Symphonien – und um Besetzungen mit dem Lieblingsinstrument des Fürsten, dem Baryton, ein schwierig zu spielender Abkömmling der Viola da Gamba. (Nach einer Abmahnung durch den Fürsten im Jahr 1765 komponiert Haydn in den folgenden zehn Jahren 126 Barytontrios!)

Erst nach Werners Tod ist Haydn auch für die ganze Sakralmusik am Hofe Esterházy zuständig. Seine erste große Messe ist interessanterweise auch die längste von allen; diese *Cäcilienmesse*[6] mit ihren 70 Minuten Spieldauer sprengt nach heutigem Verständnis den liturgischen Rahmen. Der Beiname hat vielleicht mit der Cäcilienbruderschaft bei St. Stephan in Wien zu tun. In ihrer Anlage als →Kantatenmesse hat sie eher mit italienischen Vorbildern zu tun; sie gehört in eine Reihe mit Beethovens *Missa solemnis* und sogar mit Bachs *h-Moll-Messe* und hat weniger mit den österreichischen Traditionen zu tun. Allein das *Christe eleison*, sonst der Mittelteil des ersten Satzes, ist ein in jeder Hinsicht selbstständiger Abschnitt und umfasst über 100 Takte; im *Gloria* beginnt mit Takt 335 erst das *Gratias*. Allerorten begegnen uns ausladende Soli und →Fugen in barockem Duktus. Der Fürst hat wohl die Messe seines Musikus sozusagen als gewaltige Votivgabe in den Wallfahrtsort mitgenommen. Über den konkreten Anlass der Komposition und über die Uraufführung in Mariazell ist die Wissenschaft noch nicht einig.

---

6 Manchmal wurde diese Messe (Hob. XXII:5) mit der Mariazeller Messe (Hob. XXII:8, 1782) verwechselt, weil ihr offizieller Titel „Missa Cellensis in honorem Beatae Mariae Virginis" lautete. Die Cäcilienmesse ist sozusagen *eine* Mariazeller Messe (d. h. eine für M. bestimmte), während die andere im österreichischen Sprachgebrauch eben *die* Mariazellermesse ist. In letzter Zeit wird von manchen Autoren versucht, die Bezeichnungen Große bzw. Kleine Mariazellermesse einzubürgern.

Wenige Jahre später, um etwa 1768/69, entsteht die *Große Orgelsolomesse* in Es-Dur. Auch sie wurde in Haydns Entwurfskatalog als (eine) *Missa in honorem Beatae Virginis Mariae* geführt, was zu Verwechslungen und auch zu Datierungsfehlern führte. Die Besetzung mit zwei Englischhörnern und zwei Hörnern (abgesehen von den Streichern und dem Fagott) macht die Messe aber – zumindest beim Anhören – unverwechselbar; sie hat einen etwas weichen, dunkleren Klang, mit dem auch die über weite Strecken lyrische Grundhaltung korrespondiert. Erich Benedikt bemerkt dazu, dass Englischhörner in der Wiener Kirchenmusik „sehr beliebt, vielerorts aber gar nicht verfügbar waren". Die speziellen Instrumente lagen für den Komponisten vielleicht durch die Verwendung in seinem *Stabat Mater* nahe, das 1767 entstanden ist. Von Haydn selbst stammt eine Fassung der Messe, in denen die üblichen festlichen Trompeten und Pauken dazutreten; es existieren auch noch andere Besetzungsvarianten. – Eine weitere Besonderheit sind die ausgedehnten Orgelsoli in fast allen Sätzen; österreichische Tradition wäre, dass die Orgel nur im Benedictus solistisch auftritt, wie das in der sogenannten *Kleinen Orgelsolomesse* – und auch etwa in der Orgelsolomesse Mozarts – der Fall ist.

Die nächste Messe in der zeitlichen Folge ist die *Nicolaimesse,* komponiert 1772 vermutlich für das Namensfest des Fürsten am 6. Dezember. Zur vorweihnachtlichen Adventzeit passt schon die Besetzung (Streicher, Oboen und Hörner), vor allem aber auch der pastorale Charakter im *Kyrie* mit seinem 6/4-Takt, der sich in den Sextolen des besinnlich anhebenden *Sanctus* fortsetzt. Verschiedentlich wurde aus dem Autograph geschlossen, dass die Messe in größter Eile angefertigt worden sein muss; damit korrespondiert auch, dass es nur wenig kontrapunktische Abschnitte gibt, dass im Credo →Polytextierung eingesetzt wird und dass das *Dona nobis* einfach zur Musik des *Kyrie* gesungen wird (letzteres ist allerdings in so manchen Messen der Zeit und der Region anzutreffen, etwa auch in Haydns *Jugendmesse*). Die Messe schwebt eigenartig zwischen den Gattungen: Vom Typ her eine Missa brevis, gibt es trotz des Fehlens der Solemnis-Instrumente immer wieder majestätisch-feierliche Abschnitte; bei aller grundsätzlichen Knappheit nimmt sich der Komponist andererseits manchmal sehr viel Zeit (*Benedictus*) und bereitet dem Hörer große Momente der Textausgestaltung (*Et incarnatus est*).

1778 folgt Haydns vermutlich bekannteste und meistaufgeführte Vertonung des Ordinariums, die *Kleine Orgelsolomesse* in B-Dur, im Entwurfkatalog *Missa brevis Sancti Joannis de Deo* genannt. Bei diesem Heiligen handelt es sich um den Gründer des Ordens der Barmherzigen Brüder. Haydn hatte schon in Wien in der Kirche des Ordens gespielt und war auch der Eisenstädter Niederlassung verbunden; ohne Zweifel war diese Messe für sie bestimmt. Die minimalen Dimensionen der Orgelempore legen nahe, dass das Werk dort durchwegs solistisch besetzt aufgeführt wurde, also mit insgesamt acht oder höchstens zwölf Mitwirkenden (2 Violinen, Violone bzw. Kontrabass, Orgel und 4 Gesangssolisten bzw. allenfalls Doppelquartett). Im Autograph ist das ausgedehnte Orgelsolo im *Benedictus* deutlich größer geschrieben als die anderen Stimmen; das könnte bedeuten, dass Haydn selbst gespielt und dirigiert hat. Dieser Satz ist im Verhältnis zu den anderen Teilen sehr umfangreich. *Gloria* und *Credo* hingegen sind extrem kurz, was nur mit (sozusagen) Total-Polytextierung geschafft werden kann. Wie schon in der *Jugendmesse* sind auch hier die Amen-Teile identisch. Die Anlage des *Agnus* ist für die damalige Zeit auffällig: Der Satz bleibt in einem Tempo und in einer Tonart, es gibt nur ein neues Thema für die Worte *dona nobis pacem,* und der Satz verklingt im pianissimo.

1782 bestellt der österreichische Offizier Anton Liebe bei Joseph Haydn eine Messe, die er als Votivgabe für Mariazell bringen will – als Dank für die Erhebung in den Adelsstand. Ihr Beiname ist *Mariazeller Messe.* Wieder einmal liegt hier eine Kompromiss vor zwischen den Dimensionen einer erweiterten Missa brevis und der Feierlichkeit einer Missa solemnis. Da begegnet uns einerseits eine sehr kurze Einleitung zum *Kyrie,* andererseits im *Gratias* eine ausladende Sopranarie. Im *Credo* gibt es ab *Et resurrexit* eine Reprise des Anfangs. Im Benedictus sind Vorahnungen des berühmten Themas aus dem Kaiserquartett (op. 76/3) zu hören.

Dann folgt eine lange Pause, was das Komponieren von Kirchenmusik betrifft. Für das protzige „ungarische Versailles" Esterháza südlich des Neusiedlersees entstehen viele Opern, Symphonien und kammermusikalische Werke. In dieser Phase erwirbt sich Haydn europaweite Anerkennung. Als Fürst Nikolaus I. am 28. September 1790 stirbt, löst der Nachfolger Paul Anton II. bereits zwei Tage später die gesamte Kapelle auf und entlässt auch das übrige künstlerische Personal; immerhin erhält Haydn weiterhin ein Gehalt und bleibt nominell Kapellmeister – ohne Verpflichtungen. Er zieht nach Wien.

Aber Paul Antons Regierungszeit dauert unerwartet kurz. Nach seinem Tod 1794 holt der Nachfolger Nikolaus II. Haydn zurück; er will an die früheren Zeiten anschließen und die Eisenstädter Musik wieder aufbauen. Das gelingt in kurzer Zeit; Haydn ist inzwischen ein international anerkannter und hochberühmter Mann, mit dem sich auch ein gewichtiger Magnat und Fürst durchaus schmücken kann. Die Komponierverpflichtungen, die Haydn in dieser Phase für Esterházy hat, sind überschaubar; in der Hauptsache bestehen sie darin, jedes Jahr eine neue große Messe zu komponieren – zum Namensfest der Fürstin, Maria Josepha Hermenegild, Prinzessin von Liechtenstein. Und so entstehen die sechs ausladenden Messen im reifsten Altersstil des Meisters:

   – Missa in tempore belli in C, (Pauken-Messe), 1796. Sie verdankt ihren Namen dem singulären Solo des Instrumentes im *Agnus Dei,* das den herannahenden Schlachtenlärm eindrücklich abbildet (*in tempore belli* – in der Zeit des Krieges).
   – Missa Sancti Bernardi de Offida in C, (Heilig-Messe), 1796. Im *Sanctus* werden – geradezu unauffällig, im Alt und Tenor – die Anfangstakte eines in der Region wohlbekannten

Sakramentsliedes „Heilig, heilig" zitiert. Bernhard von Offida war gerade erst heiligge-
sprochen worden.

- Missa in angustiis in d (Nelson-Messe), 1798. Was es mit dem Feldherren Lord Nelson im
  Zusammenhang mit dieser Messe auf sich hat, füllt viele Artikel und ein ganzes Buch (siehe Literatur). Haydn bemerkte selbst einmal, er habe den Kurier, der die Siegesnachricht
  brachte, und seine Trompete vor Augen gehabt, als er bei der Arbeit war (*In angustiis* – in
  Bedrängnis).
- Missa in B (Theresien-Messe), 1799. Der Grund für den Beinamen ist unklar; aus verschiedenen Gründen ist es auszuschließen, dass die Messe für den kaiserlichen Hof bestimmt
  gewesen sein könnte. Aber vielleicht hat Marie Therese die Messe besonders geschätzt.
- Große Messe in B (Schöpfungs-Messe), 1801. Im *Gloria* zitiert der Komponist kurz aus
  seinem erfolgreichen Oratorium (einige Takte Bass-Solo beim *Qui tollis*).
- Große Messe in B (Harmonie-Messe), 1802. Unter „Harmonie" verstand man damals auch
  eine große Bläserbesetzung, und in dieser Messe setzt Haydn in der Tat das größte Orchester ein.

Wie so oft sind die in Klammer stehenden Beinamen nicht vom Komponisten,
aber im Fall der Haydn-Messen sind die meisten schon zu seinen Lebzeiten in
Gebrauch, was für die große Popularität der Werke spricht.

Von großer Bedeutung für die Entstehung dieses einmaligen Corpus von Sakralmusik ist wohl, dass der Auftrag- und Arbeitgeber ein wacher Zuhörer ist, der
vermutlich die jeweils neueste Produktion mit Sachverstand kommentieren kann;
das gilt für beide Fürsten des Namens Nikolaus. Für einen solchen Chef schreibt
man dann nicht immer wieder die übliche Fuge an der üblichen Stelle (*In gloria Dei
Patris. Amen. – Et vitam venturi saeculi. – Hosanna – Dona nobis),* und man macht
die Einsätze nicht immer in der schulmäßig korrekten Form. Man wählt ausgefallene Tonarten, oder man ordnet geläufige in bisweilen kühnen Abfolgen an. Man
durchbricht die Konventionen der Instrumentation und der Form, und man kann
sicher sein, dass der Fürst es wahrnimmt und während der Messe zusammenzuckt
oder schmunzelt oder sich eine Bemerkung zurechtlegt, die er nachher zum Komponisten machen wird. Haydn erfüllt hier mit seinen Werken nicht einfach eine
Dienstpflicht (das natürlich auch!), sondern er lässt sich durch das Interesse des
Empfängers anregen. Er weiß das nur zu gut, wenn er schon früher einmal sagt:[7]
*„Mein Fürst war mit allen meinen Arbeiten zufrieden, ich erhielt Beyfall, ich konnte
als Chef eines Orchesters Versuche machen, beobachten, was den Eindruck hervorbringt, und was ihn schwächt, also verbessern, zusetzen, abschneiden, wagen; ich war
von der Welt abgesondert, niemand in meiner Nähe konnte mich an mir selbst irre
machen und quälen, und so musste ich original werden."* – So lässt es sich auch in
der Livree leben – abgesehen davon, dass Haydn hier ein bemerkenswert großes

---

7   Dieser Ausspruch wird von Haydns erstem Biographen Griesinger überliefert; er bezieht sich natürlich
     nicht nur auf seine sakralen Werke. – Dieses und alle wörtlichen Zitate Haydns in diesem Abschnitt nach
     Finscher 2000.

Orchester zur Verfügung hat und – offensichtlich – hervorragende Gesangssolisten. Wenn man allein an die *Theresienmesse* und ihre Alt-Partie denkt: Gleich im *Kyrie* geht es hinauf bis zum f², vor allem aber später im *Credo,* wo ein Umfang vom kleinen as bis zum des² gefordert ist (*sub Pontio Pilato*).

Ein genauer Blick auf diese sechs Messen zeigt einen zwar in der Tradition erzogenen und beheimateten Komponisten, der aber ständig neue Ansätze zur Hand hat und die überkommenen Muster mit Überraschungen und Abweichungen umdeutet. Anstelle von weiteren Einzelbesprechungen wird deshalb hier der Versuch unternommen, eine Gesamtschau nach „Kategorien des Originellen" vorzunehmen, wobei auch die früheren Messen im Blick bleiben.

In der Klassik gibt es zahlreiche Konventionen für die Abfolge von Tonarten innerhalb eines Satzes, und das gilt auch für die Teile des Ordinariums. Steht etwa ein Satz in B-Dur, dann kann der Mittelteil in g- oder d-Moll sein oder in Es-Dur; alles andere wäre sehr auffällig. Aber Haydn geht bisweilen sehr überraschende Wege.

- Im *Gloria* der *Theresienmesse* (B-Dur) beginnt das *Gratias* in C-Dur; dieser Mittelteil ändert dann seinen Tonfall nach c-Moll und schließt in g-Moll. Noch sensationeller ist die Tonart b-Moll für den Mittelteil des *Credos*; die Wahl dieser sehr ungebräuchlichen Tonart wird nur noch übertroffen davon, dass hier das *Et resurrexit* unmittelbar in g-Moll anschließt.
- Dass ein *Benedictus* lange Zeit in Moll sein kann und dann – unter Beibehaltung von Thematik und Tempo! – das Tongeschlecht wechseln kann (c-Moll/C-Dur, d-Moll/D-Dur), dürfte ebenfalls eine Neuerung von Haydn sein – so geschehen in der *Pauken-* und in der *Mariazeller Messe.* Das *Et incarnatus* der letzteren beginnt ganz regelkonform in a-Moll, kippt aber mittendrin nach c-Moll. Es folgt ein weiterer, noch schärferer Ruck, wenn das *Crucifixus* in Des anhebt.
- Etwas, das jeden Zuhörer beim ersten Mal sehr überrascht haben dürfte, war wohl auch die Tonart A-Dur mitten im C-Dur-*Gloria* der Paukenmesse; zu erwarten wäre a-Moll gewesen. (Mit einem lange ausgehaltenen Auftakt am Beginn kann man ein wenig von dieser Spannung auch heute noch erzielen.)
- Das *Gratias* der Harmoniemesse wandert von Es-Dur über c-Moll nach As-Dur und schließt in g-Moll. Das *Agnus Dei* dieser Messe steht in G-Dur, von wo Haydn nach sehr kühnen Modulationen einmal ganz kurz b-Moll berührt; an dieser Stelle gibt es einen pianissimo-Paukenwirbel f – b (die Pauken bleiben ja die ganze Messe hindurch so gestimmt). Hier deuten sie ein leichtes Erschauern an. („So weit sind wir von der Grundtonart entfernt!?") Und das ist ganz 19. Jahrhundert …

Damit sind wir bei der Instrumentation. Bis weit ins 18. Jahrhundert hinein war sozusagen alles klar geregelt. Wenn aufgrund des Messtyps Pauken und Trompeten dabei waren, spielten sie nur in den schnellen Sätzen und auch dann nur, wenn die Naturtöne der Trompeten eingesetzt werden konnten, also in der Grundtonart oder in eng verwandten Tonarten. Sie erklangen zum Beispiel niemals im Et incarnatus und im Benedictus, ebenfalls nicht im Fall von langsamen Gratias- oder Agnus-Sätzen. Schon Mozart (s. d.) beginnt das ein wenig aufzulösen, und vor allem beim späten Haydn ist von der alten starren Ordnung nur mehr wenig zu spüren:

– Nachdem im schon erwähnten *Gratias* der *Theresienmesse* der Wechsel von C-Dur nach c-Moll stattgefunden hat, macht Haydn durch den Einsatz von Trompeten und Pauken die Stimmung noch einmal bedrohlicher. Ähnlich ist es im *Et incarnatus*, wo die lauten Instrumente am Schluss, im pianissimo, einen dumpfen Unterton beisteuern. Im *Agnus Dei* der *Schöpfungsmesse* wird dies auf die Spitze getrieben: In den 47 Takten des Adagio gibt es genau zwei halbe Noten für die Trompeten.

– Das verblüffendste Beispiel für derartige Ökonomie und Überraschung, nämlich wie die ansonsten schweigende Pauke mit zwei Tönen im pianissimo die kühne Modulation im *Agnus* der *Harmoniemesse* unterstreicht, wurde schon erwähnt. In dieser Messe tritt die volle Bläserbesetzung auch im *Et incarnatus* auf.

– Sieges- und Schlachtenlärm erzeugen die fortissimo-Instrumente mehrmals an der Nahtstelle zwischen *Agnus Dei* und *Dona nobis*; die Bitte um Frieden wirkt so viel dringlicher, und es entsteht nach dem letzten Geschmettere eine neue schwungvolle Stimmung („das ist noch einmal gut gegangen!") (*Pauken-, Schöpfungs-, Nelson-, Theresienmesse*). Auf ähnliche Weise erzielt Haydn Entspannung am Übergang vom *Benedictus* zum *Hosanna* in der *Nelsonmesse*.

– Manchmal wird auf *Pontius Pilatus* mit dem plötzlichen Einsatz der Tutti-Instrumente hingewiesen (*Schöpfungs-* und *Theresienmesse*).

– Auch für Orgel-Soli gibt es eine Konvention; sie stehen fast immer im *Benedictus*. Haydn überrascht in der *Schöpfungsmesse* mit einem solchen im *Et incarnatus est*; er schreibt die „Flauto" vor, damit kein Zweifel aufkommt, dass es hier keineswegs um Brillanz geht.

Mit der Instrumentierung im weitesten Sinne verwandt ist die Art und Weise, wie und wann man Vokalsolisten einsetzt. Auch hier hat Haydn einige Gags eingebaut:

– Dass ein schneller Satz vom Solisten begonnen wird, dürfte eine Erfindung sein, die Haydn gleichzeitig mit Mozart (s. d.) macht (*Gloria* der *Nelson-* und der *Harmoniemesse*). In der *Paukenmesse* ist das *Sanctus* ein langsamer Satz, in dem aber als Erstes ein Alt-Solo auftritt.

– Völlig aus dem Rahmen fallend ist, dass in der *Nelsonmesse* das *Et vitam venturi* dem Solo-Sopran anvertraut wird, noch dazu mit einer harmonischen Formulierung, die geradewegs an Schumann denken lässt – nämlich wörtlich an den Beginn des Liedes „Es war, als hätt' der Himmel die Erde still geküsst".

– Es ist auch geradezu eine Umkehr des konventionellen Musters, wenn der Schluss des *Benedictus* im Orchestertutti gestaltet ist und sich das Geschehen zum *Hosanna* hin entspannt und womöglich eine Solostimme das Heft in die Hand nimmt. (*Pauken-* und *Schöpfungsmesse).* In letzterer Messe wird das erste *Kyrie* vom Alt-Solo eröffnet. – Schon in der *Cäcilienmesse* hat der Chor das Credo begonnen, als ob alles wäre wie immer; dass sich schon nach zwei Takten der Solo-Sopran einmischt, ist höchst überraschend.

– Im *Et incarnatus* der *Nicolaimesse* ist der Tenorsolist noch mitten in der Betrachtung des *et homo factus est* und hat noch zwei Takte zu singen, da fällt der Basssolist mit *Crucifixus* ein. („Genug mit der Krippenstimmung – der Karfreitag kommt schneller, als du denkst." Man muss sich diesen Moment bei der Uraufführung vorstellen.)

Das führt zum nächsten Gebiet, auf dem ein Komponist einem kundigen Zuhörer Freude bereiten kann – die formale Gestaltung, der Periodenbau, regelmäßige oder abweichende Einsätze bei Fugen, Abweichungen von Gestaltungsstereotypen.

– In einer Missa (brevis) solemnis wird das *Benedictus* traditionsgemäß ruhig angelegt; Haydn jedoch ist Spezialist dafür, diesen Satz jedenfalls nicht in feierlichem Adagio zu gestalten: manchmal freudig bewegt (*Nicolai-, Schöpfungs-, Theresienmesse*), manchmal vor bewölkter Unruhe vibrierend (*Paukenmesse*), dann wieder in ernsthaftem Andante (*Nelson-* und *Mariazeller Messe*). In der *Harmoniemesse* ist es der aufgeregteste und lustigste Satz überhaupt; da muss dann ein stampfendes *Hosanna* im 3/4-Takt folgen.

– Sicher wird der Fürst auch immer voller Spannung darauf gewartet haben, ob das anschließende Hosanna ein eigener Satz ist, wie die Konvention es nahelegt, oder ob man sozusagen hinübergleitet (*Cäcilien-, Theresien-* und *Paukenmesse*).

– Hinübergleiten ohne deutlichen Einschnitt – das ist ein modernes Mittel der Gestaltung, das im 19. Jahrhundert immer wichtiger wird. Berühmt ist der freudige Ruck, mit dem im *Gloria* der *Paukenmesse* (*più stretto*) das Tempo mitten im Satz angezogen wird; ähnlich auch ein *più allegro* beim *Et vitam* in der *Schöpfungsmesse*. Subtiler wird durch Änderungen des harmonischen Pulses oder der Bewegung in den Streichern der Gang des Geschehens verändert, so einige Male an der Nahtstelle *Et incarnatus/Crucifixus* (*Cäcilien-, Große Orgelsolo-, Mariazeller Messe*). (Schubert macht es später ganz ähnlich in seiner B-Dur-Messe, schreibt aber bereits zusätzlich *più moto* hin.)

– Auch in schnellen Sätzen erzielt Haydn bisweilen große Unterschiede in der Bewegung, in dem er – bei gleichbleibender Tempovorzeichnung – die Relation Harmoniewechsel/Puls ändert. Besonders deutlich ist dieser Trick im *Gloria* der *Nicolaimesse* angewendet, wo das Geschehen zunächst in Vierteln und Achteln abläuft, später jedoch (*Gratias*) die Harmonien in Halben gesetzt werden und schließlich (*Qui tollis*) sogar ganztaktig schwingen. – Im *Gloria* der *Theresienmesse* ändert sich, wie erwähnt, bei *Qui tollis* nicht nur die Tonart, sondern es entsteht durch die neu hinzukommenden Triolen Unruhe. (In alten Ausgaben findet man an solchen und ähnlichen Stellen bisweilen eine neue Tempoangabe, die vom Herausgeber stammt – *Più mosso, Etwas bewegter* oder ähnliches. Achtung – hier wurde bloß hingeschrieben, was sich eigentlich ohne jedes Zutun ereignet! An solchen Stellen das Tempo anzuziehen, ist nicht nur unnötig, sondern verdunkelt eigentlich die subtile Idee des Komponisten. Im 19. Jahrhundert allerdings haben die Komponisten selbst oft mit einer Tempobezeichnung mitten im Satz ausgedrückt, was sich ohnehin durch Veränderungen des Pulses oder der Notenwerte abspielt.)

– Um noch einmal auf den Fürsten und sein Amüsement zurückzukommen: Wenn eine Fuge einmal begonnen hat, kann ein Musikinteressierter die Einsätze normalerweise genau vorhersehen – außer der Komponist verschiebt sie witzigerweise um einen ganz kleinen Notenwert, als ob die unaufmerksamen Sänger ein bisschen zu spät kämen: *Et vitam* (*Große Orgelsolo-, Mariazeller* und *Harmoniemesse*). Oder man schreibt an dieser Textstelle, wo jeder eine Fuge erwartet, bloß einen Kanon (*Schöpfungsmesse*). In dieser Messe erklingt übrigens das Thema der abschließenden Fuge im *Gloria* einmal überraschend in parallelen Sextakkorden! – Im *Benedictus* der *Nicolaimesse* gibt es einmal vier Einsätze, die alle mit demselben Ton beginnen. Apropos Kanon: Der ganze erste

Teil des *Credos* der *Nelsonmesse* ist 73 Takte lang konsequent als Kanon gestaltet, noch dazu Sopran und Tenor gegen Alt und Bass; auf diese Weise klingt das nicht nach einem polyphonen Chorsatz, sondern so als ob irgendwelche Leute spaßeshalber ein wenig kanonsingen.

Es ist eine verschwenderische Originalität, die uns da allenthalben entgegentönt; aber auch eine bodenständige Religiosität darf man ohne Zweifel aus seinen geistlichen Vertonungen heraushören. Intellektueller Witz auf handwerklich gediegener Grundlage: so hat Haydn jahrzehntelang Werk um Werk hervorgebracht und nicht zuletzt die österreichische Kirchenmusik geprägt, obwohl rein statistisch der Anteil am Gesamtwerk nicht so überragend groß ist.

Das gilt auch für die anderen Kompositionen aus der sakralen Sphäre. Am bekanntesten ist wohl die späte Vertonung des *Te Deum* (um 1800; die andere, ebenfalls in C-Dur, datiert von etwa 1763). Wiewohl ein konkreter Auftrag durch den Hof nur aus Briefen erschlossen werden kann, bleibt dem Werk der Beiname „für Kaiserin Marie Therese".

Unter den vielen kleineren Stücken fällt „Herst Nachbä", eine →Pastorella im burgenländischen Dialekt, auf, was mit ähnlichen Kompositionen seines Vorgängers Gregor Joseph Werner in Verbindung zu bringen ist. Auch am anderen Ende des geographischen Spektrums gibt es kleine liebenswürdige Werke. Für England komponierte Haydn Sechs Englische Psalmen als Beitrag für ein umfassendes Projekt, an dem eine ganze Reihe von Musikern beteiligt waren, das die Verbesserung des liturgischen Psalmengesanges zum Ziel hatte; die Besetzung ist zwei Soprane und Bass.

Ansonsten gibt es die übliche Palette von kleinen Werken – unter anderem drei Salve regina, Sätze für die Fronleichnamsliturgie (vgl. S. 222), Offertorien, ein Libera me, das erwähnte *Stabat Mater* und anderes. Fast alles ist in praktischen Ausgaben zugänglich.

Ein Spezialfall sind *Die sieben letzten Worte unseres Erlösers am Kreuz*, komponiert um 1785 als rein instrumentales Werk im Auftrag eines Domherrn der Kathedrale von Cádiz in Spanien. Dem geistlichen Inhalt entsprechend, schrieb Haydn eine Einleitung und sieben Adagio-Sätze; den Abschluss bildete *Il Terremoto (Presto e con tutta la forza)*. Abgesehen von in den Opern erprobten Mitteln der dramatischen Gestaltung baute Haydn mit einem weiträumigen Tonartenplan (c – B – c/C – E – f(!) – A(!) – g/G – Es; *Terremoto* in c) zusätzliche Spannung auf. Zwischen den Sätzen wurden Betrachtungen gelesen.

Das Thema eines jeden Satzes korrespondiert rhetorisch genau mit dem entsprechenden „Wort" in lateinischer (!) Sprache, das durch die Musik kommentiert oder abgebildet wird; es wurde von Haydn unter die erste Violine notiert. Der subtile Wort-Ton-Zusammenhang ist in der gängigen deutschen Version von Gottfried van Swieten nicht gegeben.

Bei einer Aufführung sollte man jedenfalls die ursprüngliche Situation im Blick haben und es somit vermeiden, die sieben Adagio-Sätze ohne Unterbrechung aufeinander folgen zu lassen. Hier ist zurückhaltende Kreativität gefordert, was Texte betrifft. Eine gute Lösung könnte darin bestehen, die jeweils vorangestellte Betrachtung mit dem lateinischen Christuswort zu beschließen, das deutlich abgesetzt und möglichst in dem von Haydn aufgegriffenen Tonfall gesprochen wird.

Der weitaus größere Teil von Haydns Schaffen entfällt gar nicht auf die Kirchenmusik. Die unglaubliche Arbeitsleistung Joseph Haydns allein dafür – sozusagen einmal von der künstlerischen Qualität abgesehen – wird jedoch deutlich, wenn man sich vorstellt, dass „über 100 Messen in sekundären Quellen Haydn zugeschrieben sind, von denen nur ein Teil bisher mit Sicherheit von anderen Komponisten stammend nachgewiesen ist." (Finscher). Dazu kommen „nur" etwa 20 kleinere Werke für die Kirchenmusik (das „nur" ist relativ gemeint und bezieht sich auf den quantitativen Vergleich etwa mit seinem Bruder oder mit Eberlin) und *Die sieben letzten Worte*. Dass hier ein Genie am Werk war und gerade für die Hochform der österreichischen Kirchenmusik einen kaum zu überschätzenden Beitrag geleistet hat, dürfte hinlänglich erwiesen sein. Man mag ihn weiterhin den *Papá* oder sogar den *Pápa* nennen – wenn man das mehr im Sinn von *Ehrwürdiger Vater* verstünde, hätte man den Ton ganz richtig getroffen.

4. Mozart

Der angebliche Lausbub

Haydn sagte mir: ich sage ihnen vor gott, als ein ehrlicher Mann, ihr Sohn ist der größte Componist, den ich von Person und den Nahmen nach kenn: er hat geschmack, und über das die größte Compositionswissenschaft. (Leopold Mozart am 16. Februar 1785)

Salzburg ist nicht Eisenstadt. Die Fürsten Esterházy sind zwar bedeutende Persönlichkeiten und ihre Schlösser in Eisenstadt und Esterházy Mittelpunkte des kulturellen und gesellschaftlichen Lebens der Region. Aber der Fürsterzbischof in Salzburg, der Primas Germaniae, ist ein anderes Kaliber; sein Hof ist einer der prunkvollsten Bischofspaläste nördlich der Alpen, und seinen Rang macht ihm nicht so leicht jemand streitig. Es ist die Vereinigung weltlicher und geistlicher Macht, die hier das ideale Umfeld für eine aufwändige Kirchenmusikpflege ergibt. Denn die Residenz und ihr Potential zur Repräsentation ist das eine, die Zurschaustellung spätbarocken Prunks in den gewaltigen liturgischen Inszenierungen das andere. Das geht schon eine ganze Zeit lang so; spätestens seit der Vollendung des Domes 1628 wird hier ein kirchenmusikalischer Aufwand getrieben, den man in weitem Umkreis nicht finden wird. Schon ein Jahrhundert, bevor der Stern Mozarts dort aufgeht, sind schon berühmte Kirchenmusiker wie Heinrich Ignaz Franz Biber, Georg Muffat und Johann Ernst Eberlin dort tätig gewesen.

Der junge Wolfgang Amadé wird gerade von seinem Vater als Wunderkind in Europa herumkutschiert, da beginnt Johann Michael Haydn im Jahre 1763 als „Hofmusicus und Concertmeister" am Salzburger Hof. Es wird nicht immer einfach für ihn gewesen sein neben dem heftig protegierten Sohn des Konzertmeisters Leopold Mozart. Bereits 1767 komponiert man zu dritt ein Fastenoratorium „Die Schuldigkeit des ersten und fürnehmsten Gebots" – Michael Haydn, der Hoforganist Anton Cajetan Adlgasser und der erst elfjährige Mozart! Zwei Jahre später wird Wolfgang als Konzertmeister der Hofkapelle angestellt.

Michael Haydn ist für den jungen Mozart jedenfalls die ganzen Jahre die erste Adresse, was Praxis und kompositorisches Vorbild betrifft. Über die Querbeziehung der beiden Komponisten sind viele Abhandlungen verfasst worden; das weitaus bekannteste Beispiel sind die Requiem-Vertonungen der beiden. Die meisten sakralen Jugendwerke Mozarts sind in jenem stilus mixtus geschrieben, der für Michael Haydn, aber auch Eberlin kennzeichnend war: ausgedehnte homophone Chorsätze, die mit umspielenden Geigenfiguren am Pulsieren gehalten werden. Vater Mozart empfahl ihm einmal, ein ganzes Heft mit Eberlin-Abschriften anzulegen. Und nicht zuletzt hat natürlich auch der Vater selbst kompositorischen Einfluss auf den Sohn gehabt; er schreibt viel gebundenen Stil – Vorhaltsketten und kleinräumige Imitatorik.

Außerdem wurde der Knabe anlässlich eines längeren Aufenthaltes in Bologna (1769) von Padre Martini in den strengen Satz eingeführt. Hierunter ist wohl das zu verstehen, was man dort als lebendige Palestrina-Tradition empfand; war etwas a cappella und enthielt es keine Rezitative, Arien und Strettas, galt es schon als im *stile antico* gearbeitet. Andererseits herrschte in Italien der neapolitanische Stil vor, in dem genau das Gegenteil zum Prinzip erhoben war. Da gab es innerhalb der Sätze des ⇨Ordinariums ausgedehnte in sich abgeschlossene Teile; Solisten hatten ein großes Betätigungsfeld, und sie konnten in ihrer von der Oper gewohnten Weise singen. Da damals alles, was an Musik aus Italien stammte, als modern und zeitgemäß aufgefasst und eifrig nach Norden befördert wurde, war auch dieser Typ von ⇨Messe in unseren Breiten anzutreffen, wenngleich er auch nicht den Normalfall repräsentierte. Abgesehen von Joseph Haydns Cäcilienmesse (S. 279) war Mozarts frühe Waisenhausmesse so gestaltet, und die Anlage der unvollendeten c-Moll-Messe weist in dieselbe Richtung; ein Nachklang davon (allerdings ganz ohne Vokalsoli) findet sich in der Trinitatismesse KV 167.

Weder mit den frühen Arbeiten im stile antico noch mit dem wenigen, das nach der italienischen Mode komponiert ist, wird man Mozarts Ordinariums-Vertonungen auf Dauer assoziieren. Sein bleibendes Verdienst und seine hohe Leistung in puncto Gestaltung liegt in der *Missa brevis et solemnis*. Das war jene Art von Messe, die man einfach am öftesten brauchte; man verwendete daher dafür auch die Bezeichnungen *stilus mediocris, stilus ordinarius* oder *stilus dominicalis*. Die vorherrschende Komponierweise war hier die konzertierende: in den Vokalstimmen Tutti und Solo abwechselnd, dazwischen kurze selbstständige instrumentale Abschnitte, Streicher vorherrschend, geringer Einsatz der Bläser.

Solemnis bedeutete zunächst einfach „größere Besetzung", und das war unabhängig von der Länge. Trompeten und Pauken kamen gleichsam nach einem festen Schema zum Einsatz, und da waren musikalische Gründe nicht allein ausschlaggebend. Die Feste hatten ja ihre eigene Rangordnung. (Vgl. auch S. 273.) Die höchste Stufe waren die Festa pallii – Pallium-Feste –, das waren solche, an denen der Erzbischof selbst zelebrierte.

Das Pallium ist das Rangabzeichen eines Metropoliten, das heißt des ranghöchsten Bischofs einer ganzen Kirchenprovinz. Es ist eine Art ringförmiger weißer Stoff, der vorne in einem Stück endet. Rang und Abzeichen haben an sich nichts mit der Kardinalswürde zu tun; in der Praxis werden aber Metropoliten fast immer zu Kardinälen ernannt; Salzburg ist da eine Ausnahme. In Österreich gibt es trotz der vergleichsweise geringen Gesamtzahl an Katholiken zwei Metropoliten, nämlich die Erzbischöfe von Wien und Salzburg. Dass Salzburg – an sich heute ein kleines Bistum von regionaler Bedeutung – weiterhin eine eigene Kirchenprovinz ist und der Erzbischof, wiewohl nie im Kardinalsrang, nach wie vor das Pallium trägt, ist eine ferne Nachwirkung des Gewichtes, das das Bistum bis ins 18. Jahrhundert hatte. (Andererseits ist bemerkenswert, dass noch bis 1964 die Salzburger Kirchenprovinz auch Südtirol einschloss, insgesamt also ein doch beträchtliches Territorium umfasste.)

Bei einem Pallium-Fest wurde erwartet, dass auf allen vier Emporen musiziert wurde. Es wirkten zwei Chöre mit sowie Streicher, Holzbläser, Orgel und eben Trompeten und Pauken – letztere in militärischen Uniformen, die andern im Chorrock; so war einmal mehr das Ineinander von geistlicher und weltlicher Macht auch innerhalb der Liturgie deutlich zu sehen. *Solemnis* hatte also nicht in erster Linie etwas mit der Länge der Komposition zu tun. – Wenn der Dompropst zelebrierte (*festa prepositi*), musizierte man ohne Trompeten und Pauken und nur auf zwei Emporen. Für *festa canonici* (wenn Domkapitulare zelebrierten) nahm die Zahl der Mitwirkenden noch weiter ab; an Werktagen sang man Choral, von der Orgel (in der ⇨Fastenzeit mit einem Regal) begleitet.

Der Typ *Missa brevis et solemnis* existierte schon länger. Im Unterschied zu den erwähnten italienischen Messtypen „werden hier immer diverse Inhalte unter einem musikalischen Dach untergebracht; musikalische Rückgriffe zur Formstabilisierung dienen so gut wie immer spezifischer Textaussage." (Schmidt 2006, S. 12) Mozarts Leistung besteht nun darin, den Formtyp durch Verdichtung und Konzentration weiterentwickelt zu haben – und wir sprechen hier nicht nur von Finessen der Konstruktion, sondern von einem schlau disponierten Gerüst, das mit der Musik einer Jahrhundertbegabung ausgefüllt wurde. Der Auslöser für diesen genialen Beitrag zum österreichischen Kirchenmusikrepertoire waren paradoxerweise die einschränkenden Reformen von Fürsterzbischof Hieronymus Graf Colloredo.[8]

Am 4. September 1776 berichtet Mozart in einem Brief an Padre Martini, „dass eine Messe, und sei es auch die feierlichste, wenn der Fürst zelebriert, nicht mehr als höchstens drei Viertelstunden dauern darf." Dazu muss man allerdings wissen, dass es damals innerhalb der Messe weder eine Predigt noch eine Kommunionspendung an die Gläubigen gab. (⇨ Alte Messe / Alte Liturgie, S. 82)

> Der Wunsch des Erzbischofs nach Kürze entsprang nicht dem Bedürfnis nach einem früheren Mittagessen und widersprach auch nur scheinbar der sonstigen Prunk- und Feiergesinnung. Dahinter steckte der Zeitgeist der Aufklärung; die Ratio sollte auch die Riten durchdringen und sie klarer und vernünftiger (und, jawohl, auch kürzer) machen. Dabei waren ja der Dom und die Dommusik noch gut davongekommen. Für die gewöhnlichen Pfarrkirchen wurden die figurierten Ämter überhaupt abgeschafft und stattdessen ein Gesangbuch aus Bayern eingeführt. Fortan sollten die Gläubigen deutsche Lieder zur Messe singen, und überdies wurde ihnen aufgetragen, fleißig selber (!) in der Bibel zu lesen. (Diese fast protestantisch anmutenden Ideen korrespondierten aufs Beste mit den Kirchenreformen Josephs II., die 1783 für Wien und 1786 für Niederösterreich erlassen wurden. Mit den wuchernden „frommen Übungen" sollte radikal aufgeräumt werden, und auch die Begräbnisriten wurden im Licht der Vernunft entstaubt (worauf im Zusammenhang mit W. A. M. noch zurückzukommen ist). „Die Liturgie sollte gesäubert und als abergläubische oder unnütz (!) angesehene Bräuche und Prozessionen abgeschafft werden. Die Detailbestimmungen für Messen und Liturgien, die bis zur Zahl der Kerzen reichen, bringen dem Kaiser den Spottnamen ein: *des Reiches Obersakristan.*") (Siebenrock, 2010, S. 218)

So nimmt die Bedeutung des Typus *Missa brevis et solemnis* noch zu. Nicht dass es da keine Vorbilder gäbe; aber es bedarf doch eines Genies, damit nicht einfach eine kurze Messe mit ein wenig festlichem Lärm aufgeplustert wird oder dass umgekehrt bei einer langen festlichen Messe so viel gestrichen oder zusammengequetscht wird, bis die Dimensionen dem Bischof recht sind. Mozart entwickelt etwas anderes, nämlich sozusagen die Bonsai-Mutation einer *Missa solemnis*. Was soviel heißt wie: Alles ist da, manches nur im Ansatz, anderes nur angedeutet, an

---

8   Betreffend diesen Typus der Mozartmesse folge ich weitgehend meinem Beitrag: Solemnis-Schiff in Brevis-
    Flasche. In: Mozart und die Religion (E), S. 111–117

gerissen; alle Proportionen stimmen, es hat Wurzeln, Blüten, Stamm und Krone; der Baum ist ein Baum, kein größenwahnsinniger Zweig. Mozart hat erwähnt, dass „für diese Art der Messkomposition ein besonderes Studium notwendig ist" – will heißen, man muss sich in der Besetzungs- und Formdisposition neue Wege überlegen. Einigen dieser Ideen soll im Folgenden nachgespürt werden.

Was macht eine Messvertonung eigentlich so lang, dass die Rationalisten einschreiten? Da ist zunächst einmal (paradoxerweise!) das eher rationale Element des Kontrapunkts – es sind die Fugen. Gewisse Textstellen sind nach alter Konvention von vielen Komponisten immer schon fugiert gestaltet worden: *Cum Sancto spiritu* im Gloria, *Et vitam venturi* im Credo, oft auch das *Hosanna* im Sanctus und Benedictus. In einer Konvention kann man auch prächtig erstarren; und dieses akademische Kontrapunktgeschreibe, jedesmal an der erwarteten Stelle, immer mit dem allzu vertrauten Reigen von Einsätzen – just dies dürfte die Aufklärer enerviert haben, nicht die Fuge an sich. Also wandelt Mozart diese Konventionen ab und lässt bei so mancher Messe die Fugen weg oder schreibt allenfalls kurze Fugati. Manchmal werden sie nur angedeutet, wie zum Beispiel sehr elegant am Ende des *Glorias* in der Missa Solemnis[9] KV 337: nur mehr ein Hauch von Imitatorik, noch dazu ganz spät, wenn das Modulationsgeschehen schon abgeschlossen ist; schon die tonale Disposition ermöglicht hier gar nicht mehr als den Schatten einer Stretta. Mozart lässt uns nur halblaut wissen: Ich könnte sehr wohl, aber ich habe keine Zeit mehr dafür.

Länge entstünde auch durch ausgedehnte Soli. Sie können opernhaft-dramatisch oder lyrisch sein. In der *Missa solemnis* bzw. in der Kantatenmesse hat das seinen Platz, nicht aber unter den beschriebenen Bedingungen. Mozart verzichtet nicht auf diese Elemente, weiß aber genug Tricks, um den Fürsterzbischof mit Kürze und Opulenz gleichzeitig zu überraschen. In der Missa solemnis C-Dur KV 337 ist die Vertonung des *Et incarnatus est* in Relation zur sonstigen Feierlichkeit extrem kurz (nur ein Stollen); zum Ausgleich bekommt der Solo-Sopran zwei Auftritte an höchst ungewöhnlicher Stelle, nämlich beim Hosanna.

Was ein richtiges Solo ist, hat ein Vorspiel – normalerweise; nicht immer bei Mozart. In der zuletzt genannten Messe geht es sofort los mit dem *Et incarnatus est*, übrigens auch in der Krönungsmesse KV 317. Andere Beispiele: D-Dur-Messe KV 194, Beginn des Agnus Dei, und – revolutionär – B-Dur-Messe KV 275, Beginn des Kyrie (kein Vorspiel, nicht einmal irgendeine Tonangabe, sondern sofort das Sopran-Solo). Die Raffung am Anfang des *Et incarnatus est* wird zusätzlich noch harmonisch unterstützt: Mozart lässt sich in die neue Tonart hinübergleiten, während schon der Text läuft; für die an sich erforderliche Modulation wird nicht eigens Zeit

---

9   Der Formtyp *missa solemnis* wird in diesem Kapitel immer kursiv geschrieben, die Missa Solemnis KV 337 in normalen Lettern.

verbraucht. Dieser eigentümliche Beginn auf der Dominante findet sich bei den Et incarnatus der Krönungsmesse, der Missa solemnis und der Spatzenmesse KV 220.

Generell könnte man sagen: Mozart jongliert mit den Elementen Kontrapunkt und solistische Gestaltung und gewinnt einmal so und einmal so ein wenig Zeit. Die Konvention, das Benedictus in zurückgenommenem Tempo zu gestalten, wird durchbrochen – in der „großen" Credo-Messe in C KV 257, in der Missa longa KV 262 und in der Piccolomini-Messe KV 258, um nur einige zu nennen. In der Missa solemnis gestaltet er, wieder einmal völlig aus dem Rahmen fallend, das Benedictus als kurze Chor-Fuge; dagegen wirkt das folgende schon erwähnte Sopran-Solo „Hosanna" lieblich-lyrisch. Auf andere Art völlig aus dem Rahmen fallend: die „kleine" Credo-Messe in F KV 192 – auch hier gibt es keine Tempoänderung. Der geraffte Tonartenplan überlagert hier völlig die Stereotypen der Credo-Gliederung: Aus Gründen der Proportion bleibt auch das Et resurrexit in Moll (!); erst bei *et in Spiritum Sanctum* wird wieder F-Dur erreicht.[10] Kurz darauf folgt der nächste Gag: Mozart setzt dem Hörer bei *confiteor* etwas vor, was ein Fugenthema sein könnte. Weit gefehlt! Die Sache versandet nach diesem einzigen Einsatz; erst bei Et vitam kommt es zu einem sehr knapp gehaltenen Fugato – vier Einsätze, avanti avanti, dann noch ein strettissimo über dem Amen … aber dann ist doch noch Zeit für ein Augenzwinkern. Denn die Credo-Motiv-Zelle taucht noch ein letztes Mal auf, nach der eigentlichen Kadenz, formal völlig überzählig, noch dazu quasi a cappella.

Einen seiner wildesten Scherze hat sich Mozart in der Krönungsmesse geleistet. Nach einem kompletten Benedictus-Satz von ordnungsgemäßer Länge hebt das Hosanna an, bricht aber nach wenigen Takten ab. Es folgen noch weitere elf (!) Takte Benedictus – Thematik und Tempo wie zuvor –, und erst danach kommt das Hosanna zum erwarteten Schluss. Ich denke mir seit langem, dass Mozart den auf Kürze bedachten Erzbischof damit ärgern wollte; es dürfte ihm gelungen sein.

Es ist der ungewöhnlichste Fall, aber Mozart bereitet auch sonst mit den Enden von Sätzen und ganzen Messen so manche sanfte Überraschungen. Da gibt es Codas, wo man doch nichts anderes mehr erwartet als eine zünftige Kadenz – aber nein, immer wieder diese nachdenklichen Abgesänge (B-Dur, große Credomesse, Piccolomini KV 258, Solemnis, G-Dur KV 49). Es gibt aber auch plötzliche Anfänge; im Agnus der B-Dur-Messe setzt der Chor mit einem Sextakkord ein, im Agnus der großen Credomesse nach nur zwei Takten mit dem Dominantseptakkord auf A. Der wohl verblüffendste Beginn eines Gloria, der je komponiert worden ist, dürfte jener ebendieser B-Dur-Messe sein. Meine Theorie ist, dass davor die gregorianische Intonation, womöglich mit Orgelbegleitung, gedacht werden muss.

---

10 Vgl. auch die Hinweise zur formalen Gestaltung im Kapitel ⇨Credo auf S. 57.

Zurück zur Frage der Gesamtdauer – nützt das alles etwas, wird es kurz und bleibt doch feierlich? Im Großen und Ganzen ja. Die Unterschiede in der Gesamtdauer sind allerdings überraschend groß; die Bandbreite umfasst die Orgelsolomesse (ca. 15 Minuten) bis zur Trinitatismesse mit über 30 Minuten. Der bischöfliche Wunsch nach Knappheit wird also nicht nur mittels der bloßen physischen Kürze der Kompositionen befriedigt, sondern – wie schon beschrieben – auch durch formale Raffung und Pointierung der musikalischen Gedanken. Interessanterweise ist die Missa longa ja keineswegs die längste Messe, sondern bloß jene, die als einzige mehrere umfangreiche Fugen enthält; dadurch *wirkt* sie so, als ob sie besonders lang sein müsste. Es dreht sich ja wie gesagt um den Umfang der Fugen und nicht um die Verwendung der kontrapunktischen Form an sich; denn in so mancher wirklich kurzen Messe gibt es proportional zur Gesamtlänge sehr viel Kontrapunkt (D-Dur, „kleine" Credomesse in F). Apropos Missa longa: Hier kann man den weißen Elefanten antreffen. Es gibt sie ja doch, die Mozart-Quinten, die es angeblich gerade bei Mozart nicht gibt – und zwar im Credo, vorletztes „sepultus est", zwischen der zweiten Violine und den Bassstimmen.

Das vielleicht gelungenste Beispiel für eine *Missa brevis et solemnis* scheint mit der Missa Solemnis in C vorzuliegen. Wenn das Kyrie anhebt, wird dem Hörer suggeriert: Hier bahnt sich etwas Großes an. Ein so lange in einer Richtung strebendes Thema wird man nirgendwo sonst in irgendeiner „an sich" kurzen Messe finden. Genau besehen sind hier mehrere Tricks gleichzeitig angewendet: Das ganze Kyrie ist formal und harmonisch nur ein gewaltiges Vorspiel für das Gloria. Nirgends nämlich wird ernsthaft eine andere als die Grundtonart angesteuert; Mozart erzielt die nötige Spannung durch ausgiebigen Gebrauch von Sub- und Wechseldominanten, aber es gibt keinen Ansatz für echte Modulationen. Zudem irisiert der Satz eigenartig zwischen schnell und langsam; die vornehmlich ganztaktigen Harmoniewechsel fordern einerseits behutsamen Schwung, wirken aber auch tempodämpfend. Trompeten und Pauken sind stets präsent und kommen auch im pianissimo zum Einsatz. Hier ist längst der Schritt auf Schubert zu getan; die früher fest umrissenen Einsatzgebiete für diese Instrumente sind global ausgeweitet worden. Die *solemnis*-Instrumente kommen nicht mehr einfach automatisch mit forte und fortissimo daher, für Feierlichkeit oder Brillanz, sondern sie sind zu *Farben* befördert worden. Mozart blickt über die Mauer ins 19. Jahrhundert hinein und sieht in der Ferne draußen die unglaublichen Klangmischungen, die es da geben wird – und er setzt sie nun auch in der Kirchenmusik ein.

Alle diese Messen sind für Salzburg geschrieben worden. 1779 gibt es eine erste unfriedliche Unterbrechung des Dienstverhältnisses in Salzburg, aber Mozart kehrt zurück und wird Hoforganist. 1781 kommt es zum endgültigen Bruch und er übersiedelt dauerhaft nach Wien. So entkommt er dem wachsamen Auge des Vaters und auch der provinziellen Enge der Kleinstadt. Der Zeitpunkt könnte nicht besser sein; in einem berühmten Hirtenbrief (er verbreitet sich im ganzen deutschen Sprachraum) untersagt Fürsterzbischof Colloredo 1782 in der ganzen Erzdiözese die traditionelle Kirchenmusik und macht den „deutschen Kirchengesang" verpflichtend; allerdings gibt es Ausnahmen für Dom und Stiftskirchen.

In Wien lernt Mozart bei Baron van Swieten die Werke von Bach und Händel kennen; er bearbeitet den *Messias* für eine Wiener Aufführung. Für die Komposition von Messen gibt es hier keine Veranlassung; allerdings macht er etliche Entwürfe (unter anderem sechs Kyrie), wie es seine Gewohnheit war, um bei Bedarf rasch ein Werk fertig ausführen zu können. Nur einen einzigen gewichtigen Beitrag beginnt er in dieser Gattung zu schreiben, und der Anlass ist ein sehr persönlicher. Die Messe c-Moll KV 417a (427) ist die Erfüllung eines Gelübdes zum Dank, dass die Hochzeit mit Constanze Weber (4. August 1782) zustande kommt. Das Werk ist einerseits ein Zeichen der Versöhnung mit dem Vater, der bezüglich dieser Verbindung sehr kritisch war; zweitens sollte die Sopranstimme seiner Gattin auch vor dem Vater in einer sehr anspruchsvollen Solopartie zur Geltung kommen. Mit seiner Anlage schließt das Werk nicht an die Salzburger *Missa brevis et solemnis* an, sondern gehört dem italienischen bzw. Wiener Typus der Nummernmesse an, bei der die großen Sätze in selbstständige, meist verschieden besetzte Abschnitte aufgeteilt werden. „Hier wollte Mozart die Distanz zu seinen *missae breves* der Salzburger Zeit ostentativ zum Ausdruck bringen." (Massenkeil 2006, S. 150) Mozart stellte nur Kyrie, Gloria, Sanctus und das Credo bis inklusive *Et incarnatus est* fertig. Ein Hauch Händel'scher Oratoriengestik weht aus diesem Torso entgegen. Über die Gründe, warum Mozart die Komposition abgebrochen hat, gibt es nur Spekulationen. Nach Inkrafttreten der Reformen Joseph II. gab es in Wien jedenfalls keine Verwendung für eine Messe von solchen Dimensionen; aber liturgische Konformität war wohl auch nicht primär Mozarts Absicht. Man muss Günther Massenkeil (2006, S. 151) zustimmen bei der Feststellung, „dass diese Messe, so wie sie sich erhalten hat, ein Opus perfectum, ein in sich stimmiges Kunstwerk ist".

Bei der Uraufführung in der Salzburger Peterskirche am 25. August 1783 wurden die fehlenden Teile aus einer anderen Messe ergänzt. Zwei Jahre später kam Mozart mit einem Auftrag für ein Oratorium in terminliche Bedrängnis, und so unterlegte er den Text den Teilen der c-Moll-Messe und komponiert bloß zwei Arien neu. Aus dem größten Teil des Torsos wurde die Kantate *Davidde penitente* KV 469.

Das zweite große liturgische Werk aus der Wiener Zeit, ebenfalls nicht vollendet, ist das Requiem (vgl. ⇨Das alte Requiem, S. 153). Um seine Entstehung ranken sich allerlei Anekdoten und geheimnisvolle Vermutungen; der faktische Kern ist jedoch ziemlich nüchtern. Im Juli 1791 erteilte ein gewisser Graf Walsegg zu Stuppach über seinen Verwalter Mozart den Kompositionsauftrag für ein Requiem. Walsegg war daran gelegen, dass niemandem, auch Mozart nicht, seine Identität bekannt wurde, denn er wollte das Werk vermutlich unter seinem eigenen Namen aufführen (was damals eine gar nicht so ausgefallene Idee war). Mozart konnte nicht gleich mit dem Requiem beginnen, da er noch an der Oper *Titus* und an der *Zauberflöte* arbeitete. Als er endlich anfing, war er erschöpft und bereits von Krankheit gezeichnet. Todesahnungen begleiteten ihn bei der Arbeit, die er schließlich nicht mehr abschließen konnte, da er am 5. Dezember starb. Ganz fertig – samt vollständiger Instrumentation – war nur der Doppelsatz Requiem/Kyrie; eine Entwurfspartitur gab es für das Offertorium und die Sequenz, wobei vom *Lacrymosa* nur die ersten acht Takte vorlagen. Nicht zuletzt des ausständigen Honorars wegen beauftragte Mozarts Witwe zuerst den Vizehofkapellmeister Joseph Eybler, bald darauf aber definitiv Mozarts Schüler und Vertrauten Franz Xaver Süßmayr mit der Fertigstellung. Diese schloss naturgemäß die Neukomposition etlicher Teile (Sanctus, Benedictus, Agnus und Lux aeterna) ein. Die Uraufführung fand angeblich am 2. Jänner 1793 in einem Wiener Konzertsaal statt. – Gerade in letzter Zeit sind weitere Rekonstruktionen oder Varianten der Realisierung unternommen worden. Günter Massenkeil bemerkt jedoch mit Recht: „Nach wie vor bleibt die Kombination der authentischen Sätze Mozarts mit der Süßmayr-Fassung eine eigene historische Größe, die durch ihre 200-jährige Rezeption einen eigenen musikalischen Wert repräsentiert." Bald gab es auch deutsche Textunterlegungen; die erste von Johann Arnold Minder folgt dem Zeitgeist und lässt ein unbestimmtes Wir-Gefühl einfließen; „aus dem katholischen mittelalterlichen Totengemälde wird ein nüchternes aufgeklärtes protestantisches Bild des jüngsten Gerichtes, das viel von seinem Schrecken, aber auch von seiner Wucht verloren hat. ... Es war die Zeit, wo protestantische deutsche Werke lateinisch nachgedichtet wurden, um auch im Süden aufgeführt zu werden und umgekehrt." (Leisinger, 2003, S. 241)

Wenn gerade von Legenden und nicht gesicherten Fakten die Rede ist, muss man noch einmal auf die Krönungsmesse zurückkommen. Erst vor kurzem ist Walter Brauneis der Herkunft der Bezeichnung erneut und gründlich nachgegangen (Brauneis 2006). Die wesentlichen Gedankengänge dieser detailreichen Arbeit können hier nur flüchtig skizziert werden:

- Ein Zusammenhang mit der „Krönung des Gnadenbildes in der Wallfahrtskirche Maria Plain" ist schon seit längerem als nicht zutreffend erwiesen.
- Die erste Aufführung ist für den Ostersonntag, 4. April 1779, im Salzburger Dom nachgewiesen, und dafür wurde sie allem Anschein auch komponiert.
- Irgendeine Krönungsfeierlichkeit in den österreichischen Erblanden, bei der die Messe aufgeführt worden wäre, hat es nicht gegeben.
- Die Krönungsmesse wurde erst zwischen 1800 und 1820 ins Archiv und ins Repertoire der Wiener Hofmusikkapelle aufgenommen, allerdings an keinem krönungsrelevanten Datum aufgeführt.

– Zu den Regierungsjubiläen des Kaisers wurden feierliche Gottesdienste abgehalten; sie fungierten sozusagen als Erinnerung an die gar nicht erfolgte Krönung – und bei solchen Hochämtern, vor allem wohl zum 40. Regierungsjubiläum 1832, wurde vermutlich die Messe KV 317 mehrfach aufgeführt; aus dieser Zeit finden sich Vermerke „Krönungsmesse" auf dem Stimmenmaterial.
– Zur Krönung Franz' II. zum König von Ungarn in Budapest 1792 schrieb übrigens Albrechtsberger eine große Messe (samt Solo-Flöte und Oboen), die manchmal als Krönungsmesse bezeichnet wurde. (Benedikt 2009b, S. 168)

Dass die Krönungsmesse den unangefochtenen Spitzenplatz in der Beliebtheit einnimmt, ist von der Substanz des Werkes her leicht zu verstehen; durch den Beinamen „Krönungs" entsteht darüber hinaus eine gewisse Aura, als ob es sich hier auch um die Krönung von Kunstfertigkeit und Aufführungsschwierigkeit handle. Dem Laien fällt naturgemäß weniger auf, dass es kaum nennenswerten Kontrapunkt gibt; so manche kleine Messe ist diesbezüglich viel anspruchsvoller. In Wahrheit ist die Krönungsmesse – zumindest für den Chor, nicht allerdings für die Violinen – die leichteste der Mozartmessen. Der Fall erinnert ein wenig an Bachs d-Moll-Toccata …

Auch die →Vespern waren in Salzburg je nach Feierlichkeit gestuft. Bei einem niederrangigen Offizianten wurden nur der erste Psalm und das Magnificat festlich mit Chor und Orchester ausgeführt, die anderen Psalmen wurden choraliter gesungen. KV 193 beispielsweise ist eine solche Rumpf-Vesper. Die Vertonungen von Mozart schließen im Prinzip an die der Salzburger Vorgänger-Komponisten an, zeigen aber – in manchem noch mehr als die Messen – die geniale Hand, mit der Sonatinen-Formen unauffällig-schlüssig mit längeren, nicht naheliegend gegliederten Texten in Übereinstimmung gebracht werden. Nicht immer bietet sich die →Doxologie (*Gloria Patri … Sicut erat*) ohne weiteres für eine Reprise an, da dieser Textabschnitt eigentlich schon das Ende einleitet und auch nicht lang ist; aber Mozart meistert das Problem mit Bravour. Wie wichtig diese Art der Kirchenmusik war, zeigt ein Blick auf Eberlins Werkverzeichnis, in dem allein 34 Vespern aufgelistet sind. – Während man den Messtext gegenwärtig hatte und auswendig wusste, waren die Psalmen eine aufwändigere Sache. Leopold Mozart schreibt seinem Sohn einmal, die Psalmen seien „hart zu verstehen", und ein andermal gibt er ihm ein „großes Psalmenbuch" auf die Reise mit; möglicherweise ist da ein Buch mit Erklärungen der Psalmen gemeint.

Neben zahlreichen kleineren liturgisch intendierten Werken, darunter vielen marianischen Kompositionen, finden sich immerhin vier durchkomponierte Litaneien in Mozarts sakralem Œuvre, und zwar zwei Lauretanische Litaneien und zweimal die vom Altarssakrament (*de venerabili altaris sacramento*). Wir machen uns heute nur schwer einen Begriff davon, wieviel Bedarf für derlei Kompositionen bestand. Das geistliche Leben in Salzburg war im 18. Jahrhundert einerseits stark marianisch geprägt. Da gab es etwa den Brauch, vom 15. August bis zum Fest Mariä Geburt am 8. September jeden Tag ein gesungenes Amt samt →Litanei zu Ehren der Gottesmutter abzuhalten (der „Frau'ndreißiger"). Beide Mozartkinder waren in eine marianische Betbruderschaft eingeschrieben. Aber auch die eucharistische Frömmigkeit stand sehr im Vordergrund. Das periodisch wiederkehrende 40stündige Gebet vor der Monstranz wurde vor allem im Dom sehr aufwändig begangen und jeden Tag mit einer Sakramentslitanei abgeschlossen. Für die ersten drei Tage der Karwoche 1776 ist zum Beispiel festgehalten, dass jeden Tag eine andere figurierte Litanei gesungen wurde, nämlich je eine von Mozart, Michael Haydn und Adlgasser. Man darf annehmen, dass die Andachten und Litaneien beim Volk sehr beliebt waren, weil diese Art von (Para-)Liturgien leichter mitzuverfolgen waren bzw. insgesamt wenig an Ritus enthielt. Man konnte sich ganz auf das Anhören der Musik konzentrieren und im Übrigen – von keinerlei Bewegung im Raum abgelenkt – seine frommen Gedanken auf die zur Schau gestellte Hostie lenken. (Zur eucharistischen Frömmigkeit vgl. auch S 218.)

Wenn man sich nun das Panorama dieses Lebens vor Augen führt, das zumindest in seiner Salzburger Phase zu fast 100 Prozent eingebettet war in Religionsausübung und in die Zurschaustellung geistlich-weltlicher Macht, und in dem andauernd der kühl-technische Auftrag zu ständiger Wiedergabe und Neuproduktion geistlicher Musik gegeben war – da überlegt man einmal mehr das Verhältnis von innerer Frömmigkeit mit äußerer Übung. Ähnliche Fragen stellen sich ja auch für andere Komponisten im sakralen Umfeld und werden jeweils anders zu beantworten sein; was Mozart betrifft, ist in den Sammelbänden „Himmel und Erde" (D) sowie „Mozart und die Religion" (E) sehr viel Erhellendes zu dieser Frage beigesteuert worden. Mozart ist ein anders gelagerter Fall als ⇨Schubert oder Bruckner. Für mich persönlich gehört der Beitrag des Priesters und Musikers Peter Paul Kaspar zu den besonders treffenden Äußerungen zu diesem Thema, und ich zitiere im Folgenden ausführlich:

> „Nach allem was wir heute wissen, war Mozart ein unproblematisch gläubiger, seine Religion wenig praktizierender und der kirchlichen Institution und ihren Funktionären kritisch gegenüber stehender Katholik. An vielen Stellen erkennen wir den Versuch des Sohnes, [diesbezüglich] dem Vater nach dem Mund zu reden und ihn zu beschwichtigen.
> Es gibt viele Anzeichen dafür, dass die Hochschätzung in der künstlerischen Welt außerhalb Salzburgs und die Geringschätzung durch den unsensiblen und hochfahrenden Erzbischof als Dienstherrn den Hof- und Kirchenmusiker Mozart von der Welt des Glaubens zunehmend entfernte. Es ist vermutlich nicht so leicht, einem eitlen und launischen Kirchenfürsten auf die Dauer zu dienen, ohne dass der persönliche Glaube Schaden nimmt. Das hatte nicht zwangsweise – wie oft fälschlich vermutet wird – eine areligiöse Einstellung zur Folge.
> (…)
> So wurde in Wien aus dem geschassten Kirchendiener ein willkommener Logenbruder.

Man kann heute sagen, dass in der Brüderlichkeit einer damaligen Loge vielleicht mehr an christlichem Geist zu spüren war als am Hof des Fürsterzbischofs. Das neue Prinzip war die religiöse Toleranz. Um es knapp auf den Punkt zu bringen: Es steht dem später Lebenden nicht zu, die Gläubigkeit Mozarts zu beurteilen. Und schon gar nicht, sie zu bewerten. Sie wird wohl in verschiedenen Lebensphasen verschieden gewesen sein, fragmentarisch, fragend, kritisch – wie bei den meisten von uns. Und sie wird völlig unbedeutend angesichts dessen, was seine Musik – wenn sie denn wirklich „Klangrede" sein kann – uns heute noch zu sagen hat." (Kaspar 2006, S. 31f)

Das Wunderkind. Der 13-jährige Konzertmeister. Der Jugendliche, der „das berühmte Miserere von Allegri nach einmaligem Hören aus dem Gedächtnis abgeschrieben hat" (was so schwer auch wieder nicht war, da es sich um ein zehnmal wiederholtes annähernd homophones Modell handelte). Der Revoluzzer. Der unmögliche Mensch mit seinen ordinären Briefen. Fehlt nur noch: der Liebling der Götter, der ein Armenbegräbnis erhielt (noch besser: der verscharrt wurde).

Mozart war nicht arm. Er führte nicht gerade ein braves sparsames Leben, aber er war nicht arm (wenn auch nicht so wohlhabend wie Joseph Haydn). Die Umstände seines letzten Weges sind inzwischen ausführlich und nüchtern geschildert worden (Braunbehrens 1986; Gruber 2007). Ein Begräbnis dritter Klasse war kein Armenbegräbnis. Als der Sarg vom Wohnhaus zum Stephansdom gebracht wurde, läuteten die Glocken, es gab bei der Einsegnungsfeier durchaus eine kleine Trauergemeinde. Särge durften damals grundsätzlich nur ohne jede rituelle Ausgestaltung und nur bei Nacht oder im Morgengrauen zum Friedhof transportiert werden (da hatten sie Mozart ein letztes Mal eingeholt, die rationalen Vorschriften Josephs II.). Am 10. Dezember fand ein großer feierlicher Totengottesdienst in der Michaelerkirche statt, an dem ganz Musik-Wien teilnahm und in dem Teile seines unvollendeten Requiems aufgeführt wurden. Bei den Wiener Freimaurern gab es für Mozart eine eigene Trauerloge. In Prag fand ein Gedenkgottesdienst mit 4000 Teilnehmern statt.

Es ist nichts Kurioses, Armseliges oder Staunenswertes an diesem letzten Weg. Es bleibt auch so noch genug zu staunen über Mozart, den angeblichen Lausbuben.

5. Schubert

Der angebliche Schwärmer

Am 25. September 1814 dirigiert Franz Schubert zum 100-Jahr-Jubiläum der Pfarrkirche Lichtental seine erste vollständige ⇨Messe. Anwesend ist unter anderem der Hofkapellmeister Salieri. Zehn Tage später wird die Messe des 17-jährigen in der Hofpfarrkirche St. Augustin ein zweites Mal aufgeführt. Wie kommt es, dass man dem Jüngling eine so große Chance gibt?

Franz Schubert wurde 1797 in der Alservorstadt Lichtental (heute der 9. Bezirk von Wien) geboren, und dieses Umfeld sollte ihn prägen. Sein Vater Franz Theodor war Lehrer, und auch drei seiner Söhne ergriffen diesen Beruf. Grundschullehrer waren damals auch immer als Kirchenmusiker ausgebildet und tätig, und Franz wuchs in diesem musikalischen Biotop auf. Der ausführende Regens Chori an der Lichtentaler Pfarrkirche war seit 1794 Michael Holzer, ein Schüler Albrechtsbergers. „Lichtental war, was die Musik betrifft, keine gewöhnliche Wiener Vorstadtkirche." (Benedikt 1997, S. 27) Das kirchenmusikalische Archiv enthielt zahlreiche zum Teil bedeutende Werke von beiden Haydn und Mozart, aber auch von Dittersdorf, Diabelli, Pergolesi, Vanhal und anderen. Vieles daraus wird der kleine Franz immer wieder gehört haben; durch die ständige Mitwirkung und durch den Unterricht bei Holzer war es für Schubert ein leichtes, 1808 als einer der zehn Knaben in der Hofmusikkapelle aufgenommen zu werden. Inbegriffen war die kostenlose Unterkunft und ein Platz am Akademischen Gymnasium.

Im September 1810 ordnete ein Erlass des Obersthofmeisteramtes an, der Hofmusikgraf möge „Sorge tragen, dass auf die musikalische Bildung des Franz Schubert, da er ein so vorzügliches Talent zur Tonkunst besitzt, besondere Sorgfalt gewendet werde". (Tittel 1961, S. 237) Ab 1812 hat Schubert Kompositionsunterricht bei Salieri; trotz des Stimmbruchs durfte er noch ein Jahr im Konvikt bleiben. Auch Joseph Eybler, der spätere Nachfolger Salieris, ist zweifellos bereits auf Schubert aufmerksam geworden. So wird verständlich, wie die zweite Aufführung der Debütmesse des Halbwüchsigen an prominenter Stelle zustande kam.

Franz Schubert absolviert kurz darauf die Ausbildung zum Lehrer (die „Präparandie"), aber es hält ihn nur vier Jahre in diesem Beruf. Schuberts Bewerbung um den Posten des Vizehofkapellmeisters (nach Eybler) ist nicht erfolgreich. Freunde ermöglichen ihm dann ein bescheidenes Dasein als mehr oder weniger freischaffender Künstler.

Im seinem Gesamtœuvre nimmt die Kirchenmusik keinen Randplatz ein (wie etwa bei Beethoven), sie ist aber auch kein Hauptstrang seines Schaffens. Dennoch gehören seine Messen zu den großen und vor allem originellen Vertretern der Gattung und stellen eine natürliche Verbindung von der Wiener Klassik zu Bruckner und anderen Spätromantikern her.

Die schon erwähnte **Messe F-Dur** ist für ein Erstlingswerk nicht gerade bescheiden; die Besetzung mit doppeltem Holz, zwei Hörnern, zwei Trompeten, drei Posaunen, Pauken, Streicher und Orgel schließt an die größten Haydnmessen an, geht aber konform mit dem Anlass eines großen Kirchenjubiläums. Das Kyrie ist durchwegs verhalten; verklungen sind die festlich-bewegten Kyrie von Haydn und Mozart, die Romantik ist angebrochen. – Bereits im Gloria lässt uns der Siebzehnjährige unmissverständlich wissen: *Ich* werde es *anders* machen! Immer wieder wird das Wort *Gloria* wiederholt – fast wie das Wort *Credo* in den Credomessen (vgl. S. 57) –, aber der größte Gag kommt gegen Schluss, nach der gekonnten Fuge und nach den ausladenden Amen-Melismen, die von Haydn sein könnten: Da heißt es plötzlich *in gloria Dei patris amen, in gloria, ... gloria*! Mit diesem Trick der Textgestaltung hat noch nie jemand eine Reprisenwirkung in diesem Satz versucht, bis der Jüngling F. S. auf die Idee gekommen ist – bei seiner allerersten Messe. Damit ist der Überraschungen noch nicht genug. Der Formeinschnitt im Credo ist bei *Qui propter nos* und nicht bei *Et incarnatus est*, wie es tausende Male davor gemacht worden ist; der Satz geht motivisch einheitlich weiter. – Sowohl im Sanctus als auch im Benedictus nimmt das Hosanna nur den Raum der abschließenden Kadenz ein und ist kein eigener Abschnitt. Unnötig zu sagen, dass es auch im letzten Satz des ⇨Ordinariums noch eine Abweichung gibt. Dreimal erklingt die Anrufung *Agnus Dei ... miserere nobis* (also ohne *Dona nobis* beim dritten Mal); der Dona-nobis-Abschnitt enthält hingegen kein *Agnus Dei*. Übrigens lehnt er sich, dies dann doch ein Echo einer alten Tradition, stark ans Kyrie an. – Mit dieser Serie erstaunlicher Wendungen klinkt sich der junge Schubert unbekümmert und virtuos in die ehrwürdige Tradition der klassischen Messe ein ...

Als nächste Messe folgt 1815 sein vermutlich populärstes Sakralwerk, die **Messe G-Dur**. Sie ist nur mit Streichern und Orgel besetzt; wie üblich, gibt es, diesfalls vom Komponisten selbst ergänzt, Ad-libitum-Stimmen für zwei Trompeten und Pauken. Für höhere Feste war diese Besetzung ungeschriebenes (?) Gesetz. Die Sätze Kyrie, Gloria und Sanctus bieten keine Überraschungen. Das Credo allerdings ist eine Sensation; es ist in *einem* Tempo und vor allem in *einer* Thematik durchkomponiert. Eine Trübung nach h-Moll bei *crucifixus* und eine starke dynamische Steigerung ist alles. Das ist eigentlich noch nie so komponiert worden; wenn überhaupt, dann in der einen oder anderen *missa pro tempore adventu et quadragesimae*, wo ja auch bei anderen Gestaltungselementen gespart wird. Bei einer „normalen" *Missa brevis* hat es nur Mozart einmal so ähnlich gemacht, nämlich in der „kleinen" Credo-Messe in F (KV 192, vgl. S. 292). – Im Benedictus singt jeder der Solisten (Sopran, Tenor und Bass) einmal sein Liedchen (20 Takte); wer schon dran war, singt beim nächsten Liedchen den Text kontrapunktierend dazu.[11] Auch im Agnus Dei treten die drei Solisten auf, jeder mit einer Anrufung. Wieder ändern sich Tempo und Thematik nicht; aber, höchst eigenwillig, der Satz beginnt in e-Moll und schließt im pianissimo in G-Dur (vgl. auch S. 74).

---

11 Das ist kein „Kanon", sondern es handelt sich um drei Variationen; dasselbe gilt für das Et incarnatus est der Es-Dur Messe. Die Fehldeutung des Benedictus als Kanon findet sich schon bei Schnerich (1909, S. 76) und wird sogar von Tittel (1961, S. 246) fortgeschrieben. – Völlig gleich angelegt ist übrigens das Terzett *Ich harrete des Herrn* im „Lobgesang" von Felix Mendelssohn Bartholdy.

Hätte Schubert keine weitere Messe mehr komponiert, so wäre ihm dennoch allein mit den Messen in F und G bereits ein Platz in der Ehrenloge der österreichischen Messkomponisten zugestanden.

Ebenfalls aus dem Jahr 1815 stammt die **Messe in B-Dur**. Sehr festlich, sehr fröhlich, dabei nicht lang, nicht kompliziert, mittelgroße Besetzung – alle Ingredienzien für einen Spitzenplatz in der Beliebtheit. Das Kyrie mit Ouvertüren-Elementen (im 3/4-Takt), das Gloria in der üblichen Gliederung. Die Abweichung von der Konvention lässt auch diesmal nicht lange auf sich warten, und sie kommt in Form einer Persiflierung dieser Konvention. Viermal setzt Schubert bei den Worten *Cum Sancto Spiritu* einstimmig an, als ob es das gewohnte Fugato werden würde. Es ist aber immer nur ein →Kanon, der nach wenigen Takten im Nichts verschwindet. Und danach kommt – „ach was, lassen wir das mit dem verstaubten Kontrapunkt!" – eine Stretta, wo sich das musikalische Geschehen (*più moto*) in mehreren Stufen immer rascher zu drehen beginnt bis zum ausgelassenen Schluss. – Das Credo ist vergleichsweise brav angelegt; nach dem *Et incarnatus est* (Adagio, f-Moll, B-Solo) beginnt eine Geigenfigur leichte Unruhe zu erzeugen (*più moto*) für das *crucifixus* des Chores in b-Moll. Der Schluss des Credos ist unauffällig, knapp und heiter. Das Sanctus, wiewohl mit *Adagio maestoso* überschrieben, balanciert genau an der 8/8-4/4-Grenze. Wenn man das Benedictus ansieht, das mit einem wörtlich identischen Hosanna schließt, aber mit *andante con moto* bezeichnet ist, merkt man, dass das alles doch eher in Vierteln zu denken ist. Hier liegt m. E. ein typischer Fall für das nahtlose Aneinanderfügen der beiden Sätze vor. (Ausführlich zur Frage Sanctus/Benedictus siehe S. 66f.) – Das Agnus Dei ist klassisch gestaltet, wenn man davon absieht, dass auch hier wieder dreimal das vollständige *Agnus … miserere nobis* (*Andante molto*) erklingt und ein eigener fröhlicher Dona-Satz angehängt ist.

Die nächste **Messe in C-Dur** (1816) ist schon oft als „mozartisch" bezeichnet worden, und in der Tat gibt es auffallende Anklänge an die Missa solemnis KV 337, so zum Beispiel das leicht entfliehende Ende des Kyrie, der Hosanna-Beginn mit einem Sopran-Solo oder (in der Alternativfassungvon 1828) das Benedictus in angedeutet kontrapunktischer Gestaltung. Die Orchesterbesetzung war ursprünglich nur das Wiener Kirchentrio; später schrieb Schubert in die freigebliebenen Notenzeilen die üblichen Ad-libitum-Trompeten und Pauken dazu. Für die zweite Aufführung 1825 kamen noch zwei Oboen dazu. Kyrie und Gloria sind hymnisch-homophon gearbeitet. Das Credo beginnt in C-Dur, schließt aber vor dem *Et incarnatus est* in F-Dur; es geht auch hier sanft kontrapunktisch weiter – in d-Moll, und das *Crucifixus* endet dominantisch auf G-Dur. In der ersten Fassung war das Benedictus ausschließlich dem Solo-Sopran zugewiesen. – Von den sechs Messen Schuberts war die in C-Dur die einzige, die noch zu seinen Lebzeiten bei Diabelli gedruckt wurde.

Für Schuberts Verhältnisse sehr lange, nämlich von 1819 bis 1822, dauerte die Arbeit an der **Missa solemnis in As**. Er schreibt an einen Freund: „Meine Messe ist geendet und wird nächstens produziert werden; ich habe noch die alte Idee, sie dem Kaiser Franz I. oder der Kaiserin zu weihen d. h. zu widmen, da ich sie für gelungen halte." Die Messe ist lang und schwer, die erste Aufführung ist nicht befriedigend, nicht zuletzt dadurch, dass ein Teil der reichen Bläserbesetzung (doppeltes Holz plus eine Flöte, sieben Blechbläser) durch die Orgel ersetzt werden muss. Die Messe kommt dann gerade recht, als sich Schubert 1826 um die Vizehofkapellmeisterstelle bewirbt. Joseph Eybler (durch sein Nachrücken nach dem Ableben von Salieri war die Stelle freigeworden) fand die Messe gut, aber nicht „in dem

Stil komponiert, den der Kaiser liebt", und aus der Stelle wurde nichts. Die Messe wurde von Schubert umfangreichen Umarbeitungen und Verbesserungen unterzogen. (Benedikt 2003, S. 117)

Im lyrischen Kyrie dehnt Schubert das traditionelle Schema aus und komponiert Kyrie-Christe-Kyrie-Christe-Kyrie. Und dann ein Donnerschlag: Das Gloria setzt fortissimo in E-Dur (!) ein. (Hinweis für die liturgische Praxis: hier keine Vergebungsbitte; unbedingt attacca anschließen!) Nach nur neun Takten kommt die nächste starke Terzverwandtschaft E-Dur/C-Dur. Die Tonartenlandschaft wird großräumig durchschritten: *Gratias* A-Dur/a-Moll, *Domine Deus* fis-Moll, später über H-Dur nach E-Dur zurück. Das Gloria hat 500 Takte, 200 davon nimmt die gewaltige *Cum-Sancto*-Fuge ein. – Das Credo steht in C-Dur und wirkt einerseits traditionell durch die oftmalige Wiederholung des Wortes *credo*; aber der lateinkundige Schubert hat dieses Wort immer wieder grammatisch angebunden (*credo* in *factorem coeli et terram ... credo* in *unum dominum* etc.) Das *Et incarnatus* strahlt weich in satter vokaler Achtstimmigkeit; im *Crucifixus* hat Schubert in barocker Manier Kreuzfiguren dargestellt:

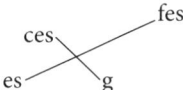

und noch ein zweites Mal mit g(as) – b – ces – es. Bei *Et in Spiritum* kehrt das Wort *credo* wieder; der Satz endet hymnisch, ohne Fuge, in Beethovenschem Schwung. – Im Sanctus, Grundtonart F-Dur, begegnen uns im Sinne des Wortes unerhörte Modulationen, die eigentlich bereits getarnte Rückungen bzw. schleichende Querstände sind: F-Dur/Durchgang c-cis/fis-Moll; beim zweiten *sanctus* nochmals und transponiert (H-Dur/Durchgang fis-g/c-Moll). Nach dieser „prophetischen Harmonik" (Erich Benedikt) kommt ein volkstümliches, fast schon naiv-entspanntes Hosanna daher; es kehrt nach dem Benedictus in As-Dur nach einer sehr kurzen Überleitung wieder. Das Agnus steht in f-Moll, das Dona endlich wieder in der Tonart, die der Messe den Namen gibt, As-Dur.

Eine solche Tonartenfolge für die Sätze des Ordinariums hat vor Schubert noch niemand gewählt: As – E – C – F – As-F – f-As. (Ganz entfernt vergleichbar: Joseph Haydn, *Die sieben Worte ...* , vgl. S. 286). Ich vertrete die These, dass der Komponist hier ausdrücklich auch an konzertante Aufführungen gedacht hat, denn nur in der unmittelbaren Abfolge der Sätze kommt die Wucht dieser tonalen Ordnung voll zur Geltung. Ich meine daher auch, dass diese Messe eine der verschwindend wenigen aus dem klassischen Repertoire ist, die man konzertant als Ganzes so aufführen kann, wie sie ist, ohne dass man die Satzfolge durch musikalische oder Texteinschübe unterbrechen muss. (⇨ Messen konzertant? S. 100)

Die **Es-Dur-Messe** setzt in der Tat die Gangart der As-Dur-Messe fort, ist aber trotz zwei sehr langen Fugen (*Cum Sancto Spiritu* und *Et vitam venturi*) durchschaubarer und abgerundeter: das Kyrie diesmal in perfekter dreiteiliger Symmetrie, dazu ein *gloria*-Gloria und ein *credo*-Credo; letzteres beginnt mit einem Paukenwirbel, der zur Formstabilisierung mehrmals wiederkehrt. Das *Et incarnatus est* ist exakt so gebaut wie das Benedictus der G-Dur-Messe; überraschend taucht es nach dem ersten *Crucifixus*-Durchgang nochmals auf; es ist eine berührende und zutiefst romantische Wirkung, wie da die Gewitterwolken einen Moment durchlässig werden und der Mond noch einmal durchscheinen kann... Erst der zweite Anlauf des *Crucifixus* führt harmonisch und dramatisch zur Katabasis. Ganz ähnlich ist es im Agnus Dei: Schon ist man ins beruhigend wiegende *Dona nobis* hinübergeglitten, da schlägt der doppelte Kontrapunkt des Agnus noch einmal in c-Moll zu, und erst beim unglaublichen Es-Dur-Quartsextakkord weiß man – es ist endgültig geschafft, es kann nicht mehr schlecht ausgehen. – Im Sanctus gibt es wieder starke Modulationen (eine Spur weniger extrem als in der As-Dur-Messe); das Benedictus geht, mit ein wenig Kontrapunkt durchsetzt, in friedlichen Dialogen zwischen Chor und Solisten dahin.

Schubert hat darüber hinaus eine Menge kleinerer Werke für die Praxis komponiert, die wir hier kaum mehr als erwähnen können. Da finden sich fünf Salve Regina, (sechs) Tantum ergo, ein deutsches und ein lateinisches Stabat Mater usw. Schubert hat bekanntlich insgesamt sehr viel geschrieben, und die Kirchenmusik hat einen großen Anteil daran. Auch wenn es sich um die Zeit nach Joseph II. handelt, in der vom alten Prunk (und vor allem von den früheren materiellen Bedingungen) keine Rede mehr sein konnte (vgl. S. 309), so gibt es doch noch immer eine starke Andachtsfrömmigkeit. Man hält Andachten, betet Rosenkränze und Litaneien, und dass hier vieles vor dem ausgesetzten Allerheiligsten stattfindet, gehört damals dazu; kaum eine feierliche Messe, die nicht mit dem eucharistischen Segen endet. Dazu braucht man immer wieder ein Tantum ergo, und für die marianischen Gelegenheiten benötigt man ebenfalls entsprechende Stücke. 1820 komponierte er für seinen Bruder Ferdinand, der die Kirchenmusik in Wien-Altlerchenfeld überhatte, sechs Antiphonen für die Palmweihe am Palmsonntag (vgl. S 193).

Es fällt auf, dass hier zum ersten Mal ein wahrnehmbarer Anteil an deutscher Kirchenmusik vorliegt; die Reformen haben also ihre Spuren hinterlassen. Es kann natürlich noch keine Rede davon sein, dass es sich um liturgische Musik im Vollsinn handelt. Innerhalb der Messe werden diese Stücke *zur* Liturgie gesungen, also begleitend, während der Zelebrant den Text leise vor sich hin spricht; das gilt für alle Gesänge, auch für solche in lateinischer Sprache, auch für solche mit dem korrekten liturgischen Text. Bei Andachten sind aber – außer dem *Tantum ergo* bei der Aussetzung der Monstranz – keine bestimmten Gesänge vorgeschrieben, und vor allem hier erobern nun eben muttersprachige Gesänge mehr Terrain. Eine dieser Kompositionen ist zu einem Top Hit im deutschen Sprachraum geworden.

In einer Umfrage aus dem Jahr 2003 wurde unter anderem die Frage gestellt, welche Gesänge man am ehesten im Stammteil des *Gotteslob* vermisst. Am vierthäufigsten wurde Schuberts „Deutsche Messe" genannt (oder zumindest bestimmte Teile daraus). Die Geschichte von der Entstehung, der Rezeption und der verschiedenen Fassungen ist umfangreich, und wir wollen hier auf die Detailstudien verweisen (z. B. Burkhart 1976, Gassmann 2004, vor allem aber Benedikt 2001). Das Werk erschien zum ersten Mal 1827 unter dem Titel „Gesänge zur Feier des heiligen Opfers der Messe". Die Besetzung dieser ersten Fassung lautete vierstimmiger gemischter Chor und Orgel; für die zweite kamen 13 Bläser sowie ein Kontrabass und Pauken dazu. Johann Herbeck publizierte 1866, aufgrund falscher

Quelleneinschätzungen, eine Männerchorfassung als „authentisch"; diese Ausgabe trug erstmals den Titel *Deutsche Messe*.

Insgesamt liegt das Werk auf einer Linie mit der Deutschen Messe von Michael Haydn (siehe S. 275) bzw. ist ein jüngerer Nachfahre. Der Text von Johann Philipp Neumann wurde der zuständigen kirchlichen Behörde zur Genehmigung eingereicht. Diese erfolgte jedoch nur für den nichtöffentlichen Gebrauch; erst 1850 wurde der Text ganz freigegeben. Paraphrasen des liturgischen Textes durften damals nicht im Gottesdienst gesungen werden; nach heutigem Verständnis trifft eigentlich auch der Terminus →Paraphrase nicht zu, da es sich eher um betrachtende Gedanken eines Gläubigen zu den verschiedenen Teilen der Messe handelt.

> „Zentraler Kunstgriff Neumanns ist die Einführung des empfindenden und räsonierenden Subjekts, das, indem es sich Gedanken über die Aussagen des Ordinariumstextes macht, eine Textdeutung mitliefert. Neumann verbindet Theologisches und Zeitgeistiges zu einem bunten Reigen von Bildern. Das führt bisweilen zu erstaunlichen Ergebnissen: ‚Ehre Ehre … stammeln auch wir, die die Erde gebar' – eine hübsche heidnische Vorstellung. (…) Es ist eine unscharfe und unvollständige Theologie, die von den Texten Neumanns gelehrt wird. Wie lässt sich der dringende Wunsch der Gemeinden nach Aufnahme der Schubert-Messe ins GGB erklären? (…) Die Behauptung sei gewagt, dass es gerade die Unschärfe der Theologie ist, die Neumanns Texte vor der Kritik der Laien schützt, eine Unschärfe, die auch viele Neue Geistliche Lieder auszeichnet. … Wer vom heutigen Sprachempfinden redet, meint eigentlich das Lebensgefühl der Zeit. … In der Messe ist [heutzutage] außerordentlich viel vom *Ich* und *Wir* die Rede. Neben das „Gehet hin in Frieden" ist das „Ich wünsche Ihnen und uns einen schönen, sonnigen Sonntag" getreten. Auch insofern steht die *Deutsche Messe* der Gegenwart näher, als die Sprache vermuten ließe." (Gassmann 2004, S. 7f.)

Schuberts Messe war nie für den Volksgesang gedacht, – ein kurzer Blick auf den Schlussgesang lässt jeden Zweifel verstummen –, hat aber in dieser Form unglaubliche Popularität erlangt. Ein Chorstück ist etwas anderes als eine für den Gemeindegesang gedachte Melodie. Manches ist zurechtgesungen worden (oder vielmehr zuunrechtgesungen!), und wenn überhaupt etwas dagegen getan werden kann, dann hat es mit dem Orgelbegleitsatz zu tun. Aber nicht nur von Messbesuchern wird manchmal ein angeblich unschubertischer Orgelsatz kritisiert, sondern auch in der Literatur wird moniert, „dass das offizielle Orgelbuch zum *Gotteslob* leider nicht die originale Harmonisierung" bringt (Benedikt 2003, S. 123; sehr ausführlich: Benedikt 2001, S. 40f.). Da der Autor vor über dreißig Jahren auch diese Begleitsätze für Orgelbuch gemacht hat und weil es hier um ein grundsätzliches Problem geht, sei darauf kurz eingegangen.

> Ein Chorsatz wird einstudiert und dirigiert; die Orgelstimme von Schubert dient als Unterstützung bzw. Farbe. Gemeindegesang im Gottesdienst dagegen kommt in unseren Breiten ohne Dirigenten aus (anders z. B. in Frankreich!), und ein Orgelsatz hat auch die Funktion, den Gesang zu führen. Das wird bewerkstelligt – abgesehen von einem gezielten Einsatz der

Artikulation – auch durch Maßnahmen bei der Harmonisierung. So verzichtet man etwa innerhalb eines zweisilbigen Wortes auf einen starken Harmoniewechsel (stark-schwach), um danach ein schnelleres Atmen bzw. Weitersingen zu ermöglichen. Manchmal verzichtet man gleich auf mehrere Harmoniewechsel, um den Fluss des Gesanges nicht noch weiter zu bremsen an Stellen, wo die Gemeinde ohnehin zum Schleppen tendiert. Andere Maßnahmen können in seltenen Fällen sogar Veränderungen der Notenwerte einschließen, etwa bei den Zäsuren im „Heilig"-Satz in den Takten 8, 16 und 24, wo der ungewöhnliche Fall eintritt, dass die Gemeinde immer zu früh weitersingen möchte. Ein Orgelbegleitsatz für eine Gemeinde ist also verschieden von einem Chorsatz und auch verschieden von einer Orgelstimme zu einem Chorsatz (und nur das letztere ist es, was von Schuberts Hand existiert). Sobald nun Schuberts Deutsche Messe von einer Gemeinde gesungen wird und nicht von einem Chor, hat man es bereits mit einer Bearbeitung, mit einer Variante des Originals zu tun (auch wenn man meint, allein aufgrund der Verwendung von Schuberts Harmonien sei dem nicht so!), und die Frage der originalen Harmonisierung stellt sich streng genommen nicht, da es eine solche, nämlich eine Orgelbegleitung für eine Gottesdienstgemeinde, von Schubert gar nicht gibt.

Als Satzautor, der all dies bedenkt, wird man behutsam vorgehen und so eng wie möglich an den Schubert'schen Harmonien bleiben (von einer Einbeziehung anderer Stilismen wird man ohnehin absehen). An den begleittechnischen Elementen, wie sie kurz angedeutet wurden, führt allerdings kaum ein Weg vorbei – außer man möchte die Dauer der Notenwerte dem Gefühl der Gemeinde überlassen. Das passiert bekanntlich oft genug, das Ergebnis ist dann aber auch nicht gerade „original Schubert". „Schuberts Werk mit seiner authentischen Orgelbegleitung meinte man wie einen beliebigen Fall für Veränderung, Ent- oder Umtextierung, Kontrafaktur, ‚Parodie' oder ‚Styling' überlieferter ‚Lieder' behandeln zu können, ja zu sollen, und darin womöglich eine verdienstvolle Tat zu erblicken." (Benedikt 2001, S. 41) Ganz so sorg- und lieblos meine ich bei der Erstellung der Orgelbegleitsätze nicht vorgegangen zu sein …

Im Übrigen gibt es noch zahlreiche weitere Fälle bei anderen Kompositionen, die nicht als Gemeindelied geschrieben worden sind, aber jetzt so verwendet werden, bei denen in originale Harmonisierungen eingegriffen werden muss.

Bleibt nur noch ein kirchenmusikalisches Schubert-Spezifikum zu erörtern, nämlich die Textänderungen in seinen Messen, insbesondere das Fehlen der Zeile *Et unam sanctam catholicam et apostolicam ecclesiam,* die in keiner Vertonung vorkommt. Leider haben in der Vergangenheit Bearbeiter in zeitbedingt bester Absicht, aber mit wenig Fingerspitzengefühl gerade an der ausgelassenen Textstelle herumgedoktert. Was man etwa den sphärisch dahinschwebenden letzten Minuten des Credos aus der G-Dur-Messe angetan hat, indem man gerade die langen hohen Noten im Sopran in kleinste Notenwerte zerhackt hat, um den fehlenden Text unterzubringen, gehört zu den schärfsten Brutalitäten im jahrhundertelangen Krieg zwischen Liturgisch-Korrekt und Künstlerisch-Verantwortet. – Aus dem Fehlen der Zeile haben viele Autoren den Schluss gezogen, Schubert sei nicht oder nur teilweise gläubig gewesen; schnell war das Bild vom freigeistigen Revoluzzer entworfen. Auf der anderen Seite bemüht man sich, den Vorwurf der fehlenden oder defizitären

Gläubigkeit auf verschiedene Art und Weise zu entkräften. Erich Benedikt hat sich auch dieses Themas mit der üblichen Professionalität angenommen; unter anderem legt er eine akribische Übersicht über Textauslassungen in zahlreichen Messen des Stilkreises vor (Benedikt 2009). Elmar Seidl (2003) argumentiert sehr ausgewogen und lässt die Frage mehr oder weniger in der Schwebe. In den Anmerkungen zu den beiden Beiträgen finden sich viele Literaturangaben zu diesem Spezialthema. Im Folgenden lege ich meine Meinung vor, die ich mir vor langer Zeit gebildet habe und für die die erwähnten Abhandlungen kaum neue Anhaltspunkte liefern.

Dass es viele Komponisten damals mit dem Text nicht immer genau genommen haben, hatte zunächst ganz triviale Ursachen. Die →Schott-Messbücher oder ähnliche Behelfe für den privaten Gebrauch gab es damals nicht; die Komponisten hatten den Text einigermaßen im Gedächtnis oder sahen in jenem Notenmaterial nach, das sie zuhause hatten. Und falls das handgeschriebene Stimmen waren, konnten Fehler sehr leicht übernommen werden. Weiters: Warum man ausgerechnet aus dem Fehlen der Zeile über die katholische Kirche gleich auf fehlende Gläubigkeit schließen will, ist nicht einzusehen. Es hat vermutlich zu allen Zeiten viele Menschen gegeben (und es gibt sie ohne jeden Zweifel heutzutage in verstärktem Maß), die an Gott glauben und die sich auch mit allen oder vielen Glaubensinhalten der Christen identifizieren, nicht aber mit der katholischen Kirche. Es könnte sehr gut sein, dass Schubert gerade sagen will: Mein Glaube ist mir wert und teuer, aber ich bekenne ihn, wie *ich* will, und das hat mit der Kirche nichts zu tun. (In diesem Zusammenhang sei auf Peter Paul Kaspars Überlegungen zu Mozarts Religiosität auf S. 297f. verwiesen.) Insofern könnte man das Fehlen der Zeile ganz im Gegenteil als Beweis für Schuberts Gläubigkeit auslegen.

Der für mich entscheidende Punkt aber ist: Es ist völlig irrelevant, ob Schubert an alles, an vieles oder an nichts geglaubt hat, und – falls eine Steigerung philosophisch, wenn schon nicht sprachlich, möglich wäre – es ist „noch irrelevanter", ob er an die katholische Kirche geglaubt hat. Schubert macht uns mit seiner Musik erschauern; das ist es, was ein Komponist tut, und es ist eine völlig andere Frage, ob er beim Niederschreiben selbst erschauert. Schubert zeigt uns den Himmel im *Et incarnatus est* und den Abgrund bei *Crucifixus*, und ob er im ersten Fall beim Schreiben *den* Himmel gesehen hat oder nur das gegenüberliegende Haus, das werden wir nie erfahren, und wenn wir es wüssten, änderte es nichts daran, dass *wir* den Himmel offen sehen bei diesem *Et incarnatus est*. Schubert lässt uns froh, traurig, ergriffen, andächtig sein, und ob er selbst beim Komponieren jeweils gerade froh oder traurig, ergriffen oder andächtig war, geht uns erstens nichts an, ist zweitens für den in uns erzeugten Gemütszustand belanglos und bedient drittens ohnehin nur die ewige distanzlose Neugier, wie es dem Künstler denn selbst so geht, wenn er einen Jahrhundertgedanken hat. Etwas anderes ist allerdings die Frage nach Schuberts Verankerung in der katholischen Denk- und Gefühlswelt, und die kann man problemlos beantworten. Schubert *war* offensichtlich zuhause in der Liturgie, er kannte die Konventionen der musica sacra, und er war genial genug, um ihnen einmal zu folgen, sie ein andermal zu adaptieren und sie beim übernächsten Mal zu sprengen. Er kannte die wörtliche und die übertragene Bedeutung eines Textes – und seines Subtextes. Er wusste natürlich, was mit dem dreimaligen *Sanctus* gemeint ist und was *qui sedes ad dexteram patris* bedeutet. Und er war klarerweise auch vertraut mit den gängigen Chiffren der kirchenmusikalischen Semantik. Die mit Intervallen nachgezeichneten Kreuzfiguren, die Chromatik als Symbol des Leidens, die Dreizahl – das ist das Werkzeug, das alle zur Hand haben, die Kirchenmusik schreiben. Daraus allein ist nichts über die persönliche religiöse Disposition des Künstlers abzulesen. „Wer so eine Musik schreibt, der muss einen starken Glauben gehabt haben", heißt es dann immer. Die Versuchung ist groß, für die eigene fromme Erschütterung eine gedachte Glaubenstiefe des Komponisten verantwortlich zu machen. Aber diese Kausalität ist – leider – durch keinen Kniff der Logik oder eine empirische Anstrengung herzustellen.

Schubert hilft denen, die seine Sakralmusik hören, zu besserem Verständnis, zu stärkerer religiöser Emotion, vielleicht zu tieferem Glauben. Seine Messen haben in diesen zweihundert Jahren unzählige Menschen zu einer innersten Ergriffenheit gebracht, die andere musikalische Mittel oder gar der Text allein nicht herbeiführen hätten können. Da ist die Frage, was er mit der Auslassung des einen gewissen Satzes wollte oder nicht wollte, von eminenter Bedeutungslosigkeit.

6. Von Beethoven zu Bruckner

Beethoven war kein Komponist von Kirchenmusik. Er gehört nur indirekt zu den großen Drei. Er eröffnet dieses Kapitel, aber er hätte ebensogut das Kapitel Haydn beschließen können. Beethoven ist mit Leib und Seele eine Figur des 19. Jahrhunderts, denn er war der erste große Komponist, der – nach kurzem untergeordnetem Dienst in der Bonner Hofkapelle – völlig ungebunden und freischaffend lebte (wenn man davon absieht, dass eben doch wieder Vertreter des Adels seine Gönner waren). Der romantische Künstler par excellence auf der einen Seite, die Hörer auf der anderen: Sein Publikum ist nicht die vornehme Gesellschaft an einem Hof, sondern gleich die ganze Welt. Er ist kein Angestellter mehr, er komponiert nicht im Dienst eines Fürsten.

Aber genau das tut er ja doch noch einmal. Die C-Dur-Messe schreibt er für den Fürsten Esterházy in Eisenstadt, und deshalb gehört er auch noch ein wenig zum anderen Jahrhundert. Es ist Haydns Fürst, und die Sache kommt auch auf Vermittlung von Haydn zustande. Letzten Endes ist die C-Dur-Messe eine aus den Fugen geratene Haydnmesse. Das bezieht sich nicht nur auf die Proportionen, sondern auf die kompositorische Ausstattung. „Aber, lieber Beethoven, was haben Sie denn da wieder gemacht?", soll der Fürst nach der Uraufführung ganz freundlich gesagt haben; danach war das Verhältnis bleibend beschädigt. Beethoven war ja kein aufstrebender Begabter mehr, sondern hatte bereits den *Fidelio* komponiert und das Heiligenstädter Testament verfasst. In der Messe steckt bereits ein wenig von der gewissen, überbordenden Seid-umschlungen-Geste drinnen, vor allem in den langen Triumphgesängen am Ende von Gloria und Credo. Die synkopischen Schläge bei *judicare* werden den Fürsten wohl auch ein wenig erschreckt haben. Das Sanctus tut so, als ob es von Haydn wäre, aber die friedliche Stimmung täuscht: Nach drei Takten ist der Chor von A-Dur nach b-Moll gelangt und nach einem weiteren wieder zurück! Das ist unerhört; kein Wunder, dass die Pauke unruhig nachgrollt. Sanctus und Benedictus sind – und sind auch wieder nicht – gesonderte Sätze; nur zwei dünne Striche trennen sie, aber die Tonartenfolge ist A-Dur/F-Dur, und die vier Solisten setzen unvorbereitet mit diesem kühnen Akkord a cappella ein. (Wie haben sie das damals liturgisch eingepasst?) Das Unglaublichste kommt aber erst. Ein drohendes Agnus Dei, das schließlich endlos lange auf der Dominante ruht (Schubert!), das endlich sanft in ein freundlich kreisendes *Dona nobis* hinübergleitet; es weht aus dem *Fidelio* herüber, man sieht das Gefängnistor langsam aufgehen, aber dann – dem Fürsten stockt der Atem! – noch einmal c-Moll, noch einmal miserere-miserere-miserere (Schubert!) … das ist unerhört! Und dann wieder das Freiheitslüftchen, jetzt ist endlich alles gut … ja, aber die Messe endet ganz sanft, mit dem Torso einer Kyrie-Reprise. Was soll er sagen, der Fürst …

Nun ja! Er hat die Messe bezahlt. Aber sie ist eigentlich nicht für ihn geschrieben worden. Das ist vorbei. ⇨ Haydn lebt noch. ⇨ Schubert ist zehn und bekommt gerade seine ersten Kontrapunktstunden.

Und nach Schubert? Als Erstes ist wohl Anton Diabelli zu nennen, wiewohl er mit seinen Lebensdaten davor und danach kräftig über Schubert hinausragt. Mit seiner immer volkstümlichen Melodiebildung ist er ein echtes Bindeglied von der Klassik zur Romantik.

Geboren 1781 in Mattsee, erfuhr er seine grundlegende musikalische Erziehung als Knabe im Kapellhaus der Salzburger Hof- bzw. Dommusik. Vor allem Michael Haydn war wohl prägend für ihn. Er sah sich selbst hauptsächlich als Kirchenmusikkomponist, und mit 115 geistlichen Werken steht ihm das auch zu. Es sind seine →Pastoralmessen und Pastoralstücke in dem gewissen lieblichen Tonfall, die – in wohldosierter Zuwendung – auch heute noch gefallen (oder heute am Ende der Barocküberhitzung wieder gefallen), wie etwa die Pastoralmesse F-Dur op. 147 (SATB, Str, Fl, 2 Klar oder 2 Ob, 2 Fag, 2 Trp). Ins selbe Genre fallen auch $\oint$ das →Graduale *Puer natus est nobis* und das Offertorium *Angelus ad pastorem ait*.

Diabelli war aber nicht nur Komponist und Musiklehrer, sondern arbeitete zunächst als Korrektor und gründete 1817 selbst einen Verlag, der ab 1824 unter „Diabelli & Co." firmierte. Er war der Hauptverleger von Schubert und erwarb auch seinen Nachlass.

Nach Haydn, ⇨Mozart und Schubert kann man allerdings nicht „einfach weitermachen" in diesem Buch, als ob nichts geschehen wäre. Man kann nicht bloß die Nachkommenden aufzählen wie zuvor die Vorläufer, denn es veränderte sich jetzt mehr als nur die äußeren Umstände. Bevor wir fortsetzen, sollen diese Umwälzungen kurz skizziert werden.

Exkurs VI: Die Suche nach der guten alten, *reinen* Kirchenmusik

Ein Faktor, der noch zu Mozarts Zeiten keine nennenswerte Rolle in Musikproduktion und Musikkonsumation gespielt hatte, nahm an Wichtigkeit rasch zu: das Bürgertum. Musik – inklusive Kirchenmusik – war bisher von den Herrschenden in Auftrag gegeben, genossen und bezahlt worden. Diese Konstellation hatte die Hervorbringung einer unvorstellbaren Menge an geistlicher und weltlicher Musik ermöglicht; diese Art des Sponsorings hatte in Österreich ab sofort ein langes Decrescendo vor sich. (In Deutschland hingegen wird es viele Jahrzehnte später neue Hofkapellmeister geben, z. B. 1877 Joseph Rheinberger in München und 1911 Max Reger in Meiningen.) Die Kirchenmusik war nur mehr in Wien eine Angelegenheit der Regierenden, und auch dort nur mehr zum Teil. Die Sache der musica sacra hatte sich – wie schon im Zusammenhang mit Schubert erwähnt wurde – von den Reformen Maria Theresias und Josephs II. nie mehr ganz erholt. Besoldete Musiker, die quasi hauptberuflich für die Kirchenmusik tätig waren, konnte man sich ab sofort kaum mehr leisten.

Die Entwicklung der Kirchenmusik kam zusätzlich noch von einer ganz anderen Seite her in Gefahr. Der Wandel im Denken, der sich damals anbahnte, wirkt bis in unsere Tage, da sich die vatikanische Gesetzgebung Anfang des 20. Jahrhunderts die gewandelte Sicht zu eigen machte.

Das Bewusstsein der Historizität der Kunst war erwacht und verbreitete sich als in allen Bereichen wirkende Hauptströmung. Als Mozart beim Baron van Swieten in den Achtzigerjahren des 18. Jahrhunderts Werke von Bach und Händel kennenlernte, war der Besitz von alten Noten noch ein exquisites Hobby für gehobene Kreise. Aber als Zelter und Mendelssohn fünfzig Jahre später in Berlin die Bach'sche Matthäuspassion wiederentdeckten und aufführten, hatte der musikalische Historismus das Bürgertum erreicht. All das hätte eigentlich in einer Blüte der Kirchenmusik resultieren können, wobei Altes und Neues in einen fruchtbaren Dialog hätten treten können. Es ging aber ganz anders aus, da die Musik von Palestrina nicht nur entdeckt, sondern gleich zum Stilideal erhoben wurde. Auch dies hatte wieder zwei Wurzeln.

Auf der einen Seite war es ein Rückgriff im ästhetischen Sinne, ein erstes Zurück-zu-den-Wurzeln, wie es ja im Kulturellen immer wieder vorkommt. Die sinnliche, überschwängliche und farbenfrohe Musik der Wiener Klassiker weckte die Sehnsucht nach dem ganz anderen: dem Ruhigen, dem grundsätzlich Polyphonen, dem Berechenbaren. „Stets erschien [damals] die zeitgenössische ‚neue' Kirchenmusik als Resultat eines Irrweges, als ein Verfalls-Produkt, dem als geschichtsklitterndes Korrektiv die ‚alte' im Sinne ‚wahrer' Kirchenmusik – repräsentiert durch Palestrina – gegenübergestellt wurde." (Kalisch 2007, S. 27) Hucke bemerkt dazu trocken: „Die Identifizierung des Musica-Sacra-Ideals mit Palestrina hängt mit der Legende von der Rettung der Kirchenmusik durch Palestrina zusammen. Die Vorstellung von seiner Kunst als ‚einfach' ist ein historisches Missverständnis. Sie beruht darauf, dass von Palestrina nur einige wenige, ihm z. T. fälschlich zugeschriebene Stücke bekannt waren." (Hucke, Geschichtlicher Überblick, Gdk [G], Teil 3/S. 159)[12]

Eine andere geistige Strömung postulierte für gottesdienstliche Musik ein Reinheitsideal, das nur im A-cappella-Gesang erfüllt werden konnte. Nur die menschliche Stimme, schlackenlos, nicht befleckt durch instrumentale Unterstützung, sei rein genug, um im Tempel des Höchsten sein Lob zu singen. Der wichtigste Vordenker dieser Ideologie war Anton Friedrich Justus Thibaut mit seiner Schrift „Über die Reinheit der Tonkunst" (1824).

Der unbegleiteten Vokalmusik wird darüber hinaus sogar eine den Menschen veredelnde Kraft zugesprochen. (Thibaut: „Gebt mir 10 Choralsänger und ich schlage euern Beethoven tot!") In einem großen historischen Kreisschluss dringt so erneut, diesmal von einer ganz anderen Seite, das Moment einer kultischen Reinheit in den Wertekanon ein, der für die Kirchenmusik als verbindlich gedacht ist. Die Konnotation Stimme = rein / Instrumente = unrein ist ja nicht neu: „In den ersten christlichen Jahrhunderten weigerten sich die Gemeinden, Instrumente in

---

12 Das ist die passende Stelle für eine weitere Zurechtrückung. Das vielgesungene „Ave Maria von Arcadelt" wird als ehrwürdiges Stück Musik aus der Spätrenaissance gehandelt. Es stammt in Wahrheit aus dem 19. Jahrhundert und ist vom Pariser Kapellmeister und Komponisten Pierre-Louis-Philippe Dietsch. Sein Chorsatz, erstmals aufgeführt im April 1842, lehnt sich bloß an eine Melodie von Arcadelt an und ist ganz im Stil jener altertümelnden A-cappella-Schreibweise gemacht, von der zuvor die Rede war.

die christliche Liturgie zu übernehmen, weil man sie als Bestandteil der heidnischen Kultur ansah." (Wohlmut 2007, S. 249)

Die Wirkungen dieser Strömungen können kaum unterschätzt werden. Allenthalben wurde nun alte Musik gesammelt und studiert; die Parallele zur Mitte des 20. Jahrhunderts ist auffällig. Für die katholische Welt wurde die Arbeit von Carl Proske besonders wichtig, der buchstäblich tausende Seiten von Musik der Palestrina-Epoche und davor abschrieb bzw. →spartierte und außerdem ein riesiges Corpus an Handschriften zusammenkaufte. Proske war zunächst Arzt gewesen, hatte dann Theologie studiert und wurde zum Priester geweiht. Sein Lebenswerk war die Erneuerung der Kirchenmusik, genauer gesagt ihre „Restauration", ihre Wiederherstellung (was eine Art vorhergehenden Verfall oder gar eine Zerstörung unterstellt) durch die Konzentration auf den gregorianischen Choral und die Vokalpolyphonie Palestrinas.

Die Arbeiten Proskes, inzwischen Kanoniker in Regensburg, wurden vom Priester und Komponisten Franz Xaver Witt begleitet und fortgeführt. Er gründete 1868 den Cäcilienverband, eine Einrichtung, die so wahrscheinlich nur in Deutschland entstehen konnte. Die Ideologie der Liturgiefähigkeit, ja der Heiligkeit, die an stilistischen Merkmalen und an Besetzungen festgemacht werden konnte, fand hier eine organisatorische und quasi-amtliche Struktur. Wesentliches Merkmal war die offen ausgesprochene Geringschätzung gerade jener Errungenschaften, die für das 19. Jahrhundert kennzeichnend waren: die stürmische Entwicklung der Harmonik, die Verfeinerung der Instrumentierung, somit die Ausweitung der kompositorischen Mittel im Allgemeinen. Bei programmatischen Ansagen und allgemeiner Propaganda blieb man nicht stehen, sondern gab den immer wieder aktualisierten *Vereinskatalog* heraus, in dem Kompositionen als kirchenmusikalisch korrekt oder als unkirchlich klassifiziert wurden. Hier begegnet einem ein gewisser, auch aus der politischen Diskussion bekannter Typus ideologischer Verengung, bei dem die eigene Anschauung nicht nur unverrückbar als das Maß aller Dinge genommen wird, sondern sogar auch rückwirkend angelegt wird – und vor nichts zurückschreckt im Bewertungs- und Klassifizierungsfuror: Ein cäcilianischer Autor lobt zwar Mozarts Krönungsmesse zunächst, allerdings nur „vom ästhetischen Standpunkt aus". Denn „das Kyrie, Sopransolo, ist so süss, so einschmeichelnd, dazu die Behandlung der Violinen, die Läufe der Oboe dazwischen – das mag alles mögliche sein, aber Kirchenmusik, und besonders ein Ruf um Erbarmen – ist es in Ewigkeit nicht. (…) Es will uns scheinen, als habe sich Mozart, je länger er für die Kirche komponierte, desto mehr von der Einfachheit abgewandt." Zum *Et incarnatus* der c-Moll-Messe: „Musikalisch ist es herrlich, fein gefühlt, wie dies nur ein Mozart im stande war; aber kann es auch kirchlich genannt werden? Kaum; sieht es ja doch einer Opernarie so ähnlich, wie ein Ei dem andern." (Mayrhofer 1896, S. 122)

Während des I. Vatikanischen Konzils erhielt Witt für seinen Verein die päpstliche Approbation. Der Cäcilien-Verein hatte fortan regelmäßig und unter Umgehung der Bischöfe über den Stand der Kirchenmusik direkt nach Rom zu berichten. „Von da an wurde die Kirchenmusik in anderen Ländern zu einer Angelegenheit der römischen Gesetzgebung." (Hucke) Ähnliche Vereine entstanden auch in anderen Ländern. Dass so manche der Vorstellungen der Cäcilianer in jenes päpstliche Dokument eingeflossen sind, das bis zum II. Vatikanischen Konzil die hauptsächliche Richtschnur für die Kirchenmusiker werden sollte – das Motu proprio „Tra le sollecitudini" von Papst Pius X. (1903) –, ist evident. Vor allem die berühmte Rangordnung der Stile nach ihrer Heiligkeit bzw. Liturgiefähigkeit, auf die sich gerade jetzt wieder die konservativen Kräfte berufen, trägt einen starken cäcilianischen Akzent: Gregorianik als der eigentliche, Palestrina als der hochgeschätzte Stil der Kirche, und alles übrige (Mozart & Co.) ist geduldet. (Details S. 319f.)

Es war also nicht bloß der neugierige Blick in die verstaubten Archive längst vergangener Kirchenmusik-Ideologie, der uns einige Seiten lang bei den Ideologen verweilen ließ. Es geht um eine immer mehr vorherrschende Geisteshaltung, die die Komponisten in zwei Lager trieb, nämlich die Braven und die Unkirchlichen. Letztere fanden sich, wie gezeigt wurde, in bester Gesellschaft wieder; über Haydns Messen waren ähnliche Urteile zu hören wie über Mozart. Die auffallendste Auswirkung war allerdings, dass die Entwicklung des musikalisch Neuen sich von der Kirche abkoppelte. Einfacher gesagt: Wer als Komponist „fortschrittlich" war, musste damit rechnen, dass ihm blasse Palestrina-Epigonen vorgezogen wurden.

Die Anliegen der Cäcilianer waren natürlich nicht im luftleeren Raum entstanden; abgesehen von den beschriebenen geistesgeschichtlichen Wurzeln gab es handfeste Gründe ganz anderer Art, die eine Neuausrichtung – nun ja: eine Restauration! – wünschenswert erscheinen lassen konnten. Ernst Tittel (1961, S. 254f.) beschreibt die laxe liturgische Gesinnung, die abgeschliffene Praxis und die bloß konservatorische Repertoirepflege im Österreich des 19. Jahrhunderts. Vor allem der gregorianische Choral hatte einen unaufhaltsamen Niedergang erlebt. „Wien bleibt weiterhin der feste Hort der instrumental-klassischen Tradition, wobei freilich auch der große Wust kirchenmusikalischen Schlendrians inbegriffen ist. So kommt es zur Spaltung der herrschenden Meinungen, der Kampfruf: *Hie Mozart – hie Palestrina* wird aktuell." Die Cäcilianer begnügten sich übrigens nicht mit Fragen der Ästhetik oder der Liturgiegerechtheit in ihrem Sinne, sondern drangen definitorisch noch weiter vor. „Von den Cäcilianern wurde noch am Ende des 19. Jahrhunderts nur das Hochamt *liturgische Messe* genannt, während die übrigen Messfeiern als *nicht-liturgische Messen* bezeichnet wurden; genaugenommen ein Widerspruch in sich, aber doch bezeichnend. Bei der liturgischen Messe hatte ein Chor mitzuwirken, der die vorgeschriebenen Messgesänge lateinisch vortragen musste; bei den nicht-liturgischen Messen hingegen waren Gesänge in der Muttersprache geduldet."[13]

Lassen wir die Gesamtsituation nochmals von Karl Gustav Fellerer, einem der wesentlichen Beobachter des großräumigen Kirchenmusikgeschehens im 20. Jahrhundert, zusammenfassen:

> „Die äußere Voraussetzung bildete dazu die kirchenpolitische Entwicklung, die den Prunkgottesdienst der Höfe, Kathedralen, Stifte infolge der Säkularisation einschränken musste und eine Gebrauchskirchenmusik erforderte, für die die großen Formen der Wiener Klassik unerreichbar blieben. Der Versuch, diese von oft ungeeigneten Kräften gestaltete Gebrauchsmusik den großen Formen der repräsentativen Kirchenmusik anzugleichen, führte zu trivialen Äußerlichkeiten, die nicht der Würde des Gottesdienstes entsprechen konnten. Die altklassische Polyphonie, die im 17. und 18. Jahrhundert im stile antico modernisiert wurde, wurde in einer historischen Sicht der Zeit zum kirchenmusikalischen Ideal, das … künstlerische Eigenentwicklungen, wie sie in der Kirchenmusik Franz Liszts oder Anton Bruckners vorliegen, nicht in ihrem liturgischen Wert erkennen ließ." (Fellerer 1974, S. 50)

∗ ∗ ∗

Franz Liszt soll hier nicht als österreichischer Kirchenmusiker reklamiert werden. Er ist aber eine so herausragende Erscheinung, nicht nur aufgrund seiner kompositorischen Potenz, sondern auch in seiner Janusköpfigkeit, dass er nicht fehlen darf, wenn es ums 19. Jahrhundert geht. Der Feuergeist und Virtuose Liszt, als Pianist einer der ersten des romantischen Virtuosentyps, als Komponist eindeutig auf der Seite der „Fortschrittlichen", wandte sich in der zweiten Hälfte seines Lebens der Kirche zu. (Auch diese Wandlung vom weltlichen zum kirchlichen Künstler, eine „Läuterung" fast im Sinne eines Entwicklungsromanes, entbehrt ja nicht ganz des Romantisch-Klischeehaften.) Liszt kam mit Proske und Witt in Kontakt; mit letzterem entstand sogar eine Art Freundschaft. Witt äußerte sich mit entsprechender Vorsicht über die harmonischen Kühnheiten in den Sakralwerken des Freundes.[14] Liszt hatte ab 1861 sogar einen seiner Wohnsitze in Rom, um dort, gleichsam in Sichtweite des Vatikans, am großen Werk der Restauration (!) des gregorianischen Chorals mitzuarbeiten. 1865 empfing Liszt die niederen Weihen (ab sofort: „Abbé Liszt!"), außerdem trat er in Budapest dem dritten Orden der Franziskaner bei. In seinen zahlreichen Schriften bezieht sich Liszt immer wieder, manchmal erkennbar utopisch, auf eine Wiedergenesung des modernen Menschen, die zu einer direkt aus der grundlegenden Religiosität aller Musik gespeisten Frömmigkeit führen soll.

---

13 Philipp Harnoncourt, Die Messfeier in den Kathedralen an Sonn- und Feiertagen. Heiliger Dienst 39. Jg / Heft 1/2 1985, S. 28–46

14 August Scharnagl, Franz Liszt – Franz Witt. musica sacra 106/6, 1986, S. 444–447

Der Bruch, der sich zeitlebens durch ihn zieht – „halb Zigeuner, halb Franziskaner-Abbé" (Tittel) –, äußert sich auch in den diametral entgegengesetzten Ordinariums-Vertonungen. Während in der *Graner Festmesse* (1856) und der *Ungarischen Krönungsmesse* (1867) das volle Orchester mit allen romantischen Errungenschaften Soli und Chor unterstützen und der Text großzügig ausgemalt und ausgebreitet wird, zieht sich Liszt in der *Missa choralis concinante organo* (1859) auf schlichte Themenbildung zurück, die immer die Nähe zur Gregorianik erkennen lässt. Ist er auf der einen Seite ein Erbe von Berlioz, lässt er sich auf der anderen von den cäcilianischen Freunden in seinem Überschwang bremsen. Im Gloria der Graner Festmesse greift Liszt mitten in der *Cum-Sancto*-Fuge auch auf *laudamus te, benedicimus te* zurück, allerdings nur auf den Text, merkwürdigerweise nicht aufs musikalische Material. Wie einmal bei Schubert (F-Dur-Messe) liegt auch bei dieser Messe im Credo der Einschnitt bei *Qui propter nos* und nicht bei *Et incarnatus est*. Die musikalische Reprise tritt überraschenderweise bei *sedet ad dexteram* ein. Die luxuriös besetzte Messe ist liturgisch gedacht, aber dass es da auch Hintergedanken gibt, erhellt aus Liszts Regieanweisung für *judicare*: „Während dieser zwölf Tacte sollen die Schalltrichter der Hörner, Trompeten, Posaunen und Tuba in die Höhe geschwungen, die Spieler aufrecht stehend, und die Instrumente dem Auditorium [!] zugewendet sein." Da hat der Virtuose den Abbé erfolgreich überredet, ein bisschen fromme Show zu machen! Ein einziges Mal wird das Wort *credo* neu hervorgeholt: *credo unam ecclesiam* [!]. Sanctus und Benedictus sind üppig, aber im Großen und Ganzen traditionell gestaltet. Der Dona-nobis-Satz schließt mit einem triumphalen Amen – vielleicht hat auch hier der Gedanke an konzertante Aufführungen mitgespielt.

Gregorianik-Spuren oder von Liszt erfundener Pseudo-Choral finden sich allenthalben in seinen späteren Werken, etwa im Hymnus *Vexilla regis*, mit dem der Kreuzwegzyklus *Via crucis* (1879) eingeleitet wird. In einzelnen Stationen werden aber auch deutsche Kirchenlieder eingebaut. Für die Begleitung der „kirchlichen" Melodien hält Liszt übrigens das Harmonium für das geeignetste Instrument.

Außerdem gibt es liturgisch *intendierte* Orgelwerke. Die *Missa pro organo* (1879) enthält den Zusatz „Zum gottesdienstlichen Gebrauch beim Lesen der stillen Messe"; im *Requiem für die Orgel* (1883) heißt es einmal: „Der Priester liest das →Officium [!] der heiligen Messe weiter fort." In der heutigen Praxis könnte man die Kompositionen im Gesamtzusammenhang jedenfalls nicht liturgisch einsetzen und müsste einzelne Stücke herausgreifen. (Vgl. Planyavsky 1987.)

Anton Bruckner hingegen tat sich mit den Cäcilianern nicht so leicht. Er war in jeder Hinsicht aus anderem Holz geschnitzt als Liszt. Von irgendwelchen Kompromissen zwischen verschiedenen Denkrichtungen konnte bei ihm keine Rede sein, und nach allem, was man über ihn weiß, interessierte er sich auch nicht sonderlich für derlei philosophische Fragen. Er kam aus ärmlichen Verhältnissen und blieb Zeit seines Lebens ein einfacher, ehrlicher Mann. Bei ihm kam die Kirchenmusik aus einem demütigen, frommen Herzen; Überlegungen über den persönlichen Glauben, wie sie bei Mozart oder Schubert naheliegen, brauchen hier nicht angestellt werden. Als er einmal gefragt wurde, ob er wirklich so fromm sei, wie man sage, erwiderte er: „Wie hätt' ich denn sonst das Credo meiner f-Moll-Messe komponieren können?" (Auer 1932, S. 210) „Musikant Gottes" wird Bruckner oft genannt. Die IX. Symphonie ist „dem lieben Gott" gewidmet, und über sein Te Deum meinte er, er würde es beim Jüngsten Gericht hinhalten und sagen, dass er es ganz allein für IHN gemacht habe, „dann würde ich schon durchrutschen." (Novak 1978, S. 53) Bruckner hielt in Strichlisten genau fest, wieviele Ave Marias und andere Gebete er jeden Tag absolviert hatte.[15] Die Biographien und Anekdotensammlungen gehen über von Schilderungen seiner Glaubens- und Schaffenskrisen, allerdings auch mit seinen Selbstzweifeln und Devotionsübungen. Auf Schritt und Tritt begegnet man der Kluft zwischen einem unbeirrten So-und-nicht-anders-Können und einer fast kriecherischen Eilfertigkeit, es allen recht zu machen. Das *Et incarnatus est* der f-Moll-Messe ist entworfen, aber als sein Schüler Karl Waldeck auf die Frage, wie es ihm gefalle, antwortet: „Nicht so gut wie das davor", macht er es sofort neu. So jemand kann aus seinem innersten Wesen heraus nicht halb- oder ganz-cäcilianisch komponieren.

Oder täuscht man sich da? Neben den großen symphonischen Messen in f-Moll und d-Moll gibt es jede Menge kleiner Kirchenmusikwerke, die den Intentionen der Kirchenstil-Wachorgane zumindest nicht entgegenstehen. In vielen dieser Chorsätze schwingt vielleicht die Erinnerung an die einfachen Verhältnisse nach, die Bruckner in Ansfelden und Windhaag vorgefunden hat, und man meint schwache Nachklänge Michael Haydns zu erkennen. Denn bei aller Einfachheit ist eine schwach polyphone Grundhaltung auch in diesen Sätzen zu spüren. Und noch etwas wird den Stilwächtern gefallen haben, nämlich Bruckners fallweise Hinwendung zu →Kirchentonarten. Das *Pange lingua* von 1868 ist „phrygisch", *Tota pulchra* steht in einer Art hypo-phrygisch (zumindest über weite Strecken), und *Os justi* soll nach Bruckners Vorstellung lydisch sein. Im Fall dieser Motette hat die Nähe zum Modalen erwiesenermaßen damit zu tun, dass der Widmungsträger, der St. Florianer Chorleiter Ignaz Traumihler, ein Cäcilianer war. Bruckner schickte ihm das Stück und machte ihn im Beibrief eigens darauf aufmerksam, was er sich alles an Ungehörigkeiten verkniffen hat: „Ohne # und b; ohne Dreiklang der 7. Stufe; ohne 6/4-Akkord, ohne Vier- und Fünfklänge." Bei der ersten Leseprobe jedoch, so berichtet ein Gewährsmann, habe Traumihler „trotz seiner cäcilianischen Ohren die Tonart nicht begriffen". (Nowak 1983, S. 247)

---

15 Dieses und viele andere Details zu Bruckners Frömmigkeit bei Horn 1996

1865 veröffentlichte Witt das phrygische *Pange lingua* als *Tantum ergo*, eliminierte allerdings eigenmächtig und ohne Rückfrage einen harten Sekundvorhalt im *Amen*, „wodurch die Stelle aalglatt und nichtssagend wurde." Bruckner war sehr böse darüber, und mindestens ebenso erzürnte ihn sicher die cäcilianische Kritik über das berühmte siebenstimmige *Ave Maria*, in der man den dritten *Jesus*ruf im fortissimo als „ungehörigen Klecks" verspottete. (Tittel 1961, S. 296)

Sie hatten es wahrlich nicht leicht mit Bruckner; bei ihm kann jederzeit, mitten in einer wolkenlosen diatonischen Landschaft, unvermittelt und für kurze Zeit schweres chromatisches Unwetter ausbrechen. Derlei fällt dann besonders schwer ins Gewicht, wie etwa im *Tota pulchra* die isolierte Modulation bei *Mater clementissima* (T. 50–52), die im Gesamtzusammenhang des Stückes völlig unerklärlich ist und auch aus dem Text nicht begründet werden kann. Ähnlich ist es am Ende des Benedictus der e-Moll-Messe, wo auch wieder zwei Takte die ansonsten planmäßige harmonische Beruhigung in der Coda völlig aus dem Gleichgewicht bringen (T. 85–87). Ein regelrechter Slalom durch allerlei Tonarten ist schon im Agnus Dei der frühen *Messe ohne Gloria* zu beobachten. Die Neigung, aus einer Zone braver Harmonik unvermittelt auszubrechen, ist bei Bruckner oft latent vorhanden; im *Perger Präludium* für Orgel (1884) kann man derlei sprunghaftes Verhalten auf kleinem Raum mehrmals beobachten. Diese Unberechenbarkeit war es wohl auch, die ihn insgesamt für Witt & Co. eher ungenießbar erscheinen ließ – abgesehen von Ausdehnung und Orchestrierung der großen Messen. Die Abneigung war durchaus gegenseitig; „die Cäcilianer – dös is nix, nix, nix", sagte Bruckner einmal.

Gemessen an den harmonischen Kühnheiten und den Aufführungsschwierigkeiten ist die formale Gestaltung der Bruckner'schen Messen konservativ. Hier ist keine Rede von den erstaunlichen Lösungen, zu denen Haydn und vor allem Schubert gefunden haben. Größtenteils werden die bekannten Stereotypen übernommen, bisweilen allerdings durch Aufblähung in andere Proportionen gebracht. Das eindrucksvollste Beispiel dafür ist der *Et-resurrexit*-Komplex in der d-Moll-Messe mit seinen 26 Takten Orchestervorspiel und einem Crescendo-Aufbau, wie er in der Sakralmusik vorher noch nie zu hören war. Der Abschnitt umfasst auch noch das drohende *Judicare* und ist „ein Kolossalgemälde von raffaelischer Wucht" (Tittel 1961, S. 293). Genau diese Art der Neuheit, der Einsatz des vollen zeitgenössischen Orchesters im Dienste einer rein emotionellen Wirkung (im Sinne der Programmmusik) machte diesen Teil von Bruckners Kirchenmusik für die Cäcilianer völlig unakzeptabel – da mochte der Komponist noch so viele Rosenkränze beten. Und dann wären da noch die sprichwörtlichen Generalpausen (bei den Proben zur dritten Symphonie sprach man in Wien in Musikerkreisen bald von der „Pausensymphonie"), die bei Bruckner geradezu ein Element der Formstabilisierung sind. Seine Pausen, wie etwa im Sanctus der d-Moll-Messe, sind eben nicht beruhigende Fermaten wie bei Haydn, sondern ein atemloses Stocken oder ein Suchen nach einem noch innigeren Wort mitten im Gebet. Schließlich muss man noch manche unerhörte Tonartenfolge erwähnen, vor allem in der f-Moll-Messe: Der Credo-Satz steht in C-Dur, praktisch ohne Modulation geht es im *Et incarnatus est* in E-Dur weiter, das *Crucifixus* ist in Es-Dur … Und so dauerte es eben sehr lange mit der Akzeptanz für diese erratischen Messvertonungen, die einerseits gehorsam an der überkommenen Form festhielten, andererseits aber so aus dem Rahmen fielen, dass sie für viele doch rätselhaft blieben. Dass Bruckners Symphonien in Wien ohnehin von der Kritik lange Zeit arg zerzaust wurden, half sicher auch nicht bei der Popularisierung der Messen.

Zwischen den beiden symphonischen Messen in d und f komponierte Bruckner auf Veranlassung seines Förderers Bischof Rudigier die Messe e-Moll. Nachdem er schon für die Grundsteinlegung des Neuen Domes in Linz eine Festkantate *Preiset den Herrn* (1862) geschrieben hatte, entstand nun für die Einweihung der Votiv-kapelle des Domes die Messe. Dass die Uraufführung (29. September 1869) von vornherein im Freien geplant war, führte zu der ungewöhnlichen Besetzung mit Holz- und Blechbläsern und zu entsprechend ungewöhnlichen Klangwirkungen. Bruckner verlässt hier einige Male sein chromatoides Grundklima und schreibt für den Chor sehr gediegene achtstimmige Abschnitte, die von vielen zu Recht als Palestrina-nahe gelobt wurden. Das Kyrie ist a cappella gedacht, die Begleitung ist nicht obligat. Leider unterschätzt der Meister aber später die praktischen Schwie-rigkeiten gehörig, wenn er im Sanctus die Bläser nach 26 Takten A-cappella-Ge-sang einsetzen lässt. Die Stelle wurde bereits bei der Uraufführung unter Bruckners Leitung geschmissen und ist seither viele Male in unterschiedlichen Graden der Nicht-Perfektion erklungen.

Außer den drei großen Messen existieren noch die *Windhaager Messe* (1842), die *Messe ohne Gloria* (1844, hervorgegangen aus bzw. in Beziehung mit einer *Choralmesse für den Gründonnerstag*) und die *Missa solemnis in b* (1854). Letz-tere steht ein wenig im Schatten der „großen Drei" – für ein Jugendwerk schon sehr gekonnt, aber wegen unübersehbarer Längen doch nicht auf Augenhöhe mit den anderen. B-moll ist jedenfalls gleich einmal ein Signal: Ich bin ein Querkopf! (denn die Tonart ist in der praktischen Kirchenmusik so selten wie eine Sonnen-finsternis). Ab dem Gloria ist die Messe gottlob in B-Dur. Der *Qui-tollis*-Abschnitt hat die Instrumentalbesetzung Solo-Oboe, Solo-Cello, Streichquintett und Orgel. An den Enden der großen Sätze gibt es die traditionellen Fugen; sie haben zwei Themen und sind umfangreich wie bei Haydn; von dort kommen auch die Amen-Melismen für die Soli. Die anderen Sätze sind traditionell gehalten, abgesehen da-von, dass das Hosanna am Schluss des Benedictus sehr knapp angehängt ist wie manchmal bei Schubert.

Ferner liegt noch ein *Requiem* vor (1848, überarbeitet 1892). Bruckner hat eine auffällige Lösung für das Offertorium: *Quam olim Abrahae* ist beim ersten Mal in sehr knappem, homophonem Satz rasch erledigt – nach einem ebenfalls kurzen *Hostias* wird *quam olim* beim zweiten Mal als ausladende Fuge mit zwei Themen gestaltet – 132 Takte und aufwändig mit Umkehrungen und Engführungen ausgestattet.

Unter den zahlreichen kleinen Kirchenmusikwerken gibt es etliche, die auch von einem der vielen namenlosen Lehrer-Mesner-Organisten im ländlichen Betrieb sein könnten, aber auch Perlen des Repertoires, die nur von der Hand des Meisters stammen können wie etwa das *Ave Maria*. Einige werden unter anderen Themen in diesem Buch besprochen: *Tota pulchra* S. 253, *Vexilla regis* S. 227, *Locus iste* S. 229, *Virga Jesse* S. 254.

Als Bruckner 1896 starb, war seine Kirchenmusik für viele noch immer modern. Aber wie modern? Im selben Jahr schrieb Richard Strauss *Also sprach Zarathustra*. Noch vier Jahre bis zum gespaltenen Jahrhundert …

7. Das gespaltene Jahrhundert

Das 20. Jahrhundert kann in mehrfacher Hinsicht als ein gespaltenes gesehen werden:
Einmal in zwei kirchenmusikalische Epochen, nämlich
– 1903 bis 1962, das heißt vom Motu proprio Pius' X. „Tra le sollecitudini" bis zur Liturgiekonstitution des II. Vatikanischen Konzils
– und in die Zeit seit dieser Konstitution im Jahr 1962.

Gespalten ist es aber auch in der Längsrichtung. Was sich seit dem frühen 19. Jahrhundert angebahnt hat, wird nun zu einem Charakteristikum: Sakrales und weltliches Komponieren haben sich bis fast zur Beziehungslosigkeit auseinander entwickelt. Anton ⇨Bruckner ist für lange Zeit der letzte große Komponist, der auf beiden Gebieten beachtliche Werke geschaffen hat. Dabei geht es nicht darum, dass die einen fromm sind und die anderen nicht, auch nicht um die Frage der Gelegenheit. Schon im 19. Jahrhundert war die Kluft so deutlich geworden, dass es interessant wurde, in der nicht-sakralen Musik durch bloßes Zitieren geistliche Akzente zu setzen. Hinter dieser zuerst paradox anmutenden Kausalität steht das Faktum, dass sakral konnotierte Elemente schon lange nicht mehr selbstverständliche Ingredienz der Musik waren, sondern gleichsam als von außen kommende Signale des Geistlichen wirken konnten. Mendelssohn löste geradezu eine

Mode aus mit seinen Chorälen in säkularem Umfeld (Orgelsonaten 1, 3 und 6; Reformationssymphonie).[16] Es ist vielmehr so, dass die Entwicklungen in der Musik zur Gänze außerhalb der kirchlichen oder gar der liturgischen Sphäre stattfinden.

Aber die eigentliche Kluft lag noch tiefer. Schon Richard Wagner, später auch Richard Strauss und Claude Débussy, von der Zweiten Wiener Schule ganz zu schweigen, haben kaum Geistliches und noch weniger Liturgisches komponiert. Max Reger – wenn man ihn als modernen Komponisten rechnen möchte – hat sich zwar ästhetisch immer im Dunst der großen Konfessionen bewegt, aber nichts für die Liturgie geschrieben, jedenfalls nicht für die katholische. Und es ist ihnen allen nicht zu verdenken. Die nun bereits seit mehreren Generationen vorherrschende Ideologie des Reinen und Rückwärtsgewandten, nach der jeder harmlose alterierte Akkord als abweichlerisch geschmäht wurde, war absolut keine Einladung an Komponisten, die etwas Neues schaffen wollten. Selbst kreuzbrave Meister wie Rheinberger schrammten mehrmals am Bannfluch der Regensburger vorbei. Die innovativen Komponisten hätten all ihre Innovationen weit herunterschrauben können und wären mit vielem doch nicht akzeptabel gewesen. Dazu kam der schon beschriebene Schlendrian in der künstlerischen Ausführung und in der liturgischen Praxis. Die Lehräußerung Pius' X. im Jahr 1903 bedeutete einen scharfen Einschnitt.

Die folgenschwerste Maxime in diesem Dokument sei nochmals kurz referiert: Sie bestand in einer Klassifizierung des gesamten kirchenmusikalischen Schaffens in drei Kategorien. Der gregorianische Choral galt als die eigentliche, indigene Musik der römischen Kirche; der Stil Palestrinas (und seiner Zeitgenossen, aber auch der Palestrina-Nachahmer im Umkreis der Cäcilianer) war der „hochgeschätzte" Stil, und alles andere war geduldet. Allein diese Rangordnung vertiefte naturgemäß diese Kluft; denn welcher geachtete Komponist hätte eine große Partitur geschrieben, um dann bloß etwas „Geduldetes" (und keine „hochgeschätzte" oder gar „eigentliche" Kirchenmusik) geschaffen zu haben? Kann man sich einen Richard Strauss vorstellen, wie er sich auf so etwas einlässt, oder einen Max Reger, wie er im Palestrina-Stil komponiert?

Alles Übertriebene, Opernhafte, alle lärmenden Instrumente, sogar Schlagzeug sollten für die Liturgie verboten sein oder unter strengen Kautelen geduldet. „Unter allen Umständen verboten sind Konzertpsalmen." Das war gleich einmal das Ende für Mozarts Vespern in der Liturgie. Und mit den Messen der Wiener Klassiker hatten weder Pius X. noch die Cäcilianer viel Freude. Der gute Kaiser Franz Josef war um seine Messen in der Burgkapelle besorgt und schickte zwei Emissäre nach Rom, die dem Papst die Sache in einer Privataudienz vortrugen. „Dann wollen Wir

---

16 Walter Wiora (Hg.), Religiöse Musik in nicht-liturgischen Werken von Beethoven bis Reger. Regensburg 1978

für Österreich eine Ausnahme machen," sagte der Papst (Tittel 1961, S. 315), aber das war auf Mozart und Haydn gemünzt und konnte wohl nicht bedeuten, dass man Gustav Mahler ersuchen würde, eine Festmesse mit 300 Mitwirkenden für den Stephansdom zu schreiben.

Die andere nicht minder bedeutsame Festlegung im Artikel 3 betraf eben die zukünftige, neu zu schaffende liturgische Musik.

> „Eine Kirchenkomposition ist um so heiliger und liturgischer, je mehr sie sich in Verlauf, Eingebung und Geschmack der gregorianischen Melodik nähert; und sie ist um so weniger des Gotteshauses würdig, als sie sich von diesem höchsten Vorbild entfernt."

Zieht man eine nüchterne Bilanz über die direkten Auswirkungen des Motu proprio, was das Komponieren betrifft, so könnte man sagen: Ein Teil der Komponisten (leider vor allem viele bedeutende!) wurde schlicht und einfach abgeschreckt, für die Liturgie etwas zu komponieren. Andererseits hat die Bekräftigung der Gregorianik- und Palestrina-Ideologie eine Hinwendung vieler Komponisten zu einem linearen Stil ausgelöst. Ebenso ist dadurch zweifellos die Wiederentdeckung der Kirchentonarten beschleunigt worden.

All dies kann nicht losgelöst vom Mainstream der europäischen Musikentwicklung gesehen werden. Auf die Zeit der Opulenz – spätromantisches Riesenorchester, überlange Einzelsätze, Chromatisierung – musste ein Pendelschlag erfolgen; es war geradezu naturgegeben, dass man sich für knappere Mittel und konzisere Formen zu interessieren begann.

Jedenfalls begannen die der kirchlichen Sphäre näherstehenden Komponisten sich die Ermahnung zur Gregorianik-Nähe zu Herzen zu nehmen, und es entstand eine große Produktion von Messen, die in diesem Geist – und mit dementsprechenden Mitteln – geschaffen wurden. In seinen „Tabellen zur Musikgeschichte" (Wiesbaden 1962) notiert Arnold Schering unter 1928 bereits: „Fortdauernde Entfaltung der Komposition kirchlichen Stils für beide Bekenntnisse" und nennt „Grabner, Lemacher, Hasse, Pepping, Distler und Kurt Thomas" – zum überwiegenden Teil schon der Partei der Entschlackten angehörig.

Frankreich ging einen anderen Weg als der deutschsprachige Raum. Nennenswerten muttersprachigen Volksgesang in der Liturgie hatte es nie gegeben; der gregorianische Choral war immer schon das vorherrschende Medium gewesen. Pius X. trug sozusagen Quadratnoten nach Paris, als er sein Motu proprio erließ. Spätestens seit Tournemire lieferte die Gregorianik das vorherrschende thematische Material für die nicht-sinfonische Seite der Orgelmusik in diesem Land. In der Messkomposition gingen die Komponisten eine Art Mittelweg; an großes Orchester dachte man kaum. Streng genommen haben die Franzosen die Direktiven des Motu proprio von 1903 sowohl befolgt als auch großräumig umgangen; besonders pfiffig geht Duruflé in seinem Requiem (1947) durch diese ästhetische Hintertüre. Einerseits basieren fast alle Themen auf den entsprechenden Gesängen des gregorianischen Requiems oder sind deutlich „gregoroid" erfunden. Andererseits gießt Duruflé mit großem Schwung die bunten leuchtenden Farben des expressionistischen Orchesters eimerweise in die Partitur und handelt damit schnurstracks konträr zu den Maximen der klanglichen Keuschheit und Einfachheit, die Pius X. sehr deutlich artikuliert.

> Ich habe diese intellektuelle Pirouette Duruflés immer wieder mit einem gewagten Bild erklärt, dessen Deftigkeit man mir verzeihen möge:
> Sonntag morgen, vor den Stufen einer große Kirche. Die zur Messe strömenden Besucher blicken etwas starr auf eine junge Dame – feuerrote lange Haare, sehr kurzes, leuchtend blaues Kleidchen, gelbe Schuhe mit hohen Absätzen, riesige Sonnenbrille. Sie geht etwas wippend auf der obersten Treppenstufe vor dem Hauptportal auf und ab. Der Pfarrer ist auch vor der Kirche und sieht sich das eine Zeit lang an. Dann tritt er auf die Dame zu und sagt: „Pardon … Madame … vielleicht sollten Sie möglicherweise … lieber woanders …" Die junge Dame greift in ihr giftgrünes Handtäschchen und strahlt ihn an: „Aber ich habe doch hier mein Graduale Romanum!"

In Österreich ist die erste unübersehbare Auswirkung des Motu proprio die Gründung der Abteilung für Kirchenmusik an der k. u. k. Akademie für Musik und darstellende Kunst in Wien am 17. Oktober 1910. Das war eine Pionierleistung. Im deutschsprachigen Raum bestanden bereits zwei Kirchenmusikschulen in Regensburg und in Aachen, aber die Einrichtung in Österreich verstand sich offener und umfassender als die cäcilianisch geprägten Institute in Deutschland. Sie nahm Maß an der päpstlichen Musikhochschule in Rom, der „Scuola Pontificia Superiore di Musica Sacra", die 1911 eröffnet worden war. Bald nach der Gründung der Wiener „Abteilung" konstituierte sich 1913 die Schola Austriaca, eine Vereinigung der führenden Kirchenmusiker Österreich-Ungarns, was durchaus als selbstbewusste Positionierung gegenüber den deutschen Organen gedacht war. Der Standort der Abteilung für Kirchenmusik war das Chorherrenstift Klosterneuburg.

Es ist aber nicht so, dass mit 1903 und 1910 alles ausgelöscht worden wäre, das den Stempel des 19. Jahrhunderts trägt. 1903 war auch das Jahr, in dem August Weirich Domkapellmeister in St. Stephan wurde. Weirich, durchaus cäcilianisch beeinflusst, aber dennoch der Wiener Tradition verpflichtet, komponierte hunderte Werke für den gehobenen praktischen Kirchenmusikbetrieb; „erstmals werden Introitus und Communio für das ganze Jahr in das mehrstimmige Proprium einbezogen – dies ist das historische Verdienst Weirichs." (Tittel 1961, S. 305) Die Romantik wird – hier in der Kompositionstechnik, dort in der Programmierung – noch lange andauern; sie wird, wie gesagt, neben den neueren Strömungen wirksam bleiben.

Die beiden Professoren an der neugegründeten Abteilung für Kirchenmusik spiegeln diese Zweiteilung wieder: Max Springer, böhmischer Herkunft, vertrat die hochromantische Schule und war einem chromatisch angereicherten, farbenfrohen Satz verpflichtet. Der Tiroler Vinzenz Goller, von Regensburg geprägt, unterrichtet einen an der Praxis orientierten, cäcilianisch „geläuterten" Stil, der allerdings erstaunlich chroma-freundlich war. Mit einigen Vorbehalten kann man Goller den ersten einer Reihe unterschiedlich vorgehender Volks-Liturgie-Kirchenmusiker nennen; die Einschränkung beruht darauf, dass es Goller vorläufig noch um das traditionelle Hochamt ging, in dem alles vom Chor gesungen wurde.

Offenbar ergänzten einander die so verschiedenen Komponisten Springer und Goller gut und sorgten für eine gewisse Ausgewogenheit im Rüstzeug der Studierenden.

Die Problematik der Messkomposition in dieser Zeit wird in der Wandlung von der Orchester- über die Orgel zur A-cappella-Messe sichtbar. Die österreichische Orgelmesse kommt zum Unterschied von der cäcilianischen Orgelmesse, bei welcher die Orgel grundierende Stütze der Singstimmen ist, von der bodenständigen Orchestermesse her, wobei die Orgel als eine Art Orchestersurrogat behandelt wird. Dass die parallelen Entwicklungen in Frankreich eine erkennbare beeinflussende Rolle für Österreich gespielt haben könnten, ist so gut wie auszuschließen; durch die Verschiedenheiten im Orgelbau wäre ein Großteil der Stilelemente auch kaum zu übertragen gewesen.

Wenn auch Wien das beherrschende Zentrum für Kultur im Allgemeinen und so auch für die Kirchenmusik blieb – inzwischen war die Stadt zum „Wasserkopf" im kleingeschrumpften Deutsch-Österreich geworden –, so sollen doch zumindest einige prägende Personen in den Bundesländern erwähnt werden. Damals war die Musik an den wichtigen Kirchen vielfach in der Hand von akademisch ausgebildeten Klerikern; Franz Xaver Müller, Chorherr des Stiftes St. Florian bei Linz, prägte die Dommusik in Linz im Bruckner-Epigonalstil; Karl Koch begann 1914 als Chordirektor in Bozen und wirkte ab 1924 an der Stadtpfarrkiche in Innsbruck, die seit der Abtrennung von Südtirol 1918 als Quasi-Domkirche für Nord- und Osttirol fungierte. In Salzburg machte Joseph Meßner bereits von sich reden, der von Anfang an ein glühender Anti-Cäcilianer war und ausladende, groß besetzte Messen schrieb, dazu eine Unmenge von Proprienkompositionen – „sozusagen als lyrische Seitengedanken zum Messdrama" (Tittel). Meßner war eine der am meisten international wirkenden Persönlichkeiten der heimischen Kirchenmusik in der ersten Hälfte des Jahrhunderts, der schon früh einige Berufungen erhielt, die er aber wegen des Einspruchs des Salzburger Erzbischofs nicht annehmen konnte: 1918 zum königlich-sächsischen Hoforganisten in Dresden, 1922 als Kompositionslehrer ans Stern'sche Konservatorium in Berlin, 1929 als Kapellmeister an die Hedwigskathedrale in Berlin; 1947 schließlich lud ihn Kardinal Spellman persönlich ein, die Leitung der Musik an der St. Patrick's Cathedral in New York zu übernehmen, was Meßner „nach eingehenden Gesprächen mit dem Erzbischof, dem Landeshauptmann und dem Festspielpräsidenten jedoch ausschlug".[17] Man sieht, dass nicht nur in Wien künstlerische Potenz versammelt war.

1922 übernahm der Klosterneuburger Chorherr Andreas Weissenbäck die Leitung der Abteilung für Kirchenmusik; 1924 übersiedelte das Institut in ein Gebäude des Franziskanerklosters in der Wiener Innenstadt. Diese Erwähnung des Ortswechsels hätte in diesem Buch nichts verloren; angesichts der Rolle, die Klosterneuburg immer mehr bezüglich einer Neuausrichtung der Liturgie und der Kirchenmusik zu spielen begann, verdient er dennoch Erwähnung.

Der Klosterneuburger Chorherr Pius Parsch war durch seine Erfahrungen als Feldkurat zur Überzeugung gekommen, dass die Liturgie näher zum Volk kommen musste, dass sie biblisch orientiert sein sollte und dass ihre wesentliche Gestalt freigelegt und vom Ballast verdunkelnder Zutaten befreit werden musste. 1919 führte er Bibelstunden in Klosterneuburg ein, 1922 begann er in der kleinen St.-Gertruds-Kirche mit den ersten „Gemeinschaftsmessen". Seine volksliturgische Arbeit weitete er bald auf zwanzig Kirchen in Wien aus; zum Verständnis der Messtexte und Propriumsgesänge druckte man fortlaufend Heftchen und Broschüren. 1926 gründet er die Zeitschrift *Bibel und Liturgie*, 1936 wird St. Gertrud umgebaut. Herzstück ist der Altar, der für die Zelebration *versus populum* konzipiert ist. Die Pionierarbeit Parschs mündete, zusammen mit den Ergebnissen verwandter Bemühungen in Maria Laach und Belgien, in eine große Reformströmung, die in den Vierzigerjahren allmählich Rom erfasste und schließlich die vatikanische Gesetzgebung beeinflusste. Die Reform der Osternachtsfeier von 1955 geht nicht zuletzt auf Pius Parsch zurück.

Dass Parsch und Goller geradezu aufeinander treffen *mussten* – schon aufgrund der geographischen Gegebenheiten! –, ist eine für die österreichische Kirchenmusik schicksalhafte Konstellation. Goller hatte, als er 1910 in Klosterneuburg begann, schon etwa die Hälfte seines kompositorischen Lebenswerkes geschaffen und war im deutschen Sprachraum eine anerkannte Autorität in Sachen liturgiegerechter Musik. Auch er hatte während des Militärdienstes in den Dolomiten Zeit zur Besinnung gehabt; er hielt Rückschau und erkannte, „dass ich der Kirchenmusik im Sinne des ‚motu proprio' praktisch keine großen Dienste geleistet habe ..." (Pacik 1977, S. 26). Die Wandlung vom Hochamtskomponisten zum Advokaten der Teilnahme der Gemeinde war eine durchaus bewusste, über die er ausführlich reflektierte.

Geschichte und Wirkung der volksliturgischen Bewegung in Klosterneuburg sind umfassend dokumentiert und kommentiert worden (siehe Literaturverzeichnis). So können wir einen Sprung ins Jahr 1933 wagen, das eine große „Epiphanie"

---

17 Gerhart Engelbrecht, Joseph Messner [sic!] – ein Leben in Musik. Als Manuskript vervielfältigt. 2005

der neuen Richtung brachte. Die Betsingmesse, eine offiziell geduldete (bzw. „gewährte"!) Form der Beteiligung der Gemeinde, die Goller und Parsch entwickelt hatten, wurde zum ersten Mal im großen Rahmen des Katholikentages – beim Festgottesdienst in Schönbrunn – als Gestaltungsform gewählt; die ganze Gemeinde sang das →Proprium. Der hier angewendete Trick: Deutsche Übertragungen – eigentlich →Paraphrasen – der Proprientexte wurden auf Melodien bekannter Kirchenlieder gesungen. Schon 1927 hatte Goller dies in einem Referat als einen der am ehesten gangbaren Wege für Einbeziehung der Gemeinde vorgestellt. Die Bemühungen in diese Richtung führten zu verschiedenen Publikationen: zunächst fortlaufend erscheinende Heftchen, schießlich das *Meßsingbuch* (1936), das auf Nachdichtungen des St. Pöltner Priesterdichters Karl Borromäus Frank beruhte. *Ein Stern mit hellem Brande* (Epiphanie) und *Freut euch im Herrn, denn er ist nah* (3. Adventsonntag) werden heute noch in Österreich gesungen. Jedes Lied hatte vier Strophen (Eingangslied, Graduale, Offertorium, Kommuniongesang).

Die andere Stoßrichtung war die Schaffung von Propriums-Vertonungen im Stil einer deutschen Gregorianik. Auch damit wurde in St. Gertrud begonnen, aber auch mit Teilen des Ordinariums, die sich der Strophenform eher widersetzten. Man war allerdings der Meinung, dass diese Art des Singens nur kleineren bzw. zusammengesungenen Gruppen vorbehalten sein würde, und daher begann man auch mit der Komposition von Ordinariums-Strophenliedern. Die deutsche Gregorianik wurde inzwischen auch in Deutschland als Weg der Zukunft betrachtet; Heinrich Rohr gehörte zu den ersten Komponisten dieser Richtung. In Österreich wurde etwas später Hermann Kronsteiner einer der wichtigsten Deutsch-Gregorianiker mit seinem *Lied der Kirche* (Linz 1960).

Man kann sich heute kaum vorstellen, wie diese Bemühungen um die Teilnahme der Gemeinde – singend und möglichst liturgienahe – beargwöhnt und bekämpft wurden. Während die einen beteuerten, all dies diene doch nur der Hinführung des Volkes zur unveränderlichen lateinischen Liturgie und zum gregorianischen Choral, verdächtigten die anderen noch den kürzesten deutschen Kyrieruf als Angriff auf die jahrhundertealte Tradition. Dass es weiterhin von Rom aus verboten war, wörtliche Übersetzungen des Propriums zu singen[18] (Paraphrasen: ja, wörtliche Übersetzungen: nein [!]), war der Entwicklung nicht förderlich bzw. lieferte den Bremsern wohlfeile Argumente. Gegen Bischöfe, die durch ihre Zelebration solchen „deutschen Hochämtern" vorgeblich eine offiziöse Billigung erteilten, wurde in Rom Beschwerde erhoben (etwa gegen den damaligen Linzer Bischof-Koadjutor Franz Zauner, der am 7. Oktober 1954 im Rahmen des Wiener Kirchenmusikkongresses in Klosterneuburg eine „Deutsche Gemeinschaftsmesse" zelebriert hatte)[19]. Von all

---

18 Zuletzt bekräftigt in der Enzyklika „Musicae sacrae disciplina" Pius' XII. am 25. 12. 1955 (Abschnitt III.).
19 Jaschinski 2007, S. 27

dem abgesehen, forderten die Klosterneuburger, dass die räumliche Trennung von Chor und Altarraum aufgegeben werden müsse, und schon aus diesem Grund sah die traditionelle Kirchenmusik ihre Rolle in der neu definierten Liturgie gefährdet. Außerdem stellten sich die Neuerer eher eine →Schola (ein neues Zauberwort) als Medium des liturgischen Gesanges vor und nicht den Kirchenchor alten Zuschnitts.

Der Komplex der volksliturgischen Bewegung und der in seinem Sinn geschaffenen Musik existierte aber neben und unter der Kirchenmusikpflege im traditionellen Sinn. Selbstverständlich wurden weiterhin ⇨Ordinarien in lateinischer Sprache vertont. Neue Entwicklungen in formaler Hinsicht waren in der ganzen Zeit bis zum II. Vatikanischen Konzil nicht zu beobachten. Aber ab 1924 wirkte Josef Lechthaler als Theorielehrer am Institut. Er schuf einen neuen Stil der komplexen und doch blühenden Polyphonie, die ein vages Grundferment des vergangenen chromatischen Zeitalters unter einer Neigung zum Modalen bestehen lässt. Ganz konträr zu seinen anspruchsvollen A-cappella-Messen (*Missa Gaudens gaudebo*, 1932, und *Missa Rosa mystica*, 1949) komponierte er *Eine Wiener Singmesse für das deutsche Volk* zum Jubiläum der Befreiung Wiens durch die Türken. Das Werk ist einstimmig mit Orgel- oder Bläserbegleitung und wurde am 22. April 1933 im Stephansdom uraufgeführt und im Radio übertragen. Rezensenten überlegten, ob diese Messe im ganzen deutschen Sprachraum Fuß fassen könnte. – Lechthaler wurde 1934 auch Kapellmeister und Direktionsmitglied der Wiener Hofmusikkapelle und war somit allen Stilrichtungen verbunden. Sein Schüler Ernst Tittel fängt diese Polarität so ein:

> Da vollzog sich die große Wandlung in Josef Lechthaler: Er, von dem es wirklich niemand erwartet hätte, griff in die schwebenden Tagesfragen ein und wurde der streitbare Wortführer für die Wiener klassische Kirchenmusik … Lechthaler, der ja in gewisser Weise klassikfeindlich erzogen worden war, hat sich dabei selbst besiegt und die Wiener Klassiker vor dem Forum der Welt verteidigt. (Tittel 1961, S. 330)

Die Verteidigung der Wiener Klassik war erneut Sache geworden, nachdem Pius XI. in seiner Apostolischen Konstitution „Divini cultus sanctitatem" (vom 20. Dezember 1928) sich einmal mehr krass einschränkend geäußert hatte: „Schließlich hat man mancherorts, besonders wenn Jahrhundertfeiern zum Gedächtnis berühmter Musiker begangen werden, das zum Vorwand [!] genommen, gewisse Werke in der Kirche aufzuführen, die, mögen sie auch noch so vortrefflich sein, doch zur Heiligkeit der geweihten Stätte und der Liturgie nicht passten und daher unter keinen Umständen [!] in den Gotteshäusern verwendet werden dürfen." Der konkrete Bezug zu den genannten Komponisten liegt auf der Hand (Beethoven † 1827, Schubert † 1828), und dass jetzt nicht nur liturgische Aufführungen abgelehnt wurden, sondern auch sonstige Aufführungen im Kirchenraum, brachte die österreichischen Musiker noch stärker in die Defensive.

Vielleicht ist jetzt der Ausdruck „gespaltenes Jahrhundert" in seiner vollen Tragweite zu erkennen, nachdem alle Kriegsschauplätze vorgestellt worden sind: Die Cäcilianer kämpften gegen Bruckner und für Palestrina und seine neuen Nachahmer. Aus Regensburg waren die Freunde der Wiener Klassik ja Angriffe gewohnt, bekamen aber außerdem gerade wieder eine Breitseite aus Rom verpasst. Sie alle aber sahen allmählich eine völlig neue Bedrohung auf sich zu kommen: die tätige Teilnahme der Gläubigen in einer entschlackten Liturgie, und das in der Muttersprache! – Diese mehrseitigen Konflikte zogen sich im gesamten deutschen Sprachraum bis zum II. Vatikanischen Konzil hin, kamen aber wegen des österreichischen Spezifikums Wiener Klassik besonders deutlich zum Tragen.

* * *

Die politischen Umbrüche wirkten sich auch kirchenmusikalisch aus. Lechthaler, der inzwischen als der führende Vordenker der österreichischen Kirchenmusikszene galt, übernahm im Studienjahr 1931/32 die Leitung der Abteilung für Kirchenmusik. Nach dem Anschluss wurde Lechtaler ans Wiener Konservatorium verbannt, an seine Stelle trat der offensichtlich vom Regime wohlgelittene Franz Kosch. Lechthaler hatte nach dem Krieg noch einmal kurz die Leitung inne, bis erneut Franz Kosch Vorstand wurde. (Planyavsky 2006, 258f.)

Zum Lechthaler-Kreis wird auch Franz Krieg gerechnet, dessen zahlreiche Werke aber heute so gut wie vergessen sind. Krieg war auch im Rundfunk und als Essayist maßgeblich für die Kirchenmusik tätig. Zu den wichtigsten Figuren nach dem Zweiten Weltkrieg zählt zweifellos Anton Heiller. Seine stilistischen Wurzeln und seine Tätigkeit ist verschiedentlich dokumentiert und gewürdigt worden (Planyavsky 2009b). In den frühen Messen und Motetten erweist er sich einerseits als Lechthaler-Nachkomme (wiewohl er nie sein Schüler war), andererseits sind Einflüsse von Johann Nepomuk David unübersehbar. David schrieb 1953 seinerseits eine *Choralmesse* über gregorianische Themen; das war wohl als Pendant zur *Deutschen Messe* (1952) gedacht, die auf den lutherischen Adaptionen gregorianischer Melodien beruhte.

> Im 20. Jahrhundert entdeckt so mancher Komponist, dass →Cantus firmi aus dem gregorianischen und dem lutherischen Bereich ganz gut zusammenpassen können und verwenden beides bisweilen innerhalb desselben Werkes: David, Partita „Es ist ein Schnitter, heißt der Tod" und „Dies irae". Hindemith: *Es sungen drei Engel* und *Lauda Sion* in der Symphonie *Mathis der Maler*. Heiller: Missa super „Salve regina" und „Vater unser im Himmelreich"; Heiller: *Ecce lignum crucis* und *Es sungen drei Engel* in der Orgelmeditation „Ecce lignum crucis".

Anton Heiller bereicherte das Repertoire um eine ganze Reihe von Messen, deren geschmeidige Linien aus dem vielzitierten „Geist des gregorianischen Chorals" gedacht sind, dann aber mit einer gewissen Sprödigkeit (da steht David Pate) konfrontiert werden. Die *Missa brevis in C* ist zweifellos mit der Absicht, „diesmal wirklich einfacher" zu schreiben, komponiert worden, aber auch sie war zur Zeit ihrer Entstehung nur dem dünnen Topsegment der heimischen Kirchenchöre vorbehalten. Die Schwierigkeiten wuchsen noch, als Heiller zwei zwölftönige Messen vorlegte (*Missa super modos duodecimales*,1960, und *Kleine Messe über Zwölfton-modelle*, 1961). Das war einerseits die Frucht längerer Beschäftigung mit dieser Komponierweise, andererseits steckt wohl auch eine programmatisch-ideologi-sche Absicht dahinter. Ob die Zwölftonmusik für die Liturgie grundsätzlich ge-eignet war, wurde damals seriös und mit vielen Argumenten diskutiert. „Der erste internationale Kirchenmusikkongress in Rom [1950] hat einen belgischen Antrag auf Verbot der Dodekaphonie im sakralen Raum einstimmig abgelehnt und da-mit den toleranten Standpunkt der Kirche umrissen." (Tittel 1957, S. 8) Trotz aller Kontroversen erwies sich vor allem die *Kleine Messe über Zwölftonmodelle* als nicht unüberwindlich schwierig aufzuführen und, mit Einschränkungen, als bleibender Markstein in der Geschichte der österreichischen Messkomposition.

Die kleinen Motetten aus der ersten Lebenshälfte Heillers sind überwiegend von ausgesuchter Komplexität, dazwischen aber gibt es Stücke, die relativ bald den Weg in die besseren Kirchenchöre gefunden haben und heute zum Standardreper-toire gehören: *Dem König aller Zeiten, Schönster Herr Jesu* und *Grad dort*.

Zur österreichischen Kirchenmusik dieser Zeit im weitesten Sinne darf man – ohne dass es heute noch politisch missverstanden werden könnte – auch Oswald Jaeggi rechnen. Der Benediktinerpater aus Einsiedeln wirkte ab 1950 im Kloster Muri-Gries in Bozen als Stiftskapellmeister. Als Absolvent der päpstlichen Kir-chenmusikschule war er kompromisslos in Bezug auf die liturgischen Vorschrif-ten, garniert mit der gewissen vatikanischen Opposition gegen die Wiener Klassik. Stilistisch folgt sein kirchenmusikalisches Schaffen konsequenterweise einer herb-polyphonen Linie. Für die Entwicklung der Kirchenmusik im traditionell ausge-richteten Südtirol hat er bleibende Verdienste. (Torggler 1993)

Die primäre Spaltung des Repertoires kommt in Rezensionen und Berichten immer wieder zum Ausdruck – hier das Bemühen um Machbarkeit und um Ge-bundenheit an die Gesetzmäßigkeiten der Liturgie, da der Ausdruckswille des Künstlers und das Verlangen, etwas Bleibendes, „Schönes" zu schaffen. Die auch essayistisch tätigen Kirchenkomponisten Doppelbauer und Tittel schreiben ge-gen den Zwiespalt an, können aber auch nicht mehr tun, als die Entwicklung mit Bedauern zur Kenntnis zu nehmen. Mit dem Konzil, das immer gerne für „den Verfall" verantwortlich gemacht wird, hat das gar nicht so viel zu tun; in seiner *Österreichischen Kirchenmusik* von 1961 – also schon vor SC – charakterisiert Tittel die Schreibweise Hermann Kronsteiners so: „Freilich verlangt diese Art einfacher

Satzweise eine besondere Zurückhaltung, die beinahe schon an Primitivität grenzt, die aber Kronsteiner, wie es scheint, bewusst pflegt – vielleicht, um den Primat der liturgischen Hingabe besonders zu betonen." (S. 343) Die vorgeblich essentielle Polarität liturgisch versus qualitativ hochwertig, die eigentlich die Cäcilianer (unabsichtlich) erfunden haben, werden wir auch in der Zeit des II. Vatikanischen Konzils nicht los – ganz im Gegenteil.

Das II. Vatikanische Konzil löste in Österreich zunächst Verblüffung aus, dann Anspannung und schließlich Panik. „Die Kirchenmusiker haben nach einem Konzil nicht gerufen. Sie hätten auch wenig Grund dazu", leitete Hermann Kronsteiner einen Artikel[20] ein und spielte damit wohl darauf an, dass sich Rom, verglichen mit früheren Jahrhunderten, im 20. Jahrhundert ohnehin oft zu Fragen der Liturgie und der Kirchenmusik geäußert hatte. Als ruchbar wurde, in welche Richtung der Zug fahren würde, nämlich in Richtung Muttersprache und größere liturgische Dichte, standen die Zeichen bald wieder auf Rettung der klassischen Messe. Aber diesmal schien noch mehr auf dem Spiel zu stehen. Die tätige Teilnahme der Gemeinde, mit allen Konsequenzen bedacht und gehandhabt, schien diesmal womöglich das endgültige Aus für die Messkomposition im herkömmlichen Sinne zu bedeuten. Viele Pfarrer lösten gleich einmal ihren Kirchenchor auf und planten den Bedarf an liturgischem Gesang mit einer Schola zu decken. Namhafte Künstler und Wissenschafter appellierten an den Papst, „eines der bedeutendsten Kultur- und Geistesgüter des Abendlandes zu erhalten – ein Vermächtnis, das Gefahr läuft, in kurzer Zeit nur noch von archäologischer Natur zu sein" und unterbreiteten die Bitte, „dass die lateinisch-gregorianische Liturgie, die seit 15 Jahrhunderten in den Mönchsorden vollzogen wird, wenigstens in jenen Klosterkirchen unversehrt und vollkommen erhalten werden möge, die keine pfarrseelsorglichen Aufgaben im engeren Sinn haben [!], und dass es in dieser Liturgie, eingeschlossen die heilige Messe, keine Teile in der Volkssprache und keine andere Musik als die gregorianische geben möge." Unterzeichner sind unter anderem Benjamin Britten, Luigi Dallapiccola, Pablo Casals, Julien Green, Gertrud von le Fort, Francois Mauriac, Ingmar Bergman und viele andere.[21] (Bezeichnend die Einschätzung, man könne doch dort, wo es nicht um pastorale Erfordernisse ginge, die „bessere" Kirchenmusik beibehalten und nicht minder unbekümmert der Hinweis auf die vorgeblich seit 1500 Jahren unveränderte liturgisch-kirchenmusikalische Praxis. Letztere erstaunlich naive Prämisse taucht später mit neuer Kraft auf, wenn es wieder um die tridentinische Messe und ihre Musik geht. Vgl. S. 92.) Die Situation schien also einigermaßen angespannt.

---

20 Kronsteiner, Hermann, Dem Konzil entgegen. Singende Kirche 4/8, 1961, S. 147–149
21 Nach Kathpress vom 7. 2. 1966 zitiert in: Singende Kirche, 3/13, 1966 S. 133

Es ist richtig, dass die engstmögliche Sicht auf die Bestimmung des Konzils und seiner Folgedokumente viele Behinderungen, um nicht zu sagen Exklusiven für den *thesaurus musicae sacrae* bereitzuhalten scheint. Diese Problemkreise werden in diesem Buch in den Kapiteln ⇨ Messe und ⇨ Früher war alles so feierlich ausführlich behandelt. Für die kirchenmusikalische Produktion seit dem Konzil kann man nur eine verwirrende Variationsbreite konstatieren.

Zunächst wurde der Typ „Deutsches → Ordinarium" entwickelt und gepflegt. Es gab immer wieder besondere Anlässe und hin und wieder Kompositionsaufträge, mit denen dieses Genre gefördert wurde. Man stellte sich nämlich darauf ein, dass dies in Zukunft die hauptsächlich gepflegte und erwünschte Art der Messkomposition sein würde. Der Text der jeweils gültigen deutschen Übersetzung wurde ohne jede Veränderung verwendet. Auch in den langen Sätzen wurde er zwischen Chor und Gemeinde aufgeteilt, was dazu führte, dass diese Kompositionen kaum ohne Probe mit der Gemeinde gesungen werden konnten. Viele dieser Werke führten zu nur mäßigem Erfolg bei der Aufführung, woraus dann oft sofort der Schluss gezogen wurde, dass die Idee der Gemeindebeteiligung prinzipiell zum Scheitern verurteilt sein müsste. Gut akzeptierte deutsche Ordinarien haben zum Beispiel Hans Haselböck (*Salzburger Messe*), Hermann Kronsteiner und Doppelbauer vorgelegt.

> „Der Kirchenmusikkomponist kann – so er will – nach wie vor eine lateinische ‚Messe' komponieren, muss sich aber zu Recht dem Vorwurf aussetzen, dass er möglicherweise hinsichtlich der musikalischen Stilmittel, nicht aber von der liturgischen Idee her zeitgemäß schreibt. Komponiert er die Messe mit deutschem Text, so liegt der Wunsch nach der Beteiligung der Gemeinde auf der Hand – was wieder die Gefahr einer musikalischen Simplizität und damit einer ausdrucksmäßigen Unglaubwürdigkeit in sich birgt. Eines steht jedenfalls außer Zweifel: ‚Schuld' an der Krise der Kirchenmusik sind nicht die neuen liturgischen Vorschriften und Reformen. Gerade sie haben doch die Musik beim Gottesdienst aufgewertet und gestatten die Hereinnahme einer Fülle wertvollster (auch evangelischer) Kirchenmusik." (Haselböck 1988, S.150)

Auch Proprien wurden komponiert. Das funktionierte besser, weil man sich hier bald die Idee des Kehrverses bzw. des Rufes zu eigen machte. Hier lag das Problem woanders. War im Fall des Ordinariums zumindest der Text bald jedem geläufig, und konnte eine deutsche Messe immer wieder gesungen werden, konnten Propriums-Vertonungen naturgemäß nicht beliebig eingesetzt werden. Wurde eine Art → Commune-Text gewählt, entsprach dies nur zum Teil den liturgischen Vorgaben, was man damals zunächst sehr eng sah. Verwendete man hingegen den korrekten Text eines bestimmten Festes ohne Änderungen, dann musste man ziemlich lange warten, bis der Text wieder passen konnte.

In Österreich haben Josef Friedrich Doppelbauer, Heinz Kratochwil und Augustinus Franz Kropfreiter immer wieder Werke nach den geschilderten Linien komponiert. Für den Zeitraum 1970–1981 legt Johannes Ebenbauer in einer Arbeit

eine beeindruckende Liste von Werken lebender Komponisten vor, die an ausge-
wählten österreichischen Kirchen in diesem Zeitraum aufgeführt worden sind (J.
Ebenbauer 1997, ab S. 166). Die Liste kann man mit einem lachenden und einem
weinenden Auge werten. Zum einen sind für die Bestandsaufnahme vernünftigerweise solche Kirchen ausgewählt worden, die im Ganzen für die vermehrte Pflege
des zeitgenössischen Repertoires bekannt sind (Wien, St. Ursula als Hochschul-
kirche; Wien, Domkirche St. Stephan; Salzburg, Dom St. Rupert und Virgil; Graz,
Dom St. Ägidius). Und der genaue Blick auf die aufgeführten Werke zeigt, dass
viele von ihnen zwar definitionsgemäß von lebenden Komponisten stammen, aber
zum stark überwiegenden Teil dem Typ „Messe auf traditionelle Art" angehören.
So ist die Liste gleichzeitig ermutigend und ernüchternd – und ein weiterer Beleg
für die mehrfach angesprochene Gespaltenheit der österreichischen Kirchenmusik
im 20. Jahrhundert.

* * *

Im Laufe der Zeit setzte sich eine gewisse Unbekümmertheit in der Textauswahl
durch. Die neu zu schaffende Kirchenmusik laviert seit einiger Zeit zwischen den
Extremen der Texttreue um jeden Preis und den Erfordernissen der Praxis. Diese
Spannung wird in der Literatur ausführlich diskutiert und hat nach Ansicht des
Autors mitverursacht, dass sich die Tridentinum-Nostalgie in letzter Zeit so erstaunlich ausbreiten konnte. Über diesen Themenkreis wird im Kapitel ⇨ „Früher
war alles so feierlich" ausführlich referiert. Benedikt XVI. hat seine Abneigung gegen die selbstgemachte Liturgie immer deutlich gemacht. Den Gegenpol hat 15
Jahre nach *Sancrosanctum Concilium* der „Vater" des *Gotteslob* noch einmal unter
der Überschrift „Das Messformular entsteht am Ort" so niedergeschrieben:

> „Es gibt nicht mehr die ‚eigentliche Liturgie', hinter der der Gemeindegesang herhinkt. Vor
> allem für die Gesänge des Propriums enthält das Messbuch keine vorgeschriebenen Texte
> mehr. Neben dem Messbuch und dem Lektionar gibt es keine verbindliche Ordnung der
> Gesänge. Ihre Auswahl obliegt denen, die für den konkreten Gottesdienst verantwortlich
> sind." (Joseph Seuffert, Die Grundkonzeption des EGB, in: Redaktionsbericht zum *Gottes-
> lob*, Paderborn 1988, S. 26 – ganz ähnlich auch Gerhards 1988)

Abgesehen davon, dass Seufferts Aussage im Hinblick auf den Antwortpsalm heute
so nicht mehr stimmt, muss man nüchtern konstatieren, dass diese Position der
Selbstbestimmtheit mit der Sicht Papst Benedikts im Wesentlichen unvereinbar ist
und bleibt. Anton Heiller hat in der Zeit des Konzils mehrfach geäußert, dass die
sich anbahnenden Strömungen zu einer dauerhaften Spaltung der Katholiken führen könnten (er meinte das nicht nur auf die Kirchenmusik bezogen), und er hat
in gewisser Weise recht behalten. Der Kirchenmusiker kann nur hoffen, dass ein

Weg der Mitte zwischen diesen Extremen bis auf weiteres offen bleiben wird. Strikt zu Ende gedacht, führt die rigoristische Position in der Tat zum Scholagesang der Klosterneuburger Pioniere zurück, die andere zu einem klingenden Museum mit ritueller Begleitung. Das Wort „zurück" ist allerdings eines, das Parsch und Goller in diesem Zusammenhang sicher nicht verwenden hätten wollen.

Im Bereich der musica sacra herrschen zur Zeit drei Strömungen:
– Der Avantgardismus – mit seiner Experimentierfreude; für eine elitäre Schicht.
– Der Sacro-Pop mit seiner jugendgemäßen Musik und Verwendung im Sinne von Konsumgut.
– Die nostalgisch geprägte Kirchenmusik für die traditionsgebundenen Musikliebhaber. (J. Ebenbauer 1997, S. 69)

Das österreichische Kirchenmusikschaffen der nachkonziliaren Zeit geht im Wesentlichen einen solchen Weg der Mitte. Die Implikationen, die eine genaue Beobachtung der möglichen kreativen Ungenauigkeit für die Komponisten haben müssten, sind im Zusammenhang mit den jeweiligen Themenkreisen erörtert worden, dass die Möglichkeiten zu wenig genützt werden, ebenfalls. Es mag den Leser überraschen, dass das neueste, aktuelle Repertoire hier kaum besprochen wird. Hier treten die Hauptlinien des vorliegenden Buches hervor, nämlich dass es mehr der Einbettung des weiter zurückliegenden Repertoires in die heutige Liturgie dienen will als der Bewertung des unmittelbar Gegenwärtigen. Die heute komponierte Kirchenmusik wird – leider keineswegs in allen Fällen – für diese heutige Liturgie geschaffen und braucht insofern hier nicht besonders diskutiert werden. Jene Art der neuen Kirchenmusik, die unbeirrbar heute für die Liturgie von vorgestern geschrieben wird, möchte der Autor ebenfalls nicht vorstellen. Für diese Werke die Mühe der An- und Einpassungsarbeit auf sich zu nehmen, hält er für intellektuell unökonomisch. Dass es stattdessen jede Menge zu tun gibt, um die Möglichkeiten zu nutzen, die der Musik heute innerhalb der katholischen Liturgie geboten werden, meint der Autor entlang des Weges von Gregor dem Großen bis Kurt Estermann erschöpfend dargelegt zu haben.

VII. Alle singen, Orgel spielt

Um die Überschrift zu präzisieren: Entgegen dem Anschein werden in diesem Kapitel *drei* Arten von Kirchenmusik besprochen:
– Alle singen
– Alle singen (und die) Orgel spielt (gleichzeitig)
– Orgel spielt

1. Volksgesang

Vor langer, langer Zeit, vor mehr als 1000 Jahren – haben sie nun gemeinsam gesungen in der Kirche oder nicht? Ab wann gibt es Volksgesang? Es gibt darüber so viele Meinungen, dass wir zugeben dürfen: Man weiß es nicht wirklich. Von der Spätantike bis in die Renaissance war Musik eine Wissenschaft; sie gehörte zum Quadrivium, zu den *artes liberales*. Musik war keine Sache des Volkes; es gab zwar die Spielleute für Märkte und Kirtage, aber alles, was mit höfischem und kirchlichem Musizieren zusammenhing, war eine Angelegenheit von Spezialisten.

Aber man hat eine frühe Notiz aus dem Jahr 799 gefunden, wo es in den kirchlichen Statuten in Salzburg heißt: Das Volk soll lernen Kyrie eleison zu singen, und zwar nicht so ungeschlacht wie bisher. (Tittel 1961, S. 58) Diese telepathisch anmutende Vorahnung des Motu proprio von 1903 wird aber wohl nichts über ein allgemein verbreitetes Gregorianik-Singen der Gemeinde aussagen; es gibt keine weiteren Anhaltpunkte in diese Richtung. Als ältestes (althoch-)deutsches Kirchenlied gilt das „Freisinger Petruslied" aus der Mitte des 9. Jahrhunderts. Nicht viel später dürften schon die ersten Spuren von *Christ ist erstanden* zu datieren sein.

300 Jahre später sieht die Sache schon anders aus. Da berichten bereits einige, die weit herumgekommen sind, dass der Kirchengesang am besten in deutschsprachigen Landen funktioniert. Aus dieser Zeit liegen auch schon Cantionare vor, erste Sammlungen muttersprachiger Gesänge. Manchmal sind das Anhänge in offiziellen Büchern mit gregorianischen Gesängen, und von dort sind ja auch die Urahnen vieler muttersprachiger Lieder. So wie *Christ ist erstanden* deutlich von der Ostersequenz *Victimæ paschali laudes* abgeleitet werden kann, so stammt *Gelobet seist du Jesu Christ* von der Weihnachtssequenz *Grates nunc omnes* ab, und *Gott sei gelobet und gebenedeiet kommt* von *Lauda Sion* (vgl. S. 225). Ob es sich jeweils um eine →Tropierung (siehe S. 265) oder eher um eine Nachschöpfung handelt, muss die Wissenschaft beantworten.

Die beiden zuletzt genannten Lieder gehören der Gattung der →Leise an, erkennbar am *Kyrie-(e)-leis(-on)* am Schluss. Bei einer weiteren Gattung, dem →Hymnus, ist es offensichtlich, dass die Form bzw. die Bauprinzipien direkt aus dem lateinischen Repertoire übernommen wurden. Manche sind Dauerbrenner seit 1000 Jahren, zum Beispiel *Conditor alme siderum* / Gott heiliger Schöpfer aller Stern, oder *Veni creator Spiritus* / Komm heilger Geist, der Leben schafft (evangelisch: Komm, Gott Schöpfer, Heiliger Geist).

In Zentraleuropa war überdies schon ab dem 12. Jahrhundert der Typ der Cantio (lat. Gesang) entstanden, ein meist schwungvolles strophisches Lied im Dreiertakt. Auch sonst kam es dem Volksgesang entgegen, da es unserem heutigen Dur/Moll-Empfinden nahesteht und kaum Kirchentonarten verwendet. Diese Cantiones waren ursprünglich lateinisch, wurden aber später übersetzt oder blieben sogar gemischtsprachig (vgl. *In dulci jubilo*).

> Ab dem 12. Jahrhundert mehren sich die Hinweise auf den geistlichen Volksgesang. Kirchenlieder in der Muttersprache werden nicht nur in Verbindung mit der meist nach dem Gottesdienst gehaltenen Predigt gesungen, sie behaupteten sich auch in der lateinischen Messliturgie selbst und erhärten immer mehr die Hinweise auf eine beachtliche volksliturgische Bewegung [!] am Vorabend der Reformation. (Graf 1981, S. 49)

Die Forderung nach liturgischem Gesang in der Muttersprache ist keine Erfindung des 20. Jahrhunderts. Karl IV. (vgl. S. 267) hatte mit dem Gedanken an eine – politisch weiterhin mit Rom verbundene – tschechische Nationalkirche gespielt. Die Hussiten drängten auf eine solche Kirche, „in der das Volk ... nicht bloß Zuschauer, sondern Mitwirker [!] der gottesdienstlichen Handlung sein und Gott in einer eigenen Sprache, nicht im unverstandenen Latein [!] loben sollte." (Nach Tittel 1961, S. 86) Im späten 15. Jahrhundert, also Jahrzehnte vor Luther, wurde in Böhmen bereits die Messe in der Landessprache gefeiert und die Eucharistie in beiden Gestalten gereicht; die erste deutsche Bibel wurde 1466 gedruckt. Eine Landeskirche wurde zwar nicht gegründet, aber das mittelbare und für uns interessante Resultat ist das Gesangbuch der böhmischen Brüder, das aus einem umfangreichen Repertoire aus dem 14./15. Jahrhundert schöpfte (1501 tschechisch, Übertragung ins Deutsche 1531 von Michael Weisse). (Die böhmischen Brüder waren eine religiöse Gemeinschaft, die sich schon Jahrzehnte vor der Reformation von der römischen Kirche lossagte.) Das bedeutet, dass die Reformation eine latente Strömung aufgriff und verstärkt hat, was die Verwendung der Muttersprache betrifft.

Der große Anstoß für deutschen Gemeindegesang kam naturgemäß mit der Reformation. Inzwischen hatte sich auch die Buchdruckerkunst weit verbreitet. Mit den deutschen Liedern kam auch die neue Lehre Luthers schneller unter die Leute, als es durch Traktate oder Wanderprediger allein geschehen wäre. 1524 gab Johann Walther in Zusammenarbeit mit Martin Luther ein Gesangbuch heraus, und Luther erfand das Psalmlied; *Aus tiefer Not* und *Ein feste Burg* sind Beispiele, die heute noch gesungen werden. Es geht ihm weniger um eine ganz genaue Wiedergabe des Psalms, sondern er liefert lieber gleich ein wenig Erklärung mit. Andererseits wurden auch weltliche Lieder herangezogen und zu geistlichen gemacht; *Vom Himmel hoch, da komm ich her* ist so eine Kontrafaktur. Die Melodie war längst als Kränzel- bzw. Erzähllied verbreitet; aus *Ich komm aus fremden Landen her* wurde mit wenigen Handgriffen der weihnachtliche Text.[1]

Bei all dem ist zu bedenken, dass die neue Lehre ja zunächst nicht überall gleich als Abspaltung von der römischen Kirche empfunden wird, sondern als Reformbewegung; oft ist es reichlich unübersichtlich, ob man es im Einzelfall mit einem gut altgläubigen Priester zu tun hat, in dessen Messe deutsch gesungen wird, oder mit einem lutherischen Pfarrer, der lateinische Hymnen verwendet. (Luther wollte das Latein in der Liturgie keineswegs zur Gänze abschaffen.) Dass lutherisches bzw. reformiertes Liedgut auch in den katholischen Gottesdienst Eingang findet, darf bei dem anfänglichen konfessionellen Wirrwar nicht verwundern; bald geschieht es bewusst aus pastoraler Sorge und in gegenreformatorischer Absicht. Zügige reformatorische Weisen werden entsprechend katholisch „korrigiert", man entdeckt vor allem die Bedeutung des Psalmenliedes für den katholischen Bereich (Graf 1981, S. 49). Wie auch immer, zum ersten Mal lässt sich beobachten, wie aus der heilsamen Konkurrenz eine musikalische Blüte entsteht – und das wird fortan bestimmend für die Kirchenmusik im deutschen Sprachraum bleiben. Die Katholiken waren nämlich auch nicht faul: Ebenfalls 1524 kam das erste katholische Reformgesangbuch heraus; 1537 folgte jenes von Michael Vehe, das teilweise bereits Überarbeitungen von Liedern Luthers enthielt. 1567 erschien das Gesangbuch des Bautzener Dom-

---

1 Wilhelm Ehmann, Das alte und das neue Weihnachtslied. Musica sacra 96/6, 1976, S. 363–370

dekans Johann Leisentrit mit dem propagandistischen Titel *Geistliche Lieder und Psalmen der Alten Apostolischer recht und warglaubiger Christlicher Kirchen.*

Auf wieder andere Art trug der calvinistisch-reformierte Zweig zum Liedrepertoire bei. Calvin und Zwingli waren in vieler Hinsicht strenger und gerader als der volkstümliche Luther, und das galt auch für die Liturgie. Gesungen sollte nur mehr das werden, was bereits von der Bibel her zum Singen bestimmt war: die Psalmen. Man erfand dafür den Liedpsalm, und das war etwas ganz Neues. Denn dabei ging es nicht um eine →Paraphrase wie bei Luther, sondern um eine in Strophen gegossene, annähernd wörtliche Übersetzung des lateinischen bzw. hebräischen Vorbildes. Auch Wiederholungen waren nicht erlaubt, und überhaupt war knappe Gestaltung angesagt: ausschließlich gerader Takt, nur zwei Notenwerte (lang und kurz), praktisch keine Ligaturen (zwei und mehr Noten auf einer Silbe), jede Zeile beginnt mit einer langen Note und endet mit einer Pause – und, äußerste Konsequenz, die Melodien waren so gebaut, dass man auch in der Mitte aufhören konnte, denn irgendwelche Textwiederholungen, nur damit es zur Strophe passte, waren eben verboten. „Dass bei diesem engen Netz von Vorschriften überhaupt gute Texte und Melodien entstehen konnten, zeugt von der hohen Kunstfertigkeit der beteiligten Künstler und andererseits von den unermesslichen Möglichkeiten, die in dieser einen, so sehr begrenzten literarisch-musikalischen Form des Strophenliedes liegen." (Jenny 1987, S. 163)

Dieses Corpus an Liedpsalmen ist noch aus anderen Gründen höchst beachtenswert. Der Genfer Psalter von 1562 ist keine Sammlung schon existierender Lieder, wie dies sonst bei einem Gesangbuch ist, sondern ein Gesamtkunstwerk. Drei Komponisten und zwei Textdichter haben 150 Psalmen mit 125 Melodien neu geschaffen (die Zehn Gebote und der Lobgesang des Simeon kommen noch dazu). Alle zwölf damals bekannten Tongeschlechter sind verwendet worden. Die Einheitlichkeit hat ihren Preis, aber das Buch wird bestens akzeptiert, was kein Wunder ist, da muttersprachige Psalmen bisher kaum anzutreffen waren. (Siehe vorhin – es gab Hymnen, →Sequenzen, Cantiones und Leisen.) Zwischen 1562 und 1565 kommen 63 verschiedene Ausgaben heraus. Bereits 1565 schreibt Claude Goudimel die ersten einfachen Chorsätze dazu, und es sind nicht die einzigen: Bis 1621 werden unglaubliche 1527 Sätze zu diesen Liedern angefertigt! Die Lieder werden auch auf deutsch übertragen; Jan Pieterszon Sweelinck bearbeitet außerdem alle für Orgel, denn auch in den Niederlanden verbreiten sich die Lieder rasch. Der Genfer Psalter ist eine beispiellose Erfolgsgeschichte innerhalb des Phänomens Gemeindegesang. 1582 erschien eine Art katholisches Gegenstück: die *Psalmen Davids* von Caspar Ulenberg. Er war mit dem Genfer Psalter offensichtlich vertraut und baute seine Liedpsalmen auch äußerlich ganz ähnlich.

Theologische Einwände gegen den Genfer Psalter veranlassten den Leipziger Theologieprofessor Cornelius Becker, 1603 seinen eigenen Liedpsalter herauszugeben. Seine Neuübertragung wurde zunächst auf bestehende Melodien gesungen. 1661 fügt Heinrich Schütz eigene Melodien und Cantionalsätze dazu.

Wenige Jahre später kam es zu einer weiteren wichtigen Neuerung. Bisher waren Gesangbücher vierstimmig und die Melodie lag im Tenor. Von Lukas Osiander stammt das erste mehrstimmige Gesangbuch mit Diskant-Cantus-Firmus (1569). „Darumb hab ich den Choral inn den discant genommen, damit er ja kenntlich, und jeder Leye mit singen könne", sagt Osiander in der Vorrede. (Nach Musch 1973, S. 367)

Wir können hier die bunte Gesangbuchgeschichte nur ein wenig anreißen. Jedenfalls muss man wissen, dass es eine enorme Produktion gab und dass der Bann für deutsches Singen in der Liturgie offensichtlich gebrochen war. Barbara Lange listet für die Zeit von 1523 bis 1588 das Erscheinen von 18 Gesangbüchern verschiedener Konfessionen auf (Lange 2009, S.107). Viele Lieder aus der beschriebenen Aufbruchszeit sind heute noch in Gebrauch, und viele haben eine weltliche Vorgeschichte.

* * *

Die charakteristische lange Note am Beginn jeder Zeile, die es sowohl im Genfer Psalter als auch bei den Ulenberg-Liedern gibt, wird manchmal in der Literatur „Sammelnote" genannt; das verleitet immer wieder zur Annahme, dass es eine schwere betonte Note sein muss. Die Notation ohne Taktstriche unterstützt diese Vermutung. Wenn man allerdings den Text ansieht, liegt in vielen Fällen die Betonung erst auf der zweiten Note, und das bedeutet, dass die lange Note auftaktig ist. An dem Lied *Hebt euer Haupt, ihr Tore all* kann man beobachten, dass Schwer- und Leichtzeit etwa gleich oft vertreten sind am Anfang der Zeile, ja dass es bei der Wiederholung des ersten Stollens beim zweiten Mal umgekehrt ist wie beim ersten Mal:

Hebt euer Haupt ihr Tore all
uralte Pforten, weicht dem Herren.
Denn **Ein**zug hält mit Jubelschall
der **groß**e König aller Ehren.

Ähnlich ist es bei vielen Liedern aus dieser Zeit. Oft ergeben sich sinnstörende Betonungen, wenn man Zeilen mit betonten Noten beginnt, so etwa bei **Mein** *ganzes Herz erhebet dich*; in der zweiten Strophe von *Nun saget dank und lobt den Herren* geht die Pointe der biblischen Aussage verloren, wenn man **Nicht** *sterben werd ich, sondern leben* betont. Chorleiter und Organisten sollten ihre Sinne für diese Eigenheit der alten Lieder schärfen. Es sei aber eingeräumt, dass es diese Betonungsprobleme zur Zeit der Entstehung dieser Lieder nicht gegeben haben dürfte, denn nach den spärlichen Nachrichten, die wir darüber haben, war das Singtempo für uns unvorstellbar langsam, und außerdem wurde jede Note sehr gewichtig und laut gesungen. Betonungen dürften sich damals nicht (oder eben andauernd!) ergeben haben. Der weltweite Trend zu zügigerem Musizieren, der nun schon ein halbes Jahrhundert anhält, dazu noch das Denken „im Puls", das von der alten Musik kommt, ferner die vorrangig textbezogene Gestaltung aller Vokalmusik (sie wird heutzutage vielfach auch auf romantische Musik ausgedehnt) – das Zusammentreffen aller dieser Paradigmen mit der Bauweise der Genfer- und der Ulenberg-Lieder resultiert in einer Akzentgestaltung, die wir Heutigen als schillernd wahrnehmen und daher auch „behandeln" müssen.

Umgekehrt begegnet uns bei den Liedern von Martin Luther und seinem Kreis die kurze Auftaktnote. Die böhmischen Brüder scheinen diese Eigenart von den Lutheranern übernommen zu haben (Jenny 1978, S. 176). Auch in diesem Fall muss man sich der heutigen Trends bewusst sein. Bei vielen Musikstücken tendiert man jetzt eher zum größeren von zwei möglichen Grundschlägen, und so werden viele Lieder, die hauptsächlich aus Viertelnoten bestehen, eher als Allabreve gespürt und auch so gesungen. Das wird in erster Linie ausgelöst durch die vorherrschende Stark-Schwach-Metrik im Text und erst in zweiter Linie durch die musikalischen Gewichte. Diese Lieder sind ganz im Gegenteil mit gewichtigen und harmonietragenden Viertelnoten zu denken (*Vom Himmel hoch, Aus tiefer Not*) – und in einem solchen Tempo verliert die auftaktige Achtelnote ihren schnippischen Charakter und ist auch in einem großen Kirchenraum problemlos zu realisieren.

> Ein doppelter Bogen überspannt die Zeit zwischen 1580 und 1750, die lutherische Orthodoxie und die Zeit des Barock. … Das Kirchenlied erlebt inmitten spannungsvoller theologischer, konfessioneller und politischer Entwicklungen und Konflikte dieser Zeit eine ungeahnte Blüte. Konfessionsübergreifend teilen Kirchenliedschöpfer die Begeisterung für das neue ästhetische Programm des Barock und das Lebensgefühl der Gesellschaft. (Lange 2009, S. 106)

Klarerweise hinterlassen theologische Strömungen ihre Spuren in der Kirchenmusik und im Besonderen in den Gesangbüchern. Das geschieht auf zweierlei Weise: durch die Auswahl der Gesänge, die in ein Buch aufgenommen werden und in den neuen Liedern selbst. Bald nach der Konsolidierung der Lehre im orthodoxen Luthertum entstand die Gegenbewegung des Pietismus. Da lagen die Akzente weniger auf der Theologie, sondern auf der persönlichen Frömmigkeit. Erbauungs- und Betveranstaltungen wurden getrennt vom eigentlichen Gottesdienst abgehalten – oft in eigenen Bethäusern –, und nach den strengen Psalm- und Katechismusliedern wurden nun Texte bevorzugt, in denen die persönliche Begegnung mit Jesus und die Nachfolge Christi thematisiert wurden. Der unmittelbare biblische Bezug tritt mehr und mehr zurück. *Lobe den Herren, den mächtigen König* ist eines der bekanntesten Lieder; der Textdichter Joachim Neander gehörte dem reformierten Pietismus an. *Wir warten dein, o Gottessohn* (Melodie *Was Gott tut, das ist wohlgetan*) ist vom spätpietistischen Textdichter Phillipp Friedrich Hiller. (Nicht zu verwechseln mit Johann Adam Hiller, der 1793 ein *Allgemeines Choral-Melodienbuch* (...) in Leipzig und Dresden herausgab.) Auch wenn wir im katholischen Liedgut wenige Lieder aus dem Mainstream des Pietismus haben, so hat er doch großen Einfluss auf die katholischen Liedermacher ausgeübt. Man darf auch nicht vergessen, dass so manche nicht-biblisch getextete Komposition von Heinrich Schütz den Bildern und Vorlieben des Pietismus sehr nahesteht, was natürlich noch mehr für die oft extrem emotionsgeladenen Kantatentexte Bachs gilt.

Im 17. Jahrhundert treffen wir auf weitere bedeutende Liedermacher in beiden Konfessionen: auf der evangelischen Seite Paul Gerhardt (*Ich steh an deiner Krippen hier; O Haupt voll Blut und Wunden*), auf der katholischen Friedrich Spee (*O Heiland, reiss die Himmel auf; Zu Betlehem geboren*); und schließlich der Textdichter Johann Scheffler, besser bekannt unter dem Namen Angelus Silesius, den er nach dem Übertritt vom evangelischen zum katholischen Glauben angenommen hatte (*Ich will dich lieben, meine Stärke; Mir nach, spricht Christus, unser Held*). Weiters ist noch Paul Crüger zu nennen, der mit Paul Gerhardt befreundet war. Von ihm stammen viele bekannte Melodien, u. a. *Jesu, meine Freude* und *Schmücke dich, o liebe Seele* sowie die Lieder mit dem sapphischen Versmaß[2] *Dank sei dir, Vater, für das ewge Leben* (evangelisch: *Lobet den Herrn und dankt ihm seine Gaben*), *Lobet den Herren alle, die ihn ehren* und *Herzliebster Jesu*. Crügers *Praxis pietatis melica* wurde mit 44 Auflagen das führende Gesangbuch des 17. Jahrhunderts.

Es seien noch einige Bücher herausgegriffen, die auf österreichischem Boden erschienen sind, etwa das *Catholisch Gesangbuch* des Nikolaus Beuttner (Graz 1602), vor allem jedoch das *Groß Catholisch Gesangbuch* von David Gregor Corner, zunächst Pfarrer in Retz und Mautern, später Benediktinermönch, schließlich Abt im Stift Göttweig (1625).

Inzwischen waren etliche Jahrzehnte seit dem Konzil von Trient vergangen, und die konkrete Ausführungsvorschrift, das *Caeremoniale episcoporum* (1600), war in Kraft gesetzt. Der Volksgesang war nun eindeutig als Zutat zum eigentlichen liturgischen Vollzug definiert – womit die Polarisierung zur lutherischen Praxis festgeschrieben wurde, wo ja das Gemeindelied selbst authentisches Vollelement des Gottesdienstes war. Muttersprachiges Singen war aber doch, wenn auch ganz am Rande, Thema auf dem Konzil gewesen, und sogar Kaiser Ferdinand I. hatte in seinem sogenannten „Reformationslibell" von 1563 angeregt, „ob nicht den lateinischen Gesängen beim Gottesdienste solche beigegeben werden könnten, die

---

2 Das Versmaß ist 11.11.11.5 (Silben); besonders charakteristisch ist der fünfsilbige Abgesang. Zur Angabe des Versmaßes vgl. S. 361.

treu und rein in die Volkssprache übersetzt sind.“[3] Es ist anders gekommen, aber es zeigt sich einmal mehr, dass der Wunsch nach Liturgie in der Muttersprache keine Unbotmäßigkeit des 20. Jahrhunderts war.

Die nächste starke Propagierung der Muttersprache ging ebenfalls von österreichischem Territorium aus. Über die Gottesdienstreformen von Maria Theresia und Joseph II. in Wien und jene von Erzbischof Colloredo wird an anderer Stelle ausführlich berichtet (S. 274 und 290). Das unmittelbare Ergebnis bezüglich Volksgesang waren zwei Gesangbücher: *Geistliche Lieder zum Gebrauche der hohen Metropolitankirche bei St. Stephan in Wien (…)*, 1774, und das *Maria-Theresianische Gesangbuch*, Wien 1776. Redakteur und Verfasser mehrerer Texte war Michael Denis. Heute noch gebrauchte Lieder aus diesen Büchern sind zum Beispiel *Maria, sei gegrüßet* und *Lass mich deine Leiden singen*. Fast zur selben Zeit kam das wichtige *Landshuter Gesangbuch* heraus, das Colloredo für Salzburg adaptieren ließ – von niemand geringerem als Michael Haydn. Von ihm ist übrigens die Melodie *Deinem Heiland, deinem Lehrer*. Aus dieser Periode stammen Lieder wie *Herr, ich bin dein Eigentum* (evangelisch: Mache dich, mein Geist bereit) oder *Wunderschön prächtige*. Tittel merkt an, dass die vermehrte Pflege des deutschen Kirchenliedes in bemerkenswertem Gleichklang mit den deutschen Reichsdiözesen geschah; im Adel sprach man damals offen über das Projekt einer Vereinigung der Konfessionen, was sehr gut mit den Ideen der Aufklärung harmonierte. – In dieser Zeit entstanden auch die ersten durchkomponierten Singmessen (vgl. S. 275 und 303).

Eine Union der Kirchen wiederherzustellen, kam nie auch nur ins Vorfeld der Realisierung, aber im 19. Jahrhundert wurden Ideen zur Vereinheitlichung zumindest des Liedgutes laut. Ernst Moritz Arndt, Schriftsteller und einflussreicher deutscher Politiker, äußerte schon 1819 seine Vorstellungen über ein „christlich teutsches Gesangbuch“ für alle Konfessionen. So weit gingen andere Bestrebungen nicht. Auf katholischer Seite war es Heinrich Bone, der für sein 1847 publiziertes Buch *Cantate* eine Fülle an alten Liedern und lateinischen Gesängen zusammentrug; viele Lieder aus früherer Zeit hatte er allerdings „modernisiert“. Das Buch kam einer Zusammenfassung des Grundrepertoires sehr nahe, und Bone hatte das Buch durchaus als gesamtdeutschsprachiges Gesangbuch konzipiert; eine Approbation in diesem Sinne erreichte er allerdings nicht. Auf der anderen Seite beschlossen 1854 immerhin 15 deutsche Landeskirchen die Herausgabe des *Deutschen Evangelischen Kirchengesangbuches*. Es spiegelte bereits die deutlich historisierende Grundströmung wieder und bevorzugte, so weit erschlossen, bereits Originalfassungen. Diese Schwerpunktsetzung in Richtung 16. und 17. Jahrhundert sollte das lutherische Liedgut bis zum neuesten Gesangbuch (1993) prägen. Nicht zuletzt weil Bone mit seinen modernisierten (d. h. meistens →äqualisierten) Fas-

---

3   Vgl. Nowak 1966, S. 130 sowie den Rekurs auf das Trienter Konzil in GRM auf S. 87.

sungen in die entgegengesetzte Richtung ging, wurde der schon entstandene stilistisch-ästhetische Graben vertieft, der bis zum Ende des 20. Jahrhunderts spürbar blieb; das betraf auch die Orgel- und die Chormusik und das liturgische Orgelspiel und reichte so weit, dass man auch Orgelbauer konfessionell zuordnete …

Das 19. Jahrhundert steuerte natürlich auch genuin romantisches Liedgut bei wie zum Beispiel *Ein Haus voll Glorie schauet*, *Heilges Kreuz, sei hochverehret*, *O Jesu, all mein Leben* oder *Erde, singe*. Insgesamt stagniert die Produktion neuer Lieder in beiden Konfessionen, wenn man mit früheren Jahrhunderten vergleicht. Neue Impulse kommen erst in den Zwanziger- und Dreißigerjahren des 20. Jahrhunderts aus der Singbewegung. In einer neuen Welle der Retrospektive, verbunden mit einem gewissen Anteil von Zurück-zur-Natur, entstehen neue Lieder im Geist des 16. Jahrhunderts – wobei dann doch einiges anders gemacht wird. Jedenfalls bevorzugt man modale Tonarten und Wendungen, man übernimmt auch die metrischen Eigenheiten (Notation in Halben und Vierteln, Hemiolen, Synkopen, Sammelnote). Im *Kirchenlied I* wurde programmatisch eine „Auslese geistlicher Lieder" vorgelegt, in der die als beispielhaft verstandenen Lieder aus früherer Zeit neben den Neuschöpfungen standen. Unter den Herausgebern finden sich Adolf Lohmann und Georg Thurmair, die damals sozusagen junge Wilde waren, später aber als anerkannte Spezialisten nicht nur das Repertoire des *Gotteslob* (und vieler Diözesananhänge) maßgeblich mitgeprägt haben, sondern auch das Evangelische Kirchengesangbuch (EKG) von 1949. *Kirchenlied I* erschien 1938, *Kirchenlied II* erst 1967. Für damalige Verhältnisse revolutionär war die Einbeziehung von vielen Liedern aus dem lutherischen Bereich. Man kann sich heute kaum noch vorstellen, dass *Wachet auf* oder *Nun danket alle Gott* nicht ökumenisch verwendet werden. Mit *Wir sind nur Gast auf Erden* oder *Nun, Brüder, sind wir frohgemut* sind Lohmann und Thurmair bleibend in die Geschichte des Kirchenliedes eingegangen. Andere für diese Zeit maßgebliche Autoren sind der Textdichter Jochen Klepper und der Komponist Johannes Petzold (*Die Nacht ist vorgedrungen*).

1947 einigten sich Fachleute aus dem ganzen deutschen Sprachraum über einen Grundstock an gemeinsamen Liedern, die fortan als *Einheitslieder* bezeichnet wurden (E-Lieder). Diese Bezeichnung weckte ein wenig Hoffnung, dass dies ein ökumenisches Projekt sein könnte. Ein solches startete erst 1969 mit der Gründung der AÖL (Arbeitsgemeinschaft Ökumenisches Liedgut), die im Vorfeld des geplanten *Gotteslob* einen Katalog von Liedern erstellte, die in allen christlichen Konfessionen (im deutschen Sprachraum) in einer gemeinsamen verbindlichen Fassung gesungen werden sollten; bei solchen Liedern wird der Nummer im Gesangbuch ein „ö" vorangestellt, im Fall geringfügiger Abweichungen ein „(ö)". Bei Redaktionsschluss zum *Gotteslob* lagen etwa 100 akkordierte Lieder vor; etwa 80 Prozent wurden ins Buch übernommen. Inzwischen ist für über 500 Lieder ein solcher Konsens gefunden worden!

In den Fünfzigerjahren kamen völlig neue Elemente dazu. Nachdem schon vereinzelt das Eindringen geistlicher Texte in die Unterhaltungsmusik beobachtet werden konnte (Lys Assia, *Wer*, Ralph Bendix, *Es war im Anfang*), griffen jetzt auch
Priester und Nonnen zur Gitarre (P. Aime Duval SJ, 1954 oder Luc Gabrielle alias
„Sœur Sourire", 1963) und begeisterten viele mit der Paarung von religösen Texten
und Elementen der Unterhaltungsmusik. Gleichzeitig liefen die ersten Versuche,
diese als revolutionär empfundene Verschmelzung für das Singen der Gemeinde
zu adaptieren. Der erste Hit in diesem Genre war das Lied *Danke* von Martin Gott-
hard Schneider, das aus einem Wettbewerb der Evangelischen Akademie Tutzing
1963 als Sieger hervorgegangen war. In dieser Zeit entstand eine große Fülle an
„rhythmischen Liedern", wie sie damals bald genannt wurden. (Die erste Bezeichnung „Jazzmesse" wurde ziemlich bald als völlig unzutreffend erkannt, denn es
handelte sich weder um Jazz noch um eine Messe.) Ob dieses Repertoire liturgiefähig war oder nicht, erhitzte jahrelang die Gemüter; die erbitterten Debatten kann
man in den Jahrgängen 11 bis 16 der Zeitschrift *Singende Kirche* verfolgen. In einer
durchaus wertenden Rückschau auf diese Zeit schrieb ich: „Dieselben Leute, die
dem jüngsten Bauernkind in der hintersten Waldecke jahrelang die Missa de angelis aufdrängten, erzürnen sich jetzt über das Eindringen von nicht-bodenständiger
Musik in die Liturgie." (Planyavsky 1972, S. 189) Man darf nicht vergessen, dass
es noch drei Jahrzehnte dauern sollte, bis der Ausdruck *Crossover* entstehen sollte.
Der Sturm legte sich, und zwar so rechtzeitig, dass eine Reihe von Liedern aus diesem Bereich ins *Gotteslob* aufgenommen wurde – freilich nicht jene Vertreter des
wirklich seichten Dutzendware-Genres, sondern Neukompositionen, die die stilistischen Anregungen aufgriffen. Man sollte auch nicht übersehen, dass die inhaltlichen Schwerpunkte in der Liturgie unmerklich, aber stetig im Fluss sind. Es gab
wenig alte Lieder, in denen Christus als Bruder angesprochen wurde oder in denen
tätige Nächstenliebe thematisiert wurde. In dieses Vakuum stießen nun neue Texte
vor und wurden auch auf neue Art vertont.

Die Erstellung des Gotteslob war die bisher umfangreichste Redaktionsarbeit in
der Gesangbuchgeschichte. Winfried Offele, Kirchenmusiker und Komponist,
übte offene und fundierte Kritik am Ergebnis, wobei ein Argument besonders auf-
schlussreich ist: „Die Spanne der Erstellungszeit umfaßte nämlich zwei Epochen.
Die erste kränkelte an Neuerungssucht, die bis zur Bilderstürmerei ging, die zweite, in der wir noch stehen, an der Nostalgie … Man weiß nicht so recht, ob diese
zweite Epoche nur eine Ermüdungserscheinung als Folge der aktivistischen Epoche ist oder wirklich eine Phase fruchtbarer Verinnerlichung und Erneuerung."
(Offele 1979, S. 79) Die Erfahrungen der *Gotteslob*-Redaktion floss stark in die
Arbeit am neuen Evangelischen Gesangbuch (EG) ein, die allerdings auch sehr
viel Zeit in Anspruch nahm (1984 bis 1993).

Inzwischen gab es einen weiteren neuen Stil, der mit dem Schlagwort „Taizé" umschrieben wird. Hier stehen wieder ganz andere Elemente im Vordergrund als bei den „rhythmischen Liedern":

> Das rhythmische Lied bedurfte eines spezifischen instrumentalen und technischen Apparates gerade eben für das rhythmische Element – die Taizé-Gesänge brauchen das nicht (wenn, dann nur zur akustischen Verstärkung). Wiewohl das rhythmische Lied seine Wurzeln hintergründig im Negro-Spiritual wähnte und vordergründig im Schlager hatte, legte man Wert darauf, dass es sich um „Musik unsrer Zeit und unserer Eigenart" handelte; die Taizé-Gesänge aber verstehen sich international, verwenden gerne lateinische Rufe oder Satzteile und kehren so auf einem geheimnisvollen Umweg zu romanisch-abendländischen Wurzeln zurück. Das rhythmische Lied hat eine genau ausgebildete Strophen/Refrain-Anlage, die sich im Rollenspiel ausdrückt– die Taizé-Gesänge sind weniger strukturiert, sondern beruhen auf orientalisch-kreisenden Endlosformen, die sich folgerichtig gerne als Kanon manifestieren (in der E-Musik gibt es die interessante Entsprechung der minimal music). Diese Art verminderter Strukturiertheit lässt den Gesang wie aus sich selbst entstehen und wieder abheben, ohne definierten Anfang und ohne Ende, ohne „altertümliche" Strophenform, ohne genau berechnendes Vorspiel, wonach dann alle mit militärischer Präzision einsetzen … die Taizé-Gesänge sind die zur Kirchenmusik gewordene Entsprechung zur internationalen Friedensdemo, in der der Einzelne zurücktritt. Die Friedens- wie auch die Taizé-Bewegung wollen nicht strukturiert sein und gehen auch eher quer durch die Generationen. (Planyavsky 1995, S. 78)

Diese Art der Musik ist inzwischen auch völlig ins Repertoire integriert. Viele Diözesen haben in den Neunzigerjahren ihre Anhänge zum *Gotteslob* erweitert und sowohl weitere „rhythmische" als auch Taizé-Gesänge aufgenommen. Für beide Arten des neues Liedes hat sich inzwischen der Terminus NGL (Neues geistliches Lied) eingebürgert. Auch im EG sind beide Arten vertreten, und zweifellos gilt dies auch fürs kommende neue *Gotteslob*.

2. Begleitung des Volksgesanges

Alle singen, Orgel spielt – so selbstverständlich war das nicht immer. Es hat einige Jahrhunderte gedauert, bis dieser kirchenmusikalische Haupt- und Normalfall zum Standard wurde. In den Anfängen begleitete die Orgel nicht den Gesang, sie durfte ihn *vertreten!* Spuren des liturgischen Orgelgebrauchs führen bis ins 10. Jahrhundert zurück. Im 11./12. Jahrhundert dürfte er bereits so häufig sein, dass es sowohl befürwortende Stimmen gibt als auch bereits Klagen über manchen Missbrauch, vor allem zu große Lautstärke betreffend. Die Orgel wirkte damals im vollen Sinne liturgisch: Wenn ein Abschnitt eines Gesanges von der Orgel gespielt wurde, galt er als gesungen. Wir sprechen hier wohlgemerkt vom 11. und 12. Jahrhundert und vom gregorianischen Repertoire. Diese Alternatim-Praxis – ein Abschnitt gesungen, ein Abschnitt gespielt und so fort – wurde zu einer der wesentlichen Gestaltungsformen, die sich durch 1000 Jahre gehalten hat und einmal mehr, einmal weniger Rolle spielte. Die ersten tatsächlich als Orgelmusik anzusehenden Dokumente sind der Robertsbridge-Codex (ca. 1230) und der Codex Faenza. Soweit erkennbar, folgen alle Stücke dem Prinzip der Intabulierung. Damit bezeichnet man im umfassenden Sinne eine instrumentale Bearbeitung eines mehrstimmigen Vokalstückes. Fast immer wurde die Hauptstimme (oder auch andere Stimmen) dabei fingergerecht ausgeziert – „koloriert" lautet der Fachausdruck dafür, der wieder einmal ein wenig in die Irre führt, denn er suggeriert nach unserem heutigen Sprachempfinden, dass hier irgendetwas mit der Klangfarbe angestellt wird; dem ist aber nicht so. Kolorieren heißt immer, lange Noten in umspielende kürzere aufzulösen. Auch diese Praxis hat sich bis heute erhalten. Eines der bekanntesten Choralvorspiele von J. S. Bach, jenes über *Schmücke dich, o liebe Seele*, hat im Sopran einen solchen kolorierten Cantus firmus.

Aber dies ist keine Geschichte des Orgelspiels und auch keine Anthologie der Orgelliteratur. Es geht um die Frage, wann es Brauch wurde, den Gesang der Gemeinde mit der Orgel zu begleiten: Erst im Gefolge der Reformation dürfte sich diese Praxis verbreitet haben. Mit Sicherheit wissen wir, dass der Genfer Psalter nicht mit der Orgel begleitet wurde. Denn nach Zwingli und Calvin war jegliches Instrumentalspiel im Gottesdienst verboten. (Die erste nachreformatorische Orgel im Zürcher Großmünster wurde erst 1878 gebaut, und de iure ist das Orgelverbot im Kanton Zürich noch immer in Kraft!) Die Sätze von Goudimel wurden aber vom Chor gesungen, und solcherart wurde die Gemeinde ja doch begleitet und geführt (Jenny 1987, S. 165). Auf diese Art dürfte es auch bei den Lutheranern begonnen haben. Wenn man an die vorhin beschriebene rasche Verbreitung der vielen Sätze denkt, wird sich auf diese Weise die Unterstützung der Gemeinde eingebürgert haben. Um 1600 kam der Cantionalsatz auf, ein fast ausschließlich homophoner vierstimmiger Satz, der auch den Chören der Lateinschulen und den Kirchengemeinden mehrstimmiges Singen ermöglichte; er war ein Stück Gebrauchsmusik. Er war auch die Ausgangsbasis für die Orgelbegleitung; so kann man am Beginn des 17. Jahrhunderts allmählich den von der Orgel begleiteten Gemeindegesang als leidlich verbreitet ansehen. Als 1650 das *Görlitzer Tabulaturbuch* von Samuel Scheidt erscheint, erklärt der Komponist in der Vorrede, warum er – im Gegensatz zum jeweils einstimmigen Chorbuch – diesmal die Stimme als vierstimmige Chorpartitur notiert hat: Damit „die Herren Organisten und Musicliebhaber sie leichtlich in die gewöhnliche Tabulatur [d. h. Buchstabentabulatur, Griffschrift] absetzen [umschreiben] können." Noch lief ein Lied hauptsächlich alternatim ab, das heißt die Strophen wurden abwechselnd von der Orgel gespielt und von der Gemeinde gesungen, aber die Bevölkerung war nach dem dreißigjährigen Krieg dezimiert, und so wird wohl der eine oder andere Chor schon zusammen mit der Orgel oder gar nicht mehr gesungen haben. Ein weiteres Indiz ist, dass Scheidts Sätze von ihrer Machart her eindeutig orgel- und nicht chorgemäß sind. Es gibt viele Pausen, aber auch längere Haltenoten in Mittelstimmen, die den Textfluss empfindlich behindert hätten. Also haben wir eines der ersten Orgelbücher vor uns, in denen Chorsätze orgelgemäß eingerichtet sind bzw. einfach ein Mehr an Gestaltung bieten.

Was ist ein Orgelsatz? Und wann ist er ein *Begleit*satz? Diese Frage beschäftigt die damit Befassten nun seit 400 Jahren. Die einen meinen, sobald eine Melodie unter Einhaltung der Regeln vierstimmig harmonisiert sei, könne man das mit einem Chor singen, mit einem Streichquartett oder einem Posaunenchor spielen, und warum sollte das dann nicht auch auf der Orgel möglich sein!? Aber so einfach ist es nicht. Die Kleine Nachtmusik von ⇨Mozart kann man, rein technisch gesehen, auch von einem Bläserquintett spielen lassen, und das Stück wird zweifellos für jedermann zu erkennen sein. Ganz abgesehen davon, dass Mozart es nicht mit Bläsern, sondern mit Streichern wollte, gibt es einfach auch idiomatische Unterschiede zwischen den Instrumenten, die das ursprünglich angepeilte Klangbild sehr verändern; das kann manchmal bis zu parodistischen Wirkungen gehen. Um Unterschiede in der Klangfarbe geht es aber beim Orgelbegleitsatz gar nicht in erster Linie. Man will ja die Gemeinde eigentlich gar nicht *begleiten*, so wie ein Pianist einen Sänger bei der *Winterreise* begleitet. Da ist der Sänger nämlich die Hauptperson, und es ist eher der Pianist, der sich nach den Wünschen des Sängers richtet. In der Kirche ist es umgekehrt: Der Organist soll die Gemeinde *führen*. Damit dabei auch tatsächlich ein Führen herauskommt (und nicht ein Dazu-Spielen!), ergreift der Organist gewisse Maßnahmen, die schließlich zu einem Resultat führen, das einem Chor-, Steicher oder Bläsersatz nur mehr sehr ähnlich, aber nicht identisch mit ihm ist. Er wählt vielleicht andere Harmonien, die den Fluss des Singens beschleunigen. Er artikuliert anders, als ein Chor das tut. Die Atempausen werden gesteuert, indem manche Noten kürzer, andere länger gespielt werden, als sie in der Melodie notiert sind. (Vgl. die Bemerkungen bzgl. der Deutschen Messe von Franz ⇨Schubert auf S. 304f.)

Vor allem im evangelischen Bereich werden diese Fragen immer wieder diskutiert. Allerdings schlägt dort das Pendel immer gleich voll aus; wenn von „besserer Liedbegleitung" die Rede ist, geht es im nächsten Absatz dann immer gleich um

Triospiel und/oder um frei dazu improvisierte polyphone Stimmen.[4] Das immer neu auftretende Bemühen sei anerkannt, aber für den katholischen Bereich liegen die Dinge doch ein wenig anders. Das betrifft nicht nur die Begleitung, sondern auch die anderen Aufgaben im Rahmen des Liturgischen Orgelspiels: Intonationen oder größere Vorspiele zu den Liedern, manchmal auch das Prä- und Postludium (obwohl bei diesen Gelegenheiten fast durchwegs Literaturstücke, d. h. fertige Kompositionen, gespielt werden).

> Es war 1989 beim Wettbewerb für Kirchenmusiker in Fürth. Beim ersten Treffen der Juroren wurden wie üblich die technischen Details mit den Organisatoren besprochen, unter anderem der Zeitpunkt, wann die Kandidaten die Lieder für den Durchgang „Liturgisches Orgelspiel" bekommen sollten. „Am Abend davor", lautete die Antwort. Darauf sagten die evangelischen Juroren: „Was, so spät?", und die katholischen: „Was, so früh?".

Evangelische Kirchenmusiker bereiten sich traditionsgemäß viel intensiver auf den Orgeldienst vor; die Lieder stehen schon früher fest. Das können sie, denn sie haben meist nur einen Gottesdienst pro Woche musikalisch zu gestalten. Außerdem wird in der evangelischen Kirche mehr Wert auf Stilimprovisation gelegt, und eine solche muss von vielen Kollegen lange geübt werden – was eigentlich bedeutet, dass es eine nicht notierte, auswendig vorgetragene Komposition ist. Der Barockstil ist geradezu identitätsstiftend für die evangelische Orgelpraxis.

Weitere wesentliche Unterschiede in der Orgelpraxis der Konfessionen: die vorhin erwähnte Neigung im Liedgut (und in der Orgelliteratur) zum 16. und 17. Jahrhundert, die erst in den letzten 25 Jahren langsam neutralisiert wird; die größere Anzahl von Kirchenräumen mit geringerem Nachhall, vor allem aber der ganz andere Stellenwert des Gemeindesingens. Es gibt weder im reformierten noch im lutherischen Gottesdienst nennenswerte Gelegenheiten, wo eine Handlung mit Gemeindegesang begleitet – im Sinne von untermalt – wird. Wenn gesungen wird, wird gesungen und sonst passiert nichts; allenfalls während der Ausspendung des Abendmahls wird etwas gemeinsam gesungen, und auch das eher selten. Seit hunderten von Jahren singen die Christen der Reformation sozusagen ohne Ablenkung, und was sie singen, ist spürbar von Bedeutung. Sie singen die vorgesehenen Strophen – meistens eine ganze Reihe –, und da wird nicht spontan gekürzt, weil der Pfarrer mit einer Handlung fertig ist und ein Gebet sprechen will. Es werden mehr Strophen gesungen, und das mehrmals im Gottesdienst. Von einem Lied immer mehrere Strophen singen bedeutet, dass es besser sitzt; innerhalb eines Jahres singt der evangelische Christ wahrscheinlich mehr Strophen als ein katholischer.

Diesen Vorsprung kann der katholische Gemeindegesang nur allmählich aufholen. „Der Pfarrer wartet, bis die Musik fertig ist" … das gibt es nicht, denn der

---

4 Vgl. die erwähnten Artikel von Markus Jenny (1978, 1987), ferner Beiträge von Traugott Timme und Friedrich Högner in Musik und Kirche 3/48,1978 sowie mehrere Artikel in Musik und Kirche 4/50, 1980.

evangelische Pfarrer wartet gar nicht, sondern er singt. Im katholischen Gottesdienst hingegen war das nicht immer so, und es ist auch heute nicht immer der
Fall. Dennoch darf man nicht unzufrieden sein, denn das gute Beispiel der getrennten Kirchen, die heilsame Konkurrenz in der Musikpflege und vor allem im
Gemeindegesang hat den katholischen Volksgesang schon immer mitgezogen. Als
das II. Vatikanische Konzil die Muttersprache freigab und der Volksgesang zum
liturgischen Element aufgewertet wurde, waren die deutschsprachigen Katholiken
bestens vorbereitet und hatten ein großes Repertoire an Gesängen, durchaus auch
viele mit biblischem Bezug. In den romanischen Ländern stand man hingegen
ohne gewachsenes Liedgut da und musste erst mühsam ein Repertoire erschließen.
(Natürlich sang man dort auch schon vor dem Konzil in der Muttersprache, aber
ein erschlossenes psalm- und →perikopennahes Liedgut gab es kaum.) Von der
heilsamen Nachbarschaft mit einmal mehr, einmal weniger Austausch in beiden
Richtungen haben die Katholiken im deutschsprachigen Raum punkto Volksgesang zweifellos mehr profitiert als umgekehrt. Die anderen wiederum haben von
uns vielleicht gelernt, dass man auch einmal ohne →Cantus firmus improvisieren
kann, dass auch eine Voix céleste etwas Erbauliches sein kann und dass es nicht
immer gleich ein Choraltrio im Barockstil sein muss, wenn es um das Einspielen
eines Liedes geht. „Was machen die da eigentlich?', fragen sich evangelische Kirchenmusiker, wenn sie ihre katholischen Kollegen improvisieren hören."[5]

Es wird dem Leser nicht verborgen geblieben sein, dass wir beim Thema Begleitung aus dem 17. Jahrhundert ins Grundsätzliche und Technische abgebogen sind.
Zumindest andeutungsweise sollen die folgenden Jahrhunderte erwähnt werden.

Das Barockzeitalter war auch das Generalbasszeitalter, und es kam nicht nur
eine deutliche Ausweitung des harmonischen Vokabulars, sondern auch eine zu-
nehmende Polyphonisierung im Detail. In den Mittelstimmen der Sätze – egal ob
vokal oder instrumental – mehrten sich Vorhalte und Durchgänge im Vergleich
zur Zeit davor; im Vergleich zum 19. Jahrhundert war die Stimmführung noch
relativ gerade. In dieser Zeit kamen die Zeilenzwischenspiele auf. Johann Sebastian Bach hat einige solcher Choräle aus seiner Praxis aufgeschrieben (BWV 715,
722, 729, 732). Bei jeder Atempause machte der Organist eine kleine Kadenz, was
im besten Fall auf einige schnelle Läufe oder Akkordzerlegungen hinauslief; im
schlimmsten Fall versuchte er, einen Affekt aus der nächsten Zeile darzustellen
– Blitz, Donner, Seufzen oder womöglich das Blöken eines Schafes. Man wüsste
es nicht, hätte man nicht auch schriftliche Klagen über derlei (Miss-)Bräuche. Wir
haben ein Zeugnis eines prominenten Autors. Daniel Gottlob Türk, Kantor und
Organist in Halle, verfasst 1787 das erste ausschließlich dem liturgischen Orgel-

---

5   Trailer zum Artikel von Wolfgang Seifen (2001)

spiel gewidmete Lehrwerk „Von den wichtigsten Pflichten eines Organisten". Er widmet dem Thema Zeilenzwischenspiele breiten Raum:

> Es ist unleugbar gewiß, dass auch die sogenannten Zwischenspiele, außer dem Zweck, die Gemeinde im Tone zu halten, viel zum Ausdrucke beitragen können: Aber wie oft, wie unendlich oft wird dadurch mehr verdorben, als gut gemacht? Wie hirnlos, wenn man in einem Lied von der christlichen Geduld und Gelassenheit, oder bey Betrachtung des Todes etc. ein Getöse hört, als wenn sichs der Organist vorgenommen hätte, amtsmäßig zu toben, und jedem sanften Gefühle Trotz zu bieten; – oder wenn er dafür besoldet würde, dass er in jeder Sekunde, wenn er spielt, die Skalen, durch alle Oktaven, in allen Tönen und Klanggeschlechte, etlichemale durchlaufen, und dabei die lächerlichsten Anspielungen auf den Text machen sollte? (Türk 1778/1966, S. 104f.)

Die Unsitte hielt sich offensichtlich (vielleicht nur vereinzelt?) lange; einmal erwähnt Felix Mendelssohn um 1830, man habe sich nach einem Gottesdienst bei ihm bedankt, dass er sich „der albernen Zwischenspiele bei den Zeilen" enthalten habe.

Von Johann Christian Kittel, einem Schüler des späten Bach, gibt es ebenfalls ein Lehrwerk, wo die motivisch durchgestaltete Choralbegleitung propagiert wird. Damit ist gemeint, dass eine durchgehende Achtel- oder Sechzehntelbewegung während des ganzen Liedes beibehalten wird; sie beginnt schon im Vorspiel und setzt sich auch durch die Atempausen fort. Wie oft in der Musikgeschichte lassen natürlich Ausschläge des Pendels nicht lange auf sich warten. Rufe nach „edler Einfachkeit" werden laut (Justinus Heinrich Knecht) und harmonische Kühnheiten werden als unnötig bezeichnet. Gegen Ende des 19. Jahrhunderts kommen aber gerade diese wieder in Mode; dass dies zu einer Verlangsamung des Singtempos führen muss, ist leicht einzusehen.

Die neuen Aufbrüche der Jugend- und der Singbewegung – das entsprechende Liedgut wurde bereits vorgestellt – brachte auch hier konträre neue Ansätze. Der Cantionalsatz (siehe vorhin S. 344) wurde nicht nur wiederentdeckt, sondern zum allein richtigen Weg befördert. Alte Sätze wurden ausgegraben und wiederaufgelegt, neue – manchmal etwas blutleer – wurden zuhauf geschaffen. Die evangelischen Orgelbücher blieben bei ihrer ohnehin immer vorhandenen Neigung zum altertümelnden Stil, worin man fast ein Pendant zu den in Serie gebauten neogotischen Backsteinkirchen sehen kann. Das EKG von 1949 verfestigte die stilistische Verengung, während die katholischen Orgelbücher weiterhin uneinheitlich, teilweise noch immer romantisch überladen, angelegt waren. Als der Autor 1973 als jüngstes Mitglied in die Kommission für das Orgelbuch zum *Gotteslob* berufen wurde, begann die Arbeit mit einer genauen Durchsicht von etwa 30 Orgelbüchern. Zu diesem Zeitpunkt plante man nämlich, einen Großteil der benötigten Begleitsätze aus Vorhandenem zu übernehmen, dabei mit Korrekturen und Adaptionen nicht zu sparen und nur in unumgänglichen Fällen neue Sätze in Auftrag zu geben. „Drei bis vier Sitzungen werden wir schon brauchen", hieß es zu Beginn. Dies sollte sich als die Fehleinschätzung des Jahrzehnts herausstellen.

> „Die Kommission konnte nur wenige Sätze [aus existierenden Orgelbüchern] übernehmen, die dem Konzept entsprachen, das die Kommission ihrer Arbeit zu Grunde legte. Die naheliegende Übernahme von Originalsätzen zu alten Melodien scheiterte aus unterschiedlichen Gründen: Wo die GL-Liedfassung nicht mit der historischen (Chor-)Fassung übereinstimmte, war es für uns undenkbar, den Satz eines alten Meisters zu adaptieren … vor allem jedoch die spezielle Chorsatzstruktur [!] erwiesen die ins Auge gefassten Sätze aus der Entstehungszeit der Lieder fast durchweg als ungeeignet, sie in neuer Funktion zur Begleitung der Gemeinde zu verwenden." (Erwin Horn im Redaktionsbericht zum *GOTTESLOB*, Paderborn und Stuttgart 1988. In diesem Bericht sind die Grundsätze für die Orgelbegleitung, wie sie die Kommission vertreten hat, ausführlich dargelegt.)

Die Kommission erarbeitete weitgehend neue Ansätze für die Orgelbegleitung, vor allem was den Zusammenhang von Harmonik, Artikulation und Text betraf, und vergab daher zum überwiegenden Teil Aufträge für neue Sätze. Ganz neu entwickelt wurde außerdem die Begleitung der Psalmtöne. Insgesamt stellte die Arbeit dieser Kommission die erste umfassende Neudefinition der Orgelbegleitung seit langer Zeit dar, was vor allem auf evangelischer Seite mit großer Aufmerksamkeit beobachtet wurde. Und so brauchte man nicht drei, sondern 29 Sitzungen.

Katholischerseits war man, vor allem in Österreich, äußerst kritisch zum neuen Orgelbuch eingestellt. Wie sich nach und nach herausstellte, lasen die Kollegen zum einen das umfangreiche Vorwort nicht und waren später bass erstaunt, dass die neuen Sätze nicht auf totales Legatospiel ausgerichtet waren. Weiters erlagen viele dem Trugschluss, dass ein neu angefertigter Begleitsatz ohnehin nur zu 75 Prozent neu war, da er immerhin eine bekannte Sopranstimme enthielt und daher vom Blatt gespielt werden könnte. Der Autor hat auf sehr vielen Tagungen und Werkwochen (praktisch im ganzen deutschen Sprachraum) das Feedback der Kollegen vernommen und kann jetzt, nach über 30 Jahren, die Feststellung wagen, dass das Orgelbuch von 1975 einen Trend zum sauberen und flüssigen Spiel ausgelöst hat – und somit die Leiden der Zeit nach der Neueinführung einem guten Zweck gedient haben.

Die Entwicklung seit dem Erscheinen des Orgelbuches brachte die Integration eines umfangreichen NGL-Bestandes in das allgemeine Singrepertoire. Gleichzeitig fand auch die Computer-Revolution statt; seit Ende der Neunzigerjahre ist es für jede Pfarrgemeinde (für jede Studentengemeinde, für jede Gruppe) technisch möglich und erschwinglich, Liedblätter, manchmal auch dicke Liederhefte anzufertigen, die das gewünschte Repertoire enthalten. Das *Gotteslob* ist nur mehr einer von mehreren Singbehelfen. Leider lagen Orgelbegleitungen für dieses Repertoire nur in verschwindender Quantität vor – ganz abgesehen davon, dass für diesen

Stil eine Art der Begleitung entwickelt werden musste, die sich deutlich von den herkömmlichen Techniken der Liedbegleitung unterschied:
– Der stimmenmäßige Satz weicht einem akkordischen Satz, der das Grundinstrumentarium Bass – Gitarre – Oberstimme nachahmt.
– Das rhythmische Element, im Sinne eines unterbrechungslos durchgehenden Schlagrhythmus, steht im Vordergrund.
– Synkopen dürfen nicht mit allen Stimmen mitgespielt werden.
– Die Bassstimme gibt den Walking Bass oder den gezupften Bass wieder.
– Statt des Vorspiels gibt es das Intro, das ohne ritardando und in präzisem Periodenbau zum ersten Sington hinführt.

Es gibt nur wenige Orgelbücher, die sich der Adaption des NGL-Arrangements für die Pfeifenorgel gezielt und vertieft annehmen und in denen nicht doch unterschwellig der alte Cantionalsatz, mit ein paar halbherzigen Synkopen durchsetzt, fortgeschrieben wird, zum Beispiel:

DAVID-Orgelbuch. Hg. Kath. Jugend und Jungschar Feldkirch / Kirchenmusikreferat der Diözese Feldkirch 1998

Neue Töne: Begleitbuch für Neue Geistliche Lieder im Evangelischen Gesangbuch für Orgel/Klavier/Keyboard. Hg. Verband der Evang. Kirchenmusiker Deutschlands

3. Orgelspiel

Im Vergleich mit dem vielen, das in diesem Buch ohnehin nur flüchtig und im Überblick dargestellt wird, ist die folgende Übersicht geradezu nicht existent. Hier geht es aber von vornherein nicht um einen schnellen chronologischen Durchmarsch, sondern um das Phänomen des solistischen Orgelspiels im katholischen Gottesdienst als Ganzes und um einige Typen der Literatur.

Dass man mit der Orgel vor und nach dem Gottesdienst spielte, lange bevor an die Begleitung der Gemeinde zu denken war, kann man als gleichsam naturgegeben ansehen. Das Instrument bietet Lautstärke und Kraft; wenn es gespielt wird, ist allein durch die Komponente des Dauertones eine gewisse Signalwirkung gegeben. Das ist gut, um den Grundlärm der bereits oder noch Versammelten zu übertönen.

„Beim Schall der Trompeten und Hörner" wusste man schon zur Zeit des Alten Testamentes, was es geschlagen hatte. Geblasenes ist erhabener als Gefideltes. (Jedes vereinfachende Bild hat seine Grenzen, zugegeben!)

Die andere Einsatzmöglichkeit der Orgel wurde schon angesprochen: Sie durfte den Gesang liturgisch vollgültig vertreten. Dabei wurde abschnittweise gewechselt, wenn es um Ordinariumsteile ging; bei der →Offiziumspsalmodie wurden die ungeraden Verse gesungen, die geraden vom Instrument vertreten (Alternatim-Praxis). Diese Grundform des liturgisch orientierten solistischen Orgelspiels entstand lange vor der Reformation und setzte sich auch während und nach ihr fort. Und so findet man unter anderem die folgenden Typen alternierender Orgelmusik:
- die ältesten Sätze, teilweise noch organal, mit koloriertem Cantus planus,
- *Salve regina* und *Recordare* von Hofhaymer,
- Kyrie-Sätze von Frescobaldi und seinen Zeitgenossen.

Mit dem Frühbarock beginnen 150 Jahre einer vielgestaltigen Orgelblüte. Nach der Reformation spaltete sich das Alternatim-Repertoire allmählich auf:
- Scheidt und andere lutherische Zeitgenossen schreiben Magnificat-Sätze; der jeweilige Psalmton dient in großen Notenwerten ähnlich wie ein Kirchenlied als →Cantus firmus.
- Wie erwähnt, wurden auch die Bearbeitungen der Kirchenlieder zunächst alternatim verwendet.
- Vereinzelt entstehen auch Stücke mit wenigen, aber langen Abschnitten (z. B. Buxtehude, Te Deum und Magnificat), die insgesamt das Ausmaß einer Choralfantasie erreichen.
- Diese norddeutsche Choralfantasie legt für jede Zeile des Liedes einen eigenen Teil an, in dem der Cantus firmus, falls in großen Notenwerten durchgeführt, mit Motiven umgeben bzw. kontrapunktiert wird, die aus der c.-f.-Zeile abgeleitet sind. Dabei kann das melodische Material bis in kleinste Partikel aufgelöst werden.
- Im katholischen Frankreich entstehen (interessanterweise *nach* dem Trienter Konzil!) die vielteiligen Messe-basse-Zyklen, in denen alle Teile des Ordinariums in viele kurze Sätze aufgeteilt wurden. Charakteristisch waren die genau typisierten Registrierungen, die schon im Titel angegeben waren. Komponisten wie Nicolas de Grigny, Francois Couperin und Louis Marchand pflegten diese Formen bis ins späte 18. Jahrhundert; sie wurde sogar im 19. noch von Alexandre Francois Boely fortgeführt (vgl. S. 117).

Plein chant en taille: Der Cantus firmus liegt im Tenor. Dies ist der einzige Satztyp, der noch tatsächlich den Cantus firmus enthält. Alle anderen Sätze greifen bestenfalls einzelne Motive auf, meistens jedoch nur den Modus.
Die Lage der Solostimme wird mit *Basse de Cromorne, Cromorne en taille* oder *Recit de Cromorne* angegeben (Zungenstimme im Bass, in der Mitte oder im Diskant).
Plein Jeu: Plenum; Grand Jeu: eine Mischung aus Zungenstimmen und Cornet
Duo – ein bewegtes zweistimmiges Stück mit zwei Cornet-Registrierungen (die tiefere mit 16')
Dialogue: ein festlich bewegter Satz, meist auf allen drei Manualen
Tierce en taille: ein lyrisch-erhabener Satz mit Cornet im Tenor
Einzelne Register werden auch in den Sätzen Récit de Nazard, Flûtes und Voix humaine vorgeführt.

– Die katholischen Gegenstücke zu den großen Magnificat-Sätzen der Norddeutschen schrumpfen gegen Ende des 18. Jahrhunderts zu kurzen Versetten oder Fughetten.

Abgesehen von diesen alternatim-gezeugten Formen bilden sich im 17./18. Jahrhundert die folgenden Haupttypen heraus, die sich recht gut den Konfessionen zuordnen lassen:

– In den calvinistischen Bekenntnissen gibt es keine Orgel. In Amsterdam verzichtet man aber deshalb noch lange nicht auf einen Meister wie Sweelinck, sondern stellt ihn fortan für Orgelkonzerte außerhalb der Liturgie an. Dorthin gehören nicht nur seine Fantasien, sondern auch die Choralbearbeitungen.
– Die Lutheraner kennen nicht mehr den bedingungslosen Primat des liturgischen Ablaufs vor der Musik. Die freien Formen wie Präludium, Praeambulum oder Toccata werden allmählich umfangreicher.
– Generell wird die Cantus-firmus-Bearbeitung im lutherischen Bereich an Wichtigkeit immer weiter zunehmen (einige Details später).
– Die Katholiken entwickeln für ihre speziellen Bedürfnisse andere Formen der freien Orgelmusik. Frescobaldi (und jeder in diesem Stilkreis) schreibt Toccaten, deren Abschnitte zum Springen und Kürzen eingerichtet sind, so dass die Gesamtlänge dem liturgischen Ablauf angepasst werden kann.
– Diese mehrteilige Toccata wird später von Georg Muffat zur Hochblüte gebracht.
– Eine weitere indigene Form aus Italien ist die →Elevationstoccata (der Vorschrift des Tridentinums gehorchend, dass bei der Wandlung die „gewichtigeren und süßeren Stimmen der Orgel" erklingen dürfen).

In der vorwiegend cantus-firmus-orientierten Orgelmusik für die lutherische Liturgie geht es hauptsächlich um folgende Formen:
– Der Orgelchoral. Die Melodie ist fast immer im Sopran. Länge und harmonisches Gerüst stimmen mit dem Choralsatz überein. Die Harmonien werden in kleine

Notenwerte aufgeteilt bzw. in kurzräumigen Motiven wiedergegeben. Bachs *Orgelbüchlein* ist das bekannteste Beispiel.

– Der Zeilenfughette. Aus jeder Verszeile wird ein knappes Thema gebildet, über das eine sehr gedrängte Fugenexposition gemacht wird, die zum Einsatz des Cantus firmus in größeren Notenwerten führt. Dies ist der am meisten gepflegte Typ, vor allem von Zachow, Walther, Buxtehude und Pachelbel. Bach hat diese Form zu unerreichter Meisterschaft (und Komplexität) weiterentwickelt.

– Der kolorierte Choral. Die Noten des Liedes laufen in Vergrößerung ab, so dass manche von ihnen mit kleinen Notenwerten umspielt oder sogar durch sie ersetzt werden können. Meist in getragenem Tempo.

– Das Bicinium. Ein zweistimmiges Stück, in dem der Cantus fimus in großen Notenwerten von einer bewegteren Stimme kommentiert wird.

– Das Choraltrio. Cantus fimus im Pedal, zwei kommentierende Stimmen, oder das Pedal gibt sich wie ein Continuo-Bass, dazu eine Cantus-firmus-Hand und eine mit Kommentar.

– Die großen Choralfantasien des norddeutschen Stilkreises (Buxtehude, Tunder, Lübeck, Reincken) sind nicht für den Gottesdienst gedacht, sondern (vgl. vorhin bei Sweelinck) für Konzerte, für Märkte und Feste in den selbstbewussten Hansestädten.

– Am anderen Ende der Aufwändigkeit entstehen unzählige Choralpartiten, das heißt Variationsreihen, vielfach nur auf einem Manual und ohne Pedal zu spielen. Derlei brauchte man für die häusliche Frömmigkeitsübung oder für die Bethäuser des Pietismus. Böhm, Zachow und Johann Gottfried Walther waren große Partitenschreiber. Letzterer ist das wichtigste Vorbild für die Partiten des jungen J. S. Bach.

Alle diese Typen der Cantus-firmus-Bearbeitung sind unverzichtbare Bestandteile der lutherischen Orgelidentität bis in unsere Zeit. Von den Bach-Schülern Krebs und Homilius angefangen über Heinrich von Herzogenberg reicht die Austrahlung bis Hugo Distler und Johann Nepomuk David, die, freilich mit anderen harmonischen und kontrapunktischen Mitteln, die Tradition weitergeführt haben. Und dies ist nicht auf Lutheraner beschränkt. Ob es sich nun um Choralvorspiele von Reger („katholisch bis ins Knochenmark!", sagte er von sich), Karg-Elert oder vor allem Dupré handelt – sie alle sind Erben der barocken Cantus-firmus-Welt.

An die Tradition der großen norddeutschen Choralfantasie hat als erster Johann Gottlieb Töpfer angeknüpft; ihm folgte Heinrich Reimann, der eigentliche Schöpfer des von Reger mehrmals verwendeten Typs der Choralfantasie, und Sigfrid Karg-Elert. Ihre großen Fantasien sind allerdings für die Liturgie allesamt nicht verwendbar und werden hier nur wegen ihrer vagen Verbindung zu den norddeutschen Vorfahren genannt. (Diese romantischen Fantasien haben auch formal kaum etwas mit den gleich bezeichneten barocken Vorfahren zu tun; die Romantiker bieten zumeist „einfach" sehr komplexe Harmonisierungen des Chorals und eine abschließende Choralfuge.)

Die 150 Jahre des Orgelzeitalters waren jedenfalls mit Bach zu Ende; schon das Orgelwerk des Thomaskantors hatte kein Gegenstück irgendwo in Europa und war hoffnungslos antiquiert, als es geschrieben wurde – jedenfalls in den Augen der Zeitgenossen, die sich der Oper, dem Hammerflügel und dem plötzlich dynamisierten Orchester zuwandten. Frotscher beklagt in seinem Standardwerk den Niedergang der Orgelmusik, vor allem in der Cantus-firmus-Kultur. „Die musikalische Situation außerhalb der Kirche ist mittlerweile eine andere geworden, aber die Musik in der Kirche hat ihr nicht folgen können." (Frotscher 1959, S. 1126f.)

Wir wissen heute, dass das 19. Jahrhundert so orgelfeindlich nicht war, wie es auf Frotscher und seine Zeitgenossen gewirkt hat. Ihre pessimistische Einschätzung des Jahrhunderts beruht auf der ideengeschichtlich wackeligen Gleichsetzung orgelgemäß = polyphon, bzw. im Umkehrschluss: homophon = dem Verfall der Orgelidee Vorschub leistend. Aber es ist wahr – die Produktion an genuin liturgischer Orgelmusik ist damals nicht die erste Sorge der Komponisten. Auf Franz Liszt und seine Sonderwege wird an anderer Stelle eingegangen; man erinnere sich an seine zyklischen Orgelstücke „zum gottesdienstlichen Gebrauch beim Lesen der stillen Messe" (vgl. S. 314).

1909 beginnt jedenfalls ein neues Jahrhundert der Orgel.[6] Die an mehreren Stellen beschriebene Hinwendung zur Vergangenheit (vgl. S. 310), gepaart mit dem gewissen Schuss Zurück-zur-Natur, wie ihn sich die Singbewegung auf die Fahnen schrieb (S. 341), führte auf langen Umwegen zur Wiederentdeckung der „einzig wahren" Orgel, nämlich „der" Barockorgel. Dummer Zufall, dass zu diesem Zeitpunkt die Epoche der übertechnisierten Großorgel noch nicht ganz vorbei war, wodurch die einen bereits knarrende Regale und schreiende Zimbeln forderten (und fast nur dies!), während die andern die eben erst gewonnene Freiheit, mühelos 100 Register manövrieren zu können, in vollen Zügen genossen. Die erbitterten Gefechte der Parteigänger der beiden völlig konträren Philosophien füllten die einschlägigen Zeitschriften bis in die Sechzigerjahre. Für unser Thema ist allein wichtig: Die Orgel war wieder da und begann eine Rolle zu spielen.

Nach dem klanglichen und quantitativen Überschwang der Spätromantik sehnte man sich offenbar nach kühlen, klaren Linien. Diese Wende findet manch-

---

6   In diesem Fall darf man ausnahmsweise eine stilistische Wende mit einer konkreten Jahreszahl verbinden. Im Rahmen der Centenarfeier für Joseph Haydn wurde in Wien unter der Führung von Albert Schweitzer das *Internationale Regulativ für Orgelbau* verfasst und unter Beteiligung namhafter Fachleute als beispielgebend hingestellt. Das bedeutet nicht, dass ab 1910 sich der europäische Orgelbau grundlegend neu definiert hätte, aber das Regulativ markiert den Eintritt in ein Jahrhundert der wieder erhöhten Präsenz der Orgel im allgemeinen sozio-musikalischen Gefüge.

mal innerhalb des Werkes eines Komponisten statt, und es gibt kaum ein besseres Beispiel als Johann Nepomuk David. 1927 schreibt er die sichtlich überladene Chaconne a-Moll. Mit dem Titel *Passamezzo und Fuge a-Moll* öffnet sich ein Jahr später der Blick auf die alten Formen, und im Choralwerk kann man den Aufbruch ins Innere verfolgen: wie das Anliegen der Linienführung immer dringlicher wird und die Ausdrucksmittel wie auch die Registrierung immer knapper. (40 Jahre früher hat Gustav Klimt einen ähnlichen Wandel an sich erlebt. 1888 vollendet er die üppigen Gemälde im Burgtheater, zehn Jahre später reiht er sich unter die jungen Wilden der Sezession ein und propagiert einen anderen, weitaus kühleren Stil.) – So wie David denken auch Hugo Distler und Ernst Pepping und viele andere, die zu einer neuen Klarheit finden, die bestens mit den Vorstellungen der Orgelbewegung harmonieren.

Die Genannten schreiben für die evangelische Liturgie und brauchen sozusagen keine Kluft im Essenziellen überschreiten, denn ein wenig gotisch wollte die Musik der Lutheraner ja immer schon sein. Die Katholiken finden auf andere Weise zur Linearität zurück: über den gregorianischen Choral, der ihnen seit dem historisch bedeutsamen Motu proprio Pius' X. von 1903 wieder neu als Höchstform und Stilideal vor Augen steht. Hier ist Joseph Ahrens, Domorganist in Berlin, einer der ersten. Neben gregorianisch orientierten Stücken pflegt er auch den deutschen Cantus firmus, wie es ja in der ökumenisch durchwirkten Situation Deutschlands gar nicht anders sein kann. Übrigens schreibt auch er ein *Passamezzo und Fuge g-Moll* (1933). Aus seinen Registrierangaben erfährt man viel über die gewandelten Klangvorstellungen.[7]

In Frankreich dominiert nicht erst seit 1903 der gregorianische Choral die Orgelmusik – genauer gesagt, den nicht-sinfonischen Sektor der Orgelmusik. Hier ist es allerdings weniger die Cantus-firmus-Bearbeitung im klassischen Sinn, sondern die ausladende Paraphrase (sie bekommt meistens etwas sinfonisches Parfum ab), die gepflegt wird. Die erste große Verschmelzung dieser Elemente, die auch ganz gezielt liturgisch intendiert ist, liefert Charles Tournemire mit seinem gigantischen Opus magnum *L'Orgue mystique* (ab 1922). Für jeden Sonn- und Feiertag des Kirchenjahres (es gab damals noch nicht die drei Lesejahre mit ihren verschiedenen Perikopen und Gesängen) liegen jeweils fünf Stücke vor, die thematisch den gregorianischen Gesängen des Tages folgen (Vorspiel, Offertorium, Wandlung [!], Kommunion, Auszug). Ein ähnliches Konzept stellte der deutsche Orgel- und Kirchenmusikfachmann Rudolf Walter 1954 auf dem Kirchenmusikkongress in Wien

7   Rudolf Walter, Orgelklangideal und Registrieranweisungen von Joseph Ahrens. In: Aspekte der Orgelbewegung (= 155. Veröffentlichung der Gesellschaft der Orgelfreunde, Berlin 1995, S. 463–482) Der Band bringt auf 584 (!) Seiten ausführliche Beiträge zu den verschiedenen Facetten des Themas und ist eigentlich eine Geschichte der Orgelmusik im 20. Jahrhundert.

vor, allerdings bereits ohne die Elevationsmusik.[8] Der Christophorus-Verlag griff
wenig später die Idee auf und beauftragte eine Reihe von Komponisten mit solchen
Zyklen. Einer davon ist Anton Heillers *In Festo Corporis Christi (Vier Stücke zum
Fronleichnamsfest)* von 1957.

Einer der Schüler Tournemires, Olivier Messiaen, hat den Gang der Orgelmusik
beeinflusst wie kaum ein anderer Komponist im 20. Jahrhundert. Auch seine Themen kommen aus dem gregorianischen Biotop, werden aber oft verfremdet oder
vermitteln nur den oft beschworenen „Geist des Chorals" – im freirhythmischen
Schwingen der Melodien, in der modalen Grundsubstanz, im Gestus der Perioden. Manches in den frühen Werken, vor allem in *Dyptique,* erinnert an Messiaens
Herkunft von Dupré, aber spätestens seit *L'Ascension* ist seine Tonsprache und sein
rhythmisches System ausgeprägt und unverwechselbar. Fast immer schreibt Messiaen ein theologisches Motto über seine Kompositionen. Manches erschließt sich
dem Hörer sehr rasch und unmittelbar, ohne lange Erklärungen (vgl. einzelne Vorschläge zu Festen auf S. 211 und 235); anderes ist nur mit Vorsicht im Gottesdienst
zu verwenden und müsste jedenfalls mit einer kleinen Einführung unterstützt
werden. Jedenfalls war diese epochemachende (und nebenbei sehr erfolgreiche)
Art der Orgelmusik vermutlich nicht das, was sich Pius X. unter gregorianik-nahe
vorgestellt haben dürfte. (Vgl. die Bemerkungen zum *Requiem* von Duruflé S. 321.)

Viele Orgelkomponisten aus der katholischen Welt verwenden nun sowohl gregorianische Themen wie auch Kirchenlieder, so etwa die schon erwähnten Dupré
und Ahrens; in Österreich gehören Heiller, Doppelbauer und Kropfreiter zu dieser
Gruppe.

Erst seit dem II. Vatikanischen Konzil entwickelt sich das Literaturspiel auch im katholischen Gottesdienst des deutschen Sprachraumes. Die Improvisation war immer eine Stärke der katholischen Organisten (oder hätte eine solche sein sollen!).
Dies hatte handfeste Gründe im Liturgischen. Wie schon mehrfach erwähnt, war
man an vielen Stellen der Messe einzig darauf bedacht, den Vollzug des Zelebranten
zu begleiten. Das betraf nicht die umfangreichen Vertonungen des Ordinariums,
aber viele andere Gelegenheiten, etwa die Gabenbereitung und die Kommunionspendung. Schon ab dem späten 18. Jahrhundert wurden Gottesdienste, bei denen
kein Chor mitwirkte, in ununterbrochenem Wechsel von Gemeindegesang und
Orgelspiel gestaltet. Die damals neuen deutschen Singmessen (vgl. S. 275 und 303)
dienten der Verfeinerung dieser Praxis. Man muss sich erneut in Erinnerung rufen,
dass es während einer solchen Messe keinerlei Kontakt zwischen dem Zelebranten
und den Anwesenden gab; so konnte durchgesungen und -gespielt werden. Noch
um 1955 ließen die Organisten oft im Schlussakkord der einen Messliedstrophe

---

8   Rudolf Walter, Gregorianischer Choral und gottesdienstliches Orgelspiel. In: Zweiter internationaler
    Kongreß für Katholische Kirchenmusik, Bericht, Wien 1955, S. 254

den Fuß auf der letzten gespielten Pedaltaste liegen, veränderten die Registrierung und leiteten zur nächsten Strophe über. Einzig während der Wandlung konnte der Organist eine kurze Pause einlegen, und dementsprechend rümpften später viele ältere Kollegen über die neue Liturgie die Nase und beklagten sich, dass sie jetzt „fast nichts mehr zu spielen" hätten.[9] Gerade in Österreich hatte allerdings die bibelliturgische Bewegung aus Klosterneuburg den Boden längst bereitet; bei den verschiedenen Formen der Betsingmesse trat die Orgel schon merklich zurück, damit der Vorbeter parallel zum Priester die deutsche Übersetzung der Gebete und Gesänge sprechen konnte.

Wie auch immer: Die Evangelischen spielten Bach, und die Katholischen präludierten (gröber kann man es nicht mehr ausdrücken). Das änderte sich erst allmählich, als die liturgischen Bestimmungen für manche Stellen der Messliturgie ausdrücklich auch die Möglichkeit von Instrumentalspiel einräumten, nämlich zu Beginn, zur Gabenbereitung und am Schluss; die Kommunionspendung war nicht ausdrücklich erwähnt. Die Zelebranten lernten allmählich, dass es Orgelmusik gab, die nicht schlagartig verstummte, wenn sie die Hände zum Gebet ausbreiteten, sondern die bis zum Doppelstrich zu Ende gespielt wurde.

Über Improvisation und Literaturspiel im katholischen Gottesdienst in der erneuerten Liturgie ist sehr viel Lesenswertes publiziert worden (siehe Literatur). Der Autor bringt sich hier nur kurz selbst ein, indem er langweiligerweise auch hier – diesmal allerdings in Fettdruck! – ausruft: Weniger ist mehr. An einem 12. Sonntag im Jahreskreis muss der Spätgottesdienst nicht mit acht Minuten Tuttispiel ausdröhnen (ausklingen wäre das falsche Wort). Ein Postludium kann auch einmal in einem gepflegten Decrescendo enden. Die Gabenbereitung, jawohl, sie ist jetzt endlich und offiziell der Platz für solistisches Orgelspiel, und „der Pfarrer muss warten". Gut! Aber vielleicht kalkuliert man doch ein, dass es in der normalen Gemeindemesse keine Inzens und kein Domkapitel gibt und dass daher auch hier acht Minuten zu lang sind. Und der Einzug ist, nun ja, der Einzug – nicht ein Konzert, zu dem ein paar liturgisch Gekleidete durch die Kirche wandern und dann genervt herumstehen.

Übrigens wird sich die Frage des apokalyptischen Nachspiels, soweit ich sehen kann, auf Dauer wohl bald anders stellen. In der heutigen Situation der schrumpfenden Gemeinden, die insgesamt personenbezogener funktionieren als früher, wird das Gespräch untereinander immer früher nach der Entlassung einsetzen, andererseits bürgert es sich immer mehr ein, dass der Zelebrant – wie in den USA

---

9   Erst in der Instruktion der Ritenkongregation über die Kirchenmusik vom 3. September 1958 heißt es: „Von der Wandlung bis zum Pater noster wird eine heilige Stille angeraten." (14c) „Während der zelebrierende Priester am Schluss der Messe den Gläubigen den Segen gibt, soll die Orgel schweigen; der zelebrierende Priester muss die Segensworte so sprechen, dass sie von allen Gläubigen verstanden werden können [!]." (27f) Unter Art. 29 folgen weitere detaillierte Bestimmungen, die das Spiel der Orgel zurückdrängen; ausdrücklich „ist der Brauch zu verwerfen, die Orgel … sozusagen ohne Unterbrechung zu spielen".

immer schon üblich – die Gottesdienstteilnehmer beim Ausgang persönlich ver-
abschiedet; und da Pfarrherr und Pfarrkind einander nicht gerne gegenseitig ins
Gesicht brüllen wollen, dürfte sich das Postludium, namentlich das donnernde,
allmählich ausbürgern. Das sollte man nicht gleich wieder als böswillige „Zerstörung der jahrhundertealten Tradition" beweinen. In den Alternatim-Messen der
französischen Barockzeit gab es bekanntlich kein Schlussstück im Grand Jeu, da
in den großen Kirchen der Klerus unmittelbar nach dem Hochamt gemeinsam
die Sext betete. Wie man inzwischen weiß, hat die französische Orgelkultur trotz
einiger Jahrzehnte ohne Postludium die Zeiten bestens überdauert.

Exkurs VII: Nicht katholisch,
aber trotzdem toll

Musik, die man sich von den anderen „leihen" kann

*In diesem Exkurs geht es um den kreativen Blick ins Repertoire anderer Kirchen.
Manches davon ist in anderen Kapiteln bereits angeklungen, so dass hier nur dar-
an erinnert bzw. darauf verwiesen wird. Über den gewaltigen Beitrag aus der refor-
mierten Kirche, Psalmlied bzw. Liedpsalm, wird im Kapitel* Alle singen, Orgel spielt
*(S. 335f.) berichtet. Dort findet man auch Informationen über die reiche Welt der
→Cantus-firmus-Bearbeitung für Orgel (S. 352f.).*

Vor dem II. Vatikanischen Konzil machten muttersprachige Kompositionen für
die katholische Liturgie nur einen verschwindend kleinen Teil des Repertoires aus.
Wer barocke oder romantische Sakralmusik in der Muttersprache sucht, sollte sich
bei den Kirchen der Reformation umsehen. Dort ist die Liturgie seit langem fast
zur Gänze in der Muttersprache, und sie ist meist deutlich biblisch ausgerichtet.
Das kommt jetzt der katholischen Kirchenmusikpraxis zugute. Ob ein Stück aus
dem Römerbrief von einem Katholiken oder einem Lutheraner vertont worden ist,
ist logischerweise ohne Belang dafür, ob es in einem katholischen oder evangelischen Gottesdienst gesungen wird.

„In der Gewohnheit, sich über Jahrhunderte an die →Perikopenordnung zu
halten, liegt eine bedeutsame Wurzel für die blühende Kirchenmusik im lutheri-

schen Bereich."[10] In der Tat waren bestimmte Texte über lange Zeit mit „ihrem"
Sonn- oder Festtag verbunden, und das galt sogar konfessionsübergreifend (vgl.
S. 34). Erst die reichere Ausgestaltung der katholischen Leseordnung mit ihrem
dreijährigen Zyklus hat diese ökumenischen Verbindungen gekappt.

Für uns sind vor allem die vielen Spruchmotetten interessant, die wir vielfäl-
tig einsetzen können. In Gottesdiensten größerer Ausdehnung und Feierlichkeit
könnte eine solche Motette als Evangelienvers dienen, wobei sie durchaus wie üblich mit dem Halleluja der Gemeinde eingerahmt werden könnte. „Diese Bibel-
Kompositionen haben ihre Wurzel im lutherischen Gottesdienst. Seit dem Ende
des 16. Jahrhunderts trug der Chor innerhalb des →kantillierten Evangeliums,
auch der Epistel, wichtige Verse mehrstimmig vor (Spruchmotette), dann als sepa-
rates Stück nach dem Evangelium (Evangeliumsmotette)." (Pacik 2010, S.13)

Motetten dieser Art liegen – meist für jeden Sonn- und Feiertag des Jahres – zum
Beispiel von Raselius, Melchior Franck, Vulpius oder Selle vor. Im 20. Jahrhundert
haben unter anderem Distler, Christoph Albrecht, Günter Raphael, Pepping und
Michaelsen die Gattung wiederbelebt und sich dabei vor allem die Chorwerke von
Heinrich Schütz zum Vorbild genommen.

Auch Heinrich Schütz und Hermann Schein haben viele Evangelientexte vertont; diese Kompostionen gehen aber in Umfang und Besetzung meistens über
den Typ Spruchmotette hinaus. Für alle Genannten gilt, dass sie auf dieselbe Weise
auch viele andere Bibeltexte, vor allem Psalmen, vertont haben. Die für uns inter-
essanteste Form ist aber eben die Spruchmotette über einen Abschnitt aus einem
Evangelium. In den neueren Ausgaben werden die biblischen Bezüge meist genau
angegeben und oft auch gleich die liturgische Zuordnung.

Aus dem evangelischen Bereich kommt auch das Geistliche Konzert. „Seit Mitte des 17. Jahrhunderts enthielten Evangeliumsmusiken neben dem Text der Perikope einen weiteren, zum Evangelium passenden Bibelabschnitt oder nur diesen;
auch geistliche Dichtungen, vor allem Liedstrophen. Das mehrteilige Konzert und
die es ablösende →Kantate verbinden Textdarstellung, -ausdeutung (Explicatio)
und -anwendung (Applicatio), sind also eine zweite Predigt, ja in der liturgischen
Reihenfolge sogar die erste. Geistliches Konzert und Kantate wurden zum musikalischen Zentrum des lutherischen Gottesdienstes." (Pacik 2010, S. 13) Diese Stücke
haben also entweder einen biblischen oder einen betrachtenden Text als Grundlage; entsprechende Aufmerksamkeit ist beim Einsatz als unmittelbar liturgische
Musik geboten. In den *Sinfoniae Sacrae* oder den *Kleinen geistlichen Konzerten* von
Heinrich Schütz finden sich viele Beispiele für beide Typen. Ähnliche Stücke gibt
es auch von Telemann, Selle und anderen.

Selbstverständlich kann auch jede andere Art der Bibeltextvertonung aus dem

---

10 Alfred Ehrensperger: Die Lesungen – Perikopen, Bahnlesung, Lectio continua, S. 8
    http://www.liturgiekommission.ch/Orientierung/II_G_03_Lesungen.pdf

evangelischen Bereich für unsere Liturgie dienstbar gemacht werden. Hier sollte nur die Aufmerksamkeit speziell auf die knappe Spruchmotette und ihre unmittelbaren Verwandten gelenkt werden.

Inzwischen haben sich auch katholische Komponisten diesem Typus zugewendet; Josef Friedrich Doppelbauer dürfte 1963 einer der ersten in Österreich gewesen sein.

Die Eucharistiefeier der anglikanischen Kirche ist – je nachdem, wie *high* die lokale Liturgie gefeiert wird – der katholischen bisweilen sehr ähnlich, und gar nicht selten hört man gute Chöre komplette lateinische ⇨Ordinarien (Hassler, Byrd, Gallus) in der Liturgie singen. Bei anglikanischen Ordinarien ist öfters eine Lesung der Zehn Gebote ins Kyrie integriert, so etwa bei Stanford und Parry. Interessanter für uns ist jedoch das umfangreiche Repertoire des *Evensong*.

„Nur die Anglikanische Kirche hat im Westen das regelmäßige Tagzeitengebet als Gemeinde-Liturgie (Morning prayer/Evensong) bewahrt. An den größeren Kirchen und an Kathedralen wirken Chöre mit und singen die Psalmen mehrstimmig. Die Chants (so der Fachausdruck) sind eine Weiterentwicklung der italienischen Falsi Bordoni (akkordisch gesetzte Cantus-Firmus-Bearbeitungen). Diese Art des Psalmsingens wird in der anglikanischen Liturgie bis heute gepflegt." (Pacik 2010, S. 2)

Im frühen 19. Jahrhundert war das liturgische Leben in der Kirche Englands verfallen; nur Mattins (→Matutin, „Mette", vgl. S. 106) und Evensong wurde noch täglich abgehalten und erfuhren dadurch eine Aufwertung, die sich bis heute erhalten hat. Im letzten Drittel des 19. Jahrhunderts begann eine Renaissance, die letzlich zum heutigen blühenden Leben der Musik des Evensong geführt hat. Namen wie Hubert Parry, Charles Wood und vor allem Charles Villiers Stanford sind untrennbar mit dieser Tradition verbunden und haben entscheidend zur kulturellen Identität der anglikanischen Kirchenmusik beigetragen.[11] Die Musik ist zwar für die tägliche Praxis gemacht, aber immer handwerklich korrekt bis anspruchsvoll und zumeist recht effektvoll. Die Besetzung ist SATB und Orgel; das Instrument wird dynamisch vielseitig eingesetzt und ein Schweller ist sicher kein Nachteil bei diesem Repertoire.

Da im Evensong Elemente der →Vesper *und* der →Komplet zu einer Gottesdienstform vereint sind, werden Magnificat *und* Nunc dimittis gesungen. In der anglikanischen Tradition werden die beiden →Cantica daher fast immer als Zweier-Set komponiert (vgl. Charles Gounod, *An Evening Service*, S. 164). Die beiden Sätze stehen dann in derselben Tonart und enden mit demselben *Glory be to the Father*.

---

11 Vgl. Rafaela Weinz: Evensong. Historische Konfigurationen einer liturgischen Form. Magisterarbeit zur Erlangung des Grades einer Magistra Artium an der Philosophischen Fakultät der Rheinischen Friedrich-Wilhelms-Universität zu Bonn 2006, S. 57.

Abgesehen von diesem charakteristischen Paar gibt es jede Menge *Anthems*. Darunter versteht man einfach ein Stück geistliche Vokalmusik (zum Unterschied von den liturgisch genau definierten Gesängen wie Cantica und Psalmen und den einfachen Gemeindeliedern (*Hymn*).

Es gibt in der Musik immer wieder Bezeichnungen, die sehr allgemein zu verstehen sind: *Tiento* in der iberischen Orgelmusik (am ehesten mit „Versuch" zu umschreiben); das aus England stammende *Voluntary* (freies Stück, wörtlich „spontan"); *Morceau* (nicht-virtuoses Konzertstück) – in diese Gruppe gehört auch *Anthem*. Mit keiner der hier genannten Bezeichnungen ist eine bestimmte kompositorische Form verbunden.

Die Sakralwerke aus der anglikanischen Tradition waren bis vor kurzem außerhalb Englands schwierig zu bekommen, finden aber in letzter Zeit durch neue Ausgaben auch auf dem europäischen Festland allmählich den Weg ins katholische Repertoire. Im Erzbistum Köln pflegt man seit einiger Zeit unter dem Begriff „Evensong" eine eigene, vom Vorbild etwas abweichende Gottesdienstform, was auch zur Publikation

Kölner Chorbuch – Abendlob/Evensong (Stuttgart 2004) geführt hat.

Eine technische Eigenheit der englischsprachigen Kirchenmusik könnte man mit Gewinn übernehmen, nämlich die Darstellung des Versmaßes bei Kirchenliedern in Silbenanzahlen. Die Sapphische Strophe z. B. (*Herzliebster Jesu*) wird als 11.11.11.5 dargestellt, die Ambrosianische Strophe (*O Heiland, reiß die Himmel auf*) als 8.8.8.8 (es ist das häufigste Versmaß in der christlichen Liturgie) und die sog. Lutherstrophe (*Aus tiefer Not schrei ich zu dir*) als 8.7.8.7.8.8.7. Im Registerband des Werkbuches zum *Gotteslob* (Freiburg/Br. 1979) wurde das so gehandhabt und auch im jüngst erschienenen „Basiswissen" (Literatur F); es scheint sich aber nicht allgemein durchzusetzen. Mit diesem System kann man rasch Strophen und Melodien in Beziehung bringen. – In der englischsprachigen Welt hat darüber hinaus auch jede Melodie ihren eigenen Namen (*tune name*), der unabhängig vom konkreten Text des Liedes ist; *Valet will ich dir geben / O Gott, nimm an die Gaben / Den Herren will ich loben* etwa heißt „St. Theodulf"; *Gott aller Schöpfung heilger Herr / Lobt Gott den Herrn der Herrlichkeit* läuft unter „Old Hundred". Mit diesem System kann jede Melodie unabhängig vom gerade verwendeten Text eindeutig identifiziert und benannt werden, was besonders die ökumenische Durchlässigkeit erleichterte. („Singt ihr in eurer Gemeinde auch *Lasst uns den Herrn erheben?*" – „Du meinst wahrscheinlich *Lobt Gott getrost mit Singen …*")

Mit einem wachen Ohr für Gutes und Brauchbares aus anderen kirchenmusikalischen Traditionen wird man seinen Vorrat an Gestaltungsmöglichkeiten erweitern und lebendig halten können. Die Zeit des beziehungslosen Nebeneinander der Konfessionen ist – jedenfalls auf der Ebene der Gemeinden und in der Kirchenmusik – längst vorbei, und man profitiert voneinander.

In der evangelischen Kirche versucht man seit einiger Zeit, das Tagzeitengebet (d. h. das ⇨Stundengebet) wieder etwas zu beleben …

Coda

Wie wird es weitergehen?

Wiewohl der Autor im siebenten Lebensjahrzehnt steht, wird er die altersadäquaten Jeremiaden nicht anstimmen („es geht alles den Bach runter" / „so schlimm war es noch nie" etc.). Das Ende der Kirchenmusik ist schon einige Male eingeläutet worden, aber noch wird allerorten gespielt und gesungen. Sicher ist allerdings: Die materiellen Voraussetzungen werden eher beschränkter werden. Wird das zu *weniger* oder zu *schlechterer* Kirchenmusik führen?

Der Autor bittet um Entschuldigung dafür, dass er sich auf diese vorgeblich unausweichlichen Optionen nicht einlassen wird. Denn in diesem Buch geht es um Dinge, die mit der schnöden Dotierung so gut wie nichts zu tun haben. Eine Motette, die zur Lesung passt, ist nicht teurer als eine, die nicht passt. Wer seine Gemeinde die ganze Osterzeit hindurch dasselbe Halleluja vor dem Evangelium singen lässt, spart dadurch nichts ein. Ein erstklassiger Liedplan kostet nicht mehr als ein gedankenlos hingeschriebener (nun ja – es fällt vielleicht eine zusätzliche Mannstunde an). Übrigens: Ob man unnötigerweise eine siebente Motette in eine „besonders festliche" Messe hineinquetscht oder ob man sie vernünftigerweise weglässt, ist ebenfalls kostenneutral.

Qualität im Detail ist weniger eine Frage des Kontos als eine Frage der Einstellung – und eine des kenntnisreichen Überblicks. Wer nicht weiß, was vorhanden ist, ist in seinen Wahlmöglichkeiten eingeschränkt. Diesem Überblick möchte dieses Buch dienen, und es bietet Werkzeuge für diese Auswahl an.

Aber es geht um weit mehr als um interessante Programmierung. Die geschichtliche und die kulturelle Dimension einer vielschichtigen Kirchenmusik soll bei Planung und Praxis immer den bestimmenden Hintergrund abgeben – vor allem aber soll sie mit der heute gültigen Liturgie des II. Vatikanischen Konzils in Einklang gebracht werden.

Diese Kirchenmusik ist es, die man brauchen und weiterhin pflegen wird, die den Sitz in der Gegenwart nicht leugnet, sich aber der Wurzeln bewusst ist; die sich nicht zuerst als museale Pflege historischer Güter versteht, sondern neue Formen findet und die alten behutsam mit neuem Leben erfüllt. Eine bloß konservatorische musica sacra wäre im Kirchenkonzert bequemer zu haben. Sie ist dafür nicht gemacht und der Gesamtgestus wird so nicht zu erleben und zu erspüren sein.

„Mit neuem Leben erfüllt?" Es ist mehrmals angeklungen: Viel zu wenig haben die Komponisten bislang wahrgenommen, welche Möglichkeiten die Liturgie seit über 40 Jahren bietet. Antwortpsalmen, Evangelienverse, Kyrielitaneien; Gloria und Sanctus in neuer Gestalt; Sub-communione-Musiken, die in einen Dankgesang münden; neue Kirchenmusik mit österlichem Akzent für Toten- und Gedenkgottesdienste; die vielen neuen Cantica und Hymnen im Stundenbuch; der Lobpreis in der sonntäglichen Wort-Gottes-Feier – von all dem wird zu wenig komponiert. Die stärkere Ausrichtung der Liturgie an der Heiligen Schrift, insbesondere die Heimholung des Alten Testaments in die Messfeier, hat bis jetzt zu keiner Welle an neuer alttestamentlich-orientierter Kirchenmusik geführt.

Die spärlichen Wettbewerbe bzw. Ausschreibungen für neue musica sacra werden zu wenig beachtet. Die Einreichungen spiegeln nicht das gesamte Spektrum an zweifellos vorhandener handwerklicher und kreativer Potenz wider. Unsanft ausgedrückt: Man bekommt einerseits primitiv gestrickte Un-Gebrauchs-Musik (unter dem Vorwand, dass es ja „fürs Volk" sein muss), auf der anderen Seite schwer zu realisierende Gebilde, die an den Gegebenheiten auch einer aufwändigen entwickelten Praxis weit vorbeigehen. Der Mittelweg ist es, der bei diesen Ausschreibungen im Blick ist, und es fiele keinem arrivierten Komponisten ein Stein aus der Krone, wenn er die Herausforderungen ernst und den Stift in die Hand nähme. Franz Schubert hat für seinen Bruder liturgische Gesänge für den Palmsonntag komponiert. Michael Haydn hat auf Geheiß von Erzbischof Colloredo einen ganzen Jahrgang Gradualien geschrieben – liturgisch richtige Antwortpsalmen, wenn man so will –, damit die (liturgisch inkorrekten) Epistelsonaten ersetzt werden konnten. Sein Bruder Joseph hat einfache Psalmen für den anglikanischen Abendgottesdienst vertont. Wohl wahr: Wegen dieser Kleinigkeiten sind sie nicht in den Olymp gekommen, und der Gang der Kirchenmusikgeschichte ist dadurch kaum beeinflusst worden. Aber sie *haben* sie geschrieben.

Der Autor glaubt fest an das kreative Miteinander des *thesaurus* und der neuen, für die Liturgie gemachten Musik. Über eine solche Kirchenmusik der umfassenden Sicht und der biblisch-gemeindlichen Verankerung brauchen wir uns auch weiterhin keine Sorgen zu machen.

Literaturverzeichnis

Anthologien, Sammelbände:

(A) Musik in der feiernden Gemeinde. Hrsg. von Helmut Hucke, Erhard Quack und Heinrich Rennings. Freiburg/Breisgau 1974.

(B) Die Messe. Ein kirchenmusikalisches Handbuch. Hrsg. von Harald Schützeichel. Düsseldorf 1991.

(C) Musik im Raum der Kirche. Fragen und Perspektiven. Ein ökumenisches Handbuch zur Kirchenmusik. Hrsg. von Winfried Bönig. Stuttgart/Ostfildern 2007.

(D) Zwischen Himmel und Erde. Mozarts geistliche Musik. Katalog zur 31. Sonderschau des Diözesanmuseums Salzburg. Salzburg/Stuttgart 2006.

(E) Peter Tschuggnall (Hrsg.), Mozart und die Religion. Reihe IM KONTEXT, Anif/Salzburg 2010.

(F) Basiswissen Kirchenmusik. Hrsg. von Hans-Jürgen Kaiser und Barbara Lange. Stuttgart 2009. Band 1: Theologie, Liturgiegesang; Band 2: Chor- und Ensembleleitung; Band 3: Musiktheorie, Liturgisches Orgelspiel; Band 4: Orgelliteraturspiel, Orgelbaukunde.

(G) Gottesdienst der Kirche [GdK]. Handbuch der Liturgiewissenschaft, Regensburg 1987f. Daraus:
 – Teil 3 (1992) Gestalt des Gottesdienstes, 2. Kapitel: Wort und Musik im Gottesdienst (Autorenkollektiv) S. 41
 – Teil 6,1 (1994): Feiern im Rhythmus der Zeit II / 1. 1. Kapitel: Philipp Harnoncourt, Der Kalender S. 9; 2. Kapitel: Hansjörg Auf der Maur, Feste und Gedenktage der Heiligen S. 65
 – Teil 7,1 (1989): Bruno Kleinheyer, Sakramentliche Feiern I
 – Teil 8 (1984): Sakramentliche Feiern II. / 2. Kapitel: Bruno Kleinheyer, Riten um Ehe und Familie S. 67; 4. Kapitel: Reiner Kaczynski, Die Sterbe- und Begräbnisliturgie S. 191

(H) Die Wiener Hofmusikkapelle. Hrsg. von Theophil Antonicek, Elisabeth Theresia Hilscher und Hartmut Krones. Bd. I: Georg von Slatkonia und die Wiener Hofmusikkapelle. Wien 1999. Bd. II: Krisenzeiten der Hofmusikkapellen. Wien 2006.

(J) Säkularisation 1803 in Tirol. Hrsg. von Brixner Initiative Musik und Kirche. Brixen 2003.

(K) Novak, Leopold, Über Anton Bruckner. Gesammelte Aufsätze 1936–1984. Wien 1985.

* * *

Adam, Adolf: Te Deum laudamus. Große Gebete der Kirche (lateinisch/deutsch). Freiburg/Basel/Wien 1987.

Agustoni, Luigi: Gregorianischer Choral. In: Musik im Gottesdienst, Hrsg. Hans Musch. Regensburg 1983, Bd. 1, S. 203–374.

Albrecht, Christian: Phänomen Haydn – kirchenmusikalisch. Musik und Liturgie 3/2009, S. 8–17.

Aringer-Grau, Ulrike: Das Salve regina im Kontext süddeutsch-österreichischer Marianischer Antiphonen des 18. Jahrhunderts. Singende Kirche 56/3, 2009, S. 172–178.

Auer, Max: Anton Bruckner. Leben und Werk. Wien 1932.

Auf der Maur, Hansjörg: Feste und Gedenktage der Heiligen. In (G) 1994.

Benedikt, Erich: Franz Schubert und die Kirchenmusik in Lichtental. In: Franz Schubert und die Pfarrkirche Lichtental. Salzburg 1997, S. 27–41.

ders.: Schubert und die Kirche. Singende Kirche, 46/2, 1999, S. 90–94.

ders.: Schuberts Gesänge zur Feier des heiligen Opfers der Messe („Deutsche Messe") D 872 und ihr Weg durch die österreichischen Kirchengesang- und Orgelbücher. In: Schubert durch die Brille. Internationales Franz Schubert Institut, Mitteilungen 27, Tutzing 2001, S. 29–48.

ders.: Das katholische Hochamt. Die Messe der Wiener Klassik. Teil I (Einleitung; J. Haydn, J. M. Haydn), Teil II (Mozart, Beethoven, Schubert, Bruckner), insgesamt 131 S. Hrsg. Friedrich Lessky und Thomas Dolezal, o. J. [2003?], vermutlich als Manuskript gedruckt bzw. im Selbstverlag.

ders.: Zur historischen Kirchenmusik an der Servitenpfarre Wien-Rossau. Singende Kirche 56/2, 2009a, S. 98–100.

ders.: Johann Georg Albrechtsberger (1736–1809). Singende Kirche 56/3, 2009b, S. 166–171.

Berger, Günter: Adieu Anton – Servus Franzl. Vergleiche zwischen zwei Genies. musica sacra 117/3f., 1997: Heft 3, S. 222; Heft 4, S. 343; Heft 5, S. 450; Heft 6, S. 565.

Berger, Rupert: Der Osterfestkreis. musica sacra 94/2, 1974, S. 66–70.

ders.: Neues pastoralliturgisches Handlexikon. Freiburg/Basel/Wien 1999.

Bircher, Patrick: Einblicke in die liturgische Praxis zur Zeit Wolfgang A. Mozarts. In: Himmel und Erde (D), 2006, S. 37–46.

Bönig, Winfried, Liturgisch und theologisch geprägte Musik. In: Basiswissen (F), 2009, Bd. 4, S. 104–111.

Braunbehrens, Volkmar: Mozart in Wien. München 1986, Neuausgabe 1988.

Brauneis, Walter: Das Kaiserjubiläum von 1832 und Mozarts „Krönungsmesse" KV 317. Ein historischer Exkurs über die mögliche Herkunft des Beinamens für Mozarts Messe in C aus dem Jahr 1779. Singende Kirche 55/3, 2008, S. 111–114.

Bretschneider, Wolfgang / Gerhards, Albert / Jaschinski, Eckhard: Wortgottesdienst. In: Die Messe (B), 1991, S. 49–89.

Brüske, Martin: Homepage des Liturgischen Institutes der deutschsprachigen Schweiz http://www.liturgie.ch/ds/dcms/sites/lich/portal/artikel.html?f_action=show_article&f_article_id=11&f_article_title=Gott%2Bim%2BKommen

Brunner, Hans: Die Kantorei bei St. Stephan in Wien. Wien 1948.

Burkhart, Franz: Franz Schuberts „Deutsche Messe". Schicksale eines berühmten Messliedes. Österreichische Musikzeitschrift, 31/3, 1976, S. 565–573.

Deutsch, Otto Erich: Admiral Nelson und Joseph Haydn. Ein britisch-österreichisches Gipfeltreffen. Wien 1982.

Dieuaide, Jean-Michel, Orgel und Liturgie. Singende Kirche 49/1, 2002, S. 5–9.

Dostal, Christian: Der Gregorianische Choral. In: Basiswissen Kirchenmusik (F), 2009, Bd. 1, S. 67–92.

Drinkwelder, Otto SJ: Grundlinien der Liturgik. Zur Einführung in die römische Liturgie der Neuzeit. Regensburg und Rom 1912.

Duffrer, Günther: Die Vesper im Gebet- und Gesangbuch Gotteslob. Liturgisches Jahrbuch 1/1976, S. 47–58.

Ebenbauer, Johannes: Zur Situation der zeitgenössischen katholischen Kirchenmusik in Österreich zwischen 1970 und 1980. Grundlegende Überlegungen zu Problemstellungen der katholischen Kirchenmusik anhand von Feststellungen allgemeiner Art seit dem 2. Vatikanum sowie eine statistische Auflistung zeitgenössischer Kirchenmusik in den Programmen der Domkirchen in Wien, Salzburg, Graz und Wien St. Ursula. Magisterarbeit an der Universität für Musik und darstellende Kunst, Wien 1997.

Ebenbauer, Peter: Zum Verhältnis zwischen liturgischem Ritus und dessen musikalischer Gestalt. Singende Kirche 46/3, 1999, S. 143–147.

Eberhard, Hans: Musikalische Kleinformen in der Messfeier. Singende Kirche 52/4, 2005, S. 220–224.

Eder OSB, Petrus: Der ewige Bruder. Johann Michael Haydn zum 200. Todestag. musica sacra 126/2, 2006, S. 85.

Ehrensperger. Alfred: Die Lesungen – Perikopen, Bahnlesung, Lectio continua. http://www.liturgiekommission.ch/ – Liturgische Orientierung / II. Systematische Liturgik / G. Elemente.

Fellerer, Karl Gustav: Probleme neuer Kirchenmusik. Beiträge 74/75, Österreichische Gesellschaft für Musik. Kassel 1974, S. 44–55.

Fenzl, Annemarie: Bischof Georg von Slatkonia, seine Person und seine Einbettung in die Problematik der Zeit am Beginn der Reformation. In: Die Wiener Hofmusikkapelle, (H), Bd. 1, 1999, S. 47–73.

Finscher, Ludwig: Joseph Haydn und seine Zeit. Laaber 2000.

Frotscher, Gotthold: Geschichte des Orgelspiels und der Orgelkomposition. Berlin 1959.

Fuchs, Guido: Fronleichnam. Ein Fest in Bewegung. Regensburg 2006. *Geschichte, Phänomene und soziokulturelle Bezüge; Ergebnisse einer Umfrage von 2002 (Schwerpunkt Deutschland, aber auch Antworten aus Österreich und der Schweiz)*

Gassmann, Michael: Mit heiliger Rührung. Warum ist Schuberts „Deutsche Messe" in den Gemeinden so beliebt? musica sacra 124/5, 2004, S. 6–8.

Geiringer, Karl: Joseph Haydn. Der schöpferische Werdegang eines Meisters der Klassik. Mainz 1959; 2. neubearbeitete Auflage, Mainz 1986.

Gerhards, Albert: Liturgie und neue Musik. Erwartungen und Möglichkeiten aus liturgiewissenschaftlicher Sicht. In: musica sacra 108/2, 1988, S. 106–116.

Göllner, Theodor: Händel und die Wiener Klassiker. In: Deutsch-englische Musikbeziehungen [Musik ohne Grenzen 1, Hrsg. Wulf Konold]. München/Salzburg 1985, S. 98–110.

Graf, Walter: Kirchenlied und geistliches Volkslied im Raum der späteren Diözese St. Pölten. In: Juste pie fortiter. Festschrift für Bischof Franz Zak. St.Pölten/Wien 1981, S. 46–55.

Gruber, Reinhard H.: Der Stephansdom zur Zeit Mozarts. Singende Kirche 54/2, 2007, S. 76–80.

Handbuch der Liturgik. Hrsg. Hans-Christoph Schmidt-Lauber und Karl-Heinrich Bieritz. Leipzig 1995.

Hartmann, Philip: Repertorium rituum. Übersichtliche Zusammenstellung der wichtigsten Ritualvorschriften für die priesterlichen Functionen. Paderborn 1901.

Harnoncourt, Philipp: Die Messfeier in den Kathedralen an Sonn- und Feiertagen. Heiliger Dienst 39/1–2, 1985, S. 28–46.

Haselböck, Hans: Von der Orgel und der Musica Sacra. Wien 1988.

Hatzfeld, Johannes: Die Kirchenmusik im Rahmen der Kultur. Musica divina 21/7–8, 1933 (Festgabe zum Katholikentag September 1933), S. 59–64.

Hochradner, Thomas: Mozarts marianische Musik. Singende Kirche 53/3, 2006, S. 160–164.

Horn, Erwin: Eros und Marienlob. Gedanken zu Anton Bruckners Marienmotetten. musica sacra 116/3, 1996, S. 82–96.

Hrncirik, Peter: Michael Haydns stille Größe. Singende Kirche 53/3, 2006, S. 165–173.

Hucke, Helmut: Grundformen des Psalmodierens. Musik und Altar 20, 1968a. S. 2–5.

ders.: Formen und Probleme des Gemeindegesangs in deutscher Sprache. In: Musik und Altar 20, 1968b, S. 106–109.

Huijbers, Bernard: Ritus – Musik – Gottesdienst. In: Musik in der feiernden Gemeinde (A), 1974, S. 33–43.

Jaschinski, Eckhard: Musica sacra oder Musik im Gottesdienst? Die Entstehung der Aussagen über die Kirchenmusik in der Liturgiekonstitution „Sacrosanctum Concilium" (1963) und bis zur Instruktion „Musicam Sacram" (1967) [Studien zur Pastoralliturgie 8]. Regensburg 1990.

ders.: Nachwirkungen des Kirchenmusikkapitels der Liturgiekonstitution „Sacrosanctum consilium". Singende Kirche 50/4, 2003 S. 269f.

ders.: Tradition und Innovation – Funktion und Ästhetik. Musikalisch–praktische Auswirkungen der Liturgiekonstitution, aufgezeigt an Gottesdienstübertragungen im Hörfunk. In: Musik im Raum (C), 2007, S. 410–420.

Jenny, Markus: Hymnologie und Begleitpraxis. Musik und Kirche 4/48, 1978, S. 179–182.

ders.: Der reformierte Beitrag zu Kirchenlied und Kirchenmusik im 16. und 17. Jahrhundert. Musik und Kirche 57/4, 1987, S. 161–169.

Jungmann, Josef Andreas: Wortgottesdienst. Regensburg 1965.

Kaczynski, Reiner: Sterbe- und Begräbnisliturgie. In: Gottesdienst der Kirche (G), 1994, Teil 8, S. 193–232.

Kalb, Friedrich: Grundriß der Liturgik [des lutherischen Gottesdienstes]. München 1985.

Kalisch, Volker: „Kirchenmusik". Bedeutungen und Wandlungen eines Begriffs. In: Musik im Raum (C), 2007, S. 14–41.

Kapellari, Egon: „Sacrosanctum Concilium" und die Praxis heutiger Liturgie. Vortrag bei der Internationalen Sommerakademie des Linzer Priesterkreises am 25.8.1997 in Aigen im Mühlkreis. musica sacra 118/1, 1998, S. 18–24.

Kaspar, Peter Paul, Ein großer Gesang. Musik in Religion und Gottesdienst. Graz-Wien-Köln 2002.

ders.: Mozart und der liebe Gott. Theophilus – Amadeus – Gottlieb. In: Himmel und Erde (D), 2006, S. 24–32.

Kircher, Armin: Zum 300. Geburtstag von Johann Ernst Eberlin. „Er hat die Töne ganz in seiner Gewalt …". Singende Kirche 49/3, 2002, S. 141–150.

ders.: Heinrich Ignaz Franz Biber (1644–1704). Komponist und Geigenvirtuose am Höhepunkt barocker Kirchenmusik in Salzburg. Singende Kirche 51/1, 2004, S. 4–12.

ders.: Ein Jubiläum im Schatten. Johann Michael Haydn zum 200. Todestag. Singende Kirche 53/2, 2006, S. 76–81.

ders.: „… der qualitätvolle Wert seiner Werke ist es, dem volle Achtung gebühret". Anton Diabelli zum 150. Todesjahr. Singende Kirche 55/4, 2008, S. 171–175.

ders.: Haydn und die Kirchenmusik. In: Singende Kirche, 56/1, 2009a, S. 5–14.

ders.: „Auf meine Messen bin ich etwas stolz". Die Messen Joseph Haydns. In: Singende Kirche 56/4, 2009b, S. 240–247.

Kleinheyer, Bruno: Riten um Ehe und Familie. In: GdK (G), 1993, Teil 8, S. 69–156, bes. s. S. 125ff.

Klöckner, Stefan: Handbuch Gregorianik. Einführung in Geschichte, Theorie und Praxis des Gregorianischen Chorals. Regensburg 2009.

Koch, Jakob Johannes: Der Klerus unterbrach die Musik geräuschhaft. Die Problematik der Orchestermesse in der erneuerten Liturgie am Beispiel W. A. Mozarts. musica sacra 126/2, 2006, S. 78–81.

Koesler, Siegfried, Die Teilnahme an der Liturgie mit Hilfe der Kirchenmusik. musica sacra 114/2, 1994, S. 95–100.

Köhler, Rudolf: Die biblischen Quellen der Lieder. [Handbuch zum Evangelischen Kirchengesangbuch, Band 1, 2]. Berlin 1964.

Kohlhaas, Emmanuela: Zwischen Fakten und Mythen. Eine Einführung in das Verständnis und die Geschichte des Gregorianischen Chorals. In: Musik im Raum der Kirche (C), 2007a, S. 318–340.

dies.: Musik und Spiritualität. Musik als Raum der Gotteserfahrung? In: Musik im Raum der Kirche (C), 2007b, S. 80–94.

Konrad, Ulrich: Lieblingsfach Kirchenmusik. Zur musica sacra von Wolfgang Amadeus Mozart. musica sacra 126/1, 2006, S. 10–16.

Kosch, Franz: 40 Jahre Abteilung für Kirchenmusik. Musica orans, 2/4–5 (Doppelnummer März/Mai 1950), S. 4–6.

Kröpfl, Monka: Katholische Kirchenmusik im Ständestaat. Diplomarbeit (Musikwissenschaft, Universität Wien 2004), Mskr.

Krummacher, Christoph: Theologisches Grundwissen (F), 2009, S. 13–29.

Labonté, Thomas, Die Sammlung „Kirchenlied" (1938). Entstehung, Corpusanalyse, Rezeption. Mainzer Hymnologische Studien 20, Tübingen 2008.

Lange, Barbara: Kirchenlied und Gesangbuch. In: Basiswissen (F), 2009, Bd. 1, S. 93–131.

Leenen, Frank: Vom Geistlichen in der Musik. musica sacra 116/2, 1996, S. 54–61.

Leisinger, Ulrich: Mozarts Requiem 1791–1800. Vom Fragment zum Erstdruck. Singende Kirche 53/4, 2003, S. 237–244.

Lengeling, Emil Joseph: Die neue Ordnung der Eucharistiefeier [= Reihe Lebendiger Gottesdienst 17/18]. Münster 1971.

Lohfink, Norbert: Das „Pange Lingua" im „Gotteslob". Singende Kirche 51/2, 2005, S. 89–93.

Loidl, Franz: Geschichte des Erzbistums Wien. Wien 1983.

Lowis, Christoph: Der gregorianische Choral in der Totenliturgie. Bakkalaureatsarbeit im Fach Gregorianik. Universität für Musik und darstellende Kunst, Institut für Orgel, Orgelforschung und Kirchenmusik, Wien 2010.

Maier, Elisabeth: Anton Bruckner. Stationen eines Lebens. Linz 1996.

Mayrhofer OSB, Isidor: Über die Bedingungen einer gesunden Reform der Kirchenmusik. Wien 1896.

Mailänder, Richard: Deutscher Liturgiegesang. In: Basiswissen (F), 2009, Bd. 1, bes. S. 140–148.

Massenkeil, Günther: Mozarts unvollendete Kirchenmusikwerke. Die c-Moll-Messe KV 417a (427) und das Requiem KV 626. musica sacra 126/3, 2006, S. 150–152.

Matsch, Norbert: Locus iste passt doch immer, oder? Anton Bruckners Motetten in der heutigen Liturgie. In: Singende Kirche 43/3, 1996, S. 160–164.

Merz, Michael B.: Die innere Dynamik der Messfeier. Liturgietheologische Gedanken. In: Die Messe (B), 1991, S. 40f.

Möhler, A.: Ästhetik der katholischen Kirchenmusik. Rottenburg 1915.

Musch, Hans: Der Orgelbegleitsatz zum Kirchenlied. musica sacra 93/6, 1973, S. 364–379.

Nagel, Eduard: „Wortgottesdienst" oder „Wortgottesfeier"? Implikationen eines Wechsels im Ausdruck. Gottesdienst 33, 1999, S. 137–139.

Nika, Renate, *Das* Ave Maria, *der* Hochzeitsmarsch & Co. Erlebnisse einer Organistin oder „Es gibt nichts, was es nicht gibt". Singende Kirche 52/4, 2005, S. 225–226.

dies., Der schönste Tag im Leben?! – Die Feier der Trauung. Singende Kirche 55/3, 2008, S. 117–119.

Nohl, Paul-Gerhard: Lateinische Kirchenmusiktexte. Geschichte – Übersetzung – Kommentar. Kassel 1996.

Nordhofen, Eckhard (Hrsg.): Tridentische Messe: ein Streitfall. Reaktionen auf das Motu proprio „Summorum Pontificum" Benedicts XVI.. Kevelaer 2008.

Nowak, Leopold: Die Messe in f-Moll von Anton Bruckner. (K), urspr. 1960, S. 40–42.

ders.: Beratungen und Beschlüsse über die Kirchenmusik vor 400 Jahren. Singende Kirche 13/3, 1966, S. 126–132.

ders.: Studien zu den Formverhältnissen in der e-Moll-Messe von Anton Bruckner. (K), urspr. 1975, S.160–175.

ders.: Glaube und Musik: Die Credo-Sätze in den Messen von Anton Bruckner. Singende Kirche 26/2, 1978/79, S. 53–57.

ders.: Die Motette „Os justi" und ihre Handschriften. (K), urspr. 1983, S. 246–248.

Nübold, Elmar: Die alttestamentliche Lesung in der Messfeier. Bibel und Liturgie 63/3, 1990, S. 176–182.

Offele, Winfried: Das ungeliebte Gesangbuch. Plädoyer für ein besseres „Gotteslob". Frankfurt/ Main 1979.

Ortner, Franz: Das Ende des Erzstiftes Salzburg und die Reorganisation der Erzdiözese (1803– 1825). In: Säkularisation 1803 in Tirol (J), 2003, S. 95–131.

Pacik, Rudolf: Volksgesang im Gottesdienst. Der Gesang bei der Messe in der Liturgischen Bewegung von Klosterneuburg. Klosterneuburg 1977.

ders.: Der Antwortpsalm. Liturgisches Jahrbuch 30/1, 1980, S. 43–66.

ders., Ordinarium/Proprium – brauchbares Gestaltungsprinzip? Singende Kirche 31/2, 1984, S. 60–63.

ders.: Antwortpsalm oder Psalmlesung? Singende Kirche 49/1, 2002, S. 13–15.

ders.: Das Motu proprio „Tra le sollecitudini" (1903) und seine Vorläufer in Italien. Singende Kirche 50/4, 2003, S. 271–276.

ders.: Eine andere Funktion. Können (Psalm-)Lieder den Antwortpsalm der Messfeier ersetzen? Singende Kirche 51/2, 2004, S. 88.

ders.: Kleriker-Latein. Was steckt hinter der Forderung, die vorkonziliare Liturgie in der katholischen Kirche wieder zuzulassen? Die Furche 63/6, 2007, S. 10.

ders.: Eine besondere Tradition. Die Geschichte der Eucharistieverehrung außerhalb der Messfeier. In: Gottesdienst 43, 2009a, S. 77–79.

ders.: Die Feier als Mitte. Eucharistiefrömmigkeit nach dem II. Vatikanum. In: Gottesdienst 43, 2009b, S. 149–151.

ders.: Liturgie und Musik zu Mozarts Zeit, In: [E], 2010a, S. 88.

ders.: Musik in der Tagzeitenliturgie und in der sonntäglichen Wort-Gottes-Feier. Heiliger Dienst 64/1, 2010b, S. 32–50.

Parsch, Pius: Das Jahr des Heiles. Neu eingeleitet von Harald Buchinger [Pius-Parsch-Studien 7]. Würzburg 2008.

Partsch, Erich Wolfgang: „Die Kirchenmusik ist vortrefflich besetzt …" Zur Musikpflege in der Steyrer Stadtpfarrkirche zur Zeit des Biedermeier. Singende Kirche 51/2, 2004, S. 84–87.

Pesch, Otto Hermann: Das Zweite Vatikanische Konzil. Vorgeschichte – Verlauf – Ergebnis – Nachgeschichte. Würzburg 2001.

Piunno, John, Restoring Liturgy and Sacred Music in the Latin Roman Rite. The American Organist, März 2010, S. 82–86.

Planyavsky, Peter: Zweifellos eine Zeit der Aussaat. 20 Jahre Singende Kirche. Eine Standortbestimmung. Singende Kirche 20/4, 1972/73, S. 185–192.

ders.: U-Musik in der Liturgie, und warum sie immer wieder kommt. Singende Kirche 31/2, 1984, S. 64–68; Singende Kirche 31/3, 1984, S. 119–122.

ders.: Franz Liszts Kirchenmusik in der nachkonziliaren Liturgie. In: Liszt heute. Bericht über das internationale Symposion in Eisenstadt 8.–11. Mai 1986. Eisenstadt 1987, S. 72–79.

ders.: Neues geistliches Lied und ähnliches: Da fehlen einem die Worte. In: Fest und Feier. Kirchenmusik in der Steiermark. Katalog zur Sonderausstellung 1995. Graz 1995, S. 76–79.

ders.: „Die Kirchenmusik in Österreich trägt ein deutsches Antlitz." Miscellen zur Situation der Orgel- und Kirchenmusik in Österreich 1938–1945. In: Musik in Wien 1938–1945, Symposium 2004, Hrsg. Carmen Ottner. Band XV der Publikationen der Franz-Schmidt-Gesellschaft, Wien 2006, S. 256–268.

ders.: Solemnis-Schiff in Brevis-Flasche. Die geniale Ökonomie in Mozarts Messen. In: Mozart und die Religion (E), 2009a, S. 111–117.

ders.: Anton Heiller. Alle Register eines Lebens. Klosterneuburg und Wien 2009b.

Praßl, Franz Karl: Orchestermesse in der heutigen Liturgie. Anachronismus oder willkommene Bereicherung? – Ein widersprüchlicher Befund. Singende Kirche 48/1, 2001, S. 8–14.

ders.: Ein Gebet- und Gesangbuch für das 21. Jahrhundert. Singende Kirche 49/1, 2002, S. 9–12.

ders.: Mozart in der Liturgie heute. Gedankensplitter. In: Himmel und Erde (D), 2006, S. 100f.

Ratzinger, Joseph Kardinal: Zur Frage nach der Struktur der liturgischen Feier. Internationale katholische Zeitschrift, 7/1978, 6/7/8, S. 488–497.

ders.: In der Spannung zwischen Regensburger Tradition und nachkonziliarer Reform. Kirchenmusik im Regensburger Dom von 1964–1994. musica sacra (Sonderheft) 128/5, 2008, S. 290–297.

Rau, Stefan: Die Eucharistie als Konzertmesse? In: musica sacra 108/5, 1988, S. 404–410. (In den folgenden Nummern zahlreiche Leserbriefe: 108/6, 1988, S. 505–510.)

Redaktionsbericht zum Einheitsgesangbuch Gotteslob. Paderborn 1988.

Riedel, Friedrich Wilhelm: Kirchenmusik im Wandel von aristokratischer zu bürgerlicher Kultur. In: Säkularisation (J), 2003, S. 41–51.

ders.: Zur Geschichte der Rorate-Messe. *Mit Diskussion über die irrtümlich Joseph Haydn zugeschriebene „Rorate-Messe".* musica sacra 129/5, 2009, S. 284–286.

Roder, Adalbert / Tittel, Ernst: „Ordinarium Missae". (Artikelserie) Singende Kirche: Kyrie: 2/3, 1955, S. 7–10; Gloria: 2/4, 1955, S. 5–11; Credo: 3/1, 1955, S. 10–16; Sanctus-Benedictus: 3/2, 1955, S. 11–16; Agnus Dei: 3/3, 1956, S. 11–15.

Sawyer, John. A.: The fifth gospel: Isaiah in the history of Christianity. Cambridge 1996.

Scharnagl, August: Franz Liszt – Franz Witt. musica sacra 106/6, 1986, S. 444–447.

Schmidt, Herman: Die Konstitution über die heilige Liturgie. Text – Vorgeschichte – Kommentar. Freiburg im Breisgau 1965.

Schmid, Manfred Hermann: Mozart in Salzburg. Ein Ort für sein Talent. Regensburg 2006a. *Das Buch ist äußerst informativ, jedoch (Pardon): Die Abbildung auf S. 41 zeigt den Fürsterzbischof keineswegs „im vollen Ornat", sondern in Chorkleidung.*

ders.: Mozarts Kirchenmusik. Singende Kirche 53/1, 2006b, S. 6–13.

Schnerich, Alfred: Messe und Requiem seit Haydn und Mozart. Wien/Leipzig 1909.

Schützeichel, Harald: Agnus Dei – liturgisches Relikt vergangener Jahrhunderte oder sinnvoller Begleitgesang? musica sacra 106/6, 1986, S. 451–458.

Schwemmer, Marius: Kleines Kirchenmusikalisches Kompendium. Marburg 2006.

Seidel, Elmar: Man hüte sich vor voreiligen Schlüssen. Mutmaßungen über Schuberts Religiosität. musica sacra 123/4, 2003, S. 15–17.

Seifen, Wolfgang: Katholische Klanglichkeit. Das Besondere einer Improvisation „sub Communione". Musik und Kirche 71/1, 2001, S. 12–15.

Siebenrock, Roman A.: Aufklärung und Religion. Versuch einer Vermessung am Beispiel des Verhältnisses von Josephinismus und katholischer Kirche. In: Mozart und die Religion (E), 2010, S. 207–221.

Snyder, Kerala J.: Dietrich Buxtehude, Organist in Lübeck. New York 1987.

Steblin, Rita: Die Unsinnsgesellschaft. Franz Schubert, Leopold Kuppelwieser und ihr Freundeskreis. Wien 1998.

Summereder, Roman: Aufbruch der Klänge. Materialien, Bilder, Dokumente zu Orgelreform und Orgelkultur des 20. Jahrhunderts. Innsbruck 1995.

Syre, Wolfgang: Vincent Lübeck. Frankfurt/Main 2000.

Tittel, Ernst: Der schaffende Musiker und die Enzyklika. Singende Kirche 4/4, 1957, S. 8.

ders.: Österreichische Kirchenmusik. Werden – Wachsen – Wirken. Wien 1961.

Ursula Torggler: Oswald Jaeggi: Das liturgische Schaffen und Äußerungen im Hinblick auf die kirchenmusikalische Gesetzgebung von 1903 bis zum II. Vatikanum. musica sacra 113/5, 1993, 1. Teil, S. 371–381.

Türk, Daniel Gottlob: Von den wichtigsten Pflichten eines Organisten. Halle 1787, Reprint Hilversum 1966.

Walter, Meinrad: Dass das neue Lied nicht alt erklingt. Klärungsbedarf zur Rolle der Kirchenmusik und ihrer Akteure. Singende Kirche 46/4, 1999, S. 215–218 [urspr. Herder-Korrespondenz 53 10/99].

ders.: Brauchen wir eine „theologische Mozartforschung"? Musik und Kirche, 75/6, 2005.

Weissenbäck, Andreas: Sacra Musica. Lexikon der katholischen Kirchenmusik. Klosterneuburg o. J. [1937].

Wersin, Michael: Von Luthers Psalmliedern zum Genfer Psalter. Musik & Liturgie 4/2009, S. 16–20.

Wohlmuth, Josef: Das Bild der römisch-katholischen Kirchen von ihrer Musik, In: Musik im Raum der Kirche (C), 2007, S. 248–256.

Wolff, Christoph: Mozarts Requiem. Geschichte, Musik, Dokumente. Kassel u. a. 2001.

Zenetti, Lothar: Heiße (W)eisen. Jazz, Spirituals, Beatsongs und Schlager in der Kirche. München 1966.

Glossar

Abendmahl

Im liturgischen bzw. pastoralen Sprachgebrauch eine der Bezeichnungen für die Begegnung mit Leib und Blut Christi im gewandelten Brot und Wein. Mit A. bezeichnet man sowohl den zuvor beschriebenen Akt der Kommunion als auch die ganze Feier. Der Ausdruck wird so vor allem in den Kirchen der Reformation verwendet. In der katholischen Tradition spricht man eher von Eucharistie bzw. Eucharistiefeier oder, in neuerer Zeit, manchmal vom Herrenmahl (SC 6 und 10).

Äqualismus, äqualistisch

Ein aufführungspraktischer Ansatz, der auch bei vorrangig sprachbezogenen Vertonungen auf der Annahme eines durchgängig verbindlichen metrischen Grundwertes beruht. Parteinahme für oder gegen Ä. findet sich vor allem im Zusammenhang mit dem gregorianischen Choral (vgl. bes. S. 261) und mit dem deutschen Psalmengesang (S. 110). Eine verwandte Spielart begegnet in metrisch vereinfachten Varianten frühbarocker oder noch älterer Lieder (vgl. die verschiedenen Versionen von *O Welt, ich muss dich lassen* oder *Ein feste Burg)*. Hier spricht man von Isometrie (vgl. S. 340).

Agape

Darunter (griech. *Liebe*) wird heute ein geselliges Beisammensein, meist mit Konsumation, nach einem Gottesdienst verstanden. Die A. ist keine Erfindung unserer Zeit, sondern geht auf das christliche Altertum zurück; schon damals handelte es sich um ein bald deutlich vom eucharistischen (rituellen) Mahl abgesetztes soziales Ereignis, das der leiblichen Sättigung diente. Vgl. Apg 2,6 und 2,46. Die A. hatte auch caritative Funktion.

Akklamation

Zustimmender Ruf aller in oder nach einem von einer Person gesprochenen bzw. gesungenen Text. In der Liturgie finden sich viele kurze (*Halleluja, Dank sei Gott*) und längere (*Deinen Tod o Herr, verkünden wir*) A. Die längste und gewichtigste A. in der ➪Messe ist das *Sanctus*. Die wichtigste A. ist das *Amen*. – Das *Gloria* besteht aus der Kombination von Akklamationen und Elementen von →Hymnus und →Litanei.

Akolyth

(nach griech. *Diener)* Früher eine der vier „niederen Weihen". Seit der Neuordnung (1972) gibt es nur mehr die Ämter von Lektoren und Akolythen; letztere werden beauftragt zum Dienst am

Altar und bei der Kommunionspendung. In der Praxis werden diese Dienste von Messdienern (Ministranten) bzw. Kommunionhelfern ausgeübt.

Alternatim-Praxis, Alternatim-Form

Eine der ältesten Formen des Einsatzes der Orgel in der Liturgie. Die Verse oder Abschnitte eines Gesanges (Kyrie, Gloria … Te Deum … Magnificat) werden abwechselnd (= alternierend) gesungen oder stellvertretend – ohne Text – von der Orgel gestaltet, als ob sie ein zweiter Chor wäre. S. 351

Amt, Hochamt →Offizium

Antiphon

Wiederkehrender Satz (oft aus dem Psalm selbst als dessen Deutungshilfe), der ursprünglich nach jedem vorgesungenen Psalmvers von allen wiederholt wurde und heute nur mehr Rahmen am Anfang und Ende des Psalms ist. Die handlungsbegleitenden Gesänge der Messe (Introitus, Offertorium, Communio, siehe ⇨ Proprium, S. 25) sind ebenfalls (musikalisch entfaltete) A., denen der Psalm bis auf Reste oder ganz abhanden gekommen ist, wie dies auch bei den marianischen (Schluss)A. der Fall ist. Ein **Antiphonale (Antiphonar)** enthält heute praktischerweise neben den A. des Stundengebets auch die Psalmen und Hymnen. Antiphonales Singen bezeichnet einen gegenchörigen Vollzug der Psalmodie entweder im Wechsel zweier Chöre oder einer kleinen und großen Gruppe. Verwandt mit der A. ist das →**Responsorium.** (Franz Karl Praßl)

Asperges

Fakultativer Ritus am Beginn der Sonntagsmesse: Der Zelebrant besprengt die Gemeinde mit Weihwasser. Der begleitende Gesang beginnt mit den Worten *Asperges me (Du wirst mich besprengen)* und hat dem ganzen Ritus den Namen gegeben. In der Osterzeit wird statt *Asperges* die →Antiphon *Vidi aquam (Ich sah Wasser)* gesungen. Die beiden Gesänge sind nicht mehr vorgeschrieben, sondern können durch andere passende ersetzt werden. – Heute nennt man den Ritus „das sonntägliche Taufgedächtnis".

attacca

Spielanweisung, meist bei einem Einschnitt oder am Ende eines Satzes, die zum sofortigen Weiterspielen auffordert. Im Zusammenhang mit liturgischer Musik wird a. vor allem im Fall Sanctus/Benedictus verwendet.

Canticum

Ein poetisch oder hymnisch geprägter Text der Heiligen Schrift, der ähnlich wie ein Psalm verwendet und ausgeführt wird. Die wichtigsten C. im Stundengebet sind *Magnificat* (S. 248), *Benedictus Deus Israel* (S. 115) und *Nunc dimittis* (S. 187). Seit der Liturgiereform des II. Vatikanischen Konzils sind eine ganze Reihe weiterer neutestamentlicher Cantica hinzugekommen. (⇨Stundengebet)

Cantionalsatz

Meist vierstimmiger, fast ausschließlich homophoner Satz eines deutschen Kirchenliedes, der in erster Linie als Vokalsatz (*cantio* = Lied) gedacht war. Seit etwa 1600 alternierten Strophen im C. mit unbegleiteten Strophen im Gemeindegesang. Die Charakteristika des C. galten lange Zeit auch für Bläser- und Orgelsätze als verbindlich, was – vor allem im evangelischen Bereich – bis heute die kirchenmusikalische Praxis prägt. S. 344

Cantus firmus, c. f.
Hauptstimme (wörtl. *starker Gesang*) in mehrstimmiger Musik jeder Art; dabei steht nicht Lautstärke im Vordergrund, sondern die Ausgestaltung des ursprünglich einfachen c. f. und die inhaltliche Konnotierung der Musik mit seinem Text. In der Regel geht es um die Verwendung einer Melodie in ihrer Gesamtheit zum Unterschied von einem kurzen Zitat. Zumeist erklingt ein c. f. in deutlich hörbaren, größeren Notenwerten. Enthält ein Instrumentalstück einen c. f., kann so eine klare Botschaft vermittelt werden, ohne dass der Text von irgendjemand gesungen wird. S. 351f.

Chrisam
(griech. *chrisma* = Salbung, Salbe) Das Öl – eine Mischung aus (Oliven-)Öl und Balsam oder anderen Duftstoffen – für die rituelle Salbung der Neugetauften und bei der Firmung. C. wird außerdem bei der Priester- und Bischofsweihe, bei Altar- und Kirchweihe, auch bei der Glockenweihe verwendet. Zusammen mit anderen Ölen (Katechumenen- und Krankenöl) wird das C. in einem feierlichen Bischofsgottesdienst geweiht (Missa chrismatis, ursprünglich am Gründonnerstag-Vormittag, jedenfalls in der Karwoche) und an die Pfarren verteilt.

Commune- (C.-Psalmen, C.-Lesungen etc.)
Ein Angebot an Texten oder Gesängen, aus denen für bestimmte Anlässe ausgewählt werden kann, etwa **C.-Psalmen** für alle Märtyrerfeste oder **C.-Lesungen** für Totenmessen (Auflistung S. 157f.) Auch in der →tridentinischen Liturgie gab es C.-Gesänge, die Auswahlmöglichkeiten waren allerdings sehr eingeschränkt.

Communio ⇨ Proprium

Dalmatik
→ Gewänder, liturgische

Diakon
Eine der drei Stufen des ordinierten Amtes (Diakon – Priester – Bischof). Der Diakon gehört dem Klerikerstand an und ist zu einem Teil des Breviergebetes verpflichtet. Kraft der Weihe darf er Taufen, Trauungen und Begräbnisse halten. In der Messe verkündigt er das Evangelium und assistiert dem Zelebranten. Er kann vom Zelebranten mit der Homilie beauftragt werden. Das Amt des Subdiakons wurde bei der Neuordnung der niederen Weihen nach dem II. Vatikanischen Konzil 1972 abgeschafft.

Direktorium
Ein Kalender, der tageweise über die Details der Liturgie informiert. Für jeden Tag findet man hier die liturgische Farbe, den Rang des Tages, die Perikopen der Messe und Angaben fürs Stundengebet. Ein D. wird gesondert für jede Diözese erstellt; auch Orden haben eigene D. Viele D. enthalten auch umfangreiche Auszüge aus regionalen oder gesamtkirchlichen Dokumenten für Liturgie und Pastoral. Ein D. wird immer für ein Kirchenjahr (Dezember bis Dezember) erstellt.

Doxologie

Die feierliche Ausrufung der Herrlichkeit (= griech. *doxa*) vor allem am Ende eines Gebetes. Diese bestätigenden Formeln sind immer trinitarisch, das heißt sie richten sich an die drei göttlichen Personen. Unter den vielen Formen der D. begegnen uns am häufigsten die Schlussformeln der Orationen, ferner jene am Ende des Hochgebetes (*Durch ihn und mit ihm …*) sowie das *Ehre sei dem Vater* am Ende von Psalmen und Cantica. So gut wie jeder Hymnus endet mit einer doxologischen Strophe (vgl. *Veni Creator Spiritus*), aber auch viele Lieder (vgl. *Nun danket alle Gott*). – Mit „Große Doxologie" wird das *Gloria* bezeichnet.

Epiklese

„Allgemein: das Anrufen Gottes über einer Sache oder Person, die dadurch geheiligt wird; das feierliche Beten über etwas, das dadurch in die Bewegung des Gebetes hineingenommen wird" (Berger 1999, S. 121). Die wichtigste E. ist das Hochgebet der ⇨Messe, im speziellen die Wandlungsepiklese (Bitte um Verwandlung der Gaben). Vgl. S. 62f. bezüglich Hochgebet/Sanctus.

Elevation

Das feierliche Erheben der euchristischen Gestalten Brot und Wein nach den Einsetzungsworten (Wandlung). Im Mittelalter empfanden die Gläubigen das Anschauen der erhobenen Gestalten gleichsam als die eigentliche eucharistische Begegnung, da es ja die häufige Kommunion nicht gab. (Vgl. Fronleichnam, bes. S. 218; zur E.-Toccata S. 352.)

Falsibordoni, Falsobordone

Mehrstimmige Harmonisierung eines einstimmigen Psalmtones (oder einer ähnlichen sprachgebundenen Singweise) für Chor, so dass die Charakteristika – Rezitationston, Klauseln etc. – erhalten bleiben. Alle Stimmen deklamieren den Text übereinstimmend, das heißt homophon. Eine solche Art der Chorpsalmodie („chant") ist bis heute im Stundengebet der anglikanischen Kirche (Morning Prayer und Evensong) lebendig. (Vgl. S. 46.)

Farben, liturgische

Seit dem 13. Jahrhundert bildete sich ein fester F.-Kanon aus, so dass bestimmte F. mit liturgischen Inhalten, Zeiten oder Tagen verknüpft sind:

- *Weiß* für Oster- und Weihnachtszeit, Herren- und Marienfeste, ferner für Feste der Engel und jener Heiligen, die nicht Märtyrer sind,
- *Rot* für Palmsonntag, Karfreitag (!), Kreuzerhöhung, Pfingsten sowie für Apostel- und Märtyrerfeste;
- *Grün* für die Zeit im Jahreskreis,
- *Violett* für den Advent und die österliche Bußzeit. Violett kann auch für die Liturgie der Verstorbenen verwendet werden,
- wofür aber weiterhin auch *Schwarz* akzeptabel ist.
- *Rosa* wird am 3. Adventsonntag (Gaudete) und am 4. Fastensonntag (Laetare) verwendet.

Die F. sind vor allem auf den liturgischen Obergewändern und Insignien zu sehen, aber auch auf Altar- und Kanzelbehängen.

Fuge, Fugato, Fughetta

Musikalische Formen, bei denen ein Thema zunächst allein erklingt; wenn eine zweite Stimme dazutritt, bringt sie das Thema eine Quint höher (oder eine Quart tiefer); die hinzutretende Stimme *beantwortet* das in der ersten Stimme vorgestellte Thema. Handelt es sich bloß um einige derartige Themeneinsätze und nicht um einen Abschnitt, der zur Gänze von Themeneinsätzen geprägt ist (Fuge, Fughetta), spricht man von einem Fugato.

Geprägte Zeiten

Überbegriff für die Advents- und Weihnachtszeit, die österliche Bußzeit und die Osterzeit – zum Unterschied von der Zeit *im Jahreskreis.*

Gewänder, liturgische

Die wichtigsten Teile: die **Kasel** (lat. *casula* = Häuschen). Gotische und moderne Kaseln sind rund geschnitten, barocke bestehen aus zwei versteiften schildartigen Teilen. Letzteren ähnelt ein wenig die **Dalmatik** – geschnitten wie ein großes T-Shirt –, das Gewand des Diakons. Die **Stola** trägt der Priester locker um die Schulter gelegt, der Diakon diagonal über der linken Schulter und an der rechten Hüfte zusammengeheftet. →Offizianten von Gottesdiensten, die keine Messfeier sind, tragen – unabhängig von ihrer Weihestufe – ein **Pluviale** (lat. Regenmantel), einen weiten Umhang, der vor der Brust geschlossen wird. – Äußeres Kennzeichen eines Offizianten im Bischofsrang sind, abgesehen vom Stab (auch *Pastorale* genannt), die Kopfbedeckung **Mitra** bzw. **Infel**. – Für Handlungen mit den eucharistischen Gestalten außerhalb einer Messe (eucharistischer Segen, Prozession etc.) legt der Offiziant das **Velum**, eine Art sehr breiter Schal, um die Schulter; er trägt die Monstranz oder die Pyxis (S. 217) nicht mit der bloßen Hand, sondern umhüllt sie mit dem Velum. – Die genannten Teile des liturgischen Obergewandes sind in der jeweiligen liturgischen →Farbe gehalten, während das liturgische Untergewand weiß ist. Dazu gehören die **Albe**, ein hemdartiges, fußlanges Gewand, das (wenn nötig) mit dem **Zingulum**, einer weißen Kordel, gegürtet wird, und gegebenenfalls das **Humerale**, ein mit zwei Bändern festgebundenes Schultertuch. – Die Teile des liturgischen Obergewandes insgesamt bezeichnet man als *Ornat.* In Gottesdiensten, die ein Bischof leitet, wird zusätzlich noch je ein Velum (einfacher und dünner als das vorhin genannte) von den beiden Messdienern verwendet, die Bischofsstab und Mitra halten.

Graduale

a) Einer der Gesänge des ⇨Propriums. Vgl. bes. S. 40.
b) Ein Buch, das alle gregorianischen Gesänge des Propriums (nicht nur die Gradualien) enthält. Das *Graduale Romanum,* das offizielle Buch der gregorianischen Gesänge, gibt es auch in einer reicheren Variante, die über den Quadratnoten handschriftliche →Neumen enthält. Ein gesondertes Buch ist das *Graduale simplex* mit einfacheren Gesängen. S. 25

Herrenmahl

Einer der Namen der Eucharistiefeier bzw. der Messe (vgl. Messe, S. 24). Er geht auf die Urkirche zurück (1 Kor 11,20) und wurde in neuerer Zeit wieder aufgegriffen (SC 6 und 10).

Hochgebet, Eucharistisches Hochgebet

→Kanon

Homilie

Auslegung eines heiligen Textes – anders als die Predigt, die unterschiedliche Inhalte und Gattungen umfasst und nicht nur von einer →Perikope bestimmt sein kann. In der Praxis spielt dieser Unterschied kaum eine Rolle, zumal heute Homilie und Predigt innerhalb der Messe nahezu grundsätzlich an biblischen und liturgischen Texten orientiert sein soll (GRM 65; PELM 24).

Hore

Eine der Gebetszeiten des ⇨Stundengebetes (von lat. *hora* = Stunde). Horen bestehen zumindest aus →Antiphonen, Psalmen und Lesungen. S. 106

Hymnus

Liedähnliche Form mit metrisch gleichen Strophen; jede Strophe wird zur gleichen Melodie gesungen. Vor allem im ⇨Stundengebet spielt der H. eine herausragende Rolle. Die letzte Strophe richtet sich meist an die Heilige Dreifaltigkeit (→Doxologie). Der H. ist in gewisser Weise der Urahn des strophischen Kirchenliedes. Zu den freieren Formen des H. gehören etwa das Gloria und das Te Deum.

Introitus

⇨Proprium

Kanon

Musikalisch: Eine Melodie oder ein Melodieteil wird zeitversetzt mehrmals begonnen und läuft immer weiter, so dass sich geplante Mehrstimmigkeit ergibt. Eine Melodie, die eigens für eine solche Verwendung komponiert ist, nennt man einen K. Werden Melodieteile im Zusammenhang eines Stückes auf diese Art verwendet, werden sie *im Kanon* oder *kanonisch* geführt.
Liturgisch: Bis in jüngere Zeit als Synonym für „Hochgebet" verwendet. Heute sollte man so nur den (römischen) Kanon I bezeichnen. Somit ist der Ausdruck in seiner bisherigen umfassenden Verwendung obsolet, da er auf die Unveränderlichkeit des einzigen Textes verwiesen hat; diese ist aber nicht mehr gegeben, da im deutschen Sprachraum insgesamt zehn Eucharistische Hochgebete zugelassen sind.

Kantate

Mehrsätziges Stück mit gemischter vokaler und instrumentaler Besetzung. Charakteristisch ist, dass die einzelnen Teile verschieden besetzt und unterschiedlich in Charakter und Form sind. Man unterscheidet weltliche und geistliche K. In neuerer Zeit werden Bearbeitungen von Kirchenliedern, in denen die Strophen in unterschiedlichen Besetzungen gesungen werden, Liedkantaten genannt. Im weiteren Sinne handelt es sich bei der klassischen K. um eine musikalische Predigt – in der Reihenfolge der barocken lutherischen Gottesdienstordnungen sogar um die erste Predigt vor der gesprochenen des Pfarrers.

Kantillation, kantillieren

„bedeutet den gesungenen Vortrag eines Prosa- oder poetischen Textes unter Berücksichtigung des Wortvorranges" (Mailänder 2009, S. 133). Darunter fallen zum Beispiel gesungene Lesungen, die Altargesänge des Priesters, die Psalmtöne und alle auf ähnliche Weise nicht mit einer „gebauten Melodie" verbundenen Singweisen. (⇨Stundengebet, bes. S. 111)

Kasel

→Gewänder, liturgische

Kasualien, Kasualgottesdienste

Anlassbezogene (lat. *casus – Fall, Anlass*) Gottesdienste wie Taufe, Trauung, Begräbnis und dergleichen. Dabei kann es sich um Messen oder Wortgottesdienste handeln.

Kirchentonarten

Moll und Dur sind die vorherrschenden Tongeschlechter der abendländischen Musik vom 17. bis zum 20. Jahrhundert. Im gregorianischen Gesang begegnen uns noch weitere sieben Modi (manche zählen nur die vier Grundmodi, andere mehr als sieben). Der Modus ist über die Lage der Halbtöne in der Tonleiter definiert. Am einfachsten stellt man sich die gebräuchlichsten K. anhand der weißen Tasten einer Klaviatur vor:

– d – d   dorisch

– e – e   phrygisch

– f – f   lydisch

– g – g   mixolydisch

– a – a   äolisch (entspricht weitgehend dem gewohnten *Moll*)

Dabei handelt es sich wohlgemerkt nicht um Ton*arten,* sondern um die Intervallstruktur einer Tonart; der dorische Modus kann auch e als Grundton haben und der phrygische den Grundton d. Man spricht dann von „e dorisch" und „d phrygisch".

Im gregorianischen Choral sind die Modi mit Ordnungszahlen versehen:

– 1. Ton – dorisch (von Grundton aufwärts)

– 2. Ton – hypodorisch (Grundton liegt in der Mitte)

– 3. Ton – phrygisch

– 4. Ton – hypophrygisch

– 5. Ton – lydisch

– 6. Ton – hypolydisch

– 7. Ton – mixolydisch

– 8. Ton – hypomixolydisch

Der 9. Psalmton, der *tonus peregrinus*, wird wohl deshalb „fremdartiger" Ton genannt, weil er als einziger zwei verschiedene Rezitationstöne hat. Er spielt auch in der lutherischen Kirchenmusik eine große Rolle (vgl. S. 250). – Die K. haben auch in der nicht-sakralen Musik große Bedeutung. Im 20. Jahrhundert sind sie regelrecht wiederentdeckt worden, nicht zuletzt in der Popularmusik.

Kirchentrio

Grundmodul des Orchesters in der Sakralmusik der →Wiener Klassik (einschließlich langer Vor- und Nachperioden); es besteht aus zwei Violinen, Violone (= Kontrabass) und Orgel.

Komplet

Die letzte →Hore, die das ⇨Stundengebet des Tages abschließt (lat. *completorium* = Abschluss, Vollendung). S. 116

Laudes

Die große Morgen→hore, die das ⇨Stundengebet des Tages eröffnet. S. 115

Leise

Mittelalterliches geistliches Lied mit dem Refrain *Kyrieleis*, ursprünglich meist einstrophig, in den Gesangbüchern vielfach um mehrere Strophen erweitert. Leisen finden sich vor allem zu den großen Festtagen des Kirchenjahres, z. B. *Gelobet seist du, Jesu Christ; Nun bitten wir den heiligen Geist; Gott sei gelobet und gebenedeiet.* S. 334

Lektionar

Ein Buch, das die einzelnen →Perikopen enthält, wie sie für einen bestimmten liturgischen Anlass – für den Tag, das Fest, einen Kasualgottesdienst (→Kasualien) oder eine Votivmesse – ausgewählt und zugeordnet sind. Ein L. enthält auch den jeweils einer AT-Lesung zugeordneten Antwortpsalm, ebenso den Vers vor dem (jeweiligen) Evangelium. Obwohl ein L. also auch Evangelien-Perikopen enthält, gibt es davon gesondert noch das **Evangeliar**, das reicher ausgestattet ist; so soll die dem Evangelium entgegengebrachte größere Ehrerbietung auch äußerlich zum Ausdruck kommen.

Liber usualis

Eine Art Kompakt-Buch – wörtl. *Gebrauchs-Buch* –, das alle Gesänge, aber auch alle Lesungen (!) und Gebete (!) für Messe und →Offizium enthielt. Ein L. vereinigte also →Lektionar, →Graduale, →Antiphonar, Kyriale und eigentlich auch →Missale in einem Buch. All dies in ein einziges dickes Buch zu packen (Benediktiner-L. von 1953: 2214 Seiten Dünndruck), war vor der Liturgiereform möglich, da es nicht mehrere Lesejahre, nur eine Lesung in der Messe und kaum Auswahlmöglichkeiten gab. Heute werden keine Libri usuales mehr publiziert.

Litanei

Gebetstyp, bei dem Anrufungen oder Bitten des Vorbeters oder Vorsängers von der Gemeinde mit gleichbleibenden Rufen beantwortet werden. Im 17. und 18. Jahrhundert spielte die L. im liturgischen Leben abseits der Messfeier eine große Rolle, vor allem in Österreich, was die große Anzahl von Vertonungen mit Chor und Orchester erklärt. (Vgl. S. 296.)

lydisch s. Kirchentonarten

Magnificat

Das →Canticum der →Vesper und sicher das am öftesten vertonte Canticum, nicht zuletzt deshalb, weil es in allen christlichen Konfessionen eine hervorragende Rolle spielt. (⇨Stundengebet, bes. S. 110; ⇨Maria, bes. S. 248)

Matutin

(lat. von *Matuta*, der Göttin der Morgenröte; eingedeutschte Form: *Mette*), ursprünglich Bezeichnung des Morgenlobes, später der nächtlichen Gebetsstunde vor Sonnenaufgang. Im heute gültigen römischen Brevier ist an die Stelle der M. eine Lese→hore getreten, die an keine bestimmte Zeit gebunden ist. (⇨Stundengebet, bes. S. 106) In manchen monastischen Gemeinschaften wird die nächtliche Lesehore jedoch weiterhin gehalten.

Messformular

Die Gesamtheit aller veränderlichen Gesänge und Gebete einer Messe: die Gesänge des ⇨Propriums, die drei Amtsgebete des Zelebranten (Tagesgebet, Gabengebet, Postcommunio) sowie allfällige kleinere Abweichungen bzw. dem Tage eigene Einschübe im Hochgebet.

Missale, Messbuch
Zum Unterschied von den ursprünglichen Rollenbüchern (→Sakramentar, →Graduale, →Lektionar etc.) ein Buch mit *allen* Gesängen, Gebeten und Lesungen der Messe. Dies war nötig geworden, als im Frühmittelalter die einzeln zelebrierte Privatmesse allmählich zur vorherrschenden Form wurde. Ein M. stellt aber auch eine Art Nachschlagewerk für liturgische Texte dar. Seit dem II. Vatikanischen Konzil sind in der Liturgie wieder mehr Rollenbücher in Gebrauch; folgerichtig ähnelt ein M. heute wieder ein wenig einem →Sakramentar.

Modus, Modi s. Kirchentonarten

Neumen
Ursprüngliche Schriftform der gregorianischen Gesänge. N. sind den Handbewegungen des Dirigenten (besser: des Leiters einer →Schola) nachgebildete Zeichen, die viel über den Melodieverlauf und den Vortrag, nichts jedoch über die absoluten Tonhöhen aussagen. Die uns geläufigere Quadratnotenschrift ist Jahrhunderte später entstanden. Im →Graduale Triplex findet man die Gesänge in Quadratnotenschrift mit darüber gedruckten N. (⇨Von Gregor zu Maximilian, bes. S. 258)

Novene
Neuntägige Vorbereitung auf bestimmte Feste oder Ereignisse (quasi Gegenstück zur →Oktav). Wurde vor allem in der Barockzeit mit täglichen Andachten begangen. In der offiziellen Liturgie wird nur die Zeit von Christi Himmelfahrt bis ⇨Pfingsten (Pfingstnovene) eigens erwähnt (GOK 26; vgl. S. 169).

Offertorium
⇨Proprium

Offiziant
Überbegriff für die Leiter von Liturgien. Nur für den Vorsteher einer Eucharistiefeier verwendet man den Ausdruck *Zelebrant*; eine Vesper oder eine Andacht hält ein O.

Offizium
Üblicherweise wird heute das ⇨Stundengebet eines Tages als O. bezeichnet (S. 106), also die Gesamtheit aller Gebetszeiten (→Horen). Ursprünglich schließt der Begriff auch noch den *offiziellen* (!) Hauptgottesdienst einer Dom- oder Klosterkirche ein. Aus der Bezeichnung dieses gleichsam *amtlichen* Gottesdienstes (zum Unterschied von den Privatmessen und den Pfarrgottesdiensten) haben sich die Bezeichnungen **Amt** und **Hochamt** entwickelt.

Oktav
Musikalisch: Der Abstand von zwölf Halbtonschritten zwischen zwei Tönen. Die beiden Töne haben denselben Namen, sind aber verschieden hoch.
Liturgisch: Die acht Tage nach gewissen hohen Feiertagen werden als O. des Festes bezeichnet; die Liturgie (Messen und →Offizium) nimmt in den →Perikopen und Gesängen deutlich auf das Fest Bezug, so dass dieses noch eine ganze Woche ausstrahlt. Nachdem sich im Lauf der Jahrhunderte zahlreiche, sich zum Teil überschneidende Oktaven entwickelt hatten, werden seit 1969 nur noch die O. von Weihnachten (S. 181) und Ostern (S. 206) begangen.

Paraphrase

Literarisch: Nicht-wörtliche Nachdichtung eines (liturgischen) Textes (z. B. *Allein Gott in der Höh sei Ehr* = P. *des Gloria; Nun saget Dank und lobt den Herren* = P. *nach Ps. 118*). Von der P. zu unterscheiden ist die möglichst wörtliche Übertragung. In der römischen Liturgie wurde die P. bis in die Zeit nach dem II. Vatikanischen Konzil als nicht-liturgisch angesehen. Paradoxerweise war die muttersprachige P. andererseits knapp vor dem Konzil eher geduldet als der wörtliche liturgische Text in der Muttersprache. (S. 324) P. des Ordinariums sind heute strenggenommen nur geduldet (vgl. etwa GRM 51 und 366).

Musikalisch: Eine Melodie wird als Ganzes frei bearbeitet, wobei sie auch wiederholt, umgeformt und verfremdet werden kann; dies vor allem im Unterschied zur →Cantus-firmus-Bearbeitung, bei der die Melodie im Wesentlichen erhalten bleibt. Ein Spezialfall in der Mitte der beiden Genera ist die norddeutsche Choralfantasie für Orgel (S. 353).

Pastorale, Pastorelle

Musikalisch: Musikstück mit oder ohne Text, das in Gestus, Themenbildung und Instrumentation Assoziationen an Hirtenmelodien und Hirteninstrumente hervorrufen möchte (Dreiklänge, Naturtöne, 6/8-Takt, Bourdontöne, Vermeidung von Chromatik und schroffen Gegensätzen jeder Art). Vor allem für die Weihnachtszeit entstanden in Zentraleuropa unzählige Stücke der Gattung P. Lieder wie *In dulci jubilo* oder *Der Heiland ist geboren* stehen diesem Genre zumindest sehr nahe.

Liturgisch: Pastorale ist die offizielle Bezeichnung für den Bischofsstab.

Außerdem bedeutet „die Pastoral" auch allgemein die Seelsorge, auch in zusammengesetzten Worten (Pastoralassistent, Pastoraltheologie u. a.).

Perikope

Ein Abschnitt der Heiligen Schrift, der für eine bestimmte Feier oder einen Tag ausgewählt (bzw. in der Leseordnung) festgelegt ist.

persolvieren

Ein eher negativ besetzter Ausdruck für eine liturgische Praxis, die sich hauptsächlich auf die buchstäbliche – und möglichst rasche – Wiedergabe aller Texte und die formal korrekte Ausführung aller Handlungen konzentriert.

phrygisch s. Kirchentonarten

Pluviale

→Gewänder, liturgische

Polytextur

Zwecks Raffung und Zeitersparnis ließen Komponisten in den langen Sätzen des Ordinariums (Gloria, Credo) die vier Stimmen des Chores gleichzeitig verschiedene Abschnitte des Textes singen. Davon ausgenommen war immer *Et incarnatus est* und *Crucifixus.* Vor allem in Süddeutschland und Österreich wurde diese Methode im 18. Jahrhundert häufig angewendet (z. B. J. Haydn, *Kleine Orgelsolomesse,* vgl. S. 280). Die P. wurde im 19. Jahrhundert vor allem von den Cäcilianern heftig bekämpft.

Präfation

Der erste, nach Tag/Fest/Anlass variable Teil des Eucharistischen Hochgebetes. („In Wahrheit ist es würdig und recht …") P. ist aber auch ein selbständiger Typ von Gebet; man findet zum Beispiel im Ritus der Priesterweihe die Weihepräfation. Von der Singweise her verwandt mit der P. ist das *Exsultet*, der feierliche Lobgesang in der Osternacht. (S. 200)

Preces

(lat. *Bitten*) Die Fürbitten am Ende bestimmter →Horen im ⇨Stundengebet, nach der heutigen Ordnung am Ende von →Laudes und →Vesper. Anders als in der Messe münden diese Bitten ins Vaterunser, worauf das zusammenfassende Gebet des Offizianten folgt. Vor dem Vaterunser kann der dreimalige Kyrieruf oder eine andere Überleitung eingefügt werden.

Presbyterium

Im üblichen Sprachgebrauch ist damit der Raum unmittelbar um den Altar, verstanden als „Raum der Priester" im Unterschied zum „Raum des Volkes", gemeint. P. bedeutet jedoch zuerst und vor allem das Kollegium der Priester (= Presbyter), das mit dem Bischof in der Mitte bzw. an der Spitze gemeinsam die Kirche leitet. Das P. ist ursprünglich der Raum für diese Versammlung bzw. der Sitz dieses Kollegiums.

In den Kirchen der Reformation hat sich die Bezeichnung für das Leitungsgremium einer Pfarre erhalten (im Sinne eines Ältestenrates).

Primiz

Die erste feierliche Messe, die ein neugeweihter Priester hält. Heutzutage gibt es meistens noch ein oder zwei Nachprimizen (z. B. in Pfarre, in der der Neupriester sein Diakonatsjahr verbracht hat).

Profess

Feierliche Aufnahme in eine Ordensgemeinschaft. Nach dem ein- bis zweijährigen Noviziat, das dem gegenseitigen Kennenlernen von Kandidat und Gemeinschaft dient, legt man die *einfache* (oder *zeitliche*) P. ab, meistens für drei Jahre, danach die *feierliche* (oder *ewige*) P. Die Ablegung der P. ist an sich unabhängig von der Zugehörigkeit zum Laien- oder Klerikerstand; in der Praxis wird man erst nach der feierlichen P. zum Priester geweiht.

Quadragesima

(lat. die Vierzigste) Eine der offiziellen Bezeichnungen der ⇨Fastenzeit bzw. der österlichen Bußzeit.

Rituale

Buch für den →Offizianten von →Kasualien und Segnungen (Adventkranz, Devotionalien, Fahrzeug, Haus …). Es beinhaltet die Gebete und Rubriken (Handlungsanweisungen) für den →Offizianten. Aus praktischen Gründen enthält ein R. heutzutage auch meistens die für den Ritus benötigten →Perikopen und Vorschläge für Gesänge. Ein neues, alle Gelegenheiten umfassendes R. ist seit dem II. Vatikanischen Konzil nicht erschienen; es existieren Teil-R. (z. B. für Taufe, Trauung, Begräbnis) bzw. Benediktionale (für Segnungen).

Responsorium

Mehrteiliger Gesang, der einen wiederkehrenden Teil – ähnlich der →Antiphon – enthält, mit welchem alle dem Vorsänger oder einer Vorsängergruppe und seinen oder deren Versen „antworten" (*responsum* = Antwort). Das in Laudes, Vesper und Komplet auf die Lesung folgende R. breve („kurzes R.") hat das Schema A-A-B-A2-C-A. Das R. prolixum („langes R.") der Lesehore (→Matutin) ist ein kunstvoller Meditationsgesang nach Lesungen. Als „responsorial" werden die Aktionsgesänge der Messe (→Graduale, Alleluia, Tractus) bezeichnet, die im Wechsel Chor-Solist gesungen werden, was als Rest auch noch beim Offertorium der Totenmesse der Fall ist. Verwandt mit dem responsorialen Singen ist das antiphonale Singen, der reale Unterschied ist die liturgische Funktion (Aktionsgesang, Begleitgesang). (Franz Karl Praßl)

Sakramentar

Das ursprüngliche Rollenbuch des Zelebranten einer Messe, das die Amtsgebete und das Hochgebet enthielt. Die anderen Teile der Messe waren im Kyriale (⇨Ordinarien), →Graduale (⇨Propriumsgesänge) und im →Lektionar (Lesungen) zu finden. Erst als im Frühmittelalter die einzeln zelebrierte Messe („Privatmesse") eine immer größere Rolle spielte, war es nötig, alle Texte im →Missale zu vereinigen. Vgl. S. 27.

Schola

Wiewohl in der Grundordnung des Römischen Messbuches unter S. oder S. cantorum jede Art von Chor bezeichnet wird, versteht man darunter – vor allem seit den liturgischen Bewegungen im 20. Jahrhundert – eher eine kleinere Sängergruppe vornehmlich für einstimmigen Gesang; die S. wurde anfangs eher als Gegenpol zum althergebrachten Kirchenchor verstanden. Vgl. S. 325.

Schott

Deutsche Übersetzung des gesamten →Messbuches durch Anselm Schott OSB, erstmals publiziert 1884. Entsprechend der Anregung, die Gläubigen sollten bei der Messe „mit dem Priester mitbeten" (was auch alle Amtsgebete einschloss), enthielt das Buch tatsächlich alle Texte. Es gab deutsche und deutsch/lateinische Ausgaben. Das Buch wurde bald „der Schott" genannt. Es war nicht das erste derartige Buch, aber das am weitesten verbreitete.

Sequenz

Feierlicher Strophengesang, möglicherweise entstanden aus der →Tropierung des langen Endmelismas im Allelujagesang der Messe. Oft haben jeweils zwei Strophen die gleiche Melodie. Sequenzen gibt es nur zu bestimmten hohen Festen. S. 54

spartieren

Wenn von einem Musikstück aus früheren Epochen nur das Stimmenmaterial (Chor und/oder Instrumente) vorliegt – was im Fall von Kirchenmusik oft vorkommt –, muss zwecks Erstellung einer Partitur der Inhalt der Stimmen in eine Art Tabelle (in Sparten) übertragen werden.

Statio

(lat. *Halteplatz*) Ursprünglich die gemeinsam gefeierte Liturgie verschiedener Teilkirchen unter der Leitung des Bischofs in einer dieser Teilkirchen; einen Nachfahren dieser Art der S. trifft man bei uns gelegentlich zu ⇨Fronleichnam an, wenn Prozession und Gottesdienst von mehreren Pfarren gemeinsam gestaltet werden. – S. wird heute auch die stille bzw. in die Feier einführende Versammlung vor dem Gottesdienst genannt.

Stola
→Gewänder, liturgische

Stufengebet
In der →tridentinischen Messliturgie wesentlicher Teil des Eröffnungsritus, bestehend aus Psalm 43 (42), dem Schuldbekenntnis (*Confiteor*) und einem Abschlussdialog. Das Gebet wird halblaut abwechselnd von Priester und Messdienern an den Stufen des Altares verrichtet. (Zum tridentinischen Ritus ausführlich S. 82)

Subdiakon
→Diakon

Synoptiker
Drei der vier Evangelisten, Matthäus, Markus und Lukas, liegen mit ihren Berichten näher beisammen und unterscheiden sich in den Schwerpunkten deutlich vom Evangelium des Johannes. (*Synopsis* = griech. Zusammenschau)

Thesaurus
Umfassender Begriff für den überlieferten *Schatz* (griech. *thesauros*) der Kirchenmusik, der aus der Liturgiekonstitution des II. Vatikanischen Konzils stammt. („Der Schatz der Kirchenmusik möge mit größter Sorge bewahrt und gepflegt werden …" SC 114)

Toccata
Im heutigen Sprachgebrauch ein rasches, vorwiegend motorisches, oft virtuoses Stück, fast ausschließlich für Tasteninstrumente. Das italienische Wort *toccare* bedeutet „schlagen" oder „berühren". T. war ursprünglich ein sehr allgemeiner Überbegriff im Sinne von „Spielstück" und konnte auch zum Teil sehr ruhige Musik bezeichnen, wie vor allem die Elevationstoccaten von Frescobaldi deutlich machen. Viele T. – etwa von Buxtehude oder Muffat – sind mehrteilig und umfassen polyphone, rhapsodische und auch ruhige Elemente.

tridentinisch (t. Messe, t. Liturgie, Konzil von Trient)
Vorschriften, Riten und im weiteren Sinne auch Geisteshaltungen, die auf das Konzil von Trient (1525–1563) zurückgehen oder mit ihm in Verbindung gebracht werden. Bezüglich Liturgie und Kirchenmusik spielen das →Missale Romanum von 1570 und das Caeremoniale Episcoporum aus dem Jahr 1600 als wichtigste Folgedokumente des Konzils die größte Rolle. (⇨Früher war alles so feierlich S. 81) – Heutzutage taucht der Begriff t. meist in der Debatte um die Wiederzulassung der t. Liturgie durch Papst Benedikt XVI. im Jahr 2009 auf (vgl. S. 90).

Tropen, Tropierung
Erweiterung eines Gesanges. Melodien werden mit Melismen angereichert, vorhandene Melismen werden mit Text unterlegt oder vorhandene Gesänge werden mit neuen Text-/Melodie-Elementen erweitert (Lange 2009, S. 97). (Allgemein: S. 265; Ave verum als Sanctus-Tropierung S. 64)

Versikel

(Verkleinerungsform von Vers) Kurzer zweizeiliger (Gebets-)Ruf, in der Regel zwischen Vorsänger und allen Anwesenden aufgeteilt. Früher in allen →Horen des ⇨Stundengebetes, heute
nur noch in den kleinen Horen. Auch *Brot vom Himmel hast du uns gegeben …* (beim Segen mit
der Mostranz) ist ein V.

Vesper

Die große abendliche →Hore (Gebetszeit); von allen Teilen des Stundengebetes derjenige, der
am ehesten musikalisch aufwändig gestaltet wird. ⇨Stundengebet, bes. S. 108f.

Vigil, Vigilfeier

(lat. *vigilia* = Nachtwache) Ursprünglich eine nächtliche Gebetsversammlung, im Lauf der Zeit
nächtliche Vorfeier von hohen Festen. Die Liturgie der Osternacht („Mutter aller Vigilien") lässt
etwas von diesen frühen Liturgien ahnen (S. 200). Im Mittelalter wurde die V. allmählich auf
den Abend des Vortages gelegt; der ganze Vigiltag erhielt den Charakter eines Bußtages zur
Vorbereitung auf das Fest. – Als Vigil wird heute auch die erweiterte Lesehore vor Sonntagen,
Festen und Hochfesten bezeichnet. Heute haben noch einige hohe Feste eine eigene Vigilmesse,
die am Vorabend – nach der Ersten Vesper des Festes – gefeiert wird. Das →Direktorium gibt
Auskunft. Vgl. S. 169.

Vulgata

Die lateinische (lat. *vulgata* = allgemeine) Bibelübersetzung des Hieronymus (um 390 n. Chr.),
die bis zum II. Vatikanischen Konzil ausschließlich in der Liturgie verwendet wurde. Eine Über-
arbeitung (Neo-V.) wurde von Papst Paul II. 1979 approbiert. Sie ist verbindlich außer für die
Gesänge des →Graduale Romanum und lateinische Kirchenmusik früherer Epochen. (Nach
Mailänder 2009, S. 136)

Wandlung

Im üblichen Sprachgebrauch wird darunter der zentrale und innerste Teil der ⇨Messe bzw. des
Hochgebetes verstanden, bei dem Brot und Wein zu Leib und Blut Christi verwandelt werden.
Bezüglich der Problematik des Benedictus vor oder nach der W. vgl. S. 64–69.

Wiener Klassik

Bezeichnung für einen Musikstil im süddeutsch/böhmisch/österreichischen Raum, ausgehend
vom Spätbarock bis zum Biedermeier. Hauptvertreter – gerade auch für die Sakralmusik – sind
die beiden ⇨Haydn, ⇨Mozart, Beethoven und der frühe ⇨Schubert. Mit gewissen Formtypen,
aber auch in Besetzung und Textgestaltung wirkt die W. K. in Österreich noch bis ins frühe 20.
Jahrhundert nach.

Register der im Text erwähnten

Namensregister

Jahreszahlen in Klammern geben die Regierungszeit an.